編輯委員會

第一輯

宋學研究

龔延明　主編

浙江大學宋學研究中心　編

浙江大學出版社
ZHEJIANG UNIVERSITY PRESS

圖書在版編目(CIP)數據

宋學研究 / 龔延明主編；浙江大學宋學研究中心編.
—杭州：浙江大學出版社，2017.4
ISBN 978-7-308-16768-0

Ⅰ.①宋… Ⅱ.①龔…②浙… Ⅲ.①中國歷史—宋
代—文集 Ⅳ.①K244.07-53

中國版本圖書館 CIP 數據核字(2017)第 061402 號

宋學研究

浙江大學宋學研究中心　編

龔延明　主編

責任編輯	宋旭華
責任校對	王榮鑫
封面設計	項夢怡
出版發行	浙江大學出版社
	（杭州市天目山路 148 號　郵政編碼 310007）
	（網址：http://www.zjupress.com）
排　　版	浙江時代出版服務有限公司
印　　刷	杭州杭新印務有限公司
開　　本	787mm×1092mm　1/16
印　　張	23.75
字　　數	543 千
版 印 次	2017 年 4 月第 1 版　2017 年 4 月第 1 次印刷
書　　號	ISBN 978-7-308-16768-0
定　　價	95.00 圓

目　录

編者按

發刊詞

浙江大學宋學研究中心

何謂"宋學"？

一言以蔽之：宋學，研究宋代的學問。

宋代三百年歷史，有多少學問好研究：政治、經濟、軍事、思想、文化與社會生活，各個方面，都有豐富的歷史内涵，曾經在十世紀至十三世紀的歷史舞臺上，有聲有色地表現過，並留存在人類特定時期的記憶裏。七八百年之後，這些記憶已日漸消退，我們只能憑有限的歷史遺存去尋蹤追影，摸索宋代"大象"的身軀。有的學問也許觸摸到大象的鼻子，有的或許摸到大象的腿，有的或許摸到大象的頭甚至屁股，於是有研究宋代政治的、宋代思想的、宋代文學的、宋代軍事的、宋代財政的、宋代科舉的、宋代儒學的、宋代道學的、宋代佛教的、宋代考古的、宋代繪畫的等等種種學問的産生。以上五花八門的研究，都是以消逝的宋代社會爲研究對象，毫無疑義，都屬於宋學研究，宋代學問的研究。

然而，這樣一個平常的命題，卻因清人將漢儒經學重考據的特點概稱爲"漢學"，宋儒經學重義理的特點概稱爲"宋學"，變得複雜，以至於後人視"宋學"即爲宋代經學之研究：

《欽定四庫全書總目》卷一《經部·總敘》：

> 國初諸家，其學徵實不誣，及其弊也瑣，要其歸宿，則不過漢學、宋學兩家互爲勝負。夫漢學，具有根柢，講學者以淺陋輕之，不足服漢儒也。宋學，具有精微，讀者以空疏薄之，亦不足服宋儒也。消融門户之見而各取所長，則私心祛而公理出，公理出而經義明矣。蓋經者非他，即天下之公理而已。今參稽眾説，務取持平，各明去取之故，分爲十類：曰易，曰書，曰詩，曰禮，曰春秋，曰孝經，曰五經總義，曰四書，曰樂，曰小學。

又，因《宋史》專列《道學傳》，"道學盛于宋"，後人更以朱子理學視爲"宋學"哉！

自宋元至明清之古代學者，本無現代學科之界分，即沒有歷史、文學、哲學等等學科分類的概念。顯然，宋元人講"宋代道學"，清人講"漢學"、"宋學"，講的都是經學研究，儒學研究，對於漢代歷史的研究，不止於儒學，對宋代歷史的研究，也不止於儒學研究，絕無以漢學與宋學囊括相關兩個朝代所有學問的想法。時至今日，已有明確之學科概念，當將"宋學"範圍放而大之，不能沿襲古人這種特定的概念，把"宋學"圈子畫得很小："宋學"就是與"漢學"相對的經學研究，非宋代經學研究者，概莫進來！將宋學視作宋代新儒學研究的專名。持此種觀點的學者，留下的弊端在於：除此之外的研究，皆非"宋學"。那末，試問：宋代政治史、經濟史、文化史、軍事史研究，該叫什麽研究呢？它們就不是研究宋代的學問、宋代的學術嗎？當然不是。如果謂之"宋史"，那"宋學"不就成了獨立於"宋史"之外的獨尊之學嗎？

"宋學"一詞,近代誰最先提出？眾所周知,是著名史學家陳寅恪先生。他在上世紀四十年代所撰《鄧廣銘〈宋史職官志考正〉序》一文中說:

> 吾國近年之學術,如考古、歷史、文藝及思想史等,以世局激蕩及外緣熏習之故,咸有顯著之變遷。將來所止之境,今固未敢斷論。惟一言可以蔽之曰,宋代學術之復興,或新宋學之建立是已。

具有深邃現代學術眼光的歷史學家陳寅恪先生,針對鄧廣銘宋史專著《宋史職官志考正》所作書評,首次提出"新宋學"的概念,其前提就是針對宋史制度史研究而發。所謂"新",是相對于清代學者所稱的舊"宋學"而言。其所下的"宋學"定義,已跳出與"漢學"相對的狹義"宋學"的藩籬,明確指出:諸凡宋代考古、宋代史學、宋代文藝、宋代思想史等等,均屬宋代學術之研究,都屬"宋學"。當然,他所列舉的文、史、哲幾門學科,僅爲舉例而已,不是宋代學術内容的全部。宋代的繪畫、宋代的宗教、宋代的教育、宋代的金石學等等,同樣屬於宋學範疇。在"新宋學"的概念下,"舊宋學"已成爲宋代學術的一個分支,兩者不存在抵觸,更談不上對立,而是母體與子體的相容。

清人與陳寅恪先生關於"宋學"的定義,是迄今爲止最具代表性的狹義與廣義"宋學"、小宋學與大宋學的命名,也是對新、舊宋學科學的劃界。

至於其他種種關於"宋學"的説法,莫不由上述兩種定義所衍生。比如,1985年,鄧廣銘先生在《略談宋學》一文中所說"新儒學即宋學,以及由宋學而又衍生出來的理學"。漆俠先生在《宋學的發展和演變》一文中所說"與漢學相對立,宋學是對探索古代經典的一大變革"等,都是講舊"宋學"。鄧先生在講"宋學"之後,接著就講"宋史"研究;而漆俠先生在講"宋學"時,特別強調與陳寅恪先生所講"新宋學"之區別:"新宋學包括了哲學(主要是經學)、史學、文學藝術多個方面,涵蓋面是比較廣的";而"宋學則指的是,在對古代儒家經典的探索中,與漢學截然不同的一種新思路、新方法和新學風。"顯然,鄧、漆兩位宋史專家所論"宋學"是舊宋學,是宋代經學之研究,而不是論"新宋學",則宋史的學術研究。

1998年,教育部提出創建一百個重點研究基地時,浙大考慮到宋史研究,是著名宋史專家張蔭麟、陳樂素、徐規等開創和推進的學科,是具有百年傳統優勢的學科,學界公認浙大爲國内宋史研究的重鎮。有鑒於此,擬申報宋學研究中心基地。諮詢了教育部意見,答復是:斷代史概不設中心研究基地。於是改名申報"宋學研究中心",仍以宋史爲核心,整合校内宋代文、史、哲研究力量,實際上,就是秉承陳寅恪先生"新宋學"的概念辦中心。當時中心三位正副主任,一位是宋史學者,一位是宋代文學史學者,一位是宋代文化史學者。其宗旨是,通過中心這個學術平臺,進一步弘揚浙大宋史的傳統優勢,並帶動宋代文學史、宋代思想史、宋代文化史(包括佛教、道教)的研究。

浙江大學宋學研究中心已走過十年的歷程,曾出版過兩期《宋學研究集刊》。經過十年的發展期,在此基礎上,本中心決定公開出版相容新、舊宋學的《宋學研究》學術刊物,旨在建設一個以宋史爲核心、涵蓋宋代文史哲研究,以及與之相關的承前啟後的宋代文史哲研究的學術平臺。這個平臺,既是浙大宋學中心的學術園地,也是海内外新宋學研究的園地。爲此,衷心希望能得到海内外同仁的支持,誠摯地歡迎海内外學者來稿,共同爲推進宋學研究的發展,提供一個新的學術交流空間。

賀　詞

傅璇琮

（中華書局原總編、中央文史研究館館員、清華大學古典文獻研究中心主任）

　　浙江大學宋史、宋詞研究飲譽海內外。一代宋史學家張蔭麟、一代詞宗夏承燾在先，陳樂素、徐規、吳熊和名家繼起，薪火相傳，文脈不絕，後繼有人。欣聞浙大宋學研究中心，在弘揚宋史、宋詞傳統學科優勢的基礎上，融文、史、哲於一爐，已滿十周歲，在學術積累的基礎上，創辦《宋學研究》，構建新宋學的學術交流平臺，可喜可賀！期待貴中心之《宋學研究》，將吸引海內外最前沿、最新的宋學學術成果，奉獻於學界，從而有力地推動新宋學的長足發展！

2015 年 11 月 28 日

論唐宋官、職的分與合

——關於制度史的動態考察

龔延明

內容摘要：傳統的職官制度史研究，一般以固定的官制爲主要研究對象。但在制度執行過程中會不斷產生權宜官制，即"活"的制度。靜態的、固定的制度與權宜的、"活"的制度是制度發展過程中相互碰撞、相輔相成的兩大部分。因此，研究官制需將固定制度與"活"的制度結合起來，唐宋官、職分與合即可作爲這一研究的對象。官與職分離，始于唐高宗朝；經唐中、後期使職差遣逐漸取代職事官，產生名實不相符的"紊亂"局面。宋承唐制，官與職分離更甚，致"官、職、差遣"離而爲三，成爲不成文法的常態；直到宋神宗元豐改制，"官復原職"，才結束了官與職分離的"紊亂"局面，確立起以"職事官、寄禄官、職名"爲核心的新官制。唐宋官、職長達 430 年的分合演變史，是固定官制與"活"的官制互動的典型。

關鍵詞：唐宋官制　官、職分合　動態考察

有關職官之制，史書有"名實混淆，品秩貿亂之弊……宋承唐制，抑又甚焉"之説。[1]又云："唐制，省部寺監之官備員而已，無所職掌，別領内外任使，而省部寺監別設主判官員額。本朝尚循唐制，六部尚書侍郎與左右諫議大夫等等官，皆空存其名，而無其實。"[2]宋初，其官職因襲唐末五代之制，形成了北宋前期"官、職、差遣分離"常態化的權宜官制格局，也可視爲"活"的官制。[3]

至神宗元豐間，仿《唐六典》改革官制，結束了宋代前期官制"紊亂"的局面，使職事官之官、職分而又合，即所謂"官復原職"；臨時權宜之制、即"活"的制度對《唐令》這一固定制度修補或改進的動態過程方告一段落，以令、式確定的元豐新官制頒佈施行。"制度的形

---

① 《宋史》卷 161《職官志》一《總序》，中華書局 1977 年版，第 3768 頁。

② 徐自明撰，王瑞來校補《宋宰輔編年錄校補》卷 1，建隆元年八月甲申條，中華書局 1986 年版，第 6 頁。

③ 鄧小南：《走向"活"的制度史：以宋代官僚政治制度史研究爲例的點滴思考》："説到宋代的官制紊亂，最易混淆的問題似乎來自官、職、差遣的分離。要把握這一特殊的設官分職制度，顯然並非一句'宋承唐制，抑又甚焉'所能交代，我們不得不自厘清其沿革脈絡入手。"（氏著：《朗潤學史叢稿》，中華書局 2010 年版，第 501 頁）孫國棟《宋代官制紊亂在唐制的根源》："考宋代官制的紊亂，在制度上淵源於唐朝，自是無可懷疑。"（氏著：《唐宋史論叢》，上海古籍出版社 2010 年版，第 256 頁。）

成及運行本身是一動態的歷史過程",①從唐高宗與武則天始置檢校官、試官、員外、使職差遣,對原有的官制形成衝擊算起,歷唐中後期、五代至北宋元豐改制(650—1082),這一段長達 430 年的官制史,正可視爲此種"動態過程"的一個典型案例。本文即是對這種動態的制度史進行研究的一次嘗試。

一、宋初官與職分離源于唐

已有學者指出:"宋代的官制紊亂,職事官多不負實際職務,只用以敘品階。實際的職務,多由他官主判。"②其特點是官與職分離,嚴格地說,指職事官與職事分離,另以臨時任命之差遣行職事。"其官人受授之别,則有官、有職、有差遣。官以寓禄秩、敘位著。職以待文學之選,而别爲差遣以治内外之事。"③

如仁宗天聖九年(1031),"權度支判官、右正言陳執中罷度支判官,諫院供職"。這個詔命頗令人費解,右正言已爲諫官,陳執中何需待罷度支判官後,奉新命"赴"諫院供職"呢? 南宋史家李燾對此有一番解讀:

> 國朝承五代之弊,官失其守,故官、職、差遣,離而爲三。今之官,裁用以定俸入爾,而不親職事。諫議大夫、司諫、正言,皆須别降敕,許赴諫院供職者,乃曰諫官。④

這就是說,陳執中差遣爲權度支判官,實掌度支職事;右正言名爲職事官,卻無職事,是空官,但作階官用,決定其俸禄月二十千。詔罷執中度支判官,是罷其舊差遣;以右正言"官""赴諫院供職",爲新差遣。此時,陳執中所帶"右正言"官銜,既是本官階,又是差遣。本來很簡單的事,右正言就是諫官,因受唐以來官制"紊亂"的影響,變得複雜化了:右正言非别降敕命,不得赴諫院供職。這能説權宜之制更"精緻"嗎? 當然不是,只能説"紊亂"。

"紊亂"不止於此:

> (神宗熙寧三年十二月)編修中書條例所言:"内外職員人吏遇大禮加恩,並加勳、階、檢校官、憲銜;及軍員、諸班、殿直、殿侍,自來加恩,或加功臣、食邑,蓋襲唐末弊法,紊亂名分,並乞寝罷。"⑤

北宋前期,遇大禮加恩,文臣不論官、吏,普加勳、階、檢校官或憲銜;武臣不論官、吏,普加功臣、食邑。因所加皆爲虛銜,朝廷不予靳惜,導致濫賞。至於衙前吏,遇大赦恩,有加銜爲"銀青光禄大夫、檢校國子祭酒、兼監察御史、武騎尉"者,俗稱"銀、酒、監、武"。有一位衙前吏的後裔不知情,竟憑此大赦恩賜告申請官户,被朝廷駁回,理由是:"元豐五年以前,官制未行時,衙校各帶'憲銜',止是吏職,不合理爲官户。"⑥故中書條例編修所以

①　鄧小南:《走向"活"的制度史:以宋代官僚政治制度史研究爲例的點滴思考》,氏著:《朗潤學史叢稿》,第 500 頁。

②　孫國棟:《宋代官制紊亂在唐制的根源》,氏著:《唐宋史論叢》,上海古籍出版社 2010 年版,第 256 頁。

③　《宋史》卷 161《職官志》一《總序》,第 3768 頁。

④　李燾:《續資治通鑒長編》(以下簡稱"《長編》")卷 110,仁宗天聖九年七月甲戌條,中華書局 2004 年版,第 2564 頁。

⑤　李燾:《長編》卷 218,神宗熙寧三年十二月己巳條,第 5303 頁。

⑥　趙彦衛:《雲麓漫鈔》卷 3,傅根清點校,中華書局 1996 年版,第 38、39 頁。

"蓋襲唐末弊法,紊亂名分",乞請罷去。

　　北宋前期官制對唐制的繼承,當然不會停留在三省六部制這一表面,"事實上唐的三省六部組織經五代到宋初,已經完全解體,只剩下形骸……而旁邊有全新的其他組織産生。"[①]也就是説,宋初所繼承之唐制已是名實不符,是固定制度與"活"的制度並存的"亂制"。誠如司馬光所論:

　　　　名之宜正者,無若百官。唐初職事官有六省、一臺、九寺、三監、十六衛、十率府之屬。其外有勳官、散官。勳官以賞戰功,散官以褒勤舊。故必折衝執俘,然後賜勳,積資累考,然後進階。以其不可妄得,故當時人以爲榮。

　　　　及高宗東封,武后預政,求媚於衆,始有泛階。自是品秩寖訛,朱紫日繁矣。肅宗之後,四方糜沸,兵革不息,財力屈竭,勳官不足以勸武功,府庫不足以募戰士,遂並職事官通用爲賞,不復選材,無所愛吝。將帥出征者,皆給空名告身……於是金帛重而官爵輕矣。或以大將軍告身才易一醉,其濫如此……流及五代,等衰益紊。三公、端揆之貴,施於軍校;衣紫執象之榮,被於胥吏。名器之亂,無此爲甚。

　　　　大宋受命,承其餘弊,方綱紀大基,未遑厘正。[②]

　　司馬光簡明追溯了自唐以來歷五代至宋初,《唐令》官制如何一步步受到衝擊,變得面目全非的過程。固定官制受衝擊,是一個由量變到質變的動態過程。從唐高、武后朝使職、試官差遣開始出現算起,至趙宋之建立,已達三百餘年(650—960),這個官制執行過程中的動態變化,可劃分爲兩個階段:一是武后執政至安史之亂前大設試官、員外官;二是中晚唐安史之亂後,財力困竭,用職事官爲賞官。[③]

　　需要指出的是,前後兩個階段變化的性質有所區別。第一階段,即唐高宗、武后、玄宗統治時期,出於籠絡人才擴大統治基礎的目的,需要突破原來固定制度的編制。於是,在正官編制之外增設試官、員外官與使職等,就順勢而生。後果是對原法定官制體系造成衝擊,導致濫賞、冗官與冗祿,這是負面影響;但其也有適應行政管理新需求的調整與補充的一面,如調整編制、增設使者等,所謂"設官以經之,置使以緯之"。[④] 許多使職,最初是從六部內部發展而來,表面上看是剝奪了六部的部分權力,實際是一種官制運行過程中的調整,可以説,"六部與使職是一種合作、互補的關係"[⑤],亦即固定官制與"活"的權宜官制之間合作與互補的關係。

　　高宗朝至玄宗開元朝官制執行過程中的變動,其社會背景是唐朝正處於皇權交接、經濟發展、階級結構和邊疆形勢發生劇烈變化的時期;特別是武后在奪取唐政權後,面對如何保持"貞觀之治"後的統一和强盛的局面,勢必要對制度進行調整與改革。

　　這一時段官制運行,呈現出三大變化:

　　其一,在不觸動編制的情況下,增設使者,執行特定任務,對皇帝負責,事畢即了。如

---

①　宮崎市定:《宋代官制序説:宋史職官志的讀法》上,于志嘉譯,《大陸雜誌》(臺灣)第78卷第1期,第12頁。

②　《司馬光集》卷65《百官表總序》,李文澤、霞紹暉校點,四川大學出版社2010年版,第1361、1362頁。

③　具體論述可參見鄧小南:《宋代文官選任制度諸層面》,河北教育出版社1993年版,第3頁。

④　杜佑:《通典》卷19《職官》一《歷代官制總序》,王文錦等點校,中華書局1988年版,第473頁。

⑤　雷聞:《隋與唐前期的尚書省》第四節《六部的獨立化與使職化趨勢》,吳宗國主編:《盛唐政治制度研究》第三章,上海辭書出版社2003年版,第109頁。

高宗上元三年(676),鑒於嶺南桂、廣、交、黔等州郡地方官,由所在州都督直接奏辟土人首領充職,所選非當,其行政能力跟不上地方經濟文化發展的需要,於是由中央派南選使,負責與所在督府共同選擇能稱職者注擬,南選使四年一差,爲臨時差遣:

> 上元三年八月七日敕:"桂、廣、交、黔等州都督府,比來所奏擬土人首領,任官簡擇,未甚得所。自今以後,宜准舊制,四年一度,差强明清正五品以上官,充使選補,仍令御史同往注擬。其有應任五品以上官者,委使人共所管督府,相知具條景行藝能、政術堪稱所職之狀,奏聞。"①

這時委派使者,非奪吏部銓選之權,而是對吏部銓選職事的補充,其目的是將嶺南地方官的銓選之權,從州都督手中收歸中央,使銓選注官符合選擇才能之士的要求,以加强統一,防止地方擅權。

又如户部使之設。按唐初官制,户部是通過掌握國家户口和土地以征派賦税、徭役,這是負責國家財政收入的中央機構。然而,"至開元中,玄宗修道德,以寬仁爲治本,故不爲版籍之書"始,户口大量逃亡,田主換移,至"丁口轉死,非舊名矣;田畝移換,非舊額矣;貧富升降,非舊第矣"。② 户部原來所掌握的户籍已名不符實,幾成空文。這就直接影響到國家賦税征收,財政出現危機。户部司對此已無能爲力。怎麼辦? 開元九年,在户部司之外,始設檢括使行户部司之職,專責以征收賦税之使命,繞開户部,對皇帝直接負責:

> (開元九年春正月丙寅)監察御史宇文融上言,天下户口逃移,巧僞甚衆,請加檢括。丁亥,制:"州縣逃亡户口聽百日自首,或於所在附籍,或牒歸故鄉,各從所欲。過期不首,即加檢括,謫徒邊州;公私敢容庇者抵罪。"以宇文融充使,括逃移户口及籍外田,所獲巧僞甚衆……凡得户八十余萬,田亦稱是。③

又,"天寶中,王鉷爲户口使,方務聚斂,以其籍存而丁不在,是隱課不出,乃按舊籍,除當免者,積三十年,責其租、庸,人苦無告"。④ 户口使之外,又有勸農使、租庸使等,這些臨時設置的使職,都是代行户部司征收賦税職事,並非固定的正官,户部司機構與職事並没有廢置。

其二,在正員編制之外,擴大編制,或突破編制增設試官、員外官。

唐太宗貞觀六年,文武官定員編制僅 643 員。官制整齊劃一。隨著社會生産力的發展,行政管理職能需要不斷擴大,加上武則天登基,政治上需要打擊反對派勢力,擴大統治的基礎,唐初《格令》規定的機構與官員編制,顯然已不能滿足以上兩個方面的需求。於是,首先是貞觀初的編制規模被突破,"開元二十五年,刊定職次,著爲《格令》",⑤官員編制已增至唐初的 20 餘倍之多:

> 内外官萬八千八十五員。而合入官者,自諸館學生以降,凡十二萬餘員……大率

①　《唐會要》卷 75《選部》下《南選》,上海古籍出版社 1991 年版,第 1621 頁。

②　《唐會要》卷 83《租税》上,第 1819 頁。

③　司馬光:《資治通鑒》卷 212《唐紀》二十八,《玄宗皇帝》上之下"開元九年",中華書局 1956 年版,第 6744—6745 頁。

④　《新唐書》卷 145《楊炎傳》,中華書局 1975 年版,第 4723 頁。

⑤　《通典》卷 19《職官典》一《歷代官制總序》,第 471—473 頁。

約八、九人爭官一員。①

繼而是試官、員外官應運而生。試官與員外官非正員官，但享有俸禄：

> 天授二年，凡舉人，無賢不肖，咸加擢拜，大置試官以處之。試官蓋起於此也。試者，未爲正命……太后務收物情，其年二月，十道使舉人，并州石艾縣令王山耀等六十一人，並授拾遺、補闕。懷州録事參軍崔獻可等二十四人，並授侍御史。并州録事參軍徐昕等二十四人，並授著作郎。魏州内黄縣尉崔宜道等二十二人，並授衛佐、校書、御史等。當時諺曰："補闕連車載，拾遺平斗量。杷推侍御史，椀脱校書郎。"

> （神龍）二年三月，又置員外官二千餘人……府庫由是減耗也。於是遂有員外、檢校、試、攝、判、知之官……皆是詔除，而非正命。逮乎景龍，官紀大紊，有"斜封無坐處"之誦興焉。②

其三，職事官階官化。所謂"職事官階官化"即職事官與職事分離，散官階之職能轉移到職事官，發揮階官的功能，稱本官階，此種角色變化，稱階官化。張國剛解釋云："内外使職所帶的職事官稱，謂之帶職……只有使職才有實際職掌，而所帶職事官反與實際事務無涉，僅僅是表示其身份地位與遷轉階序的名號，與階官意義同，故謂之階官化。"③僅舉數例：

> 武周時：鳳閣侍郎兼知政事韋承慶，

> 中宗神龍時：銀青光禄大夫、門下侍郎、兼修國史、判禮部侍郎事、扶陽縣開國子、食邑四百户兼賜紫服韋承慶。④

> 玄宗開元六年：鄯州都督、隴右諸軍節度大使、兼鴻臚卿、攝御史中丞、太原郡公郭知運。⑤

> 玄宗天寶九載：銀青光禄大夫、户部侍郎、兼御史中丞、兼京兆尹、京和市和糴使、長春宫使、勾户口色役使、京畿採訪使、京畿關内道黜陟使、檢察内作使、閑廐使、苑内營田五坊宫苑等使、隴右群牧都使支度營田使、都知總監及栽接等使、賜紫金魚袋王鉷。⑥

> 玄宗天寶十一載：守右相、兼吏部尚書、集賢殿學士、修國史、崇玄館大學士、太清太微宫使、仍判度支，及蜀郡大都府長史、劍南節度支度營田副大使、本道兼山南西道採訪處置使、兩京出納勾當租庸鑄錢等使楊國忠。⑦

上引韋承慶官銜中之職事官"鳳閣侍郎（中書侍郎）"與"門下侍郎"、郭知運之職事官"鴻臚卿"、王鉷之職事官"户部侍郎"、楊國忠之職事官"吏部尚書"等，都是無實際職事的

---

① 《通典》卷15《選舉典》三《歷代制》下《大唐》，第362、363頁。

② 《通典》卷19《職官典》一《歷代官制總序》，第471、472頁。

③ 張國剛：《唐代階官與職事官的階官化》二《帶職的階官化》（一）《帶職階官化的形式》，氏著：《唐代政治制度研究論集》，文津出版社1994年版，第217頁。

④ 周紹良、趙超主編：《唐代墓誌彙編續集》，《神龍019大唐故銀青光禄大夫□□□侍郎贈禮部尚書韋府君（承慶）墓誌銘》，上海古籍出版社2001年版，第420、421頁。

⑤ 《舊唐書》卷103《郭知運傳》，中華書局1975年版，第3190頁。

⑥ 《舊唐書》卷105《王鉷傳》，第3229、3230頁。

⑦ 《楊國忠右相制》，宋敏求編：《唐大詔令集》卷45《大臣·宰相·命相》二，洪丕謨、張伯元、沈敖大點校，學林出版社1992年版，第199頁。

空官,作爲使職表示品、秩的本官階。他們的實際職務,取決於各自的差遣:韋承慶爲知政事(宰相)與判禮部侍郎事,郭知運爲隴右諸軍節度大使,王鉷爲京和市和糴使、勾户口色役使等二十余使,楊國忠爲右相及諸多使職與判度支事。

　　從上述可知,唐代法定的官制,隨著國家政治、經濟、軍事等的發展變化,勢必有一個被動的打破原官制秩序的動態跟進。唐代財政管理機構的變化最爲典型:"轉運在此前一直是度支職責。"[①]舊的財政機構隨著時間的推移,在開元中已有不適合社會經濟政治需要的部分。於是轉運使與出納使應運而生,對户部諸司産生了衝擊。其他行政機構莫不如此。演變到某個時段,朝廷主動推陳出新,重新編訂新的《格令》《官品令》,以肯定行之有效的調整和改革,廢除已不適應的舊格令。這是中國古代官制史變遷的規律,不獨唐代如此。

　　第二階段是中晚唐安史之亂後,財力困竭,用職事官爲賞官,職事官職事逐步被挖空,出現臨時差遣取代職事官的趨勢。

　　唐代還未及用實際運行中産生的行之有效的權宜之制來修訂《唐令》,歷史突然出現拐點,安史之亂爆發,給社會帶來長期的動亂和災難。原來平穩運行的政府職能,也遭到巨大衝擊:"及安史之亂,戎機逼促,不得從容,政事推行,率從權便。故中書以功狀除官,隨宜遣調,而吏、兵之職廢矣。"[②]加上權相、宦官争權奪利,尚書省六部二十四司職事漸被挖空,職事官用爲帶銜、賞官,淪爲本官階;使職繁興,致職事官用爲興利之具,這是對原固定官制的嚴重破壞,這是非正常的動態官制演變,造成唐末宋初官制紊亂的主要根源。

　　如國家財政收支完全脱離户部、左藏庫、太府寺,中央依賴由皇帝直接授命的臨時使職差遣三司使(户部使、度支使、鹽鐵使)、轉運使;地方財政幾已爲節鎮所掌控,中央政令鞭長莫及,財政管理呈現一副亂象:

　　　　至德後,天下起兵,因以饑癘,百役並作,人户凋耗,版圖空虛。軍國之用,仰給于度支、轉運使;四方征鎮,又自給於節度、都團練使。賦斂之司數四,莫相統攝,綱目大壞。朝廷不能覆諸使,諸使不能覆諸州。四方貢獻,悉入内庫,權臣巧吏,因得旁緣,公托進獻,私爲臟盜者,動萬萬計。河南、山東、荊襄、劍南重兵處,皆厚自奉養,王賦所入無幾。[③]

中央之度支使、轉運使、判某部某司事、知某事等差遣,地方之節度使、觀察使、團練使、支使等臨時差遣,變成常態化的固定職務,攘奪了中央與地方的財政管理之司。"使"職既非正官,派職事充任時,多帶本來的官銜,或加新職事官官銜。不唯度支使、鹽鐵使、轉運使、判、知等中央差遣,多帶省、部、卿、監之官銜,地方之節度使、觀察使、團練使、刺史及其僚佐等,在天寶之亂後,也多帶中央官銜,"用以敘位的官,幾乎遍及中央的重要職事官"[④]。

　　(肅宗乾元初)右衛兵曹參軍、攝衛尉寺主簿、充軍器判官竇展。[⑤]

---

　　①　李錦繡:《唐代財政史稿》第 4 册第 4 編《唐後期財政機構及職能》第一章《唐後期財政機構的確立與演變》,社會科學文獻出版社 2007 年版,第 17 頁。

　　②　嚴耕望:《論唐代尚書省之職權與地位》,氏著:《唐史研究叢稿》,香港新亞研究所 1969 年版,第 71、72 頁。

　　③　《新唐書》卷 145《楊炎傳》,第 4723、4724 頁。

　　④　孫國棟:《宋代官制紊亂在唐制的根源》,見氏著《唐宋史論叢》,第 260 頁。

　　⑤　趙君平編:《邙洛碑誌三百種》204《唐竇展墓誌》,中華書局 2004 年版,第 241 頁。

　　（肅宗乾元元年）度支郎中、河南五道度支使第五琦。①

　　（代宗大歷二年）吏部尚書、兼御史大夫、充江南東西福建等道知選並勸農宣慰使李峴。②

　　（德宗貞元十年）朝散大夫、國子司業、守河東縣令竇伯陽。③

　　（懿宗咸通九年）朝請大夫、守衛尉卿、柱國、分司東都、賜紫金魚袋劉略。④

職事官中書舍人，本掌起草詔旨、制敕。⑤　可是，安史之亂後，連專職起草皇帝詔書的中書舍人，也漸漸成爲空銜，皇帝臨時差遣知制誥代其掌草。任知制誥差遣者，或帶“起居舍人”、“諫議大夫”，或帶“户部侍郎”，所帶何種本官階，無定制：

　　（德宗貞元初）起居舍人、知制誥吳通玄。

　　（貞元七年）諫議大夫、知制誥吳通玄。⑥

　　（唐後期）中散大夫、守尚書户部侍郎、知制誥、翰林學士王源中。⑦

職事官逐漸變爲空銜而不任事，開元《唐令》之編制已遭嚴重破壞。上引諸例中，中央政府職事官，三省、六部尚書、諸司郎官至九寺五監官，都成爲差遣所帶官（本官），“官曹虛設，禄俸枉請”而已。

　　除了上述原因之外，致使官制紊亂還有一個原因，就是執行制度的人不守法制，爲首的當然是皇帝，如安史之亂中，賈至“從玄宗幸蜀，拜起居舍人、知制誥”。⑧　起居郎是史官，賈至所帶起居郎不掌起居之職，但決定其請俸，實際職務則是在皇帝身邊草制詔書。原固定官制起居郎的職事就這樣在執行中被閒置了，開了職事官與職事分離的先例。又如，安、史陷河間、信都等五郡後，逃亡政府與軍隊給養成了大問題。以富國強兵之術自任的第五琦，在蜀求見玄宗，表示“賦之所出，江淮居多”，請縷到江淮征賦；玄宗越過有司銓選官員考課、任用的程式，直接任命第五琦爲“監察御史、勾當江淮租庸使。尋拜殿中侍御史”。⑨　賦稅征收自有專司，應由户部擔當，然在天下大亂的形勢下，國家機器已難按常規運行，於是就有此種在制度之外皇帝臨時遣使的運作。

　　皇帝之外，宰相往往也在制度執行中上下其手。如玄宗朝宰相李林甫，爲掌握中央與地方財政，奪韋堅的租庸轉運使之權歸度支，提拔楊國忠，將租庸、轉運使並歸度支，從而使度支不僅取代了户部四曹之權責，並掌握了地方之財權，就是一例：

　　天寶元年四月：韋堅進銀青光禄大夫、左散騎常侍、陝郡太守、水陸轉運使，勾當緣河及江淮南租庸轉運處置使並如故。三年九月，拜守刑部尚書，奪諸使，以楊慎矜

---

　　①　《唐會要》卷 59《尚書省諸司》下《度支使》，第 1191 頁。

　　②　《録文·李峴墓誌》，趙文成、趙君平編選《新出唐墓誌百種》，西泠印社出版社 2010 年版，第 220 頁。

　　③　洛陽市第二文物工作隊李獻奇、郭引强編著：《洛陽新獲墓誌》圖版 83《故朝散大夫國子司業官守河東縣令竇伯陽夫人太原郭氏誌銘》，文物出版社 1996 年版，第 89 頁。

　　④　洛陽市第二文物工作隊李獻奇、郭引强編著：《洛陽新獲墓誌》圖版 83《故朝散大夫國子司業官守河東縣令竇伯陽夫人太原郭氏誌銘》，文物出版社 1996 年版，第 89 頁。

　　⑤　《唐六典》卷 9《中書省·中書舍人》，陳仲夫點校，中華書局 1992 年版，第 276 頁。

　　⑥　《舊唐書》卷 190 下《吳通玄傳》，第 5057 頁。

　　⑦　李心傳：《舊聞證誤》卷 4 引唐《李藏用碑》撰寫人王源中署銜，崔文印點校，中華書局 1981 年版，第 58 頁。

　　⑧　《新唐書》卷 119《賈至傳》，第 4298 頁。

　　⑨　《舊唐書》卷 123《第五琦傳》，第 3517 頁。

代之。①

　　（楊國忠）驟遷檢校度支員外郎，兼侍御史，監水陸運及司農、出納錢物……
等使。②

　　宰相李林甫上下其手，終於將韋堅經營起來的轉運使財政系統給剝奪了，先是交給楊
慎矜，繼而又從楊慎矜手中奪過來，將轉運使權歸檢校度支員外郎楊國忠掌握。這樣，轉
運使事務又歸於度支管了，從而達到個人政治野心的目的。

　　五代十國，南北處於分裂時期，王朝更迭頻繁，無暇顧及制度建設，局部稍有調整而
已。其官制基本上沿襲唐末之制，承上而啟下，故馬端臨稱："宋朝設官之制，名號品秩，一
切襲用唐舊。"③

二、北宋前期官、職分離常態化

　　西元 960 年趙宋王朝建立，結束了唐末五代百餘年來的混亂局面，建立了中央集權行
政管理體制。"政事之原，莫大於官制。"④宋代中央集權能延續三百餘年之久，行政管理
體制發揮了重要作用。

　　爲了穩定人心，且忙於"先南後北"的統一戰爭，太祖、太宗兩朝無暇對後周的官制進
行全面改革，採取了"僞署官並仍舊"的辦法。⑤ 但也並非全盤照搬，宋初對唐末五代的
官、職分離還是進行了改造。

　　首先，是承襲官與職分離格局。可以唐與宋初官銜相同分類爲例。白居易撰《有唐善
人墓碑》，將墓主李建的仕履按官、職（差遣）、階、勳、爵分類敘述：

　　　　官（階官）久歷校書郎，左拾遺，詹府司直，殿中侍御史，比部、兵部、吏部員外郎，
　　兵部、吏部郎中，京兆少尹，澧州刺史，太常少卿，禮部、刑部侍郎，工部尚書。

　　　　職（差遣）久歷容州招討判官，翰林學士，瑯州防禦副使，轉運判官，知制誥，吏部
　　選事。

　　　　階（散階）：中大夫。

　　　　勳：上柱國。

　　　　爵：隴西縣開國男。⑥

　　墓主李建初授官校書郎，爲本官階；其實際職務，乃爲其外舅容管招討使房濟所辟的
容州招討判官。此種秘書省官不在京城任事，而與職分離的仕歷，在唐著名詩人賈島《送
裴校書》詩中有生動反映："拜官從秘省，署職在藩維……使府臨南海，帆飛到不遲。"⑦

　　宋初官員署銜，其分類與唐後期同，以官與職分離爲特點。舉《王公（守恩）墓誌

　　①　《舊唐書》卷 105《韋堅傳》，第 3224 頁。

　　②　《舊唐書》卷 106《楊國忠傳》，第 3242 頁。

　　③　馬端臨：《文獻通考》卷 47《職官考》一《官制總序》，中華書局 1986 年版，第 437 頁下欄。

　　④　《宋會要輯稿·職官》56《官制別錄》，劉琳等校點，上海古籍出版社 2014 年版，第 4544 頁上欄。

　　⑤　《長編》卷 12，太祖開寶四年二月辛卯條，第 261 頁。

　　⑥　《白居易集》卷 41《碑碣·有唐善人墓碑》（長慶元年），顧學頡點校，中華書局 1979 年版，第 904 頁。

　　⑦　賈島：《送裴校書》，《全唐詩》卷 572，中華書局 1960 年版，第 17 冊，第 6635 頁。

銘·建隆元年》爲例:

> 公始從筮仕,迄至歸全(宋)必所賜功臣(功臣號)自開國、佐命、忠節至推誠、奉議、翊戴;
>
> 所授官(階官):自尚書右僕射、司空、太保、太尉至太師;
>
> 所授階(散階):自銀青(光禄大夫)、金紫(大夫),歷光禄(大夫)、特進至開府儀同三司;
>
> 所任職(差遣):自東頭供奉官,歷洛苑、六宅、尚食、宮苑、皇城等使,至同平章事;
>
> 所授封爵:自開國男,歷子、伯、侯,至許國公;所授勳,自柱國,至上柱國;
>
> 所賜食封,自二百户,歷五百、一千、二千、四千、四千五百,至五千户;食實封自五百户,歷一千一百,至一千二百户。"(下略)①

上引兩條唐宋官員墓誌史料顯示的墓主人官銜分類相同,其所謂"官",唐李建之"工部尚書"、宋王守恩之"尚書右僕射"等,都是法定職事官,卻無職事,用作階官;而所謂任"職",即實際職務,唐李建爲"鄜州防禦副使,轉運判官,知制誥"等,宋王守恩"自東頭供奉官……至同平章事",屬差遣。宋初,與唐、五代相同,其所言官銜"職",非宋前期之職名,乃指職事,即差遣,是官、職分離之職。

其次,對使職的清理,力度最大是對藩鎮軍事系統的使職的整頓。宋廷用給予優厚待遇的手段,收回他們的實際權力,使其有名無實,繼而派遣文臣京朝官出任地方長官(知州、知縣),以取代節度使、防禦使、團練使、刺史等武臣,掌治地方之權,"以尚書郎曹、卿寺官出領外寄,三歲一易,坐鎮外重分裂之勢。尚書、侍郎、郎中、員外郎與九寺、五監,皆爲空官,特以寓禄秩、序品位而已。"②而原坐鎮地方的節度使、觀察使、防禦使、團練使、刺史,"特以爲右列敘遷之寵,雖有正任,遙領,大率不親本州之務"。至於諸司使副,有東班皇城使、副等十六使副,西班宮苑使副等八使副,橫班内客省使副等十使副,"獨閤門、客省、四方館(使、副)略有典掌,其他悉無所領"。③

第三,鑒於省、部、寺、監有名無實長期閒置的狀態,設立較穩定的相關職能機構,阻斷唐後期、五代動輒設使職差遣的隨意性。即在舊機構之外,增設並立的新機構,如與户部、工部並立,增立三司;與吏部並立,另設審官東、西院、三班院、流内銓;與刑部並立,又建審刑院、糾察在京刑獄司;與兵部並立,設樞密院;與禮部並立,建禮儀院;與太常寺並立,④建太常禮院;與將作監並立,建立東西八作司、都作院;與秘書省並立,設三館秘閣(崇文院等等,疊床架屋。既使留用的原後周大批舊官員無實際職事,又能提拔大量能爲新政權效力的文官擔當差遣;既保證了新舊政權交接的穩定性,又便於加強中央集權和皇帝駕馭操縱,從而構成了北宋前期職事官與職事名實分離固定化的特點——官與差遣(即唐代的"職")分離。"官",即三省六部、九寺五監等官司之正官;"差遣",即臨時派遣的職務名,常帶"判"(如判某部事)、"知"(如知某州軍州事)、"勾當"(如勾當馬步軍糧料院)、"管勾"(如

---

① 《北宋1》之《墓誌3682》,北京圖書館金石組編:《北京圖書館藏中國歷代石刻拓片彙編》,中州古籍出版社1989年版,第37册,第2頁。

② 章如愚:《群書考索·後集》卷7《列曹尚書·宋》,《四庫類書叢刊》本,上海古籍出版社1992年版,第98頁上欄。

③ 《文獻通考》卷47《職官考·官制總序》,第438頁上欄。

④ 林駉:《古今源流至論·續集》卷5《六部·宋》,《四庫類書叢刊》本,第429頁下欄、430上欄。

管勾往來國信所)、"權"(如權知貢舉事)、"權發遣"(如權發遣三司使公事)"①、"直(如學士院權直)"②、"提領"(如提領實錄院)、"提舉"(如提舉常平司勾當公事)、"提點"(如提點某路刑獄公事)、"提轄"(如提轄文思院)、"簽書"(如簽書樞密院事)、"監"(如監左藏庫)等限定詞。上述調整是否全部或部分已用官品令形式確立起來,目前還難以得知。但零散的事實,在殘缺不全的《天聖令》中能得到印證:

《唐令·營造令》(復原)12:"諸在京營造及貯備雜物,每年諸司總料來年所須,申尚書省付度支,預定出所科備。"

天一閣藏明鈔本《天聖令·營造令》宋12:"三京營造及貯備雜物,每年諸司總料來年一周所須,申三司,本司量校,預定出所科備。"③

《唐令·倉庫令》(復原)11:"諸在京諸司官人及諸色人應給倉食者,皆給貯米。本司據見在供養,九品以上給白米。皆本司預計須數,申度支下給。"

天一閣藏明鈔本《天聖令·倉庫令》宋6:"諸在京諸司官人及諸色人應給食者,九品以上給白米。皆所屬本司預計須數,申三司下給。"④

上引《唐令》"申尚書省付度支"之令文,在《天聖令·倉庫令》中已改爲"申三司"。這是因爲,尚書省戶部度支司在唐後期已成空名,其權已歸臨時差遣度支使,度支使屬三司使之一,而"三司"的確立,始于唐後期元和初⑤,作爲中央財政機構,北宋予以沿用,於是天聖《官品令·倉庫令》就改"申尚書度支"爲"申三司",這就承認了法定官制之外活的官制運行的現實,則戶部度支司之權已歸三司。

《唐令·獄官令》(復原)20:"諸犯徒應配居作者,在京送將作監。"⑥

天一閣藏明鈔本《天聖令·清本·獄官令卷第二七》宋15:"諸犯徒應配居作者,在京分送東、西八作司。"⑦

上引史料表明,《唐令》有"送將作監",而在唐後期至宋初,將作監已成空名,不行本司事,於是至北宋天聖《官品令》,就改爲"分送東、西八作司"了。"東、西八作司"是權行替代將作監部分職事的權宜機構。

《唐令·營繕令》30:"諸近河及大水,有堤防之處,刺史、縣令以時檢行。"天一閣藏明鈔本《天聖令·營繕令》宋26:"諸近河及陂塘大水,有堤堰之處,州縣長吏以時

---

① "(熙寧七年)官與職各該給賻贈者,從多給,差遣,權並同,權發遣並與正同。"見《宋史》卷124《禮志》,第2908頁。

② 直官爲差遣,源于唐,可參見李錦繡《唐代制度史論稿》第一部《官制》一《唐代直官制》,中國政法大學出版社1998年版,第3,5頁)按:裴垍"本官、充直官",近於帶本官階充直官差遣。

③ 牛來穎《天聖營繕令復原唐令研究》,天一閣博物館、中國社會科學院歷史研究所天聖令整理課題組校證:《天一閣藏明鈔本天聖令校證》下冊,中華書局2006年版,第665頁。

④ 李錦繡《唐倉庫令復原研究》,天一閣博物館、中國社會科學院歷史研究所天聖令整理課題組校證:《天一閣藏明鈔本天聖令校證》下冊,第487頁。

⑤ 李錦繡《唐代財政史稿》第4冊第4編《唐後期財政機構及職能》,第122—125頁。並參《唐會要》卷89《泉貨門·元和七年五月條》,第1934頁。

⑥ 雷聞《唐開元獄官令復原研究》,天一閣博物館、中國社會科學院歷史研究所天聖令整理課題組校證:《天一閣藏明鈔本天聖令校證》下冊,第617頁。

⑦ 《清本·獄官令卷第二十七》,天一閣博物館、中國社會科學院歷史研究所天聖令整理課題組校證:《天一閣藏明鈔本天聖令校證》下冊,第116頁。

檢行。"①

《唐令》所言"刺史、縣令以時檢行",是指在唐代,即使在安史之亂後,州、縣長官爲州刺史、縣令一直没有變動,在藩鎮領地内,儘管其權力受節鎮支配,仍是如此。然而入宋後,爲剥奪地方節度使、刺史等由武臣掌控的權力,地方州、府、縣、監均差文臣知州、知府、知縣、知監,刺史有其名而不臨州;縣令存其名,用爲選人階官;縣官職事,須别差文臣知縣事。故《天聖令》將《唐令》令文中州刺史、縣令改爲"州、縣長吏",不用刺史、縣令名號。宋"州縣長吏",即爲知州、知府、知縣(尚有非京官爲縣令者)等别稱。如《名公書判清明集》中載:"知縣系是長吏,職兼軍政。"②《天聖令》中的官制,反映了宋前期實際行使的差遣體制也已常態化,未依《唐六典》(開元令)州刺史、縣令的官制體系。

第四,一些已行之有效的使職、差遣,如同中書門下平章事,樞密使,參知政事,宣徽南院、北院使,三司使,三司鹽鐵、度支、户部使副,内客省使、東上、西上閤門使、四方館使等諸司使以及轉運使等等,北宋前期予以保留,也成爲常態化使職差遣。③

第五,爲了弱化唐後期用職事官作爲賞賜和差遣所帶榮銜的功能,宋代將濫觴于唐五代之帖職,從"活"的制度,變爲常態化的固定之制,創置宋代有特色的"職"("職名")用作内外差遣所帶榮銜。④ 其職名有高下等級之分:"宰職資格者帶觀文、資政、端明學士,侍從資格者帶諸閣學士及以次侍從帶待制,卿監資格者帶修撰、直閣及京官直秘閣,武臣帶閤門宣贊舍人之類。"⑤如仁宗嘉祐三年六月富弼拜昭文相,其以官、職、差遣爲核心的官銜爲:

　　　　行尚書禮部侍郎、同中書門下平章事、昭文館大學士、監修國史、兼譯經潤文使。⑥

其中,行尚書禮部侍郎爲本官階(月俸五十五貫),此爲"官";同中書門下平章事即宰相,此爲"差遣"(月俸三百貫)、昭文館大學士爲首相所帶殿職名(從二品),此爲"職";監修國史兼譯經潤文使,爲首相所帶兼職,又,因其爲宰相,所帶職爲殿學士,即"同中書門下平章事、昭文館大學士",故别稱"昭文相"。

侍從官帶諸閣學士、諸閣待制,如仁宗景祐二年,范仲淹由知蘇州遷權知開封府,其"職名"由秘閣校理,升爲天章閣待制;其"官"爲尚書禮部員外郎;"差遣"爲權知開封府:

　　① 牛來穎:《天聖營繕令復原唐令研究》,天一閣博物館、中國社會科學院歷史研究所天聖令整理課題組校證:《天一閣藏明鈔本天聖令校證》下册,第670頁。

　　② 胡石壁:《約束州縣屬官不許違法用刑》,中國社會科學科院歷史研究所宋遼金元史研究室點校:《名公書判清明集》卷1,中華書局1987年版,第36頁。

　　③ 《宋史》卷168《職官志》八《建隆以後合班之制》,第3987—3990頁。

　　④ 李昌憲:《宋代文官帖職制度》:"宋代文官帖職制度濫觴于唐……設昭文、史館、集賢三館,(所收亦一時文學多識之士)……及至五代增置樞密直學士及端明殿學士……雖屬一時之舉,但卻是宋代以學士兼判内外差遣制度之權輿。"(《文史》第30輯,中華書局1988年版;收入氏著:《五代兩宋時期政治制度研究》,生活·讀書·新知三聯書店2013年版,第3、4頁)

　　⑤ 趙升:《朝野類要》卷2《貼職》,王瑞來點校,中華書局2007年版,第45、46頁。

　　⑥ 《宋大詔令集》卷55《富弼拜昭文相制·嘉祐三年六月丙辰》,中華書局1962年版,第280頁。

尚書禮部員外郎、天章閣待制（從四品）、權知開封府范仲淹[①]

南宋史家李燾對知蘇州范仲淹職名升爲侍從，加以評論道："仲淹自外驟居侍從，必有故。"[②]此故，即調入京師任權知開封府重任。職名帶諸閣待制以上，在宋代意味著進入侍從官序列。

康定元年（1040）五月、八月，范仲淹差遣任陝西經略安撫副使、知延州，職名由閣待制升爲閣直學士，其地位即由侍從升爲正侍從，"職"升爲龍圖閣直學士；其時"官"爲吏部員外郎；"差遣"爲陝西經略安副使、同管勾都部署事、知延州：

吏部員外郎、龍圖閣直學士（從三品）、陝西經略安撫副使、同管勾都部署事、知延州范仲淹[③]

至於郎曹卿監資格之官員，所帶職名爲修撰、直閣之等，如仁宗慶曆七年王洙官銜：

尚書工部員外郎、直龍圖閣（正七品）、知襄州事王洙[④]

王洙時任知襄州，爲實際職務，即差遣；所帶"直龍圖閣"，爲貼職，是虛銜；尚書工部員外郎，本爲職事官，時用作本官階，決定俸禄，其月俸爲30千。

宋代職名，是在固定官制以外悄然形成的"活"的官制，在職事官演變爲"寄禄官"之後，[⑤]已難以作爲濫賞之官，皇帝正好利用職名作爲一種賞賜資淺權重差遣的名器。此名器在宋代得到長期運用，這也是官制長時段演變的產物。

如果說"使職"是唐代產生的"活"的制度，那麼，"職名"則是宋代創制的"活"的制度。

第六，宋代在地方行政管理機構中，新增設差遣。如裭奪節度使、觀察處置使、防禦使、團練使、刺州史等地方長官的實權，改以文臣知某州軍州事、知某府軍府事；而將唐之縣令，改命以文臣京官知某縣事。這是對唐代差遣的發展，差遣本是臨時性的任命，爲原固定的法定制度所無的權宜之策，卻逐漸形成爲常態化的法定官制。

綜上所述，北宋前期官制，是固定官制與"活"的官制融合的產物。一方面，保留唐代職事官"官（職事官官名）"與"職（職事）"分離，以差遣取代職事官，使職事官變爲本官階（寄禄官）的權宜之制常態化；另一方面，宋代根據本身社會政治活動的需求，職名、新差遣等"活"的制度又在運作，兩者悄然融入北宋前期官制運行的程式之中。唐代的"官、職分離"，在宋代已成爲前述《長編》所言"官、職、差遣離而爲三"的新格局。

---

①　《范仲淹全集》卷16《蘇州謝就除禮部員外郎充天章閣待制表》，薛正興校點，鳳凰出版社2004年版，第342頁。並參龔延明：《北宋改革家范仲淹仕履官銜繫年考釋》，氏著：《中國古代制度史研究》，浙江大學出版社2013年版，第239頁。

②　李燾：《長編》卷116，仁宗景祐二年三月己丑條，第2724頁。

③　李燾：《長編》卷127，仁宗康定元年五月乙卯條，第3014頁。

④　陸增祥：《八瓊室金石補正》卷97《宋》十六《峴山石幢題刻·王洙等峴山詩》，文物出版社1985年版，第677頁。按：據陸氏考證，此刻石時間爲慶曆七年。

⑤　程俱：《麟台故事校證》卷2《職掌》："若秘書省，則所掌祠祭祝版而已，書籍實在三館秘閣；而所謂職官者，猶今寄禄官耳。"（張富祥校證，中華書局2000年版，第82頁）錢大昕《潛研堂文集》卷28《跋宋史》二："宋之官制，前後不同。元豐以前所云尚書、侍郎、給事、諫議、諸卿監、郎中、員外郎之屬，皆有其名而不任其職，謂之寄禄官，以爲敘遷之階而已。"（上海古籍出版社1989年版，第496頁）

三、官、職分離推動了元豐官制改革

宋承唐制，儘管已對制度適當加以改造，使之常態化，政事運行順暢。可是人們總覺得此種"活"的官制不正規，不符合《周官》《唐六典》的傳統，士大夫對當時官制名不符實、機構重疊十分不滿，大聲疾呼要求正名："大中祥符九年，真宗與宰相語及尚書省制，言事者屢請復二十四司之制。"①

及至宋神宗進行官制改革，方使宋代官制進入了新階段。

宋神宗目睹"國朝建官，沿襲五代……累朝因仍，無所改革。百有餘年，官寖失實"的局面，顯然感到新法難以通過名不符實、疊床架屋的國家機器推行，"慨然欲更張之"。熙寧末，神宗"欲正官名，始命館閣校《唐六典》"。元豐三年，以經過校訂的《唐六典》摹本頒賜群臣，"遂下詔命官置局，以議制作"②。是年六月，命中書設置詳定官制局。八月，降詔中書，闡明改革官制的宗旨，"國家受命百年，而官政尚愧前聞"，提出"推本制作董正之原"。③

元豐官制改革帷幕拉開後，在神宗的直接主持下，官制局經過兩年的努力，完成了《元豐官制格目》的制訂，"三省、六曹、御史台、秘書省、九寺五監之法成"。④ 元豐五年四月（甲戌）二十三日降詔中書，五月一日正式施行新官制："五月朔行官制。"⑤也就是說，參稽現行"活"的官制，損益而成的新的法定官制，完成了立法程式。這是對唐高宗以來至北宋神宗朝430年（650—1082）"活"的官制的里程碑式的總結，是新一輪法定官制的出臺。

綜觀元豐官制改革的內容，可分爲下列幾個方面：

（一）元豐三年九月，頒行《以階易官寄禄新格》（即《元豐寄禄格》），以階易官，雜取唐及國朝舊制，自開府儀同三司至將仕郎，定爲二十四階，⑥此所謂"寓禄有階"。原"職事官俸賜禄料舊數與今新定（寄禄）官請給（禄給）對擬定"。例如：

　　　　原職事官階：使相　易新寄禄官階：開府儀同三司（月俸120千）
　　　　原職事官階：尚書左、右僕射　易新寄禄官階：特進（月俸90千）
　　　　原職事官階：左右正言、太常博士、國子博士　易新寄禄官階：承議郎（月俸20千）⑦

《元豐寄禄格》爲元豐改制中較爲引人注目、也是影響較大的一項官制改革內容。寄禄官實由唐文散官二十九階脫胎而來，其階名與制秩禄功能幾乎相同，有承繼《唐令》之臍帶。

①　《宋史》卷168《職官志》八《合班之制》，第4003頁。

②　《宋會要輯稿·職官》一《中書門下省》，第2978頁上欄。

③　王應麟：《玉海》卷119《元豐新定官制·正官名》，江蘇古籍出版社、上海書店出版社1987年版，第2201頁上欄。

④　《宋會要輯稿·職官》一《中書門下省》，第2978頁下欄。

⑤　《長編》卷325，神宗元豐五年四月甲戌條，第7825頁。

⑥　《宋史》卷169《職官志》九《敘遷之制·元豐寄禄格》，第4051、4052、4053頁。

⑦　《宋會要輯稿·職官》五六《官制別錄》，第4527下欄、4528頁上欄；並參《宋史》卷171《職官志》十一《奉禄制上·元豐制行》，第4110頁。

《玉海》就直稱唐文散官二十九階爲"寄禄階"。① 這是對難以行之久遠的、用職事官作爲寄禄官的"活"的官制的正名性改革。新的法定官制《元豐寄禄格》,正是在經歷了"活"的官制實踐基礎上産生的。② 元豐新制寄禄官,就是以階易官,即以散官階取代原職事官爲定秩禄之等階,結束先前以職事官寓禄的不正常狀態:"《神宗正史·職官志》:元豐中,酌古御今,名實始正……寓禄有階。"③

(二)正官名,結束官與職分離的現象,依《唐六典》復三省六部、九寺、五監之制,實掌職事。凡領空名的職事官一律罷去。如三省六部:

三省:宋初雖有三省,"其實政事總歸中書。神宗釐定官制,分一中書爲三省……始令中書省揆議,門下省審覆,尚書省施行"。④

六部:宋初尚書省六部二十四司,"既爲虛名,所以官冗員眾。即欲正官制,當罷三司,復二十四司及九卿官,使有定員"。⑤

九寺與五監:宋前期"九寺五監皆爲空官,持(特)以寓禄秩序位品,官失其實"。⑥

時論謂:"朝廷改行官制,于尚書省六曹二十四司,置尚書、侍郎、郎中、員外郎;於寺監,置長、貳、丞、簿。隨官設吏,上下畢具,所以稽古立制,誠太平盛觀也!"⑦

經過這一番整頓,宋中央機構面貌焕然一新。宰相機關"中書門下"、財政機關"三司",及其餘在省、台、寺、監邊旁逸橫生的重疊機構,如審官東、西院、三班院、流内銓、審刑院、糾察在京刑獄司、禮儀院、太常禮院、起居院、諫院、舍人院、銀台司封駮房、三館秘閣等等,全部罷歸三省、六部、二十八司、九寺、五監及秘書省等官司,機構重疊得以緩解,官與職合一。先前,三省不預朝政,給事中不領省職,左、右諫議大夫無言責,起居郎、舍人不記注,中書省常闕舍人,兩省不除左、右散騎常侍,左、右司諫與正言不任諫浄,至於尚書左、右僕射、六部尚書、丞郎、員外居其官不知其職,九寺、五監皆爲空名的現象至此結束,"即用新制,而省、台、寺、監之官,各還所職矣。(元豐)五年,《省台寺監法》成"。⑧

四、元豐改制使官、職復合

元豐立新官制,以正名爲重心。職事官"官復原職",這是元豐官制改革的成果,也是對名不符實的官、職分離的"活"的制度的終結。

元豐官制以正名爲核心,對在官制動態演變過程中産生的合理部分,如差遣的行用,予以有選擇地吸收,通過對"官、職、差遣"分離進行改革,將"職事官、寄禄官、職名"爲核心

---

　① 《玉海》卷119《元豐新定官制》:"寄禄階,隋唐二十有九,而今二十有五。元祐四年,寄禄官分左右,紹聖三年罷。"(第 2201 頁下欄雙行小字注文)

　② 張復華《北宋中期以後之官制改革》:"元豐改制所創之《寄禄新格》,本係唐與宋舊制之綜合,故與《唐六典》二十九階之制相較,非僅各階名稱、次序大體相似,其作用亦同爲制禄秩。"(文史哲出版社 1991 年版,第 35 頁)

　③ 《宋會要輯稿·職官》八《吏部》,第 3232 頁上、下欄。

　④ 趙善沛序:《元豐官志·三省總論》,北宋元豐四年敕編,臺灣"國立圖書館"藏本,第 28 頁。

　⑤ 劉敞等:《上仁宗論詳定官制》,《宋朝諸臣奏議》卷 69,第 755 頁。

　⑥ 《宋宰輔編年録》卷 8,元豐三年九月乙亥,第 485 頁。

　⑦ 《長編》卷 376,元祐元年四月癸丑條,第 9122、9123 頁。

　⑧ 《文獻通考》卷 47《職官考》1《官制總序》,第 438 頁中欄。

的新官制格局以《元豐令》的形式確定下來。這樣，則"官"（職事官）不再用爲本官階，而是"官復原職"；對"職"，罷去館職，使三館秘閣官歸人秘書省，保留殿職與閣職。①

元豐改制，將"官、職、差遣"爲官員核心官銜的格局，一變爲以"職事官、寄禄官、職名"爲核心的格局。故爾，在士大夫表述某官員身份時，必先列其"職事官、寄禄官、職"，如司馬光在奏議中，把"職事官"、"寄禄官"、"職名"看成官員身份最重要的資格：

> 應職事官，自尚書至給舍、諫議；寄禄官，自開府儀同三司至太中大夫；職，自觀文殿大學士至待制，每歲須得於十科内舉三人。②

自唐以來的職事官名與實分離的局面，至神宗元豐官制改革，走向終結。元豐官制是一次以職與官復合爲特徵的官制立法。循名責實、官復其職，從立法的維度，結束了自唐末亂政以來職事官與職事分離的紊亂。哲宗朝右司諫王覿評論道："夫自李唐失政，官制紊亂久矣……至神宗慨然憫之，於是講求歷世之墜典，造新一代之成憲，正名百職，建復六聯，上下相維，各有分守。"③這個評價是符合實際的。至於元豐改制之成敗得失，學術界爭議頗多。如劉后濱稱："從'正名'的意義上説，三省制的格局因此建立起來了。而實際運行中的最高裁決機制，卻與《唐六典》表述的唐前期三省制相差甚遠。"④這已非屬本文討論範圍，容後繼續討論。

總之，唐宋官、職分與合的歷史過程，提供了一個强有力的史實例證，即某一時期的職官制度在執行過程中，是一個"活"的動態過程，成文法必然會受到各種因素的干擾、及因應時局的變化而有所跟進，跟進的權宜官制從開始不符合成文法到逐步常態化，從而推動了官制改革，制訂出新的官制格目、官品令。制度史就是在這樣一波接一波地動態地向前推進。

（原載《歷史研究》2015 年第 5 期
作者單位：浙江大學古籍所暨浙大宋學研究中心）

---

① 《宋會要輯稿·職官》18《秘書省》："（元豐）五年四月二十三日，詔：'自今更不除館職，見帶館職人依舊。'"（第3473 頁下欄）《宋史》卷 162《職官志》二《總閣學士》："元豐中，修三省、寺監之制，其職並罷，滿歲補外，然後加恩兼職。"（第 3818 頁）按：元豐改制罷"職名"，並不徹底，殿職、閣職皆保留。

② 司馬光：《上哲宗乞以十科舉人》，趙汝愚編：《宋朝諸臣奏議》卷 71，第 784、785 頁。

③ 李燾：《長編》卷 388，元祐元年九月癸未條，第 9441 頁。

④ 劉后濱：《"正名"與"正實"從元豐改制看宋人的三省制理念》，《北京大學學報》2011 年第 2 期，第 128 頁。

走向"活"的制度史

——以宋代官僚政治制度史研究爲例的點滴思考[①]

鄧小南

近二十年來,海内外學術界對於宋代官僚政治與制度的研究取得了令人矚目的成就[②],使我們得以重新思考宋代歷史上的一些重大問題,重新認識一向被批評爲"叢脞紛紜"的諸多制度設施。今天,進行制度史方面的研究,條件應該説比以往更好,同時卻也遇到了來自多方面的挑戰[③]。在學界已經具備一定積累的情形下,我們更應該明確下一步的方向。

一、關於"問題意識"

眾所周知,學術領域中實質性的進展,並不僅僅是由成果的數量決定的;只有表層的平推、擴展遠遠不夠。依照某種現成的模式,我們可以"填補"很多"空白";但這也許並不意味著對於結構性的體制、對於産生一系列制度的時代之深入理解。描述性的研究提供了再認識的基礎,但滿足於此,則會造成學術史意義上的停滯不前。如果我們批評宋代的政策政風,還只痛憤於其因循保守;批評宋代的官僚制度,還只斥責其冗濫與疊床架屋——這與宋代士大夫們的認識相比,究竟有多少提高? 相對於我們所處的時代而言,這實際上是思維方式的倒退。

---

① 制度史自身,本無所謂"死""活",凝滯靜止的認識是在一些研究過程中形成的。本文不可能從根本上解決究竟什麼是"活"的制度史,以及如何才能將制度史研究做"活"等重要問題,但筆者期盼通過討論,使學界予以更多關注,從而共同"走向自覺"。參見包偉民《走向自覺:關於深入拓展中國古代制度史研究的幾個問題》,包偉民主編:《宋代制度史研究百年》,商務印書館 2004 年版,第 1—9 頁。

② 在宋代官僚制度的研究方面,日本學者梅原郁《宋代官僚制度研究》(同朋舍 1985 年版)體大思精,使學界對於宋代官制的整體認識有所改觀。中國學者朱瑞熙、張其凡《中國政治制度通史》宋代卷(人民出版社 1996 年版)、龔延明《宋史職官志補正》(浙江古籍出版社 1992 年版)、《宋代官制辭典》(中華書局 1997 年版)等著述,比較全面地反映出這一領域的前沿水準。苗書梅《宋代官員選任和管理制度》(河南大學出版社 1996 年版)、賈玉英《宋代監察制度》(河南大學出版社 1996 年版)等著作選取不同制度,進行了深入細緻的研究。日本學者對於官僚制度運作空間的研究(參見平田茂樹《日本宋代政治史研究述評》,載包偉民主編:《宋代制度史研究百年》,商務印書館 2004 年版,第 40—63 頁)、歐美學者在制度史研究中突出的社會史、文化史取向以及注重運作過程分析的研究方式(例如賈志揚對於宋代科舉制度的研究、魏丕信對於明代官僚選任制度的研究、孔飛立對於清代"叫魂"事件背後之制度運行的研究等),都給予我們深刻的啟發。其它成果尚多。茲不一一。

③ 有一種批評意見説,"搞歷史的,就是喜歡做制度。"所謂"做制度",可能是褒貶兼寓,而究其側重,或許是批評制度史研究者總要把活生生的現實問題抽象成乾澀枯燥的孤兀條文。在這種"抽象"的過程之中,人爲地遺失了無數寶貴的信息;而這種"抽象"本身,又可能受到某種主觀意識的支配,不過是某種"歷史想像"的表達。當然,如果考慮到我們所用以研究的材料的客觀可靠程度問題,事情實際上還要複雜得多。

　　我們所面臨的挑戰首先是：怎樣才能有所創新，實現認識論意義上的進步？我個人覺得，回應這一挑戰，首先需要在"問題意識"方面有所突破。

　　所謂"問題意識"，實際上是一種"眼光"。它所反映的，是一種追求歷史識見的研究取向；所要求的，是洞察敏銳而言之有物。它探索事物發展的內在邏輯，而不以重複大而無當的普遍規律爲目標。對於"問題意識"的強調，有利於尋找學術前沿、減少淺層次的重複，有利於促進論點的提煉與研究的深入，也有利於多領域甚至跨學科的交叉合作。

　　"問題意識"一方面涉及到"問題"本身，也就是說，在眾多可供選擇的題目中，有些論題，可能更具實質性意義，或者說對於全局性研究更有"牽動"作用；另一方面，或許更爲重要的是，我們應該更加關注提問的方式，即如何提出、如何著手解決問題[①]，而這實際上反映出人們治學時的一種"意識"。

　　實際上，略加注意便可發現，在目前大量的著述中，作者本人預設的問題總會或隱或現地顯露出來。例如《文臣：興邦還是誤國》[②]，標題雖然醒目，卻鮮明地體現著二元對立的思想模式。類似的認識方式我們處處都會遇到：分析社會階層與權力結構時的"貴族—平民"[③]；評價特定集團、群體時籠統的"改革"或"保守"；對於王安石變法，全盤肯定或全盤否定[④]；此外諸如"前進—倒退"、"傳統—現代"等等，迄今仍未擺脫貼標籤式的簡單化提法。當然，有許多相對並舉的概念，曾經啟發過我們研究的思路，例如宋代的文與武、南與北等等，但時至今日，我們已經應該有更爲深入的分析與更加豐富的認識範疇。

　　任何一種具有解釋力的研究模式，任何一種評價體系，都需要中等層次的論證以至微觀的考訂作爲其邏輯支撐。這就需要追求問題設計的層次化、細密化與邏輯的推衍。就有關制度的討論而言，尋求一些比較有過渡感、銜接遞進的提法，既看到前後時代、此制度與彼制度的差異，又看到融通與傳承，探究既連接又隔離對立雙方（兩極）的"中間層面"、"過渡階段"、"演變途徑"，或許有助於提出更爲新穎的問題。

二、作爲"過程"的制度史

　　所謂"活"的制度史，不僅是指生動活潑的寫作方式，而首先是指一種從現實出發，注重發展變遷、注重相互關係的研究範式。官僚政治制度不是靜止的政府型態與組織法，制度的形成及運行本身是一動態的歷史過程，有"運作"、有"過程"才有"制度"，不處於運作過程之中也就無所謂"制度"[⑤]。

---

　　① 在一段歷史進程中，找尋到我們希望看到的內容，事實上再容易不過。先羅列制度規定，再填充數件例證，這樣的做法，恐怕不能算是"實證"史學。

　　② 黃燕生：《文臣：興邦還是誤國》，中國青年出版社 1998 年版。

　　③ 近年間，隨著社會史研究的深入，一些史學家對於"唐宋變革説"提出修正或挑戰。關於社會權力結構的變遷問題，他們不再堅持"貴族"與"平民"的二元對立，不再簡單强調"平民"的興起，而是著重指出地方上自求延續的士人菁英家族的作用。參見包弼德：《唐宋變遷重探（提要）》，《文化的饋贈·史學卷》，北京大學出版社 2000 年版。

　　④ 參見李華瑞：《20 世紀王安石變法研究的回顧與反思（上篇）》，載《宋代制度史研究百年》，第 414—459 頁。

　　⑤ 日本學者寺地遵在其《南宋初期政治史研究》（溪水社 1988 年版）之序章《宋代政治史研究的軌跡和問題點》中，提出政治史的研究對象爲：國家的統治機關、制度；國家意志與政策；重要政治事件；政治主體、政治勢力。使諸多因素活動起來、貫穿起來的脈絡，即體制的運作，得到中外學界愈益重視。

如今,制度史的研究者們無不注意到"長時段"、"動態"研究的必要性。以趙宋開國以來的政治制度史爲例,如果我們不局限于朝代更易的框架之下認識問題,則可能注意到,中晚唐、五代乃至北宋初期(太祖、太宗朝至真宗前期)應該屬於同一研究單元。我們不能仍然將自己的思路局限于"祖宗創業垂統,爲萬世法"①。儘管新王朝的建立爲制度更革提供了契機,卻並不意味著全新制度的開始。要把握北宋前期政治格局及制度設施的發展軌跡,不能不把我們關注的時段放長。與此同時,應當意識到,今天的我們,進行跨朝代的研究,必須突破宋人的"唐史觀"、"五代史觀"與"本朝史觀"之限制,必須將我們的研究建立在扎實逼近的基礎之上,滿足於浮光掠影則可能導致似是而非。

舉例言之,以往的研究者講到宋初專制集權制度的建立,每以樞密院掌軍政爲分割宰相事權的例證。八十年代以來,蘇基朗、梁太濟在研究唐末五代樞密院的淵源及其演變之基礎上,先後指出"所謂相權之分割更應是削樞密之權,以實中書之任。換言之,這毋寧是重建中書宰相制度的開始,而非其分割與削弱的肇端"②;"(宋初中樞設置)從制度設施來看,是分割宰相軍政權的結果;而從樞密院的淵源及其演變來看,實際上又是限制樞密使完全侵奪宰相事權的結果"③。這種自較長時段著眼、切實而非浮泛的考察方式,無疑對宋代"樞密院與中書對持文武二柄"之權力格局的形成提供了更爲確切的認識。

又如,説到宋代的官制紊亂,最易混淆的問題似乎來自官、職、差遣的分離。要把握這一特殊的設官分職制度,顯然並非一句"宋承唐制,抑又甚焉"④所能交代,我們不得不自釐清其沿革脈絡入手。

我們通常所説的"歷史過程",實際上是涉及多方面、起訖點不一、内容性質不一的多種演變過程的匯合交錯⑤。這些過程,或與王朝遞嬗同步,或與朝代更迭參差,事實上都是更深層次的多方面因素在起作用。在這種宏觀背景之下,導致制度變更的因素、動力都是多元的。這裏有王朝的政策選擇及傾向問題,有不同政治集團的構成及性質問題,也有體制的傳承以及内外壓力造成的運行機制轉換問題。"話語"體系也會改變人們的思維方式。即便是政治生活中具有象徵性的"説法"乃至儀式,亦可能影響人們行爲的過程,構成爲社會秩序建設過程中的内聚力量。

制度史重視發展,強調動態。朝代之間近似制度的類比,有可能提供更爲長遠廣闊的視野;但需要警惕的是,過於表面的類比,在凸現某些異同的同時,又可能使人們忽略關鍵性的深層次差別,遮蔽其背後錯綜複雜的社會文化現實。與此類似,朝代内部前期、後期的分別敍述,並不等於自根本上解決了由"靜態"到"動態"的問題,而可能僅僅是由"短靜態"取代了"長靜態"。動態過程像轉動的鏈條,是由不同的階段、層次、環節連續構成的,沒有環節就談不上演進;而與宣示、與規範存在重大反差的現實運作,則構成了動態過程關注的另一方面内容。

---

① 司馬光:《温國文正公文集》卷四〇《體要疏》。

② 蘇基朗:《五代的樞密院》,《唐宋法制史研究》,香港中文大學出版社 1996 年版,第 21 頁。

③ 梁太濟:《北宋前期的中樞機構及其淵源》,杭州大學歷史系宋史研究室編《宋史研究集刊》第二集,第 56 頁。

④ 《宋史》卷一六一《職官志一(總序)》。

⑤ 例如,王朝實施的法律制度、官僚的選任制度、溝通上下的文書制度,乃至社會上的家族制度等,各有其内在的發展軌跡,有起訖不同的歷史階段性。

三、作爲"關係"的制度史

我們今天對於宋代官僚制度的研究，是希望加深對於當時政治機制的整體認識。無疑，政治機制並非若干制度平列的總和，任何制度也並非條文簡單相加的集合體。從縱向看，制度本身體現爲不斷建構與重塑的社會過程；從橫面上看，作爲建立秩序的軌則，制度本身不是孤立的，制度之間也不是平行的。制度之間的互動，制度與非制度因素的互動，作用遠遠大於單個制度、單個因素的疊加。

所謂"關係"，既包括一制度與它制度相互之間的外在關係，也包括決定制度本身性質的内在關係。制訂制度的人、形成制度的過程、制度的規定與實施，無不反映著形形色色的利益關係；正是各類關係與制度本身之間形成的"張力"，決定著制度運行的實際曲線。我們既需要研究有關制度的具體内容，例如其機構、職任、法規等等，又需要注意儘管無形卻更爲重要的關係。這種關係實際上滲透于社會生活的諸多方面，直接、間接地影響著制度的運行過程①。對於種種關係網絡特有的運作機理與滲透方式，我們至今還缺乏清晰的認識。如果我們重視制度的實際運作而不僅僅是其條文，那麼，我們將清楚地看到，一方面，制度既提供又制約著人們集體選擇的可能性；另一方面，制度本身既由"關係"構成，又由"關係"限定。

宋代歷史上涉及制度研究的一些重大問題，本身即是對於"關係"的探究——例如制度與組織的關係、制度與人事的關係、中央與地方的關係等等。再以官僚選任制度爲例，在選任原則方面，任人與任法的關係；規定條文方面，法與例的關係；選任機構内部，官與吏的關係；參選資格方面，課績與年勞的關係……凡此種種，不一而足。正是處理這些關係時不同的公開規則與潛在規則，反映出人與制度間的互動，塑就了制度實施過程中的不同特質。强調"關係"，我們有可能將制度置於活動的場景之中；有可能提煉出更具實質意義的問題；有可能走向對於制度史的立體認識。

無庸諱言，當我們對官僚制度中的某一項或某一側面進行局部考察時，有時可能忽略了環繞這"樹木"的"森林"，特別是這"森林"得以生長的環境。當然，我們可以説是"一葉知秋"、"一滴水也折射太陽的光輝"，從局部可以看到全局；但是，如若沒有全局作爲思考的背景，數枚落葉絶不等於繽紛的秋季。

就宋史研究的不同領域而言，我個人曾經接觸過宋代政治、文官制度、區域性家族、婦女史等方面的一些論題，在感到分身無術的同時，也考慮到課題彼此之間的關聯。歷史現實本來是沒有那麼多界域和屏障的，人爲地將其拆解開來是爲了研究的專門與方便；那麼，這種"拆解"也可能造成理解中的隔膜與偏差。今後的我們，是否有可能尋求溝通的出路？

官僚制度與政治史之間的關係，應該説是顯而易見的。而它與社會史、思想史、學術

---

① 許多研究者已經注意到這類問題。如戴建國指出，應該加强對於司法實踐的研究，從中探究法的動態和功能；考察司法官員如何運用法律來解決問題，研究司法官員在法律具體操作過程中所反映出的思維理念和邏輯，以及法律實施後的社會效果。見《宋代法律制度史研究述評》，載《宋代制度史研究百年》，第93—132頁。

史等領域的課題也都有著直接間接的關係。溝通與深入有著多方面的需要,研究者也有著多種選擇。如何突破以往制度史的敘述闡釋框架,將制度與社會氛圍、與文化環境、與思想活動聯繫起來考察,把貌似抽象的制度"還原"到鮮活的政治生活場景中加以認識,賦予制度史研究以應有的蓬勃生命力,我們需要新的視角。在討論這些問題時,我們所追求的,不是非此即彼的一錘定音,而是多元化、多層次的開放空間,是坦誠合力而臻至新的境界。

四、嚴格學術規範,加强學術交流

"制度闡釋的深入"問題,是大家關心的重要議題。我們靠什麼推動這種"深入",靠什麼保證學術品質的提高? 我覺得,途徑之一,是强調學術規範,加强有銳氣的嚴肅的學術交流。

所謂"規範",實際上就是一種執行中的標準,一種規則;它應該是有效表現特定思維方式的確當途徑,是推進學術發展的必要手段。學術規範不僅是一系列技術標準,而且是使學術受到應有尊重、真正取得進展的保證。

學術規範實際上是一種學術意識,學術境界。它有助於我們尋找本領域的學術前沿,尋找自己的學術起點。它應該充分體現認識演進的過程,反映既有的研究、個人的貢獻——包括提出的問題、採用的材料、立論的依據與闡發的方法。嚴格意義上的學術規範,應該首先審視自己的研究目的與研究方式,從自我質疑開始,努力摒棄先入爲主而過於輕易空疏的模式化結論。重視學術規範,是敬業精神的要求,對於我們每個人的學術品質都是一種提升。

一代人有一代人的史學,一代人應該有一代人推進學術的責任感。大陸宋史學界對於制度史的研究無疑有著深厚的基礎,而這既是我們的長項,又在一定程度上使我們滿足於自說自道而忽略了思想的碰撞與交流[①]。如若我們今天還不能痛下決心從自身開始腳踏實地進行調整,則將愧對我們在相關領域中的同行,也將愧對從事宋代制度研究的前輩與後人。

趙宋一朝,存在許多看似矛盾的耐人尋味現象,有非常開闊的思考餘地,需要整體上更爲深刻的把握。筆者相信,多元而良性的互動,無數認識與再認識的碰撞、累積,將使我們對於宋代的歷史有更爲清晰而確切的理解。目前首先應該致力的,是通過自覺的、群體性的持續努力,形成一種真正具有鋒芒的、中心突出而高密度的學術交流。只有在這樣一

---

① 所謂"碰撞與交流"有著多種可能的方式,本領域內如專題回顧與反思,它領域如法律學、管理學以案例分析帶動研究與教學的範式,都在"和而不同"的關懷下對傳統的制度史研究有所啟益。追蹤學界新的理論訊息亦屬值得重視的方面之一。舉例而言,八十年代以來,西方經濟學、政治學研究中新制度主義學派的崛起,極大地拓寬了制度史的研究領域(例如道格拉斯·C·諾斯:《制度、制度變遷與經濟績效》,上海三聯書店1994年版;埃瑞克·G·菲吕博頓、魯道夫·瑞切特編:《新制度經濟學》,上海財經大學出版社,1998年;詹姆斯·馬奇、約翰·奧爾森:《新制度主義:政治生活中的組織因素》,《美國政治科學評論》總78卷,1984年第3期)等。目前大陸的經濟學、政治學、社會學界都對此有積極的反應(可參見楊龍:《新制度經濟學的政治學意義》,《政治學研究》1998年第3期,第78—83頁;秦海:《制度範式與制度丰義》,《社會學研究》1999年第5期,第36—65頁),對於宋代制度史的研究,或許也不無啟發。

種學術空氣之下,宋代制度史的研究才會真正有整體性的明顯突破[①]。

（原載《浙江學刊》2003 年第 3 期

作者單位:北京大学中古史研究中心）

---

① 本文原爲 2001 年於浙江大學召開的"近百年宋史研究的回顧與展望"研討會而作。該會論文結集爲《宋代制度史研究百年》,包偉民主編,2004 年商務印書館出版。本文的寫成,要感謝本次會議的參加者李立以及當時就讀於北京大學歷史系的研究生李全德、譚星宇、易素梅、高柯立等同學在相互討論過程中爲我提供的資料介紹與多方面説明。

宋代真跡官告文書的解讀與研究

——以首次面世的司馬伋吕祖謙真跡官告爲中心

龔延明

　　2011年，南宋武義徐謂禮墓出土徐謂禮録白告身、敕黄、印紙文書，共十二卷，其中告身二卷十三件。2012年，包偉民、鄭嘉禮編《南宋武義徐謂禮文書》由中華書局出版。[①] 這成了宋史學術界轟動一時的盛事。比之唐代，宋代新出土的文獻實爲罕見，因此顯得特别珍貴。這批新材料，對深入瞭解宋代官文書的格式和運作流程，提供了前所未有的原始檔案，具有不可替代的學術價值，爲宋代制度史研究注入了新的活力。唯一不足的是，它不是真跡官文書，而是録白文書，即是手抄副本。那麽，比如官員的官告格式，到底是什麽樣子？又是用什麽材料制成？還是一個問號。

　　值得慶幸的是，秘藏於域外的南宋著名理學家吕祖謙和宋代大史學家司馬光曾孫司馬伋的真跡官告，最近重見天日、公佈於世。此次發現的吕氏、司馬氏真跡官告與徐謂禮録白官告，構成了互爲參證的雙璧。奇跡的發生悄然而至，真有一種可遇不可求的喜悦！下面把這兩份官告分别解讀如下：

　　司馬伋，字季思，陝西夏縣人，司馬光曾孫。他留下的這份官告，是南宋孝宗乾道二年(1166)，任命他爲"總領淮西江東總領所總領、專一報發御前軍馬文字兼提領措置屯田"的差遣官告，其材質形體爲絹本手卷，26×247cm，業經後人裱糊、盒裝。爲林朗庵舊藏，黄葆鉞錢題簽，日本長尾甲題盒。官告絹本重覆鈐"尚書吏部告印"，鈐35次。[②]

　　吕祖謙的這份官告，是南宋孝宗淳熙五年(1178)，恩轉朝散郎官告，即吕祖謙寄禄官由原朝奉郎升一階爲朝散郎的官告。即我們現在所能看到的經後世重新糊裱的吕祖謙官告真跡，其材質形體爲絹本手卷，327×26cm，業經後人裱糊、盒裝。官告絹本重覆鈐"尚書吏部告印"，鈐31次。葉恭綽題跋。長尾甲題盒。[③] 原告身所用中綾紙爲七張，因後經重裱，已粘連一起，難於分辨，然仔細辨認真跡告身，仍能找到七朵六瓣花，均在綾紙右上方，此可證吕祖謙告身的歷史真實性。

---

①　包偉民、鄭嘉勵編：《武義南宋徐謂禮文書》，中華書局2012年版。

②　據北京匡時國際拍賣公司編《匡時情報》2015年春季刊第52頁《司馬伋告身》。

③　據北京匡時國際拍賣公司編《匡時情報》2015年春季刊第58頁《吕祖謙告身》。

一、敕授司馬伋制總領淮西江東總領所總領制詞解讀

(一)敕授司馬伋官告制詞、告詞録文

敕：右朝散郎、尚書户部員外郎、賜緋魚袋司馬伋：中户三家之賦，僅活一兵；步卒五人之糧，可贍一騎。此前史養兵之論，亦後人計費之言。悉仰給于度支，寧不傷於國力？然則統之民部，臨以王官，庶乎其宜也。以爾性有通方，才無滯用，以大賢之後，爲當世之稱。前者，占蘭省之名郎，贊天官之武選，條理甚枒，奸欺不生，式疇爾能，可司軍賦。爰以國計之重，遂正版曹之名，委屬蓋優，欽對毋怠。可特授依前右朝散郎、尚書户部員外郎、總領淮西江東軍馬錢糧、專一報發御前軍馬文字兼提領措置屯田。賜如故。

　　奉

　　　敕　如右。牒到奉行。
　　　　　　乾道二年八月二十八日
　　侍　　　　　　　　　中　　　　　　　　闕
　　中　　　　書　　　　令　　　　　　　　闕
　　參　　知　　政　　事　　　　　　　　　杞
　　簽書樞密院事兼權參知政事　　　　　　幣
　　權　　　給　　　事　　　中　　　　　　巖肖
　　中　　　書　　　舍　　　人　　　　　　曬
　　　　　　八月三十日午時　　都事時　宗傳　受
　　左司員外郎史　　正志　　　　　　　付吏部
　　尚　　　　　書　　　　令　　　　　　　闕
　　尚　　書　　左　　僕　　射　　　　　　闕
　　尚　　書　　右　　僕　　射　　　　　　闕
　　參　　知　　政　　事　　　　　　　　　杞
　　吏　　部　　尚　　書　　　　　　　　　闕
　　禮部侍郎兼權吏部尚書　　　　　　　　執羔
　　吏　　部　　侍　　郎　　　　　　　　　闕
　　權工部侍郎兼權吏部侍郎　　　　　　　元用

告：[1]右朝散郎、尚書户部員外郎、總領淮西江東軍馬錢糧、專一報發御前軍馬文字兼提領措置屯田、賜緋魚袋司馬伋　奉
　　敕如右。符到奉行。

---

① 李燾：《續資治通鑑長編》卷三二五，元豐五年四月甲戌："詳定官制所言：'今擬階官、職事官、選人，凡入品者，給告身；其無品者，則給中書黄牒，吏部奏授則給門下黄牒。'"中華書局 2004 年版，第 7827 頁。

	主　事楊　　安澤
權員外郎　（李）彥穎	令　史田　　允升
主管院　（缺筆難辨）	書令史陳　　士美

　　如上所引，宋代官員官告告身的格式，由二部分組成：第一部分是除授制詞，由中書舍人起草的稱外制。司馬伋制詞屬外制制詞。從官告簽名"中書舍人曬"，可知是中書舍人王曬書行（起草放行）。[①]制詞之下，是相關主管機構長官和書吏的簽押。第二部分是告詞，及其下之與告詞相官吏的簽押。其公式如下：

　　　敕：右某：
　　　可特授某官，賜如故。
　　　　奉敕如右。
　　　　牒到奉行。
　　　　　　　年　　月　　日

侍　　　　　　　　　　中　　　　關
中　　　　書　　　　令　　　　關
參　　知　　政　　事　　　某（名）

簽書樞密院事兼權參知政事　　　某（名）
權　　給　　事　　中　　　某（名）
中　　書　　舍　　人　　　某（名）
　　月　日午時　都事某某（姓名）　受
左司員外郎史　某（名）　　　　　付吏部
尚　　　　書　　　　令　　　　關
尚　　書　　左　　僕　　射　　關
尚　　書　　右　　僕　　射　　關
參　　知　　政　　事　　　關
吏　　部　　尚　　書　　　某（名）
簽書樞密院事兼權參知政事　　　某
禮部侍郎兼權吏部尚書　　　某（名）
吏　　部　　侍　　郎　　　關
權工部侍郎兼權吏部侍郎　　　某（名）

　　告：右某官

----

①　何異：《中興學士院題名記》："王曬　乾道元年九月以權禮部侍郎兼直院。二年五月，除中書舍人。九月，遷給事中。"《藕香零拾》叢書本，影印清光緒二十二年繆氏刻本，中華書局1990年版，第156頁上欄。

　　　　奉敕如右。

　　　　符到奉行。

	主　　事某(姓)　　　某(名)
權員外郎　　某(名)	令　史某(姓)　　　某(名)
	書令史某(姓)　　　某(名)

　　主管院　　　某(名)

(二)關於敕授司馬伋制總領淮西江東總領所總領制詞運作流程與解讀

　　制詞是闡明奉敕任命司馬伋爲淮西總領的緣由,一方面説總領所總領擔當供應軍馬錢糧之責任重大,"悉仰給度支,寧不傷於國力?""度支"是户部度支司,泛指國庫。其意是要總領除了仰給國庫支撥錢糧外,還要廣開財源(如屯田),減輕國家負擔。那麼,如此重任,挑選你司馬伋來做,是因爲司馬伋"性有通方,才無滯用,以大賢之後,爲當世之稱",即説司馬伋具有通達事理的才幹,又是"大賢"司馬光之後,名重當時,云云。制詞末尾謂"奉敕如右。牒到奉行。""奉敕",指三省奉皇帝敕命。"如右",即如上面所述。"牒"是同級文書,門下省將"敕命"牒送到尚書省,尚書省再"付"吏部。下面,將制詞相關內容予以一一解讀考釋:

　　1."敕":被敕命除授,即敕授。宋代除授官員分制授、敕授、奏授三個等級。① 制授等級最高,由翰林學士草制白麻,其宣制不經三省。奏授等級最低,由吏部上奏得旨除授,不給告身,只給黄牒。② 凡品官除授,中書省文字上奏皇帝,得旨後,抄録于黄紙上,稱畫黄,經宰相書押,當制中書舍人"書行",畢,過門下省,給事中"書讀",然後由尚書省出命爲敕命,乃敕授,敕授一律給告身。③ 任命司馬伋爲淮西總領,屬敕授。

　　2."右朝散郎、尚書户部員外郎、賜緋魚袋司馬伋":

　　"右朝散郎",是寄禄官,正七品,月俸三十貫;帶"右",表示非進士出身,司馬伋是靠門蔭入仕。進士出身"左",寄禄官帶"左、右"之制,於南宋孝宗淳熙元年(1174)結束。④

　　"户部員外郎",是職事官,正七品,月俸三十二貫,屬尚書省户部户部司副司長。出任總領必兼中央金穀官:"諸路總領,故事皆帶在內金穀官,若太府、司農卿、少、丞,户部列曹

<hr>

　　① 《宋史》卷一六三《職官志》三《吏部·官告院》:"元豐五年,官制所重定《制授敕授奏授告身式》,從之。吏部言:'《元豐法》,凡入品者,給告身;無品者,給黄牒。'"

　　② 李燾:《續資治通鑒長編》卷三二五,元豐五年四月甲戌:"詳定官制所言:'今擬階官、職事官、選人,凡入品者,給告身;其無品者,則給中書黄牒,吏部奏授則給門下黄牒。'"中華書局2004年版,第7827頁。

　　③ 佚名撰,汪聖鐸點校:《宋史全文》卷二十四下,乾道二年十二月丁酉起居舍人洪邁奏:"今三省所行事,事無巨細,必先經中書畫黄(按:中書省文字凡大事向皇帝面奏後得旨後,抄録於黄紙上,稱畫黄,然後將畫黄交門下省審讀、奏覆,省讀畢,尚書省施行),宰執書押既圓,當制舍人書行,然後過門下,而給事中書讀。如給舍有所建明,則封黄具奏,以聽上旨。唯樞密院既得旨,即畫黄過門下,而中書不預,則封繳之制微有所偏⋯⋯欲望詔樞密院自今以往,凡已被旨文書,並關中書、門下,依三省式畫黄書讀,以示欽重命令之意。詔從之。然樞密院機速事,則不由中書,直關門下省,謂之密白。"中華書局2016年版,第2039、2040頁。

　　④ 《宋史》卷三十四《孝宗紀》二:"三月戊子朔　詔寄禄官及選人並去'左、右'字。"第657頁。參龔延明《宋代官制辭典》,中華書局2013年版,第684頁《文臣寄禄官分左右沿革表》。

郎中、員外郎之類。"①户部郎官是金穀官之一,户部員外郎即爲司馬伋所帶兼官,並不赴户部任職。

"賜緋魚袋",凡官品未及服緋,皇帝特許服緋,賜緋,並佩銀魚袋。元豐新制,五品、六品服緋,而司馬伋官品是正七品,服緑。因新除總領之需,特賜緋服銀魚袋。②

"司馬伋":字季思,排行九,或稱司馬九。③ 宋解州夏縣人,司馬光曾孫。高宗紹興十五年,爲右承務郎、新添差浙東安撫司幹辦公事④;紹興末,任處州通判;孝宗乾道二年,爲朝散大夫、户部員外郎、淮西江東總領所總領⑤;淳熙四年,遷朝議大夫、權尚書吏部侍郎⑥;淳熙六年四月,爲中奉大夫、敷文閣待制、知蘇州⑦;遷知廣州;淳熙十年,敷文閣待制、知泉州;淳熙十一年三月,由知泉州遷龍圖閣待制、兩浙轉運司判官;終吏部侍郎、開國伯。結交天下名士,如洪邁輩。凡司馬温公之書必皆刊行。從司馬光之殘稿中發現《資治通鑒》凡例,因而得傳於世。高宗南渡,扈從寓杭州,其族人移居紹興,爲山陰縣司馬氏始祖。⑧

3."中户三家之賦,僅活一兵、步卒五人之糧,可贍一騎":

"中户三家之賦",關於上、中、下户等,説法不一。通常鄉村劃分五等,或以第一等二等爲上户,第三等、第四等爲中户,第五等爲下户。⑨　從廣義上説,中户就是處於上户與下户之間的户等:"州縣上户常少,中、下户常多。自法行以來,簿籍不改,務欲敷配錢數,故所在臨時肆意升補,下户入中,中户入上,今天下往往中、上户居多,而下等户少。"⑩中户三家之賦,即中户三家所納賦税(夏、秋二税,納錢、米)之收入。

————————

① 李心傳撰,徐規點校:《建炎以來野雜記》甲集卷十一《館職爲總領》,中華書局2000年版,第226頁。

② 《宋史》卷一五三《輿服志》五《公服》:"中興仍元豐之制,四品以上紫,六品以上緋,九品以上緑。"第3563頁。葉夢得:《石林燕語》卷三"服色,凡言賜者,謂於官品未合服而特賜也。"中華書局1984年版,第34頁。

③ 陸游:《老學菴筆記》卷八:"紹興末,謝景思守括蒼,司馬季思佐之,皆名伋。劉季高以書與景思曰:'公作守,司馬九作倅,想郡事皆如律令也。'聞者絕倒。"中華書局1979年版,第102頁。

④ 李心傳,胡坤點校:《建炎以來繫年要録》卷一五四《宋高宗》:"紹興十五年七月丙午　右承務郎、新添差浙東安撫司幹辦公事司馬伋。"中華書局2013年版,第2903頁。

⑤ 周應合:《景定建康志》卷二十六《官守志》三《總領所》:"右朝散郎、尚書户部員外郎,乾道二年八月二十五日到,十月十五日丁憂。"《宋元方志叢刊》本第二册,中華書局1990年版,第1753頁。

⑥ 周必大:《周益公文集》卷一〇八《賜臣僚請免詔》四《淳熙四年·賜朝請大夫權尚書吏部侍郎司馬伋恩命不允詔·十月七日》,見四川大學古籍所編《宋集珍本叢刊》第49册,綫裝書局2004年版,第690頁;周必大《周益公文集》卷一〇八《賜臣僚請免詔》四《淳熙五年·賜朝議大夫試尚書吏部侍郎司馬伋乞一在外宫觀差遣不允詔·正月十日》,見四川大學古籍所編《宋集珍本叢刊》第49册,綫裝書局2004年版,第693頁。

⑦ 范仲淹:《吴郡志》卷十一《本朝牧守題名》:"司馬伋　中奉大夫充敷文閣待制,淳熙　六年四月至,當年八月提舉江州太平興國公。"《宋元方志叢》刊本第一册,第774頁。厲鶚《宋詩紀事》卷四十六《司馬伋》:"伋字季思,紹興中處州通判。淳熙中,以敷文閣待制,守蘇州。"上海古籍出版社1983年版,第1182頁。

⑧ 雍正《山西通志》卷一三一《人物》三十一《解州》:"司馬伋字季思,夏縣人。温公曾孫。出鎮廣州,終開國伯、吏部侍郎。所交皆天下名士,洪邁輩樂與之遊。凡温公之書必梓行。於《資治通鑒》得公之'凡例'於殘稿中,撮其要例傳於世。予奪之旨大明。高宗南渡,扈從,寓杭。今爲山陰之始祖云。"文淵閣《四庫全書》本,第546册第487頁上欄。

⑨ 王曾瑜:《宋朝階級結構》第一編《宋朝階級結構綜述》,河北教育出版社1996年版,第24頁。按:李燾:《續資治通鑒長編》卷三六四,哲宗元祐元年春正月戊戌:"侍御史劉摯言:'自上户至於下五等。'"第8699頁。此可證鄉村户第五等爲下户。

⑩ 李燾:《續資治通鑒長編》卷二六四,哲宗元祐元年春正月戊戌,第8700頁。

“僅活一兵、步卒五人之糧，可贍一騎”：可供結一騎兵、五步兵所需口糧，並供給一匹馬的飼料。

4.“悉仰給于度支，寧不傷於國力？”：“悉仰給度支，寧不傷國力？”“度支”，是户部度支司，泛指國庫。其意是要總領所之錢糧供給，全部仰給國庫，豈不有傷國財家力嗎？

5.“然則統之民部，臨以王官，庶乎其宜也。”：既不能全仗國庫，故爾總領所之財政支出，需轉由户部統管，派遣中央錢糧官員親臨擔責，廣開財源，如組織屯田之類，此當爲相宜之策。民部爲户部別稱，唐代避李世民之諱，或以户部稱民部，後世用作户部雅稱．

6.“以爾性有通方，才無滯用，以大賢之後，爲當世之稱。”：

如此重任，挑選司馬伋來做，是因爲司馬伋“性有通方，才無滯用，以大賢之後，爲當世之稱”，即是説司馬伋具有通達事理的才幹，又是“大賢”司馬光之後，名重當時，可以信賴。

7.“前者，占蘭省之名郎，贊天官之武選，條理甚枋（析），奸欺不生，式疇爾能，可司軍賦。”：前任，爲“蘭省”（尚書省別稱）郎官（疑爲兵部郎官），曾佐天官（吏部）之武官銓選，公幹有條理，忠心耿耿，爾之材能與之同類，汝可掌軍賦之重任。“式”爲發語詞，加强語氣。[1]

8.“爰以國計之重，遂正版曹之名，委屬蓋優，欽對毋怠。”：

乃以國家計度之重，以兵部郎官領軍賦，名不正；今以汝户部員外郎掌軍賦，可正版曹（户部）之名。所委任優異，爾當對皇上負責，毋怠於職事。[2]

9.“可特授依前右朝散郎、尚書户部員外郎，總領淮西江東軍馬錢糧、專一報發御前軍馬文字兼提領措置屯田。賜如故。”

“可特授”是皇上詔命的口氣，即依據上述情況，可除授云云。

“依前右朝散郎、尚書户部員外郎”，就是司馬伋的寄禄官右朝散郎與所帶職事官尚書户部員外郎，照舊不動。

“總領淮西江東軍馬錢糧、專一報發御前軍馬文字兼提領措置屯田”，這是乾道二年八月二十八日特授司馬伋的差遣。核心是“總領淮西江東軍馬錢糧”，簡稱就是淮西總領所總領官。“專一報發御前軍馬文字”爲兼領官，是副職。因總領所是匹配御前諸軍統制司，除了供應軍馬錢糧外，還負責監視統制司，其上奏文字可直達皇帝：“紹興十一年，諸將既罷兵，乃置三總領，以朝臣爲之，皆帶‘專一報發御前軍馬文字’，蓋又使之與聞軍政，不獨饋餉而已。”[3]

因罷宣撫司之後，宣撫司改制爲御前諸軍都統制司，高宗懼將領有所不服，故爾，以總

---

① 宋淳熙間無名氏編：《錦繡萬花谷前集》卷二十六《凶兆》：“書報登科墨未乾，已聞吊客在門闌；只傳金榜魁蘭省，不得丹梯到廣寒。”宋代科舉考試由尚書省禮部管，故有金榜魁蘭省之説。文淵閣《四庫全書》本，第 924 册第 332 頁上欄。

② 户部：別稱版曹。陳傅良：《陳傅良先生文集》卷五二，樓鑰撰《故寶謨謨閣待制贈通議大夫陳公神道碑》：“以謂之御前軍馬，雖朝廷不得知；大軍錢糧，雖版曹不得預。”浙江大學出版社 1999 年版，第 686 頁。黎靖德編：《朱子語類》卷一一一《論財》：“諸路總領贍軍錢，凡諸路財賦之入總領者，户部不得而預也；其餘則歸户部。”中華書局 1986 年版，第 2719 頁。

③ 李心傳撰，徐規點校《建炎以來系年要録》甲集卷十一《總領諸路財賦》，中華書局 2000 年版，第 226 頁。周應合：《景定建康志》卷二十六《官守志》三《總領所》：“在行宫西南、都酒務北。紹興十一年建。”《宋元方志叢刊》本第二册，中華書局 1990 年版，第 1749 頁。

領官臨之。"兼提領措置屯田",也是兼官,負責屯田,開闢財源。

"賜如故",指"賜緋魚袋"如故。則司馬伋赴建康總領所上任,,雖官品不高,正七品,但可服六品官之緋服。

10."奉敕如右。牒到奉行。"

其意爲:中書、門下省所奉敕命如上,茲牒送尚書省奉行。"牒到奉行":"牒"是同級使用文書。此件是經中書、門下省審讀通過行下尚書省,再由尚書省付吏部之敕告。①

11."乾道二年八月二十八日。"

　　此爲除授司馬伋總領的日期。

據宋周應合著《景定建康志》卷二十六《官守志》三《總領所》:"司馬伋　右朝散大夫、尚書户部員外郎,乾道二年八月二十五日到任,十月十五日丁憂。"司馬伋任淮西總領時間很短,二個月不到,即遇父喪,當即卸任,回家守喪三年。右朝散大夫、尚書户部員外郎司馬伋任總領淮西江東軍馬錢糧、專一報發御前軍馬文字兼提領措置屯田的時間,《景定建康志》署明是乾道二年八月二十五日到任,可官告制詞所署尚書省下命牒付吏部時間爲"乾道二年八月二十八日",相差三天。怎麽官告未下,人已先赴任了呢?② 這不是《景定建康志》記載之誤。宋代未候收到官告,先赴任,不乏先例。如高宗紹興六年七月三日,中書舍人董棻言:"近陳與義、傅崧卿與棻同日除中書舍人,陳與義不候授告,先次供職。棻尋具辭免,不允,乃授告供職。"③又如朱熹,孝宗淳熙十六年八月,除江南東路轉運副使,敕告未下,尚書省劄先至:"右熹見任主管西京嵩山崇福宮,忽於今月九日,準尚書省劄子奉聖旨:朱熹除江東路轉運副使,填見闕。不候受告,疾速之任。任滿前來奏事。"④陳與義未授告敕先赴中書舍人之任,是南宋高宗紹興間事;司馬伋在正式官告下達前,先赴建康任總領任所,是孝宗乾道二年事。其後,孝宗淳熙間,朱熹數次未候告敕、疾速赴任,以上可證其制的歷史延續性。

12.乾道二年八月司馬伋任淮西總領所總領時的全稱官銜爲:右朝散大夫、尚書户部員外郎、總領淮西江東軍馬錢糧、專一報發御前軍馬文字兼提領措置屯田、賜緋魚袋。職掌建康、池州諸御前諸軍錢糧措置、供運、供給,並與聞軍政。于高宗紹興十一年始設。

南宋有四大總領所:淮東、淮西、湖廣、四川總領所。總領所總領,爲原先四大宣撫使總領財賦官,相當於現今大軍區總後勤部。但它帶"專一報發御前軍馬文字"官銜,兼有直接對皇帝負責的特殊使命,即監視御前諸軍都統制司。"建康、池州諸軍錢糧,隸淮西總

　　①　黎靖德編:《朱子語類》卷一〇六《外任·南康》:"法:鄰縣有事於鄰州,只是牒上。今卻小郡與大郡便申狀,非是。蓋雖是大郡,卻總是列郡,只合使牒。"中華書局 1986 年版,第 2641 頁。

　　②　周應合:《景定建康志》卷二十六《官守志》三《總領所》,《宋元方志叢刊》本第二册,中華書局 1990 年版,第 1753 頁。

　　③　徐松輯、劉琳、刁忠民、舒大剛、尹波等校點《宋會要輯稿·職官》卷三之一八《中書省》,上海古籍出版社 2014 年版,第 3036 頁。

　　④　朱熹:《晦庵集》卷二三《辭免江東運使狀》,《四部叢刊》初編本,第 1 頁。按:此資訊及史料,由北京大學鄧小南教授提供,謹致謝意!

領，治建康。"淮西總領所所治在建康。①

司馬伋官告告身第二部分是告詞，由吏部符下主管官告院，按相應規格制作官告。

13.官告簽署官員名單考釋：

第一組：中書、門下省長官：

①"侍中闕　中書令闕"：元豐官制，法定以三省長官爲宰相，實際上從未除人，在官告中列出侍中、中書令，既是敕命需宰相簽押的象徵，又是宋代行令必經中書、門下省的一種標示。在南宋，中書門下合爲一省。②

②"參知政事杞"：乾道二年八月，參知政事有魏杞，此"杞"即魏杞。宰執簽押不署姓，但署名。③

③"簽書樞密院事兼權參知政事　芾"：乾道二年八月十八，蔣芾爲簽書樞密院事兼權參知政事。宰執簽押不署姓，但署名。故只署芾名而不署蔣姓。④

第二組：外制審讀與書行官

"權給事中　岩肖　中書舍人　曮"：

按：文書運行次序，應中書舍人先書行，再過門下省給事中書讀。簽押時，給事中位在中書舍人之上，即非表示先經給事中讀、再由中書舍人書行，而是給事中排位（雜壓）比中書舍人高。比如王曮，在乾道二年八月還是中書舍人，至九月則升遷給事中。⑤乾道二年八月任給事中之人，未見記載。然是年十二月有兵侍陳巖肖見於史籍，而兵部侍郎（從三品）位在給事中（正四品）之上，可推陳巖肖經給事中升遷兵部侍郎，此岩肖疑即陳巖肖。⑥

"中書舍人　曮"，據《中興學士院題名記》有王曮，於乾道二年五月爲中書舍人，九月遷

①　李心傳撰，徐規點校：《建炎以來繫年要録》甲集卷十一《總領諸路財賦》，中華書局2000年版，第226頁。周應合：《景定建康志》卷二十六《官守志》三《總領所》："在行宫西南、都酒務北。紹興十一年建。"《宋元方志叢刊》本第二册，中華書局1990年版，第1749頁

②　葉夢得：《石林燕語》卷三："本朝沿習唐制，官制行始用《六典》，别尚書、門下、中書爲三省，各以其省長爲真宰相，則侍中、中書令、尚書令是也。既又以秩高不除。"中華書局1984年版，第39頁。汪聖鐸點校：《宋史全文》卷二十四下，乾道二年十二月丁西起居舍人洪邁奏："今三省所行事，事無巨細，必先經中書畫黄，宰執書押既圓，當制舍人書行，然後過門下，而給事中書讀。如給舍有所建明，則封黄具奏，以聽上旨。"中華書局2016年版，第2039、2040頁。

③　徐自明撰，王瑞來校補：《宋宰輔編年録校補》卷十七《乾道二年》："三月癸酉，魏杞同知樞密院事兼權參知政事。五月庚戌，魏杞參知政事。"第1189、1190頁。

④　徐自明撰，王瑞來校補：《宋宰輔編年録校補》卷十七《乾道二年》："五月辛亥（按：庚戌之誤）　蔣芾端明殿學士、簽書樞密院事。自中書舍人除。八月戊子，兼權參知政事。"第1191頁。按：據陳垣《二十史朔閏表》，乾道二年八月朔爲辛未，戊子即爲八月十八日。中華書局1962年版，第138頁。

⑤　何異：《中興學士院題名記》："王曮，乾道元年九月以權禮部侍郎兼直院。二年五月，除中書舍人。九月，遷給事中。"《藕香零拾》叢書本，清光緒二十二年繆氏刻本，中華書局1990年版，第156頁上欄。又，給事中雜壓在中書舍人之上：《宋史》卷一六八《紹興以後合班之制》："給事中、承宣使、中書舍人、通議大夫、殿前副都指揮使。"第4011頁。

⑥　陳巖肖，字子象，婺州金華縣人。紹興八年以任子中詞科，仕至兵部侍郎。著有《庚溪詩話》。（《四庫全書總目》卷一九五《集部》四十八《詩文評類》，中華書局1965年版，第1784頁。）據《宋史全文》卷二十四下，乾道二年十二月："兵侍陳岩肖因對奏"（見該書1685頁），説明，陳巖肖於乾道二年八月權給事中，十二月已遷兵部侍郎。陳巖肖任權給事中，未見史載，此官告可補史載之缺。

給事中。官告簽署時間是八月二十八日，正好印證書讀司馬伋官告的給事中曠，正是此王曠。①

第三組：中書門下省牒送尚書省，尚書省與吏部簽署官員：

①"八月三十日午時　都事時宗傳受"：敕命過門下省時間爲八月二十八日。由門下省牒送尚書省時間，爲三十日。三十日午時，乃尚書省都事收受司馬伋敕告簽字時間。都事，爲尚書省吏：南宋時編制七人，頭名充點檢諸房文字，余六名分呈六房文字。此都事時宗傳，疑即爲頭名都事，負責點檢尚書省諸房進出文書。凡書吏簽名有名有姓。②

②"左司員外郎史正志　付吏部"　尚書省都司（左、右司）有郎中、員外郎，爲尚書省糾察部門，"掌受、付六曹之事，而舉正文書之得失。"而左司、右司有分工，左司郎中、員外郎負責吏、户、禮部文書接收和分發。史正志爲左司員外郎，收受和點檢門下省牒送之敕命，由他負責將司馬伋官告敕命"付吏部"，符合他的身份和權責。史正志，字志道，江都人，紹興二十一年進士，紹興三十一年爲左宣教郎，司農寺丞。歷知建康府、知成都府、發運使。乾道六年爲户部侍郎，告老歸蘇州。③

③"尚書令闕　尚書左僕射闕　尚書右僕射闕"：尚書令、尚書左僕射、尚書右僕射，南宋不單除人，所以付闕。南宋建炎三年四月定制，尚書左僕射、同中書門下平章事爲左相，尚書右射、同中書門下平章事爲右相；門下侍郎與中書侍郎不復爲副宰相，以參知事爲副宰相。④ 乾道二年八月，右相爲洪适，左相陳康伯以年事已高，於二月罷相。⑤ 司馬伋官告無宰相簽押，而以副相簽押。

④"參知政事　杞"：此參知政事"杞"即魏杞，已如上述。魏杞何以在此重簽一次？蓋行令之尚書省無長貳，參知政事爲宰執官，權代尚書省之長貳簽押之責。

⑤"吏部尚書　闕　禮部侍郎兼權吏部尚書　執羔"　乾道二年四月，周執羔爲禮部侍郎。此執羔即爲此周執羔無疑。是年八月，吏部尚書未除人，故"闕"。而以禮部侍郎兼權吏部尚書周執羔代表吏部簽押。⑥

① 何異：《中興學士院題名記》："王曠，乾道元年九月以權禮部侍郎兼直院。二年五月，除中書舍人。九月，還給事中。三年七月，除敷文閣待制、宫觀。"《藕香零拾》叢書本，清光緒二十二年繆氏刻本，中華書局1990年版，第156頁上欄。《宋史全文》卷二十四下，孝宗乾道二年十一月甲子：今五日給事中王曠王進講《春秋》莒人伐杞。周執羔進讀《三朝寶訓》，第1684頁。

② "都事時宗傳受"　都事，爲尚書省吏："祖宗舊額都事七人，頭名充點檢諸房文字，余六名分呈六房文字。主事六人，分押六房文字。令史十四人，第一、第二名監印，第三名開拆房點檢，以下充諸房行遣人。書令史三十一人，並充諸房行遣，係兩試中人。"（《宋會要輯稿·職官》三之三一《五房五院·隸中書省》，第3049頁）都事位最高，正八品。凡門下省牒下尚書省之敕命，由都事收受登記，注明接收日期與時刻。《宋會要輯稿·職官》三之三九《五房五院·隸中書省》："檢準《紹興令》，中書門下省録事，尚書省都事爲正八品。第3057頁、

③ 《宋史》卷一六一《尚書省》："左司郎中　右司郎中　左司員外郎，右司員外郎　各一人。掌受、付六曹之事，而舉正文書之得失分治省事。左司治吏、户、禮、奏鈔。班簿房，右司治兵、刑、工、案鈔房。"第3790頁。清紀昀等編纂《四庫全書總目》卷一一五《子部》二十五《譜録類》："《史氏菊譜》一卷　史正志撰。正志，字志道，江都人。紹興二十一年進士。累除司農丞。孝宗朝歷守廬、揚、建康，官至吏部侍郎，歸老姑蘇。"第991頁。《宋史》卷一六七《發運使》："乾道六年，復置。以户部侍郎史正志爲兩浙京湖淮廣福建等路都大發運使。"第3964頁。

④ 李心傳：《建炎以來繫年要録》卷二十二，高宗建炎三年四月庚申，第551頁。

⑤ 《宋史》卷二一五《宰輔表》四，第5572頁。

⑥ 《宋史》卷三三八《周執羔傳》："周執羔，字表卿，信州弋陽人。宣和六年舉進士，廷試，徽宗擢爲第二……乾道二年四月，復爲禮部侍郎。"第11898頁

⑥"吏部侍郎　　闕　權工部侍郎兼權吏部侍郎　□□"：　吏部侍郎未除人，故付闕，而以權工部侍郎兼權吏部侍郎某□□作爲吏部副貳簽押。真跡官告中，此簽押字跡難以辨認，待考。

（三）司馬伋官告告詞運作流程與解讀

司馬伋官告告身第二部分是告詞，由吏部符下主管官告院，按相應規格制作官告。①

1. 官告運作流程

"告"，就是任命司馬伋爲"總領淮西江東軍馬錢糧、專一報發御前軍馬文字兼提領措置屯田、賜緋魚袋司馬伋"差遣的正式通知，官方語言專稱"告"。凡一品以上敕命除授的官員，均給告身："告"由誰發下發的呢？是吏部。所謂"符到奉行"，"符"，是吏部下發的一種文書。告要下發給官告院。"符到奉行"，就是官告院官收到吏部文書"符"之後，得立即執行。負責官告院的主管官，將吏部頒下的除授司馬伋官的官告文字（包括制詞與告詞），按規格制作成告身。官誥書寫在綾錦紙（絲綢質地）上。司馬伋時所帶職事官爲尚書户部員外郎，寄禄官是朝散郎，依照宋代《制授敕授奏授告身式》之規定："凡文武官綾紙五種，分十二等。"最高一級一等是色背金花綾紙，三公、三少、侍中、中書令用之，十八張；一級二等宰相、使相，是十七張。尚書户部員外郎、朝散郎（正七品）司馬伋屬敕授，用中綾紙7張。中綾紙官告分二等，"一等，七張，中錦標，中牙軸，青帶。諸司員外郎，朝請、朝散、朝奉郎……用之。"②

司馬伋官告七張綾紙，經後人重新裱制，已粘連成近二米五的長幅，粗看爲十幅半。③然仔細辨認綾紙，可以看出共有7朵六瓣花朵，位在每張綾錦紙右上方，一張一朵，正好是7張。此官告物證與《宋史》記載相吻合。官告，卷在大牙軸上，系上色帶。司馬伋在交納綾告制作費錢，則可領到此官告。

上面所解讀之司馬伋官告格式，經與武義出土的徐謂禮文書中的録白告身、及真跡吕祖謙《淳熙五年九月·吕祖謙恩轉朝散郎告》的格式相比較，基本吻合。略有不同的是，吕祖謙官告是寄禄官遷轉，所用制詞格式略有區別。

2. 告詞與相關簽押官吏考釋

恩賜司馬伋總領淮西江東軍馬錢糧告詞與簽押官吏録文：

　　告：④右朝散郎、尚書户部員外郎、總領淮西江東軍馬錢糧、專一報發御前軍馬文字兼提領措置屯田、賜緋魚袋司馬伋　奉

　　敕如右。符到奉行。

　　① 李燾：《續資治通鑒長編》卷三二五，元豐五年四月甲戌："詳定官制所言：'今擬階官、職事官、選人，凡入品者，給告身；其無品者，則給中書黄牒，吏部奏授則給門下黄牒。'"中華書局 2004 年版，第 7827 頁。

　　② 《宋史》卷一六三《職官志》三《官告院》，中華書局 1977 年版，第 3841、3843 頁。

　　③ 在 2015 年 5 月 12 日北京匡時拍賣公司組織專家鑒定司馬伋、吕祖謙官告時，浙江大學龔延明教授提出：按宋代制告規格，朝散郎應爲 7 張綾紙。中國人民大學包偉民教授當場在長卷上進行一張張辨認，數了數，共 10 張半。不過，與會者共識：這 10 張半，是經後人裱糊，未必是原來張數。

　　④ 李燾：《續資治通鑒長編》卷三二五，元豐五年四月甲戌："詳定官制所言：'今擬階官、職事官、選人，凡入品者，給告身；其無品者，則給中書黄牒，吏部奏授則給門下黄牒。'"中華書局 2004 年版，第 7827 頁。

<table>
<tr><td></td><td></td><td>主　事楊</td><td>安澤</td></tr>
<tr><td>權員外郎</td><td>（李）彦穎</td><td>令　史田</td><td>允升</td></tr>
<tr><td colspan="2">主管院（缺筆難辨，疑爲"蕢"）</td><td>書令史陳</td><td>士美</td></tr>
</table>

①"告"：就是官告。"告"之下文字爲官告詞。告詞不等於告身，需經主管官告院按規格寫成綾錦上裱，制成卷軸，才是法定告身。宋李燾《續資治通鑒長編》卷三二五，元豐五年四月甲戌："詳定官制所言：'今擬階官、職事官、選人，凡入品者，給告身；其無品者，則給中書黃牒，吏部奏授則給門下黃牒。'"

②"奉敕如右"：其意爲：中書、門下省所奉敕命如上，茲牒送尚書省奉行。①

③"符到奉行"："符"是六部所下文書，②司馬伋官告，是由尚書省吏部符下主管官告院，令其按規格制造裱以綾錦的官告。這就是傳存至今的本告所由來。所謂"符到奉行"，就是吏部給主管官告院下符，將司馬伋任命書内容（制詞與告詞）；轉發給官告院。官告院官收到吏部文書"符"之後，得立即將司馬伋制詞與告詞及簽押人名或姓名書寫在綾紙上，制成卷軸告身。

④"主事楊安澤"：尚書省吏，共六人，"分押六房文字"。③尚書省吏房主事，掌吏部敕告等文書分送相關官吏簽押。在省吏中，主事位比令史、書令史高。文書吏簽署，地位低，簽押需姓名連署。也便於追查責任。

⑤"令史田允升"：尚書省吏，位在主事之下、書令史之上。編制十四人。其職第一名、第二名監官印。④疑令史田升允爲監官印之令史。文書吏地位低，簽署時，姓名連署。

⑥"書令史陳士美"：尚書省吏，編制 31 人，位在主令史之下、守當官之上。其職爲行遣（送發）諸房文字。⑤

⑦"權員外郎　（李）彦穎"⑥　　　此彦穎當爲李彦穎。據周必大筆記《二老堂雜誌》，李彦穎于乾道曾任吏部郎官，時間與名字吻合。吏部郎官職掌，爲參掌選事："元豐官制行，置吏部郎中，主管尚書左、右選及侍郎左、右選各一員，參掌選事。"⑦資歷淺者，帶"權"字。李彦穎字秀叔，湖州德清人。紹興十八年登進士第，初授余杭縣主簿，改官爲國子博士，遷權吏部郎官。淳熙二年，擢拜參知政事。《宋史》有傳。⑧

---

① 黎靖德編：《朱子語類》卷一〇六《外任·南康》："法：鄰縣有事於鄰州，只是牒上。今卻小郡與大郡便申狀，非是。蓋雖是大郡，卻總是列郡，只合使牒。"中華書局 1986 年版，第 2641 頁。

② 趙升撰，王瑞來點校：《朝野類要》卷四《部符》："六部行符，即省劄之義。其末必曰'符到奉行。'"第 85 頁。

③ 《宋會要輯稿·職官》三之三一《五房五院》："紹興元年四月三十日祖宗舊額都事七人，頭名充點檢諸房文字，餘六名分呈文字。主事六人，分押六房文字。令史十四人，第一。二名監印，第三名開拆房點檢，以下充諸房行遣人。書令史史，並充諸房行遣。"第 3049 頁。

④ 《宋會要輯稿·職官》三之三一《五房五院》："紹興元年四月三十日　祖宗舊額：令史十四人，第一。二名監印，第三名開拆房點檢，以下充諸房行遣人。"第 3049 頁。

⑤ 《宋會要輯稿·職官》三之三一《五房五院》："紹興元年四月三十日　祖宗舊額：……書令史三十一人，並充諸房行遣。係兩經試中人"第 3049 頁。

⑥ 周必大：《二老堂雜誌》卷四《記李秀叔》："乾道中，李彦穎秀叔爲吏部郎官。"戴建國等主編《全宋筆記》第五編第 8 册，大象出版社 2012 年版，第 370 頁。

⑦ 《宋史》卷一六三《吏部·郎中·員外郎》，第 3836 頁。

⑧ 《宋史》卷 386《李彦穎傳》，第 11864—11867 頁。

⑧主管院　（缺筆難辨）：負責官告院的主管官，將吏部頒下的除授司馬伋官的官告文字（包括制詞與告詞），按規格制作成告身。

二、呂祖謙官告解讀

1. 淳熙五年九月呂祖謙恩轉朝散郎制詞復原

呂祖謙官告制詞已殘缺，我經查閱有關文獻資料，現給予復原。真跡原告文字如下：

【此前空闕】

　　　　　□□□□□□佐郎兼國□編修官兼權禮□郎官□□□□□□□□□□□□□郎秘書丞兼□□郎官黃洽等列□圖□□□□□史氏之官　□□□之選儲爲異日之□□仰上皇帝之睿謨舉行紹興甲子之縟典載臨秘館□□儲延見群士賜□□□□□榮寵居官其間進秩一等稽之彝章允爲異數朕之所以稽古右文禮賢□□□意於此見矣爾其精白一心圖厥報稱以永有辭

　　　□□前件

奉

敕　如右。牒到奉行。

　　　□□□年九月二十七日

經復原淳熙五年九月二十七日呂祖謙恩轉朝散郎制詞、告詞，逐錄如下：[①]

　　　朝奉郎、行秘書省著作佐郎兼國史院編修官兼權禮部郎官呂某　右可特授朝散郎、依前行秘書省著作佐郎秘兼國史院編修官。

　　　敕承議郎、秘書丞兼權吏部郎官黃洽等：列職圖書之府，參聯史氏之官，皆極一時之選，儲爲異日之用也。朕仰上皇帝之睿謨，舉行紹興甲子之縟典，載臨秘館，欽閱寶儲，延見群士，賜宴賦詩，以侈榮寵。居官其間，進秩一等。稽之彝章，允爲異數。朕之所以稽古右文，禮賢下士之意，於此見矣。爾其精白一心，圖厥報稱，以永有辭。

　　　可依前件。

　　　奉敕如右。　牒到奉行。

　　　淳熙五年九月二十七日

少　　　　保　　　右　丞　相　　　浩

參　　　知　　　政　事　　　雄

給　　　事　　　中　　　希呂

權　中　書　舍　人　　　鄭丙行　　②

　　九月二十八日午時　都事馬　師古　　受

　　左司員外郎闓　蒼舒　　　　　　付吏部

　　左　　　　丞　　　相　關

①　呂祖儉、呂喬年編，李文澤點校：《東萊呂太史年譜》："淳熙五年九月二十七日，幸秘書省恩轉朝散郎。制詞（略）。"第 6400 頁。見吳洪澤、尹波主編：《宋人年譜叢刊》第 10 冊，四川大學出版社 2003 年版，第 6400 頁。

②　呂祖儉、呂喬年編，李文澤點校：《東萊呂太史年譜》："淳熙五年九月二十七日，幸秘書省恩轉朝散郎。制詞（略）。"第 6400 頁。見吳洪澤、尹波主編《宋人年譜叢刊》第 10 冊，四川大學出版社 2003 年版，第 6400 頁。

少　　保　　　　右　丞　相　　浩
參　知　　政　　　事　　雄
吏　　部　　尚　　　書　　闕
吏　部　侍　郎　兼　權　尚　書　　大昌
吏　　部　　侍　　　郎　　輝

告：朝散郎、行秘書省著作佐郎兼國史院編修官兼權禮部郎官呂祖謙　奉
敕　如右。符到奉行。
　　　　主　事延　　　松年
郎　中　祚　　　　令　史程　　　敦禮
　　　　書令史吳　　　尹
主管院　　　蓍

(二)呂祖謙恩授朝散郎官告文書格式與運行流程：

如上所引，呂祖謙官告告身的格式，由兩部分組成：第一部分是除授制詞，由中書舍人起草的稱外制。呂祖謙制詞屬外制制詞。從官告簽名"中書舍人　丙"，可知是中書舍人鄭丙書行（起草放行）。制詞之下，是相關主管機構長官和書吏的簽押。第二部分是告詞，及其下之與告詞相官吏的簽押。因呂祖謙官告是雙人以上合告，其格與司馬伋官告式略有不同，其公式如下：

腦詞：某右可特授某官。
敕某官等：
　　　可依前件。
　　　奉敕如右。　牒到奉行。
　　　年　月　日
少保　　　　　　　右丞相　　某(名)
參　知　　政　　事　　某(名)
給　　事　　中　　某(名)
權　中　書　舍　人　　某(名)
　　　月　日午時　都事某(姓)　某(名)　　　受
左司員外郎某(姓)　　某(名)　　　　　付吏部
左　　　　丞　　相　　闕
右　　　　丞　　相　　某(名)
參　知　　政　　事　　某(名)
吏　部　　尚　　書　　闕
吏　部　侍　郎　兼　權　尚　書　　某(名)
吏　部　侍　　郎　　某(名)

告：某官某（姓名）

奉敕如右。符到奉行。

<table>
<tr><td></td><td></td><td>主　　事某（姓）</td><td>某（名）</td></tr>
<tr><td>郎　　　中</td><td>某（名）</td><td>令　史某（姓）</td><td>某（名）</td></tr>
<tr><td></td><td></td><td>書令史某（姓）</td><td>某（名）</td></tr>
<tr><td>主管院</td><td>某（名）</td><td></td><td></td></tr>
</table>

　　從呂祖謙官告文書可以看出，他的除官制詞末尾加有"可依前件"，這是因爲該制詞同時有黃洽等人，因此開頭增有一個腦詞，"朝奉郎、行秘書省著作佐郎兼國史院編修官兼權禮部郎官呂某右可特授朝散郎、依前行秘書省著作佐郎秘兼國史院編修官"（原件闕，今已拾補），這是專門針對呂祖謙説的，與黃洽無關。黃洽所遷寄禄官不同。故爾，制詞結尾特別説明"可依前件"，　與開頭腦詞相呼應。

　　"奉敕如右"，是指此文書是由中書省、門下省奉敕命，並牒送尚省，所謂"牒到奉行"，時間爲淳熙五年九月二十七日。其下由少保、右丞相史浩、參知政事趙雄押，門下省給事中王希呂書讀、中書省權中書舍人鄭丙書行。

　　尚書省接到敕命制詞時間是七月二十八日，即丞相簽押後之第二天，即已送達尚書省。尚書省都事馬師古直接接受門下省牒送到的呂祖謙官告文本，時間爲九月二十八日午時。馬師古簽收後，隨即把官告文本呈交負責收、發六部文書的左司員外郎閻蒼舒。閻蒼舒檢閱後無誤，即付吏部施行。淳熙五年九月，吏部尚書闕，由吏部侍郎兼權吏部尚書程大昌代尚書簽押，吏部侍郎芮煇作爲吏部副貳也簽了字。官告文書由中書、門下省奉敕，審讀，牒送尚書省，再由尚書省都付吏部，吏部遂起草呂祖謙官告告詞（公式化的任命書）：

　　告：朝散郎、行秘書省著作佐郎兼國史院編修官兼權禮部郎官呂祖謙　奉
　敕　如右。符到奉行。

<table>
<tr><td></td><td></td><td>主　事延</td><td>松年</td></tr>
<tr><td>郎　　　中</td><td>祚</td><td>令　史程</td><td>敦禮</td></tr>
<tr><td></td><td></td><td>書令史吳</td><td>尹</td></tr>
<tr><td>主管院</td><td>蕃</td><td></td><td></td></tr>
</table>

　　符下主管官告院。具體操作這一程式的是吏部郎中某祚，吏部主事延松年、書令史程敦禮、書令史吳尹。吏部於二十八日收到文書當天，即符下主管官告院，主管官告院由主管官某蕃簽名。

　　官告文書的運作，最後一程，是符下主管官告院之後，由主管官告院按呂祖謙寄禄官升一階，遷朝散郎的規格，制作告身。即我們現在所能看到的經後世重新糊裱的呂祖謙官告真跡：絹本卷軸，1178 年制作，327×26cm，葉恭綽題跋。升尾甲題盒。告身重覆鈐朱文"吏部官告印 31 次"。[1] 原告身所用中綾紙爲七張，因後重裱，已粘連一起，難於分辨，然仔細辨認真跡告身，仍能找到七朵六瓣花，均在綾紙右上方，此可證呂祖謙告身的歷史真

實性。

三、告身制詞考釋

1. "朝奉郎、行秘書省著作佐郎兼國史院編修官兼權禮部郎官呂某　　右可特授朝散郎、依前行秘書省著作佐郎秘兼國史院編修官":

上爲制詞之腦詞。呂祖謙敕告制詞爲兩人以上同制之制詞。對此類制誥格式,南宋王應麟《詞學指南》曾予以概括:"敕云云,具官某云云,可特授某官。二人以上同制,則於詞前先列除官人具銜、姓名,可特授某官。於敕下便云'具官某等',末云'可依前件。'侍從官以上用腦詞,餘官云'敕具官某云云'。'爾云云'。"①除授呂祖謙制之格式,因與黃洽等兩人以上同制,則於制詞前先列除官人具銜、姓名:朝奉郎、行秘書省著作佐郎兼國史院編修官兼權禮部郎官呂某,"可特授某官"。此即爲腦詞,與王應麟所述官告格式完全符合。

以上爲南宋二人以上同制的官告制詞開頭之格式。

2. "朝奉郎、行秘書省著作佐郎兼國史院編修官兼權禮部郎官呂某":"呂某"即呂祖謙,腦詞中只列姓而不具名,是官文書中的臨下的一種格式。"朝奉郎、行秘書省著作佐郎兼國史院編修官兼權禮部郎官"爲呂祖謙寄祿官升遷之前具銜。"朝奉郎、行秘書省著作佐郎":朝奉郎,正七品,秘書省著作佐郎爲正八品;宋制,寄祿官官品高於職事官一品,職事官帶"行",其職事官奉祿,分行、守、試三級,呂祖謙則可領取著作佐郎最高一等二十二貫。② 同時,朝奉郎又可獲月奉三十貫。

3. "兼國史院編修官兼權禮部郎官": 南宋秘書省官爲館閣官,館閣官或兼國史院編修官或實錄院修撰官。如淳熙五年三月,校書郎石宗起兼國史院編修官,同年四月,著作佐郎胡晉臣兼國史院編修官③呂祖謙於淳熙五年四月除著作佐郎,然,是年九月呂謙以著作佐郎兼國史院編修官一事,《南宋館閣錄續錄》失載,此官告可補此闕。 "兼權禮部郎官":禮部郎官當指禮部員外郎,爲正七品,今由低一品的著作佐郎(正八品)呂祖謙兼,資淺,故需帶一"權字"。

4. "(呂某)右可特授朝散郎":這就是雙人制詞腦詞的"可特授某官"的格式。此告中"某官"即爲寄祿官"朝散郎"。"可特授"是一種皇帝敕命中上臨下的口吻。"右可特授"之"右",指前列的具銜"朝奉郎",可特轉授"朝散郎"。

5. "依前行秘書省著作佐郎秘兼國史院編修官":在"可特授"朝散郎之後,以前所帶官銜,一律保留不變。

6. "敕承議郎、秘書丞兼權吏部郎官黃洽等":

上爲雙人以上官告制詞開頭的格式。此屬二人以上同制,即以秘書丞黃洽爲敕授領銜人,其後列有呂祖謙等,可能不止二人。此種格式,常見於宋代中書舍人所擬外制。如

---

① 王應麟:《玉海》卷二〇二《辭學指南》之《誥》,江蘇古籍出版社、上海書店 1987 年版,第 3697 頁。

② 據程俱撰,張富祥校證:《麟臺故事校證》卷五《祿廩》:"政和祿格　行秘書省著作佐郎職錢二十二貫。"中華書局 2000 年版,第 210 頁。按:《宋史》卷一七一《奉祿制》上,第 4114 頁,行著作郎俸祿闕如,茲可補之。

③ 陳騤撰,張富祥點校:《南宋館閣續錄》卷九《官聯》二《著作佐郎》,第 311 頁;《南宋館閣續錄》卷九《官聯》三《國史院編修官》,中華書局 1998 年版,第 365 頁。

樓鑰《著作佐郎李唐卿江東提舉太常丞呂(某)湖北提舉》:

"敕具官某等:朕惟一人之聰明,不能周知天下之故,分道遣使,不惟寄耳目於外⋯⋯一往大江之左,一往重湖之北,各揚乃職,朕不汝忘。"(見宋樓鑰《樓鑰集》卷二十七)

以其中資歷最高的官員領銜。承議郎(從七品)、秘書丞(從七品)黃洽的資歷比承奉郎(正七品)、行秘書省著作佐郎(正八品)爲高。爲什麼這麼説?因黃洽職事官是秘書丞,在秘書省中僅次於秘書監、秘書少監,而著作佐郎則在秘書丞、秘書郎之下。在《紹興以後合班之制》中的雜壓排序如下:"宗正丞、大宗正丞、秘書丞⋯⋯著作郎⋯⋯秘書郎⋯⋯著作佐郎"。[①] 宋代排班次序以職事官高下爲準,不以寄禄官高下爲準。呂祖謙工資(月俸)升級快,有實權的職事官卻升得慢。所以,在雙人制詞中以黃洽領銜,而不以寄禄官比黃洽高的呂祖謙領銜。

7. "黃洽等":黃洽字子潤,福州侯官人。隆興元年進士第二名,授紹興府觀察判官,歷秘書省官。爲孝宗所重,仕至參知政事、知樞密院事。《宋史》有傳。[②] 此制詞,稱"黃洽等",除了黃洽、呂祖謙之外,可能還有其他人,不止二人。

8. "呂某":呂祖謙(1137—1181)字伯恭,南宋婺州(今浙江金華)人,祖籍壽州(今安徽鳳台)。宰相呂夷簡五世孫、副宰相呂好問之曾孫,祖、父皆仕于朝。出身於仕宦世家。生於南宋高宗紹興七年。紹興十八年,十一歲,以官蔭入仕,補將仕郎。孝宗隆興元年(1163),二十七歲,復舉進士及第,再中博學宏詞科。特授左從政郎、南外敦宗院宗學教授。歷太學博士。官至朝請郎、直秘閣、秘書省著作郎兼國史院編修官。淳熙二年,與朱熹、陸九齡、陸九淵等會講鵝湖寺,即歷史上著名的"鵝湖會"。著作有《東萊集》、《古周易傳》、《呂氏家族讀詩記》、《大事記》、《皇朝文鑒》等。其學特點,家學淵源,有中原文獻之傳。爲著名理學家。卒于孝宗淳熙八年,四十五歲,謚成。《宋史·儒林傳》有傳。[③]

9. "列職圖書之府,參聯史氏之官,皆極一時之選,儲爲異日之用也。":呂祖謙與黃洽皆"列職"圖書之府——秘書省,一爲秘書丞,一爲秘書省著作佐郎;參聯史氏之職——兼國史院編修官。呂祖謙既"列職圖書之府",又兼國史院編修官"參聯史氏之職"。皆爲一時之尖端人才,儲爲他日作公卿之大用。如黃洽在由秘書郎遷著作郎時,宋孝宗就吩咐擬敕命的中書舍人説:"秘閣儲英俊,爲異時公卿用,行黃洽詞,可及之。"儘管此乃黃洽遷寄禄官命詞,但仍不忘提及"儲爲異日之用也"。[④]

10. "朕仰上皇帝之睿謨,舉行紹興甲子之縟典,載臨秘館,欽閲寶儲,延見群士,賜宴賦詩,以侈榮寵。居官其間,進秩一等。"這段制詞之意是,我趙昚皇帝仰承太上皇趙構之智略,重行紹興十四年隆重的視察秘書省典禮:御閲秘書省館閣秘笈,賜筵宴、君臣同賦詩,以示榮寵。"是日,詔秘書省、實録院官各轉一官"。[⑤] 孝宗於淳熙五年九月十二日臨幸秘書省,是日,凡"居官其間,各進一秩",[⑥]

① 《宋史》卷一六八《合班之制》,第 4012 頁。
② 《宋史》卷三八七《黃洽傳》,第 11873—11875 頁。
③ 《宋史》卷四三四《儒林傳·呂祖謙》,第 12872♯12874 頁。
④ 《宋史》卷三八七《黃洽傳》,第 11873 頁。
⑤ 陳騤撰,張富祥點校:《南宋館閣録》卷六《故實·紹興臨幸》,第 61 頁、62 頁。
⑥ 陳騤撰,張富祥點校:《南宋館閣續録》卷六《故實·紹興賜宴·淳熙五年九月十二日》,第 219 頁—222 頁。

“各進一秩”與“各轉一官”意同，皆指寄禄官往上遷一階，因寄禄官決定俸禄，所以又稱“進一秩”。

11.“稽之彝章，允爲異數。朕之所以稽古右文、禮賢下士之意，於此見矣。爾其精白一心，圖厥報稱，以永有辭。”此段制詞意爲：考之常憲，誠爲異數，朕之所以尚古重文、尊重賢士之意，由此可以見矣。你們赤誠之心，圖以報答，使朕之王業永聞於後世。

12.“可依前件。奉敕如右。牒到奉行。”：“可依前件”，此制詞並非專爲呂祖謙一人之命詞，同時有黄洽等人，爲了區分不同人所授不同官，制詞中所涉及的每一個官員，開頭都有一個腦詞。呂祖謙官告的腦詞爲“朝奉郎、行秘書省著作佐郎兼國史院編修官兼權禮部郎官呂某右可特授朝散郎、依前行秘書省著作佐郎秘兼國史院編修官”，這是專門針對呂祖謙説的，與黄洽等無關。故爾，制詞結尾特别説明“可依前件”，與開頭腦詞相呼應。

“奉敕如右”：即中書省門下省奉皇上敕命如上。

“牒到奉行”：此件是經中書、門下省審讀通過行下尚書省，付吏部之敕告。“牒”是同級使用文書。由中書省、門下省奉敕命，送尚省之文書稱“牒”。所謂“牒到奉行”，“牒到”時間爲淳熙五年九月二十七日。“奉行”則由少保、右丞相史浩、參知政事趙雄在文書上簽押，門下省給事中王希吕書讀、中書省權中書舍人鄭丙書行。然後牒送尚書省。

13.官告簽署官員名單考釋：

第一組：中書門下省官

乾道八年罷三省長官不置，依漢制設左、右丞相。列出右丞相史浩、參知政事趙雄，門下省給事中王希吕、中書舍人鄭丙，既是敕命需宰執簽押的象徵。又是宋代行令必經中書省、門下省的一種標示。中書舍人鄭丙書行，給事中王希吕簽押，表明中書省、門下省已行使書行與審讀權責，可以通過。①

①“少保、右丞相浩”：丞相簽押只署名不署姓。此浩當爲史浩。“（淳熙五年）三月壬子，史浩右丞相。自觀文殿大學士率醴泉觀使兼侍讀、永國公依前少保授右丞相、進封衛國公。再入相。”②

②“參知政事雄”：副丞相簽押只署名不署姓。此雄當爲趙雄。“（淳熙五年）三月己未，趙雄參知政事。自同知樞密院事除。”③

③“給事中希吕”：給事押書讀只簽名不署姓，此希吕當爲王希吕。王希吕，字仲行，宿州人。乾道五年，登進士科。歷中書舍人、給事中兵部尚書、吏部尚書，仕至端明殿學士、知紹興府。“（淳熙五年）十一月丁醜，進呈王希吕繳奏浙間推排物力至牛畜……（淳熙六年）七月癸亥可劄付給、舍，給事中王希吕、兼權中書舍人李木等皆以失職待罪。”《宋史·

①　佚名撰，汪聖鐸點校：《宋史全文》卷二十四下，乾道二年十二月丁酉起居舍人洪邁奏：“今三省所行事，事無巨細，必先經中書畫黄，宰執書押。既完，當制舍人書行，然後過門下，而給事中書讀。如給舍有所建明，則封黄具奏，以聽上旨。”第2039頁。

②　徐自明撰，王瑞來校補：《宋宰輔編年録校補》卷十八《淳熙五年》，第1234頁。

③　徐自明撰，王瑞來校補：《宋宰輔編年録校補》卷十八《淳熙五年》，第1237頁。按：原書繫於六月己未，經王瑞來指出，六月無己未，應爲三月己未，《宋史》卷二十五《孝宗紀》則爲“三年己未”。

王希呂傳》:"淳熙五年,召爲起居舍郎,除中書舍人、給事中。"①

④"權中書舍人丙":此丙即鄭丙:宋人撰《吕祖謙年譜》在轉引吕祖謙淳熙五年九月二十八日恩轉朝散郎制詞全文之後,並注明"權中書舍人鄭丙行"。②,此鄭丙即官告中之"丙"。凡制誥,需經給事中審讀、中書舍人書行,所謂"行","書行",中書舍人受所任命人之詞頭,由中書舍人草擬成制書,行下;如中書舍人對詞頭有不同意見,可繳回拒草。

鄭丙,字少融,福州長樂人。紹興十五年進士,官至吏部尚書。反道學、倡"慶元黨禁"。《宋史》有傳。淳熙五年歷權中書舍人,六年遷中書舍人:"(淳熙六年七月)癸酉中書舍人鄭丙……權中書舍人李木"。③

第二組:尚書省官

敕令過中書門下省後,付尚書省執行。

①"九月二十八日午時　都事馬師古受":九月二十八日午時,爲門下省牒送敕命到尚書省的具體時間,由尚書省吏都事馬師古直接接收,在簽署收接具本時間後,簽名,吏人需有姓有名。都事,爲尚書省吏,其下有主事、令史、書令史。尚書吏中,都事位最高:南宋時編制七人,頭名充點檢諸房文字,餘六名分呈六房文字。此都事馬師古,疑即爲頭名都事,負責點檢尚書省諸房進出文書。④

②"左司員外郎閭蒼舒　付吏部":都事馬師古簽收後,隨即把官告敕命文本呈交負責收、發六部文書的左司員外郎閭蒼舒。⑤ 閭蒼舒,字才元,太原人,官至吏部侍郎。⑥ 點檢後,轉付吏部辦理制告事宜。尚書省都司(左、右司)有郎中、員外郎,爲尚書省糾察部門,"掌受、付六曹之事,而舉正文書之得失。"而左司、右司有分工,左司郎中、員外郎負責吏、户、禮部文書接收和分發。閭蒼舒爲左司員外郎,收受和點檢門下省牒送之敕命,由他負責將吕祖謙官告敕命"付吏部",符合他的身份和權責。⑦

③"左丞相　闕。　少保、右丞相浩。　參知政事　雄。" 以上宰執官是重簽,其象徵意即代爲尚書省長官押簽。乾道八年之罷三省長官之前,尚書省長官雖不除,但尚書省官屬簽押,形式上必有"尚書令　闕"這一條。

---

① 佚名撰:《宋史全文》卷二十六下《宋孝宗》六,第 1829 頁、1838 頁。
《宋史》卷三八八《五希吕傳》,第 11900 頁。

② 吴洪澤、尹波主編:《宋人年譜叢刊》第 10 册,吕祖儉、吕喬年編,李文澤校點:《吕祖謙年譜》,四川大學出版社 2003 年版,第 6400 頁下欄。

③ 《宋史全文》卷二十六下《宋孝宗》六,第 1838 頁。

④ "祖宗舊額都事七人,頭名充點檢諸房文字,余六名分呈六房文字。主事六人,分押六房文字。令史十四人,第一、第二名監印,第三名開拆房點檢,以下充諸房行遣人。書令史三十一人,並充諸房行遣,係兩試中人。"(《宋會要輯稿·職官》三之三一《五房五院·隸中書省》,第 3049 頁)都事位最高,正八品。凡門下省牒下尚書省之敕命,由都事收受登記,注明接收日期與時刻。《宋會要輯稿·職官》三之三九《五房五院·隸中書省》:"檢準《紹興令》,中書門下省録事、尚書省都事爲正八品。"3057 頁。

⑤ 佚名撰,張富祥點校:《南宋館閣續録》卷九《官聯》三《國史院編修官》:"淳熙五年以後二十一人閭蒼舒五年七月以右司員郎兼,是月爲左司員外郎,六年二月爲宗正少卿,並兼。"第 366 頁。

⑥ 厲鶚:《宋詩紀事》卷五十五《閭蒼舒》:"蒼舒字才元。淳熙中,以試吏部尚書使金。"上海古籍出版社 1983 年版,第 1395 頁。雍正《陝西通志》卷五十三《名宦》三《牧守·宋》:"閭蒼舒,太原人,爲城固縣令,以禮義化民。"文淵閣《四庫全書》本,第 554 册第 273 頁上欄。

⑦ 《宋史》卷一六一《尚書省》:"左司郎中,右司郎中,左司員外郎,右司員外郎,各一人。掌受、付六曹之事,而舉正文、書之得失分治省事。左司治吏、户、禮、奏鈔。班簿房,右司治兵、刑、工、案鈔房。"第 3790 頁。

④“吏部尚書　闕　吏部侍郎兼權尚書　大昌”：尚書省左司將呂祖謙告敕交付吏部後，須先經吏長貳閲，簽字。時吏部部尚書未除人，由吏部侍郎兼權吏部尚書程大昌代簽押。“大昌”即程大昌。淳熙五年九月，程大昌官銜爲：“朝議大夫、試尚書吏部侍、兼侍講、兼同修國史兼權吏部尚書臣程大昌。”①程大昌字泰之，徽州休寧人。紹興二十一年進士。歷著作佐郎、中書舍人、給事中、吏部侍郎、權吏部尚書。著有《考古編》、《雍録》等。《宋史》有傳。②

⑤“吏部侍郎煇”：此煇即芮煇。《南宋館閣續録》載：“同修國史　淳熙五年以後九人：芮煇，五年八月，以吏部侍郎兼。”③芮煇，字國瑞，湖州吴興縣人。紹興十八年進士，淳熙四年十一月爲秘書省少監，五年四月遷國子監祭酒，同年八月升吏部侍郎，仕至吏部尚書。④

三、吕祖謙恩轉朝散郎官告運作流程與告詞解讀

1. 官告運作流程

告：朝散郎、行秘書省著作佐郎兼國史院編修官兼權禮部郎官吕祖謙　奉

敕　如右。符到奉行。

主　事延　　松年

郎　中　　祚　　令　史程　　敦禮

書令史吴　　尹

主管院　　蕃

淳熙五年九月二十八日下

吏部把收到之制詞與告詞按文書流轉程限規定，於九月二十八符下主管官告院，其上是與收發符命有關官吏的簽押。

告詞格式與運作流程：如上所引，其格式爲以“告”開頭，下爲告詞正文，僅具明所恩寄禄官後吕祖謙的官銜。末尾例寫“奉敕如右，符到奉行”文書公式，即吏部奉奉敕如上，符到主管官告院立即奉行製作告身的命令。其下爲相關官員吏部郎官、主管官告院官及書吏（主事、令史、書令史史）的簽押。

真跡官告是經官告院制作的綾錦告身。按規定，用中綾錦紙 7 幀，符合大觀官告十二等制法：金花綾紙二等、五色綾紙二等、大綾紙四等、中綾紙二等、小綾紙二等。吕告屬中綾紙之一等七張綾錦紙。

---

① 周必大：《周益公文集》卷一二四《曆官表奏》三《淳熙五年・謝免轉官劄子》，見四川大學古籍所編《宋集珍本叢刊》第 50 册，綫裝書局 2004 年版，第 64 頁。

② 《宋史》卷四三三《程大昌傳》，第 12858—12860 頁。

③ 佚名撰，張富祥點校：《南宋館閣續録》卷九《官聯》三《同修國史》，第 359 頁。

④ 佚名撰，張富祥點校：《南宋館閣續録》卷七《官聯》一《少監》，第 250 頁。

2.告詞考釋：

①"告"：就是官告。"告"之下文字爲官告詞。告詞不等於告身，需經主管官告院按規格寫成綾錦上裱，制成卷軸，才是法定告身。宋李燾《續資治通鑑長編》卷三二五，元豐五年四月甲戌："詳定官制所言：'今擬階官、職事官、選人，凡入品者，給告身；其無品者，則給中書黃牒，吏部奏授則給門下黃牒。'"（第7827頁）。

②"奉敕如右"：其意爲：中書、門下省所奉敕命如上，茲牒送尚書省奉行。①

③"符到奉行"："符"是六部所下文書，②呂祖謙官告，是由尚書省吏部符下主管官告院，令其按規格制造裱以綾錦的官告。這就是傳存至今的本告所由來。所謂"符到奉行"，就是吏部給主管官告院下符，將呂祖謙任命書内容（制詞與告詞）；轉發給官告院。官告院官收到吏部文書"符"之後，得立即將呂祖謙制詞與告詞及簽押人名或姓名書寫在綾紙上，制成卷軸告身。這就是傳存至今呂祖謙真跡告身所從來。

④簽押官吏解讀

"主管院　薈"：主管院，主管官告院官省稱。"官告院　主管官一員，以京朝官充。掌吏、兵、勳、封官告。"③"薈"爲主管官告院官之名，姓已無從補闕。

此傳世真跡官告告身係由官告院據尚書省吏部所下符制作。

"郎官　祚"：吏部郎中、外員郎省稱，郎官掌官員除授事。此"祚"爲吏部員外郎所簽之名，姓不署，已無從補闕。

"主事延松年、令史程敦禮、書令史吳尹"：　爲負責書寫官告、蓋官印的吏部文書令，主事負責，令史蓋印，書令史書寫。此爲尚書省書吏部吏，三人名氏皆留傳，但因其位卑，無其他任何記載。

呂祖謙寄禄官爲朝奉郎，官告爲中綾錦紙7幀，符合大觀官告十二等制法：金花綾紙二等、五色綾紙二等、大綾紙四等、中綾紙二等、小綾紙二等。呂告屬中綾紙之一等。

（四）比較：淳熙五年呂祖謙官告與乾道二年司馬伋官告比較，兩者宰相名稱已有不同：

乾道二年司馬伋官告的宰相簽名：

侍		中		闕
中	書	令		闕
尚	書	令		闕
尚	書	左	僕射	闕
尚	書	右	僕射	闕

淳熙五年九月呂祖謙恩轉朝散郎制詞宰執官簽名：

少 保		右 丞相	浩
參	知	政 事	雄

① 黎靖德編：《朱子語類》卷一〇六《外任·南康》："法：鄰縣有事於鄰州，只是牒上。今卻小郡與大郡便申狀，非是。蓋雖是大郡，卻總是列郡，只合使牒。"中華書局1986年版，第2641頁。

② 趙升撰，王瑞來點校：《朝野類要》卷四《部符》："六部行符，即省劄之義。其末必曰'符到奉行'。"第85頁。

③ 《宋史》卷一六三《職官志·吏部·官告院》，第3841頁。

這裏已不見三省長官官銜,而是左丞相史浩與右丞相趙雄的簽名。

司馬伋官告是乾道二年(1166)頒發,其簽署的執政官頭銜,有中書令、侍中、尚書令、尚書左僕射、尚書右僕射等三省長官與副貳之名。然而宋孝宗乾道八年(1172),罷長期虛設不除之侍中、中書令、尚書令三省長官,以左丞相取代尚書左僕射、同中書門下平章事(左相),以右丞相取代尚書右僕射、同中書門下平章事(右相)。[①]因此,在孝宗淳熙五年(1178)的吕祖謙官告與徐謂禮官告中,三省長官頭銜消失了,爲左、右丞相所取代。

綜上所述,真跡官告文書的發現,爲瞭解和研究宋代官文書的格式與運作流程,提供了最可靠的原始檔案,學術意義重大。

(原載《中華文史論叢》2016 年第 1 期

(作者單位:浙江大學古籍所暨浙大宋學研究中心)

---

① 王應麟:《玉海》卷一二一《中書門下兩省》:"孝宗乾道八年二月六日乙巳,詔曰:"改尚書左右僕射、同中書門下平章事爲左右丞相。三月二十日,詔:侍中、中書令、尚書令虛設而不除,可並删去,以左右丞相充其位。"江蘇古籍出版社、上海書店 1987 年版,第 2242 頁。

南宋"三省合一"問題補議[①]

曹家齊

內容摘要:南宋對中央行政體制之調整,基本上是按照司馬光等在元祐時所上《乞合兩省爲一》奏議中的理念和方案進行的。但這一制度改革不是一蹴而就的,而是從建炎到紹興經歷了數年而完成,之後又不斷調整。這一被稱作"三省合一"的中央行政體制之調整既非簡單的三省長貳互兼,亦没有使門下給事中應有的封駁職能因之消失,而是切實地表現爲三省實際行政長貳的合一、給舍列銜同奏等行政程序簡化,以及具體辦事機構和吏員裁减等諸多方面。其具體運作既改變了元豐改制至北宋末年的形式,亦與北宋前期不盡相同,從而展現出南宋時期特有的中央行政運作特色。《司馬伋告身》與《吕祖謙告身》的面世,不僅真切揭示出南宋"三省合一"後至乾道八年宰相更名左、右丞相這一階段的三省長官名稱存亡及在文書簽押中體現與否之事實,更是填補了北宋後期與南宋後期之間實物告身文書之空白,並與《武義南宋徐謂禮文書》連成序列,展現出南宋文書行政的基本制度和宰輔制度變化特徵。

關鍵詞:南宋　三省合一　司馬伋告身　吕祖謙告身

宋朝中央行政體制曾經歷數度變化,其中最爲重要者則是北宋後期之元豐改制和南宋前期之"三省合一"。關於前者之制度調整内容及運作機制,因研究較爲充分而甚顯明晰,而後者之相關内容,則因研究的相對薄弱仍有令人有模糊之感。論及南宋"三省合一"之研究成果曾有數篇(部),其中較有影響者有朱瑞熙《中國政治制度通史·宋代》第四章《中央行政體制》之第一節《宰輔制度》、[②]諸葛憶兵《宋代宰輔制度研究》第二章《宋代的三省制》之第三節《三省的再度趨同》、[③]賈玉英《唐宋時期三省制度變遷論略》、[④]李全德《從〈武義南宋徐謂禮文書〉看南宋時的給舍封駁——兼論録白告身第八道的復原》、[⑤]張祎《徐謂禮〈淳祐七年十月四日轉朝請郎告〉釋讀》[⑥]等。但諸篇皆是因討論整個宰輔制度之變化過程或具體文書行政流程而涉及到南宋"三省合一"問題,並非對此問題專門之討論,故對這一問題之論述相對簡單,既未深究其中的因果關係,亦未充分揭示這一制度變化的過程,對其結果之討論亦多集中於是否還存在給舍封駁等問題上。又因對傳世文書未能

---

① 該文初稿寫成於 2015 年 10 月,後由博士生石聲偉幫助校訂,謹此致謝。
② 白鋼主編,朱瑞熙:《中國政治制度通史》第六卷《宋代》,人民出版社 1996 年版,第 199—201 頁。
③ 諸葛憶兵《宋代宰輔制度研究》,中國社會科學出版社 2000 年版,第 36—46 頁。
④ 載於《中州學刊》2008 年第 6 期。相關内容又見氏著《唐宋時期中央政治制度變遷史》,人民出版社 2012 年版,第 128—129 頁,457—459 頁。
⑤ 載於《中國史研究》2015 年第 1 期。
⑥ 載於《中國史研究》2015 年第 1 期。

全部得見,故關於相關行政流程問題之論斷亦略欠準確。今不揣谫陋,欲在前人論述之基礎上,對相關問題再作補充。

一、南宋初“三省合一”欲解決之實際問題

北宋朝廷於神宗元豐時參照《唐六典》,效行唐三省之制,進行了官制改革。改制後之中央行政體制雖非完全照行唐三省制,而僅是“正名”而非“正實”,[①]卻從一開始便在實際運作中顯現出不合理性,三省之間屢有衝突,政事常出尷尬。神宗在位之時,於政事多有獨斷,朝臣尚不敢對新制有所非議,待神宗駕崩,哲宗即位,對三省制批評之聲則屢見於朝。元祐元年(1086)三月,右司諫蘇轍言:

> 臣竊見先帝改定官制,因唐之舊,布列三省,使出入相鈎較,文理密察,得古之遺法。然患有司推行不能盡如聖意,參考之益未見,而迂滯之害先著。見今三省文書,節次留礙,比官制未行以前,頗覺其弊。臣嘗問眾人,得其一二,意欲因見行之法,略加梳理,務令清通簡便。苟迂滯之病未除,事不至雜冗難治,官吏日有餘力,則參考之功可得而見也。

蘇轍條列其弊稱:

> 一、凡事皆中書取旨,門下覆奏,尚書施行,所以為重謹也。臣謂國之大事及事之已成者,依此施行則可,至於日生小事,及事之方議者,一切依此,則迂緩之獎所從出也。……昔官制未行,如此等事(指小事)皆執政批狀,直付有司,故徑而易行;自行官制,遂罷批狀,每有一事,輒經三省,謄寫之勞,既已過倍,勘當既上,小有差誤,重復施行,又經三省,循環往復,無由了絕。至於疆場機事,河防要務,一切如此,求事之速辦,不可得也……。
>
> 一、三省文書,法許吏人互相點檢差誤,毫末之失,皆理為賞罰。故被罰者畏避譴呵,巧作遷延,以求細密;被賞者希望勞績,吹毛求疵,務為稽緩,因此文書無由速了……。
>
> 一、文書至尚書省,自省付諸部,自部付諸司,其開拆、呈覆、用印皆有日限,逐處且以五日為率,凡十五日。其勘當於外,日數又多,幸而一出得備具者,自諸司申部、申省,其限日如前,則已一月餘日矣。不幸復有問難,又復一月,自此蓋有不可知者。費日雖久,而違限如法,雖欲加罪,終不可得……。
>
> 一、古者因事設官,事不可已,然後置官。今官做唐制,事本不須如此,而屬官生事者,往往而有。如應支錢物,尚書度支行遣,得旨許支,合下所管庫務支給者,必先由太府寺,本寺備錄帖所管庫務,又經比部勾過,然後送庫務支給。臣謂太府寺未嘗可否一事,枉有經歷,宜令度支徑送比部勾過。又如諸路召募押綱合得酬獎,諸庫務已給朱鈔,先經太府寺印紙保明,指定合得酬獎,申尚書金部;金部再行勘驗詣實,關司勳勾覆,然後關吏部施行。臣謂太府、金部兩處勘驗保明,顯有煩重,宜裁減一處。又如在京職事官,合破白直併宣借剩員或替換宣借,昔未行官制已前,皆係所屬直下

---

①　參見劉後濱《“正名”與“正實”—從元豐改制看宋人的三省制理念》,《北京大學學報》2011 年第 2 期。

步軍司差撥,自行官制,並須經由尚書兵部,兵部但指揮步軍司依條施行。臣謂兵部別無可否,亦不須更令經歷。如此等事,數必不少,非臣所能盡知……。

今三省胥吏比舊人數極多,皆由法不省便,枉費人力。若將來法制一清,此曹亦漸可減。事清吏簡,此最爲治之要……。

針對這些弊端,蘇轍提出恢復批狀之法、不以差誤爲賞罰、以事之緩急減定日限,裁損重複等解決措施,尚未及機構合併之想法。但朝廷有無接受執行,則未得見。①

同年,尚書左僕射兼門下侍郎司馬光作《乞合兩省爲一》劄子,欲與三省官呂公著、韓維、張璪同上,遇司馬光病逝,未果。元祐四年八月,其子司馬康始錄呈。其中批評元豐改行之三省制曰:

神宗皇帝以唐自中葉以後官職繁冗,名器紊亂,欲革而正之,誠爲至當。然但當據今日之事實,考前日之訛謬,刪去重複,去其冗長,必有此事乃置此官,不必一依唐之《六典》,分中書爲三省,令中書取旨,門下覆奏,尚書施行。凡内降文書及諸處所上奏狀、申狀,至門下、中書省者,大率皆送尚書省。尚書省下六曹,六曹付諸案勘會。檢尋文書,會問事節,近則寺監,遠則州縣,一切齊足。然後相度事理,定奪歸著,申尚書省。尚書省送中書取旨,中書既得旨,送門下省覆奏、畫可。然後翻錄下尚書省,尚書省復下六曹,方得符下諸處。以此文字繁冗,行遣迂回,近者數月,遠者踰年未能結絕。或四方急奏待報,或吏民辭訟求決,皆困於留滯。

又本置門下省,欲以封駁中書省錄黄、樞密院錄白,恐有未當,若令舉職,則須日有駁正,爭論紛紜,執政大臣遂成不恊。故自置門下省以來,駁議甚少。又門下不得直取旨行下,雖有駁議,必須卻送中書取旨。中書或不捨前見,復行改易。又内批文字及諸處奏請,多降付三省同共進呈,則門下之官已經商量奏決,若復有駁正,則爲反覆。又近日中書文字,有急速者,往往更不送門下省,然則門下一官殆爲虛設,徒使吏員倍多,文書繁冗,無益於事。

司馬光等建議:

欲乞依舊令中書、門下通同職業,以都堂爲政事堂,每有政事差除及臺諫官章奏,已有聖旨三省同進呈外,其餘並令中書、門下官同商議簽書施行。事大則進呈取旨降敕劄,事小則直批狀指揮,一如舊日中書門下故事。併兩省十二房吏人爲六房,同共點檢鈔狀,行遣文書。若有溢員,除揀選留住外,並特與減三年出職,不及三年應出職者,與減磨勘年限。若政事有差失,委給事中封駁,差除有不當,委中書舍人封還詞頭。又兩省諫官皆得論列,則號令之出,亦不爲不審慎矣。如此則政事歸一,吏員不冗,文書不繁,行遣徑直,於先帝所建之官並無所變更,但於職業微有修改,欲令於事務時宜差爲簡便,其委曲條目,並候得旨允許,續議修立。②

蘇轍與司馬光等人俱爲熙豐新法的反對者,其對元豐官制之批評雖不無抵制新法之立場,卻亦不全是意氣用事,而是從具體行政出發表達出對元豐官制略加調整之訴求。其

---

①　李燾:《續資治通鑑長編》(以下簡稱《長編》)卷三七三,元祐元年三月辛巳條,中華書局 2004 年版,第 9034—9036 頁。

②　《宋朝諸臣奏議》卷四七,上海古籍出版社 1999 年版,第 506—507 頁。

中後者可視爲三省官的集體意見,其對元豐官制之批評與蘇轍基本一致,只是提出了更爲大膽而具體的調整方案。關於司馬光等對三省制弊端之指責,近人曾條分縷析,歸納細緻,①卻未對司馬光等人調整三省制之目的、方案細作考量。無論蘇轍之上言,還是司馬光等三省官之奏劄,都是希望針對三省制"文字繁冗,行遣迂迴"及中書、門下兩省職能難以協調等弊端,簡化行政流程,提高辦事效率,只是方案不同。司馬光的方案是通過合併中書、門下兩省,簡化行政程序,裁減吏員,以實現"政事歸一,吏員不冗、文理不繁、行遣徑直"目的。

與《乞合兩省爲一》同上的還有《乞令六曹長官專達劄子》,亦曾是司馬光欲與三省官同進之奏議,亦是申明簡化政務程序的。② 司馬光等人之議被上奏後,雖以"今三省皆同奏事,與光時不同,及其所言多已施行"之理由被太皇太后宣諭:"今已無事,不必改更也",③但其實司馬光等所指出的問題並未解決,因爲司馬康上奏後又有其他朝臣響應,向朝廷重申改官制之議。如左諫議大夫梁燾言:

> 臣恭以先帝聖明燭理,考古立政,作新官制,出於聖度,而作法之臣不能少望清光,徒爲紛更祖宗之舊,本末失次,不當聖意,施行旬月之餘,上下患其迂滯繁複……。臣聞故宰相司馬光與呂公著建議,乞詔修官制,議草未及上而光薨,近其子康繳進,未聞朝廷施行。伏乞檢會光議,審酌其當而施行。如舊日中書、門下通治政事,省十二房爲六房,事可歸一,吏無冗員,文書不繁,行遣徑直,於官制無所變易,但稍修職業,使就簡便,此正合先帝詔旨。④

但太皇太后仍未能採納此建議。徽宗時期,蔡京等權臣排除異己,擅政日久,三省制頗受破壞,但亦未從制度上作大的變更。

南宋建炎三年(1129),"言者復引司馬光併三省狀請舉行之",高宗下詔侍從、臺諫同議,御史中丞張守言:"光之所奏,較然可行,若便集衆,徒爲紛紛。"既而,尚書右僕射兼中書侍郎呂頤浩召從官九人至都堂,言"委可遵行,悉無異論。"呂頤浩"乃請以尚書左右僕射并同中書門下平章事;門下、中書侍郎并爲參知政事;尚書左右丞并減罷。"高宗採納了呂頤浩等言。同年四月,呂頤浩便由尚書右僕射兼中書侍郎改同中書門下平章事。史稱自此"始合三省爲一"⑤、"三省之政合乎一"。⑥ 由此可以看出,南宋時"三省合一"之議,是舉行司馬光之言,只是將司馬光之《乞合兩省爲一劄子》誤稱爲《併三省狀》。既是"舉行司馬光之言",則此次"三省合一"所要解決的問題及實現的目的亦當如司馬光所言,即解決三省制運行中"文字繁冗,行遣迂迴"及中書、門下兩省職能難以協調等弊端,簡化行政流程,提高辦事效率,以實現"政事歸一,吏員不冗、文理不繁、行遣徑直"目的。但這些問題之解

---

① 詳見《宋代宰輔制度研究》,第43頁。

② 《長編》卷四三一,元祐四年八月癸卯條,第10411—10413頁;《司馬光奏議》卷四〇,山西人民出版社1986年版,第440—441頁。

③ 《長編》卷四三一,元祐四年八月癸卯條,第10413頁。

④ 《長編》卷四三一,元祐四年八月癸卯條,第10414—10415頁。

⑤ 以上史事見李心傳《建炎以來繫年要錄》(以下簡稱《要錄》)卷二二,建炎三年四月庚申條,文淵閣《四庫全書》本,上海古籍出版社1992年版,第367頁;《宋史》卷三七五《張守傳》,中華書局1985年版,第11612頁。

⑥ 《宋史》卷一六一《職官志·總序》,第3770頁。

決斷非一時所能完成,或可説南宋"三省合一"應不是在建炎三年高宗採納呂頤浩之言改宰相名稱後就能立即實現,而應是有一個完成的過程。細究史實,亦正是如此。

二、"三省合一"之過程

　　北宋自元祐興起的調整三省之意見及方案,之所以未得實施,其原因除"三省同奏事"和權臣擅政之外,還應有制度已行數年,牽涉太多,難以遽革之故。南宋初建之時,原有之行政架構已不復存在,且"維時多艱,政尚權宜","因事創名,殊非經久",①没了原有體制之負擔,正可因時因事改立新制。故高宗初即位,便有宰相李綱朝政"宜一歸之於中書"之主張,②只因李綱在位日短,其議不果。但次年便又有相關問題之討論,《要録》載:

　　　　【建炎二年二月】辛酉,刑部尚書周武仲遷吏部尚書兼侍讀……會議者言:"三省舊合爲一,文書簡徑,事無留滯,乞循舊以宰相帶同平章事。"詔侍從、臺諫議。武仲曰:"今敵兵尚熾,軍防兵政所宜討論者甚多,何暇講求省併條例?莫若且依元豐官制元立吏額及行遣日限,庶無冗員滯事而得省併之實。"翰林學士朱勝非亦言:"唐制,僕射爲尚書省長官,奉行兩省詔令而已,今爲相職,如復平章事,則三省規制與昔不同,左右丞以下官曹職守,以至諸房體統綱目,皆合改易。典故散亡,未易尋繹。儻輔佐得人,官稱異同,似非急務。矧今行朝,事無巨細,皆三省、樞密院日再進呈,同稟處分,兵機、國政,宰相實已平章矣,請俟休兵日議之。"議遂寢。③

　　建炎三年,呂頤浩始得開始更張。如果南宋中央行政體制之"三省合一"是按照司馬光的設想進行,則須先完成中書、門下二省之合併,繼而簡化行政程序並裁減吏員,而這些内容絶非一下就能完成的,而是有一個較長的過程。建炎三年詔宰相更名,雖"以尚書左右僕射並同中書門下平章事;門下、中書侍郎並爲參知政事;尚書左右丞並減罷",三省長官合而爲一,不再明確分工,但僅是"三省合一"的開始。其内部機構之調整、分工及吏員之裁減在其後陸續進行。《要録》在記述建炎三年宰相更名後,於同日又記及宗正、太府、司農、鴻臚、光禄、衛尉、太僕諸寺及國子、少府、將作、軍器等監併入其他寺、部事,僅是軍興臨時措施,後來除衛尉、太僕、少府等機構外,其他機構都陸續復置。④ 有學者將此事視爲與中書、門下合併的同樣措施,似欠確當。南宋三省中的中書、門下兩省並未立即合併,而是先別置諫院並沿置中書、門下後省。此事應在呂頤浩變更宰相名三個月後。《玉海》有載:

　　　　中興建炎三年七月辛卯,詔諫院別置局,不隸兩省。又符寶郎並罷。其後因舊制置門下後省,以給事中爲長官,四員爲額,專主封駁、書讀。設案四。中書後省以中書舍人爲長官,六員爲額(常除二員),掌行誥命。設案四。又以起居郎、舍人專修起居

---

① 《宋史》卷一六一《職官志·總序》,第3770頁。
② 《宋史》卷三五八《李綱傳上》,第11252頁。
③ 《要録》卷一三,建炎二年二月辛酉條,第222—223頁。按:《要録》在其後以小字注云:"此以《武仲墓誌》及勝非《閑居録》參修,不得其時,且附武仲遷吏書之後。"依其内容看,在建炎三年前則是無疑。(該條史料由博士生石聲偉代爲補充,謹此致謝)
④ 《要録》卷二二,建炎三年四月庚申條,第368頁。

注,後殿及崇政、延和殿侍立(郎隸門下,舍人隸中書)。①

兩省合併當在稍後。如紹興元年(1131)四月二十七日,"詔中書、門下兩省已併爲中書門下省,其兩省合送給舍文字,今後更不分送,並送給事中、中書舍人。"同年十月二十一日,給事中胡交修言:"朝廷日逐付下看詳文字,舊係兩省給舍分輪看詳。近緣舊官多是差(除)[出],見今獨員,日力不給,乞例差兩省給舍分輪看詳。"②按中書、門下兩省合併後,直接面臨的便是文書行遣問題,從紹興元年四月詔令及給事中胡交修言來看,兩省合併應是不久前事,當在紹興元年或稍前。依此看,《朝野類要》記"紹興十五年,中書、門下併而爲一,俱謂之制敕院",③或許有誤。

"三省合一"引發的政務分工亦經歷了反復的過程。如參知政事治六曹事便是如此。《建炎以來朝野雜記》(以下簡稱《朝野雜記》)載:

> 元豐官制,尚書左、右丞分治六曹,後以爲皆執政官,乃令通省治事。紹興四年,張魏公再入宥府,上諭魏公曰:"朕於三、四大臣,皆當分委,張浚可專治軍旅,胡松年可專治戰艦,如財用亦須委一大臣。"後魏公相,不果行。七年,魏公獨相。三月,詔尚書省常程事,權令參知政事分治。於是張全眞治吏、禮、兵房,陳去非治戶、刑、工房。九月,魏公免,復詔三省事令參如政事權輪日當筆,更不分治常程事。 迨除相如故。自是參知政事復通治省事矣。④

尚書左、右丞減罷後,參知政事通治省事被看作"三省合一"的標誌之一,從《朝野雜記》之記載看,此事雖有反復,但最終確立下來是在紹興七年(1137)。

有學者認爲,南宋的制度調整與其概括爲"三省合一",倒不如説是中書、門下兩省合一更爲貼切。⑤ 但在南宋大臣眼裏,中書、門下兩省的合一似乎不僅僅限於機構之合併,而更在於兩省職能之混一。如《朝野雜記》載:

> 自元豐分三省,中書舍人於制敕有誤,許其論奏,而給事中乃所以駁正中書違失。紹興以來,間有駁正,或給事中、中書舍人列銜同奏。乾道五年二月辛亥,中書舍人汪養源言:"神宗官制,以中書爲出令之地,而門下審駁覆正,然後付之尚書。三省皆置官屬,以便相彌縫、可否,分守甚嚴,無礙侵越。今給舍列銜同奏,則是中書門下混而爲一。"⑥

由此記載來看,符合"三省合一"意旨的行政運作亦是紹興以來纔得以體現的。因此可以説,南宋中央行政體制之"三省合一",只是從建炎三年開始,從各方面得以體現,要到紹興年間了。

---

① 王應麟:《玉海》卷一二一《中書門下兩省》,廣陵書社 2003 年版,第 2243 頁。按:關於南宋初別置諫院事,《宋會要輯稿》(以下簡稱《宋會要》)職官三之五六記爲"七月十五日,詔諫院不隸門下中書後省"(中華書局 1957 年版,第 2425 頁);關於門下、中書後省設置時間,《宋會要》職官一之七八記爲"中興建炎年間"(第 2368 頁)。

② 《宋會要輯稿》(以下簡稱《宋會要》)職官一之七九,中華書局 1957 年版,第 2369 頁。上海古籍出版社 2014 年版,第 2980 頁。

③ 趙升:《朝野類要》卷二《三省》,中華書局 2007 年版,第 44 頁。

④ 李心傳:《建炎以來朝野雜記》甲集卷五《參政分治省事》,中華書局 2000 年版,第 122 頁。

⑤ 見前揭張褘:《徐謂禮〈淳祐七年十月四日轉朝請郎告〉釋讀》。

⑥ 李心傳:《建炎以來朝野雜記》甲集卷九《給舍不許列銜奏事》,中華書局 2000 年版,第 186 頁。

三、"三省合一"後的宰輔制度架構及運行表現

"三省合一"後,究竟中央行政機構設置呈現何種狀態,及政務運作如何進行,是較爲模糊且頗存爭議之問題。

從宰相名稱上看,"以尚書左右僕射並同中書門下平章事;門下、中書侍郎并爲參知政事;尚書左右丞并減罷",即宰相是以尚書省副長官通理中書、門下二省之政,亦即事實上的三省長官;而副宰相更不帶三省之名,而復稱參知政事,亦即事實上的三省副長官。因此可以説,"三省合一"或"三省之政合乎一"首先表現爲實際行政長官的合一。儘管如此,在制度和形式上,名義上的三省長官名稱侍中、中書令和尚書令仍然保留。這從今年現身拍賣市場的《司馬伋告身》可以看出。(見下文所列《司馬伋、吕祖謙、徐謂禮敕授告身簽押情況一覽表》)

從《司馬伋告身》可見,三省長官之侍中、中書令和尚書令仍然列於文書簽押的程序之中,與所見元豐改制後司馬光、范純仁拜相告身及《王伯虎權知饒州告》[①]等官告一致,只是門下省官與中書省官簽押次序有所不同。然而正是這簽押次序昭示出"三省合一"後門下、中書兩省的行政運作程序,並可從中看出"三省合一"並不是三省長貳彼此互兼這麽簡單。

李心傳在記述建炎三年四月宰相、副相更名之事後又云:

> 自元豐改官制,肇建三省,凡軍國事中書揆而議之,門下審而覆之,尚書承而行之。三省皆不置官長,以左右僕射兼兩省侍郎。二相既分班進呈,自是首相不復與朝廷議論。宣仁后垂簾,大臣覺其不便,始請三省合班奏事,分省治事,歷紹聖至崇寧皆不能改。議者謂門下相既同進呈公事,則不應自駁已行之命,是東省之職可廢也。及是上納頤浩等言,始合三省爲一,如祖宗之故。論者韙之。[②]

這段文字極易令人誤以爲南宋"三省合一"後門下省不主封駁之職。有學者又結合紹興元年詔令中"其兩省合送給舍文字,今後更不分送,並送給事中、中書舍人"之言,認爲事實上就是取消了門下的封駁作用。[③] 但實際上給、舍各自的職能及其封駁權力並不曾因爲所謂的"三省合一"而发生實質性的改變,亦並不存在封駁職廢或者職能互相侵奪的問題。對此李全德有專門論述。[④] "三省合一"的實際效果主要體現在中書、門下之間政務施行程序的簡化方面。

所謂"三省合一"下政務程序之簡化,首先體現在兩省合送文字並送給事中、中書舍人及列銜同奏方面。按前揭紹興元年(1131)四月二十七日詔書內容,中書、門下兩省合併之前,合送給舍文字是分送的,合併之後改成並送,這樣應可使給舍通同處理,免去周折,提

---

① 《王伯虎權知饒州告》見於趙琦美《趙氏鐵網珊瑚》卷二《王氏宋敕並諸帖》,文淵閣《四庫全書》本;卞永譽《式古堂書畫彙考》卷九《書卷之九·宋敕王氏諸帖·又敕王伯虎等》,鑒古堂書社 1921 年版。

② 《要録》卷二二,建炎三年四月庚申條,第 367 頁。

③ 見《宋代宰輔制度研究》第 44 頁等。

④ 詳見前揭《從〈武義南宋徐謂禮文書〉看南宋時的給舍封駁—兼論録白告身第八道的復原》、張褘《徐謂禮〈淳祐七年十月四日轉朝請郎告〉釋讀》一文。

高效率。給舍既然通同處理文字,其上奏自然亦變爲列銜同奏。從前揭《朝野雜記》所載乾道五年中書舍人汪養源奏言可以看出,此項制度亦是紹興以後開始推行,且長期堅持。既是給舍列銜同奏,便應體現在文書流程之規定之中。新面世的《司馬伋告身》、《呂祖謙告身》和 2012 年出版公佈的《武義南宋徐謂禮文書》中之敕授告身中的簽押次序應是這一制度的有力體現。且看下表:

司馬伋、呂祖謙、徐謂禮敕授告身簽押情況一覽表

司馬伋告身	呂祖謙告身	徐謂禮授承奉郎告
敕……	敕……	敕……
奉	奉	奉
敕如右牒到奉行	敕如右牒到奉行	敕如右牒到奉行
乾道二年八月二十八日	（淳熙五）年九月二十七日	嘉定十五年五月十五日
侍　　中　　　　闕	少保右丞相　　浩	少傅右丞相兼樞密使魯國公　　彌遠
中　書　令　　　　闕	參知政事　　雄	同知樞密院事兼參知政事　　繪
參　知　政　事　　　杞	給事中　　希呂	簽書樞密院事兼權參知政事　　應符
簽書樞密院事兼權參知政事　　芾	權中書舍人　　丙	給事中　　卓
權給事中　　　　巖肖	九月二十八日都事馬　師古受	中書舍人　　衛
中　書　舍　人　　　曦	左司員外郎闆　蒼舒　付吏部	五月二十三日午時都事張令德受
八月三十日午時都事時　宗傅受	左丞相　　闕	左司郎中趙　　付吏部
左司員外郎史　正志　付吏部	少保右丞相　　浩	少傅右丞相兼樞密使魯國公　　彌遠
尚　書　令　　　　闕	參知政事　　雄	同知樞密院事兼參知政事　　繪
尚書左僕射　　　　闕	吏部尚書　　闕	簽書樞密院事兼權參知政事　　應符
尚書右僕射　　　　闕	吏部侍郎兼權尚書　　大昌	吏部尚書　　極
參　知　政　事　　　杞	權吏部侍郎　　煇	吏部侍郎　　章
簽書樞密院事兼權參知政事　　芾	告……奉	告……奉
吏　部　尚　書　　　闕	敕如右符到奉行	敕如右符到奉行
禮部侍郎兼權吏部尚書　　執羔	主事延　松年	主事祈　世榮
吏　部　侍　郎　　　闕	郎中祚　　令史陳　敦禮	權員外郎　　令史周　守忠
權工部侍郎兼權吏部侍郎良朋	書令史吳　尹	書令史孫顯祖
告……奉	主管院　　謩	主管院　有大
敕如右符到奉行	淳熙五年九月二十八日下	嘉定十五年五月二十三日下①
主事楊安澤		
權員外郎彥穎令史田　允升		
書令史陳士美		
主管院　【押字】		
乾道二年八月三十日下		

若對比熙寧二年《司馬光告身》和《王伯虎權知饒州告》,則可發現,北宋時期,無論元豐改制前還是元豐改制以後,敕授告身的簽押均是按中書省、門下省、尚書省先後次序進行,而司馬伋、呂祖謙和徐謂禮敕授告身的簽押次序卻與北宋不同,其中已不見先中書省後門下省的次序,而是門下、中書兩省官混列,同等職官門下省更在中書省之前。除去虛設之兩省長官名,實際則是給舍並列,而實際宰執官既見於前又見於後,分別充當中書門

---

① 此告身文字錄自包偉民、鄭嘉勵編《武義南宋徐謂禮文書》第 5—7 頁之圖一、圖二、圖三,中華書局 2012 年版。

下省和尚書省長官角色。這正是建炎三年以後“三省合一”、給舍列銜同奏在文書行政秩序中的表現。但在實際行政中，給事中和中書舍人各有兩人以上，其對文字的處理是有分工的。如紹興二十八年(1158)正月二十九日卻有“詔給舍分書制敕并依自來條例一體施行”[1]。同年二月二日，門下後省又言：“近降旨，給舍分書制勅并依舊例，緣給事中、中書舍人所分房分不同，見令中書舍人一員分書吏房左選及户、兵、工房，一員吏房右選及禮、刑上下房。給事中見今亦有二員，乞依中書舍人例分書房分。”高宗批準了這一提議。[2]

從紹興以後給舍之間所體現的行政秩序看，“三省合一”之做法正符合司馬光等人奏議中“依舊令中書、門下通同職業，以都堂爲政事堂，每有政事差除及臺諫官章奏，已有聖旨三省同進呈外，其餘並令中書、門下官同商議簽書施行”的意圖。

另外值得一提的是，司馬伋、吕祖謙、徐謂禮三人告身中的簽押亦不盡相同，那就是宰執名稱的不同。此部分内容正反映出南宋建炎三年以後宰輔制度的變化。《司馬伋告身》形成的時間是乾道二年(1166)，反映的正是建炎三年至乾道八年之間的宰輔制度狀況。此階段雖“三省合一”，但三省長官名仍存在，並在文書中保留位置，實際上的宰相是尚書左、右僕射並同中書門下平章事。從隆興二年(1164)陳康伯拜左僕射同平章事和乾道二年十二月葉顒自參知政事升左僕射同平章事、魏杞除右僕射同平章事[3]看，乾道二年宰相名全稱仍如建炎三年所定，只是列入告身省去“同平章事”。又恰巧乾道元年二月陳康伯罷左僕射，次年十二月纔由葉顒升任，乾道二年三月洪适罷右僕射，乾道四年纔由蔣芾升任，[4]導致乾道二年八月《司馬伋告身》下發時左、右僕射皆闕。《吕祖謙告身》形成於淳熙五年(1178)，則反映的是乾道八年改宰相名爲左、右丞相，廢去三省長官名稱後的宰輔制度狀況。寧宗開禧三年(1207)正月，以丞相兼樞密使，定爲永制。[5] 徐謂禮告身是嘉定十五年以後形成，宰相名中帶樞密使，則是反映的開禧三年後的宰輔制度。由此可見，新面世的《司馬伋告身》和《吕祖謙告身》之面世，恰是填補了北宋後期與南宋開禧之間兩個重要階段的告身文書空白。當然，在開禧三年以前，亦不乏宰相兼樞密使之例，應非是定制，且幾份告身之簽押與樞密使之職無關，故樞密使不見於宰相名稱内。

南宋對中央行政體制進行“三省合一”的調整，同樣也遵循了司馬光裁減吏員的意旨。這在一開始就有體現。如《宋會要》載：

　　　　中興建炎間，詔諫院不隸兩省，又符寶郎并罷。其後因舊制置門下後省，以給事中爲長官，四員爲額。……置令史一名，書令史二人，守當官五人(舊十人)。守闕守當官二人(舊十人)。設案四，……中書後省以中書舍人爲長官，六員爲額，常除二員，一以領吏房左選及兵、工、房；一以領吏房右選及禮、刑上下房。……置點檢一名(今創置)、令史二人，守當官五人(舊六人)。守闕守當官二人(舊一十人)。設案四。……又以起居郎一員(隸門下)，起居舍人一員(隸中書)，專掌修起居注，仍輪後殿及

① 《宋會要》職官一之八〇，影印本第 2369 頁；點校本第 2981 頁。

② 《宋會要》職官二之八至九，影印本第 2375—2376 頁；點校本第 2988—2989 頁。

③ 《宋史》卷二一三《宰輔表四》，第 5570、5573 頁。

④ 《宋史》卷二一三《宰輔表四》，第 5572—5575 頁。

⑤ 《宋史》卷一六一《職官志總序》(第 3770 頁)稱：“至開禧初，始以宰臣兼樞密爲永制。”檢《宋史》卷三八《寧宗本紀》(第 743 頁)，開禧三年正月庚辰，陳自强以右相兼樞密使。知宰臣兼樞密使爲永制始於開禧三年。

崇政、延和殿侍立。有史事應奏陳者,并直前陳述,及遇講筵亦許入侍云。[1]

此記載説明,南宋在"三省合一"之開始,便在機構和人員方面對中書、門下兩省吏員進行了裁減。而後來,實際任職的給事中和中書舍人亦常不滿員。

結　語

綜上所述可以看出,南宋對中央行政體制之調整,基本上是按照司馬光等在元祐時所上《乞合兩省爲一》奏議中的理念和方案進行的。其中主要解決三省制運行中"文字繁冗,行遣迂迴"及中書、門下兩省職能難以協調等弊端,簡化行政流程,提高辦事效率,以實現"政事歸一,吏員不冗、文理不繁、行遣徑直"目的。但這一制度改革不是一蹴而就的,而是從建炎到紹興經歷了數年而完成,之後又不斷調整。從制度改革的事實來看,這一被稱作"三省合一"的中央行政體制之調整既非簡單的三省長貳互兼,亦沒有使門下給事中應有的封駁職能因之消失,而是切實地表現爲三省實際行政長貳的合一、給舍列銜同奏等行政程序簡化,以及具體辦事機構和吏員裁減等諸多方面,從而展現出南宋時期特有的中央行政運作特色。《司馬伋告身》與《吕祖謙告身》的面世,不僅真切揭示出南宋"三省合一"後至乾道八年宰相更名左、右丞相這一階段的三省長官名稱存亡及在文書簽押中體現與否之事實,更是填補了北宋後期與南宋後期之間實物告身文書之空白,並與《武義南宋徐謂禮文書》連成序列,展現出南宋文書行政的基本制度和宰輔制度變化特徵。又,從實際制度變更來看,南宋"三省合一"後至南宋末的中央行政體制既是繼元豐改制後的又一次對中央行政體制之改革,也可以算是南宋對中央行政體制之新建。其具體運作既改變了元豐改制至北宋末年的形式,亦與北宋前期不盡相同,可以看做是兩宋中央行政體制的第三個階段。

附録:

1.司馬伋告身圖片

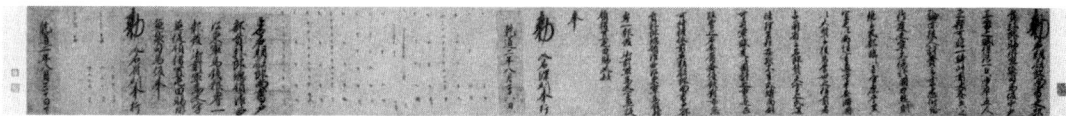

2.吕祖謙告身圖片

(作者單位:中山大學歷史學系)

---

[1]　《宋會要》職官一之七八至七九,影印本第2368—2369頁,點校本第2980頁。

宋朝鄉村催稅人的演變

——兼論明代糧長的起源

朱瑞熙

　　早年在探討宋朝的職役制度時,拜讀前輩梁方仲先生的《明代糧長制度》一書,頗受啟發。梁先生注意到糧長的起源,在第一章《糧長制的歷史淵源及其設立目的》中,從秦、漢到唐朝末年講起,涉及宋朝的內容,他根據馬端臨《文獻通考·職役考》和《宋史·食貨志·役法》,提到“當時‘保正副、耆戶長,僅執催科奔走之役。’‘上之人既賤其職,故叱之如奴隸,待之如罪囚;下之人複自賤其身,故或倚法以爲奸,或匿財以規免’。兩宋對於掌催征之保正、戶長等役的改革,和對於一般役法的改革大致相同,即初行差役制,繼行募役制,最後行義田助役制,然終無補於事,且愈改愈弊,從此鄉職與胥役便混而不可分了。這是隨伴著官僚主義中央集權進一步底發展而產生的現象。”至於元代,梁先生則依據《元史·食貨志·農桑》、《新元史·食貨志·農政》、《大元通志條格·理民》等,從設立村社制的社長、裏長、村主首,來論述統治者“利用他們來作榨取農民”。隨後,直接探討明代糧長的設置、職務和特權、演變等。[①] 受此啟發,筆者開始注意到明代的糧長、元代的社長和主首與宋代的關係,希望能找到糧長、社長和主首的歷史淵源。

　　確實,明代初年創立糧長制度期間,制度的設計者並沒有明確指出這一制度與宋朝的關係,更沒有人直接提到是依照宋朝的稅長和苗長而設置。這就留下了本文試圖解決的一個課題。

北宋鄉村的催稅人

　　北宋前期,州縣的各種職役即“色役”實行輪差民戶法,故又稱差役法。其中,又分“鄉役”和“吏役”兩種。鄉役有里正,負責催督賦稅;戶長承接“符帖”即官衙的公文;耆長、弓手和壯丁督察盜賊。吏役則有衙前,主管官物;人吏、帖司、書手,掌管案牘;手力、散從官,供官員趨使;等等。其中,最引起人們注意的是衙前役。由於該役負責主管官府的庫藏,運輸官物,經常折耗賠償,往往破家蕩產,因此負擔最重。所以,最初由鄉村上戶充當的里

---

　　①　梁方仲:《明代糧長制度》,上海人民出版社 1957 年版,第 7—10 頁。

正兼任,稱爲"里正衙前"。① 戶長的職責在承接官府公文外,也與里正以其"掌課輸"即催督賦稅。里正在鄉村第一等戶中輪差,戶長則在第二等戶中輪差。② 陳耆卿等《嘉定赤城志》也有相關記載:"鄉書手:國初,里正、戶長掌課輸,鄉書手隸焉,以稅戶有行止者充,勒典押、里正委保。天聖後,以第四等戶差。"③這説明北宋前期,里正、戶長負責催督本鄉、裏的賦稅,鄉書手則隸屬里正④,類似會計、秘書、文書之職,協助里正催督賦稅。

宋仁宗至和二年(1055 年),由於里正擔任衙前之役過重,各地情況相同,遂廢除里正,改差戶長。是年四月,知並州韓琦上言:"州縣生民之苦,無重於里正衙前。自兵興以來,殘剝尤甚,至有媚母改嫁,親族分居,或棄田與人,以免上等,或非命求死,以就單丁,規圖百端,苟脱溝壑之患,殊可傷痛。"他指出"國朝置里正,主催稅及預縣差役之事,號爲脂膏",後來"遂令役滿更入重難衙前。承平以來,科禁漸密,凡差戶役,皆(縣)令、佐親閱簿書,里正代納逃戶稅租及應無名科率,亦有未曾催納,已勾集上州主管綱運"。據此建議"其稅賦只令戶長催輸,以三年爲一替"。京畿、河北、河東、陝西、京西等路轉運使司經過"相度利害",都認爲韓琦所議爲便。⑤ 於是,實行戶長催稅之制。

神宗熙寧五年(1072 年),廢除戶長;六年,實行保甲法,始設保正副、大小保長,負責"譏察盜賊";七年,改爲主戶每十戶至三十戶輪流派差保丁一名,充當甲頭,主管催租稅、常平、免役錢,每一稅一替。⑥ 甲頭別稱"催稅甲頭",後又簡稱"催頭"。神宗起初對實行甲頭催稅制有所懷疑,説:"已令出錢免役,又卻令保丁催稅,失信於百姓。"王安石解釋説:"保丁、戶長,皆出於百姓爲之,今罷差戶長充保丁催稅,無向時勾追牙集科校之苦,而數年或十年以來方一次催稅,催稅不過二十余家,於人無所苦。"堅持推行甲頭催稅制。哲宗元祐元年(1086 年)正月,下詔府界及各路廢除甲頭催稅制;複置耆長和壯丁,但並非實行輪差舊法,而是雇募人戶充當,"等第給雇錢"。⑦ 不過,稍後又作調整,規定耆長、戶長和壯丁的差役,必須"正身充役",即不準雇募他人替代。這是"元祐差役敕"的規定。⑧ 紹聖元年(1094 年)九月,廢除耆長、戶長、壯丁(保丁)法,以保正長代替耆長,以甲頭代替戶長,以承帖人代替壯丁。⑨ 不久,又恢復輪差保正、長法,廢除甲頭,由大保長催稅;其中保正、長不願被官府雇募者,仍舊實行舊法,雇募稅戶(主戶)充當耆長、戶長及壯丁。⑩ 徽宗政和七年(1117 年)李元弼撰《作邑自箴》記載,此時又實行戶長和甲頭催稅制。此制規定,

① (清初)李世熊:《寧化縣誌》卷 5《歲役志》,清康熙二十二年刻本,第 19 頁上—下。

② 趙彥衛:《雲麓漫鈔》卷 12《國朝州郡役人之制》,中華書局 1996 年版,第 219 頁。傅清根此處標點爲:"裡正於第一、戶長於第二等差鄉書手。天聖以來,以上戶多占色役,於第四等差耆長,掌……"句斷出現多處失誤,應改爲:"裡正於第一、戶長於第二等差。鄉書手,天聖以來,以上戶多占色役,於第四等差。耆長,掌……"

③ 陳俊卿:《嘉定赤城志》卷 17《吏役門·縣役人》,《宋元方志叢刊》,中華書局 1990 年版,第 7 冊第 7417 頁下—第 7418 頁上。

④ 梁克家:《淳熙三山志》卷 14《版籍類五·州縣役人》,《宋元方志叢刊》,第 8 冊第 7898 頁上。

⑤ 《續資治通鑒長編》卷 179,至和二年四月辛亥,中華書局 1979 年版,第 13 冊第 4330 頁。

⑥ 《續資治通鑒長編》卷 263,熙寧八年閏四月乙巳、甲寅,第 19 冊,第 6436—6437 頁,6450—6451 頁。

⑦ 《續資治通鑒長編》卷 364,元祐元年年正月癸卯,第 25 冊第 8711 頁。

⑧ 蘇轍:《欒城集》卷 45《御史中丞論時事剳子八首·論衙前及諸役人不便剳子》,上海古籍出版社 1987 年版,中冊,第 982 頁—989。

⑨ 《宋會要輯稿》食貨 65 之 67《免役》,中華書局 1957 年版,第 7 冊第 6190 頁上。

⑩ 趙彥衛:《雲麓漫鈔》卷 12《國朝州郡役人之制》,中華書局 1996 年版,第 219 頁。

每年縣衙在開始徵稅時,知縣發給戶長帖子,令其催收。知縣又先統計全縣共有多少名戶長,"每一名戶長管催若干户,都若干貫、擔、匹、兩";各户長"各具所管户口,及都催稅賦數,須先開户頭所納大數(謂三十户爲都計數),後通結計一都數,以一册子寫錄,每一限只令算結催到現欠數,親將比磨"。縣衙還在各村張貼榜文,"大字楷書,告示人户",申明只差甲頭,"更不剗刷重疊差人下鄉"。同時,將稅物的品種和數額,"逐户給單子,紐定折納數目,印押訖",交給甲頭"齎俵"即分發,"免得將來計會"。①

北宋鄉村的催稅人,大致上經歷了由里正、户長、甲頭等的變化歷程,但尚未出現稅長和苗長。

南宋鄉村的催稅人

南宋鄉村的催稅人,前後仍然出現較多變化,而且各地實行不同制度;同時,開始出現了稅長和苗長。

宋高宗建炎元年(1127年),福州廢除户長催稅,復置甲頭。② 建炎四年八月,廣南西路轉運司提刑司上疏説:"今乞罷催稅户長,依熙豐法以村疃三十户,每料輪差甲頭一名,催納租稅、免役等錢物,委是經久利便。"高宗下詔"依";同時,又命令兩浙、江南東西、荆湖南、福建、廣南東路州軍"並依此",即照章推廣。紹興元年(1131年)正月初一,發佈"德音":"東南州縣比緣差保正、副,代户長催稅,力不勝役,抑以代納,多致破産。已降指揮,罷催稅户長,依熙豐法以鄉村三十户,差甲頭一名催納,以紓民力。""德音"還提到各地並未認證執行這一"指揮","人户未獲安息"。因此,再次重申"仰逐路州縣遵依已降指揮,疾速施行。如敢違戾,許人户越訴,提刑司覺察以聞,當議重置典憲"。值得注意的是,這裏初次出現了"催稅户長"一詞。五月二十三日,朝散郎吕安中上書説:"契勘催納二稅,依法每料逐都雇募户長或大保長二名,系是官給雇錢。自建炎四年秋料爲頭催稅,每三十家爲一甲,責差甲頭催納。其雇募户、保長,更不復用;所有雇錢,只在縣樁管。此錢既非率斂,又不預省計,乞督責諸縣每年別項起發,以助經費。"高宗下詔"依",並命令各路提刑司"依經制錢條例拘收起發"。從吕安中的奏疏和高宗的批示,可知一、從建炎四年秋稅起,恢復"熙豐法",凡鄉村主户每三十家爲一甲,輪差一户充當甲頭,負責催本甲的賦稅。二、原來各都每料雇募户長或大保長二名,現皆取消。三、原來的户長或大保長的雇錢,從今起由各縣作爲經制錢上繳朝廷。九月十三日,又有官員上疏,指出使用甲頭催稅,使甲頭"受害,又十倍於保長"。他認爲以前所差大保長,"皆選差物力高强、人丁眾多"的富户,"其催科則人丁既壯,可以編(遍)走四遠。物力既强,雖有逃亡死絶户,易於償補"。然而現今所置甲頭,有五大"不便",一是甲頭的設置,"不問物力、丁口,雖至窮下之家,但有二丁,則以一丁催科"。他們"既力所不辦,又無以償補,類皆賣鬻子女,狼狽於道"。二是原來大保長催稅,"每一都不過四家,兼以保正、副事皆循熟,猶至破産"。現今的甲頭,每一都一料至

***

① 李元弼:《作邑自箴》卷8《夏秋税起催,先出此榜》,卷4《處事》,卷2《處事》,四部叢刊續編本,第41頁下—第42頁上,第19頁下,第10頁下—第11頁上。

② 梁克家:《淳熙三山志》卷14《版籍類五·州縣役人》,《宋元方志叢刊》,第8册第7898頁上。

少須催三十家的稅,因此"破產者又甚眾"。三是"田家"即"夏耘秋收,人自爲力;不給,則多方召募,鮮有應者"。如今甲頭"當農忙"時,"一人出外催科,一人負擔齎糧,叫呼趨走",即使能夠"應辦","官司亦失一歲之計"。以一都計算,則"廢農業者六十人";以一縣、一州、一路計算,則"數十萬家不得服田力穡矣,此豈良法哉?"四是保長中"多有慣熟官司人,鄉村亦頗畏之"。即使如此,"猶有日至其門,而不肯輸納者"。如今的甲頭"皆耕夫,豈能與形勢之家、奸滑之戶立敵,而能曲折自申於私哉"!因此,"方呼追之急,破產填備,勢所必然"。五是"自來輪差保長,雖縣令公平,亦須指決論訟,數日方定"。不然,縣衙的"群胥之恣爲高下,唯觀賕賂之多寡",此事最爲"民所憤怨者"。現今輪差甲頭,"每科一替",其中"指決論訟之繁","群胥""受賕納賂之弊","必又甚於前日"。預計"東南之民自此無寧歲"。因此,他建議停用甲頭催稅,"且令大保長同保正、副依舊催科"。當然,如果朝廷"念其填備破產,則當審擇縣令,謹戶賬之推割,嚴簿籍之銷注,申戒逃亡戶絕之令,又安有保正、長破產之患哉?"最後,指出其危害是"不知出此,而但務改法,適足爲賊吏之資耳"。經過戶部官員十多天的討論研究,到十月初五日,上疏說:"奉詔勘當臣僚所言改差甲頭不便五事",由於甲頭催科"系於主戶十戶至三十戶,輪一名充應,即是不以高下、貧富,一等輪差",而大保長是從小保長內"取物力高強者選充,既兼戶長,管催稅租等錢物,即係有力之家,可以倚仗"。因此"欲乞依臣僚所乞事理施行"。高宗批準了這一提議。這意味著從此確定取消輪差甲頭催稅,而改行大保長催稅制。①

依照大保長催稅制度的設計官員的用意,已經充分考慮到減輕直接生產者—鄉村下戶的差役重負,這無疑是對維持農業生產的正常運轉是有利的。但是,任何完善的制度,不能很好的貫徹執行,仍舊只是一紙空文。紹興三年(1137年)二月二十六日,提舉淮南東路茶鹽公事郭掞上疏,明確指出吏人對大保長催稅制的破壞。他說:"差役之法,吏掾爲奸,並不依法"。本來"五家相比者爲一小保",他們"卻以五上戶爲一小保,於法數內選一名充小保長,其餘四上戶盡挾在保丁內。若大保長缺,合於小保長內選差;保正、副缺,合於大保正、長內選差。其上戶挾在保丁內者,皆不著差役,卻致差及下戶,故當保正、副一次,輒至破產,不惟差役不均,然保伍之法亦自紊亂矣。"他提議,自今起"免役公文內選'保正'二字下刪去'長'字"。這樣"選差","上戶不能挾隱,不須更別立法,自然無弊"。高宗下詔令戶部在五日內"看詳",而後申報尚書省。稍後,戶部上奏說:據"臣僚所言,止謂關防人戶避免充催稅大保長,多是計會系幹人,將有心力之家,於小保下排充保丁,致選差不到。"現今"欲乞今後令州縣先於五小保內,依法選有心力、財產最高人充保長,兼本保小保長祇應"。其中,大保長的年限、替期、輪流選差,"並依現行條法施行"。其餘皆"依臣僚所乞"。這樣,州縣"奉行,不致隱挾上戶卻充保丁之弊"。②

到紹興四年正月二十四日,御史臺檢法官李元瀹再次上書論"大保長代戶長催納稅租事"說:"凡戶絕逃亡,未曾開落,若詭名戶無人承認,及頑慢不時納者,以官司督迫、箠楚之故,率爲填納,故多致於壞家破產"。他提議"現充保正、長人將替,縣令前一月,按產業簿,依甲乙次第選差"。高宗下詔戶部"看詳"。隨後,戶部彙報李元瀹"所陳,皆有條法,欲申

① 《宋會要輯稿》食貨65之76—77《免役》,第7冊第6194頁下—6195頁上。

② 《宋會要輯稿》食貨65之78《免役》,第7冊第6195頁下。

嚴行下諸路州縣,委監司常切鈐束;違戾者仰案舉"。高宗批示同意。① 據熊克撰《皇朝中興紀事本末》卷28紹興四年正月甲戌(24日)記載,"先是,御史臺檢法官李淪論保正、稅長之弊,上諭宰執曰:'役法推行寖久,失其本意,致富者益富,貧者益貧,民力重困,此宜講究。'"及至此日,高宗又説:"原淪所論,乃是民事,祖宗法固不可改,然民事急務也。孟子所謂民事不可緩,其令州縣條利害上之。"② 值得注意的是初次將"催税户長"簡稱"税長"。熊克《中興小紀》卷16紹興四年正月甲戌也記載此事,不過御史臺檢法官李淪則寫作"李元淪"。③ 九月十五日,朝廷頒佈"明堂赦"説,福建路的保正、保長和大、小保長只管緝捕逃亡軍人及私販禁物、鬥訟、橋樑、道路等事,其餘承受縣衙追呼公事、催納二税等物,"並系耆、户長、壯丁承行"。但現今兩浙、江南等路各縣,並不雇募耆、户長、壯丁,卻差保正副和大小保長"幹辦",又"責令在縣祇候差使"。因此,保正副和大小保長"費用不貲,每當一次,往往破蕩家産,遂詭名挾户,規免差使,深可矜恤"。從今起,各路轉運使、提點刑獄"同共相度,可與不可並依福建現行事理,或量增役錢,以充雇募耆、壯、户長之費";同時,規定"自今不得更令保正副、大小保長在縣祇候承受差使"。④ 這意味著各地推廣福建路的雇募耆長、壯丁、户長負責承受縣衙追呼公事、催納二税等事。

不過,紹興五年十一月二十八日,廣東轉運常平司上言説:近據知平江府長洲縣呂希常陳請,大保長催科,一保至內,豈能親至? 違其過限,催促不前,則枷鋦棰栲,監系破産"。他提議改用甲頭催税,"用刑勢户催形勢户,平户催平户"。高宗以"朝旨"指出:"户長與甲頭催科税租,其風俗利害各有不同去處,令諸路相度以聞"。廣東轉運常平司提議,"今欲依所請,改用甲頭,專責縣令、佐,將形勢户、平户隨税高下,各分三等編排,籍定姓名,每三十户爲一甲,依此攢造成簿,然後按籍,周而復始輪差,委是久遠便利"。高宗"從之"。説明在該年十一月,平江府長洲縣還是由大保長催科。當然,從此月起,與各地一樣,改爲甲頭催税。

但是,到紹興七年,福州仍舊由大保長負責催科。⑤ 九年正月五日,"内降新定河南州軍赦"規定,凡"州縣催税保長,官司常以比較爲名,勾集赴縣科禁,人吏因而乞取錢物,有致破産者",因而規定今後"並仰依條三限科較外,更不得逐月或逐句勾集比較,仍仰本路監司常切覺察"。⑥ 同年,福州則規定保正、長專管煙火、盜賊,"不得承受文帖及輸課事",即不再掌管催税之事。十年至十一年,福州又拘收耆長、户長及壯丁的雇錢,"充總制窠名",即列入總制錢系列,成總制錢的一個名目。⑦ 十三年十月二十四日,廣西路提刑和提舉常平司上奏説:"依準朝旨,相度到本路催科利害,除瓊州不行役法,及高、廉州乞用甲頭外,其餘柳、象等州,自紹興六年以後,各隨都分編排三十户爲一甲,夏、秋二税,輪差甲頭二名催科,自高至下,依次而差"。又説,此制實行"至今已經七年,每甲共差過一十四户,

---

①　《宋會要輯稿》食貨65之79《免役》,第7冊第6196頁上。

②　熊克:《皇朝中興紀事本末》卷28紹興4年正月甲戌,北京圖書館出版社2005版,第2冊第569頁。

③　熊克:《中興小紀》卷16,福建人民出版社1985年版,第196頁。

④　《宋會要輯稿》食貨65之79—80《免役》,第7冊,第6196頁上—下。

⑤　梁克家:《淳熙三山志》卷14《版籍類五·州縣役人》,《宋元方志叢刊》,第8冊第7898頁下。

⑥　《宋會要輯稿》食貨65之85《免役》,第7冊第6199頁上。

⑦　梁克家:《淳熙三山志》卷14《版籍類五·州縣役人》,《宋元方志叢刊》,第8冊第7898頁下。

今已輪至下戶"。但一甲内"不下三無戶系逃移,一半系貧乏",如果輪到他們充當甲頭,剩下"儘是上戶之家壯丁、佃客,委是催科不行";如果回過頭來"再差上戶,即又不免詞訴"。因此,"今來若複用戶長,實爲利便"。高宗又"從之"。這表明廣西路高、廉州依舊用甲頭催稅,其餘柳、象等州改用戶長催稅。①

紹興二十六年(1156)正月十日,權知復州章燾上疏建議湖北、京西路各州縣,每一都"選差"都保正一人,"催稅戶長"則"通行雇募"。②二十九年七月初五,國子正張恢提議"推詳祖宗舊法,每都令戶長專受催科";同時,允許大保長自願兼任戶長"催納稅租"。三十年十一月初四,有"臣僚"上言各地多用甲頭催稅,説"各郡邑乃有以三十戶爲一甲,創爲甲頭,而責其成效者"。其中一甲之内,"或有貧乏輸納未前者",不免"盡令甲頭代輪";還有官衙的"無名之須","民戶不從",則"悉取辦於甲頭"。因而甲頭一旦掛名於籍,則"遷延莫得而脱"。他指出廣南二路就是這種情況,建議以後"應有催科合納稅賦,各於本戶人自輸納,勿複廣置甲頭,以勤騷動"。高宗下令"有司看詳"。③事後"有司"研究結果如何,不得而知。紹興三十一年正月二十三日,權發遣江東路轉運副使魏安行上書指出"保長催稅無不破產逃亡",爲此改爲雇募耆長和戶長,但"此等本無稅產、行止顧籍,爲害不可言"。現今與屬縣官、民"詳究相度",決定"以比鄰相近三十戶爲一甲,給帖從甲内稅高者爲催頭催理"。其中,"本戶足者,本縣畫時給憑由,執照出甲,不與三十戶上流下接催理之數"。此制"行之數月,足漸見效"。提議其他各州"悉依此施行"。戶部認爲,可以下令江東路轉運、常平司"權依所陳施行",其他路則"從長相度,如經久可行,不致騷擾,兼別無利害,即仰保明申請施行"。④同年,福州命令由甲頭催稅。⑤

宋孝宗隆興二年(1164年)六月初一,因福建路轉運司上疏反映,建寧府、福州、泉州各縣輪差保正、副,凡保内"事無巨細",包括"承受文引,催納稅役"等"無所不至","一如責辦","一經執役,家業隨破"。故重新下詔"諸充保正、副,依條只合管煙火、盜賊外,並不得泛有科擾差使"。⑥這種情況似乎帶有普遍性。乾道元年(1165年)八月初五,有一名官員反映説,各州縣"被差執役者,率中、下之戶。中、下之家,產業既微,物力又薄,故凡一爲保正、副,鮮不破壞家產"。除了負責嚴防煙火、盜賊外,要"承文引,督租賦"即負責催納賦稅。此外,還有種種負擔:"方其始參也,饋諸吏,則謂之'參役錢';及其既滿也,又謝諸吏,則謂之'辭役錢';知縣迎送,傭夫腳,則謂之'地裏錢';節朔參賀,上榜子,則謂之'節料錢';官員下鄉,則謂之'過都錢';月認醋額,則謂之'醋息錢'。如此之類,不可悉數。"這名官員期望朝廷"嚴敕有司檢照參酌,立定條法,身嚴州縣":今後仍然"敢令保正、副出備上件名色錢物","官員坐以贓私,公吏重行決配"。孝宗"從之"。⑦乾道三年(1167年)九月

①《宋會要輯稿》食貨65之85《免役》,第7冊第6199頁上。
②《宋會要輯稿》食貨65之87《免役》,第7冊,第6200頁下。
③《宋會要輯稿》食貨65之91—92《免役》,第7冊第6202頁上—下。
④《宋會要輯稿》食貨65之91—92《免役》,第7冊第6202頁下。食貨66之83《免役》作"二月二十三日",第6249頁上。
⑤梁克家:《淳熙三山志》卷14《版籍類五·州縣役人》,《宋元方志叢刊》,第8冊第7898頁下。
⑥《宋會要輯稿》食貨65之94—95《免役》,第7冊第6203頁下—6204頁上。
⑦《宋會要輯稿》食貨65之95—96《免役》,第7冊,第6204頁上—下;食貨14之40《免役下》,第7冊,第5058頁上—下。前條繫於乾道三年十一月二日後,後條繫隆興三年十一月二日後,皆錯簡。

十九日,四川制置使兼治成都府汪應辰也上疏説,最近有"臣僚"請求"罷催税户長,改差甲頭"。汪應辰認爲,提出這種要求者只"見户長之害,而思有以救之",卻"不知所以害民者,在人不在法也"。他以爲"户長之法,無可更易。望降明旨,令州縣並依現條施行,勿複他議"。孝宗贊同他的提議,下詔"令户部下諸路準此"。^① 從汪應辰的提議及孝宗的詔書,可知此時各地普遍實行户長催税制。乾道六年十月七日,又有官員上奏説,近年有的"漕臣務在催科急辦,不用役法,罷去税長"即催税户長,"行下州縣,每三十户差一甲頭,逐時催税"。此制推行後,各縣"並緣爲奸,一名出頭,即告示出錢數千,謂之'甲頭錢'"。往往一縣歲不下五七千緡,以至萬餘緡"。有的縣有一萬户,夏、秋兩税,共差甲頭六百多人,"此事豈不爲擾"! 請求下令各路提舉司,"並行住罷",由户部"檢坐乾道二年九月已獲旨行下","如有違戾,重作施行"。^② 這表示取消甲頭催税,仍舊實行户長催税制。

當然,由於各地經濟發展不平衡,各地難以實行一種統一的催税制。比如福建路、福州,此前多次變更。到乾道二年(1166年),福州取消甲頭催税;四年,復設。五年九月十六日,又有官員向朝廷提出,"兩税催科,用户長或耆長之類,此通法也"。説明此時各地普遍實行户長或耆長催税制。這名官員又提到,在江、浙四路,"以賦入浩繁,耆、户長不足以督辦,乃權一時之宜,而責之保正、副長"。近二三年以來,福建諸州縣"亦仿浙、江之例而行之",但"不知福建地狹民貧,賦入不及于江、浙也"。所以,他建議禁止照搬江、浙的催税制。孝宗於是下詔:"應福建路州縣催科之人,悉仍其舊。如近來創置甲頭與保正、副長,追税之擾,一切罷之。"^③八年,又罷甲頭催税。^④ 自此至淳熙九年(1182年)五月,福州耆長、壯丁雇募"投名"即自願報名者,保正、長則依舊輪差税户即主户。依據該州各縣主户的户數統計,平均約每一千多户設置户長一名,其中有的縣近700户設一名,也有的縣5000多户設一名。^⑤

從宋孝宗朝至寧宗朝,按照法律規定,鄉村一都之内,一般設都副保正二名,主管本地有關盜賊、鬥毆、煙火、橋梁、道路公事;下設大、小保長八名,負責"催納税租及隨税所納錢數"。都副保正是本都"物力頗高"者,"役之二歲,尚可枝梧";而保長"類多下户,無千金之儲,限以二年,困窮特甚"。淳熙元年(1174年)三月起,保長的任期縮短爲一年,後來又減爲"一税一替"即每任一界(半年),前提是要自願兼充户長"輪催納税租"^⑥。淳熙六年四月,孝宗採納"臣僚"所説"差役之弊,人但知保正受害,不知大保長催科者受害尤重,蓋其數多於保正,而力弱於大姓",下詔自今大保長"不許催科,止受憑由,給付人户,依限輪納";如果遇有"頑户""欠多","即差保正追納"。^⑦ 但在執行時,又出現了保正負擔過重的問題。在縣衙"以文引勒令"保正副"拘催"時,"其間有頑慢不肯輸納之人,又有無著落税

　　① 《宋會要輯稿》食貨65之97《免役》,第7册第6205頁上。

　　② 《宋會要輯稿》食貨65之99—100《免役》,第7册第6206頁上—下。

　　③ 《宋會要輯稿》食貨65之98《免役》,第7册第6205頁下。

　　④ 梁克家:《淳熙三山志》卷14《版籍類五·州縣役人》,《宋元方志叢刊》,第8册,第7898頁下。

　　⑤ 梁克家:《淳熙三山志》卷14《版籍類五·州縣役人》,《宋元方志叢刊》,第8册,第7898頁上—7900頁上。

　　⑥ 《宋會要輯稿》食貨66之21《免役》,淳熙六年九月十六日"明堂赦"第7册第6218頁上。66之24,淳熙十二年十一月二十二日"南郊赦",第6219頁下。

　　⑦ 《宋會要輯稿》食貨66之21《免役》,第7册第6218頁上。

賦,往往迫以期限";保正副"不堪杖責",縣衙則"勒令代納"。理學家朱熹瞭解到"縣道差募保正拘催二稅,自承認之日,便先期借絹借米,硬令空坐人戶姓名,投納在官,曾未旬月,分限完較,或三五日一次,或五六日一次。"在"比較"過程中,"人吏、鄉司皆有常例,需索稍不如數,雖所催分數已及,卻計較毫釐,將多爲少,未免箠楚"。而且,在"一月之内,儘是趁赴比較之日,即不曾得在鄉催稅"。因此,保正、長"一經役次,家產遂空"。針對這一弊病,朱熹以兩浙東路提舉常平茶鹽公事的身份,在本路各州縣鄉村市鎮張榜公佈,聲明如果縣衙有如上的"違戾","許保正副、催科保長徑副本司陳訴"。①

　　不管用大保長催稅,或者用甲頭及都、副保正催稅,時間稍長,都會産生弊病。一是一般官戶可以利用權勢免役,完全不承擔本都、保的催稅之責。二是上戶則使用"詭名挾戶"的辦法降低戶等避役。三是縣衙的案吏、"鄉司"即本鄉的頭目、鄉書手等,往往受上戶的"計囑","抑勒貧乏之家充催稅保長",中、下戶反而被迫充役,"頻年被擾,不得休息"。四是縣吏在保正或保長交稅時,還對無權無勢的催稅人敲詐勒索,迫使承擔逃戶、絶户田產的賦稅以及"陪備輸納管物","以至破家蕩產"。對於這些弊病,每隔數年總有官員上疏提出改革,有時講"催稅保長"或"大保長代戶長催稅",請求朝廷取消"催稅戶長"或"稅長",改差甲頭,或建議雇募;有時講"保正、副"催稅負擔太重,要求州縣官衙"遵守條法,不得泛有科擾"或"非泛科配物色"②,等等。其實,不管改來改去,總有弊病出現。究其原因,正如乾道三年四川制置使汪應辰所説,是官員們"不知所以害民者,在人不在法也"。看來,世界没有百分之百的完善之法制。任何一項新法,執行時間稍長,總會出現一些漏洞,給某些人鑽空子,從而産生弊病。隨後,有人指出其危害,提出進行改革,於是出現了新的措施或辦法。

　　稅長和苗長

　　如前所述,宋高宗紹興四年正月已經出現"稅長"一詞。從當時使用者的角度推斷,此詞是負責催夏、秋二稅等賦稅的戶長的簡稱。紹興五年至七年,張守在《措置江西善後劄子》中提及"民間積欠稅賦,多是逃絶死亡,及貧民下戶。如逃絶死亡,則取辦於稅長、保正;貧民下戶則不勝箠撻,亦逃亡而後已。臣契勘紹興五年分積欠,已有紹興七年七月二十五日指揮除放外,今欲乞將本路紹興六年分積欠稅租、和買,特與蠲放。"③此處將稅長與保正並列,似乎稅長僅指催稅戶長,不包括保正,即使保正也被派去催稅。

　　到孝宗淳熙十六年(1189年),甲頭負責催稅也被稱爲稅長。據浙東提舉袁説友奏請朝廷遵行紹興間的"甲首法"即甲頭法,具體爲:"以三十户爲一給(甲),流水排次。遇開場,則以各户合輸之目,列爲榜,揭之通衢,令已輸者自疏其時,以待考察。限滿,上其榜,以縣鈔點磨;其輸足者,先出甲;未輸或輸未足者,擇其尤一人罰爲甲首,給甲帖,催甲内稅;違者,痛繩之。"自此法實行後,效果甚佳:"自是民畏充甲首,競先輸官,不費寸紙而賦集,齊民破蕩之禍殆少紓矣"。但也有一些人不滿意,主要是縣衙的吏胥們無法從中敲詐

　　①　《宋會輯稿》食貨66之21《免役》,第7册第6218頁上;《朱熹集》卷99《公移·約束不得騷擾保正等榜》,四川教育出版社1996年版,第8册第5083頁—5084頁)。此榜最後寫明"淳熙九年八月榜"。

　　②　《宋會輯稿》食貨66之27、28《免役》,第7册第6221頁上、下。

　　③　張守:《毘陵集》卷7《劄子·措置江西善後劄子》,《叢書集成初編》本,第1972册第36頁。

勒索，於是"日撼歲搖"：或"怖以稅長"，或"雖用甲首，而已非袁公之舊，名實交戾，利害相反，雖未如至催頭之酷，而中產下户遍患苦之矣"。①

從此，"稅長"一詞的使用頻率明顯增多。光宗紹熙元年（1190 年）六月，知紹興府洪邁、同提舉鄭湜"奉詔""措置"紹興府和買的"均敷"問題，洪邁等採取的措施之一是"諸縣人户物力，有原管絕少，而新並過倍；有原系白腳，而新並千百貫者，多合升起等第充稅長保正之人。緣積習累年，一旦輸納和買，又便當役，中產之家所不能堪。"指出"均敷"和買的結果，造成鄉村中等户的户等提升，被迫充當本保的保正，並負責催稅，擔任當年的"稅長"。二年八月十七日，據太常少卿張叔椿統計，按照鄉村的都、保制，大致"一都二年用保正、副二人"，"一都十保，一保夏、秋二稅用保長二人"，"二年之間，爲稅長者四十人"。這裏明確計算平均每都每年設保長十人，充當稅長。張叔椿建議採用不論寬鄉或狹鄉，人户的"物力""均以十分爲率，以上五分充保正、副，以下四分充保長，至末等一分之貧乏者免之"。他具體舉例説，"如物力三千貫至五百貫，皆以爲正、副；自四百貫至二百貫，皆以爲保長"；寬鄉物力不及一百貫，狹鄉不及五十貫，"與免役"即不擔任保長。② 光宗朝的官員蔡戡在《論州縣科擾之弊》的奏疏中，説鄉村中擔任保正者，要承擔縣衙的"科買土產，科買竹木"外，"巡尉下鄉，則預備酒食；居民被盜，則先納賞錢；應期限，則有繳引錢；違期限，則有罰醋錢；以至修造公廨、橋樑、驛舍，一切取辦"，所以"中人之家，無不剝屋破產以充役"。至於擔任稅長者，遇到鄰户"逃絕"，其稅則"令代納"；鄰户的的土地"坍江"，其稅則"令代納"；鄰户"產去稅存、無所從出者"，其稅則"又令代納"；"異縣它鄉、不能追逮者"，其稅"又令代納"，因此"單產之民，無不典妻鬻子以免罪"。蔡戡還提及州縣"催科"過程中對農民的種種騷擾。③

宋寧宗時，又出現了"苗長"一詞。從其名，估計由主管催繳本地的秋稅即秋苗而來。由此，如果同時出現稅長和苗長的話，稅長只管催繳本地的夏稅，苗長則只管本地的秋稅。據《名公書判清明集》記載，寧宗時，地方官范應鈴在《羅柄女使來安訴主母奪去所撥田產》判詞中指出，嘉定十四年（1221 年）秋，"已差鄒明充應稅長一次"。鄒明是主户羅柄家女使阿鄒之父，其田產系羅柄贈與阿鄒及阿鄒自己以銅錢和會子典買者，由於法律規定"不許起立女户，而以父鄒明替之"。這説明鄒明是在當年征收秋稅即秋苗時，充當本地的苗長。④

宋理宗時，又出現了"稅長催頭"一詞。端平三年（1235 年），胡太初撰《晝簾緒論·差役篇》説："今既行紹興甲首之法，可免稅長催頭之責，則應役者不過輯保伍、應期會而已，民亦不至甚憚，而巧計以求免也"⑤。如前所述，宋高宗時，一度實行"甲頭"催稅制，胡太初認爲由甲頭負責催稅，便可以免除稅長催稅的麻煩。"催頭"列於"稅長"之後，可能就是負責催督秋稅（秋苗）者即"苗長"之意。不過，當時更多的官員不分秋稅和夏稅，只籠統使

<hr />

① 陳耆卿：《嘉定赤城志》卷 17《吏役門·鄉役人》，《宋元方志叢刊》，第 7 册第 7419 頁。
② 《宋會要輯稿》食貨 66 之 26《役法》，第 7 册第 6220 頁下。
③ 載（明）黄淮、楊士奇編：《歷代名臣奏議》卷 109《仁民》，上海古籍出版社 1989 年版，第 2 册第 1457 頁下—1458 頁上。
④ 《名公書判清明集》卷 4《户婚門·爭業類》，中華書局 1987 年版，上册第 115 頁—116 頁。
⑤ 胡太初：《晝簾緒論·差役篇第十》《叢書集成初編》本，第 932 册第 16 頁。

用"稅長"一詞,以代表負責催督二稅之長。如黃震撰《知吉州兼江西提舉、大監麋公(弇)行狀》記載,麋弇任紹興府山陰縣知縣時,"山陰舊苦催科",地方官"往往抑稅長代輸"。麋弇到山陰後,"郡議排甲以易之"。麋弇提出反對説,"此不在變法,而在擇縣令。縣令得人,稅長可,排甲亦可。否者稅長之弊,排甲獨無弊乎?"他在當地"厘正稅長苗稅",於是二稅"不趣而辦"。① 王柏在《答季伯韶(按名鏞)》函中針對各縣鄉村主户爲逃避重稅而出現許多逃户和亡絶户,縣衙往往逼迫"稅長"代繳的現象,提出"由此逃亡户絶者不與厘正,而稅長代輸,破家蕩産,比比皆是,而争役之訟,自是而擾擾矣"。② 孫應時在《與施監丞宿書》中也言及"其餘保正及稅長名次,一面排結,當以面呈"。③

由於負責催納二稅等成爲鄉村主户的沉重負擔,稅長等逐漸變爲職役的一種,而且帶來了許多糾紛。爲了減少矛盾,平均負擔,各地推行新的役法即義役法、倍役法等。其中義役法大致爲:鄉村主户爲了減輕輪差保正、保長而兼任稅長等的重負,自行結合,捐田收租,資助當役户。嘉熙二年(1238 年)正月,劉宰撰《義役記》,記載平江府常熟縣的義役法説:"役之大者曰保正,以式法受政令,而賦於下;役之小者曰稅長、苗長,視歲時之宜,督租稅以奉其上。保正則歲一人,及除而代;苗、稅長則歲各二人,或一人。"④説明常熟縣的義役法是每年每保輪差保正一人,而稅長和苗長輪差各二人或各一人。

在南宋人的各種記載中,人們更多地論述稅長的重負,而較少談到苗長。之所以出現這一現象,據朱熹説是因爲夏稅和秋稅催納時難易程度不同。他説:"嘗有人充保正,來論某當催秋稅,某人當催夏稅。某初以爲催稅只一般,何争秋、夏? 問之,乃知秋稅苗産有定色,易催;夏稅是和買絹,最爲苦重。蓋始者一匹,官先支得六百錢,後來變得令人先納絹,後請錢,已自費力了。後又無錢可請,只得白納絹;今又不納絹,只令納價錢,錢數又重。催不到者,保正出之,一番當役,則爲之困矣。"⑤朱熹原來也不知道催夏稅和催秋稅的難易有别,在請問了一位當保正者後,才弄懂其中的奥妙。由此我們推測南宋人較少提到"苗長"的原因就在於此。

四、元朝和明朝的催稅人

元朝鄉村也設置催稅人,但没有繼承南宋的稅長、苗長制,而是承襲金朝之制,設立里正和主首制。據刁培俊《元代主首的鄉村管理職能及其變化》一文的研究,元朝的基層組織編制,鄉村分爲鄉、都二級;部分鄉村地區(尤其是北方)在更小的村一級還設立社制。在鄉設里正,鄉之下設都,都設主首。里正、主首成爲元朝鄉村管理基層體系的職役人員。主首具體的治理職能首先是催督民户交納賦稅,其次是催督民户承擔徭役。⑥ 高樹林《元

---

① 張偉、何忠禮主編:《黃震全集・日抄》卷 96《行狀・知吉州兼江西提舉、大監麋公行狀》,浙江大學出版社 2013 年版,第 7 册第 2470 頁—2471 頁。

② 王柏:《魯齋集》卷 17《尺牘》,《景印文淵閣四庫全書》,臺灣商務印書館 1983 年版,第 1186 册第 245 頁下—246 頁上。

③ 孫應時:《燭湖集》卷 8《書四》,《景印文淵閣四庫全書》,臺灣商務印書館 1983 年版,第 1166 册第 613 頁上—下。

④ 孫應時纂修:《重修琴川志》卷 12《學》,《宋元方志叢刊》,第 2 册第 1266 頁下—1267 頁上。

⑤ 黎靖德:《朱子語類》卷 111《朱子八・論民》,中華書局 1986 年版,第 7 册第 2714 頁—2715 頁。

⑥ 復旦大學歷史系編:《傳承與變革—10—14 世紀中國的多邊政治與多元文化》,《國際學術研討會論文集》,2011 年 8 月,第 194 頁—198 頁。

代賦役制度研究》一書《元朝賦税》、《元朝力役》①，也對元朝的二税和職役制度作了深入研究，不過都還没有涉及前代的税長和苗長的問題。

明朝鄉村催税人制度，在太祖洪武四年（1371 年）九月就設立了。據梁方仲先生研究，洪武四年九月丁丑，太祖"以郡縣吏每遇征收賦税，輒侵漁於民，乃命户部令有司科民土田，以萬擔爲率，其中田土多者爲糧長，督其鄉之賦税。且謂廷臣曰：'此以良民治良民，必無侵漁之患矣。'"②明太祖設計這一制度時，没有沿襲元朝的主首和里正制，而是直接制定糧長催税制。據明代一些方志記載，"初，嘉定之爲役有四，曰糧長，曰塘長，曰裏長，曰老人（塘、老人皆雜泛，唯裏長爲正役），而沿革損益之變，以時移易。"又説："高皇帝（按明太祖）念賦税關國重計，凡民既富方穀，乃以殷實户充糧長，督其鄉租税，多者萬擔，少者乃數千擔，部輸入京，往往得召見，一語稱旨，輒複拜官。當時父兄之訓其子弟，以能充糧長者爲賢，而不慕科第之榮。蓋有累世相承不易者，官之百役以身任之，而不以及其細户，細户得以相保，男樂耕耘，女勤織紝，老死不見縣門。故民淳事簡，中家常有數年之蓄。"③明太祖如何與在朝大臣商討制定鄉村催税制的，史無明文，但不可能不經過與大臣們商議，明太祖自己獨自作出了這一重要的決策。至少在明初君臣的心目之中，南宋的税長和苗長催税制還留下一些歷史的記憶，因此立即設計了"糧長"制。不過，與南宋之制略有不同，第一，糧長由當地的繳税"殷實户"即富户中產生，税長和苗長則有時輪差到中、下户。第二，糧長不僅負責催納本地的租税，還要負責運往首都；税長和苗長則只負責催税，將賦税繳至本縣。第三，糧長將本地租税解發至首都時，有機會謁見明太祖，如得到太祖的賞識，還可授予官職，故富户尚願任此差遣。由此可見，明朝的糧長制還是脱胎於南宋的税長和苗長制。

（作者單位：上海師範大學古籍研究所）

---

①　高樹林：《元代賦役制度研究》，河北大學出版社 1997 年版。

②　出自《明太祖實録》卷 68（載《明代糧長制度研究》，第 13 頁。

③　韓浚等修：《（萬曆）嘉定縣誌》卷 6《田賦考中・徭役》，第 2 頁下—3 頁上。

《慶元條法事類》法條源流考

戴建國

內容摘要:南宋法典代表作《慶元條法事類》所規定的法,是在繼承唐、北宋以來法律體系基礎上,經過不斷實踐,逐漸充實完善起來的。其法條源流可以上溯唐代的令、格、式,除此之外,還源自北宋時期制定的法律,其中相當一部分法條爲編纂當朝皇帝詔敕而成;一部分則是南宋在繼承北宋法律的基礎上經過修補、删改、新增,長期"層累地"發展形成的。

關鍵詞:南宋;慶元條法事類;令;格;式;敕

南宋寧宗嘉泰二年(1202)修纂的《慶元條法事類》,計八十卷,今存三十六卷,是傳世的一部重要法律典籍。這部法典以《慶元敕令格式》爲基礎,按所規範的事項分類彙編而成。不少研究宋史者將其作爲南宋的法律典籍對待,也有將其視作寧宗一朝的法典。不過細細探繹,其中的許多條款源自唐代法律和北宋法律。關於《慶元條法事類》源流的探討,不少學者作了探索,其中以日本學者用力爲勤[1]。最近,日本學者川村康教授將新發現的《天聖令》與《慶元條法事類》中的令作比較,對宋令系統的流變及其特性進行了深入研究,指出元豐以後的令繼承了唐令、《天聖令》作爲基本法的要素[2]。《慶元條法事類》是南宋法典的代表作,它所規定的法,從整體上説,是在繼承唐、北宋以來法律體系基礎上,經過不斷實踐而逐漸充實完善起來的,是唐和北宋法律的延續和發展。在其發展過程中,有繼承,有揚棄,有演變,也有新創。本文試就《慶元條法事類》法條源流再作一些梳理補充,以期更好地認識和使用這部珍貴的法典。

一、《慶元條法事類》與唐、北宋法典的源流關係

欲探討《慶元條法事類》(以下簡稱《條法事類》)法條源流,自然須從唐和北宋的法律體系談起。唐自開元以降,除了所修《開成格》之外,不再採取大規模修改律、令予以重新刊布的方式,而改用修纂格後敕,對法律進行增補修改。我曾撰文指出,唐開元以後修纂的所謂

---

① 滋賀秀三:《中國法制史論集—法典與刑罰》,創文社 2003 年版;梅原郁《宋代司法制度》,創文社 2006 年版;稻田奈津子:《〈慶元條法事類〉與〈天聖令〉—唐令復原的新的可能性》,《唐研究》第 14 卷,北京大學出版社 2008 年版;戴建國:《唐宋變革時期的法律與社會》,上海古籍出版社 2010 年版,第 205—219 頁;趙晶:《唐宋令研究——以條文源流與效果歸屬爲線索》,中國政法大學 2012 年法律史博士學位論文。

② 川村康:《宋令變容考》,《法と政治》62 卷 1 號Ⅱ(2011 年 4 月),第 1—116 頁。趙晶對此文作了部分翻譯,參見氏著《宋令演變考》(上),《中國古代法律文獻研究》第五輯,社會科學文獻出版社 2011 年版,第 222—250 頁。

"格後敕",是唐人對本朝法典的特定稱呼,是以開元二十五年所纂修的律、令、格、式爲基準而制定的後續法①。格後敕是唐後期社會發生劇烈變化形勢下產生的一種法的表現形式,與律、令、格、式一起共同組成了唐後期的法律體系。北宋建隆四年(同年十一月改元乾德),以《周顯德刑統》爲基礎刪修成《宋刑統》。宋在制定《宋刑統》的同時,另將《周顯德刑統》內削出的格令宣敕以及連同宋初頒布的敕令計一百零六條,編成《新編敕》四卷,與《宋刑統》同時頒布實施。自此至宋末,《宋刑統》一直作爲宋代的重要法典使用著;而編敕作爲法律形式,乃是承襲了唐後期的格後敕。修纂編敕成爲北宋前期最主要的立法活動。北宋前期,法律體系由律(《宋刑統》)令、格、式和編敕組成,其中格、式都是沿用唐代的格、式。

　　到了宋真宗咸平元年(998),宋第一次對編敕體例進行了調整,依據唐律 12 篇分篇目,"準律分十二門"。"又以儀制、車服等十六道,別爲一卷,附《儀制令》,違者如違令法"②。制定成《儀制敕》一卷。此後天聖七年修《天聖令》,"有司又取《咸平儀制令》及制度約束之在敕,其罪名輕者五百餘條,悉附令後,號曰《附令敕》"③。《附令敕》中包含了原先的《儀制敕》,此後不再有單獨的《儀制敕》行世。關於咸平《儀制敕》和天聖《附令敕》,學者們已從其法典性質的角度作了探討,卻忽略了它們產生的原因。

　　北宋前期在法典修纂體系上出現的疊床架屋式的現象,追本溯源,其根本原因在於受到了唐代法典修纂原則和體例的影響。在《天聖令》修訂之前,唐令一直是宋代在行的法典之一。天聖七年修《天聖令》,以唐令爲藍本,在唐令已有的條文基礎上進行修訂,即在唐令已有的法令框架內修訂,只能根據唐令內容來決定修改與否。假如唐令原文沒有相應的條文規定,即便是宋代當時行用的新制,也不能修入到新令中。《天聖令》這一修訂原則實際上承襲了自唐貞觀以來形成的唐令修訂原則④。由於受到令典修纂體例的限制,宋代一些在行的儀制(按:這些新增儀制的內容是舊的唐令所沒有的,另外收載在編敕中)無法收入《天聖令·儀制令》中。於是宋代採用了變通的方法,用外在的方式把當時編敕中規定的儀制等新制附在相應的令文後。這一方法也爲此後的慶曆、嘉祐立法所遵循,這兩次立法都修纂有《續附令敕》。直到元豐改革法制,這種修纂方式才告中止。換言之,《附令敕》的修纂乃是當時令典修訂原則主導下的一種變通的立法方式。《附令敕》及《續附令敕》修纂的目的在於將編敕中非刑罰性的規範向令典體系轉移。

　　我們知道,唐後期以來社會發生重大變化,統治集團爲適應這種變化,直接將皇帝詔敕修纂成法典——格後敕。先前的律、令、格、式法典體系不再修訂,而是用格後敕來進行補充修正。格後敕的法律效力優於律、令、格、式等常法。這是唐代非常形勢下的權宜立法。格後敕成爲唐後期加強專制皇權統治的有力工具。

　　進入宋代以後,隨著專制主義皇權的加強,地方割據勢力已經得到了很好的控制,統治秩序趨於相對穩定。此時唐後期以來形成的法律體系和法典修纂方式逐漸滯後於社會的發展。因此宋政權有必要對法典修纂方式和法律體系作相應調整,將立法的重點從修

---

①　參見戴建國《唐宋變革時期的法律與社會》,上海古籍出版社 2011 年版,第 52 頁。

②　李燾:《續資治通鑑長編》卷四三咸平元年十二月丙午,中華書局 2004 年版,第 923 頁。

③　《續資治通鑑長編》卷一〇八天聖七年五月己巳,第 2512 頁。

④　參見戴建國《天一閣藏〈天聖令·賦役令〉初探》,《文史》2001 年第 1 輯,第 176—181 頁。

纂單一的編敕轉向分類修纂敕、令、格、式。原先編敕的體例是,一條敕文内通常包含了構成法律規範的假定、處理和制裁三個要素,"約束賞刑,本條具載"①。一旦有犯,統一用違敕之法懲處,即用單一的法律形式來調整不同種類的社會關係。這在中央專制皇權式微的局面下,有其積極有力的一面,例如唐後期政局,可以最大限度地貫徹朝廷的指令。然而面對北宋快速發展的多元化的社會關係,這種單一的調整方法就顯得力不從心了。就普通法而言,它缺乏部門分工,没有輕重坡度。因此法典修纂方式的調整勢在必行。

　　從真宗咸平到仁宗嘉祐,是調整法典修纂方式的過渡期。咸平《儀制敕》、天聖《附令敕》及慶曆、嘉祐《續附令敕》的修纂,是將部分敕條調整爲令條,而在形式上還保留著敕的外衣。這種修纂方式逐步推動著宋代法律規範向正常的法律體系回歸,最終導致宋神宗元豐七年(1084)對宋代在行的法典《熙寧編敕》、《天聖令》、《附令敕》、《續附令敕》、《唐格》、《唐式》的全面整理。宋融合了這些法典的合理内核,並參以熙寧以後陸續頒布的詔敕,最終修纂成《元豐敕令格式》。史載"元豐中命有司編修敕令,凡舊載於敕者多移之於令。蓋違敕之法重,違令之罪輕"②。新法典《元豐敕令格式》"分敕、令、格、式四門,集人工材植,令也;計多寡,限某日,式也;功成獲某賞,格也;功廢定某罪,敕也"。③ 把原先綜合性的編敕改爲按敕、令、格、式四種法律形式分類修纂,假定、處理和制裁分開規定在不同的法律條文中的。敕、令、格、式的定義爲:"設於此而逆彼之至曰格,設於此而使彼效之曰式,禁其未然之謂令,治其已然之謂敕。"④這有利於更好地調整不同的社會關係。《元豐敕令格式》奠定了此後宋朝法典體系的基礎。

　　日本學者將北宋前期修纂的編敕(包括《附令敕》)視爲一種副法典,認爲律令才是基本法典⑤。這一看法值得商榷。在此我們不妨舉唐朝爲例,試作分析。唐代的歷史由於後期變化巨大,相應地我們將唐法律體系劃分爲前後兩種,唐前期的法律體系爲律、令、格、式,其中律、令、是在繼承魏晉以來法律基礎上制定的,可以説是集魏晉以來法律之大成;而格是以唐代當朝皇帝的詔敕修纂而成,具有修改、補充律令的功能,法律適用效力自然優於律。唐後期的法律體系爲律、令、格、式、敕(即格後敕)。相對於唐前期的格而言,格後敕是以唐後期當朝皇帝的詔敕修纂而成,具有與格相同的功能。由於格後敕是最新的立法成果,其法律效力又優於先前制定的律和格。唐穆宗長慶三年(823)敕節文云:

　　　　御史台奏,伏緣後敕,合破前格。自今以後,兩司檢詳文法,一切取最向後敕爲定。敕旨宜依⑥。

後敕合破前格,説的就是當代法的法律效力。漢朝的杜周曾曰:"三尺法安出哉? 前主所是著爲律,後主所是疏爲令;當時爲是,何古之法乎!"⑦杜周道出了中國古代法律的一個實質

---

① 《續資治通鑑長編》卷四〇七元祐二年十二月壬寅,中華書局 2004 年版,第 9912 頁。

② 《續資治通鑑長編》卷三七三元祐元年三月己卯條,第 9025 頁。

③ 王洋:《東牟集》卷九《次論嘉祐、政和法意不同劄》,《景印文淵閣四庫全書》,臺灣商務印書館 1983 年版,第 1132 册第 451 頁。

④ 《宋會要輯稿》刑法一之一二,上海古籍出版社 2014 年版,第 14 册第 8223 頁。

⑤ 滋賀秀三:《中國法制史論集—法典與刑罰》,創文社 2003 年版,第 22 頁;梅原鬱:《唐宋時代的法典編纂—律令格式與敕令格式》《中國近世的法制與社會》,京都大學人文社會科學研究所,1993 年,第 819—820 頁。

⑥ 《宋刑統》卷三十《斷獄律》斷罪引律令格式門,中華書局 1984 版,第 486 頁。

⑦ 《漢書》卷六十《杜周傳》,中華書局 1962 年版,第 2659 頁。

性的核心問題,即統治階級的法律總是以當代法爲其法的中心。而當代法通常都是以皇帝的詔敕爲法源的。由於中國傳統社會專制皇權的特點,當代法優於過去法,具有優先適用的法律效力。這一法律價值取向在漢代如此,在唐代亦是如此,宋代亦不例外。

入宋以後修纂的編敕在性質和法律效力上一如唐格後敕。宋人曾就宋代的第一部編敕《建隆編敕》評論云:“成書之布,前目後凡,較然畫一。以四卷之簡而馭億萬生齒之繁。”①編敕的法律效力和地位,於此可見一斑。《宋刑統》卷三十《斷獄律》:

> 準唐長興二年八月十一日敕節文,今後凡有刑獄,宜據所犯罪名,須具引律令格式,逐色有無正文,然後檢詳後敕,須是名目條件同,即以後敕定罪。後敕內無正條,即以格文定罪。格內又無正條,即以律文定罪。律、格及後敕內並無正條,即比附定刑,亦先自後敕爲比。

這裏敕節文所言“後敕”,雖指唐格後敕,但其被引入《宋刑統》,反映了宋代對編敕法律效力優先的制度認定,因爲編敕實際上就是唐格後敕的延續形式。北宋前期,就海行法而言,宋代的編敕(包括《附令敕》)與律(《宋刑統》)、令(天聖七年之前爲唐令,之後爲《天聖令》)、唐格、唐式都是宋代的常法,它們之間不應再細分基本法典、副法典。將以當代皇帝詔敕修纂而成的宋代編敕説成是副法典,猶如將唐代的格視作副法典一樣,難以令人苟同。編敕中有宋朝新創的一系列法律。北宋前期,每一次新修纂的編敕頒布實施後,舊的編敕即告失效。從這一立法原則來看,亦顯示出宋代編敕本身有一個不斷地被補充、被新法替代的過程,因而其具有獨立的基本法的性質。北宋前期歷朝所纂編敕輾轉相承,其立法成果連同《附令敕》,最終被《元豐敕令格式》吸納。而《元豐敕令格式》又成爲《條法事類》的主要法源之一。

以下我們分兩個部分考察《條法事類》法條的具體來源。

(一)源自唐代的令、格、式、律

《條法事類》法條源流,有一大部分源自《唐令》、《唐式》、《唐格》和《唐律》。關於宋法典承襲唐令的問題,新發現的《天聖令》爲我們提供了珍貴的資料,不少學者作了論述②。《天聖令》上承唐令,下啟《元豐令》,再由《元豐令》薪火相傳至《條法事類》,這一傳承脈絡十分清晰。

《條法事類》卷三《避名稱》職制令:

> 諸命官不得容人過稱官名,有兼官若檢校官者,聽從高稱。其曾任職事官者,雖已替,聽稱職事官。

關於“過稱官名”規定,北宋已有之。《政和職制令》:“諸命官不得容人過稱官名。”③再往前,仁宗時的《天聖令·職制令》云:“內外文武官不得容人過稱官品。”④則《條法事類》關於“不得容人過稱官名”之規定襲自《天聖令》而有所增補。我們已知,《天聖令》是以唐令

---

① 呂祖謙《東萊呂太史外集》卷四《〈建隆編敕〉序》,《續金華叢書》本。
② 稻田奈津子《〈慶元條法事類〉與〈天聖令〉—唐令復原的新的可能性》,《唐研究》第 14 卷,北京大學出版社 2008 年版,第 99—120 頁。
③ 《宋會要輯稿》刑法二之七五,上海古籍出版社 2014 年版,第 14 册,第 8324 頁。
④ 洪邁《容齋三筆》卷五《過稱官品》,中華書局 2005 年版,第 482 頁。

爲基礎修訂而成,則此條令文顯然又與唐令有著淵源關係。

《條法事類》卷七《職制門·監司巡歷》關市令:

諸物價,每月一估,每物具上、中、下等實值時估結罪申。價有增減者,每旬具敕狀外,縣鎮寨實直仍申本州審察(原注:監司若季點官巡按所至準此)。

此關市令源自政和元年(1111)戶部奏請:"仍乞詔有司立定刑名,看詳添修'諸物,每月一估,每物具上、中、下等實直時估結罪申。價有增減,旬具敕狀送在任官書知,州、縣、鎮、寨實直,仍申本州審察(原注:監司若季點官巡按到處準此),條事件申聞。'"①戶部奏請中有"看詳添修"之句,可知宋原已有相關規定,政和元年只是增補了部分內容而已。考《天聖令》卷二十五《關市令》第 10 條:"諸市四面不得侵占官道以爲賈舍,每肆各標行名,市司每行準平貨物時價爲三等,旬別一申本司。"②其中就有關於物價旬別一申的規定。換言之,《條法事類》關於物價每月每旬申報制度,是北宋政和元年在繼承唐令基礎上,根據宋代實際情況修改補充而成的。

《條法事類》卷四九《農田水利·田令》"諸田爲水所衝,不循舊流而有新出之地者,以新出地給被衝之家(可辨田主姓名者,自依退復田法),雖在他縣亦如之。兩家以上被沖而地少給不足者,隨所衝頃畝多少均給。其兩岸異管,從中流爲斷。"③此令主要來自唐令。唐《田令》諸田爲水侵射條云:"諸田爲水侵射不依舊流,新出之地,先給被侵之家。若別縣界,新出依收授法,其兩岸異管,從正流爲斷。若合隔越受田者,不取此令。"④比較兩《田令》,明顯可以看出宋令承襲唐令的痕跡。同時宋令補充增加了一項內容:兩家以上田地被水沖占,而新出之地少不足補償被沖地時,則取平均數補給。這一例子大致代表了整個宋令與唐令的繼承關係。

《條法事類》卷七三《刑獄門·檢斷》斷獄令:

諸事應檢法者,其檢法之司唯得檢出事狀,不得輒言與奪。

此條令文源自《天聖令》卷二七《獄官令》:"若牒至檢事,唯得檢出事狀,不得輒言與奪。"而《天聖令》又源自唐令。據日本《養老令·獄官令》第 42 條載:"凡諸司斷事,悉依律令正文,主典撿事,唯得撿出事狀,不得輒言與奪。"⑤《養老令》是以唐令爲母本制定的,其承襲關係非常清晰。紹興十七年(1147)大理少卿許大英的奏請:"乞令諸州法司吏人,只許檢出事狀,不得輒言予奪。"高宗詔"申嚴行下"⑥。許大英的奏請,被宋高宗採納後,作爲詔敕頒布實施。"申嚴行下",其實是強調嚴格按照已有法令行事。這一詔敕後收入乾道六年修纂的《乾道敕令格式》,再入《條法事類》。

宋根據實際需要,對《唐令》個別條款的篇屬作了調整。如唐《捕亡令》諸博戲賭財條規定:"諸博戲賭財,在席所有物及句合出玖得物,爲人糾告者,其物悉賞糾人。即輸物人

① 《宋會要輯稿》食貨三八之九,上海古籍出版社 2014 年版,第 11 冊第 6831 頁。
② 天一閣博物館、中國社科院歷史研究所天聖令整理課題組《天一閣藏明抄本天聖令校證》,中華書局 2006 年版,第 404 頁。
③ 《慶元條法事類》卷四九《農田水利》,黑龍江人民出版社 2002 年版,第 684 頁。
④ 《宋刑統》卷十三《戶婚律》占盜侵奪公私田門,第 205 頁。
⑤ 《令義解》卷十,增補國史大系本,吉川弘文館,昭和三十七年版,第 325 頁。
⑥ 李心傳《建炎以來繫年要錄》卷一五六紹興十七年十二月己亥條,中華書局 2013 年版,第 6 冊第 2975 頁。

及出玖句合容止主人能自首者,亦依賞例。官司捉獲者,減半賞之,餘没官,唯賭得財者自首,不在賞限,其物悉没官。"①就其内容來説,與捕亡法的内涵不相符合。此條文後被改入《賞令》,轉載於《條法事類》②。又唐《捕亡令》得闌遺物條:"諸得闌遺物,皆送隨近縣,在市得者送市司,其金吾各在兩京巡察,得者送金吾衛。所得之物,皆懸於門外,有主識認者,檢驗記責保還之。……其經三十日,無主識認者,收掌,仍録物色目,榜村坊門,經一週年無人認者,没官録帳,申省聽處分……"③這條法令經《天聖令》修改增補爲:"諸得闌遺物者,皆送隨近官司,封記收掌,録其色物,榜與要路,有主識認者,先責伍保及令其(具)失物隱細狀,驗符合者,常(當)官隨給。其非緘封之物,亦置它所,不得令認者先見。滿百日無人識認者,没官附帳。"④此後宋對這一令文的篇屬作了調整,將其改入《雜令》篇,並對令文作了局部修改。《條法事類》卷八十《闌遺·雜令》收載了這一令文。⑤

《條法事類》源流除了《唐令》外,還包括《唐式》和唐格。

《唐格》在唐代分爲留司格和散頒格兩部分,"曹司常務者爲留司格,天下所共者爲散頒格。散頒格下州縣,留司格本司行用"⑥。宋元豐立法廢棄了《唐格》的内涵,改爲"以酬賞爲格",規定"有等級高下者皆爲格"。⑦ 原唐格條款轉入到了宋令中。《宋刑統》卷二六《雜律》受寄財物輒費用門載:

　　　　準《户部格》敕,天下私舉質,宜四分收利,官本五分生利。

關於放貸的法律規定,在唐《雜令》中有相應的規定。《宋刑統》卷二十六《雜律》受寄財物輒費用門載:

　　　　準雜令:……諸公私以財物出舉者,任依私契,官不爲理。每月取利不得過六分,積日雖多,不得過一倍。…又不得回利爲本(其放財物爲粟麥者,亦不得回利爲本,及過一倍)。若違法積利,契外掣奪,及非出息之債者,官爲理。收質者非對物主不得輒賣,若計利過本不贖,聽告市司,對賣有剩還之。如負債者逃,保人代償。

我們再看《條法事類》卷八十《雜門·出舉債負》關市令:

　　　　諸以財物出舉者,每月取利不得過四釐,積日雖多,不得過一倍,即原借米穀者,止還本色,每歲取利不得過五分,仍不得準折價錢。

這一令文的源頭可以看出是來自唐《雜令》,不過中間部分内容如財物出舉,四分取利的規定,並非來自唐《雜令》,而是源於唐《户部格》。這一例子表明元豐改制,將唐格中的部分

---

① 《天聖令》卷二五《關市令》附唐令,天一閣博物館、中國社科院歷史研究所天聖令整理課題組《天一閣藏明抄本天聖令校證》,中華書局 2006 年版,第 311 頁。

② 《慶元條法事類》卷八十《博戲財物·賞令》:"諸博戲賭財物或停止出玖和合人自首,若地分干繫人獲者,在席及停止出玖和合人所得之物悉給之,五貫以上者,給五貫,十貫以上者,減半給之(爲首者自首,止給己物),餘没官。"

③ 《宋刑統》卷二七《雜律》,中華書局 19884 年版,第 446 頁。按《宋刑統》所附令文,爲唐開元二十五年令。

④ 《天聖令》卷二五《關市令》附捕亡令宋附令第 9 條,第 407 頁。按,中華書局"校證本"先責伍保及令其失物隱細狀"之"其",當作"具";"常官隨給"之"常",應作"當"。"當官"爲宋常用語,參見《慶元條法事類》卷第十六《文書門·文書》職制令、卷二八《榷禁門·茶鹽礬》隨敕申明淳熙元年三月三日敕。

⑤ 《慶元條法事類》卷八十《闌遺·雜令》:"諸得闌遺物者,送所在官司,封記籍定,榜諭召人識認。有人認者,先責隱細狀,驗同,取保給付。滿百日無人認者,没官。"

⑥ 《唐會要》卷三九《定格令》,上海古籍出版社 2006 年版,第 820 頁。

⑦ 李燾:《續資治通鑑長編》卷三四四元豐七年三月己巳條注,第 8254 頁。

内容移到了令典中。再從《元豐令》傳承至《慶元令》。諸如之類的例子還有不少。

關於《唐式》，元豐三年(1080)詳定重修編敕所奏言："見修敕令與格、式兼行，其《唐式》二十卷，條目至繁，文古今事殊，欲取事可海行，及一路、一州、一縣、在外一司條件，照會編修，餘送詳定諸司敕式所。"①神宗採納了詳定重修編敕所的建言。這裏，詳定重修編敕所涉及的"格"，與《唐式》一樣，應是《唐格》。元豐改法，廢棄了《唐式》的内涵，改爲"有體制模楷者皆爲式"②，如表奏、帳籍、關牒和符檄之類。原先的《唐式》分割爲兩部分，一部分入海行法，一部分入一路、一司等特别法。

《條法事類》卷五十《道釋令》載："諸六品以上官女及孫女出家者，官齋行道聽不赴。"這一令文是由唐式改變而來。《宋刑統》卷十二《僧道私入道》：

> 準《禮部式》，諸五品以上女及孫女出家者，官齋行道皆聽不預。

這一唐代的《禮部式》條文，經宋代元豐立法修改，吸納演變成令文。後輾轉入《慶元道釋令》。宋改唐式入令，是新形勢下調整法律形式的變通做法。"唐代大量用來軌物程事的式的功能在宋代元豐改革以後，被宋代的令取代了"③。《元豐令》完成了"軌物程事"之式與"設範立制"之令的合流。《元豐令》成爲後來《慶元令》最直接的源流之一。

《條法事類》還繼承了唐律内容。《宋刑統》卷十一《職制律》枉法贓不枉法贓門載：

> 準唐天寶元年二月二十日敕節文：官吏應犯枉法贓十五匹合絞者，自今以後，特宜加至二十匹。仍即編諸格律。

從《宋刑統》所載來看，天寶元年敕文後來修入了格後敕，以格後敕的法律形式對律進行修正。北宋嘉祐二年(1057)，宰相韓琦等奉仁宗詔修定《嘉祐編敕》時，把《宋刑統》所附的敕文以及參詳條款進行了一次全面整理。韓琦在進表中云："《刑統》所附諸敕及參詳條件，凡一百三十四道，事雜前朝，率多衝改，審核之際，典者爲勞。今取其見今可行者，已入逐門收載外，其《刑統》内諸敕並參詳條件，伏請更不行用。"④上述《宋刑統》所附唐天寶元年改律監臨主司受財枉法"十五匹"爲"二十匹"之敕也就隨著這次修改而入《嘉祐編敕》。南宋初所修《紹興敕令格式》，以《嘉祐編敕》和《政和敕令格式》爲藍本，唐天寶元年的這項規定遂演變成爲宋代的敕。《條法事類》卷三六《庫物門‧倉庫受乞》職制敕曰："諸監臨主司受財枉法二十匹，無祿者二十五匹，絞。"這一刑罰正是吸納了唐天寶元年敕的規定。

《條法事類》卷七五《刑獄雜事‧旁照法‧賊盜敕》："諸監臨主守自盜財物罪至流，配本州(謂非除免者)，三十五匹絞。"這一賊盜敕的量刑規定"三十五匹絞"，源自北宋真宗時對律條的修改。《續資治通鑑長編》卷八五大中祥符八年閏六月癸巳條："編敕所言：'監臨主守自盜及盜所監臨財物者，舊自五匹徒二年，遞加至二十五匹流二千五百里，三十匹即入絞刑。緣法律凡加重刑，皆須循次，今獨此條頓至大辟，望改三十匹爲流三千里，三十五匹絞。'從之。"⑤考《唐律疏議》卷十九《賊盜律》：

---

① 《宋會要輯稿》刑法一之一二，上海古籍出版社 2014 年版，第 14 册，第 8224 頁。

② 《續資治通鑑長編》卷三四四元豐七年三月己巳條注，第 8254 頁。

③ 戴建國：《唐宋變革時期的法律與社會》，上海古籍出版社 2011 年版，第 77 頁。

④ 韓琦：《安陽集》卷二七《進〈嘉祐編敕〉表》，《景印文淵閣四庫全書》，臺灣商務印書館 1983 年版，第 1089 册，第 370 頁。

⑤ 李燾：《續資治通鑑長編》卷八五大中祥符八年閏六月癸巳，第 1938 頁。

諸監臨主守自盜及盜所監臨財物者,加凡盜二等,三十匹絞。疏議曰……監守自盜王家財物,亦同官物之罪。"加凡盜二等",一尺杖八十,一匹加一等,一匹一尺杖九十,五匹徒二年,五匹加一等,是名"加凡盜二等,三十匹絞"。……假有武庫令自盜禁兵器,計贓直絹二十匹,凡人盜者,二十匹合徒二年半,以盜不計贓而立罪名,計贓重者,加凡盜一等,徒三年;監主又加二等,流二千五百里。

唐宋流刑分二千里、二千五百里、三千里三等。宋代編敕所根據實際情況,建議修改律中的監臨主守自盜財物贓罪條,在流二千五百里與絞刑之間增加一檔刑罰,把贓三十匹絞刑改爲流三千里,將原處絞刑的贓額擴至三十五匹。這一建議合情合理,被宋政府採納,對律作了修正。修改規定後收入大中祥符九年制定的《大中祥符編敕》。此後累朝相沿,最終相承至《條法事類》。

(二)以《天聖令》和北宋新制參修而成

《條法事類》既有繼承唐令的一面,同時也有創新增補的一面。有些條款是《天聖令》和北宋新制參修的結果。《條法事類》卷七三《刑獄門·檢斷》斷獄敕:

諸犯罪未發及已發未論決而改法者,法重,聽依犯時;法輕,從輕法。即應事已用舊法理斷者,不得用新法追改。

這一條敕文部分沿用了《天聖令》條款。《天聖令》卷二七《獄官令》云:

諸犯罪未發及已發未斷決,逢格改者,若格重,聽依犯時;格輕者,聽從輕法。

此外這一法律還吸納了北宋嘉祐七年(1062)的規定。嘉祐七年新修法典《嘉祐編敕》規定:"應未降新《嘉祐編敕》以前,已用舊敕斷遣與奪過公事,不在援引新敕訴理之限。"[1]規定説的是,已用舊法決斷後的案子,不得再用新法改正。這一原則自此遂成爲宋代的制度,在此後的司法實踐中常有這一制度的重申。如熙寧十年(1077),詳定一司敕所就新編《刑部敕》規定云:"未降新敕日前已用舊敕與奪之事,並不得援引新敕追改"[2]。建中靖國元年(1101),臣僚上言:"久來條制,凡用舊條已斷過,不得引新條追改。"[3]這一條敕文實際上源自唐令和宋代的編敕兩個部分。在司法實踐中,宋將這一規定的前半部分的法律屬性作了調整,從令文移入敕中,成爲具有刑法屬性的敕。

《條法事類》卷七三《刑獄門·決遣》斷獄令:

諸決大辟皆於市,遣他官同所勘官吏監決,量差人護送。仍先令長吏集當職官,引囚親行審問鄉貫、年甲、姓名來歷,別無不同,給酒食,聽親戚辭決,示犯狀(原注:六品以上官犯非惡逆以上者,聽乘車),不得窒塞口耳、矇蔽面目及喧呼奔逼。仍以未、申二時行刑,不得別加傷害。經宿,聽親故收瘞(原注:無親故者,差職員)。

此令乃吸取了《天聖令》、《紹興令》和紹興十一年(1141)高宗詔令修改而成。《天聖令》卷二十七《獄官令》:"諸決大辟罪皆於市,量囚多少,給人防援至刑所。五品以上聽乘車,並官給酒食,聽親故辭決,宣告犯狀,皆日未後乃行刑(原注:犯惡逆以上,不在乘車之限。決

---

① 韓琦:《安陽集》卷二七《進〈嘉祐編敕〉表》,第 371 頁。

② 李燾:《續資治通鑑長編》卷二八六熙寧十年十二月壬午注,第 6995 頁。

③ 《宋會要輯稿》職官一五之一四,上海古籍出版社 2014 年版,第 6 册第 3415 頁。

經宿，所司即爲埋瘞。若有親故，亦任收葬）。"《天聖令》中尚無"引囚審問鄉貫、年甲、姓名來歷"規定，亦無"不得窒塞口耳、矇蔽面目及喧呼奔逼"的規定。南宋《紹興令》作了增補規定："史（決）大辟皆於市，先給酒食，聽親戚辭決，示以犯狀，不得窒塞口耳，矇蔽面目及喧呼奔逼。"[①]至紹興十一年，高宗詔："自今大闢罪人赴刑日，令長吏遣當職官引囚親行審問鄉貫、年甲、姓名來歷，別無不同，即依法施行。"[②]這一規定後收入乾道六年制定的《乾道敕令格式》，而後經《淳熙敕令格式》傳承，再爲《條法事類》所沿用。

《條法事類》卷四十七《受納税租·賦役令》：

> 諸税租，本戶布帛不成端匹，米穀不成升，絲綿不成兩，柴蒿不成束，聽依納月實直上價納錢。願與別戶合鈔納本色者聽。錢不及百，亦聽合鈔送納。當官銷簿，各給已納憑由。如違，許經監司陳訴。

這一令文基本内容源自《天聖令》和《天聖編敕》兩個部分。《天聖令·賦役令》宋令載：

> 諸税戶並隨鄉土所出，紬、絁、布等若當戶不成匹端者，皆隨近合充，並於布帛兩頭各令户人具注州縣鄉里、户主姓名及某年月某色税物。受訖，以本司本印印記之。其許以零税納錢者，從別敕。

《續資治通鑑長編》卷三五淳化五年三月戊辰條：

> 民所納夏税餘租，隨其數各異己名以輸，不得異户合鈔。其有匹帛零丈尺者，止依時估上等價，折納縑錢。

太宗淳化五年詔令後來修入《咸平編敕》[③]，相沿而入《天聖編敕》。這就是《天聖令》説的"其許以零税納錢者，從別敕"之敕的内容。此後此敕又於元豐改制時調整演變入令，與《天聖令》相關内容合併爲一條，嗣後再爲《條法事類》所沿襲。

二、《條法事類》與兩宋的立法新創

《條法事類》除了承襲唐代的法律，還有許多法條乃兩宋時期因調整社會關係的需要而新創設的。以下試以實例來説明之。

1.《條法事類》卷五《職制門·之官違限》職制令：

> 諸之官者，川、廣、福建路，限六十日（原注：本路待闕者減半）；餘路，三十日（原注：自外赴在京官，依在路程限）。下班祗應事干急速放朝辭者，限五日到。以上並除程（原注：別旨催發或令兼程起發者，不在此限），在京以朝辭日，在外以授敕告、宣札日，待闕者以闕滿日，非次闕以得報日爲始。

此職制令源自徽宗政和七年（1117）吏部法："徽宗政和七年六月二十一日，吏部奏修立到'諸州任之官，限四十日，廣南、福建路，六十日（原注：本路待闕者，減半）；餘路，三十日

---

①　《宋會要輯稿》刑法四之八三，上海古籍出版社 2014 年版，第 14 册第 8491 頁。

②　《宋會要輯稿》刑法四之八二，上海古籍出版社 2014 年版，第 14 册第 8491 頁。

③　王應麟：《玉海》卷六六《咸平新定編敕》："自淳化元年六月以後止至道三年終，續降宣敕至多，頗爲繁密，乃命權判刑部李範等七人同加删定，取刑部大理寺、在京百司、諸路轉運司所受《淳化編敕》及續降編敕一萬八千五百五十五道，徧共披閲"，修成《咸平編敕》。

……'"①其"三十日"以下云云皆同《條法事類》。這表明政和七年吏部法後來修入敕令格式,爲《條法事類》所繼承。

2.《條法事類》卷七《職制門·監司巡歷》職制令:

> 諸監司歲以所部州縣量地里遠近更互分定,歲終巡遍,提點刑獄仍二年一遍,並次年正月具已巡所至月日申尚書省(原注:巡未遍而移罷者,至次年歲首,新官未到,即見任官春季巡畢)。

此條令文源自宣和四年(1122)十二月的刑部立法。《宋會要輯稿》職官四五之一四:"刑部言:'增修諸(路)轉運、提點刑獄,歲以所部州縣量地(里)遠近,(更)互分定,歲終巡遍。提點刑獄仍二年,提舉、常平一年一遍。並次年正月具已巡所至月日申尚書省。以上巡未遍而移罷者,至次年歲首新官未到,即見任官春季巡畢。'詔依。"宣和四年的刑部立法,嗣後也是被敕令格式吸納,再被《條法事類》所承襲。

3.《條法事類》卷七《職制門·監司知通按舉》職制令:

> 諸監司知所部推行法令違慢,雖非本職,具事因牒所屬監司施行。其命官老病不職而非隸本司者,準此,仍聽具奏。即辭訟事屬本司,聽受理。已經本司理斷(原注:並謂已結絕而有不當者),其餘監司方許受理。

此條法令主體部分源自北宋元符二年(1099)制定的《元符敕令格式》。《宋會要輯稿》職官四五之五:"(政和元年三月二十九日)臣僚上言:'……檢準《元符令》:諸監司知所部推行法令違慢,若詞訟,雖非本職,具事因牒所屬監司行遣。其命官老病不職而非隸本司,準此,仍聽具奏。'"據此可知,《條法事類》在《元符敕令格式》之令的基礎上作了部分增補。而《元符敕令格式》是在《元豐敕令格式》和《元祐敕令式》基礎上制定的②。

4.《條法事類》卷八《職制門·評議公事》職制令:

> 諸州通判、幕職官、縣丞、薄、尉,並日赴長官廳議事,通判、幕職官仍於長官廳或都廳簽書當日文書(原注:謂應行出者有兼局不可離,聽就簽書)。

此令源自元符元年(1098)吏部的奏請。《續資治通鑑長編》卷四九九元符元年六月乙丑條載:"吏部言,諸州通判、幕職官,縣吏丞、薄、尉,並日赴長官廳議事。通判、幕職官仍於長官廳或都廳簽書當日文書。從之。"元符元年吏部的奏請後被收入元符二年修纂的《元符敕令格式》,輾轉爲《條法事類》所收。

5.《條法事類》卷八《職制門·漏洩傳報》職制敕:

> ……即傳報實封申奏應密文書並撰造事端謄報惑眾者,並以違制論。以上事理重者,奏裁,各許人告;於事無害者,杖八十。

按,此條法令內容源自哲宗詔令。《續資治通鑑長編》卷四七七元祐七年九月壬午:"詔'應以朝廷機密事及實封要重文書傳報者,以違制論;撰造事端謄報惑眾者,亦如之。事理重者奏裁,即雖傳報,而於事無害者,杖八十。'"哲宗詔令後修入編敕。宋歷朝都有不定期修纂編敕的立法活動。皇帝的詔敕積累到一定程度,立法官便奉命對詔敕進行整理,把其中

---

① 《宋會要輯稿補編》,全國圖書館文獻縮微中心影印本 1988 年版,第 807 頁。
② 《宋會要輯稿》刑法一之一八,上海古籍出版社 2014 年版,第 14 册第 8231 頁。

具有普遍指導意義的詔敕修纂成法典頒布。① 宋代歷史上總共修纂過十八部普通法編敕，依次爲《建隆編敕》、《太平興國編敕》、《淳化編敕》、《咸平編敕》、《大中祥符編敕》、《天聖編敕》、《慶曆編敕》、《嘉祐編敕》、《熙寧編敕》、《元豐敕令格式》、《元祐敕令式》、《元符敕令格式》、《政和敕令格式》、《紹興敕令格式》、《乾道敕令格式》、《淳熙敕令格式》、《慶元敕令格式》、《淳祐敕令格式》②。哲宗詔令修入編敕後，經累朝編敕相承，最終爲《條法事類》所承襲。

6.《條法事類》卷二八《榷禁門·茶鹽礬》衛禁敕：

> 諸私有鹽，一兩笞四十，二斤加一等，二十斤徒一年，二十斤加一等，三百斤配本城（原注：煎煉者，一兩比二兩）。以通商界鹽入禁地者，減一等，三百斤流三千里。其人户賣（原注：於就近州縣買食鹽五斤以下者不坐）一斤笞二十，二十斤加一等，二百斤徒一年，二百斤加一等，罪止徒三年。

此衛禁敕源自紹興元年（1131）制定的《紹興敕》："諸私有鹽，一兩笞四十，二斤加一等，二十斤徒一年，二十斤加一等，三百斤配本城（原注：煎煉者，一兩比二兩）。以通商界鹽入禁地者，減一等，三百斤流三千里。其人户賣鹽鹽、兵級賣食鹽及以官鹽入別界（原注：去本州縣遠者不坐），一斤笞二十，二十斤加一等，一（二）百斤徒一年，二百斤加一等，罪止徒三年"③。《紹興敕》是南宋初期政局還未穩固時制定的一部法，主要以北宋嘉祐法與政和法"對修"，並參酌政和二年七月以後至建炎四年六月終頒布的散敕而成。④，因此《紹興敕》從某種意義上説是北宋法典的翻版。

7.《條法事類》卷二八《榷禁門·茶鹽礬》衛禁敕：

> 諸巡捕官透漏私茶、鹽（原注：税務鹽官搜撿税物而透漏者同），不及百斤，罰俸一月，每百斤加一等，至三月止，五百斤展磨勘二年，一千斤差替（原注：兩犯通及一千五百斤者準此）。不係正官者，二斤比一斤（原注：鹼地分令、佐透漏刮鹼煎鹽同）。雖獲犯人而本物不在，並不坐。

此條法律源自《政和敕令格式》。《宋會要輯稿》食貨二六之四載：

> （紹興二年二月）時，兩浙西路提舉茶鹽公事司申，準尚書省札子……檢準《政和敕》：巡捕使臣透漏私有鹽，一百斤，罰俸一月；每五十斤加一等，至三月止，及一千五百斤，仍差替；二千五百斤，展磨勘二年，每千斤加半年，及五千斤，降一官，仍衝替。三萬斤，奏裁。兩犯已上通計，其兼巡捕官，三斤比一斤。今點對逐處巡捕官職兼巡捉私假茶鹽者，如有透漏私販及一萬五千斤，方合降官、衝替。緣其間有馳慢之人，爲見所立《罰格》太輕，不務用心緝捕斷絕，卻致透漏。欲乞詳酌，許依正巡鹽使臣法斷罪。

所謂《政和敕》，是指政和元年（1111）修纂的《政和敕令格式》之敕。又《宋會要輯稿》食貨三二之七至八載：

> （政和五年）尚書省奏言：今重修立到下項《賞格》：命官親獲私有茶鹽，獲一火，三

---

① 關於宋代編敕修纂，詳見拙作《宋代編敕初探》，《文史》第42輯。

② 元豐以後修纂的《敕令格式》，宋人仍有泛稱爲編敕的。詳見拙作《宋代編敕初探》，《文史》第42輯。

③ 《宋會要輯稿》食貨二六之一九，上海古籍出版社2014年版，第11册第6566頁。

④ 《宋會要輯稿》刑法一之三五，上海古籍出版社2014年版，第14册第8248頁。

百斤(臘茶一斤比草茶二斤。餘條依此),升半年名次;八百觔,免試;一千二百斤,減磨勘一年;……《罰格》:巡捕官透漏私有茶鹽一百斤,罰俸一月;一百五十斤,罰俸一月半;二百斤,罰俸兩月;二百五十斤,罰俸兩月半;三百斤,罰俸三月;一千五百斤,罰俸五月,仍差替;二千五百斤,展磨勘一年,仍差替;三千五百斤,展磨勘二年,仍差替;四千五百斤,展磨勘三年,仍差替;五千斤,降一官,仍衝替;三萬斤取旨。

至政和六年閏正月,刑部對此條款又做了更改:"諸巡捕使臣透漏私有鹽礬茶者,百斤罰俸一月,每五十斤加一等,至三月止。兩犯已上,通計及一千五百斤者,仍差替(原注:私乳香一斤比十斤)。其兼巡捕官,三斤比一斤,即令、佐透漏私煎煉白礬(原注:鹹地分令佐漏刮鹹煎鹽同),減兼巡捕官罪一等。"①兩相比較,可知上述《條法事類》衛禁敕以《政和敕》為基礎,吸收了政和五年和六年的補充規定而成。

8.《條法事類》卷三六《庫務門·場務》場務令:

　　諸酒務兵士專充踏曲醖造役使,依格,本州選刺廂軍充清酒務指揮,本營寄收(原注:專招刺人數及有營房差役依舊)。遇酒匠闕,聽選試充。其有過犯不可存留者(原注:專招刺人準此),改刺本城。若踏曲蒸炊雜役須添差兵匠者,差係役兵級,通計不得過舊例之數(原注:酒務每年一替,酒匠得力者聽留)。闕或須僱人者,聽和雇。

此令源自政和四年(1114)戶部所立法。《宋會要輯稿》食貨二〇之一三政和四年十月載:"戶部奏修立到:'諸處酒務兵士專充達(踏)曲醖造役使,依格,本州選刺廂軍充請(清)酒務指揮,本營寄收(原注:專招刺人數及有營房差役依舊)。遇酒匠闕,聽選試充。其有違犯不可存留者(原注:專招刺人準此),改刺本城。若踏曲蒸炊雜役須添差兵匠者,差系役兵級,通計不得過舊例之數(原注:酒務每年一替,酒匠得力者聽留)。闕或須僱人者,聽和雇。'從之。"兩相比較,《條法事類》完全承襲了政和四年戶部制定的法。

9.《條法事類》卷三六《庫務門·受納違法》賞令:

　　諸備償,應以犯人財產充而無或不足者,裝發及受納官物稱量不如法,責知情干繫人均備。

此條賞令源出北宋紹聖四年(1097)吏部的規定。《續資治通鑑長編》卷四九三紹聖四年十二月戊申條載:吏部言:"盜應備賞,而犯人無財產或不足者,徒伴並知情干繫應罪人均備。"吏部所言"盜應備賞",是指捉獲偷盜者,政府應給予酬賞的制度。這與《條法事類》賞令規定的"諸備償"意思是一樣的。從中我們可看出兩者之間的承襲關係。

10.《條法事類》卷五二《差補·旁照法》職制敕載:

　　諸重祿公人因職事受乞財物者,徒一年,一百文,徒一年半,一百文加一等,一貫流二千里,一貫加一等。共犯者並贓論。徒罪皆配鄰州,流罪五百里,十貫配廣南。

此條敕源出北宋元祐五年(1090)門下後省制定的規定。門下後省奏言:"重祿人因職事取受財物,及係公人於重祿人因本處事取受人財物,故放債收息及欺詐,不滿一百文徒一年,一百文加一等,一貫文流二千里,一貫加一等。共受並贓論,徒罪皆配鄰州,流罪五百里,十貫配廣南。"②門下省的這一規定當在元符二年修纂《元符敕令格式》時收入新法典,此

---

①　《宋會要輯稿》食貨三二之八,上海古籍出版社 2014 年版,第 14 冊第 6701 頁。

②　李燾:《續資治通鑑長編》卷四五〇元祐五年十一月乙丑條,第 10810 頁。

後又爲《政和敕令》所承襲,相沿至南宋《條法事類》。

11.《條法事類》卷七四《刑獄門·比罪》名例敕:

> 諸應比罪者……命官勒停、衝替……各比徒一年。

此條法律所言命官衝替比徒一年的規定,可追溯到北宋元祐二年(1087)時的《敕令格式》。《續資治通鑑長編》卷四三二元祐四年八月乙未條載,梁燾、劉安世言:"檢準《編敕》節文,衝替比徒一年。"北宋元豐以後修定的《敕令格式》,宋人亦多稱之爲編敕[①]。梁燾等言《編敕》節文,當是元祐二年修纂的《元祐敕令式》[②]。

12.《條法事類》卷七五《刑獄門·編配流移》斷獄敕:

> 諸重役或錢監兵級犯配,除沙門島與廣南若遠惡州外,並勒充本指揮下名。其不可存留者,配他處重役及別監。

此敕源自元祐二年制定的《元祐編敕》。《宋會要輯稿》刑法四之三〇載:元祐六年,滄州言:"按《元祐敕》,錢監及重役軍人合配者,除沙門島及遠惡處依本條外,餘並勒充本指揮下名,其不可存留者,即配別監及他處重役。……欲乞於上條'沙門島'字下添入'廣南'二字。從之。"據此可知,《條法事類》所載斷獄敕吸納了《元祐敕》和元祐六年所補充的內容。

13.《條法事類》卷七七《服制門·喪葬》雜敕:

> 諸臣僚所賜旌節、碑(牌)印,若不隨葬,過三十日不納官者,徒二年,印因而行用,依《僞寫官文書印》律;印僞文書者,仍依盜用法。

此令源於北宋神宗元豐六年(1083)的詔令。《續資治通鑑長編》卷三四一元豐六年十二月丙戌條載,神宗"詔自今臣僚所授旌節、牌印,亡没,並賜葬不即隨葬者,徒二年;因而行用者,論如盜用官文書印律"。神宗這一詔令後修入敕令格式,並有過部分文字改補,經輾轉收入《條法事類》。

結　語

綜合上述考證的情況來看,《慶元條法事類》法條來源是多元的,它的源流可以上溯唐代的律、令、格、式,尤其是《唐令》爲其一大源流。除此之外,《條法事類》還源自北宋時期制定的法律,其中相當一部分法條爲編纂當朝皇帝詔敕而成;其還有一部分則是南宋在繼承北宋法律的基礎上經過修補、删改、新增形成的。

總之,《慶元條法事類》所載法條並非南宋一朝制定出來的,而是一個長期"層累地"發展完善的結果。其修纂經歷了一個不斷調整和完善的過程,以適應變化了的社會統治的需要。南宋的法制是北宋法制的延續和發展,《慶元條法事類》的修纂和實施是一個很好的例證。

(原刊於《傅璇琮先生八十壽慶論文集》,中華書局 2012 年版

作者單位:上海師範大學古籍研究所)

---

① 關於此問題,參見戴建國《宋代編敕初探》,《文史》第 42 輯。

② 李燾:《續資治通鑑長編》卷四〇七元祐二年十二月壬寅條,第 9912 頁。

宋代"巫"风制造者寻源

——誰是宋代"巫"風的制造者—僧、道、
巫、醫、士大夫、其他?[①]

柳立言

内容摘要:宋代巫風由諸色人等共同制造,絕非巫覡獨角唱戲。自從民間宗教化之後,僧、道等人與巫緊密互動,彼此同化,僧非正僧、道非正道、巫非正巫。本文以《夷堅志》爲主要史料,從施用咒語、信仰行爲、醫療行爲等活動爲切入點,以佐證此説。首先,施用咒語者涵括巫、僧、道、方士、醫等人,他們或多或少皆混用來源各異的咒語。其次,當人們在涉及信仰如趕鬼驅妖和禳災祈雨等事上需要協助時,不僅召巫,也可能召僧、道、醫和方士等人,顯示他們在角色和功能上皆有所重疊及混同。尤其值得注意的是,許多問題的處理方式,其實是僧道學巫,而非巫學僧道,可謂之僧道之巫化。再者,在醫療行爲上,無論面對鬼神所致的祟病或一般疾病,醫、僧、道等人都可能和巫一樣,透過超自然力量來治病,而非憑藉醫方、醫藥。綜言之,僧、道、醫、方士某些與巫術相關之行爲既近於巫,甚至與巫無異,則他們自當名列巫風的制造者。

庶民與士大夫亦參與制造和助長巫風,但以助長爲主。就制造巫風而言,庶民也使用咒語,不分男女老幼農工商祝,且一人同時學習不同宗教的咒語。讓人訝異的是,士大夫同樣學習和使用來源各異的咒語、法術,甚至不忌諱彼此傳習。就助長巫風而言,巫風盛衰,與人們是否召巫解決問題直接相關。庶民不分性別、身分、職業、年齡,都在召巫;士大夫不分文臣武將、現任或待任官員,及他們的家人,都在召巫,爲數也不少,既爲私事,也爲公事,上至祈雨,下至偵查命案。當士大夫召巫公開作法,或在可選擇召僧、道之時優先召巫,猶如昭示眾人:巫術是可信的,巫覡也是可用的,有時更勝僧道等人。士大夫之家也較庶民更有能力召巫舉辦迎神賽會,此類集體參與之活動,更有助巫風盛行。

現今關於宋代巫風與巫的認知,有幾點值得重思。第一,研究者常强調巫風惡的一面,但巫風也有善的一面。從眾多以巫術助人的事例,可重新檢視巫風在宋代社會的意義。第二,巫覡之形象一如巫風,多偏負面,這也是對宋代巫覡的過度簡化;巫不一定爲惡,僧道不一定爲善,甚至有巫除僧惡的。第三,一般認爲巫擅於役鬼驅鬼,而僧道則擅於超度使鬼解脱,但就巫也設醮和超度來看,此區別漸趨模糊。第四,學人所謂的"抑巫揚醫",應理解爲政府以公權力平衡神力與醫藥在治病的比例。政府並非禁止巫覡行醫,而是要求巫在依靠神力之外,必須使用醫方和醫藥。即使是治祟病,也會神力與藥力雙管齊下,更不用説是一般疾病、疾疫

① 本文完成時,史語所漢籍全文和大陸基本古籍庫等最重要的電子資料庫只有《夷堅志》甲至丁志,必須多謝林思吟小姐替我找到簡體版的《夷堅志》全文和檢索其他唐宋筆記小説。本文能在短期内完成初稿,從找資料、分析、討論至制作圖表、註釋和書目等,林小姐助我甚大。臺大歷史新科碩士毛元亨、師大中文準碩士吳蕎安兩位撰寫提要,一併致謝。此外,史語所漢籍全文目前已收錄涵芬樓藏板《夷堅志》一百八十卷、志補二十五卷、再補一卷。

及生産了，可謂"醫巫"，加速了巫與醫的混同。

關鍵詞：巫風、民間信仰、僧道巫醫方士、同化、士大夫

前　言

有謂歷史是古今之對話，我們就從今視昔好了。

臺灣經歷二十多年的中學教育改革失敗了，應是多數共識。其實大學教育也好不到那裡去，因爲中學的最後一至兩年是準備學生進入大學，曾謂之預科，預備不足的中學生成爲大學生，要提升並不容易，他們繼續成爲碩士、博士和博士後，要翻修更爲困難。誰制造了這種"博士碩士化、碩士學士化"的學風？答案很簡單，主角是釐定學政的人、校長，和老師，配角是學生、家長，和社會賢達。誰制造了宋代的巫風？主角應是巫，配角可能是士大夫和百姓。那麼，誰是巫？

誰是教授？多數的共識，應是拿到大專院校的聘書（或合約），以教學爲主要工作的人，而拿到聘書和教學的前提，是擁有專業知識，至於道德，在今天似屬額外要求。所以，聘書、教學、學識三者構成教授的基本定義。但是，有些人並非三者俱備，也被喚作教授或老師，如筆者。簡單説，教授有專稱和泛稱，兩者的公約數應是學識而已。同樣，巫也有專稱和泛稱，公約數應是巫術。當然，因擁有學識而被泛稱爲"教授"，心中不免一樂，但因熟諳巫術而被泛稱爲"巫"，臉色恐會一沉，其實兩者在性質上並無差異，而巫在韓國和若干東南亞國家還有一定的地位，如 2014 年 3 月馬來西亞政府請著名巫師到吉隆坡國際機場作法尋找失蹤的航機。

宋代的巫一直是研究者的最愛，單是過去幾年，就至少出刊了二本專書和九篇論文。① 爲了探討宋人如何審判人世間的靈異事件，筆者遍讀這些著作，不禁產生兩個密切相關的疑問：宋代真的如多數學人所主張的曾經禁巫嗎？誰是宋代巫風的制造者或誰是宋代的巫？筆者已發表《從立法的角度重新探討宋代曾否禁巫》，指出宋代不曾禁巫，只是

① 方燕：《巫文化視域下的宋代女性—立足於女性生育、疾病的考察》，中華書局 2008 年版；不再算方氏的單篇論文。李小紅：《宋代社會中的巫覡研究》，光明日報出版社 2010 年版，最爲面面俱到。王章偉：《溝通古今的薩滿—研究宋代巫覡信仰的幾個看法》，收入復旦大學文史研究院編：《"民間"何在，誰之"信仰"》，中華書局 2009 年版，第 140—154 頁；《文明推進中的現實與想像—宋代嶺南的巫覡巫術》，《新史學》第 23 卷第 2 期，2012 年 6 月，第 1—56 頁；《〈清明集〉中所見的巫覡信仰問題》，《九州學林》第 32 輯，2013 年，第 131—152 頁；王氏較早的著作是《在國家與社會之間：宋代巫覡信仰研究》，香港中華書局 2005 年版。王曾瑜：《遼宋金代的巫葡》，《纖微編》，河北大學出版社 2011 年版，第 379—389 頁，原發表於 1998 年，今加入"後記"推崇楊倩描先生，可見學者風範，個人亦十分佩服楊先生的眼光和功力。林富士：《"舊俗"與"新風"—試論宋代巫覡信仰的特色》，《新史學》第 24 卷第 4 期，2013 年 12 月，第 1—54 頁。厚宇德、董龍能：〈基於政治與文化層面對宋代巫術的幾點考察〉，薑錫東、李華瑞主編：《宋史研究論叢》第十四輯，河北大學出版社 2013 年版，第 480—495 頁。范熒、陳江：《宋代的祈吉巫術及其表現形式》，范立舟、曹家齊主編：《張其凡教授榮開六秩紀念文集》，上海人民出版社 2009 年版，第 157—171 頁。楊倩描：《論巫教與宗教的世俗化》《巫教的影響及巫術的泛濫》，收入氏著《南宋宗教史》，人民出版社 2008 年版，第 1—10、208—248 頁；楊氏較早的著作是《宋朝禁巫述論》，《中國史研究》1993 年第 1 期，第 76—83 頁。

禁止巫覡的不法行爲,一如宋代也禁止僧人的不法行爲,但不曾禁佛。[①] 本文是姊妹篇,其邏輯推理如下:

眾人(集體)的行爲產生風氣

眾人作同樣的行爲,便產生同樣的風氣,例如論文造假,不管造假者是校長們、教授們還是學生們,所產生的後果是相同的,即造假之風。所以:

行爲	行爲人	行爲所產生的風氣
唸 A 咒趕鬼	巫	名之曰甲風
同上	僧	名之曰乙風
同上	道	名之曰丙風

不管行爲人的身分爲何,甲風、乙風和丙風是相同的,若將"甲"字換上作爲形容詞而非名詞的"巫"字(後同,不再加引號),那麼甲、乙、丙風都是巫風,亦即巫、僧和道都是巫風的製造者。明顯可見,我們探討的重點,自是巫、僧和道是否都在作出相同的行爲,而這行爲必須跟巫術有關,不是吃喝玩樂等一般人都能作的行爲。

簡單説,製造宋代巫風的人,就是在形式上或實質上懂得行使原始巫術(如上古時代的呼風喚雨)或被當時認定是巫術(如神靈附身驅魔趕鬼或造畜蠱毒殺人祭鬼)的人,他們是誰? 下文從"施用咒語"、"信仰行爲",和"醫療行爲"三方面指出:民間諸信仰的一個重要特點是互相吸收,以致本身異化和彼此同化,產生混同。世俗化後的民間佛教、道教、巫教也不例外,它們出現一些共同特徵,其中之一是若干僧人、道士、巫覡都懂得巫術,僧人和道士的若干行爲也被認爲接近巫覡,甚至被稱爲"僧巫"、"妖道";三者有時也扮演大同小異的角色,發揮大同小異的功能,此外還有醫生和方士等人。當然,僧、道、巫等人不是完全混同,但至少在重疊的部分,他們共同製造作爲形容詞和不帶褒貶的"巫"的風氣(witchyfashion),或巫樣的作風,今日謂之靈異之風。助長巫風的人,除了百姓,還有士大夫,後者對巫的需求與庶民無異,而且往往召巫先於召僧、道和醫等人。

甲·巫、僧、道等人在施用咒語上的混同

大部分的宗教或信仰,一旦往民間化或世俗化的方向發展,便容易跟其他也在世俗化的宗教互相吸收混合,張國剛戲稱爲"你中有我,我中有你"。[②] 諸教合流的結果,有時甚至難以看到本來面目,嚴耀中謂之"異化",[③]其實是跟其他宗教"混合"或"同化"(以下簡稱混同),那不是單向而是雙向進行的。

①　柳立言:《從立法的角度重新探討宋代曾否禁巫》,《歷史語言研究所集刊》第 86 本第 2 分,2015 年 6 月,第 365—420 頁。

②　張國剛:《佛學與隋唐社會》,河北人民出版社 2002 年版,第 227 頁。

③　嚴耀中:〈唐代江南的淫祠與佛教〉,《唐研究》第 2 卷,1996 年,第 51—62 頁;《中國東南佛教史》,上海人民出版社 2005 年版,第 303—327 頁。佛教史籍並不諱言,見曹剛華:《宋代佛教史籍研究》,華東師範大學出版社 2006 年版,第 170—173、177—178 頁。

一方面,僧、道等人吸收巫的信仰、法術或功能。趙宏勃指出,唐代的僧人、道士、醫者和巫覡都用語言巫術,"在某種程度上,巫的信仰滲透到人們對佛教、道教的信仰中去,這也是佛教中國化中的重要内容"。[①] 到了宋代,嚴耀中指出江南有所謂"僧巫",反映僧人"已是向巫的方向職業化了"。[②] 楊倩描也認爲,就佛教而言,"南宋後期,巫教神祠的廟會與佛教的法會已經水乳交融地結合到了一起,而且這種'巫教搭臺、佛教唱戲'的形式也被普通民眾完全接受下來";就道教而言,"朱熹所謂'道教最衰','如今恰成箇巫祝,專只理會厭禳祈禱',也是指南宋道教的巫教化",[③] 可見僧尼、道士與巫覡在多方面的重重疊疊。當然,還有爲數眾多的民間宗教信奉者亦懂得行使巫術。

另方面,巫也吸收僧、道和民間宗教人仕的信仰、法術或功能,照著別人依樣畫葫蘆,唸著佛教和道教的咒語。趙章超的〈宋代巫術邪教犯罪與法律懲禁考述〉把巫術與邪教混爲一談,多少反映兩者的難分難解,他所舉"妖書妖言、幻術惑人"的例子之一,還是撰造《佛説末劫經》,[④]似是巫術邪教在假借佛説。嚴耀中指出三種混同:"〔異化後〕的佛教寺院已和一般的雜神淫祠沒有甚麼差別了。而一些巫祝則因此魚目混珠,濫用佛家名號。……這種佛道混用於咒術的現象各地都有,但以南方爲甚"。[⑤] 事實上,相信、使用和混用諸教咒語的人,豈止僧、道和巫。

三十多年前,澤田瑞穗《宋代の神咒信仰》發現洪邁《夷堅志》裡主要用作壓伏鬼怪的咒語共有三十多種,[⑥]今日如用電子全文檢索中華書局 1981 年出版的《夷堅志》,[⑦]並加入"符"、"袪"、"偈"、"乞靈"和"作法"等詞彙,必然更多。我們目前不必求全,但將探討的重點從咒語本身轉移到使用咒語的人,結果如下表(表 1)。表中的僧人和道士等身分均取廣義,例如僧人包括行者等尚未正式剃度者;遇到難以判斷身分的,便加上問號。佛咒和道咒等亦取廣義:佛、道和巫都是一教多宗,各宗各派各有專門的咒語,密宗諸神祇還有專屬咒語,但非本文重點,不予分辨。此外,跟巫一樣,僧和道等人亦有泛稱的,如王法師"有法師之號又行天心法,爲人主行章醮,戴星冠,披法衣,而非道士也。民俗以其比真黃冠,費謝已減三之一",[⑧]故以下所稱的"僧"、"道"等人,只能根據史料的稱謂,有些可能不是正式的,偶然亦用"僧"和"道"來指佛法或道術,使用者不知是否僧或道。後文一律如此,不重覆説明了。

先行聲明,我們的觀察點不是看數目字的多寡,例如不是看到巫和士大夫使用佛咒遠多於道咒,也不是看數目字的有無,例如有的佛咒或道咒沒有僧人或道士使用,這當然是因爲取樣不全,不是真的爲零。我們要觀察的,是同一種咒語的使用者是何等身分,便可

---

① 趙宏勃:《〈太平廣記〉中的語言巫術及唐代民間信仰》,《社會科學戰線》2008 年第 11 期,第 101—106 頁。

② 嚴耀中:《中國東南佛教史》,第 310 頁。

③ 楊倩描:《論巫教與宗教的世俗化》,《南宋宗教史》,第 9 頁,詳見第 240—248 頁。

④ 趙章超:《宋代巫術邪教犯罪與法律懲禁考述》,《新國學》第 4 卷,2002 年,第 231—238 頁。

⑤ 嚴耀中:《中國東南佛教史》,第 310 頁。

⑥ 澤田瑞穗:《宋代の神咒信仰:〈夷堅志〉の説話を中心として》,《東方宗教》第 56 號,1980 年,第 1—30 頁。收入氏著《中国の咒法》,東京,平河出版社,1984 年,第 457—496 頁。又見劉黎明:《宋代民間巫術研究》,第 94—133 頁。

⑦ 洪邁撰,何卓點校:《夷堅志》,中華書局 1981 年版,亦是本文所用版本。

⑧ 《夷堅志》支戊卷六,第 1101 頁"王法師"。

看到巫、僧、道等人或多或少地使用共同的咒語。

表 1　《夷堅志》使用佛咒、道咒、巫咒之各色人等及數量

佛咒（共 22 種）		
咒	使用者之身分	
大悲咒（觀音大悲咒）（共 11 人）	僧（5 人）	1.僧宗演（甲志卷六《宗演去猴妖》，頁 47—48） 2.僧惠恭（甲志卷十《佛救齲胃》，頁 89），又見觀音菩薩。 3.僧聞修（乙志卷十九《廬山僧鬼》，頁 348—349） 4.僧眾（支志癸卷三《鬼國續記》，頁 1239） 5.僧處瑶（志補卷十四《觀音洗眼咒》，頁 1681），又見觀音洗眼咒。
	道（1）	張端愨，嘗爲道士（甲志卷十一《張端愨亡友》，頁 96）
	士人（2）	1.汪氏子，應爲士人（甲志卷十四《建德妖鬼》，頁 126） 2.洪邁族人洪洋（乙志卷十四《魚陂癇鬼》，頁 303—304）
	女性（1）	莆田處女（志補卷十四《莆田處子》，頁 1683—1684）
	商人（1）	海商楊氏之子（支志癸卷三《鬼國續記》，頁 1239）
	庶民（1）	龔犁匠（支志庚卷八《餘干民妻》，頁 1195）
穢跡〔金剛〕咒，似可降神（共 10 人）	僧（6）	1.寺中"一道者"，應爲僧人（甲志卷十九《穢跡金剛》，頁 171） 2.僧全師（乙志卷十四《全師穢跡》，頁 304—305） 3.行者（丙志卷五《小令村民》，頁 403） 4.僧法恩（丙志卷十二《僧法恩》，頁 470—471） 5.僧志通（丁志卷四《戴世榮》，頁 569—570） 6.僧人（志補卷十五《雍氏女》，頁 1690—1692）
	巫（2）	1.女巫大悲（丙志卷六《福州大悲巫》，頁 417） 2.女巫聖七姑（支志景卷五《聖七娘》，頁 919）
	官吏（1）	余嗣（乙志卷五《司命真君》，頁 220—222），又見天皇地皇三綱五常。
	庶民（1）	程三客（三志己卷二《姜店女鬼》，頁 1314）
楞嚴咒（共 7 人）	僧（5）	1.僧人（乙志卷十四《南禪鍾神》，頁 302） 2.僧元淨（丙志卷十六《陶象子》，頁 498—499） 3.僧人（丁志卷四《沅州秀才》，頁 567） 4.僧法淨（三志己卷二《東鄉僧園女》，頁 1312—1313） 5.僧眾（志補卷十七《段氏疫癘》，頁 1713）
	士人（1）	官員之子（丁志卷三《韶州東驛》，頁 559—560）
	官吏（1）	蜀士登科者赴調（志補卷十四《蜀士白傘蓋》，頁 1682—1683），有謂白傘蓋咒即楞嚴咒。
觀音偈（共 3 人）	官吏（1）	張孝純（甲志卷一《觀音偈》，頁 4—5）
	女性（1）	張孝純家乳母（甲志卷一《觀音偈》，頁 4—5）
	孩童（1）	張孝純之孫（甲志卷一《觀音偈》，頁 4—5）
阿彌陀四句偈（共 3 人）	女性（3）	1.宣義郎梁元明之母董晁夫人（乙志卷九《崔婆偈》，頁 262） 2.宣義郎梁元明之乳母崔婆（乙志卷九《崔婆偈》，頁 262） 3.舍人陳安行甥女王百娘（支志丁卷一《王百娘》，頁 969）

佛頂心咒 (共2人)	僧(1)	兩僧(三志壬卷六《蕭七佛經》,頁 1513—1514)
	孩童(1)	六至八歲兒(《齊宜哥救母》,同見甲志卷二,頁 12—13 及三志己卷四,頁 1330—1331),又見九天生神章。
熾盛光咒 (共2人)	僧兼士人(1)	士人兼行者曹毅(甲志卷七《熾盛光咒》,頁 62)
	庶民?(1)	李商老及家人(支志乙卷四《李商老》,頁 827)
主夜神咒 (共2人)	官吏(2)	1. 禮部郎官洪邁,(志補卷十四《主夜神咒》,頁 1680—1681) 2. 洪邁同僚宋才成等(志補卷十四《主夜神咒》,頁 1680—1681)
寶樓閣咒 (共2人)	士人(2)	1. 府學生袁昶(甲志卷一《寶樓閣咒》,頁 2—3) 2. 袁昶之兄袁可久(甲志卷一《寶樓閣咒》,頁 2—3)
治湯火咒 (共2人)	巫(1)	里巫(支志丁卷四《治湯火咒》,頁 996)
	士人(1)	洪邁族弟元仲(支志丁卷四《治湯火咒》,頁 996)
大隨求咒 (共1人)	官吏(1)	孔目吏王生(丙志卷三《王孔目》,頁 389)
孔雀咒 (共1人)	僧(1)	僧人(丁志卷十九《江南木客》,頁 695—697)
水火輪咒 (共1人)	巫(1)	巫(丁志卷十四《劉十九郎》,頁 660)
白傘蓋咒 (共1人)	官吏(1)	蜀士登科者赴調(志補卷十四《蜀士白傘蓋》,頁 1682—1683),有謂白傘蓋咒即楞嚴咒。
西天三藏法 師金總持釋 迦往生真言 三句 (共1人)	士人(1)	館客徐聖俞(三志辛卷五《解脱真言》,頁 1419)
佛母咒 (共1人)	女性(1)	女性(三志辛卷二《古步仙童》,頁 1395)
降鬼神咒 (共1人)	僧(1)	僧人(乙志卷九《劉正彥》,頁 260—261)
龍樹咒 (共1人)	僧(1)	行者(乙志卷二《樹中甕》,頁 195)
聰明偈 (共1人)	孩童(1)	參政魏道弼十二歲兒(丙志卷十《黃法師醮》,頁 448—451)
辟兵咒 (共1人)	士人(1)	龍圖閣學士盧秉之孫彥仁(志補卷十四《辟兵咒》,頁 1681—1682)
觀音洗眼咒 (共1人)	僧(1)	僧處瑤(志補卷十四《觀音洗眼咒》,頁 1681)
觀音菩薩 (共1人)	僧(1)	僧惠恭(甲志卷十《佛救齁胃》,頁 89),又見大悲咒。
道咒(共7種)		
咒	使用者之身分	

天蓬咒 (共5人)	官吏 (3人)	1. 台州簽判錢符(甲志卷五《蔣通判女》,頁40)
		2. 晉江主簿陳舜民(丙志卷一《陳舜民》,頁369)
		3. 國子監胥長柳榮(丙志卷一《貢院鬼》,頁369—370)
	士人(1)	劉宗奭,其父爲靖安宰(丁志卷十《劉左武》,頁624—625)
	庶民(1)	李氏,僕隸陳青之友(三志辛卷二《古步仙童》,頁1395)
九天生神章 (共4人)	官吏(1)	士大夫獲罪者可誦之一邁遍獲免(丙志卷十《黃法師醮》,頁448—451)
	醫生(1)	醫者沙助教(乙志卷一《蟹山》,頁188—189)
	孩童(1)	六至八歲兒(《齊宜哥救母》,同見甲志卷二,頁12—13及三志己卷四,頁1330—1331),又見佛頂心咒。
太乙尋聲救 苦天尊 (共2人)	道(1)	道人(丙志卷十二《青城丈人》,頁471)
	庶民(1)	目睹屠牛者(三志辛卷一《二屠鼎烹》,頁1390—1391)
天童護命經 (共2人)	士人?(2)	1. 韓椿年(再補《天童護命經》,頁1784—1785)
		2. 韓椿年之父(再補《天童護命經》,頁1784—1785)
九天應元雷 聲普化天尊 十字咒 (共1人)	士人?(1)	周翬(丙志卷六《十字經》,頁415)
元始天尊靈 寶護命天尊 號(共1人)	士人(1)	陳季若(彌作,紹興八年進士)(甲志卷十二《誦天尊止怖》,頁106)
天皇地皇三 綱五常急急 如律令 (共1人)	官吏(1)	余嗣(乙志卷五《司命真君》,頁220—222),又見穢跡金剛咒。

儒佛道皆有之咒(共1種)

咒	使用者之身分
乾元亨利貞 (共1人)	士人(1)	張士人,"吾用聖人之經"(支志庚卷三《陳秀才女》,頁1158—1159)

佛道巫皆有之咒(共1種)

咒	使用者之身分	
解蠱毒咒 (共3人)	僧(1)	高僧(志補卷二十三《解蠱毒咒方》,頁1764—1765)
	士人?(2)	1. 李樞(志補卷二十三《解蠱毒咒方》,頁1764—1765)
		2. 李樞之父(志補卷二十三《解蠱毒咒方》,頁1764—1765)
	官吏(1)	朝官(志補卷二十三《解蠱毒咒方》,頁1764—1765)

將表1綜合如下:

咒	使用者之身分									
教別	種類	僧	道	巫	士人	官吏	女性	孩童	醫生	商人	庶民
佛	22 種	23	1	4	9	7	6	3		1	2+1?
道	7 種		1		2+3?	5		1	1		2
儒佛道	1 種				1						
佛道巫	1 種	1			2?	1					
合計	32 種	24	2	4	12+5?	13	6	4	1	1	4+1?

1. 在佛教咒語一列,明顯看到僧、道、巫的混同。如繼續檢索《夷堅志》,可能道咒和巫咒亦然。事實上有些咒語已不易確定其源頭是釋、道還是巫。

2. 佛教和道教咒語的使用者最爲廣泛,遍及諸色人等。反過來説,諸色人等,不分階級(官吏、士人、庶民)、身分(母、子)、職業(士、商、醫)、信仰(巫、僧、道)、年齡(老與幼)、性別(男與女),都在學咒。

3. 一人同時學習不同宗教的咒語,如六至八歲小兒聽聞"唯道家九天生神章,釋教佛頂心陀羅尼爲上",乃兼習之;官吏余嗣既日誦佛教《金剛經》,又唸道教之"天皇地皇三綱五常,急急如律令"。

4. 也許最令人驚奇的是,暫且不論程度之深淺或道行之高低,士大夫(表1的士人和官吏合計)懂得咒語者不少。洪邁來自高級士大夫家庭,沒有理由"污名化"他們,理應可信。由此可知:

4.1 士大夫並非如學人所稱的子不語怪力亂神。

4.2 士大夫對佛、道、巫的咒語無所不學,再次看到諸教混合。

4.3 士大夫可能直接從巫獲得咒語(雖然該咒是佛咒或道咒),或至少知道使用該咒語的人是巫,如洪邁族弟元仲之於治湯火咒(又見表2頁1097)。

4.4 士大夫之間會彼此交流,如洪邁將《主夜神咒》傳給同僚。

4.5 士大夫家庭懂咒語,會影響家中其他人,如小兒及乳母。

王章偉曾列出34位信巫和51位取締巫的兩宋士大夫或其家人,比例是 1:1.5;李小紅的數字分別是33位和73位,比例是 1:2.21。[①] 儘管兩個比例的差異頗大,反映量化研究法的不可專恃,但均可看到信巫的士大夫或其家人不在少數,他們的某些行爲,無疑替巫風推波助瀾,一如他們之於佛教。

乙・巫、僧、道等人在信仰行爲上的混同

行使巫術屬靈異事件,較詳細可供本文分疏的,大都出現在筆記小説裡。今存洪邁《夷堅志》的故事約有 3000 則,其中約有 130 則提到巫覡,檢索其他電子化的筆記小説,可

---

① 王章偉:《在國家與社會之間—宋代巫覡信仰研究》,第 113—118 頁,第 269—277 頁。李小紅:《宋代社會中的巫覡研究》,第 265—269,244—253 頁。

用於宋代的不超過 60 則,故以《夷堅志》作爲研究的起點。這些靈異故事是否可信,或何處可信,當另文討論,可先提出兩點:一,故事往往提到在世的人,如士大夫或其家人,洪邁應不會把子虛烏有的事情,尤其是有巫覡參與的事情栽到他們頭上,因爲可能招致他們本人或其後人的反駁,有損洪氏作爲史官和史家的令名。二,洪氏應不會預料到我們會利用這些故事來研究巫教與其他信仰的混同,我們所要利用的資訊應屬洪氏"隨意的"(randomly)摘録而非"有意的"安排。它們的可信度,一如學人利用《夷堅志》來研究商業、旅店、房産、鄉村社會、農業、醫學、風俗等。方健《關於〈夷堅志〉的評價和輯佚》甚至説它"真實反映了北宋晚期至南宋中期(約 1106—1202 年)近百年間宋代社會的真實面目",①一句之中竟用兩次"真實",我們打個對折相信便可。即使今日科學昌明,人類不知道的事物還是成千上萬,我們不能因爲自己不曾有靈異經驗而否認靈異的存在。簡單説,《夷堅志》没有的不表示没有,有的大抵都有(至少當事人信其爲有),但並非每一個枝節都可信。

　　巫在上古已有,遠早於僧和道,故他們許多共同或相似的信仰行爲應是僧道學巫而非巫學僧道,如神靈附體、趕鬼驅邪、呼風喚雨,和唸咒治病等,當然亦有一些是不約而同的,或巫學僧道的,如打齋設醮。以下從七方面觀察巫與僧、道、方士等人在角色和功能上的混同。我們只選取巫覡爲善助人而非違法亂紀的案例,以凸顯巫風中良好的一面。事實上僧人和道士也在作跟巫一樣的壞事,也受到一樣的取締,政府没有特別針對巫,更没有所謂禁巫。②

　　案例不少,不能一一論述,只能以表格呈現。表中注明"時"和"地",旨在凸顯該故事在某種程度上的可信性,這也應是洪邁的用意,因爲記事愈精細,愈易留下可供證明和反證的線索。時和地每每分布不均,③暫不分析以免誤判,也省篇幅。表中的僧和道等仍取廣義(見表 1 之説明),如巫用佛咒或藥物,則在統計他是以何種身分出現時,兼取巫、僧或醫,因爲這兼通兩術的身分可能正是民眾請他來工作的重要原因,也足以反映兩者的混同,如巫醫或醫巫。士大夫在統計時也取廣義,將文臣和武將合算。表中的"事"的重點是巫的工作及與僧道等人的關係,儘可能引用原文以取信於人。爲便於查閱,"出處"依《夷堅志》的頁碼排列先後,非按時間。讀者如不耐煩看故事,或可跳過表格,只看統計和分析。

　　(一)趕鬼驅妖 27 則故事 28 案(第 4 則有兩種不同身分的當事人,爲統計身分,算作兩案。下文同,不一一説明了)。案:只算鬼怪未附於人身的故事,附於人身的歸入祟病(見下文)。

　　①　方健:《關於〈夷堅志〉的評價和輯佚》,《歷史文獻研究》第 21 輯,2002 年,第 308—322 頁,引文見第 309 頁。

　　②　柳立言:《從立法的角度重新探討宋代曾否禁巫》及《宋代如何審判靈異事件:以巫爲例》(未刊稿)。

　　③　以治理一般疾病(表 10)爲例,案例分佈的時間是高宗朝五案、孝宗六案、光宗二案、寧宗一案,和不明者三案,主要集中在南宋初期的五十餘年(1127—1177)。分佈的地點是江南東路四或五案、兩浙西路四案、兩浙東路兩案、福建路兩案、江南西路一或兩案、荊湖北路一案、京西北路一案,和不明者一案,分佈雖不下於七路十二或十三府州軍和七或八縣,但主要集中在東南沿海和中部。

表2　《夷堅志》召巫趕鬼驅妖之人及事

時	地	召巫者	事	出處
1	福州永福縣	村民	能仁寺中所奉猴妖爲祟,村民祭之無效,"則召巫覡乘夜至寺前,鳴鑼吹角,目曰取攝",曾傷猴妖,但未能制伏,最後由長老宗演超度之。	甲6,47—48宗演去猴妖
2	廣州	士夫夫本人:録事參軍郝光嗣	"有魅撓其家,…一日發〔官〕印欲用,封鑰宛然,而中無有矣,始猶命巫考治,久而不效"。	甲19,174 郝氏魅
3	弋陽縣結竹村	庶民:吳慶長及其僕	鬼盜稻,被僕所捕,化爲杉木一段。慶長"以語里巫師。巫師曰:是能變化,全而焚之不可"。	乙14,305 結竹村鬼
4	臨川、建州	a 臨川:大眾 b 建州:士大夫或其家人	"臨川有巫,所事神曰木平三郎,專爲人逐捕鬼魅,靈驗章著,遠近趨向之"。兩鬼"自稱建州某官人頃爲祟所撓,得法師救護,今遣我齎新茶來致謝",乘機殺巫。	乙15,308—309 臨川巫
5	西洋	庶民:胡漢臣	胡家世居西洋,遭白衣丈夫之祟,"命道士、巫覡百計禳治,皆不驗",後乘醉毀所居巷口小廟土偶及鎖其門,自是怪不作。	丙5,405—406 西洋廟
6	婺州浦江	庶民	方氏女爲一群山魈所惑,"道士百法治之,反遭困辱…。近縣巫〔師〕、術〔士〕聞之,皆莫敢至其家",後告於貴溪龍虎山張天師,天師判送東嶽行祠審訊,處罰諸魈,女乃平安。	丙10,446—447 方氏女
7 熙寧九年	嘉興	士大夫本人:嘉興縣令陶彖	陶彖之子爲女鬼所惑,"聘謁巫祝,厭勝百方,終莫能治。會天竺辯才法師元净,…善咒水",至陶家,"設觀世音菩薩像,取楊枝霑水,洒而咒之",子乃安寢。次日,爲女鬼 超脱,"宣説首楞嚴祕密神咒",女鬼遂去。	丙16,498—499 陶彖子①
8	衢州	士大夫家人:留怙之父兄	進士留怙調官歸鄉,與一美婦人相好,"父兄意其鬼魅,深以爲憂。呼方士、巫者,治祟百方,終不驗"。	丁19,692 留怙香囊
9	江南宜黃縣	庶氏:村民袁氏	袁女爲大蛇所纏,家人召巫,巫謂蛇乃五通神,不可殺,女終成癡人。	丁19,695—697 江南木客
10	崇仁縣	庶民:農家	子婦爲蛇妖誘去,農家報官,後發現婦與蛇妖同居一深洞。"或云:穴深且暗,非人能處,殆妖魅所爲,宜委諸巫覡"。巫奮力救婦。可見鄉人以爲此等事非官府之人力所能處理,乃召巫靠其神力。	丁20,705—706 巴山蛇

----

① 幾乎是全文取自[宋]秦觀:《淮海集》後集卷六,四部叢刊初編,第170頁。其事亦見於[宋]蘇轍著,曾棗莊、馬德富校點:《欒城集》後集卷二四,上海古籍出版社1987年版,第1439—1443頁《龍井辯才法師塔碑》:"師姓徐氏,名元净,字無象,杭之於潛人。…秀州嘉興令陶彖有子得魅疾,巫醫莫能治,師咒之而愈"。該碑收入[宋]潛説友:《咸淳臨安志》卷七八,宋元地方誌叢書,第4613—4614頁。

11	江南西路建昌軍南城縣	士人本人及家人:于仲德	"南城士人于仲德,爲子斲納歸陳氏。陳世爲巫,女在家時,嘗許以事神。既嫁,神日日來惑蠱之"。于家召道士上訴天庭,陳女得脫,"以于氏父子計,以婦本巫家,故爲神所擾,不若及其無恙時善遣之。遂令歸父母家,竟復使爲巫"。	丁 20,708 陳巫女
12	撫州五福寺	士人本人或家人:晁氏,"其子讀書窗下"	蠱爲祟,"招師巫禳,卻無一驗,遂徙居他所,怪復然。於是旋繪真武像,朝夕香火甚飭,過數月乃已"。	支甲 8,777 晁氏蠱異
13	博州高唐縣	富民:聶公輔	聶氏"酷信巫祝,奉淫祠尤謹敬。歲月滋久,禱請多不驗,於是懈怠之心生,翻成毀悖。…繼此後百怪競作,…雖邀善法者考治,莫能絕"。	支乙 1,800 聶公輔
14 淳熙七年秋	信州永豐縣	士人家人:管秀才	"有怪興於某秀才家,幻變不常,或爲男子,或爲婦人,…喚巫師驅逐弗效,又命道士醮禳,復邀迎習行法者,各盡術追究,雖即日稍若暫息,迨去則如初。…乃多萃道流,設壇置獄,劾治甚峻,群怪不爲動",後竟爲一僕所殺。	支乙 1,801 管秀才家
15 慶元元年	樂平	村民	"里俗相傳,山木間有所謂旺神者,魈類也,頗能見妖怪,邀索祭享,然其威靈亦殊不章赫,雖村社巫,亦能去之"。	支景 2,893 余氏蛇怪
16 乾道中後	臨安?	士大夫本人:進士湯衡	湯氏喪妻納妾,妾爲妻所祟,"不敢招邀巫法毆禳"。如非親屬之鬼,當召巫。	支景 5,918 湯教授妾
17 紹熙五—六年	建康	士大夫家人:范成績之參政之弟成績	范成績爲建康通判,"冬至之夕,庖妾報甑鳴,一家皆懼,欲求僧巫禳謝,置不問。…於是諸怪互作"。明年,成績忽然得疾,作聲如甑鳴,"衆醫切脈下藥,皆不可納,俄大叫一聲而殂"。	支景 9,949 范成績
18	餘干團湖	庶民:朱巨川	朱宅遭怪,"於是呼村巫治之,怪愈益肆,…乃命道士設醮筵禳請",亦無效。"有喻真官者過其家",謂怪乃其爲富不仁所致,朱改過,怪亦息。	支丁 2,983 朱巨川
19	福州長溪	庶民:潘甲及村民	潘妻李氏被紅蛇所祟,"招村巫馬氏子施法考驗。巫著緋衣,集隣裡僕僮數十輩,如驅儺隊結束,繞李向所遊處山下,鳴金擊皷,立大旗,書四字曰'青陽大展',齊聲叫噪,稱燒山捉鬼"。	支丁 3,986 李氏紅蛇
20 慶元元年以前	嘉興魏塘鎮東	士大夫本人:陳六官人師則	陳買屋,"才入其室,百妖並興,符禁不可治,但呼巫祝,具牲酒禱謝,則稍定"。	支丁 6,1012 陳六官人
21 紹興中後	饒州	士大夫本人:王使君	王宅有鬼物,王"尤弗深信,…曰:'…如要從我求酒饌〔祭〕酹福願薦拔,亦無閒錢可辦,苟冥頑不去,當令師巫盡法解汝於東嶽酆都,是時勿悔'。其物隨言而沒,宅自是平寧"。	支戊 3,1076 李巷小宅
22	德興香屯	大眾、士大夫本人	"此叟蓋爲巫,姓程氏,里社呼爲程法師。尤善禁蛇〔妖〕,積所殺不可勝計"。"張子理之弟南康稅官,嘗從之傳法"。	支戊 6,1097 香屯渡小童

23	楚州淮陰	大眾	"鬼魅變怪，邀巫治之"。	支癸 6，1265 淮陰民失子
24 慶元元年	饒州	大眾：眾人及 廟祝等	"威惠廣祐王生辰，…排列果食多不見，…見泥塑獻花童子倒地如睡，…自後遇夜，巫祝或逢其遊戲相驅逐，久而乃定"。 此事乃"廟祝洪興祖說"。有趣的問題：神明不能自救而靠巫。	支癸 6，1269 廣祐王生辰
25 約淳熙十三年	饒州	士大夫本人：張運（南仲）待制之子曼〔編〕修思永	敷文閣待制張運（1097—1171）之子擬買鬼屋，朋友勸止。張曰："吾爲國家命臣，何畏於妖？"竟成約而定居。…然每遇月夜，蛇仍爲怪，處者未嘗奠枕。呼醫召巫，略無虛日。何故召醫？	支癸 7，1272—1273 王司戶屋
26 慶元三年		士人本人：吳周輔灌圃（因其有字及館客，推測爲士人）	僕人之鬼不散，吳"念其存日忠謹，不忍使巫卻逐。館客徐聖俞舊傳西天三藏法師金總持釋迦往生三真言，…凡世人死而未解脫者，或爲誦之"，鬼遂去。	三志辛 5，1419 解脫真言
27	樂平螺坑市	庶民：織紗盧匠	盧匠娶程山人女，被蛇妖所困，"里中江巫言能治，…使侶伴緋衣高冠十輩"斬蛇，又"使〔盧妻〕吞符以正其心神，餌藥以滌其腸胃，越月始平"。	三志辛 5，1425 程山人女

統計與分析：

1. 巫的稱謂：法師（頁 308—309，1097），巫祝（頁 498—499，800，1012，1269）、巫法（頁 918？巫師、法師）。

2. 召巫者等人與巫風盛衰之關係

主要觀察點有二（下文同，不再説明）：一，召巫者是誰？無法判斷身分時，一概算作庶民。如諸色人等不分貴賤不分職業不分性別都在召巫，便可表示諸色人等都在助長巫風之普及。二，先召巫者是誰？尤其留意士大夫。若在可以召僧、道、巫、醫、方士的情況下，士大夫優先召巫，那無疑告訴百姓，不但可相信（believe）巫，還可先信任（trust）巫，也助長了巫風。史料有時清楚呈現召僧、道、巫、醫、方士的順序，有時只單獨召巫，也算優先召巫。再次强調，數目字的意義不在多寡或有無，而在比例的大小，如在 30 案之中，士大夫 10 人召巫而庶民 20 人召巫，比例是士大夫 33.3%：庶民 66.6%，但我們不會推論説士大夫召巫只有庶民的一半，而是説士大夫召巫的情況也不少，因爲達到總數的 33.3%。

召巫者身分	大約之總案數：先召巫之案數	上表出處頁碼
士大夫本人	7—8：4—5	174，498—499（巫→僧），918（巫法？、法師），1012（符禁？→巫祝），1076，1097，1272—73（呼醫召巫） 身分可能是士大夫本人：308—309
士大夫家人	2—3：0—1	692（方士、巫者），949（僧、巫→醫） 身分可能是士大夫家人：308—309
士人本人	2：1—2	708（巫？→道士），1419（巫→館客傳習佛教解脫真言）
士人家人	2：2	777（巫→真武像），801（巫師→道士→行法者？→道流）

廟祝	1：1	1269（應是廟祝召巫）
庶民	15：13	47—48（巫→僧），305，308—309，405—406（道士、巫），446—447（道士→巫、術→張天師），695—697，705—706，800（巫→善法者?），893，983（巫→道士→方士喻真官），986，1097，1265，1269（應是廟祝召巫），1425（且用藥）

2.1　召巫者是誰：士農工商祝、貴賤貧富、市民村民，無不召巫。28 案中，庶民 15 案：士大夫本人 7—8 案：士大夫家人 2—3 案：士人本人 2 案、士人家人 2 案：廟祝 1 案。若將士人、士大夫及兩者的家人合算，則是庶民 15 案：士大夫等 13—15 案，比例上是庶民 53.6％（即 15 除以 28）：士大夫 46.4％（即 13 除以 28，採保守計算，不取可能之數 15，下同），可看到士大夫召巫者不在少數。

2.2　先召巫者是誰：28 案中，庶民 13 案：士大夫本人 4—5 案：士人家人 2 案：士人本人 1—2 案：廟祝 1 案：士大夫家人 0—1 案。若將士人、士大夫及兩者的家人合算，則是庶民 13 案：士大夫等 7—10 案，比例上是庶民 46.4％：士大夫 25％，可看到士大夫先召巫者不在少數。就士大夫本身來説，先召巫者在 13 案中佔 7 案，約 53.8％。

2.3　士大夫固然有認爲"吾爲國家命臣，何畏於妖"的（頁 1272—73），但召巫來趕鬼驅妖的比例絶不下於一般百姓，先召巫的也相當高，甚至有官吏從巫學法（頁 1097），及士人與世代爲巫的家庭締婚（頁 708），[①] 但應屬少數。無論如何，士大夫應屬此類巫風的贊助者。

2.4　士大夫不但在私事上召巫，在公事上也召巫（頁 174，又見表 8 頁 402—403）。

2.5　廟祝有時也求助於巫（頁 1269），而巫之家人爲所奉之神糾纏時，可能求助於道士（頁 708），反映三者互相接受與互助合作。

2.6　民眾群體參與法事（頁 986，又見表 3 頁 417"福州大悲巫"），如此大張旗鼓，一方面看到百姓助長巫風，另方面卻難以看到政府在禁巫。

3.巫與僧道醫和方士等人的混同情況

主要觀察點有二（後文同，不再説明）：一，在同一事上，是否僧、道、巫和方士等人均可勝任？如是，表示他們在角色和功能上重疊，可以互相替代。巫愈能替代僧、道和方士等人，便愈有市場。二，在僧、道、巫和方士等人均可勝任之事上，巫是否率先被召？如是，表示巫不但有市場，而且有優先性。統計時，身分難明者加上問號，如先召巫再召"善法者"，則善法者可能是僧、道或方士等人，各算一次。

---

① 締婚之事是否可信？故事注明是王三錫所説。王是洪邁的表兄，南城人，即故事發生的地點，見《夷堅志》支景卷二，第 889 頁兩處。宋代地方誌至少有兩位王三錫，一位是 1194 年的武舉進士，一位是 1208 年的進士；龔延明、祖慧：《宋登科記考》，江蘇教育出版社 2009 年版；也有一位，是 1151 年的進士（第 804 頁）在時間和經歷上似乎都不是這一位。

身分	大約數量	上表出處頁碼
巫單獨出現	11—12案	174,305,308—309,695—697,705—706,893,918（巫法?）,986,1076,1097,1265,1425（且用藥）。
巫與醫均出現	2案,1案先召巫	先召:949（僧、巫→醫） 同召:1272—73（呼醫召巫）
巫與僧均出現	5—7案,有5案先召巫,1案不分先後,0—1案先召懂符禁之僧	先召:47—48（巫→僧）,498—499（巫→僧）,800（巫→善法者?）,801（巫師→道士→行法者?→道流）,1419（巫→館客傳習佛教解脫真言）。 同召:949（僧、巫→醫） 後召:1012（符禁?→巫祝）。
巫與道士均出現	4—8案,有4—5案先召巫,1案不分先後,1—2案先召道士	先召:708（巫?→道士）,777（巫→真武像）,800（巫→善法者?）,801（巫師→道士→行法者?→道流）,983（巫→道士→方士喻真官）。 同召:405—406（道士、巫）。 後召:446—447（道士→巫、術→張天師）,1012（符禁?→巫祝）。
巫與方士等人均出現	3—7案,有3—4案先召巫,2案不分先後,0—1案先召方士	先召:800（巫→善法者?）,801（巫師→道士→行法者?→道流）,918（巫師?、法師）,983（巫→道士→方士喻真官）。 同召:446—447（道士→巫、術→張天師）,692（方士、巫者） 後召:1012（符禁?→巫祝）
巫與廟祝均出現	1案	1269（應是廟祝召巫）

　　3.1　僧道巫等人被召的情況:28案中,巫單獨11—12案:巫與僧5—7案:巫與道士4—8案:巫與方士3—7案:巫與醫2案:巫與廟祝1案,可見巫在某種程度上可替代僧、道、方士、醫、祝等四者。

　　3.2　巫僧道等人均出現時,巫被先召的比例(取絕對優先非相對優先,頁碼相同者只算一次):28案中佔19案,約67.9%。由於我們只用"巫"及相關詞彙來檢索《夷堅志》,未用僧道方士等,故應漏掉不少僧道方士等人單獨出現的案例,故一如上述,67.9%只反映巫被先召者爲數不少,不表示一定多於僧道等人（後文相同,不再説明）。

　　3.3　巫可能是士大夫和民衆率先召來趕鬼驅魔的,但僧、道及方士亦不少,再次看到四者在角色和功能上的重疊。有謂"李氏紅蛇"案（頁986）村巫所施之法術,包括樹立"青陽大展"等,接近道教閭山派的驅妖蛇法術。

　　3.4　醫生較少被召,仍可能反映三事:一,有些醫生亦懂驅鬼之術（頁1272—1273）,類似巫醫。二,有些人不信鬼怪是致病之由,故只請醫生（頁949）。三,在趕走作爲病源的鬼之前,受到驚嚇的人需要藥物治療,驅魔之後,病人也需要服藥調養,故需召醫用藥。

　　3.5　巫用藥有一案,是驅妖之後使病人"吞符以正其心神,餌藥以滌其腸胃"（頁1425）,似乎兼顧精神與肉體兩方面的治療,亦可謂之醫巫。

　　3.6　最應一提的是"宗演去猴妖"案（頁47—48）,有兩點值得注意。一,福州永福縣能仁寺中所奉猴妖爲祟,得病者"往往致死,小兒被害尤甚,於是祠者益眾,祭血未嘗一日乾也",寺眾自獲大利。有時祭之無效,村民"則召巫覡乘夜至寺前,鳴鑼吹角,目曰取攝;寺眾聞之,亦撞鐘擊鼓與相應,言助神戰"。我們看到,大抵爲香火利潤所惑,僧寺竟供奉作祟之妖物,一般僧眾奉之護之,可謂淫祀與妖行,而對抗者是巫,究竟誰是巫風的制造者? 二,寺眾拚命保護猴妖,而長老宗演最後誦大悲咒資度,使之離去,可謂一惡一善。可見研究僧人,必須分門別類,不能視爲一體,研究巫覡何嘗不然,研究巫風亦何嘗不然,不能只看巫風中惡的一面,也應看善的一面。

(二)對付妖術 4 案

表 3　《夷堅志》召巫對付妖術之人及事

時	地	召巫者	事	出處
1	福州	大眾	"福州有巫,能持〔佛教〕穢跡咒行法,爲人治祟、蠱甚驗,俗呼爲大悲"。	丙 6,417 福州大悲巫
2 紹熙四年六月	江南西路贛州雩都縣	庶民:爲商之廖少大少四兄弟。兄經營旅店及魚塘	廖氏兄弟因分家交惡,互請巫者向對方之魚塘下咒使一無所獲。最後巫勸說二人恢復同居共業,並解咒。	支丁志 3,985—986 廖氏魚塘
3	臨安	武將家人:殿前司將官侯彥	侯氏捕亡卒,途中遇"一道士,古貌長鬚,戴七星黑冠,披紫雲霞服"。二人發生衝突,侯返家後,"半夜,忽如中風者,狂顛叫哭,若爲鬼物所憑。家人往挽救,其力比常日十倍,莫可近。於是迎師巫考治,皆不效,奄奄百許日,得五雷陳法師,怪乃謝去。所謂道士者,蓋鬼也"。	支丁 10,1044 櫻桃園法師
4 紹熙二年	江南東路饒州鄱陽	庶民:爲商之聶氏族人	外來巫求財,聶氏不理睬,被巫下咒於捕魚之地,一無所獲,請本地巫解咒,殊無效。	支癸 8,1284 麗池魚箔

統計與分析:

1.巫的稱謂:大悲(頁 417)、師巫(頁 1044)

2.召巫者等人與巫風盛衰之關係

身分	大約之總案數:先召巫之案數	上表出處頁碼
武將家人	1:1	1044(師巫→五雷陳法師)
庶民	3:3	417,985—986,1284

2.1　召巫者是誰:4 案之中,庶民 3 案:武將家人 1 案,比例是庶民 75%:士大夫 25%,可看到士大夫召巫者不在少數。

2.2　先召巫者是誰:4 案之中,庶民 3 案:武將家人 1 案,比例是庶民 75%:士大夫 25%,可看到士大夫先召巫者不在少數。就士大夫本身來說,先召巫者在 1 案中佔 1 案,約 100%。

2.3　武將家人與庶民召巫的比例是 1 : 3,若以各自之人口爲基數,則前者召巫的比例遠遠超過後者,這雖然不能作準,但反映武將跟文臣一樣,有時召巫還先於召僧和道。

2.4　在"廖氏魚塘"案(頁 985—986),巫針對自己施行害人的巫術說:"汝兩人親兄弟,自不相容,而使我以'邪術'幹正,慮貽譴罰",可見巫也在乎自己有無引起不好的巫風和自招惡果。洪邁嘉許說:"巫能不爲利誘,警人使和恊,爲可嘉尚,惜不問其姓名"。在"麗池魚箔"案(頁 1284),更是巫與巫對壘,引起不良巫風的是巫,意圖撲滅此風的也是巫。

3.巫與僧道醫及方士等人的混同情況

身分	大約數量	上表出處頁碼
巫單獨出現	2 案	985—986,1284
巫與僧人均出現	1 案,一身兼巫與僧(因巫能持佛教穢跡咒行法)	417
巫與道士均出現	1 案,先召巫	先召:1044(師巫→五雷陳法師)

3.1　僧道巫等人被召的情況:4 案之中,巫單獨 2 案:巫與道士 1 案、巫與僧 1 案,可見巫在某種程度上可替代僧、道。

3.2　巫僧道等人均出現時,巫被先召的比例:4 案之中佔 4 案,約 100%,反映巫被先召者爲數不少。

3.3　鬼可化爲道士(頁 1044),則巫亦可扮作僧道除妖。僧非正僧、道非正道、巫非正巫,似是民間宗教人仕的一個特色,也是研究之困難所在。

3.4　若對事不對人,則世俗僧道所做之事,在性質上均可能接近巫風(頁 1044),而巫所做之事,亦可能與僧道大同小異,乃被民眾稱爲"大悲"(頁 417)。

(三)求雨 2 案

表 4　《夷堅志》召巫求雨之人及事

時	地	召巫者	事	出處
1	岳州崇陽縣	士大夫:知縣與佐官	"村巫周狗師者,能行禁禱小術,而嗜食狗肉,以是得名。最工於致雨。…邑宰常苦旱,並走群祠,了不饗答,呼周使禱。周曰:請知縣與佐官皆詣某所,須攜雨具以行,恐蒼卒沾濡,無以自蔽。宰勉從之,施法甫畢,大雨至。…臨川眼醫鄭宗説嘗遊行到岳,識其人,悔不捐囊裝傳其術也"。	支乙 3,816 周狗師
2 淳熙初年七八月	福州長溪	士人:劉盈之	旱,"士人劉盈之者,一鄉稱善良,急義好施予。倡率道士、僧、巫,具旗皷幡鐃,〔參與者〕農俗三百輩",求得雨。	支丁 2,982—983 龍溪巨蟹

統計與分析:

1.巫的稱謂:周狗師(頁 816)

2.召巫者等人與巫風盛衰之關係

身分	大約之總案數﹕先召巫之案數	上表出處頁碼
士大夫本人	1﹕1	816
士人本人	1﹕0	982—983

2.1　召巫者是誰﹕2 案之中,士大夫本人、士人本人各 1 案,可看到士大夫召巫者不在少數。

2.2　先召巫者是誰﹕2 案之中,士大夫本人 1 案﹕士人本人 0 案,可看到士大夫先召巫者不在少數。就士大夫本身來説,先召巫者在 2 案中佔 1 案,約 50％。

2.3　召巫求雨者有士人(頁 982—983)和官員(頁 816),前者尤其不忌諱巫風。官員求雨不成,巫乘機自抬身價(頁 816),反映巫有不可或缺之處。

2.4　宋代禁殺狗,[①]理應不準食狗肉,故巫食狗肉(頁 816)乃犯法,地方官一般不會先找這種巫求雨,但不表示不找巫,如"並走群祠,了不嚮答",其中之廟祝可能有巫。[②]

2.5　求雨乃一村要事,作法時亦是群體參與(頁 982—983),如有巫風,亦是群體參與。

3.巫與僧道醫方士等人的混同情況

身分	大約數量	上表出處頁碼
巫單獨出現	1 案	816
巫與僧人均出現	1 案,不分先後	同召﹕982—983
巫與道士均出現	1 案,不分先後	同召﹕982—983

3.1　僧道巫等人被召的情況﹕2 案之中,巫單獨 1 案﹕巫與道士 1 案、巫與僧 1 案,可見巫在某種程度上可替代僧、道。

3.2　巫僧道等人均出現時,巫被先召的比例﹕2 案之中佔 1 案,約 50％,反映巫被先召者爲數不少。

3.3　僧道巫一起求雨(頁 982—983),如產生巫風,也是僧道巫都有分。

3.4　眼醫想從巫就學(頁 816),除學求雨之術外,亦可能學"禁禱小術",變成巫醫,反映醫與巫之術可以在某些方面合流,我們未可以今日的醫生來理解宋代的醫生。

3.5　士大夫亦可能懂得求雨之術,至少有一位懂得用來遏止淫雨的"巫怪"之術。時間是紹興二十一年夏,地點是襄陽,行法者是閬知縣,事情是大雨、漢江且溢,閬知縣"謂同僚曰﹕事急矣,吾有策,可令立止。雖近巫怪,然不敢避此名也"。投一符於江上,雨止水

---

①　謝深甫編撰、戴建國點校﹕《慶元條法事類》,卷七九,楊一凡、田濤主編﹕《中國珍稀法律典籍續編》第 1 册,黑龍江人民出版社 2002 年版,第 890 頁﹕"諸故殺犬者,杖七十,殺自己犬者,笞五十"。

②　中村治兵衛﹕《宋朝の祈雨について》,1983 年,收入《中国シャーマニズムの研究》,第 139—156 頁,可清楚看到,即使朝廷曾一度禁止祈雨時用樂和巫,但無論是所頒布的李邕土龍祈雨法、畫龍祈雨法和蜥蜴祈雨法,在士大夫的詩作裡,都有召巫,分見第 150、152 和 154 頁。劉佳玲﹕《宋代巫覡信仰研究》,第 37、55、66—70 頁舉出地方官召巫求雨的詩文,第 143—144 頁指出中央政府有意完全切斷巫覡在祈雨活動的影響力。

退,"一郡敬而神之"。事後,閻氏將符授予觀察推官李德遠,"凡水旱疾疫刀兵鬼神山林木石之怪,無所不治;遇凶宅妖穴,書而揭之,皆有奇效"。李後爲太常主簿,洪邁爲禮部郎,同宿齋宮,李授予洪,"然未之用也"。由此可知:

3.5.1　士大夫對"巫怪"的定義,似乎就是以法術如符咒行使超自然的力量,不論動機和後果是善或惡。如是,僧和道作出此等行爲,亦可稱爲"巫怪"之風。

3.5.2　士大夫不忌諱而學之用之傳之,甚至在身心要保持潔凈的齋宮裡討論和傳授,可謂助長巫怪之風。

3.5.3　該符不難學,"人人可爲之,無他巧也。其法以方三寸紙,朱書一圈,而外繞九重,末如一字,書'水月大師'四字於其上",故人人可學,人人可作巫怪的行爲。

3.5.4　該符既可止雨,又可去怪,這種一物多用的產品應甚受歡迎。

3.5.5　百姓以爲神,反映不大在乎巫怪之術,只要靈驗便可。[1]

簡單説,與巫同調,僧、道、醫、方士、士人、官員和百姓,都是巫風的製造或參與者。

(四)設醮或類似超度 5 案

表 5　《夷堅志》召巫設醮或類似超度之人及事

時	地	召巫者	事	出處
1	岳州平江	士大夫本人及家人:平江縣令吉撝之母親,本人亦信之	吉初娶王氏,繼弦張氏。張氏生女後得危疾,吉母"邀巫媪測視",見王氏"作祟甚劇,命設位禱解,許以醮懺,不肯去"。巫建議撝之"效人間夫婦決絕寫離書與之",撝之終從之,巫即將離婚書"雜紙錢焚付之"。王氏慟哭而出,張氏乃瘉。	丁 12,639 吉撝之妻[2]
2		士大夫家人:洪邁族叔應賢之次子仲堪	洪應賢次子仲堪在夢中看見父親書吏王佐之鬼,"問其所欲,曰:'囊無一錢,願賜盤費。'仲堪夢中買紙錢二十結,呼巫在外引宣白而焚與之。又問之曰:'汝來時道路無阻礙否?'曰:'正苦爲關津闌遏。'於是又使巫給一引,佐捧受愧謝"。	支丁 4,994—995 書吏江佐
3 慶元元年 1195 以前	嘉興	士大夫本人:陳六官人師則	陳買屋,"才入其室,百妖並興,符禁不可治,但呼巫祝,具牲酒禱謝,則稍定"。	支丁 6,1012 陳六官人
4 乾道二年後	吳江	大衆	村民郁大死後爲神,"人或有疾,托巫者邀請,必至。命童子附體決休咎,或使服某藥,或使設齋醮"。	支庚 5,1172 郁大爲神
5 乾道七年	樂平永豐	庶民:爲商之胡廿四父子	胡氏父子經營旅店,殺客取財,後疫篤,請巫起鬼。巫發覺乃其作孽所致,建議"爲汝作一道理消禳"。	三志辛 6,1428—1429 胡廿四父子

---

[1]　《夷堅志》丙卷一四,第 486—487 頁"水月大師符"。

[2]　洪邁對解決辦法感到不可思議,但同時告訴讀者,張氏與洪妻爲同堂姊妹,當可信。

統計與分析：

1. 巫的稱謂：巫祝（頁 1012）

2. 召巫者等人與巫風盛衰之關係

身分	大約之總案數：先召巫之案數	上表出處頁碼
士大夫本人	2：1—2	639，1012（用符禁者？→巫祝）
士大夫家人	2：2	639，994—995
庶民	2：2	1172（巫照神示開藥），1428—29

　　2.1　召巫者是誰：5 案之中，庶民 2 案、士大夫本人 2 案、士大夫家人 2 案。若將士人、士大夫及兩者的家人合算，則是士大夫等 3 案：庶民 2 案，比例是士大夫 60％：庶民 40％，可看到士大夫召巫者不在少數。

　　2.2　先召巫者是誰：5 案之中，士大夫家人 2 案、庶民 2 案：士大夫本人 1 案。若將士大夫及兩者的家人合算，則是士大夫等 3 案：庶民 2 案，比例是士大夫 60％：庶民 40％，可看到士大夫先召巫者不在少數。就士大夫本身來説，先召巫者在 3 案中佔 2 案，約 66.6％。

　　2.3　士大夫本人和家人跟士人和庶民一樣，不但時常召巫，而且往往召巫先於召僧道等人。

3. 巫與僧道醫和方士等人的混同情況

身分	大約數量	上表出處頁碼
巫單獨出現	3 案	639，994—995，1428—29
巫與醫均出現	1 案，不分先後	同召：1172（巫照神示開藥）
巫與僧均出現	0—1 案	後召：1012（用符禁者？→巫祝）
巫與道士均出現	0—1 案	後召：1012（用符禁者？→巫祝）
巫與方術之士均出現	0—1 案	後召：1012（用符禁者？→巫祝）

　　3.1　僧道巫等人被召的情況：5 案之中，巫單獨 3 案：巫與醫 1 案：巫與僧 0—1 案、巫與道士 0—1 案、巫與方士 0—1 案，可見巫在某種程度上可替代僧、道、醫。

　　3.2　巫僧道等人均出現時，巫被先召的比例：5 案之中佔 3 案，約 60％，反映巫被先召者爲數不少。

　　3.3　在巫的各種行爲中，最爲人熟悉的，應是以使用咒語等方法"役使"神靈，去做合乎"世人心意"的事，這跟很多宗教，尤其是所謂正信的宗教藉著"祈求"神靈，去幫助世人做合乎"神靈心意"的事有很大的差異。然而，這差異已日漸泯没了。

　　從《夷堅志》一方面看到巫在役鬼和驅鬼，與僧和道等似有區隔，例如在"宗演去猴妖"案，巫傷之而僧超度之（頁 47—48）；在"陶象子"案，巫厭勝之而僧超度之（頁 498—499）；在"管秀才家"案，"有怪興於某秀才家，…喚巫師驅逐弗效，又命道士醮禳"（頁 801）；在"戚彦廣女"案，里巫"度〔女鬼〕非己所能治，請設〔醮〕筵以禱。道士至"（頁 1035）；在"李巷小宅"案,鬼屋的主人説:"如要從我求酒饌〔祭〕酹福願薦拔,亦無閑錢可辦,苟冥頑不去,當令師巫盡法解汝於東嶽酆都"(頁 1076);在"解脱真言"案,僕人之鬼不散,主人"念其存日忠謹,不忍使巫卻逐",後使館客誦解脱真言使其離去(頁 1419)。

另方面,一如隋文帝可能使巫官以咒遣送修築宮殿工人之鬼魂返鄉,[①]《夷堅志》亦有上述五個巫師設醮或類似超度的案例,其中"陳六官人"案尤其值得注意。當時"百妖並興,符禁不可治,但呼巫祝,具牲酒禱謝,則稍定"(頁 1012),是先行以符禁驅鬼,無效始以禱謝請去。用符禁者應不是巫,可能是僧、道和術士,禱謝者反而是巫。近似的有"郁大爲神"案,巫遵從附於童子身上的神明的意旨,"或使服某藥,或使設齋醮"(頁 1172),没有提到驅逐。其餘三案,恰好是三種不同的情況:

（1）該鬼乃被祟者之親屬。在"吉撝之妻"案,吉氏亡妻作祟繼室,巫"許以醮懺",後來又以"紙錢焚付之"(頁 639)。事實上,親人亦不忍心採取強硬手段,如在"潮部鬼"案,巫師告知母親,其子之病是因亡父所祟,但母親没有要求巫師逐鬼(頁 125);在"湯教授妾"案,其妾爲亡妻所祟,"不敢招邀巫法毆禦"(頁 918)。

（2）該鬼乃忠僕之類。除"解脱真言"案(頁 1419),還有"書吏江佐"案,兒子遇到亡父書吏之鬼,命巫焚紙錢及關引給之(頁 994—995)。

（3）該鬼乃被祟者之手下冤魂。在"胡廿四父子"案,父子被所殺之客人作祟,巫建議"爲汝作一道理消禳"(頁 28—1429)。

假如僧和道等人遇到同樣的情況,可能會做出同樣的行爲,例如在"南京張通事判子"案,精通道家法術者得知作祟之鬼是被父親和弟弟所害之後,建議"令汝父建黃籙大醮薦拔汝升天",其弟之病乃癒(頁 1362),可知巫、僧、道的行爲有相通之處。[②]巫不是見鬼就趕,而是先了解鬼與事主的關係(頁 639,又見後文"湯教授妾",頁 918),或先分辨是非(頁 1428—29),然後再想解決辦法。

所以,面對鬼怪,事主無論是要驅逐之或解脱之,都可找兼習二術的僧、道和巫。

（五）大衆賽神及個人事神 4 案

表 6　《夷堅志》召巫迎神賽會等之人及事

時	地	召巫者	事	出處
1	福州	士大夫本人:丞相余深(?—1132)之子待制余日章	余家失去埋於地下之銀鋌,"郡有巫,居進酒嶺,能通神,〔日章〕往扣焉",巫曰:"公銀本不失",爲之復得,"始大歎異,即日賽神〔設醮作水陸〕如巫言"。	甲 18,162 余待制

---

① 見趙宏勃:《隋代的民間信仰——以巫覡的活動爲中心》,第 70 頁。會咒的還有僧和道,但考慮到文帝見璘火與聞哭聲而"令左右視之",左右答曰鬼火,則左右是巫官的可能性也不少。

② 佛和道在度亡上的"模糊",見劉祥光:《宋代日常生活中的蔔算與鬼怪》,臺北政大出版社 2013 年版,第 236—242 頁。

2	番陽	大眾與個人：眾人及貧木匠胡氏等	"番陽民俗，殺牲以事神……。〔除夕，胡家備豬頭及四蹄〕俟巫者，會節序多祀事，巫至昏乃來"。	丙 11，457—458 胡匠賽神
3 慶元元年	饒州	大眾：眾人及廟祝等	"饒民以八月十五日爲威惠廣祐王生辰，致供三晝夜"，有巫祝參與，並協助廟祝驅怪。提供故事者乃廟祝洪興祖，可見巫祝應是請來的，不是該廟之祝。	支癸 6，1269 廣祐王生辰
4 紹興三十年		士大夫本人或家人：張壽彭	張家一位庖婢自經，"舉室驚撓，救治弗得。乃遍禱里社叢祠，三更乃甦。…明日，張氏爲具酒饌，召巫賽謝諸神"。	三補，1813—1814 張婢神像

統計與分析：

1. 巫的稱謂：巫祝（頁 1269）

2. 召巫者等人與巫風盛衰之關係

身分	大約之總案數：先召巫之案數	上表出處頁碼
士大夫本人	1—2：1—2	162 身分可能是士大夫本人：1813—14
士大夫家人	0—1：0—1	身分可能是士大夫家人：1813—14
廟祝	1：0	1269
庶民	2：1	457—458，1269（與廟祝均出現）

2.1　召巫者是誰：從丞相之子到木匠和廟祝，都在召巫。4 案之中，庶民 2 案：士大夫本人 1—2 案：廟祝 1 案：士大夫家人 0—1 案。若將士人、士大夫及兩者的家人合算，則是庶民 2 案：士大夫 1—3 案，比例上是庶民 50％：士大夫 25％，可看到士大夫召巫者不在少數。

2.2　先召巫者是誰：4 案之中，士大夫本人 1—2 案：庶民 1 案：士大夫家人 0—1 案：廟祝 0 案。若將士人、士大夫及兩者的家人合算，則是士大夫 1—3 案：庶民 1 案，比例上是士大夫 25％：庶民 25％，可看到士大夫先召巫者不在少數。就士大夫本身來説，先召巫者在 1 案中佔 1 案，約 100％。

2.3　士大夫本人和家人跟士人和庶民一樣，不但時常召巫，而且往往召巫先於召僧道等人。

2.4　士大夫本人或其家人請巫迎神賽會（頁 162，1813—14），無疑助長巫風，事實上士大夫較庶民更有能力辦會。

3. 巫與僧道醫和方士等人的混同情況

身分	大約數量	上表出處頁碼
巫單獨出現	3 案	162，457—458，1813—14
巫與廟祝均出現	1 案	1269

3.1　僧道巫等人被召的情況：4 案之中，巫單獨 3 案：巫與廟祝 1 案，可見巫在某種

程度上可替代祝。

　　3.2　巫僧道等人均出現時,巫被先召的比例:4 案之中佔 3 案,約 75％,反映巫被先召者爲數不少。

　　3.3　巫有能力單獨辦會(頁 162,1813—14),也會協辦,如與廟祝(頁 1269)。

(六)算命擇日看風水等 7 則故事 8 個案件

　　王曾瑜説:"巫、卜有時有所區別,有時又難以區分"。[1]　劉祥光也指出,風水先生有時也被稱爲巫,"其中有可能是因爲該人不信風水,而把所有風水師都比擬成一般的巫覡,如吕祖謙;或讚揚某位風水師的技藝,而把其他風水師看成是巫覡,如魏了翁和趙汸"。[2]　傳説徽宗宰相王黼的父親請"異人王老志"替兒子看官運,這位異人在士人筆下成了"巫咸";[3]另一位劉康孫,在一個故事中先後被稱爲"卜祝","巫覡"和"術者",[4]反映在士人心中,算命看風水的人,在功能上與巫並無大異,乃可泛稱爲巫。

表 7　《夷堅志》召巫算命擇日看風水等之人及事

時	地	召巫者	事	出處
1　紹興年間	錢塘	武將本人:咸安郡王韓世忠及兄世良	"女巫曰四娘,鬼憑之,目爲五郎",問休咎及先世等,言之每中。	甲 11,97 五郎鬼
2	博州高唐縣	富民:聶公輔	聶氏"性好鬼神,凡有所往,無論路遠近、事大小,必扣諸神,神以爲可則行,不然則已。酷信巫祝,奉淫祠尤謹敬"。	支乙 1,800 聶公輔
3　建炎初	揚州	士大夫本人:到行在參選之淄川姜廷言	姜親至巫宅問卜。"邦人盛稱女巫聖七娘者行穢跡法通靈,能預知未來事"。有謂道教亦習此佛教密法。	支景 5,919 聖七娘
4	婺源縣清化鎮	士大夫本人:武舉人胡宏休	胡氏得懂地理之館客指點,擇地葬母,"里中小巫郎二師粗解識陰陽向背",呼使護役",遇怪事","十六人死,郎師亦死"。	支庚 6,1182 胡宏休東山
5	樂平	a 大眾　b 士大夫本人:洪邁叔父	"吳楚之地,俗尚巫師,事無吉凶,必慮禁忌。…予叔父中造牛欄於空園,術士董猷見之,曰:欄之一角犯九梁煞,當急解之。呼巫焚紙錢埋桃符以謝"。	支庚 6,1185 金神七煞

---

　　[1]　王曾瑜:《遼宋金代的巫覡》,第 379 頁。

　　[2]　劉祥光:《宋代日常生活中的卜算與鬼怪》,第 98—99 頁。

　　[3]　吴曾撰:《能改齋漫録》卷一一,上海古籍出版社 1979 年版,第 340 頁。張鷟撰,趙守儼點校:《朝野僉載》卷二,中華書局 1979 年版,第 29 頁記兩事,均是通靈人仕看到屋下有死屍,前者作"見鬼人",後者作"巫",亦見兩者功能之重疊。

　　[4]　王明清撰:《揮麈録》後録卷三,上海書店 2001 版,第 91 頁。又見《宋史》卷二四三,第 8644—8645 頁,謂之"卜者"。

6 淳熙元年	鄱陽新安	庶民：農民王五七	"鄉民王五七因農隙作屋，使村巫張五擇日"。有術者思眼以爲不佳，五七不聽，失足而死。術者稱張巫"張山人"。	支癸 1，頁1224—1225 王五七造屋
7慶元三年二月	饒州	庶民：鹽商鄭大郎家人	鄭家修繕房屋，"所善巫師言：今年九梁煞在門，…若衝犯，必有年命衰謝之人當之，幸勿忽"，但鄭妻不依從。其媳張氏遷入後，心胸疼痛不已，"巫招醫，已而益甚"，再請"醫黃裳視之，呀然曰：他少間到此，是煞也。旋踵而殂"。	支癸 4，1248 鄭百三妻

統計與分析：

1.巫的稱謂：四娘（頁97），巫祝（頁800），聖七娘（頁919），張山人（頁1224—25）。尤可留意邦人大方以"聖"字稱巫。

2.召巫者等人與巫風盛衰之關係

身分	大約之總案數：先召巫之案數	上表出處頁碼
士大夫本人	3：1	919（巫習佛教穢跡法），1182（懂地理之館客→巫），1185（術士→巫）
武將本人	1：1	97
庶民	4：3	800，1185（術士→巫），1224—25（巫→術者），1248（巫→醫）

2.1 召巫者是誰：士農商賈文臣武將、貴賤貧富、市民鄉民，無不召巫。8案之中，庶民 4 案：士大夫本人 3 案：武將本人 1 案。若將士大夫及武將本人合算，則是士大夫等與庶民皆爲 4 案，比例上是士大夫 50％：庶民 50％，可看到士大夫召巫者不在少數。

2.2 先召巫者是誰：8案之中，庶民 3 案：士大夫本人 1 案、武將本人 1 案。若將士大夫及武將本人合算，則是庶民 3 案：士大夫等 2 案，比例上是庶民 37.5％：士大夫 25％，可看到士大夫先召巫者不在少數。就士大夫本身來説，先召巫者在 4 案中佔 2 案，約 50％。

2.3 文臣武將召巫的情況仍是與庶民旗鼓相當，不但召巫，還多是先於僧道等人。

2.4 在"五郎鬼"案（頁97），可看到士大夫不但信巫，且不忌諱其"鬼憑之"。

2.5 對"金神七煞"案（頁1185），洪邁的意見是"考其厭禱之理，疑若以物數相代然"，反映他試圖理解巫術。

3.巫與僧道醫和方士等人的混同情況

身分	大約數量	上表出處頁碼
巫單獨出現	2案	97,800
巫與醫均出現	1案，先召巫	先召：1248（巫→醫）
巫與僧均出現	1案	919（巫習佛教穢跡法）

巫與方士等均出現	3—4 案,有 1 案先召巫,2 案先召方術之士	先召:1224—25(巫→術者) 後召:1182(懂地理之館客→巫),1185(術士→巫)

　　3.1　僧道巫等人被召的情況:8 案之中,巫與方士 3—4 案:巫單獨 2 案:巫與醫 1 案、巫與僧 1 案,可見巫在某種程度上可替代僧、方士、醫等。

　　3.2　巫僧道等人均出現時,巫被先召的比例:8 案之中佔 5 案,約 62.5%,反映巫被先召者爲數不少。

　　3.3　在風水諸案没有看到僧人和道士,但劉祥光説:"僧人爲風水師,並非宋代的新現象,只不過宋代的數量看來似乎更多。至於道士通風水者想來應有一些,但目前只尋得一例",[①]可見僧、道和巫都在看。

　　3.4　對"鄭百三妻"案(頁 1248),洪邁的評論是"少婦遭禍,豈其命歟？楚俗趨邪,使淫巫得以藉口,皆此類也"。似乎是説,生死有定,非巫所能改變,如欲改變,便是"邪"和"淫"。但是,僧和道等人也替人延壽,豈非也是淫僧邪道？可見數者都在制造巫風。

　　3.5　在"鄭百三妻"案(頁 1248),巫看風水時説"今年九梁煞在門",黃醫看病時也説"是煞也",可見醫者也懂術數。

(七)通靈解困 5 案(問疾不算)

表 8　《夷堅志》召巫通靈解困之人及事

時	地	召巫者	事	出處
1 興二十七年	果州	卒:譚詠	欲尋女鬼之骨以葬,"詠致一巫母問之,巫自稱聖婆,口作鬼語",得骨。	甲 17,148—150 解三娘
2	福州	士大夫本人:丞相余深(？—1132)之子日章待制	余家失去埋於地下之銀鋌,"郡有巫,居進酒嶺,能通神,〔日章〕往扣焉"。巫曰:"公銀本不失",爲之復得,"始大歎異,即日賽神〔設醮作水陸〕如巫言"。	甲 18,162 余待制
3 興二年	蕭山	士大夫本人:蕭山尉潘紱、間丘觀	秀才葉議被盜所殺,"邑有女巫,能通鬼神事,遣詢之。〔兩尉〕方及門,巫舉止言語如葉平生",告以諸事。	丙 5,402—403 葉議秀才
4 隆興元年	餘干洪崖鄉	庶民:項明	項明娶倡女胡氏爲妻,生一女而死。女十二歲時,"有巫從於他鄉來,言能致亡者魂魄。項令召其妻,隨命即至"。	甲 4,739—740 項明妻
5 元二年九月	鄱陽昌田	神明	鄉人打算拆毀鳴山破廟,"一巫爲物憑附,倡狂奔走,傳神命告里中曹秀才,使主盟一新",原來是神明藉巫傳話修廟。	支 癸 2,1235—1236 昌田鳴山廟

　　統計與分析:

　　1.巫的稱謂:聖婆(頁 148—150)

---

　　①　劉祥光:《宋代日常生活中的葡算與鬼怪》,第 100—101 頁。

2.召巫者等人與巫風盛衰之關係

身分	大約之總案數:先召巫之案數	上表出處頁碼
士大夫本人	2:2	162,402—403
兵卒	1:1	148—150
庶民	1:1	739—740
神明	1:1	1235—36

　　2.1　召巫者是誰:從兵卒縣尉到丞相家人,從凡夫俗子到神明,莫不找巫幫忙。5案之中,士大夫本人2案:兵卒1案、庶民1案、神明1案,比例上是士大夫40%,庶民20%,可看到士大夫召巫者不在少數。

　　2.2　先召巫者是誰:5案之中,士大夫本人2案:兵卒1案、庶民1案、神明1案,比例上是士大夫40%,庶民20%,可看到士大夫先召巫者不在少數。就士大夫本身來說,先召巫者在2案中佔2案,約100%。

　　2.1　士大夫召巫的情況與一般人無異,而且有時召巫先於召僧道等人。

　　2.2　士大夫不但在私事上召巫,在公事上也召巫(頁402—403是負責司法的官員找巫協助辦案,表2頁174是請巫尋找印信),與兵卒無異(頁148—150)。

3.巫與僧道醫和方士等人的混同情況

身分	大約數量	上表出處頁碼
巫單獨出現	5案	148—150,162,402—403,739—740,1235—36

　　3.1　僧道巫等人被召的情況:5案之中,巫單獨5案,可見巫在某種程度上可替代其他宗教人仕及醫者等。

　　3.2　巫僧道等人均出現時,巫被先召的比例:5案之中佔5案,約100%,反映巫被先召者爲數不少。

　　3.3　通靈解困五案皆只見巫,未見其他宗教人士,難道神靈附身是巫之專長,故有較高的市場佔有率?

丙·巫、僧、道等人在醫療行爲上的混同[①]

　　巫、醫本同源。開寶四年(910)太祖徵求良醫,詔書是這樣説的:"周禮有疾醫掌萬民之病,又漢置本草待詔以方藥侍醫。朕每於行事,必法前王,思得巫咸之術,以實太醫之署。其令郡國,求訪醫術優長者,咸籍其名,仍量賜裝錢,所在廚傳給食,速遣詣闕",[②]可見巫咸之名,有時不但指大巫和賢臣,也指"醫術優長者"。但是,眾所周知,學人盛稱宋代

---

　　① 可比對李小紅的論述和統計,見其《宋代社會中的巫覡研究》,第129—154,225—234頁。
　　② 〔宋〕宋綬、宋敏求等人編:《宋大詔令集》卷二一九,翻印北京中華書局1962年本,臺北鼎文書局1972年版,第842頁。

抑巫揚醫，[1]好像要把巫術跟醫術一刀兩斷，究竟是甚麽一回事？

　　甚麽是病？對宋人來説，至少有祟病與一般的病兩種。祟病的來源是鬼神，治理的方法也靠神力，除了聘請僧人道士方士，爲何不能請巫？筆者難以相信宋人會禁止巫覡治理祟病。假如我們懷疑巫覡治理祟病不用醫藥，也可同樣懷疑僧人道士方士也不用醫藥。

　　一般疾病的醫療方法可粗分爲依靠人力（如醫生、醫藥以至家人的照顧）與依靠神力（如求神拜佛）。直到今天，許多美國和大部分臺灣的病人仍是同時訴諸人力與神力，後者包括類似巫術的收驚，[2]那麽宋代豈有硬要將它們分離的道理？其實，所謂抑巫揚醫，不是禁止巫覡行醫，事實上不可能有足夠的醫生取代巫覡，而是禁止巫覡只靠神力不靠人力、甚至不準病患訴諸人力。簡單説，抑巫揚醫應理解爲政府以公權力來平衡神力與醫藥在治病上的比例。巫覡行醫不是不能用神力，但也要用醫方醫藥，所以宋代士大夫一面取締違法的巫，一面鼓勵他們習醫來處理一般疾病。於是，産生了身兼兩術（醫術和巫術）的醫、巫、醫巫、和巫醫，以致巫有時跟醫也不易區別，尤其是不按醫方而"輒用邪法，傷人膚體"的醫師。[3]

　　以下仍是針對史料提出四個問題：召巫者有誰、先召巫者有誰、僧道巫和醫等人被召的情況，和巫被先召的比例，藉以觀察士大夫等人如何助長巫風，和僧道巫醫等人如何因爲角色和功能的混同，也一起制造巫風。

（一）治祟病 20 案

　　本文所稱祟病，指被鬼怪附身或纏身以致身體不適或行爲異常，如未附身或纏身等，則歸入"趕鬼驅妖"（見上文）。

表 9 《夷堅志》召巫治祟病之人及事

時	地	召巫者	事	出處
1	明州？	民婦	五六歲之子"數被疾祟，〔母〕訪諸巫，皆云：父爲厲"，但無處理。	甲 14，125 潮部鬼
2 紹興十六年八月	信州	士大夫本人：王檝，赴邵武建寧丞之任	王檝爲女鬼所祟，以其碧粒尿珠爲飾，"檝日以困悴，醫巫束手莫能療"，約兩年後死去。	甲 16，138—139 女子穿溺珠

①　如史繼剛：《宋代的懲"巫"揚"醫"》，《西南師範大學學報》1992 年第 3 期，第 65—68 頁；木村明史：《宋代の民間醫療と巫覡觀：地方官による巫覡取締の一側面》，《東方學》第 101 輯，2000 年，第 89—104 頁。

②　美國的情況，可見 2003 年十一月十日的 Newsweek，封面就是"God and Health. Is Religion Good Medicine? Why Science Is Starting to Believe 上帝與健康。宗教是否良藥？爲何科學開始相信"類似的討論在網路上成千上萬。中國臺灣的情況，見《中國時報》2014 年 1 月 2 日 D3 版醫藥保健欄報導説："據董氏基金會調查，國人遇身心症狀或生病時，除了就醫治療，近 2/3 民眾會同時尋求宗教信仰支持。"收驚的個人經驗可見賴鈺婷：《收驚》，《中國時報》2014 年 11 月 02 日週末報 21 版"三少四壯集"，電子版見 http://www. chinatimes. com/newspapers/20141102000569—260117。宋代的情況，見李小紅：《宋代"信巫不信醫"問題探析》，《四川大學學報》2003 年第 6 期，第 106—112 頁。

③　《宋代詔令全集》卷七〇六，第 6806 頁，又見卷七一一，第 6863 頁。

3 建炎中	韶州	士大夫家人：吳正仲娶劉仲馮樞密之女	吳正仲之子祖壽夢見冤鬼之後，肩上生瘤極痛，"劉夫人迎醫召巫，延道士作章醮，萬方救療之，竟不起"。	乙 19,348 吳祖壽
4 隆興 二年秋	永嘉	士大夫家人等：薛季宣及其鄰居、洪邁從女之夫家	薛家鄰居之母病，"方命巫沈安之治鬼"。薛之子沄及二甥往訪，得見其詳。"沄歸，夸語薛族，神其事。時從女之夫家苦魅怪，女積抱心恙，邀安之視之，執二魅焉"。	丙 1,364—369 九聖奇鬼
5	福州	庶民	里民家處女忽懷孕，能持穢跡咒行法的巫覡使兩鄰兩子入池殺鯉，孕乃不見。	丙 6,417 福州大悲巫
6	臨安新城	士大夫本人：新城丞練師中	女盛妝與丞廨內古桐笑語且呼之爲桐郎，"師中頗怪之，呼巫訪藥治之，不少衰"，後伐桐，怪乃絕。可見並用巫術與藥物。	丙 7,421 新城桐郎
7 紹興 三十二年	建昌新城	士人：富室兼善人武翼郎戴世榮	戴"家忽生變怪"，妻趙氏"尋即臥病。…醫者黃通理，持藥至，奪而覆之，倉黃卻走，飛石搏其腦，立死。巫者湯法先，跳躍作法，爲二圓石中其踝，匍匐而出。僧志通，持穢跡咒，結壇作禮未竟，遭濕沙數斗，壅其頭項，幾至不免。…趙氏以所受張天師法籙鋪帳頂，裂而擲之地，竟不起"。	丁 4,569—570 戴世榮
8 宣和四年	首都開封	賣果小民	小民之子被女妖所惑，"容日羸悴，醫巫不能愈。有禁衛典首劉某，持齋戒不食，但啖乳香飲水，能制鬼物，都人謂之喫香劉太保，…乃就其家〔女妖來自之家〕設壇位，步罡作法，舉火四十九炬焚之，怪遂絕"。 女妖之由來："產科醫者陳媳婦家，陳之門刻木爲婦人，…自父祖以來有之，不記歲月矣"。	丁 9,611 陳媳婦
9	撫州金溪	士人：藍獻卿	藍妻爲妖所亂，"得狂疾，言語錯亂，被髮裸跣不可制。藍大以爲撓，醫巫無所施其伎，了不知何物爲妖也"。	丁 20,703 紅葉入懷
10	文安	士人本人：戚彥廣	戚彥廣粗讀書，尤精通法律，"女若爲妖物所憑，或盛服豔裝，或高談闊論，或狂吟嘯歌。廣呼里巫范道欽備酒饌禳謝。女欣然而出，與范對席，笑語自如。范度非己所能治，請設〔醮〕筵以禱。道士至，方執爐行道，青詞簡籙，皆遭竊去。衆惄惵而散，荏苒歲餘"。	支丁 9,1035 戚彥廣女
11 紹熙元年	惠州	士大夫家人：知惠州黃民瞻之妻	黃狀似見鬼，"妻知其所見不祥，召集醫巫療拯，證候益變，歷兩月，竟死"。	支戊 2,1067—1068 黃惠州
12 慶元二年	蕪湖	士大夫家人：劉知縣之妻	子劉某棄妻，妻死。劉某忽生疽於背，且作囈語。"醫巫在前，莫知爲何等祟孽"，後死。	支戊 10,1131 蕪湖王氏癡女

13	金華縣	士人兼富人:陳秀才	"有女,美容質。擇婿欲嫁,而爲妖崇所迷獲〔惑〕,不復知人。其家頗富贍,不惜金幣,招迎師巫,以十數道士齋醮符法。凡可以禳治者靡不至,經年弗瘥"。	支庚 3,1158—1159 陳秀才女
14	建寧	士大夫本人或家人	陳天與侍郎之孫女"乳母鄭氏,晝日入廚,忽迷困若醉,呼喚不醒。命道士、巫覡治之,歷數日始蘇"。	支庚 3,1159 朱氏乳媼
15	侯官	士大夫本人或家人:知縣張德隆	張家有婢"爲崇所憑擾,…招里巫文法師視之,〔無效〕。…又招林特起。林乃張之婦兄〔應爲士人〕,蓋嘗爲祛逐一怪矣,〔又無效〕。…張邀商日宣法師同梁繩治之"。梁事穢跡神甚嚴敬,與商氏"共議,具狀其故,移牒東嶽收管〔精魅〕,婢即時頓醒"。	支癸 4,1252—1253 張知縣婢崇
16 淳熙末以前	樂平	士大夫本人:許與權	許宅前臨大溪,家人春日遊宴之後,"幼女忽得疾,全如癡迷,但時自歌笑。許知爲崇所惑,群巫不能治",後請村僧董俊師驅之。	三志辛 2,1396—1397 許寶文女
17 紹興末	衢州	士大夫:韓子師	"韓子師遭奇崇,撓聒彌年,巫覡百計弗效,召劉〔樞幹〕視之〔有效〕"。劉本一書生,後得異僧授以通卦影妙術,又得一客授以天心正法,"治理妖魅著聲"。	三志壬 3,1484—1486 劉樞幹得法
18 淳熙初	餘干	富民	許氏"爲妖崇所惱,並致群巫,略無一效",後請傅太常"設九幽醮祈禳之。…選四健僕,各立一偶,傅作法戶外",神降,收之。	三志壬 9,1536 傅太常治崇
19 紹興二十一年七月	天臺市	醫生本人或家人	吳醫有女,爲猴妖所崇,"頓如癡人,…殆一年許,形憔質變。其家莫之測,巫師禳解萬端不效"。後請寧先生(名全真),"道法通神,…建壇置獄,…請神將,…命力士"擒殺諸妖。	補 22,1750 侯將軍
20	明州	庶民	滕妾幽蘭"忽悶悶眩仆地,言語無倫,如有憑附。…家人欲召巫史救之,未暇,滕自持刀剔雙目而死"。	《醫説》10,36—37 引《夷堅志》戊①

統計與分析:

1.巫的稱謂:大悲巫(頁 417),法師(頁 1252—53),巫史(《醫説》),醫巫(如指同一人的話),有五次:頁 138—139,611,703,1067—68,1131)。

2.召巫者等人與巫風盛衰之關係

---

① 張杲:《醫説》卷一〇,上海科學技術出版社 1984 年版,第 36—37 頁"鮑君大王"。

身分	大約之總案數：先召巫之案數	上表出處頁碼
士大夫本人	4—6：2—3	138—139（醫巫），421（呼巫訪藥），1396—97（巫→僧），1484—86（巫→書生劉樞幹） 身分可能是士大夫本人：1159（道士、巫覡），1252—53（巫→林特起→宣法師、梁緄）
士大夫家人	4—6：1—2	348（醫、巫→道士），364—369，1067—68（醫巫），1131（醫巫） 身分可能是士大夫家人：1159（道士、巫覡），1252—53（巫→林特起→宣法師、梁緄）
士人本人	4：1	569—570（醫者→巫→僧人→道籙），703（醫巫），1035（里巫→道士），1158—59（師巫、道士）
士人家人	0：0	無
庶民	6：5	125,417,611（醫巫→懂法術的將官），1536（巫→傅太常），1750（巫→寧先生），醫説

2.1　召巫者是誰：不分士大夫或醫生小販，富貴或貧賤，男或女，均召巫。20 案之中，庶民 6 案：士大夫本人 4—6 案、士大夫家人 4—6 案：士人本人 4 案：士人家人 0 案。若將士人、士大夫及兩者的家人合算，則是士大夫等 12—16 案：庶民 6 案，比例上是士大夫 60％：庶民 30％，可看到士大夫召巫者不在少數。

2.2　先召巫者是誰：20 案之中，庶民 5 案：士大夫本人 2—3 案、士大夫家人 1—2 案：士人本人 1 案：士人家人 0 案。若將士人、士大夫及兩者的家人合算，則是庶民 5 案：士大夫等 4—6 案，比例上是庶民 25％：士大夫 20％，可看到士大夫先召巫者不在少數。就士大夫本身來説，先召巫者在 12 案中佔 4 案，約 33.3％。

2.3　遇祟病，士大夫及其家人召巫的情況與庶民無異，有時召巫先於召僧道等人。

2.4　巫得士大夫家人之誇語及推介與他人：一案（頁 364—369 之"神其事"等）

2.5　士人懂法術：一至兩案（頁 1252—53 之林特起大有可能爲士人，1484—85 之劉樞幹爲書生）

2.6　士人兼習佛道兩術：一案（頁 1252—53："異僧授以通卦影妙術，又得一客授以天心正法"）

2.7　將官懂法術：一案（頁 611），將官應屬士大夫階級。

2.8　醫生之家遇妖祟：兩案（頁 611，頁 1750），反映醫生有時亦要求助於巫。

3.巫與僧道醫和方士等人的混同情況

先行聲明兩點。一、史料不以僧或道等稱呼驅魔者，便算作方士或術士，他們所習的法術，實有佛或道法。二、史料中的"醫巫"或"巫醫"有時不易分辨是指被稱作醫的巫（witch—doctor）一人，還是巫與醫兩人（如頁 1272—1273"呼醫召巫"），今取後者。

身分	大約數量	上表出處頁碼
巫單獨出現	4—5 案	125,364—369,417,421(呼巫訪藥),醫説
巫與醫生均出現	7—8 案,7 案不分先後,1 案是召醫先於巫	同召:138—139(醫巫),348(難分先後:醫、巫),421(呼巫訪藥),611(醫巫),703(醫巫),1067—68(醫巫),1131(醫巫) 後召:569—570(醫者→巫→僧人→道錄)
巫與僧人均出現	2 案,均是召巫先於僧	先召:569—570(醫者→巫→僧人→道錄),1396—97(巫→僧)
巫與道士均出現	5 案,3 案是召巫先於道士或用道錄,2 案難分先後	先召:348(醫、巫→道士),569—570(醫者→巫→僧人→道錄),1035(里巫→道士) 同召:1158—59(師巫、道士),1159(道士、巫覡)
巫與方士或術士等均出現	約 5 案,均是召巫爲先	先召:611(醫巫→懂法術的將官),1252—53(巫→林特起→宣法師、梁緄),1484—86(巫→書生劉樞幹),1536(巫→傅太常),1750(巫→寧先生)

3.1　僧道巫等人被召的比例:20 案之中,巫與醫 7—8 案:巫與道士 5 案、巫與方士 5 案:巫單獨 4—5 案:巫與僧 2 案,可見巫在某種程度上可替代僧、道、方士、醫者等。

3.2　巫僧道等人均出現時,巫被先召的比例:20 案之中佔 10 案,約 50%,反映巫被先召者爲數不少。

3.3　醫、巫並召的情況最多,20 案之中佔 7—8 案,可見兼靠醫術與巫術,有兩點值得留意:

3.3.1　醫生也治崇病,可能就是所謂"巫醫",可讓我們重新思考"抑巫揚醫"的複雜性,不一定是以醫代巫,而是雙管齊下,既賴藥力也信神力。

3.3.2　假如"醫巫"用來指懂醫術的巫,那麼巫也不再隔絕病患只靠神力不靠藥力,而是兼用巫術和醫術了,如"呼巫訪藥治之"(頁 421),下文"一般疾病"還有其他巫用藥的例子。

3.4　巫、僧、道、醫和方士等人均被召來治崇,明顯看到他們工作的重疊。他們用來治崇的法術亦有相同的,如穢跡神咒,用者有巫(頁 417)、僧(頁 569—570)、方士(頁1252—53 之梁緄)。茲舉一例:

比較項目	丙志,卷 6,頁 417"福州大悲巫"	三志辛志,卷 2,頁 1396—1397"許寶文女"
時		1131 年前後至 1189 前
地	福建路福州	江南東路饒州樂平縣湖口
人	庶民?	士大夫。許中,字與權,樂平人,元符三年(1100)進士,紹興元年(1131)以直寶文閣知静江府,紹興十三年知揚州。
事		
1 作崇者	鯉	黿

2 中邪者及其症狀	處女忽懷孕，父母召巫。	許氏幼女於宅前大溪遊宴之後，"忽得疾，全如癡迷，但時自歌笑。許知爲祟所惑"。
3 驅邪者	巫，"能持〔佛家〕穢跡咒行法，爲人治祟、蠱甚驗，俗呼爲大悲"。	a"群巫不能治"。 b 白石村僧董俒師，"持三壇法著驗"，須不葷不娶："俒有徒弟效其術，不葷不娶，亦頗爲人驅邪，然修身不能久，悉破戒，少時而死"。
4 作法之處	宅內	俒謂"俗人屋舍不清潔，須當宅畔一寺加持乃可。於是就助國院齋戒設壇"。反映較接近佛教。
5 如何驅	先命一富鄰之小兒入池捉妖。該小兒"盤辟入門，舞躍良久，徑投舍前池中"，不復出。明日，再命一鄰之小兒如是入池捉妖。兩小兒入池不出，其父"相聚詬擊巫，欲執以送官"，巫請盡其術。	1 迎神，附於童子身上：俒"設壇誦咒，呼三童子考照，然後置供席迎神。童隨臥地，頃之乃起"，各取一刀，"躍投溪中"。 2 唸咒："俒竭誠臨水，咒禁不息"。 兩天之後，仍無動靜，三童父母向許投訴，俒曰："此神將憑藉耳，固無害"。另使三童入溪中。
6 觀者	"觀者踵至，四繞池邊以待"。可見其哄動，有如看戲，幾屬大眾活動。	不詳
7 結果	兩兒擒鯉，自水中出。鯉已死，兩兒"揚揚如平常，略無所知覺"。巫即施法去孕。	六童共拽一黿出，殺之，女之疾立減，再旬而安。

"許寶文女"一事佚去出處，但事關高級士大夫之女被祟和召巫，若無一定根據，洪邁應不敢載入。我們可以不相信兩次驅魔的經過，但從其他事情仍可看到：

3.4.1 許氏作爲高級士大夫，遇到作祟，是先找巫，不是找僧或道，可見士大夫與庶民有時並無不同。

3.4.2 大悲巫是故事主角，職業應是巫，但所習穢跡咒及其稱號"大悲"，都有佛教的影子。

3.4.3 董俒法師似是俗名，不像法號，但從所習三壇法、不葷不娶，及要求於寺中作法來看，還是較接近佛教，故稱之爲僧，至少不被人認爲是巫，因爲既說"群巫不能治"，再找的應不是巫。他收的弟子中，似有俗人，此等人應如何歸類？

3.4.4 巫大悲和僧董俒驅魔的方法實在非常接近，如假借小兒而非親身殺妖、以神力附於小兒，和唸咒。

3.4.5 無論是巫或僧，施法時都用上無關的旁人兩人至六人，加上他們的家人，實在沒有隱秘可言，大悲巫更是當眾作法，難以看到政府在禁巫。

3.4.6 民眾似乎不大在意請巫或請僧，只要靈驗便可。其危險亦在此：一旦看來無效，加以情況嚴重（小兒命運），即使平日聲譽卓著，如被稱爲"大悲"，也可能吃上官司。

（二）治一般疾病 17 案

一般疾病與祟病有時不易分別，因爲無法從故事知道宋人如何理解病因究竟是健康還是鬼神因素,讀者可憑所引原文自行解讀。

表 10　《夷堅志》召巫治一般疾病之人及事

時	地	召巫者	事	出處
1 紹興二十四年十二月十八日	兩浙東路紹興府會稽縣	士大夫家人:浙東提刑秦昌時	秦氏本吃飯無事,後"仆於胡牀,涎塞咽中革革然,其家呼醫巫絡繹"。友人謂壽夭有定數,雖扁鵲亦無法可施。	乙 12,285—286 秦昌時
2 隆興元年	江南東路饒州	庶民:郭端友	敦氏精意事佛,發願抄《華嚴經六部》,"染時疾,忽兩目失光,翳膜障蔽,醫巫救療皆無功,自念惟佛力可救"。可見信佛至深者亦求助於巫,亦遇道士及欲至《道藏》尋藥方。	丙 13,475—476 郭端友
3 建炎元年左右	京西北路鄧州南陽縣	士人或其家人:洪邁妻父之妹之母家	洪邁妻父之妹嫁一秀才,夫死而飲酒笑嬉,了不悲戚,忽嘔血不止。家人召巫,亡夫藉巫口告以勿再嫁,寡妻叱之,"巫無語而甦"。後嫁一閣門宣贊舍人。	丙 14,頁482—483 張五姑
4 紹興八年	福建路興化軍興化縣	士大夫本人或家人:陳子輝,待南雄通判闕	陳之女"對燈把針,瘈不省事,扶與還,臥床則死,氣雖絶而心微溫,醫巫拯療不效,凡奄奄百二十日。聞泉州有道士,善持法,招之而至",女遂醒,自謂被漳州大廟所奉大王接去作小妻。	丁 5,574—575 陳通判女
5 紹興三十一年九月	福建路建寧府崇安縣	大眾:富有之村民	"巫翁吉師者,事神著驗,村民趨向籍籍…嘗有富室病,力邀翁,嚴絜祭禱,攛玫百通"。	丁 6,585 翁吉師
6 約紹興三十二年 1162	兩浙西路常州晉陵縣	士大夫本人及家人:洪邁之從兄景高、洪邁家人	洪邁異母弟之母(原爲婢妾)得病,洪家請醫巫診治:"文惠公〔洪适(1117—1184)〕總領淮東日,攜幼弟迅在官,不期所生母病,療治無良醫,乃載詣常州。時從兄景高爲晉陵宰,畏其疾傳染,使往節級〔武吏〕范安家。招醫巫診治,竟不起,殯於僧舍"。	支乙 7,846 姚將仕
7 約紹熙元年 1190	兩浙西路嚴州	士人家人	"嚴州士人家女子,年未及笄,一夕睡醒,枕畔得果實如桃者,取食之。旦起,見飲饌之屬輒掩鼻,凡可啖之物,皆不向口。父母嗟異,訪醫召巫,莫能展力"。	支乙 8,854—855 嚴州女子
8 紹熙元年 1190	兩浙西路湖州	士大夫本人或家人:湖州張承事	張女"事父母孝謹,不妄出戶庭。是春,忽〔得〕感疾,常切切與人昵語,醫巫不能治。時有道流,善攝治鬼魅",治癒之。	支丁 2,982 張承事女
9	?	大眾	"里巫多能持咒語而蹈湯火者,…雖火燒手足成瘡,亦可療"。洪邁弟元仲得其訣,並用以醫治。	支丁 4,996 治湯火咒
10 淳熙初	江南東或西路南康軍或縣	庶民:豪民童八八	妻病,詣巫者卜之。	支丁 8,1034 陶太尉廟

11 乾道二年後	兩浙西路平江府吳江縣	大眾	村民郁大死後爲神，"群鬼從行。人或有疾，托巫者邀請，必至。命童子附體決休咎，或使服某藥，或使設齋醮，無不立應"。	支庚 5，1172 郁大爲神
12 乾道七年	荆湖北路鄂州	庶民：富商武邦寧，次子讀書爲士人	武邦寧之孫女"得奇疾。方與母同飯啜羹，忽投箸稱痛，宛轉不堪忍。俄又稱極痒。母問其處，不能指言。歷數月，求巫醫數十，極治悉不效"。後被"一客結束如道人狀"治好。	支庚 5，1174 武女異疾
13 乾道九年	江南東路饒州鄱陽縣	士大夫本人或家人：宗子趙彦珍	趙之妻"暮冬被疾，寖以困篤"，且夢神人告以必死，乃謂夫曰："何用邀喚巫醫，修治藥餌，家貧無力，空爲妄費耳！"遂屏去粥藥，略不向口。	支癸 7，1275—1276 趙彦珍妻
14	江南東路建康府	士大夫本人或家人：張通判	"張通判之次子，患瘵疾累年，危困已極，巫卜者多云有祟"。後請懂道家法術的路當可治祟，發現鬼是被父與弟謀殺之張氏長子，路建議"令汝父建黃籙大醮薦拔汝升天"，次子之病乃癒。	三志己 8，1362 南京張通事判子
15	兩浙東路紹興府會稽縣	庶民家人	民女返母家，"至井上浣衣，忽悶絕不省"，送返夫家，"喚巫者治之，曰犯井中伏屍女傷鬼"。	補 17，1712—1713 會稽學生
16 慶元二年八月	江南西路建昌軍	士大夫本人：保義郎趙師熾	趙之妾"忽感心疾，常譫語不倫，時時作市塵小蕫叫唱果子"。師熾窘甚，招巫者、道流行法驗治，皆弗效"。	三補，1802—1803 花果五郎
17 淳熙九年	江南東路建康府溧陽虙橋	大眾	巫"能以異法治骨鯁，雖與被鯁者相去遠或不見其人，亦可療"。所用之法："炷香焚鑼，誦咒召神結印"。[①]	《景定建康志》50，1532。

統計與分析：

1. 巫的稱謂：醫巫（如指同一人的話，有五次：頁 285—286，475—476，574—575，846，982）、巫醫（如指同一人的話，有兩次：頁 1174，1275—76）、巫卜（如指同一人的話，有一次：頁 1362 ）。

2. 召巫者等人與巫風盛衰之關係

身分	大約之總案數：先召巫之案數	上表出處頁碼
士大夫本人	2—6：0	846（良醫→醫巫），1802—03（巫者、道流）身分可能是士大夫本人：574—575（醫巫→道士），982（醫巫→道流），1275—76（巫醫，用藥），1362（巫卜？→懂道術者）

---

① 馬光祖、周應合：《景定建康志》卷五○，《宋元地方誌叢書》，第 1532 頁"溧陽虙橋巫"，反映宋人並不忌諱將著名的巫列入地方誌，又見於元人張鉉所修之《至大金陵志》。首見於愛宕松男：《洪邁夷堅志逸文拾遺》，第 113 頁。今人以《巫＋夷堅志》檢索史語所漢籍電子文獻資料庫《宋元方志叢刊》，唯此一條。

士大夫家人	2—6：0—1	285—286(醫巫),846 身分可能是士大夫家人:574—575(醫巫→道士),982(醫巫→道流),1275—76(巫醫用藥),1362(巫卜?→懂道術者)
士人本人	0—1：0—1	身分可能是士人本人:482—483
士人家人	1—3：0	854—855(醫、巫) 身分可能是士人家人:482—483(醫巫→佛力→道藏),1174(巫醫→一客結束如道人狀)
庶民	7—8：5—6	475—476(醫巫→佛力→道藏),585,996,1034,1172(神託巫使病人服藥?),1712—13,建康志 身分可能是庶民:1174(巫醫→一客結束如道人狀)

2.1　召巫者是誰:17案中,庶民7—8案:士大夫本人2—6案、士大夫家人2—6案:士人家人1—3案:士人本人0—1案。若將士人、士大夫及兩者的家人合算,則是士大夫等5—16案:庶民7—8案,比例上是士大夫29.4%:庶民41.2%,可看到士大夫召巫者不在少數。

2.2　先召巫者是誰:17案中,庶民5—6案:士人本人0—1案、士大夫家人0—1案:士大夫本人0案、士人家人0案。若將士人、士大夫及兩者的家人合算,則是庶民5—6案:士大夫等0—2案,比例上是庶民29.4%:士大夫0%。就士大夫本身來説,先召巫者在5案中佔0案,可能反映士大夫面對一般疾病時會先召醫生等人,無效時才召巫。

2.3　召神治骨鯁之巫載於宋人所編地方志(建康志),反映當地士人並不忌諱將著名的治病巫作爲地方史的一部分,難以看到政府在禁巫。

3.巫與僧道醫和方士等人的混同情況

身分	大約數量	上表出處頁碼
巫單獨出現	6—7案	482—483,585,996,1034,1172(神託巫使病人服藥?),1712—13,建康志。
巫與醫生均出現	8—9案,一案先召醫,其餘難分	同召:285—286(醫巫),475—476(醫巫→佛力→道藏),574—575(醫巫→道士),854—855(醫、巫),982(醫巫→道流),1172(神託巫使病人服藥?),1174(巫醫→一客結束如道人狀),1275—76(巫醫,用藥)。 後召:846(良醫→醫巫)
巫與僧人均出現	1案,先召巫	先召:475—476(醫巫→佛力→道藏)
巫與道士均出現	5—6案,一案難分,其餘先召巫	先召:475—476(醫巫→佛力→道藏),574—575(醫巫→道士),982(醫巫→道流),1174(巫醫→一客結束如道人狀),1362(巫卜?→懂道術者) 同召:1802—03(巫者、道流)。
巫與方士均出現	0—1案(如巫卜是同一人爲0),難分先後	同召:1362(巫卜?→懂道術者)

　　3.1　僧道巫等人被召的比例：17案中,巫與醫8—9案：巫單獨6—7案：巫與道士5—6案：巫與僧1案：巫與方士0—1案,可見巫在某種程度上可替代僧、道、醫等。

　　3.2　巫僧道等人均出現時,巫被先召的比例：17案中佔7案,約41.2％,反映巫被先召者爲數不少。

　　3.3　巫、僧、道、醫和方士等人均被召來治病,最多是巫和醫（約十五至十六案）,然後是道士（六案）,最少是僧和方術之士（各一案）。我們難以推論何者較多,但明顯看到他們工作的重疊。尤其值得提出的是,當我們指責巫治病只用神力不用藥物之時,是否也應思考,僧和道難道就用藥物嗎？恐怕只用神力不用藥物的僧和道也有不少。究竟應該用神力還是藥物,有時取決於病患一方對病因的理解,不完全在乎治病的一方。

　　3.4　“醫巫”和“巫醫”可能是“治病巫”的別稱或美稱,故或有擅長甚至專門治病的巫。如太宗淳化三年（992）十一月詔：“兩浙諸州,先有衣緋帛、中單、執刀吹角,稱‘治病巫’者”。[1]“巫醫”一詞還出現在《宋史.方技》的序言：“天有王相孤虛,地有燥濕高下,人事有吉凶悔吝、疾病札瘥,聖人欲斯民趨安而避危,則巫醫不可廢也”。它還引用《論語》說：“人而無恆,不可以作巫醫”,可見孔子不忌,宋臣亦每言於章奏。[2]

　　3.5　提到巫用藥的故事有兩個（頁1172神託巫使病人服藥和頁1275—76）,反映他們不再隔絕病患,而是兼用巫術和醫術了。

（三）治疫疾7案

表11　《夷堅志》召巫治疫疾之人及事

時	地	召巫者	事	出處
1乾道元年七月	宣州	庶民：醫生孟郎中	十數瘟鬼得該地大祠神祇準許,“敕健步徧報所屬土地,且假一鬼爲導”,散布瘟疫,從孟家開始。“孟生乃醫者,七月間,闔門大疫,自二子始,婢妾死者二人,招村巫治之。方作法,巫自得疾,歸而死。孟氏悉集一城師巫,併力禳檜,始愈”。	乙17,327—328 宣州孟郎中
2	樂平縣	庶民：劉十九郎	劉氏“二子一婢同時疫困,呼巫治之,及門而死,復邀致他巫”,終使病者轉安。	丁14,660 劉十九郎病
3乾道七年	鄱陽	庶民：鄭小五	鄭宅“染疫癘,貧甚,飦粥不能給,欲召醫巫買藥,空無所有”。	支乙7,851 王牙儈

　　① 徐松輯、馬泓波點校：《宋會要輯稿・刑法》卷二,河南大學出版社2011年版,第156頁。楊倩描認爲這是“中國歷史上第一條明令禁止巫師治病的法令”,《宋朝禁巫述論》,第79頁；劉黎明認爲是“宋王朝第一條明令禁止巫師治病的法令”,《宋代民間巫術研究》,第282、285頁。

　　② 《宋史》卷四六一,中華書局1977年版,第13495—13496頁。徽宗大觀元年（1107）門蔭出身的曹炤以開封府參軍兼太醫局丞,臣僚請罷其府官,“庶幾巫醫葡相之徒,亦安分守”,見徐松輯：《宋會要輯稿》職官二二,臺北新文豐出版公司,1976年影印北平圖書館1936年縮影本,第38頁,又見職官二二,第19頁。醫巫,見《宋會要輯稿》兵一八,第28頁：“或醫巫卜祝之徒,或工商皂隸之賤,未嘗臨陣遇敵,輒冒功賞”。

4 慶元元年	兩浙西路 常州	百姓	疫氣大作，巫只靠神力治理，並不準百姓依 靠醫藥。知州逐之，以官府之藥救活百姓。	支 戊 3， 1074—75"張 子智毀廟"
5 乾道七年	樂平永豐	庶民：爲商之 胡廿四	胡氏父子經營旅店，殺客取財。後來"胡全 家染疫，里巫拯救不效"。胡父子疾勢轉篤， 夜與鬼語"。巫問曰："汝父子必是曾做昧心 事，既到此，如何諱得，但隨實說向我，當爲 汝作一道理消禳"。胡氏自知難免，謂巫曰： "願法師勸世人以我爲戒，縱使人不知，虛空 豈無神道"，旋死。	三 志 辛 6， 1428—1429 胡廿四父子
6 建炎元年 以前，應爲 北宋末年		下第士人陳 俞之姊家	巫治疫只靠神力不靠醫藥，陳俞責其意在謀 財害命，鞭而逐之。陳自行用藥，姊家脫險， 鄰里亦爲之改觀。	補 2，1558— 1559 陳 俞 治巫
7 慶元二年	南城人	庶民：惡霸陳 唐 及 陳 霆 兄弟	陳氏"闔門大疫"，唐及霆兄弟慘死，"唐母、 妻、霆子及家人婢僕，姻戚往來，治平寺二 尼，巫覡生爲治病者，凡二十輩牽致率死"。	補 25，1778 陳唐兄弟

統計與分析：

1. 巫的稱謂：醫巫（頁 851）、法師（頁 1428—29）。

2. 召巫者等人與巫風盛衰之關係

身分	大約之總案數： 先召巫之案數	上表出處頁碼
士人家人	1：1	1558—59
庶民	6：2	醫生：327—328（醫生、巫） 660,851（醫巫，買藥），1074—75，1428—29（醫方、四巫→醫方），1778（尼、巫）

　　2.1　召巫者是誰：鄉紳士人商人醫者無不召巫。7 案之中，庶民 6 案：士人家人 1 案，比例上是庶民 85.7％：士大夫 14.3％。

　　2.2　先召巫者是誰：7 案之中，庶民 2 案：士人家人 1 案，比例上是庶民 28.6％：士大夫 14.3％。就士大夫本身來說，先召巫者在 1 案中佔 1 案，約 100％。

　　2.3　召巫者大都是庶民，充分反映眾多百姓，包括若干醫生（頁 327—328），仍是相信如此嚴重的病是超自然力量所致。相信不少官員亦如此，例如孝宗年間，一位士大夫"育嬰兒、救疫疾，雖不禁巫覡之襘禳，而各使勉病者以服藥，全活尤眾"，[1] 應是神力和藥力雙管齊下。南宋末年，一位士大夫上書吉州知州說："昨者郡家以冬月疫氣流行，爲之舉行祈禳之典，民間感激，…。近正月望，復見建醮之祝詞"，[2] 似乎更重視神力。也許可以推論，遇疫病時，官員一方面推行醫藥，另方面也找合法的僧、道、巫向合法的神祇祈禳。

　　3. 召巫者等人與巫風盛衰之關係

---

① 樓鑰：《攻媿集》卷九六，《四部叢刊初編》本，第 917 頁。
② 歐陽守道（1209—1241）：《巽齋文集》卷四，文淵閣《四庫全書》本，第 14—18 頁。

身分	大約數量	上表出處頁碼
巫單獨出現	4案	660,1428—29,1074—75,1558—59
巫與醫均出現	3案,均難分先後	327—328(醫、巫),851(醫巫,買藥),1428—29(醫方、四巫→醫方)
巫與僧均出現	1案,難分先後	1778(尼、巫)

3.1 僧道巫等人被召的情況:7案之中,巫單獨4案:巫與醫3案:巫與僧1案,可見巫在某種程度上可替代僧、醫。

3.2 巫僧道等人均出現時,巫被先召的比例:7案之中佔4案,約57.1%,反映巫被先召者爲數不少。

3.2 巫與醫合作(頁327—328,851),且用藥,但似屬少數。

(四)處理生產諸事5案

表12 《夷堅志》召巫處理生產諸事之人及事

時	地	召巫者	事	出處
1	長沙	士大夫家人:岳州平江令吉攄之母親	吉之繼室張氏"生女數日,得危疾,醫不能治,其母深憂之.邀巫媼測視"。	丁12,639 吉攄之妻
2	江南	庶民?:胡氏	"胡氏妻黃,孕不產,占之巫,云:已在雲頭上受喜,神欲迎之,不可爲也。果死"。	丁19,695—697 江南木客
3	德興	士人本人:石月老人余先生,異母弟科舉落第	石月之妻"將就蓐,遲遲痛楚,瀕於危殆。適有兩雀鬥庭中,傷而死。石月懼,呼巫占之。卦成,巫起賀曰:兩雀鬥偕隕者,主生貴子",後至郎官御史。	支庚9,1205 余吏部
4	潭州善化縣 (乾道二年)	庶民:余生	余之妻與廟神交合,"家人無知者,遂有娠。過期不產,夫怪之,召巫祝治禳弗效"。妻自招,旋死。	補9,1627 苦竹郎君
5	樂平縣 (建炎四年)	庶民:吳翁	吳之媳婦有孕,"夢紫蛇蟠腹上,未曉,生男子,才數日,發癇,召巫禳治"。	補14,1682 范礪無佛論

統計與分析:

1.巫的稱謂:巫祝(頁1627)。

2.召巫者等人與巫風盛衰之關係

身分	大約之總案數:先召巫之案數	上表出處頁碼
士大夫家人	1:0	639(醫→巫)
士人家人	1:1	1205
庶民	3:3	695—697,1627,1682

2.1 召巫者是誰:5案之中,庶民3案:士大夫家人1案、士人家人1案。若將士人、士大夫及兩者的家人合算,則是庶民3案:士大夫等2案,比例上是庶民60%:士大夫

40％,可看到士大夫召巫者不在少數。

　　2.2　先召巫者是誰:5 案之中,庶民 3 案:士人家人 1 案:士大夫家人 0 案。若將士人、士大夫及兩者的家人合算,則是庶民 3 案:士大夫等 1 案,比例上是庶民 60％:士大夫 20％,可看到士大夫先召巫者不在少數。就士大夫本身來説,先召巫者在 2 案中佔 1 案,約 50％。

　　3.巫與僧道醫和方士等人的混同情況

身分	大約數量	上表出處頁碼
巫單獨出現	4 案	695—697,1205,1627,1682
巫與醫均出現	1 案,先召醫	後召:639(醫→巫)

　　3.1　僧道巫等人被召的比例:5 案之中,巫單獨 4 案:巫與醫 1 案,可見巫在某種程度上可替代醫等人。

　　3.2　巫僧道等人均出現時,巫被先召的比例:5 案之中佔 4 案,約 80％,反映巫被先召者爲數不少。

　　3.3　在生產問題上,沒有僧尼、男女道士和方士,他們可能無法代替巫覡的功能。方燕《巫文化視域下的宋代女性》以一部二百多頁的專書探討巫與女性的生育和疾病,或可反映對巫的依賴,若將研究下延至元明清,便可知道是否繼續依賴了。關鍵是醫生,尤其是婦科醫生,是否充足和其醫道是否可信,如答案俱爲否,則巫不易被醫取代。[①] 此外,如前文所述,有些醫生如是巫與醫合一,亦難説巫被醫取代。

結　論

　　風氣的形成來自思想與行爲,我們只從行爲入手探討巫風,主要有兩個理由。第一,宋代民間宗教的史料甚少交待行爲背後的思想。有些是可想而知,如修橋築路有時是出自渡人或積善的思念,有些卻不易明白,如眾多迎神賽會的用意,有些根本是以訛傳訛、張冠李戴。在沒有直接證據的情況下,研究的結果究竟是研究者的自以爲是,還是當事人的真正想法? 例如拜關公是爲了追崇其忠義或是爲了求財? 第二,很多人的行爲的背後不一定有思想,古謂之知其然而不知其所以然,今謂之盲從跟風,但也形成潮流,亦即行爲本身就足以構成風氣或所謂文化。

　　用今天的術語來説,巫的行爲不外提供服務和產品,前者如通靈趕鬼,後者如符咒神水。若要這些服務和產品被消費者大量接受,蔚成風氣,須靠它們本身的因素和外在的因素。本身的因素包括它們是否消費者所需還是可有可無、是否好用(如水月大師符之易學、靈驗和一物多用),和是否價錢公道等。由於史料的限制,只能合併探討前兩個問題。

---

　　① 元祐七年(1092)一位言官奏説:"恭惟祖宗已來,廣裒方論,頒之天下。嘉祐詔書復開元故事,郡置醫生,熙寧已來,縣亦如之。然郡縣奉行未稱詔旨,有醫生之名,無醫生之實,講授無所,傳習未聞。今要藩大郡或罕良醫,偏州下邑,逞方遠俗,死生之命委之巫祝。縱有醫者,莫非强名,一切穿鑿,無所師法,夭枉之苦,何可勝言?"李燾:《續資治通鑑長編》卷四七二,中華書局 1979 年版,第 11272 頁。

在《夷堅志》有關巫的故事裡，約有一百多則是巫覡助人，亦即消費者所需，可分爲兩類十一項："信仰行爲"之趕鬼驅妖、對付妖術、求雨、設醮或類似超度、迎神賽會、算命擇日看風水、通靈解困，和"醫療行爲"之治崇病、治一般疾病、治疫疾、處理生産諸事，其參與或競争情況如下表：

表 13　巫與僧、道、醫、方術之士在角色和功能上的重疊

類別—項目	案數	巫與僧道醫方士之人次						巫用藥
		單獨	醫	僧	道	方士	廟祝	
信仰行爲								
趕鬼驅妖	28	11—12	2	4—7	4—8	3—7	1	1
對付妖術	4	2		1	1			
求雨	2	1		1	1			
設醮或類似超度	5	3	1	0—1	0—1	0—1		
大眾賽神及個人事神	4	3					1	
算命擇日看風水等	8	1	1	1		3—4		
通靈解困	5	5						
醫療行爲								
崇病	20	4—5	7—8	2	5	5		1
一般疾病	17	6—7	8—9	1	5—6	0—1		2
疫病	7	3—4	2—3	1				2
生産	5	4	1					
合計(人次)		43—47	22—25	11—15	17—22	13—18	2	6

首先，這十一項既是巫的重要行爲，自然構成巫風的主要成分。既是巫風，那麼參與它們的僧、道、醫和方士等人，都可說是巫風的制造者或參與者，只是程度有深淺之別、責任有大小之分。另方面，對不良的巫風，如"宗演去猴妖"案（表 2—3.6）之僧奉惡妖，和"廖氏魚塘"案（表 3—2.4）之外來巫害人，意圖解決者都有巫，不是說巫只懂放火不會救火。

其次，設醮或類似超度的案數不多，但反映巫已兼行"役使"神靈去做合乎"世人心意"的事，和"祈求"神靈去幫助世人做合乎"神靈心意"的事了。面對鬼怪，事主無論是要驅逐之或解脫之，現在都可以找巫了。

再次，角色和功能上重疊，表示可以互相替代。巫愈能替代僧、道和方士等人，便愈有市場，那麼僧道等人能否同樣替代巫？上表顯示，十八般武藝之中，只有巫一應俱全，醫缺四類，僧缺三，道缺五，方士缺六，廟祝缺九，亦即巫可替代僧道等人的機會，多於僧道等人替代巫的機會。部分原因是數據不全，部分原因是擅長與否，如醫生可能較不擅長對付妖術、求雨和通靈，僧和道較不擅長處理生産諸事等。

無論如何，巫可能被認爲身兼多藝，增加了受召的機會，勝過僧道和醫等人。這可能

促成了巫的多元發展,如巫學醫術可能是半推半就,一方面是被動地鑒於政府的抑巫揚醫,另方面是主動地迎合民衆需求,於是産生了兼通醫術與巫術的醫巫。事實上有些巫還習儒,徽宗政和三年(1113),宣義郎黄冠上奏説:"今天下士自鄉而陞之縣學,自縣〔學〕而陞之州〔學〕,則通謂之選士,其自稱則曰外舍生;而陞之内舍,則謂之俊士,其自稱則曰内舍生;而貢之辟廱,然後謂之貢士,其自稱也亦以是。世之商賈、工技、巫醫、卜筮,盜進士之名者,固不待禁而止矣"。① 這裏的"進士"不是專稱通過科舉之人,而是泛稱參加從地方至中央各級考試的士子。膽敢應考科舉的巫家,應受過不錯的教育,難怪可跟士人締婚。② 據説巫亦研習儒家經典之《易》,其説法雖"非聖人之意也,而學者惑之",看來還影響士人。③

我們進一步發現,在上述行爲之中,僧道巫醫等人至少在三個重要的面相出現混同,除了身分之外,難分彼此,就好像男與女在做同樣的工作,除了性别之外,不分軒輊。一是稱號(表14),二是所施之法(表15),三是所敬拜之神靈(表16):

表 14　巫與僧、道、醫、方術之士在稱號或别稱上的混同

類別	案數	巫祝	巫醫	醫巫	巫史	巫法	法師	大悲巫	四娘	聖七娘	聖婆	張山人
信仰行爲												
趕鬼驅妖	28	4				1	2					
對付妖術	4											
求雨	2											
設醮或類似超度	5	1										
大衆賽神及個人事神	4	1										
算命擇日看風水等	8	1							1	1		1
通靈解困	5										1	
醫療行爲												
祟病	20			5	1		1	1				
一般疾病	17		2	5								
疫病	7			1			1					
生産	5	1										
合計(人次)		8	2	11	1	1	4	1	1	1	1	1

祝(8次)和史(1次),容易跟民間宗教的廟祝和由道士擔任的祝混同,如巫祝喻天祐擔任廟史且被簡稱爲"喻祝"(頁782)。法師(4次)也是僧、道和方士的雅稱。山人(1次)也是道士、方外之士和術士(徐謙,頁1399)的雅稱。聖婆(1次)和聖七娘(1次)也可用來

---

① 《宋會要輯稿》職官二八,第19頁。
② 《夷堅志》丁卷二○,第708頁。
③ 趙彦衛撰,傅根清點校:《雲麓漫鈔》卷一,中華書局1996年版,第3頁。

稱呼民間的宗教人仕。[①] 正如楊倩描説:“對於那些巫術高超的男性巫師,宋人則將其與那些法術精湛的和尚、道士等視爲一類,都尊稱爲‘法師’”。[②] 所以,在史料裡看到“法師”二字,有時真的不易區别是僧、道或巫。[③] 世俗僧道所做之事,在性質上均可能接近巫風,而巫所做之事,亦可能與僧道大同小異,乃被民眾稱爲“大悲”和“聖”不等。

咒語自是施法的重要部分(表1),其他如趕鬼驅妖以至治理祟病(表2至12),莫不看到巫與僧道醫等人有時用著相同或接近的方法,以下略爲補充其他例子:

表15 巫與僧、道、醫、方術之士在施法上的混同

	咒語	法術	其他
巫與醫		醫者亦想學巫術(816)	巫用藥(421.851.1275—76.1425.1172)。 巫術用於火傷(996)
巫與僧	穢跡咒: 巫(417.919.1396—97), 僧(569—570)	巫(417)與僧(1396—97)之驅魔方法相近。 僧能使巫術(1713)	巫日升高座、焚香(995)、廟巫焚香啓祝,唱説福沴(1075)。
巫與道		巫用道法:青陽大展(986)、巫識得或使用道術天心正法(995)。	巫日升高座、焚香(995)、廟巫焚香啓祝,唱説福沴(1075)。
巫與方士	穢跡咒:方士(1252—53之梁緄)	巫識陰陽向背(1182)。 醫者也懂術數(1248)。	術士呼巫埋桃符(1185)
其他		非巫者亦懂/會巫術(541—542.1498—1499.541—542.1283.1736—1737)	巫焚鏹(639.994—95.1185.建康志)。巫炷香(建康志[④])。 巫使人吞符(1425)

士大夫對“巫怪”的定義,似乎就是以法術如符咒行使超自然的力量,不論動機和後果是善或惡。如是,僧和道作出此等行爲,亦可稱爲“巫怪”之風。事實上,在士大夫心中,算命看風水的人,在功能上與巫並無大異,可泛稱爲巫。假如我們懷疑巫覡治理祟病不用醫藥,也可同樣懷疑僧人道士方士也不用醫藥。究竟應該用神力還是藥物,有時取決於患病的一方對病因的理解,不完全在乎治病的一方。

尤其值得注意巫與醫和藥的關係。有些醫生亦懂驅鬼治祟之術,可能就是所謂巫醫。有些醫生想從巫就學,除學求雨之術外,亦可能學“禁禱小術”,也變成巫醫。另方面,假如“醫巫”用來指懂醫術的巫,那麼巫也不再隔絶病患只靠神力不靠藥力,而是兼用巫術和醫術了。這讓我們重新思考“抑巫揚醫”的複雜性,不一定是以醫代巫,而是雙管齊下,既賴藥力也信神力,特别是遇到疫疾等時常被認爲是超自然力量所引致的嚴重病情。也許可

① 中村治兵衛舉出三十餘種稱謂,《中国シャーマニズムの研究》,第129—130頁;劉黎明亦舉出十多種稱謂,《宋代民間巫術研究》,第33—39頁。其中之“法官”和“真官”可用來稱呼道士,事實上亦難以判斷故事中的法官和真官是巫還是道士,反映兩者的混用。

② 楊倩描:《巫教的影響及巫術的泛濫》,第235頁。

③ 《夷堅志》支癸卷一,第1224—1225頁。

④ 馬光祖、周應合:《景定建康志》卷五〇,《宋元地方誌叢書》,第1532頁“溧陽甓橋巫”。

以相信,遇疫病時,官員一方面推行醫藥,另方面也找合法的僧、道、巫向合法的神祇祈禳。總之,抑巫揚醫應理解爲政府以公權力平衡神力與醫藥在治病的比例,或可視爲唐宋變革或宋代踏入近世的一個重要標竿。

表 16　巫與僧、道、醫、方術之士在事神上的混同

	祠名	神明	祭器等	其他
巫與僧	巫之居所被稱爲"朝天門"和"法院",後者亦可用來稱呼佛寺(995)	瘟神與"佛"像相似,"或擘足,或戟手"(1074—75)	瘟神祭器與佛通用(1074—75;"以供器分諸刹")	
巫與道	由巫主持的清元真君廟與道觀名號相似(780)		巫衣著(995:高冠、緋衣、黄帶)	習道術之知縣亦尊重禮遇巫術(830)
巫與其他	由巫擔任廟史的關王廟與國家及民間宗教祠廟相似(782)	主神爲正神太歲靈君,左右卻奉瘟神(1074—75)		正祠的宗教活動容許巫的參加(1075)

值得一提的,是僧人也供奉動物神,除了"宗演去猴妖"(頁 47—48)案裡的猴,還可能奉蛇,"誘民禱供,以牟利入錢"。[1] 巫除了奉蜂,亦奉狐,[2]大抵還有在隋代出名的貓鬼等淫神。[3]

在工作性質和内容、角色和功能、稱號和別號、咒語和行法,及敬拜的神祇等等都出現混同的情況下,假如巫是"巫"(形容詞非名詞)風的主要制造者,那麼至少在這些重疊的地方,僧人、道士、方士和醫者等人應是"巫"風的次要制造者,有時甚至可能喧賓奪主,一如佛教的居士,尤其是士大夫居士,有時還處於主導的地位制造宋代佛教的風氣。[4] 當難分主要和次要時,可謂之共業。

釀成巫風的外在因素主要來自消費者亦即召巫者,我們分三點觀察:

第一,消費者的構成。他們遍及眾多的階級、身分、年齡和性別,士、農、工、商、軍、醫、祝無所不有,男女老幼一概齊全,從凡夫俗子到神明都在召巫,即使信佛至深者亦求助於巫,可見巫市場之全面,諸色人等不分貴賤不分職業不分性別都在助長巫風之普及。

---

①　《夷堅志》支戊卷三,第 1075 頁。

②　范鎮撰,汝沛點校:《東齋記事》附錄,中華書局 1980 年版,第 54 頁。

③　隋代見趙宏勃:《隋代的民間信仰—以巫覡的活動爲中心》,第 71 頁;宋代見楊倩描:《南宋宗教史》,第 237 頁。

④　筆者曾説:"士大夫積極參與宗教活動,一方面提高宗教的文化水準,另方面也將士大夫的價值觀和行爲習慣(包括酒色財氣)滲入,改變了宗教的信念和行爲。抽象來說,若干構成佛學和佛教的成分,失去了主體性(獨立性),淪爲其他文化的一部分,例如淪爲士大夫文化、大眾文化和城市文化的一部分,並在這些文化裡被改造。在改造的過程中,假如佛學或佛教失去主導性,例如在士大夫文化裡處於弱勢或從屬地位,在大眾文化裏爲了擴大市場而迎合大眾口味,在城市文化裡被商品和市場觀念淹没,那麼佛學和佛教就可能任人宰割,進一步失去主體性,以別人的價值爲價值,以別人的道德爲道德了。這跟法律史研究因爲失去'專業'而被'邊緣化'可謂異曲同工",見柳立言:《紅塵浪裡難修行—宋僧犯罪原因初探》,《歷史語言研究所集刊》第 79 本第 4 分,2008 年,第 575—635 頁,引文見第 622 頁。李小紅認爲巫覡的影響力日趨弱化(《宋代社會中的巫覡研究》,第 183—201 頁),如是,取而代之者反成巫風的主要制造者,他們正是僧和道等人。不過,要評估巫覡影響力的強弱,須先行提出較客觀的標準,例如是否先召巫等。

　　第二,召巫的優先性。消費者在可以召巫、僧、道、醫等人的情況下,甚多優先召巫者,可見巫受歡迎之程度。[①] 當然,部分原因是僧道的數量可能遠不及巫,這也是巫不容易被替代的一個原因。

　　第三,消費者身分或信譽之作用。消費者之中,士大夫尤其凸出。一,他們對巫的需求一如庶民。無論文臣或武將、相府的貴公子或底層的縣尉和稅吏,都無肆無忌憚地召巫。二,他們在私事上召巫,在公事上也召巫。三,除少數例外如一般疾病之外,他們召巫先於召僧、道和醫。事實上,遇到疫疾,連醫生都會相信如此嚴重的病是超自然力量所致,必須依靠巫等靈異之人。四,他們會將靈驗的巫互相推薦。五,他們試圖理解咒語,也學巫咒及其他宗教的咒語,且互相傳授。六,他們也使用咒語。總之,用今日的詞彙來說,他們是巫的最佳代言人。所謂上行下效,士大夫以身作則,讓百姓相信巫術是可以依賴的,巫覡是可以相信的,在若干事情上其可信性甚至高於僧道和醫等人,不妨先召。凡此種種,均有利於巫風的增長,事實上士大夫較平民更有能力迎神賽神助長巫風。洪邁來自士大夫家庭,不會污衊他們。眾所周知,宋代士大夫不少來自民間,在中舉出仕進入統治階級之前,就有很多機會接觸巫風或受其影響,而在中舉出仕之後,多少維持之前的思想和行為。

　　總之,巫教作為民間信仰的一種,充分顯現民間信仰的特色,其中之一便是與其他民間信仰,包括世俗化的佛教和道教互相吸收,擴大自己的內容和競爭能力。若干僧人、道士、巫覡都懂得巫術,僧人和道士的若干行為也被認為接近巫覡,甚至被稱為"僧巫"、"妖道";三者有時也扮演大同小異的角色,發揮大同小異的功能,此外還有醫生和方士等人。他們一方面競爭市場,另方面也互相合作。也因如此,司法人員對巫教和巫師的態度,跟對其他民間信仰也許沒有太大的分別,反映在宋慈《洗冤集錄》所說的:"凡檢驗承牒之後,不可接見…術人、僧、道,以防姦欺,及招詞訴"。[②] 無論是好事或壞事,僧道巫方士等人都沆瀣一氣,並得到諸色人等尤其是士大夫階級的推波助瀾,共同製造一種怪力靈異之風,可泛稱為巫風。

作者單位:中國臺灣"中央研究院"歷史語言研究所

---

　　① 參見李小紅:《宋代社會中的巫覡研究》,第 197—201 頁。
　　② 宋慈撰,楊奉琨校譯:《洗冤集錄校譯》卷一,群眾出版社 1980 年版,第 13 頁。陳亮《問道、釋、巫、妖教之害》亦把四者等量齊觀,見陳亮撰,鄧廣銘點校:《陳亮集增訂本》卷一四,中華書局 1987 年版,第 164—165 頁。

兩宋間政治空間的變化

——以魏了翁"應詔封事"爲線索

平田茂樹

問題的提出

前近代中國社會的變化是怎樣産生的？對於這個命題，宋史研究者一般會從兩個方向展開思考。方向之一，是由宏觀視角出發、關注政治或經濟體系的變化諸如此類聚焦於"體系"的研究。例如，就馬克思、恩格斯的唯物史觀看來，以生産關係的變化爲基礎，世界經歷了由古代奴隸制、中世農奴制到近代資本制的同一社會發展階段[①]。而日本中國史研究會所提倡的"專制國家論"即主張從秦漢帝國成立以至清朝解體，中國社會一直維持著廣泛的自營小農的存在以及權力集中于皇帝的國家體制，並未曾出現較大的變化[②]。此外，日本學界還存在相當具有説服力的"分期論"學説——由内藤湖南、宮崎市定兩位研究者提出的"唐宋變革論"。它認爲，由唐到宋，中國的政治、經濟、社會、文化等各個層面都出現了巨大的變化，就政治而言，即從唐代貴族政治（皇帝和貴族的協議體制）向宋代君主獨裁政治（以高度發達的中央集權的官僚制度爲基礎、由皇帝執行最終裁決的政治體制）的逐漸轉變。近年，"兩宋分期論"、"宋元明漸變論"、"明末清初分期論"等學説的出現則表明，研究者的目光在由唐至宋的轉變之外，進一步朝向從北宋到南宋、甚或經過宋元明的漸變期、向明末清初的分期逐步展開那樣的歷經數個階段的時代變化之上[③]。無論何者都是著眼於政治、經濟等大型體系變化的考察方式。

筆者所留意的"政治體系"是一個包含民政、財政、軍政、交通等各類下級系統在内的統合體，若以説明宋代"政治體系"的變化爲題，那麼可能提出的思路就是：北宋的"開封體系"（在北宋中央集權的官僚體制下，以連結"西北邊[軍]——中原都城[政治]——長江下游[財源]"三者的宏大的國家物流系統爲基軸，形成並展開的統治系統），如何轉變爲南宋的"杭州體系"（由於北中國被奪而成爲江南的"地方"政權，意味著南宋統治的成立不得不

---

① 另一方面，馬克思又認爲亞洲社會存在著與世界歷史發展階段不同的"亞細亞生産模式"。研究者常把這一觀点与魏特夫（Karl August Wittfogel）的《オリエンタル・デスポティズム——專制官僚國家の生成と崩壞》（新評論，1991 年）以及中國史研究会的"专制国家论"等理论联结起来。

② 參看足立启二：《専制国家史論——中国史から世界史へ》（柏書房，全 286 页，1998 年）。

③ 关于上述分期论，可参看拙稿《日本宋代政治制度研究述评》，《宋代制度史研究百年（1900－2000）》，商务印书馆 2004 年版；《日本宋代政治研究的现状与课题》，《史学月刊》2006 年 308；岸本美绪：《風俗と時代觀　明清史論集 I》，研文社 2012 年版。

建基於狹窄領域内軍事、政治、經濟的緊密關聯）①。例如，南宋出現了總領所、都督府、宣撫司、制置司等統括跨度較廣區域的軍事、財政的地方官僚機構，即出現了持有北宋路一級官員以上巨大權力的分權式構造。關於這個問題，目前研究主要是從文書傳遞系統的角度進行分析，而限於篇幅，本文僅於點出該研究方向，具體内容不予贅述②。

方向之二，是探討研究微觀的變化。在短時段中想像並把握宏觀的政治、經濟體系的變化是比較困難的，然而，發現以及討論某些較爲微觀的變化，同樣是相當重要的課題。我們不妨以"政治的變化"這個問題爲例。美國政治學家哈樂德·拉斯韋爾（Harold Dwight Lasswell）把行使權力的社會關係稱之爲政治，若從動態的角度把握政治，那麼提問要素就是"誰、在什麼時候、通過怎樣的方式、獲得了什麼"。拉斯韋爾的理論展示了把政治置於具體的主體、時間、空間和手段等複雜多樣的關係中、以構造的觀點解釋政治的研究態勢③。若從上述觀點出發考察政治的變化，那麼，皇帝和官僚之間關係性甚或與皇帝權力密切相關的決策方式的改變，就成爲了重要的研究課題。

考察宋代的政治決策方式，需要注意到兩個政治空間：以宰相、執政爲中心對政策進行立案、審議的"場"以及皇帝接受其立案、審議並執行裁決的"場"。一方面，内藤湖南與宮崎市定兩位學者提出的"君主獨裁政治論"可以看作是側重後者的探討。宮崎《宋代官制序説——如何解讀〈宋史職官志〉》（《宋史職官志索引》，同朋舍，1963年）一文中論述的觀點——"如此極其多方面地與官僚直接接觸正是宋代以後天子的特質，而天子的獨裁權也必然地在其中生髮並得以完成"——正是上述側重具有代表性的結論。另一方面，若著眼於北宋末期專權宰相連續出現的現象，那麼宋代又被認爲是宰相權力在强化的時代④。兩者乍看之下是完全相反的觀點，但假若接受前述兩個研究方向的設定，那麼，所謂"君主獨裁政治論"著重的是宏觀政治體系的變化，而相權强化（或者説專權宰相連續出現的現象）則可視作微觀的政治變化的問題。在本文中，筆者將從微觀的政治變化、具體而言是從"政治空間"的變化出發，嘗試整合兩種觀點，並提出自己的理解。

一、宋代御前會議的特徵

本文在分析政治空間時使用了"御前會議"這個辭彙。勿論，在宋代是沒有"御前會議"一説的。若按照當時的説法，則應該是像《宋會要輯稿·儀制一》"垂拱殿視朝"一項中

---

①　參看宮澤知之：《宋代中國の國家と經濟—財政·市場·貨幣》（創文社 1988 年版）的第一部第一章《北宋的財政与貨币机构》以及长井千秋《中华帝国的財政》（松田孝一编《東アジア經濟史の諸問題》，阿吽社 2000 年版）。南宋的鎮江府、建康府、鄂州、利州都設置了總領所。魏了翁的《論擇人分四重鎮以備金夏韃事》（《鶴山先生大全集》卷16）亦講述了宋與金、西夏、蒙古對峙的邊境四重鎮（江、淮、襄、蜀）的重要性。

②　參看拙稿《宋代地方政治管見—以劄子、帖、牒、申狀爲線索》，戴建國主編：《唐宋法律史論集》，上海辭書出版社 2007 年版，以及《宋代文書制度研究的一個嘗試—以關、牒、諮報爲線索》，《漢學研究》，2009 年 27-2。

③　參看《政治：動態分析》，岩波書店 1959 年版。关于拉斯韦尔"过程论"的方法可參看宮澤節生：《法過程のリアリティ》，信山社 1994 年版。

④　參看王瑞來《論宋代相權》，《歷史研究》，1995 年第 2 期。

所用"視朝"這個字眼最爲合適①。此外,笔者亦曾着眼於"对"(官僚在皇帝面前直接陈述意见的制度)这个用语探讨类似问题(《宋代政治構造試論－対と議を手掛かりとして－》,《東洋史研究》52—4,1994 年),由"对"、"议"等当时常见的用语出发,逐步厘清"御前会议"等情况,是比较有效的研究宋代政治空间的方法。

而這次的文章有意使用"御前會議"一詞的理由是,筆者認爲官僚與皇帝直接進行交流的場景可以具有代表性地展現出當時政治空間的特徵②。在日本可以舉出執行御前會議的實例。二戰後期,圍繞是否接受同盟國一方提出的波茨坦宣言的問題,1945 年 8 月 9 日、8 月 14 日分別在天皇的面前召開了兩次御前會議,決定日本接受波茨坦宣言並在 8 月 15 日終止戰爭③。在日語當中,御前會議的定義是"在明治憲法下,就國家的重大緊急事件,本于天皇出席,而由重臣、大臣等主持的會議"(《広辭苑》第六版,2008 年)。雖然,在昭和天皇時代,由於天皇作爲立憲天子的立場,召開御前會議的次數必定有限,然而,在古代中國"皇帝專制"之下的政治當中,"御前會議"在決策裏的重要作用絶對不容忽視。另外,皇帝和官僚直接接觸的機會,除了"視朝",還有"經筵留對"、"翰院夜對"等各種的"對"④,筆者試圖把這些亦包含在"于皇帝面前官僚與皇帝展開對話"的廣義的"御前會議"問題内進行考察⑤。

我們不妨簡單地概括一下宋代御前會議的特徵。李攸《宋朝事實》卷 3"聖學"中有如下記載,曰:

真宗即位,每旦御前殿,中書、樞密院、三司、開封府、審刑院及請對官以次奏事。辰後,入宮尚食,少時,出坐後殿閱武事,至日中罷,夜則傳侍讀、侍講學士詢問政事,或至夜分還宮,其後以爲常。

這就是本文後面將會談到的"分班奏事"(臣僚分成陣列按照順序上奏的方式),即以長官、副長官爲中心的各組官員連續不斷地進到皇帝面前討論商議政治的方式。然而,限於御前會議自身的空間問題,像"百官起居"那樣眾多官員並排在皇帝面前議政的場面是比較難以想像的。還有,關於班數,北宋前半期是"五班",後半期開始變爲"二班",隨之,

---

① 或舉中國學者常用的"決策"一詞爲候補。如朱瑞熙《中國政治制度通史》第 6 卷《宋代》(人民出版社 1996 年版)第三章"中央決策體制"中分別建立了"兩府(或三省和樞密院)的分班和合班奏事""臣僚章奏""臣僚上殿奏事""大臣留身奏事""台諫官的本職公事""監司和帥司的奏報""經筵官的議論""士民的上書"等數個條目進行討論。

② 日本研究者也有如松本保宣《唐王朝の宮城と御前会議－唐代聽政制度の展開》(晃洋書房 2006 年版)般使用"御前会議"一詞。

③ 參看大江志乃夫:《御前会議 昭和天皇十五回の聖斷》,中公新書 1991 年版。文中,大江介紹了第二次世界大戰下舉行的十五次御前會議。

④ 呂中:《宋皇朝大事記講義》卷 2《論對章奏》中有云:"建隆三年二月,詔百官每五日内殿轉對,並須指陳得失,直書其事。國朝之制,宰輔宣召,侍從論思,經筵留身,翰苑夜對,二史直前,群臣召對,百官轉對,監司郡守見辭,三館封章,小臣特引,臣民投匭,太學生伏闕,外臣附驛,京局發馬遞鋪,蓋無一日而不可對,無一人而不可言也。然太祖詔指陳時政,直言其事,不在廣有牽引。太宗令宰執樞密各述送軍儲至靈武,合發軍糧多少,舉兵深入,合用兵機,何人將領,何人護軍,直言其事,信不必文,此皆聽言以實也。今世不患人主之不求言也,而患求之而不及用,不患天下之不敢言也,而患盡言而無所用,豈非病於議論之繁多歟。太祖太宗聽言以實。"其中下劃線處即是"對"的種類,由此可見皇帝在"視朝"以外仍有不少與官僚接觸的可能性。

⑤ 關於這個問題筆者大體都已討論,這裏是整理自己相關研究得出的觀點。詳細内容或可參看拙著《宋代政治結構研究》,上海古籍出版社 2010 年版;《宋代政治構造研究》,汲古書院 2012 年版。

與皇帝進行"對"的對象漸漸限定在以宰執爲中心的官員層。再者,"對",根據頻度可具體地劃分作如下四類:(1)宰執(除了以百官之長身份必然參與的"五班"、"二班"的構成之外,還擁有其他官僚基本没有的許可權,即在御前會議以後,特定的宰執留下與皇帝交流意見的"留身獨對");(2)尚書六曹、台諫(尚書六曹作爲主要政府部門的負責人享有次於"宰執"的"對"的機會,而台諫作爲對現行政府執行批判的"言路"之官,被賦予與"尚書六曹"同等的"對"的機會,即使在"二班"的時代,由於被認爲是秉持"公事",依然優先得"對");(3)侍從、經筵(侍從作爲"論思獻納"的皇帝顧問的角色,具有次於(1)(2)的"對"的許可權。此外,在經筵結束以後,特定的經筵官也會被留下進行"經筵留對",或者,晚上宿直的翰林學士和經筵官被召入内殿進行"翰苑夜對"等);(4)地方要員的"入辭、入見、入謝"(路分長官級別以及重要的州長官在赴任和歸任之時,均給予"對"的機會)以及中央百官的"轉對、輪對"(大約五日一次,於"内殿起居"之時在希望獲得"對"的機會的中央百官當中選取一、二名上奏的制度)

再來看地點,視朝的"場"分爲前殿視朝(垂拱殿)與後殿視朝(崇政殿或者延和殿)。最先是宰執、尚書六曹等大臣、主要衙門的正副長官在前殿按照順序輪流進行"對"。然後台諫也被優先許可在此進行"對"。這是一個非常正式的場合,皇帝需要穿著正式的服裝"朝服"面見官員。基本上,舉行"對"的場合,是宦官、起居注官等人必須遠離,官僚與皇帝内部秘密地展開議論的場合[①]。聯繫到唐宋變革的問題,值得注意的是,直到唐代爲止,基於"坐而論道"的理念,大臣們被賜予座椅、"茶湯"等,從容舒適地議論政治的方式,在宋以後,變成了官員不得不站著討論朝政的形式。

緊接著在前殿視朝以後,皇帝返回内廷稍事休息,馬上又開始後殿視朝。這時,皇帝換上了比較舒適的服裝面見官員。在這兒,一方面讓前殿視朝的官員繼續未完的"對",另一方面也給予前者之外的官員"對"的機會。地方官的"入辭、入見、入謝"、中央百官的"轉對、輪對"以及官員晉升之時由吏部或軍頭司等引進、面見皇帝的"引對"都在這裏舉行。史料中留有由"閤門司"引導百官"轉對、輪對"的記載,可以推測,在這種"對"的場合,負責皇帝近身的官員亦有可能參與出席。除了後殿視朝以外,在内殿舉行的"經筵留對"、"翰苑夜對"等,又再有賜坐、賜"茶湯"等物從容論事的形式。例如,南宋孝宗時期經常使用選德殿進行"内引"、"夜對",由此,選德殿也就成爲了正規"視朝"以外的重要場所[②]。

研究"御前會議",從"分班奏事"到"合班奏事"的變化是其中一個重要的問題。北宋前半期,除了仁宗時曾在商議西夏問題時特別採取"合班奏事"的方式以外,其餘時間基本實行"分班奏事"。然而,經過元豐官制改革,三省同班或者説三省和樞密院共同在皇帝御

---

① "對"的場景中是否存在皇帝側近的宦官、起居注官等官員? 皇帝和官僚的交流中又是否存在宦官、女官的介入? 這些問題都是考慮決策過程時不能不注意的重要因素。例如,在日本的江户幕府中,將軍在與老中(相當於中國的宰相)以下的臣僚進行交流之時,有"禦側御用取次"這樣的官員介入其間,無論是與將軍執行政務的"御座之間"直接對話,抑或通過文書進行意見交流,都不得不經由"禦側御用取次"。其結果是出現了佔據該職位的人獲得超越老中的巨大權力的現象。可參看大石慎三郎:《將軍と側用人の政治》,講談社1995年版。然而,在宋代"對"的材料中可以看到官員要求皇帝疏遠宦官的記載,或許可以認爲宋代的"對"理論上(原則上)是皇帝與官僚的直接交流。

② 參看王化雨:《南宋宫廷的建築佈局與君臣奏對:以選德殿爲中心》,《史林》2012年第4期。

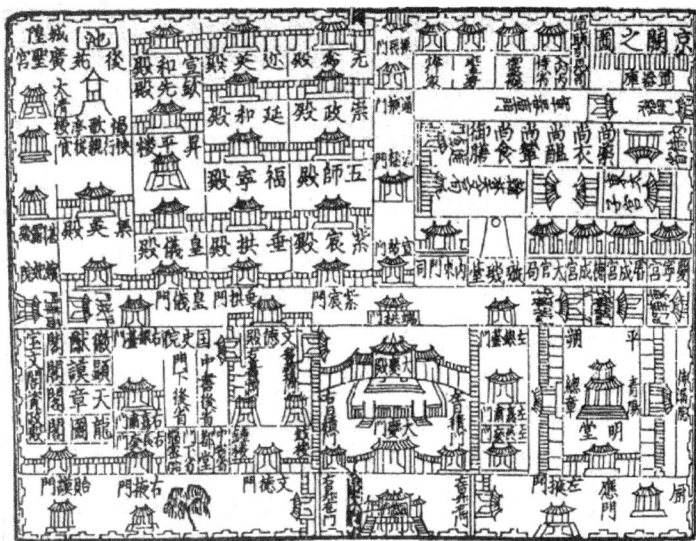

圖 1　宋開封宫城圖（元刊本《事林廣記》）

前上奏的"合班奏事"逐漸一般化①。這個合班奏事的方式，筆者曾經嘗試利用曾布《曾公遺録》的材料對之進行解析②。詳細内容在此不再贅述，僅簡要概括大致的方式如下：

　　御前會議採取首先由三省和樞密院以"同呈"的形式與皇帝進行"對"，然後再由三省、樞密院以"再對"的形式分别實行單獨的"對"的形式。"同呈"的内容大多是邊境的防備、與遼夏的外交與國防問題、制勘所實行的裁判、武官的重要人事、對屬國的官職任免、皇子和皇帝的健康問候、垂簾聽政的儀禮、哲宗的葬禮、元祐皇后的復位等問題，基本上就是三省共同在御前會議上通過"同呈"的形式、以與軍政外交相關的重要事項爲中心進行討論。其後的"再對"，則是"三省"以行政關係、"樞密院"以軍政外交爲中心分别實施單獨的"對"。以下材料（《曾公遺録》卷七，元符二年五月癸卯朔條）可以論證上述方式的施行：

　　垂拱起居，導駕至文德，視朝退。垂拱奏事。同呈章楶奏，將兵赴南牟會進築。制勘所乞差録問官，上旨差葉祖洽，卞以爲不可，上令差安惇，卞云："如此庶幾。"再對，餘云："卞如此擇録問官，不知何意？臣嘗開陳，以謂序辰黨衆，恐左右營救者多，陛下以謂誰敢爲營救者，臣言亦似不安矣。"曹誦乞罷軍權，不允。蔡京等劄子，乞差親事官習譯語祇應。從之。環慶蕃兵吃多逋以投漢人報西羌，經赦合原，特處死。殿帥斷魏吉不當，開封已得旨放罪，牒合門謝恩。餘以爲不當，上然之，令開封府官放罪，殿前令史送大理取勘，退以告三省當立法。夒毅然以爲不可止放罪。

　　由於那天是五月一日，因此在通常的垂拱殿視朝以外，再增加了文德殿的視朝。材料中記載了三省與樞密院在垂拱殿的場合，以"同呈"的形式，就邊境防備及制勘所的裁決共同召開了御前會議，其後，樞密院單獨"再對"的事情。曾布在"再對"結束後，把與皇帝對

---

　　①　參看熊本崇：《宋元祐三省攷》，《東北大學東洋史論集》九，2003 年，以及王化雨：《班次分合與政局演變：北宋三省奏事制度考》《"宋都開封與十至十三世紀中國史"國際學術研討會暨中國宋史第十五屆年會論文集》，2012 年。

　　②　參看拙稿《由〈曾公遺録〉所見宋代宰相的政治空間》，《宋史研究論文集（2010）》，湖北人民出版社 2011 年版。

話的内容告知"三省"並進行商議。《曾公遺録》中有許多御前會議與宰相會議連動的例子,這表示由於御前會議中"同呈"和"再對"兩種情況的存在,政策意見亦通過這樣的方式得到調整。在這個材料中,並未記録宰執之間調整意見的場所——"都堂",但是視朝"都堂集合都回到各部門執行政務應該是一般情況下的程式,而宰相、執政之間的意見調整則以御前會議爲中軸展開①。

從上面《曾公遺録》中的例子可以看到,以由"分班奏事"到"合班奏事"爲代表的"御前會議"或者説政治空間的變化,令北宋到南宋的政治發生了巨大的變動。《曾公遺録》的世界展現出章惇、蔡卞、曾布三人在哲宗的面前爭執不休的情形②,具體説來,就是把持三省的兩位宰相(章惇、蔡卞)和樞密院的長官(曾布)巧妙地利用與皇帝"對"的機會進行權力鬥爭的情景。由此可見,就像章惇、蔡卞和曾布的對立所象徵的那樣,宰執會議事實上是較難取得意見統一的,最終,曾布通過"再對"、"留身獨對"等方式直接與皇帝交流,表達了自己的意見。同樣的傾向在之前的王安石時代已經能夠看到③,而在徽宗時代以後,聯繫皇帝和宰相之間漸趨發達的"御筆"、"手詔"制度,有没有可能正是那樣的皇帝與個别宰執單獨交流的"留身獨對"方法被文書制度化的結果?

另外,熊本崇的研究指出,元豐官制改革以後,宰相與執政(副宰相)之間產生了較大的權力差,而"合班奏事"場合能夠更大程度地體現的是宰相的意志④。要而言之,就是在"合班奏事"的狀況之下,握有較大權力的宰相更容易表達其政治言論。

---

①　宰相、執政會議除了經常使用都堂以外,還有利用其他場所的事例,如《曾公遺録》中記云"退出内東門,聚丞相廳,議追册太妃,封申王及增崇兩宫,並處中宫事。"(《曾公遺録》卷九,元符三年正月辛巳條)又記雲"甲寅,以請謚南郊,宿齋於尚書省,聚于左僕射廳,晚與邦直、沖元、穎叔兩相聚。"(《曾公遺録》卷九,元符三年四月甲寅條),這些材料顯示宰執會議亦在"丞相廳"、"左僕射廳"等地舉行。還有,宰相和執政退出宫城以後,就回到了"東西府",相信在"東西府"中宰執也有進行議論商討的情況。如《曾公遺録》中有記云"晚見沖元,因言"(《曾公遺録》卷八,元符二年八月丁酉條)、"晚見師樸等,皆云"(《曾公遺録》卷九,元符三年五月癸酉條)等,這些情況應該都可以認爲是在東西府議政的記録。類似問題可以參考《續資治通鑒長編》卷三五八,元豐八年七月庚戌條的記載:"三省樞密院言同差除及進呈文字,理須議者,先於都堂聚議,或遇假及已歸東西府,聽便門往來聚議。從之。"

②　關於哲宗朝的政治史,楊小敏《蔡京、蔡卞與北宋晚期政局研究》(中國社會科學出版社 2012 年版)進行了詳細的分析,從中可以看到章惇、蔡卞集團的人脈關係。只是文章對於決策系統的考察仍有所欠缺,幾乎没有什麽(支持他的)部下、勢單力弱的曾布通過怎樣的手段勸動哲宗從而發揮自己的政治影響力? 關於這個問題的考察仍不充分。筆者在此想指出,由"同呈"、"再對"、"獨對"等方式組成的御前會議,應該是考察這個問題其中之一的切入點。

③　在《吕誨上神宗論王安石奸詐十事》(《宋朝諸臣奏議》卷一〇九)一文中我們可以看到,王安石利用"留身"使自己的意見可以上達天聽,"留身"可能被用作新法的政治手段。此外,徐度《卻掃編》中有云:"唐史載姚崇爲相與張説不協,他日朝,崇曳踵爲有疾狀。帝召問之,因得留語。又蔣伸爲翰林學士,宣宗雅暖信,一日因語合旨,三起三留,曰:'他日不復獨對卿矣。'伸不喻,未幾,以本官同平章事。以此言之,則唐宰相不得獨對矣。本朝宰執日同進呈公事,遇欲有所密旨,必先語閤門,使奏知,進呈罷乃獨留,謂之留身,此與唐制頗異。"由此可見,宰執個人向皇帝彙報的場合,需要通過閤門向皇帝遞送"密啟",在視朝後一個人留下進行"獨對","留身"爲個别的宰執動皇帝創造了很大的機會。只是,到了後來,專權宰相逐漸變得排斥其他宰執進行"留身獨對",影響皇帝的決策,並且限制了他們"留身獨對"的行爲。關於這個問題,可參看拙稿《宋代的政治空間:皇帝與臣僚交流方式的變化》,《基調與變奏:七至二十世紀的中國》,臺灣政治大學歷史學系 2008 年版。

④　參看《宋執政改—元豐以前と以後》,《東北大學東洋史論集》,2007 年。

　　下一章本文將通過分析南宋魏了翁提出的"應詔封事"[①]（目的是回應理宗在端平元年（1234）正月一日發出的"文武内外大小之臣悉上封事，凡朝政得失中外利病，盡言無隱"的詔書）的内容，對前述諸問題提出筆者的一種理解。

二、兩宋間政治空間的變化

　　魏了翁（1178—1237），字華父，號鶴山，四川邛州蒲江人。慶元五年（1199）進士科第三名及第，歷任知漢州、知眉州、知瀘州等職，在四川地區停留約 17 年之久，期間創建了鶴山書院，弘揚理學。理宗寶慶元年（1225），因受朱瑞常彈劾被處以"靖州居住"，在史彌遠死後回歸政壇，後任端明殿學士、同簽書樞密院事、督視京湖軍馬等職。是南宋具有代表性的文學家、思想家，《宋元學案》卷 80 立有"鶴山學案"[②]。

　　關於魏了翁提出"應詔封事"的因由，《宋史》卷 473《魏了翁傳》有如下記載，曰：

　　居數月，百廢具舉。彌遠薨，上親庶政，進華文閣待制，賜金帶，因其任。了翁念國家權臣相繼，内擅國柄，外變風俗，綱常淪斁，法度墮弛，貪濁在位，舉事弊蠹，不可滌濯。遂應詔上章論十弊，乞復舊典以彰新化：一曰複三省之典以重六卿，二曰複二府之典以集眾議，三曰複都堂之典以重省府，四曰複侍從之典以來忠告，五曰複經筵之典以熙聖學，六曰複台諫之典以公黜陟，七曰複制誥之典以謹命令，八曰複聽言之典以通下情，九曰複三衙之典以强主威，十曰複制閫之典以黜私意。疏列萬言，先引故實，次陳時弊，分別利害，粲若白黑。上讀之感動，即於經筵舉之成誦。其後，舊典皆複其初。

　　要而言之，這個"應詔封事"是魏了翁趁著專權宰相史彌遠死後、理宗皇帝開始親政的機會，就如何改變一直以來的專權宰相的政治狀況提出的改革案。

　　根據"應詔封事"所言，魏了翁認爲北宋以來的政治主要經歷了以下的演變。有云：

　　而目前所甚急者，先以祖宗舊典言之，大抵始變于熙寧，不盡複於元祐，而大壞於崇、觀以後，收拾於炎、興之初，浸備於乾、淳、紹熙之間，而又壞于慶元、泰、禧以後，今陛下始親政事，登籲眾俊，弼輔丞疑之選，言語侍從之臣，下逮百司，曠然丕變，失此時而不復舊典，則將日遠日忘，孰爲可望之時乎。

　　祖宗的政治體制爲王安石的新法改革（熙寧時代）所變更，雖然在元祐時代得到了部分的恢復，但卻在隨後新法黨的政權之下（崇寧、大觀年間）大面積崩潰，直到南宋初期（建炎、紹興之初）得到再次恢復，在孝宗時代（乾道、淳熙、紹熙）逐漸整齊完備，卻又在韓侂胄、史彌遠等所謂專權宰相的時代（慶元、嘉泰、開禧以後）又再出現巨大的崩壞。而在這

　　① "應詔封事"收録于魏了翁《鶴山先生大全文集》卷 18。該書的各種版本之中以《四部叢刊》本爲最佳，但本次報告引用文字出自曾棗莊、劉琳主編《全宋文》卷 7057《魏了翁五》，上海辭書出版社、安徽教育出版社 2006 年版，第 115—138 頁。除魏了翁的"應詔封事"以外，同時出現的還有真德秀的"甲午二月應詔上封事"（《西山先生真文忠公文集》卷 13）等。

　　② 關於思想家魏了翁的研究可參看胡昭曦、劉複生、粟品孝：《宋代蜀學研究》，巴蜀書社 1997 年版。文學家的魏了翁研究可參看張文利：《魏了翁文學研究》，中華書局 2008 年版。

段歷史的演變之中，魏了翁認爲理想的政治模式應該是元祐時代，他的"應詔封事"中有云[①]：

臣每惟國朝極盛之時，莫過於元祐。曩者陛下即位之初，臣嘗以元祐元年一時人物之盛，爲陛下言之。是時宰相則司馬光、文彥博、呂公著，政府則呂大防、韓維、劉摯、范純仁、台諫蘇轍、孫覺、梁燾、范祖禹、鮮于侁、朱光庭、傅堯俞、呂陶，翰苑則蘇軾，詞掖則范百禄、曾肇、劉攽、蘇轍，經筵講讀官則傅堯俞、韓維、范祖禹、趙彥若，説書則程頤。以元年例之，蓋二年以後，大抵皆然，臣不復悉數，臣開陳至此，陛下玉音宣諭云："元祐人才如此。"臣恩面奏，此今日用人之法，蓋因用一司馬光爲相，便有許人才引類而至。且未聞其他，只如蘇軾在翰苑，程頤在經筵，如此等類，斷斷不可易，陛下再三頷之。

以下，讓我們逐條來考察"應詔封事"中各條的内涵。

首先，第一條"一曰複三省舊典，以重六卿"，有云：

國朝沿用唐舊制，分置三省，中書取旨、門下審覆、尚書施行，凡内降文書及四方章奏至門下中書省者，率送尚書省，尚書下六曹，六曹付諸案，關會節目既備，則以上尚書省，送中書取旨，既得旨，又以送門下省審覆，迨其畫可，然後翻録，下尚書省，尚書複下六曹施行。三省體統大抵如此。若謂其迂回，則如元祐以後並中書門下自爲一可也。而熙寧宰相王安石乃特置中省檢正，以分三省官屬之權，至元豐，又以左右司代之。是端一開，凡權在大臣，則宰椽遂爲竊弄威柄之地。

這段話描述的情況是：唐宋以來一直以三省六部爲核心進行文書處理，然而到了王安石新法改革的時候，作爲"宰椽"（宰相直屬部門）的中書檢正官以及元豐時期設立的尚書左右司，成爲了文書處理的中核，六部的許可權被削弱。熊本崇的《中書檢正官——王安石政權のにないてたち》（《東洋史研究》47—1，1988 年）、《元豐の御史——宋神宗親政考》（《集刊東洋學》63，1990 年）、「宋執政改——元豐以前と以後」（《東北大學東洋史論集》11，2007 年）等一系列研究亦指出，王安石及神宗的目的是以所谓"宰椽"（宰相直属部门）的中书检正官和尚书都司左右司作为媒介，建立起与以往的三省六部制不同的、以"皇帝—宰相"为核心的政治决策方式。由此我們可以明確看到，王安石新法改革前後，三省六部體制的變質。

第二條"二曰複二府舊典，以集眾思"，有云：

國朝仿唐舊制，三省、密院分職授任，各班奏事，事有大者，始得同進。故有中書進擬，有密院進擬，有三省進擬，三省、密院同進擬。（中略）中興省官，猶至五六，秦檜專國，則兩府之二各一，慶元韓侂胄嘗欲自爲樞密，或告以事權不專，反不若辭名居實，則無不統。久之，監惠民藥局夏允中迎合風指，引王旦、呂夷簡又彥博故事，建平章軍國事之策，執政譁然不平，此議中輟。後數年卒行之，然是時二府有宰相，有執政官也。迨嘉定而後，以相兼樞，又合而爲一。

---

①　同樣的表達在《鶴山先生大全文集》中處處可見，今且舉其中一例。卷 16《論除授之間公聽並觀如元祐用人》中一節有云："然而所謂元祐諸賢之盛，則非借才於異代也。有作新觀感之實德，有丁寧惻隱之真意，故數月之間，精采頗異乃爾。雖然此特元祐初年也，七八年間，大抵若此。其間調亭既人，雖若稍不逮初，然正論卒勝。世號宣仁爲女主中堯舜，寧不信然。臣愚欲望陛下試取臣言，參稽史册，内以稟承慈訓，外以申命大臣，自今除授之間，公聽並觀，如元祐用人，使才器分量無一不當其位，則實意所孚，善類皆爲時而出"。

　　從這段話的描述可以看到,御前會議的方式由分班奏事(三省與樞密院分別上奏事務的方式)向合班奏事轉變,與此同時,宰執的人數逐漸減少,甚至在南宋出現宰相兼任樞密使的事例。細述其事,即:在北宋前半期,御前會議採取的是中書、樞密院、三司、開封府、審刑院的長官、副長官依次進到皇帝御前報告政務的方式。中書、樞密院的長官、副長官也就是一般意義的宰相、執政,直到北宋第三代皇帝真宗的時代爲止,中書、樞密院一直採取"分班奏事"的方式。然而,仁宗朝爲了應對邊境的軍事問題,二府開始實行合同奏事。而到了元豐官制改革以後,"合班奏事"的方式逐漸一般化①。隨後,宰相、執政的人數不斷減少,並且到了南宋時代,對金、蒙的戰爭時期,宰相更兼任樞密使。由此,可以向皇帝提供不同意見與情報的"分班奏事"方式喪失了它的功能。

　　第三條"三曰複都堂舊典,以重省府",有云:

　　國朝盛時,以尚書爲外省,受四方訟牒,置政事堂於禁中,爲宰執聚會之地,凡有司之公見、府史之呈書,率合堂同席,僉議眾決日下畫數刻,鳴鐘會食,排馬歸第。然百年之間,未建私第,猶儌民居,往往距城回遠。則出省之後,吏持文書,走諸第,率多稽遲。或至漏泄。神宗皇帝病其若此,度地于闕之西南爲東西,而二府各四位,將以嚴謹事機也。然而連牆接畛,謦咳相聞,則怙權營私之相,多謂不便。是以偃然私第,不恤同列,蔡京以來相承皆爾。

　　這段話描述的情況是:原本宰執的集議地點是在宮城内的都堂,但由於宰執的住處離宮城比較遠,他們由宮城退出以後,無法應對緊急事件,出於這個考慮,神宗時設立了東西府,於是宰執開始可以在東西府這個地方進行會合磋商。而在專權宰相蔡京之後,由皇帝御賜的宰相宅第便成爲了決策的關鍵場所。再往後,經過秦檜、韓侂胄、史彌遠的時代,專權宰相到宮城上班的次數越來越少,相反,官吏拿著相關文書往宰相家排隊等候謁見的情況逐漸常態化。衣川强曾在《杭州臨安府と宰相》(《中國近世の都市と文化》(京都大學人文科學研究所,1984 年)一文中嘗試通过分析宰相宅邸与宫城的距离变化,探讨专权宰相权力的变化。確實如此,最後的專權宰相賈似道獲賜位於西湖畔葛嶺的房宅,而之前的秦檜、韓侂胄、史彌遠等最多也只能在太廟周邊建居。權力與居住位置的關係確實是值得細心留意的問題②。

　　第四條"四曰複侍從舊典,以求忠告",有云:

　　國朝侍從之官,自大觀文至待制,非一職也。而責之論思獻納,其意則同。給事、中舍封駁已行之令,中丞、諫議以言爲官,此不待論。而翰林學士、六曹長貳雖非言責,亦未嘗不因事獻言也。熙寧詔書,責從臣之不言。司馬光辭副樞,亦曰侍從之臣于事無不可言。是以立儲副、正宮闈、議濮園、爭新法、辨河防、論邊事,莫非侍從之臣延辯而眾決。南渡以後,此風未泯也。……慶元二年以後,士氣頓索,習成喑啞。一日侂胄唱爲開邊之議,惟徐

　　①　參看朱瑞熙:《中國政治制度通史》第六卷《宋史》,134－148 頁。

　　②　參看拙稿《宋代的政治空間:皇帝與臣僚交流方式的變化》,《基調與變奏:七至二十世紀的中國》,臺灣政治大學歷史學系 2008 年版。該條的"貼黃"中說到,專權宰相宅邸前面的道觀等成了官吏等候謁見宰相的地方,也成爲了賄賂交易的場所,而且,在其後的史彌遠時代,爲弔唁母親而興建的明州"大慈寺"亦成爲了他生財的地點。("臣猶見韓侂胄鼎貴時,以天慶觀爲朝士候謁商賄之地,有三五日不得見者。至於近世,則道旁之庵寮實爲候謁之地,四明之大慈寺實爲取財之媒,故士稍知廉恥者決不肯造乎其間。")

邦憲自處州召還,力陳弭兵之説,朝奏暮黜。台官徐棘從而評之,執政如錢象祖繼以議論
謫信州居住,此皆臣所目擊。臣雖不足數,亦嘗有言於二臣之先。嗚呼!國之大事,而此
三人之外,更無一人言者。……嘉定以來,號爲更化,不此之監,抑又甚焉。至使士大夫嘲
諷,有謂侍從之臣無論思,而有獻納,獻納云者,譏其以貨取也。

　　關於侍從的定義,《朝野類要》卷 2 中稱"侍從"乃"翰林學士、給事中、六尚書、八侍郎
是也。又中書舍人、左右史以次謂小侍從。又在外帶諸閣學士、待制者,謂之在外侍從。"
"侍從"的範圍相當廣泛,然而成爲核心的只是起草並審議皇帝命令文書的翰林學士、給事
中、中書舍人。魏了翁的這段話指出,侍從曾有"論思獻納"之職,即在北宋時的"立儲副"
(擁立皇太子:仁宗時代)、"正宮闈"(女性參政的問題:仁宗時代)、"議濮園"(英宗生父的
尊號問題:英宗時代)、"争新法、辨河防、論邊事"(新法、黄河治水、西夏對策的問題:神宗
時代),南宋時的宋金紹興和議及其使者接待的典禮問題,紹興至乾道年間孝宗寵用龍大
淵、曾覿的問題,乾道時張説的任用問題等事件當中,侍從與言官共同向皇帝進言的做法。
然而,到了韓侂胄掌權之時,儘管起初依然容許不少官員表達自己的不同意見,卻以對朱
子學展開正式鎮壓的慶元二年(1196)爲契機,開始對臣僚的言論活動進行封殺,以至於在
對金戰争的"開禧用兵"之際,只有包括魏了翁在內的三人提出了反對意見。於是到了理
宗時,世人都在批判侍從官只有"獻納"(賄賂交易)而再無"論思"(諫言)了。要而言之,即
侍從"論思獻納"的功能在韓侂胄、史彌遠等專權宰相的時代幾乎陷於癱瘓。

　　第五條"五曰複經筵舊典,以熙聖學",有云:

　　國朝經筵之制,雖啟於國初,而歲增月益,至中葉而益備,其資望之當入,如晏殊、富
弼、孫奭、范真、李淑、宋祁、歐陽修、司馬先、吕公著、劉敞、蘇軾之儔,此不待贅贊,亦未容
殫舉,此外又有當世名儒而身隱秩卑,則不問其資歷,必師席以處之,不憚其難致,必盡禮
以延之。……然而人主有時而不自爲政,則宰相率以素所親狎而信任者充其數,蓋慮講官
多陳古誼,則必非時政,人主多知經史,則必疏小人。此殆與仇士良固寵之謀如出一軌。
不知此等職事,非嘗從事於學者,何可強而能。……今乃在殊、弼、脩、光、頤、焞、熹、栻之
選,則其玩歲愒日,徒爲具文以誤陛下講學之功者,從可知矣。

　　這段話意圖指出的問題是,從北宋到南宋,經筵官除了選擇身份和名聲很高的人以
外,亦曾積極地録用隱遁或者身份較低的人,然而,理宗即位以來卻一直任用不夠資格(學
問不足)的人來擔任經筵官。這裏需要特別注意的是"然而"後面的文字。它指出皇帝有
不熱心政務的時候,而宰相又害怕有人對時政作出批評,於是把自己的部下任用爲經筵
官。我們將之與吕中《皇朝中興大事記》卷 1 的"正言兼讀書"作一比較,有云:

　　人君動息之地,曰内朝、曰外朝、曰經筵三者而已。(秦)檜既結内侍及醫師王繼先闚
上微旨於内朝矣。執政、台諫皆用私人,則又有彌縫於外朝矣。獨經筵之地,乃人主親近
儒生之時,又慮其所浸潤其間,於是除言路者,必與經筵以察人主之動息、講官之進説,
甚以其子熺兼侍讀,一以行其私而已。

　　南宋的專權宰相秦檜把部下佈置在外朝,又與宦官和醫師王繼先勾結掌握内朝的動
向,接著還讓自己的兒子擔任經筵官及台諫,由此完全控制了皇帝的三重政治活動空間。
還有章中提及的"仇士良固寵愛之謀",魏了翁將當時的經筵官問題與唐代宦官仇士良及
其"固權寵之術"相提並論,關於這個典故《資治通鑑》(卷二四七唐武宗會昌三年[843 年]

五月條)有如下記載,曰:

　　癸酉。仇士良以左衛上將軍内侍監致仕。其黨送歸私第,士良教以固權寵之術曰:"天子不可令閑,常宜以奢靡娱其耳目,使日新月盛,無暇更及它事,然後吾輩可以得志。慎勿使之讀書、親近儒生,彼見前代興亡,心知憂懼,則吾輩疎斥矣。"其黨拜謝而去。

　　不間斷地向皇帝提供新的娱樂,不令其關心政治上的事情、不讓其讀書、不使之親近儒生。這就是所謂仇士良的"固權寵之術"。魏了翁大概就是通過當時經筵官的選任,看到了韓侂胄和史彌遠等專權宰相所爲正像是在實踐仇士良的"固權寵之術"。

　　第六條"六曰複台諫舊典,以公黜陟",有云:

　　國朝台諫官之制,平居未嘗相見,論事不相爲謀,雖于長官,亦無關白,故台臣論事,諫官不以爲然,諫官論事,而台臣以不言罷者,時時有之。至靖康間,李光、馮澥之争,猶好此意。中興以來,台諫官所居,別爲六宅,而合爲一門,得以鄰牆往來,大戾故典。蓋先朝台諫所以未嘗交接者,欲其各盡己見,不相爲謀。自秦檜專政,台諫除授,悉由密啟,風之以彈擊執政而補其處,總號台諫,職分無別,故顯爲朋比,而人不以爲異。……侂胄蹈秦之轍,如出一軌。自先帝初政,吴獵與劉德秀同入台,一薰一蕕,命自中出,人已知事勢之異,重以韓氏日盛,接助德秀,同時善類,一網打盡。由是台諫皆用私人,或明示風指,或迎合時意,公論拂鬱,朝綱分擾。……其後凡除授台諫,必先期請見,餉以酒肴,及論事之時,又以尺簡往復,先繳全槁,是則聽之,否則易之。次序官職之崇卑,挨排日分之先後,兑易更换,率至月末,風者不以爲怪,論者不以爲恥。及其後也,台諫語人必曰近來文字,皆是府第付出。臣始疑之,一日李知孝爲臣言曰,昨所論洪咨□、胡夢昱,乃府第付出全文。審如諸人之言,則又出於呈藁之外,故人謂台諫爲鷹犬之不若。

　　這段話描述的情況是:原本御史台官與諫官是没有交流的,他們各自、別個地在執行"言事"(政事批判)之職,然而到了南宋,兩者的官衙合併到了一起,於是便開始了相互往來。另外,在專權宰相秦檜的時代,宰相通過"密啟"干預台諫的人事調動,使得台諫再也無法對敵對的執政進行彈劾。這個風潮在韓侂胄、史彌遠的專權宰相時代仍然持續著,台諫不但是專權宰相的屬下,而且他們上的奏文書都是由府第(專權宰相的官邸)發出的。台諫真正地淪爲了連專權宰相的"鷹犬"都不如的存在①。笔者在之前发表的《宋代の言路官について》(《史学雑誌》101—6,1992 年)一文中曾经指出,原本台谏是站在针对以宰执为中心的现行政府执行言事之职的立场上的,为了保持其独立性,原则上避免由宰执的亲族或其推荐者担任,然而这个原则从王安石执政时期开始被逐渐破坏,宰执和台谏之间产生了越来越强的人事聯繫。到了南宋的專權宰相時代,這樣的傾向更加强烈,就連台諫文書的發出亦與宰相的官邸甚至私宅關係越來越深。

　　第七條"七曰複制誥舊典,以謹命令",有云:

　　國朝尚倣前代制誥之選,名號紛紛,不可殫述。大抵内制之臣,自大詔令、外國書許令進草之外,凡册拜之事,召入面諭,有當奏稟,則君臣之間更相可否,旋爲增損,以合舊制。乘輿行幸,則侍從以備顧問,有請對則不隔班,有奏則事用榜子,關白三省密院,則合用諮

---

　　①　關於南宋言官的問題有不少研究成果,其中具有代表性的是劉子健:《南宋君主和言官》,《兩宋史研究彙編》,聯經出版社 1987 年版。

報而不名。所以號曰内相者,得與人主上下古今,宣猶出令,其重蓋如此。外制之臣,分治六房,掌行命令,隨房當制。凡事有失當,得以論奏封駁。每旦詣省,即紫微閣下草制,俟宰執出堂,始得下直。……故事,百官除授未有不受告而後供職。雖追命贈諡之制,亦不踰日也。自中興多故,始有不候受告先次供職之命。因循日久,習爲故常,大失命官之初意。迨四十年來,則事日益異,而其大要則内制失之先,外制失之後,凡皆牽制於柄臣,而不得於其爲。……至於近歲,又非前比,往往兩學士各爲一制,或經宰相塗改,取其一爲宣佈,裁其一爲答詔,相承既久,而人不爲異。此内制失之先也。其爲外制者,既得詞頭,旋營假手,臣所見於泰、禧者,猶有五日十日之限,至於近歲,愆期已甚,凡在邇列,猶至半月兼旬而後受告,外之監司、帥守,則有已及一考而猶帶新除者。

　　皇帝的命令文書"制誥"分爲内制和外制兩種。册立後妃和除拜三省長官時使用的册書、軍國大事以及僕射和節度使等任職時使用的制書、待制或觀察使等任職時使用的詔書、宗祀或大號令等使用的禦劄等文書,由擔任内制的翰林學士負責起草。皇帝直屬的翰林學士,上奏時使用"榜子"、向二省、樞密院發文時使用"咨報"等獨特的文書類型,或被稱爲"内相",具有極高的地位。若涉及宰相拜命或國家大事,皇帝會在夜間於内東門小殿召見在學士院當值的翰林學士直接下令,然後翰林學士在學士院起草文書,並向内廷提交。内制以外的皇帝的命令文書,則由擔任外制的中書舍人負責起草,起草後提交給宰相[1]。中書舍人不單接受宰相的命令起草皇帝的命令文書,還有被稱爲"封還詞頭"的拒絕起草文書的權利。這些都是原來的形式,而到了南宋,在接到兩制撰成的官告之前任職命令就已經發出,兩制之間變得沒有區別,專權宰相干預兩制文書撰作,還有官告無法發出等弊端一一出現。造成這種情況的原因是,南宋時期直學士院或直舍人院越來越多地成爲他官的帶職,還出現定員減少和經常性缺員的情況。結果,在秦檜專權期間,兩制"封駁"、"封還詞頭"這些針對現行政府申發異論的職能也被逐漸虛化。

　　第八條"複聽言舊典,以通下情",有云:

祖宗盛時,受朝決事,或至日午。其有奏事已久,余班不能悉引,則命太官即殿廬賜食,或輔臣未退,亦賜食殿門,食已再坐,複引余班。仁宗之初,群臣引對至十九班而未厭。其後前殿奏事不過五班,仍詔辰時以前常留一班,以待御史諫官之請對者,累朝相承,率用此道。……自秦、韓柄國,視神氣如畚篋中物,占吝把握,惟懼人之有言,雖日引二班,猶多隔下,每朝奏對,率蓋辰初。號爲近侍之官,未嘗獲侍宴間,從容獻納,欲陳巳見,先白閤門。雖以經筵講讀之官,猶先期問有無奏事。二史雖聽直前,亦關閤門,乃敢進對。其在二班之數者,則又姑爲具文,以求苟免。職事官或當輪對,非以遷除爲辭,必以托疾在告。夫所謂修德,所謂講學,此古者大臣格君之要義,今更相告語曰:第言修德講學,則號爲正大,實無拂于時政;第攻上身,則外示諤直,實無忤于時宰。嗚呼!士氣之壞,一至於此。

　　這段話描述的情況是:宋代御前會議召開最盛之時,會議時間由早朝至午時(11點—13點),班數在仁宗初期甚或多至19班。在仁宗時,前殿視朝5班,在辰時(7點—9點)

---

① 參看山本隆義:《中国政治制度の研究》第十章《宋代》,同朋社1968年版。

以前確保爲台諫安排 1 班,此後成爲慣例①。而到了秦檜、韓侂胄專權時期,不但全天班數減少爲 2 班,並且爲了把視朝時間限定在辰初(上午 7 點)以前,很多奏對都被迫押後一日。再者,原本應該享有優先"對"權的侍從、經筵官、二史等,都必須先向"閤門司"②提出申請,而職事官的"輪對"也變得經常以"遷除"(晉升)或"托疾"(生病)爲理由推辭③。造成這種狀況的正是朝堂上彌漫的極力回避與專權宰相形成衝突的風氣。進言的後半段還提及"太學生伏闕"、"登聞鼓院"等問題。現行政府不但不聆聽學生們的上言還降下流放遠方的處分;而放入"登聞鼓院"門前箱子的投書,必須被確認没有批判時政的内容才被收受④。

有機會"輪對"的官員總是裝病回避,只有大理寺官的"輪對"比較多。儘管具體内容是秦檜專權之下的情況,但其後相同的記載亦屢屢出現。主要原因是秦檜討厭其他人向皇帝表達意見⑤。可見,在專權宰相之下"對"的機會在不斷縮小,百官均被置於森嚴的統制之下。

第九條"九曰複三衙就典,以强本朝",有云:

國朝三衙之制,自藝祖開基,監觀前代,擇腹心之臣,以掌禁旅,爲數凡十余萬,所以强幹弱支、藩王室、重京師之要道也。中葉以降,習爲驕惰,至崇、觀而滋甚。高俅以恩被遇,則紀律盡弛,僅存三萬人。靖康之禍,京師削弱,夷狄憑陵,蓋基於此。中興以來,首監前轍,既嚴其選,又謹所操。雖艱難多故之時,而辛企宗、王瑗之驕,蹇不廢典刑。……大抵慶元以來之所用,皆報私恩,固權勢。嘉定以來之所用,皆以供廝役,征賄賂,甚失祖宗居重馭輕之意。

這段話描述的情況是:作爲宋代禁軍核心的"三衙",其人數從十余萬減員至三萬的同時,軍規日漸廢弛,結果導致了北宋末的"靖康之變"。南宋之初反省了北宋的失敗,嚴格了軍隊挑選與軍規獎懲。然而,在韓侂胄專權之下,軍隊開始變得服務于回報私人恩惠、鞏固個人權力的目的,及至史彌遠專權之下,宰相出於私人的用途隨意使用軍隊,賄賂橫行⑥。

---

①　仁宗朝变为"五班"的问题请参看拙稿《宋代の政策決定システム—對と議—》,《宋代政治構造研究》,汲古書院 2012 年版。

②　南宋"閤門司"的官員介入皇帝和官僚之間的文書傳遞,在其中發揮著巨大的影響力。可参看藤本猛:《武臣の清要——南宋孝宗朝の政治狀況と閤門舍人》,《東洋史研究》,2004 年 63－1。

③　魏了翁在理宗即位後的寶慶元年(1225)四月上奏的《直前奏六未喻及邪正二論》(《鶴山先生大全集》卷十七)也提到相同的問題,其中明顯地揭示出寧宗末到理宗即位初御前會議的狀況。"嘗詔侍從、兩省、台諫、卿監、郎官,日輪一員面對。意雖甚美,然踐祚累月,方聞詔旨。詔旨至今,又數月矣,而對者僅及十餘。蓋由一旬之間,雙日不坐,饗殿之日,止引一班,故群臣之時稀疏寥闊。若謂恭嘿不言,則便朝講解,固如平日。奚獨於求言聽言而用其簡也?祖宗盛時,受朝決事,或至日中,不遑暇食,退食之後,再坐引對,或當假寒,猶禦便殿,或引至四五班,不以爲憚。臣侍先帝殿坳幾一年,是時將倦於勤,猶日御前後殿,班引至再,和顏屈己,靡有厭斁,此陛下之所親見也。今始初清明,顧在廷百執事且不得數望下風,則凡見辭奏事封章扣匭更無由至前。"

④　"貼黃"部分提出"集議"存在的問題,集議不再是官員提出意見和商議政策的地方,而成爲僅僅是接受專權宰相意見的場所。

⑤　參看吕中:《皇朝中興大事記》卷二《複令百官輪對》。

⑥　魏了翁:《鶴山先生大全集》卷一九《被召除授禮部尚書内引奏事第五劄》一文中指出在三衙兵員減少的情況下,由於仍要不斷從首都向周邊及前線配置軍隊,結果造成首都的防禦空洞化。

第十條"十曰複制閫舊典,以出私意",有云:

國首創唐末五代之弊,以牧守易藩鎮,以詩書易干戈。百年之間,雖間有疆場之虞,而絕無蕭牆之患,則以國勢雖弱,而民心不搖,蓋聖神宗立綱常、厚倫理,以端本澄源於上,先正大老別賢佞、明義利,以植經陳紀於下,不聚斂以撥根本,不黷武以啟戎奸。立國之規若此,其形雖弱,其本則強。爲柄臣者窺見罅隙,必挾和戰二字以爲招權固位之計。王安石得政,首以富國強兵自任,於是置旁通簿以悦上意,分三司使權以歸朝廷。府庫既充,遣其丑類南征西伐,勞人費財,以奉空虛之地,張惶捷音,掩匿敗報,以欺人主,卒之喪師失律,震驚乘輿。

這段話提出以"制閫"(制置使)爲中心的國内邊境防禦的問題,重點是國家根本的強大。這個根本以"立綱常"、"厚倫理"、"別賢佞"、"明義利"、"植經陳"等統治方法爲代表,與王安石實行的"富國強兵"之策截然不同,是道德、精神方面或者説是"文治主義"方向的東西。專權宰相鑽了兩者的空子,利用"講和"或"主戰"作爲鞏固自身權力的手段。前者"講和派"的代表是秦檜、史彌遠,後者"主戰派"的代表是韓侂冑,各自的做法在本段進言的其餘部分有所論述。詳細内容在此不再贅述,但是《鶴山大全集》卷二〇《乙未秋七月特班奏事》一文指出,當時的"制閫"並未能任用具有充足經驗的官員,安撫使的權力被削弱,集中到一部分的制置使手中。

最後,魏了翁説明了提出這十條"應詔封事"的意圖,下文是其中的核心部分,有云:

且哲宗皇帝自元豐八年之春,至元祐九年之夏改元紹聖,凡静觀十年而後親政。臣前所舉元祐人才之盛,其實宣仁聖烈皇后之爲也。其自改元而後,則反不逮前。是時范祖禹固嘗有言,曰方今親政,乃宋室隆替之本、社稷安危之基、天下治亂之端、生民休戚之始、君子小人進退消長之際、天命人心去就離合之時也。

從這段話我們可以瞭解,魏了翁"應詔封事"的一貫觀點就是,"元祐時代"才是最理想的政治模式的時代。然而,由哲宗親政回歸神宗時代的政治開始,理想政治模式的一切猶如夢露,歸於虛無。魏了翁有意把理宗親政的開始與哲宗親政的故事重合,引用了哲宗親政開始時范祖禹對他的諫言,表達自己的觀點。大概,魏了翁是希望理宗能看清過往政治的歷史以及他所親身體驗的史彌遠專權下的政治,由親政的現在開始,重新探索正確的前進方向。

魏了翁的"應詔封事"在《宋史》卷四三七《魏了翁傳》中記云:"上讀之感動,即於經筵舉之成誦。其後,舊典皆複其初"。然而,實際上的施行情況卻並非如此。後文又記云:"還朝六閲月,前後二十餘奏,皆當時急務。上將引以共政,而忌者相與合謀排擯,而不能安於朝矣。執政遂謂近臣惟了翁知兵體國,乃以端明殿學士、同簽書樞密院事、督視京湖軍馬。會江、淮督府曾從龍以憂畏卒,並以江、淮付了翁。"魏了翁在回歸中央以後接二連三的上奏改革,但是由於中央政界的反對勢力,最終無法實行,再次出爲外任[1]。

誠然,從有效性這點上來説,我們確實無法對"應詔封事"本身作過高評價。此外,亦

[1]   《鶴山先生大全集》卷一九《被召除授禮部尚書内引奏事第二劄》、卷二〇《奏乞收回保全故相史彌遠禦筆》、《奏乞將趙汝愚配享寧宗廟廷第一劄》等文中,魏了翁不斷談到理宗親政之初任用的兩位宰相喬行簡和鄭清之兩股勢力之間的相互爭門,以及舊相史彌遠的殘餘勢力仍比較強大的問題。

有觀點認爲對於南宋而言，與西夏、金、蒙古之間的抗争才是更大的問題，但“應詔封事”中卻並未涉及。但是，需要注意的是，在這個“應詔封事”提出的端平元年（1234）之前，西夏已爲蒙古所滅，而正月時金亦在蒙古軍和南宋軍的夾擊下滅亡，此後南宋朝廷暫時進入了對外問題小小的休止時期。事實上，在魏了翁的文集中，《論擇人分四重鎮以備金夏轄事》、《奏論蜀邊墾田事》（嘉定十五年，《鶴山先生大全集》卷一六）、《被召除禮部尚書内引奏事第四劄子、第五劄子》（端平元年十月，《鶴山先生大全集》卷一九）、《乙未秋特班奏事》（端平二年七月，《鶴山先生大全集》卷二〇）、《奏措置江陵府三海八櫃》（端平三年一月，《鶴山先生大全集》卷二八）、《奏外寇未静二相不鹹曠天工而違時幾》（端平三年二月，《鶴山先生大全集》卷二九）、《繳奏奉使複命十事》（端平三年五月，《鶴山先生大全集》卷三〇）等奏章都累累可見他對金、西夏、蒙古等軍事問題的發言。

考察“應詔封事”提出的時間，由於端平元年五月至八月是“端平入洛”即宋廷實行恢復中原的軍事行動的時間，而同時提出的真德秀的“應詔封事”即《甲午二月應詔上封事》（《西山先生真文忠公文集》卷一三）顯示時間爲“二月”，因此魏了翁的“應詔封事”或可推斷是當年二月或三月提出的。

由此可見，“應詔封事”正是在宋廷與外部勢力的戰鬥暫時停止、史彌遠死去、理宗開始親政的時間點上，提出了以北宋元祐時代爲模式對南宋的内政進行的建議。正因爲這些建議既從内政的角度出發，又能把握住從北宋到南宋之間的變化，於是這篇“應詔封事”事實上成爲瞭解讀兩宋間政治變化的較佳的歷史材料。而且我們可以看到，“應詔封事”的内容相當大量地爲吕中的《皇朝中興大事記》等引用，也就表明，即便是從南宋時代的人看來，它亦能非常準確地反映了宋代歷史的變化與現狀。

結　語

最後，讓我們來簡單總結一下本文的結論。“應詔封事”所描述的内容，大致可以概括如下：魏了翁把從北宋熙寧、元豐時期的新法改革到南宋秦檜、韓侂胄、史彌遠的專權宰相時代的演變，看作了一個巨大的變革期，並整理出這樣的特徵，即權力向特定的宰執或與宰執相關的特定機構集中，與之相應的是侍從、台諫、經筵、制誥、聽言等環節的功能下降，聯結皇帝和官僚的體制被弱化。換而言之，皇帝參與政治的空間的縮小逐漸招致了南宋的專權宰相政治，而第一章闡述的“御前會議”問題正十分有效地抓住了這個問題的核心。“分班奏事”代表的是從大量不同的官員中聽取意見的方式，而從“分班奏事”向“合班奏事”的演變，其方向恰恰是在排除其他官員的同時，不斷地增強皇帝與宰相之間的“管道”，尤其是與特定的宰相之間的關係性。正好同時，由北宋末開始，皇帝與宰執之間通過文書流通進行決策的方法——"御筆手詔"的方式——被越來越多地使用①。如圖2② 所示，御筆手詔的方式把以往以三省六部爲中心的文書處理改變爲皇帝與宰執之間文書決策的方式。

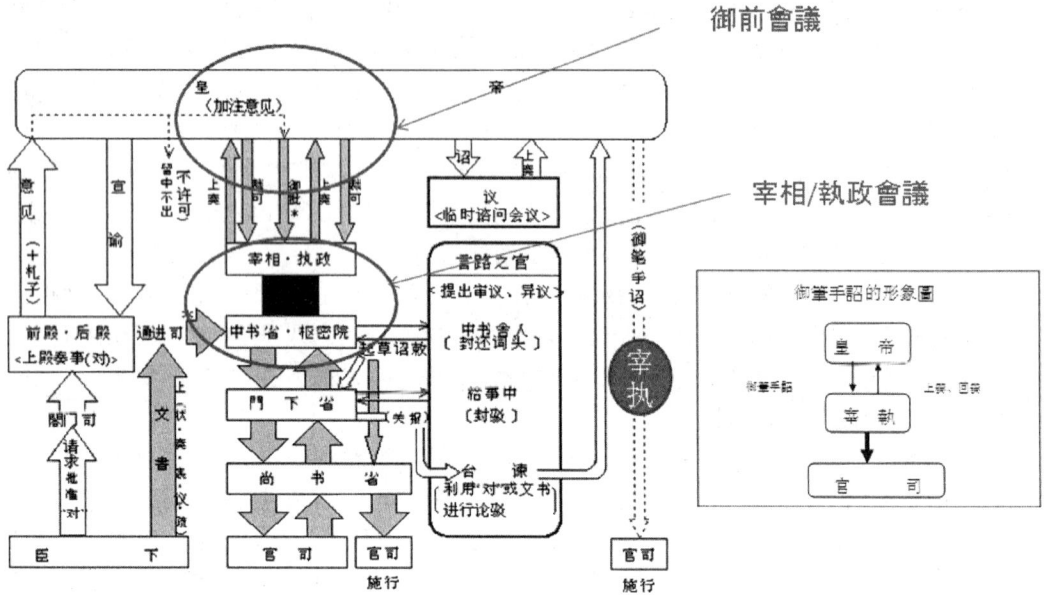

御前會議

宰相/執政會議

御筆手詔的形象圖

皇帝

宰執

官司

* 经过通进司的公文以及皇帝加注意见的公文（御批）的流程如下（用 ⇨ 表示）。＿＿表示恒常的政务会议。

○○文书→中书门下省→尚书省→六曹（尚书省的六个部门）→诸案（六曹内的部门）〔在对文书进行审查后，命令有关部门调查〕→六曹（策定原案）→尚书省→宰相·执政之议（上奏）→皇帝（裁可）→中书省（起草诏敕）→门下省（审议诏敕）→尚书省（施行）→官司

　　本文開頭曾提及要對"君主獨裁政治論"與"宰相權力强化"兩種觀點進行整合並作合理解釋，而透過本文的分析，筆者認爲，二者之間並未被重新發掘出所謂的巨大分歧。也就是說，一方面，從宏觀的政治體系的角度來看，儘管比較基層的政治體系出現了由"開封體系"到"杭州體系"這樣的變化，但是更爲上層的"君主獨裁政治"體制則從北宋到南宋都沒有發生很大的轉變。另一方面，從微觀角度出發的話，皇帝和官僚之間的關係性，或者說是圍繞皇帝權力的決策方式確實發生了變化，"君主獨裁政治"有部分結構的機能喪失，招致了專權宰相的權力壟斷。以上只是筆者對至今爲止圍繞上述兩種觀點的論爭提出的個人理解，更加多層次、多角度地解讀"政治"這個東西，應該是今後宋代政治史研究所追求的目標。

（作者單位：日本大阪市立大學）

---

　　① 筆者關於禦筆手詔問題的觀點，可參看拙稿《宋代的政治空間：皇帝與臣僚交流方式的變化》，《基調與變奏：七至二十世紀的中國》，臺灣政治大學歷史學系2008年版。此外，德永洋介《宋代の御筆手詔》（《東洋史研究》57－3，1998年）一文中曾说明"御笔手诏"逐漸成爲了其后北宋末至南宋時代宋朝文書系統的主干。關於這個制度，他在文中言道："對禦筆制度的研究不能忽略其後的影響力，它是皇帝在謹慎地諮詢宰相然後實行裁斷的原則上直接指揮六部以下的行政機關的體制的先驅，與明代的內閣和司禮掌印太監等多個方面的政治特徵都有密切的關係。這種說法一點也不過分。"他把禦筆制度放在了明代內閣票擬體系的起源的位置上。

　　② 圖2是在拙著《科舉と官僚制》（山川出版社1997年版）中所画图的基础上修正而成的。

忠節觀念與政治實踐[*]

——以北宋名相寇準、王旦爲例

路育松

内容摘要：北宋真宗時期的兩位名相——寇準和王旦很好地體現出當時忠節觀念處於過渡時期的特點。二人分別被范仲淹譽爲"大忠"和"大雅"，這一評價不僅概括了二人的主要特點，也揭示了他們政治命運迥然不同的原因。因此，忠節觀念成爲觀察二人一個較好的切入點。寇準和王旦的政治實踐，如寇準在選立太子、澶淵之盟中的表現，王旦的"慎密遠權"、善處大事等，均反映了真宗時期主流士人的政治表現及其影響；而唐末五代以來士人貪權固位的流弊等，也非短時期内所能革除，同樣在二人身上有所反映。當時及後世對二人的評價，也從不同角度反映出政治取向的變化過程。

關鍵詞：忠節觀念　寇準　王旦　宋真宗

真宗時期是北宋忠節觀念重構的一個過渡時期，[①]本文擬選取當時兩位名相——寇準、王旦加以闡述，因爲二人的政治實踐及當時、後世人們對他們的評價，能夠較爲準確地折射出忠節觀念處於過渡時期的特點。同時，忠節觀念又在很大程度上決定了二人不同的政治命運。[②]

一

北宋著名政治家范仲淹曾對真宗朝影響最大的兩位宰相——寇準和王旦有如下評價，他説："昔王文正公居宰府僅二十年，未嘗見愛惡之迹，天下謂之大雅。寇萊公當國，真

* 本文爲筆者博士學位論文《北宋忠節觀的重構》（南京大學歷史系，2000 年 6 月）第三章第三節，曾以"大忠""大雅"與五代流弊——真宗朝宰相寇準和王旦爲題作爲會議論文提交 2004 年宋史年會。此次發表因時間倉促，未及多加修改，只改動了標題、核對了相關引文、補充注釋頁碼等。特此説明。承蒙龔延明先生及《宋學研究》編委會不棄，惠允收入創刊號，在此深表謝忱。

① 關於忠節觀念在北宋及之前的演變過程，可參見魏師良弢：《忠節的歷史考察：先秦時期》，《南京大學學報》1994 年第 1 期；《忠節的歷史考察：秦漢至五代時期》，《南京大學學報》1995 年第 2 期；路育松：《北宋忠節觀的重構》，博士學位論文，南京大學歷史系，2000 年 6 月。

② 拙文是以忠節觀爲窗口來探析一千年前北宋兩位名相的政治行爲，但是正如大家所熟知的那樣，相機攝景時，爲了突出某個主題，往往有意放大或不得不遮蔽周邊其他景致。本文所討論的忠節觀，是處於重塑發展過程中並只影響當時特定群體政治行爲的一種觀念。北宋真宗時期，除了這種忠節觀念之外，還有其他因素在發揮影響；寇準、王旦的種種政治表現除了忠節觀念的作用外，當然也包括二人性格等其他因素的影響。近年來相關研究成果頗多，茲不贅述。

宗有澶淵之幸,而能左右天子,如山不動,卻戎狄,保宗社,天下謂之大忠。"①用最簡練的語言概括了二人在世人心目中的地位。但是,由於五代時期大多數士人身處亂世,不是以道自任,而是偷生屍祿,這種風氣又不可能因爲朝代的更替而迅速改變,因此,即使是"大忠""大雅"之人,也仍在不同程度上體現出五代風氣的流弊。

寇準和王旦是同年,然特點頗不相同,真宗朝在相位的時間長短也相差很大:王旦,咸平三年(1000)二月由中書舍人、翰林學士遷同知樞密院事,咸平四年(1001)三月由給事中、同知樞密院事除參知政事,景德三年(1006)二月升任次相,直至天禧元年(1017)二月,他死前半年多才因疾罷相,爲相整整11年,而且其中有6年爲獨相(景德三年二月寇準罷相至大中祥符五年四月向敏中升任次相);若再算上任同知樞密院事和參知政事的時間,則他在真宗朝連續出任宰輔長達17年之久,這在整個宋代歷史上也是不多見的。② 寇準則不同,景德元年(1004)八月,由三司使入相,三年二月罷,爲時一年半;大中祥符七年(1014)六月遷樞密使,八年(1015)四月即免,爲時僅十個月;天禧三年(1019)六月再入相,四年(1020)六月再罷,爲時一年。不僅屢起屢罷,且在真宗朝入二府的時間加起來只有三年四個月,但他的影響、功績和聲譽卻毫不遜色於前者。

二

寇準,字平仲,華州下邽人。太平興國五年(980),寇準19歲時即考中進士。太宗取人,年少者往往罷去,有人因此教寇準增年,寇準説:"準方進取,可欺君邪?"可見其志向遠大,很早就有忠君之心。爲官後,敢於直言勸諫,曾因奏事切直激怒太宗,"上怒起,準輒引帝衣,令帝復坐,事決乃退"。太宗因此稱他爲"真宰相",又對左右説:"朕得寇準,猶唐太宗之得魏鄭公也。"這固然和宋太宗汲汲於以唐太宗自比的心態有關,但也説明寇準出仕不久就有面折庭爭之風貌。元代史臣認爲,寇準一生中最大的貢獻,是他在確立真宗太子地位和簽訂"澶淵之盟"中所起的作用。③ 至道元年(995),太宗與寇準商討立太子一事:

> 帝曰:"朕諸子孰可以付神器者?"準曰:"陛下爲天下擇君,謀及婦人、中官,不可也;謀及近臣,不可也;唯陛下擇所以副天下望者。"帝俛首久之,屏左右曰:"襄王可乎?"準曰:"知子莫若父,聖慮既以爲可,願即決定。"帝遂以襄王爲開封尹,改封壽王,於是立爲皇太子。廟見還,京師之人擁道喜躍,曰:"少年天子也。"帝聞之不懌,召準謂曰:"人心遽屬太子,欲置我何地?"準再拜賀曰:"此社稷之福也。"帝入語后嬪,宮中皆前賀。復出,延準飲,極醉而罷。④

真宗是太宗第三子,他得以繼位頗有些偶然:太宗長子元佐因受秦王廷美之死刺激發

---

① 《范文正公文集》卷八《楊文公寫真贊》,《范仲淹全集》,鳳凰出版社2004年版,第144頁。

② 《宋史》本傳謂其:"凡柄用十八年,爲相僅一紀。"(卷二八二《王旦傳》,中華書局1977年版,第9545頁)倪士毅先生曾統計北宋一朝爲相超過十年者有六人:趙普、王旦、呂夷簡、文彥博、曾公亮、蔡京。其中蔡京四次入相,趙普、呂夷簡、文彥博三次入相,這意味著北宋只有王旦和曾公亮是一次入相且持續時間長達十年以上的。參見氏著:《宋代宰相出身和任期的研究》,《杭州大學學報》1986年第4期,第110—115頁。

③ 《宋史》卷二八一"寇準傳"史臣"論曰":"準於太宗朝論建太子,謂神器不可謀及婦人、謀及中官、謀及近臣,此三言者,可爲萬世龜鑒。澶淵之幸,力沮眾議,竟成雋功,古所謂大臣者,於斯見之。"(第9534—9535頁)

④ 《宋史》卷二八一《寇準傳》,第9528—9529頁。

瘋，次子元僖于淳化三年(992)突然死去。儘管如此，太宗仍有六子，且封太子之事自唐末以來時局不穩，已有一百多年未曾進行過，此事的意義可想而知。而太宗立太子後仍心懷疑慮，這一方面是因爲他雄猜的個性和極強的權力欲，另一方面也是由於君主專制制度已將"予一人"推到了所有人的對立面，因此對人們擁護太子的情景，不以爲喜，反而不快，賴寇準的機敏應付，方轉憂爲喜。寇準此舉，儘管表面上只是維護了真宗的地位，但從大的方面看，對當時政局的穩定、社會人心的安定，避免父子、兄弟之間的猜忌、殘殺，都起到了積極的作用。

真宗即位後，起先並未重用寇準，到景德元年(1004)八月，在中書無相、又面臨著契丹的嚴重威脅時，經畢士安的大力推薦，方與後者同時拜相，且位居畢士安之下。這年九月，一直威脅宋朝的北部勁敵——遼朝軍隊在蕭太后、遼聖宗的親自率領下，再次大舉南下。宋真宗駕幸澶淵，取得戰爭的初步勝利。澶淵之盟得以簽訂，實有賴於寇準的三次堅持：

先是，寇準已決親征之議，參知政事王欽若以寇深入，密言於上，請幸金陵，簽書樞密院事陳堯叟請幸成都。上復以問準，時欽若、堯叟在旁，準心知欽若江南人，故請南幸，堯叟蜀人，故請西幸，乃陽爲不知，曰："誰爲陛下畫此策者？ 罪可斬也。今天子神武，而將帥協和，若車駕親征，彼自當遁去，不然，則出奇以撓其謀，堅守以老其眾。勞逸之勢，我得勝算矣，奈何欲委棄宗社，遠之楚、蜀耶！"上乃止，二人由是怨準。①

十一月，真宗親征抵達韋城(今河南滑縣東南)後，由於不知前方軍隊的勝負，大臣中又有人勸真宗南行以避敵鋒，真宗再次產生動搖。寇準指出："今寇已迫近，四方危心，陛下惟可進尺，不可退寸。河北諸軍，日夜望鑾輿至，士氣當百倍。若回輦數步，則萬眾瓦解，敵乘其勢，金陵亦不可得而至矣。"②又引殿前都指揮使高瓊相助，方使真宗下定決心，到達澶州南城。此時，大將李繼隆派人告捷，並說澶州北城門巷湫隘，請真宗暫且駐蹕南城。真宗又想停止不前，寇準再一次堅決請求："陛下不過河，則人心危懼，敵氣未懾，非所以取威決勝也。四方征鎮，赴援者日至，又何疑而不往？"③高瓊也"固以請"，並執撾築輦夫背，方使真宗抵達北城。

真宗到達後，宋軍士氣大振，射死遼軍主帥撻覽，取得了戰爭的初步勝利，遼使請和。寇準希望能借此機會一舉收復幽州，但是，不僅真宗沒有這樣的魄力和壯志，只想早點結束戰爭回京，大臣中也有人因嫉妒寇準功高而中傷他"幸兵以取重"。寇準不得已，被迫同意議和，最終以30萬歲幣(銀10萬兩、絹20萬匹)與遼國達成協議，從而奠定了宋遼一百多年的和平局面。在整個戰爭與議和過程中，寇準都起了決定性的作用，因此有"當時若無寇準，天下分爲南北矣"④之說，范仲淹也以他在澶淵之盟中的表現爲"大忠"。

當時，社會各階層都給予寇準較高的評價。景德元年(1004)七月，畢士安在薦準與自己同爲輔相時，稱他"兼資忠義，善斷大事"，爲"宰相才"。真宗卻道："聞其好剛使氣。"畢士安則說："準方正，慷慨有大節，忘身徇國，秉道疾邪，此其素所蓄積，朝臣罕出其右者，第

---

① 李燾：《續資治通鑑長編》(以下簡稱《長編》)卷五七，景德元年閏九月乙亥條，中華書局 2004 年版，第 1267 頁。《宋史·寇準傳》略同。

② 《長編》卷五八，景德元年十一月甲戌條，第 1284—1285 頁。

③ 《長編》卷五八，景德元年十一月丙子條，第 1287 頁。

④ 《長編》卷五八，景德元年十二月戊戌條引《宋史全文》陳瑩中語，第 1298 頁。

不爲流俗所喜。今天下之民雖蒙休德,涵養安佚,而西北跳梁爲邊境患,若準者正所宜用也。"即使如此,真宗仍説"當藉卿宿德鎮之"。① 王旦曾久病不愈,真宗問及誰可代他爲相,連問幾人,皆"不對",真宗讓他舉薦,王旦"強起舉笏曰:'以臣之愚,莫若寇準。'"真宗失望、錯愕了好一會兒才説:"準性剛褊,卿更思其次。"王旦回答道:"他人,臣所不知也。"即使知道寇準在皇帝面前專説他壞話,也仍然稱:"準對陛下無所隱,益見其忠直,此臣所以重準也。"②真宗朝著名直臣、能吏張詠與寇準同年,也贊準"面折廷爭,素有風采"。③

不僅宰相、大臣稱讚寇準"忠義"、"忠直",在當時士大夫和百姓的心目中,也是如此:

> 寇準在澶州,每夕與知制誥楊億痛飲,謳歌諧謔,喧譁達旦,上使人覘知之,喜曰:"得渠如此,吾復何憂乎!"時人比之謝安。④

寇準以自己在大敵面前的鎮静自若、談笑風生,穩定了君心、軍心,因而時人將他比作在淝水之戰中大敗前秦苻堅、穩固東晉政權的名相謝安。

然而,寇準一生爲相的時間卻不長,且屢遭貶斥。太宗至道二年(996)七月,寇準由參知政事罷給事中,原因是百官因郊祀行慶進秩時,寇準按自己的好惡決定升降,引起了左正言馮拯的不滿,上告太宗。太宗召宰相呂端詢問,呂端言準"除拜專恣"、"性剛強自任",太宗切責寇準,準抗言與呂端同議拜除。太宗認爲廷辯是非,"深失執政之體",而準仍力爭不已,太宗因歎道:"雀鼠尚知人意,況人乎?"⑤第二天,寇準又抱著中書簿領,前來論説曲直,太宗更加不悦,於是遭罷,不久出知鄧州。

寇準對真宗確立、鞏固皇儲地位頗有功勞,然而如上所述,真宗即位後,卻沒有立即重用寇準,具體原因無法確定,但從上述真宗與畢士安的對話中已可一窺端倪。與契丹議和後,北宋出現了開國以來少有的和平安定局面,寇準因此受到了真宗的敬重和厚遇而這種敬重和厚遇卻不可避免地遭致了許多人的嫉恨,尤其是深受真宗寵遇、"望見輒喜"⑥,卻因主張真宗駕幸金陵而受寇準痛斥並被調出京師的王欽若。史載,王欽若"深嫉之",於是有了下面一段著名的對話:

> 一日會朝,準先退,帝目送之,欽若因進曰:"陛下敬寇準,爲其有社稷功邪?"帝曰:"然。"欽若曰:"澶淵之役,陛下不以爲恥,而謂準有社稷功,何也?"帝愕然曰:"何故?"欽若曰:"城下之盟,《春秋》恥之;澶淵之舉,是城下之盟也。以萬乘之貴而爲城下之盟,其何恥如之!"帝愀然爲之不悦。欽若曰:"陛下聞博乎?博者輸錢欲盡,乃罄所有出之,謂之孤注。陛下,寇準之孤注也,斯亦危矣。"

以九五之尊成爲臣子手中的"孤注",這是任何一個皇帝都難以忍受的,更何況是宋真宗這樣急於建立文治武功、伸張皇權的帝王呢!"由是帝顧準寝衰",⑦景德三年(1006)二月,

---

① 《宋史》卷二八一《畢士安傳》,第 9519 頁。

② 《長編》卷八四,大中祥符八年四月壬戌條,第 1923 頁。

③ 畢沅:《續資治通鑑》卷三二,真宗大中祥符八年八月癸未條,中華書局 1957 年版,第 720 頁。

④ 《長編》卷五八,景德元年十二月戊戌條,第 1298 頁。

⑤ 《長編》卷四〇,至道二年七月丙寅條,第 846—847 頁。

⑥ 《長編》卷六一,景德二年十二月辛巳條,第 1377 頁。

⑦ 《宋史》卷二八一《寇準傳》,第 9531—9532 頁。

寇準罷爲刑部尚書、出知陝州。①

　　但事實上，即使沒有王欽若的讒言，寇準罷相也只是時間問題，因爲真宗對他的成見愈深。寇準爲相，喜用寒峻之士，又愛敢言之人，用人不以次，根本不按例簿，這不僅使得"同列忌之"，在真宗眼裏，也是"以國家爵賞過求虛譽，無大臣體"②的表現。寇準罷相之後，真宗仍對輔臣指責他"輕諾寡信，怨是用長"，因而"居相位，多致人言"。③寇準知陝州不久，大中祥符元年(1008)十二月改任知天雄軍(今河北大名)。其間，他未經請示，擅自給護送遼國使者的軍士發津貼(即"裝錢")，事後他將此事向真宗報告，真宗又不滿地對左右輔臣説："寇準好收人情，以求虛譽，卿等今見之矣。"下詔指責他"不當擅有給賜"，並命他個人償還支發的錢，④可見對他頗爲反感。

　　大中祥符七年(1014)六月，由於王欽若與馬知節的矛盾激化，二人和陳堯叟同日被罷，樞密使之職出現空缺，在王旦的大力推薦下，寇準出任樞密使。但他與任三司使、時號"五鬼"之一的林特十分不和，"數與忿爭"，而林特"方有寵"(真宗裝神弄鬼、東封西祀都離不開林特這種人)。因此，僅十個月，到次年四月即被罷，真宗"不悦"地對王旦等人説："準年高，屢更事，朕意其必能改前非，今觀所爲，似更甚於疇昔。"⑤

　　寇準的最後一次拜相是在天禧三年(1019)六月。這年三月，任山南東道節度使的寇

---

　　①　其實，王欽若對寇準的污蔑之詞，根本不能成立，宋人陳瑩中就説："然寇萊公豈爲孤注之計哉！觀契丹之入寇也，掠威虜、安順軍則魏能、石普敗之，攻北平寨則田敏擊走之，攻定州則王超等拒之，圍岢嵐軍則賈宗走之，寇瀛州則李延渥敗之，攻天雄則孫全照卻之，抵澶州則李繼隆禦之，兵將若此，則親征者所以激將士之用命。"因此，寇準力主真宗親征，完全是出於對形勢的正確估計；而在他之前，田錫、畢士安、樞密使王繼英、河陽三城節度使王顯等，也都提出過親征之議。有關澶淵之盟前宋遼雙方的形勢和上述諸人的親征之議，可參見張其凡先生《雍熙北伐到澶淵之盟》(《史學月刊》1988年第1期)，決非如王欽若所言乃孤注一擲的冒險之舉。
　　②　《長編》卷六二，景德三年二月戊戌條，第1389頁。
　　③　《長編》卷六四，景德三年十一月己未條，第1434頁。
　　④　《長編》卷七三，大中祥符三年正月丁丑條，第1653頁。
　　⑤　《長編》卷八四，大中祥符八年四月壬戌條，第1922—1923頁。

準在朱能、周懷政的策劃下，報告自己所轄的乾佑縣（今陝西柞水）山中又發現了"天書"①，由此被召入京，得以復相，這是他一生中最大的污點。到次年六月，寇準見真宗久病，無法處理政務，大權掌握在劉皇后手中，因此請太子監國，"以固萬世基本"。當時真宗同意了他的建議，後因病又忘記此事，同意丁謂等以此爲罪名罷免寇準。不久，宦官周懷政策劃除丁謂、復相寇準，奉真宗爲太上皇、立太子、廢劉后，事情敗露，加之朱能因拒捕而叛逃被殺，寇準難脫干係，出知相州，又徙安州、道州。乾興元年（1022）二月，真宗去世後，再被貶爲雷州司户參軍，制詞上定其罪名乃"爲臣不忠"②。天聖元年（1023），寇準死於貶所。

天禧四年（1020）八月，寇準由知安州貶爲道州司馬，過零陵時，受到溪洞蠻的抄掠，但當蠻夷酋長聽説被掠者爲寇準，責備手下説："奈何奪賢宰相行李耶？"③馬上派人送還。

乾興元年（1022）六月，陷害寇準的主謀丁謂同樣以"不忠"④的罪名遭貶，人心大快，《長編》記云：

> 謂初逐準，京師爲之語曰："欲得天下寧，當拔眼中'丁'；欲得天下好，莫如召寇老。"不半歲，謂亦貶，人皆以爲報復之速，天道安可誣也。⑤

天聖元年（1023），綿州通判賈同不顧劉後淫威，上書爲寇準申冤："寇準忠規亮節，疾惡擯邪，自其貶黜，天下之人弗見其罪，宜還之内地，以明忠邪善之分。"⑥這年閏九月，寇準死於雷州貶所，在歸葬西京途中，路過荆南公安縣，縣人設祭哭於路，折竹植地，在上面

---

① 關於寇準的這種行爲，《長編》卷九三引劉敞敍作《寇準傳》言此乃王旦教真宗借寇準在百姓中的威信，真宗派周懷政諭旨，"準始不肯，而準婿王曙居中與懷政善，曙説要準，準乃從之。"（《長編》卷九三，天禧三年三月條，第2142頁）《宋史·寇準傳》亦云王旦教真宗："始不信天書者準也。今天書降，須令準上之。"於是"準從上其書，中外皆以爲非"。（第9532頁）這種説法是否可靠，值得商榷。李燾即指出王旦早已死於天禧元年正月，因此教真宗用寇準上天書之人不可能是王旦，或許是當時任宰相的王欽若。不管是誰，宋人的真實目的應該是想證明上天書不是寇準的本意，乃被迫爲之（但元代史臣已經没有"準始不肯"的敍述）。但筆者通過爬梳以下史實，可以初步確定上天書未必不是寇準自願：第一，寇準是否真相信有天書、聖祖降臨之事，今天已不得而知，現在可以確定的是：(1)東封泰山前，"刑部尚書、知陝州寇準表請從祀，詔可。"（《長編》卷六九，大中祥符元年八月庚戌條，第1557頁）(2)聖祖降臨、祥瑞紛呈時，"知天雄軍寇準言獄空，詔獎之。"（《長編》卷七九，大中祥符五年十二月己卯條，第1809頁）(3)大中祥符六年十二月，真宗在準備明年正月前往亳州祀老子前，以寇準爲東京留守（《長編》卷八一，大中祥符六年十二月丙寅條，第1854頁）。在此之前，已將他調回朝，入判都省。寇準在大中祥符整整九年期間的其他事蹟，《長編》和《宋史》本傳則少有記載，那麼應該可以推斷：他未因天書封祀之事與真宗發生衝突，也没有像孫奭、王曾等人一樣留下反對、勸諫的奏疏或言論；相反，他在天書封祀一事上與真宗還是積極合作的。第二，不能因爲寇準的貢獻而否認他依然有貪權戀位的特點：(1)大中祥符八年四月，寇準罷樞密使，《長編》云："及準自知當罷，使人私于[王]旦，求爲使相，旦大驚曰：'使相豈可求耶？且吾不受私請。'準深恨之。"然而，王旦卻在真宗問及當與寇準何官時，力陳理由，薦爲使相。"及制出，準入見，泣涕曰：'非陛下知臣，何以至是！'"真宗方告知實情。（《長編》卷八四，大中祥符八年四月壬戌，第1924頁）(2)天禧三年四月，寇準奏上天書後，真宗召其赴闕。他動身前，一站客對他説："您走到河陽，就自稱有病，堅決請求擔任地方官，不入朝廷，這是上策；如果進京晉見皇上，就揭發乾佑天書的虛假，保全您平素正直的名聲，這是中策；再次出任宰相，這是下策，最不可取。"寇準不僅没接受這個正確建議，而且很不高興。（文瑩《湘山野録》卷中，中華書局1984年版，第27頁）因此，没有理由去否認上天書是出於寇準自願。由於寇準的良好聲譽，當時人不願意承認此事，且其婿王曙也是天書封祀的積極參與者，因此以王旦/王欽若、王曙爲他開脱，亦是情理中事。

② 《長編》卷九八，乾興元年二月戊辰條引《實録》，第2274頁。

③ 《長編》卷九六，天禧四年八月壬寅條，第2212頁。

④ 《長編》卷九八，乾興元年六月庚申條引王曾言，第2286頁。

⑤ 《長編》卷九九，乾興元年七月辛卯条，第2294頁。

⑥ 《長編》卷一〇九，天聖八年正月甲戌條，第2535頁。

掛紙錢焚燒,過了一個月,枯竹盡生筍,老百姓因此建廟,稱爲"竹林寇公祠",可見對他的愛戴和懷念。他去世後,賜謚"忠愍";皇祐四年(1052),仁宗篆其神道碑首曰"旌忠"。

但是,客觀地説,寇準在生活、處事及爲政上都存在著欠缺,有些即使不從封建帝王對臣子要求的角度看,也是如此。上文已述及他的貪戀權位。他少年富貴,生活奢侈,經常大宴賓客,整夜縱飲;過生日十分鋪張,以至有僭越逾制之嫌;出守藩鎮,"不以吏事爲意"。史稱,"寇準雖有重名,所至終日宴遊。所愛伶人或付與富室,輒厚有所得",儘管"人皆樂之,不以爲非也"[1],但畢竟不如勤政愛民、清廉自守者。對於有舉薦之恩、又是同年的王旦,寇準任樞密使時竟不能正確處理和他的關係,同心協力治理國家,卻經常在真宗面前打小報告,"專論其短";政事堂將擬議的一些文件抄送向他徵求意見,他看到其中的問題,不向主持政事堂的宰相或參知政事提出修正,卻直接上報真宗,使得政事堂長官非常被動,有時還因此受處分。他爲求復相而迎合真宗、奏天書,更是難以洗刷的污點。而在專制帝王的眼中,寇準"好剛使氣"、"以國家爵賞過求虛譽"、"好收人情,以求虛譽"、"好人懷惠,又欲人畏威"[2],都是難以容忍的。寇準不領會法家"忠臣"的内涵,根本不懂得"有善歸主,有惡自予"。[3] 因此,儘管他敢任大事,奮不顧身,爲同僚和時人推重,但不爲帝王欣賞,難以久居相職,完全是可以預料的。

三

而王旦卻恰恰相反,他爲相十一年,幾乎參與了真宗朝前期到中期的所有大事,是真宗治理國家最重要的助手,卻説不出他到底有哪些重大政績,在後世的聲譽也遠不如寇準。然而,這也正是他能長時間信任不衰、得以久相的原因。他最大的特點就是謹慎、有善歸主,所謂"每慎密遠權以自防"[4]。以下論述集中反映了這點:

> 戊申,王旦至自兗州,且言:"河北轉運使李士衡張士遜、知兗州王臻、知長垣縣范識、京東轉運使俞獻卿、知澶州張禹珪、同監修景靈宮盧守明、京東同都提舉巡檢使李懷信,茲事幹集,望賜詔褒諭。……"詔可。或謂旦曰:"公爲元宰,將命出使,而所舉官吏,僅得褒詔,不遂超擢,無乃太輕乎?"旦曰:"既稱薦之,又請亟用,則上恩皆出於己矣,此人臣之大嫌也。"入内押班周懷政實與旦同行,或請間,必俟從者皆集,整衣冠見之,白事已則退,未嘗私焉。議者以爲得體。[5]

以上引文涉及兩個重要層面:一是推薦官員,但只要求賜詔褒諭,而不立刻提拔,"上恩皆出於己矣,此人臣之大嫌也"。他在真宗朝"薦士尤多",卻從不告訴別人,其後史官修《真宗實錄》,才從内出奏章中得知朝廷之士多爲王旦所薦。[6] 二是他與内臣周懷政同行,但從不私下相見,不留下絲毫"結交内廷"的嫌疑。僅此兩點,王旦即可謂深諳爲臣之道者。

王旦在處理大事方面也頗有可圈可點之處。對外,當時最重要的莫過於處理與遼、西

---

① 《長編》卷六五,景德四年六月條,第1466頁。

② 《長編》卷八四,大中祥符八年四月壬戌條引王旦等言,第1923頁。

③ 參見魏良弢:《忠節的歷史考察:先秦時期》,《南京大學學報》1994年第1期。

④ 吳處厚:《青廂雜記》卷一,李裕民點校,中華書局1985年版,第4頁。

⑤ 《長編》卷八三,大中祥符七年七月戊申條,第1889—1890頁。

⑥ 《長編》卷八三,大中祥符七年九月壬子條,第1898頁。

夏的關係：

> 契丹奏請歲給外別假錢幣。旦曰："東封甚近,車駕將出,彼以此探朝廷之意耳。"帝曰："何以答之?"旦曰："止當以微物而輕之。"乃以歲給三十萬物內各借三萬,仍諭次年額內除之。契丹得之,大慚。……西夏趙德明言民饑,求糧百萬斛。大臣皆曰："德明新納誓而敢違,請以詔責之。"帝以問旦,旦請敕有司具粟百萬于京師,而詔德明來取之。德明得詔,慚且拜曰："朝廷有人。"①

王旦處理大事的得當同樣體現在內部事務上。他拒絕在蝗災時因得死蝗而率百官朝賀的提議,果然不久飛蝗蔽天,真宗因此對王旦說："使百官方賀,而蝗如此,豈不爲天下笑耶?"②馬軍副都指揮使張旻受命選兵,下令過於峻急,導致軍情不安,策劃謀反。真宗得知後,召二府商議,王旦說："若罪旻,則自今帥臣何以禦眾? 急捕謀者,則震驚都邑,此尤不可。"提出以升官的方式解除張旻兵柄,亦使反側者自安的兩全之策。按計而行,"軍果亡他"。真宗因此贊王旦"善處大事,真宰相也"③。

此外,王旦一心爲國,公廉自守,被真宗譽爲"無毫髮私"④;嚴拒請托,力革浮薄之風;爲人大度謙讓,從不因一己恩怨影響大局,對官員的正邪十分清楚:寇準多次傷害他,他卻堅決主張重用寇準而反對用王欽若(王旦沒後,欽若始大用,因此恨言"爲王公遲我十年作宰相"⑤)、主張用李宗諤而反對用丁謂等。因此,無論是真宗還是當時的朝臣,一致公認他爲"真宰相"、有"宰相器",同年張詠亦稱其"深沉有德,鎮服天下"⑥,不僅在司馬光時"中外至今稱之"⑦,且李燾在《長編》中亦言"天下至今稱賢宰相公"。⑧

然而,王旦也有頗遭後人非議之處,即他因爲受了真宗的賄賂,未能阻止"天書封祀"的鬧劇,而且一直在其中扮演了重要的角色——以其首相之職,這是不可避免的。南宋葉適即說："自景德以後,王旦、王欽若,以歌誦功德、撰次符瑞爲職業。上下之意,以爲守邦之大猷當百世而不變,蓋古人之未至,而今人之獨得也,奚暇他議哉!"⑨甚至將他與大奸王欽若並提。蘇轍和王夫之則較爲深入地剖析了王旦的性格和心態。蘇轍記述了真宗和王欽若定下"神道設教"的決定後,以一罌珍珠與王旦,"由是天書、封禪等事,旦不復異議。"他接著評價道：

> 時王旦爲相,材有過人者,然至此不能力爭,議者少之。蓋旦爲人類馮道,皆偉然宰相器也。道不幸生於亂世,生死之際不能自立;旦事真宗,言聽諫從,安於勢位,亦不能以正自終,與道何異。⑩

蘇轍對馮道的態度與歐陽修、司馬光有很大區別。他有《馮道》論一篇,借春秋齊相晏

---

① 《宋史》卷二八二《王旦傳》,第 9547 頁。
② 《宋史》卷二八二《王旦傳》,第 9546 頁。
③ 《長編》卷八六,大中祥符九年正月丙辰條,第 1965—1966 頁。
④ 《長編》卷八八,大中祥符九年九月丙午條,第 2012 頁。
⑤ 《宋史》卷二八二《王旦傳》,第 9548 頁。
⑥ 《續資治通鑑》卷三二,真宗大中祥符八年八月癸未條,第 1267 頁。
⑦ 司馬光:《涑水記聞》卷七,鄧廣銘、張希清點校本,中華書局 1989 年版,第 143 頁。
⑧ 《長編》卷九〇,天禧元年七月丁巳條,第 2073 頁。
⑨ 葉適:《葉適集・水心文集》卷五《紀綱二》,劉公純等點校本,中華書局 1961 年版,第 814 頁。
⑩ 蘇轍:《龍川別志》卷上,俞宗憲點校本,中華書局 1982 年版,第 73 頁。

嬰之言表達了自己的君臣觀："君爲社稷死,則死之,爲社稷亡,則亡之。若爲己死,而爲己亡,非其私暱,誰敢任之?"稱贊馮道每以恭儉勸唐明宗,"在位十年,民以少安",五代當"篡奪之際,雖賁育無所致其勇,而道以拜跪談笑卻之,非盛德何以致此?"並認爲議者黜之曾不少借爲"甚矣"①,上引此段也表現出他對馮道身處亂世、身不由己的理解。但是,蘇轍在沒有完全否定馮道貢獻的同時,但卻認爲他貪禄固位,是不"正",並從這個意義上指責王旦。後來王夫之雖然也設身處地,分析王旦若不從,"則必不能安於其位";而王旦若被斥,"虛位以快小人之速進",對當時"外有狡虜,内有群奸"、"君心未厭"的北宋王朝來说,可能損失更大,因此感歎"大臣不易任也"。然而,王夫之同時指出:

> 旦之登庸,以寇準之罷相也。欽若不能與同朝,則旦亦不可與欽若並用。乃欽若告旦以祥瑞之説,旦無以處之,而欽若早料其宜無不可。則旦自信以能持欽若,而早已爲欽若所持。夫其爲欽若持,而料其不能爲異者,何也? 相位故也。使旦於命相之日,力爭寇準之去,而不肯代其位,則欽若之姦不擢而自折,真宗之惑不辨而自釋,亦奚至孤立群奸之上,上下交脅以阿從哉? 進退之際,道之枉直存焉,旦於此一失,而欲挽之於終,難矣!……要而言之,視相已重,而不知其重不在位,而在所以立乎其位者也。

> 宋之盛也,其大臣之表見者,風采焕然,施於後世,繁有人矣;而責以大臣之道,咸有歉焉。非其是非之不明也,非其效忠之不摯也,非其學術之不正也,非其操行之不潔也,而恒若有一物焉,繫於心而不能舍。故小人起從而蠱之,已從而玩之,終從而制之;人主亦陽敬禮而陰菲薄之。無他,名位而已矣。……以此求之張齊賢、寇準、王曾、文彦博、富弼、杜衍諸賢,能超然高出於升沉興廢之間者,皆有憾也。而旦適遇真宗眷注之深,則望愈隆,權愈重,所欲爲者甚殷,所可爲者甚嘖;於是而濡輪曳尾以求濟,而不遂其天懷,以抱媿于蓋棺,皆此爲之矣。②

王夫之還説此乃因"世教之衰,以成乎習俗之陋也"。早在王旦幼年之時,其父王祐即手植三槐於庭,曰:"吾之後世,必有爲三公者,此其所以志也。"③王夫之言王旦自小心目中即以宰相爲"人生之止境,而更何望焉"。④

　　蘇轍和王夫之對王旦的評價基本一致,即他無法擺脱名利(尤其是相位)的誘惑而做違背自己良心和意願、也違背儒家之"道"的事,"不知其重不在位,而在所以立乎其位者也",即不能以道自立;而寇準向王旦求使相、奏天書求復相的行爲,也屬於同一性質。其實,馮道和王旦並不相同。馮道堅持原始儒家"以道事君"的原則,以忠於社稷、忠於民族爲忠節,敢於直言進諫,因此也並不以己爲非,自號"長樂老","陳己更事四姓及契丹所得階勳官爵以爲榮";王旦則不同,他有著士人的良心,卻依戀權位,不敢與皇帝作針鋒相對的鬥爭,只能在不違背真宗旨意的前提下做一些補救。他痛恨王欽若、丁謂之奸,卻不敢公開與之鬥爭,只能阻抑他們柄大用;對同爲"五鬼"的陳彭年,毫不假以辭色:陳彭年爲翰

①　蘇轍:《蘇轍集·欒城後集》卷一一《歷代論五·馮道》,陳宏天等點校本,中華書局 1990 年版,第 1010—1011 頁。

②　《宋論》卷三《真宗》,第 62—64 頁。

③　《宋史》卷二八二《王旦傳》,第 9542—9543 頁。

④　《宋論》卷三《真宗》,第 64 頁。

林學士呈政府科場條目，王旦“投之地曰：‘內翰得官幾日，乃欲隔絕天下進士耶？’”向敏中出彭年所留文字，旦“瞑目取紙封之”，根本不想看，向敏中請他一覽，王旦説：“不過興建符瑞圖進爾。”①可見其内心對符瑞之事和五鬼之流的厭惡，也不難想像他在帶頭慶賀天書時的無奈！因此，他對敢於公開反對真宗大興土木建宮觀、又辭免會靈觀使的王曾，十分欽佩。王曾在真宗不滿地責問他“大臣宜傅會國事，何遽自異耶”時，毅然回答：“君從諫謂明，臣盡忠謂義。陛下不知臣駑病，使待罪政府，臣知義而已，不知異也。”②王旦因此感慨他“頗拂上旨，而進對詳雅，詞直氣和，了無所懾”，“始被進用，已能若是。我自循任政事幾二十年，每進對，上意稍忤，即蹷蹯不能自容，以是知其偉度矣。”並預言王曾“他日德望勳業甚大”。③這就表明王旦其實非常清楚地意識到自己並不符合原始儒家對士人“以道事君，不可則止”的要求，因此“常悒悒不樂”④，“心知得罪于清議”⑤，“每遷受賜，常有媿避之色”，“連拜章求解”。對真宗增秩、賜金，都堅決推辭，認爲加秩“愈增罪釁”，退還贈金“以息咎殃”⑥，甚至要求“削髮披緇以斂”。因此，蘇轍認爲他“雖以富貴終身，而實不得志也”。⑦

　　王旦、寇準上述貪權固位的行爲正是唐末五代以來的流弊所致，也是北宋君臣力圖重振士風的原因所在。朱熹曾一針見血地説：“國初人才，是五代時已生得了。”⑧但是，王夫之所言有失片面：宋代大臣並非都是難脱名利束縛者，北宋中期後，士風漸變，范仲淹、司馬光、王安石等均爲淡泊名利、難進易退者。對此，筆者另有專文論述。

（作者單位：中國社會科學雜誌社）

---

①　《宋史》卷二八二《王旦傳》，第 9548 頁。

②　《長編》卷八九，天禧元年三月戊午條，第 2050 頁。

③　《長編》卷九〇，天禧元年九月癸卯條，第 2078 頁。

④　《龍川別志》卷上，第 73 頁。

⑤　洪邁：《容齋隨筆》卷四，“王文正公”，孔凡禮點校，中華書局 2005 年版，第 55 頁。

⑥　《長編》卷八九，天禧元年五月丙午條；《宋史》卷二八二《王旦傳》，第 9552 頁。

⑦　《龍川別志》卷上，第 73 頁。洪邁也認爲其“固戀患失，不能決去”，而臨終要求“削髮僧服以斂”，又“何所補哉”！（《容齋隨筆》卷四，“王文正公”，孔凡禮點校，中華書局 2005 年版，第 55 頁）

⑧　黎靖德編：《朱子語類》卷一二九《本朝三·自國初至熙寧人物》，中華書局 1986 年版，第 3085 頁。朱熹認爲北宋風氣之變，始於范仲淹，他與學生有以下對話：“問：‘本朝如王沂公，人品甚高，晚年乃求復相，何也？’曰：‘便是前輩都不以此事爲非，所以至范文正方廉恥，振作士氣。’曰：‘如寇萊公，也因天書欲復相。’曰：‘固是。’”“祖宗以來，名相如李文靖王文正諸公，只恁地善，亦不得。至范文正時便大厲名節，振作士氣，故振作士大夫之功爲多。”（第 3086 頁）

元豐官品令復原研究

李昌憲

内容摘要：元豐五年前，宋朝的官品令仍沿用唐五代舊制。是年，宋朝始頒佈了自己制定的官品令，但此令今已大部亡佚。完整地保存至今的是南宋紹興以後的官品令，由於幾經變動，已非元豐令的原貌。本文據傳世至今的宋代文獻大體復原了元豐官品令。

關鍵字：元豐　官品令　復原

宋沿唐制，立國已一百二十年，中央官制仍沿用唐五代舊制。元豐時（1078—1085），神宗慨然改制，三年頒佈"以階易官寄禄新格"。五年，省台寺監法成。神宗以《唐六典》爲藍本，大抵恢復了以三省六部制爲主體的文官體制。與此同時，並制定了新的官品令，以取代唐官品令。新令九品十八階，全體文武官職的品階均以此品定。這是與唐令九品三十階截然不同的一代新制。但是，歷經劫難，具有劃時代意義的元豐官品令，今天我們只能在《宋會要輯稿》中見到殘缺過甚的記載。參與元豐改制的張璪所撰《元豐官志》手抄本[①]，有關於元豐官品令的記載，但僅翰林學士承旨及東宮官數條，尚不如《宋會要輯稿》所能補充者。宋代的官品令，今人能見到的全貌的，只有《宋史·職官志八》所載的紹興（1130—1162）以後的官品令，這給今人的研究帶來諸多的不便。一代之制的亡佚，也給今天留下深深的遺憾。因此，復原元豐官品令是一件具有相當學術價值的工作。余不揣譾陋，欲爲前路，不當之處，敬請方家教正。

一、復原《元豐官品令》的路徑

《宋會要輯稿·職官》中載有元豐官品令，但殘缺過多。基本集中地見於《神宗正史·職官志》，個別的見於《職官》的其它部分。另外，《元豐官志》、《文獻通考》、《翰苑新書》、《永樂大典》還有些零星記載，今移錄如下：

---

① 張璪：《元豐官志》，《宋史資料萃編第四輯》，臺灣文海出版社 1981 年版。

《元豐官品令》(殘)

正一品	太師、太傅、太保、太尉、司徒、司空、侍中、中書令①、尚書令
從一品	左右僕射、開府儀同三司、特進、太子太師太傅太保②
正二品	門下侍郎③、中書侍郎④、知樞密院、同知院⑤、左右丞、金紫光禄大夫、上柱國
從二品	觀文殿大學士、御史大夫、六部尚書、左右金吾衛上將軍、節度使、銀青光禄大夫、柱國、太子少師少傅少保⑥
正三品	觀文殿學士、資政殿大學士、資政殿學士、端明殿學士、翰林學士承旨⑦、翰林學士、龍圖天章寶文閣學士、樞密直學士、左右散騎常侍、光禄大夫、上護軍
從三品	御史中丞、六部侍郎、龍圖天章寶文閣直學士、正議大夫、護軍、太子賓客詹事⑧
正四品	給事中⑨、中書舍人、太常卿、宗正卿、秘書監、諸衛大將軍、節度觀察留後、通議大夫、上輕車都尉
從四品	左右諫議大夫、太中大夫、龍圖天章寶文閣待制、光禄衛尉鴻臚司農太府大理寺卿、國子祭酒、諸衛將軍、輕車都尉
正五品	中大夫、觀察使、上騎都尉
從五品	太常少卿、宗正少卿、秘書少監、樞密都承旨、客省使、入内内侍省都都知、中散大夫、防禦團練使、刺史、騎都尉
正六品	左右司郎中、光禄衛尉鴻臚司農太府大理寺少卿、國子司業、樞密承旨、樞密副都承旨、四方館使、東西上閤門使、入内内侍省内侍省左右班都知、副都知、押班、朝議大夫、驍騎尉、太子少詹事、太子左右諭德⑩
從六品	左右司員外郎、起居郎、起居舍人、六部郎中、侍御史、朝請朝散朝奉大夫、飛騎尉
正七品	侍讀、侍講⑪、左右司諫、六部員外郎、殿中侍御史、朝請朝散朝奉郎、皇城以下諸司使、雲騎尉、直龍圖天章寶文閣⑫
從七品	崇政殿説書、左右正言、監察御史、太常丞、宗正丞、秘書丞、著作郎、大理正、客省東西上閤門副使、閤門通事舍人、承議郎、皇城以下諸司副使、武騎尉、太子中舍人、太子舍人⑬
正八品	光禄衛尉鴻臚司農太府大理寺丞、秘書郎、著作佐郎、太常博士、國子監丞、大理司直、評事、奉議郎、通直郎、内殿承制、内殿崇班、京府判官、京畿縣令、兩赤縣丞

①　《宋會要·職官》57 之 56，中華書局 1957 年版。
②　《元豐官志》第 33 頁。
③　《宋會要·職官》3 之 3。
④　《宋會要·職官》3 之 6。
⑤　《文獻通考》卷 58《職官考一二》中華書局 1986 年版，第 525 頁。
⑥　《元豐官志》第 133—134 頁。
⑦　《元豐官志》第 91 頁。
⑧　《元豐官志》第 135—136 頁。
⑨　［宋］《翰苑新書·前集》卷 7，《景印文淵閣四庫全書》，臺灣商務印書館 1986 年版，第 949 册第 47 頁。
⑩　《元豐官志》第 137—138 頁。
⑪　按：侍讀、侍講，據《元豐以後合班之制》知，實爲太子侍讀、侍講之省稱。
⑫　《元豐官志》第 109 頁。
⑬　《元豐官志》第 139 頁。

從八品	太常宗正光禄衛尉鴻臚司農太府寺主簿、校書郎、正字、國子監主簿、太學博士、御史台檢法官、御史台主簿、軍器監主簿①、閤門祇候、東西頭供奉官、内東西頭供奉官、宣德郎、宣義郎、節度觀察防禦團練軍事軍監判官、節度掌書記、觀察支使、府司録、州司録事、京府諸曹參軍事、軍巡判官、縣令丞、兩赤縣主簿、府諸曹節鎮上州諸司參軍事、太常寺太祝、奉禮郎②
正九品	太官令、藉田令、郊社令、國子監學正、學録、殿頭、高品、承事郎、承奉郎、左右侍禁、左右班殿直、京畿赤縣主簿
從九品	高班、黄門内品、承務郎、三班奉職、三班借職、州軍縣城寨主簿尉

上表所載,遠非元豐官品令的全貌。但如將它與散見於《職官分紀》各卷的元祐令及載于《宋史·職官志八》的紹興以後的官品令相校,我們發現三者所載官品,驚人的一致。今試以三朝武階官爲例,列表如下。

三朝武階官品令

品秩	元豐令	元祐令	紹興令
從二	節度使		節度使
從三		節度使③	
正四	節度觀察留後	節度觀察留後	承宣使
正五	觀察使	觀察使	觀察使
從五	防禦團練使、刺史、客省使	防禦團練使、諸州刺史、客省使、引進使、延福宫使、景福殿使	内客省使、延福宫使、景福殿使、中亮中衛翊衛親衛大夫、防禦使、團練使、諸州刺史、
正六	四方館使、東西上閤門使	四方館使、東西上閤門使、昭宣使	宣慶宣正(政)昭宣使、拱衛左武右武大夫
正七	皇城以下諸司使	皇城使以下諸司使	武功至武翼大夫
從七	客省、東西上閤門副使、閤門通事舍人、皇城以下諸司副使	客省副使、引進副使、東西上閤門副使、閤門通事舍人	正侍至右武郎、武功至武翼郎
正八	内殿承制、内殿崇班	内殿承制	訓武修武郎
從八	閤門祇候、東西頭供奉官、内東西頭供奉官	内侍省東西頭供奉官	閤門祇候、東西頭供奉官、從義秉義郎
正九	左右侍禁、左右班殿直		忠訓忠翊成忠保義郎
從九	三班奉職、三班借職	三班奉職、三班借職	承節承信迪功郎

其中,《紹興令》中正四品的承宣使,即《元豐令》、《元祐令》中的節度觀察留後,政和七年改④。《紹興令》中從五品的中亮、中衛大夫,即《元祐令》中的客省、引進使;《紹興令》中

---

① 《永樂大典》卷14608,中華書局1986年,第6401頁。
② 《元豐官志》第147頁。
③ 按:《元祐令》節度使從三品,《元豐令》、《紹興令》,均爲從二品,"三"或爲"二"之訛。
④ 《宋史》卷168《職官八·元豐以後合班之制》,中華書局1985年版,第3992頁。

正六品的左武、右武大夫，即《元祐令》中的東、西上閤門使；《紹興令》中正七品的武功至武翼大夫，即《元祐令》中的皇城使以下諸司使；《紹興令》中正八品的訓武、修武郎，即《元豐令》中的内殿承制、内殿崇班；《紹興令》中從八品的東西頭供奉官、從義秉義郎，即《元豐令》中的内東西頭供奉官、東西頭供奉官；《紹興令》正九品中的忠訓、忠翊、成忠、保義郎，即《元豐令》中的左右侍禁、左右班殿直；《紹興令》中從九品的承節、承信郎，即《元豐令》中的三班奉職、三班借職，並政和二年改①。因此，《元祐令》、《紹興令》，如無特別聲明，應可斷定是沿用《元豐令》的，由此我們可據以復原《元豐令》。

然元豐至紹興間，官制屢有改易，僅憑上述三種官品令是不可能復原《元豐官品令》的。好在《宋史·職官志八》尚載有《元豐以後合班之制》，該《合班之制》，縷述元豐至北宋末年職官的變動，我們可藉此並輔以其它史料，以復原元豐所設職官名稱及《元豐合班之制》，並最終復原元豐官品令。但由於一些官職不入雜壓，因此，我們也只能基本復原。

二、復原《元豐合班之制》

首先，我們據《元豐以後合班之制》，復原《元豐合班之制》。《元豐以後合班之制》首列太師、太傅、太保，並在太師下注明，"舊制，太尉爲三公，在太傅上，政和改爲三少"。因此《元豐合班之制》之首應爲"太師、太尉、太傅、太保"。其下據《元豐以後合班之制》應爲"侍中、中書令、尚書令"。兩令之下，《元豐以後合班之制》爲"少師、少傅、少保"此政和之制。此前爲"太尉、司徒、司空"。太尉既列"在太傅之上"，則兩令之下應爲"司徒、司空"。三少之下，《元豐以後合班之制》爲"尚書左、右僕射"。僕射之下，注文明言，"元豐令，王在左、右僕射下"，故應爲"王"。"王"之下應爲"開府儀同三司、知樞密院事、門下中書侍郎、尚書左右丞、同知樞密院事"。據《元豐以後合班之制》，"同知樞密院事"下有"簽書樞密院事"。但注明言，"元豐罷，元祐復置，政和入雜壓"。又，《宋會要輯稿·職官》五六之八亦載，"元豐四年十一月二十二日，詔樞密院置知院、同知院，餘悉罷"。因此，當如上列。以上爲元豐時宰執雜壓之序。

同知之下，《元豐以後合班之制》爲"太子太師太傅太保、特進、觀文殿大學士、太尉"。太尉據上述論證在太傅上，故此處應删去。太尉之下爲"太子少師少傅少保、冀兖青徐揚荆豫梁雍州牧"。但州牧注文明言，"元祐復置，政和入雜壓"，因此，此處應删去。州牧之下爲"御史大夫、觀文殿學士、資政保和殿大學士"，然資政殿大學士注文明言，"元豐令在節度使下"，由於大資政與觀文《建隆以後合班之制》既前後相銜，列于節度使下，因此，此處二職應一併删去。又，保和殿大學士注言，"政和五年置"，因此也應删去。大保和之下爲"吏部户部禮部兵部刑部工部尚書、金紫銀青光禄大夫、左右金吾衛上將軍"。然左右金吾衛上將軍下，據《建隆以後合班之制》、《紹興以後合班之制》、《紹興官品令》，應有左右衛上將軍。《元豐以後合班之制》有脱文，應補出。上將軍下爲節度使。節度使下，據上論證，應爲"觀文殿學士、資政殿大學士"。大資政下，據《元豐以後合班之制》，爲"翰林學士承旨、翰林學士、資政保和端明殿學士"。保和殿學士，據上論證，置於政和時，故應删去。

---

① 費袞：《梁溪漫志》卷2《文武官制》大象出版社2012年版，第143頁。

端明之下，爲"龍圖天章寶文^①顯謨徽猷閣學士"。顯謨閣學士，《元豐以來合班之制》謂，"元豐元年增置"，非是。檢《宋史·職官二》，顯謨閣置於元符元年，建中靖國元年置學士、直學士、待制，崇寧元年序位在寶文閣學士、直學士、待制之下。《宋史·哲宗二》建閣在元符元年。《徽宗一》，置諸職在崇寧元年十一月。徽猷閣，據注文，置於崇寧二年。故兩閣學士均應刪去。閣學士下爲"左右散騎常侍、御史中丞^②、開封尹、尚書列曹侍郎、樞密直學士、龍圖天章寶文顯謨徽猷閣直學士"。然開封尹崇寧三年始升，置於中丞之下，故應刪去。而顯謨、徽猷閣直學士，據上論證，也應刪去。直學士下爲"宣奉正奉正議通奉大夫、殿中監、大司成"。然據注文及《長編》卷四〇八，元祐三年二月乙亥條，宣奉、正奉大夫前身爲左右光禄大夫，元祐始分光禄大夫置，故應改回。殿中監，"舊在秘書監下，崇寧二年升"^③。大司成，"崇寧二年始置"，又據《元豐寄禄格》，通奉大夫，爲大觀新置。僅正議大夫爲元豐以六曹侍郎階所換，故除正議外，均應刪去。其下，爲"左右驍衛武衛屯衛領軍衛監門衛千牛衛上將軍、太子賓客詹事、給事中、中書舍人、通議大夫、承宣使"。承宣使，據注文，"舊節度觀察留後，政和七年始改"，故此處應改回。留後下，爲"左右諫議大夫、保和殿待制、龍圖天章寶文顯謨徽猷閣待制、太中大夫"。其中，保和、顯謨、徽猷閣待制，據上論證應刪去。以上爲元豐時侍從雜壓之序。

庶官自待制下的太常卿始，其下爲"大司樂、宗正卿、秘書監、殿中少監、觀察使、中大夫、光禄衛尉太僕大理鴻臚司農太府卿、中奉、中散、通侍大夫"。殿中少監，據殿中監論證，應刪去。大司樂，注言"崇寧二年增置"。中奉，元祐時始置，並應刪去。通侍"舊内客省使，政和二年改"。故應改回。其下爲"樞密都承旨、國子祭酒、太常少卿、典樂、宗正少卿、秘書少監"。典樂，"崇寧二年增置"，應刪去。其下爲"正侍宣正履正協忠中侍中亮大夫、太子左右庶子、中衛翊衛親衛大夫"。正侍、中亮、中衛，注言"舊延福宮使"，"舊客省使"，"舊引進使"。中侍，舊景福殿使^④。政和二年改，故應改回。其它五大夫階，"政和六年增置"，故應刪去。其下爲"防禦團練使、諸州刺史、左右金吾以下諸衛大將軍、駙馬都尉、七寺少卿、朝議大夫、集英殿修撰"。修撰，政和六年置^⑤，故應刪去，餘仍舊。又，刺史上據《古今合璧事類備要·後集》卷六一《淳熙雜壓》、《慶元條法事類》卷四《慶元合班之制》應補宣慶使。作爲班官，《元豐雜壓》既有延福、景福二使，自應也有此職。下爲"七寺少卿、朝議奉直大夫、尚書左右司郎中、右文殿修撰、國子辟雍司業、少府將作軍器監、都水使者、入内内侍省都都知、内侍省都都知"^⑥。奉直，大觀二年置。右文，政和六年增入雜壓。辟雍司業，崇寧元年增置。故應並刪。其下爲"拱衛大夫、太子少詹事、左右諭德、入内内侍省副都知、内侍省副都知、左武右武大夫、入内内侍省押班、内侍省押班、管幹（勾）

---

① 　按：注文言寶文閣學士等置於元豐二年，非是。檢《長編》卷214，熙寧三年八月辛巳，已見寶文閣待制，《職官二》言，寶文閣學士、直學士、待制均置於治平末。是。

② 　舊在直學士下，元豐八年升。《長編》、《宋會要輯稿·職官》17之24，繫此事於七年三月。

③ 　按：殿中監，據《宋史·職官四·殿中省》記載，崇寧二年始置。故所謂"舊"者，非元豐之謂，乃改制前之謂。據上引，元豐前，"殿中監視秘書監，爲寄禄官而已"，可證。少監、丞、六尚奉御同。據此，監、少、丞、六尚奉御應並刪。

④ 　《梁溪漫志》卷2《文武官制》，第142頁。

⑤ 　《宋史》卷162《職官二》第3821頁；王林：《燕翼詒謀録》卷4，中華書局1981年版，第37、38頁。

⑥ 　按：自宋初以來，内侍兩省都都知下設都知，《元豐以後合班之制》不載。然《元豐令》有之，據《紹興以後合班之制》都知在拱衛大夫上，都水使者下，故《元豐合班之制》中，都知應列於都都知下。

殿中省尚舍尚藥尚醞尚輦尚衣尚食局、樞密副都承旨"。拱衛大夫、左武右武大夫,注言"舊四方館使","舊東、西上閤門使",政和改,應改回。管勾殿中省六尚局,注言"崇寧二年增置",應删去。又,據《宋史》卷一六八《紹興以後合班之制》,應于拱衛大夫上補出班官宣政使,於兩省副都知下補出班官昭宣使,於副都承旨上補出樞密承旨。

其下爲"起居郎、起居舍人、侍御史、尚書左右司員外郎、秘閣修撰、開封少尹、尚書吏部司封司勳考功户部度支金部倉部禮部祠部主客膳部兵部職方庫部駕部刑部都官比部司門工部屯田虞部水部郎中"秘撰,注言"政和六年增置",少尹"崇寧三年升",故此處應並删。其下爲"開封府司録事、直龍圖閣、朝請朝散朝奉大夫、直天章閣"。司録,注言,舊在兩赤縣令之上,崇寧三年升改。兩直閣,政和六年增入雜壓。故此處應並删。其下爲"殿中侍御史、左右司諫、左右正言"。注言,"舊在監察御史上,政和升",故應移下。其下爲"符寶郎、殿中省尚舍尚藥尚醞尚輦尚衣尚食典御、内符寶郎、樞密副承旨"。注言,六尚典御,崇寧三年增置。符寶郎、内符寶郎,大觀元年增置。故三者應並删。又,副承旨之注言,"元豐令,有知上州在此下,元祐以後並去",則副承旨後應增入"知上州"。其下爲"武功武德和安成和成安成全武顯武節平和武略保安武經武義大夫、翰林良醫、武翼大夫"。據各注,本爲"皇城使、宫苑左右騏驥内藏庫使、翰林尚食軍器儀鸞使、左藏東西作坊使、莊宅六宅文思使、綾錦使、内園洛苑如京崇儀使、権易使、西京左藏庫使、西京作坊東西染院禮賓使、翰林醫官使、供備庫使"。政和二年,諸司使並改大夫,今改回。其下爲"尚書諸司員外郎、直寶文閣、開封府司六曹事①、樞密院諸房副承旨、朝請朝散朝奉郎、直顯謨閣、少府將作軍器少監、諸衛將軍、太子侍讀侍講、正侍宣正履正協忠中侍中亮中衛翊衛親衛拱衛左武右武郎、監察御史"。據注言,兩直閣,政和六年增入。開封府司六曹事,崇寧三年增置。正侍、宣正、履正、協忠、中侍、翊衛、親衛、拱衛郎,據《梁溪漫志》卷二,並政和六年增置。故應並删。中亮、中衛、左武、右武郎,舊爲客省、引進、東西上閤門副使,並政和二年改,今改回②。左右正言,注言,"舊在監察御史上,政和升"。檢《建隆以來合班之制》,正言正在監察御史上,今從建隆之制。又,正言上之殿中侍御史、左右司諫,仍據建隆之制,置於諸行員外郎之上。開封少尹,注言,崇寧三年升,置於諸司郎中上。《建隆以來合班之制》,置於太子少詹事上,將作少監下。今姑從建隆之制,置於少監下。監察御史注言,"元豐令,有知中州在此下"。故應增入。其下爲"殿中丞、直徽猷閣",前者據殿中監論證,後者,注謂"政和六年置"③,故應並删。其下爲"承議郎、武功至武義郎、翰林醫正、武翼郎"。武功郎以下,同武功大夫,均政和二年以諸司副使換。因此應改回,作"皇城副使、宫苑左右騏驥内藏庫副使、翰林尚食軍器儀鸞副使、左藏東西作坊副使、莊宅六宅文思副使、綾錦副使、内園洛苑如京崇儀副使、権易副使、西京左藏庫副使、西京作坊東西染院禮賓副使、翰林醫官副使、供備庫副使"。其下爲"太子中舍、太子舍人、親王府翊善贊讀直

---

① 按:開封府司六曹事,注言,崇寧三年增置。有誤,應作"增入"。開封府六曹參軍事,據《職官分紀》卷38,自五代以來即有之。據《宋史·徽宗一》、《宋史·職官六》,崇寧三年,乃是自功倉户兵法士六曹參軍,改爲司士户儀兵刑工六曹,總稱司六曹事,並置於員外郎之下。改制前及崇寧前,開封府六曹參軍未入雜壓。應删。

② 《梁溪漫志》卷2《文武官制》,第142頁。

③ 按:徽猷閣學士條下注言"崇寧二年增置",《宋史·職官二》同條又謂大觀二年置閣,同一閣職設置時間不應如此不同。我意本條應如直顯謨閣條注,政和六年乃增入雜壓時間。

講、太常丞、大晟樂令、太醫令”。贊讀、直講，注言“舊侍讀、侍講，政和改”。樂令，注爲“崇寧二年增置”。太醫令與正、丞，據《宋會要輯稿・職官》二二之三八，係大觀元年以前創置。則三者應删改。其下爲“宗正大宗正秘書丞、直秘閣”。直秘閣注謂，“政和六年置”[①]，故應删去。又謂“元豐令，知下州在此下”。則秘書丞下應爲知下州。其下爲“奉議郎、大理正、著作郎、太史局令、直翰林醫官局[②]、殿中省六尚奉御、太醫丞、閤門宣贊舍人、兩赤縣令”。宣贊舍人，注言“舊閤門通事舍人，政和六年改”。奉御，其注言，“舊在大理正之上，政和改”。開封府司録事，據上所論，舊在兩赤縣令之上，崇寧三年升。今應並改回。太醫丞，注言“元祐增置”，然據《長編》卷二二二及《宋史・錢乙傳》，實爲熙寧四年四月事，注有誤，今從《長編》及《錢乙傳》。其下爲“太子左右衛司禦清道監門内率府率、七寺丞、秘書郎、太常博士、陵臺令、著作佐郎”。陵臺令，注言“元祐中增置”，故删。其下爲“殿中省主簿、國子監丞、辟雍丞、宗子國子博士、大理司直評事、敦武郎、通直郎、修武郎”。殿中省主簿、辟雍丞，崇寧二年增置。宗子博士，崇寧元年增置。並删。敦武、修武郎，舊内殿承制、崇班，政和二年改。並改回。

其下爲“内常侍、太史局正、少府將作軍器都水監丞、開封府參軍事、太醫局正、秘書省校書郎正字、親王府記室、太史局五官正、御史臺檢法官主簿”。開封府參軍事，注謂“崇寧三年增置”，應删。記室，注謂“元豐、元祐令，有‘參軍’二字，政和三年除去”。則“參軍”應復。内常侍之注謂，“元豐令，上州通判在此下”，故上州通判應補出。太史局五官正、御史臺檢法官主簿，注謂“元豐令在監丞上”。且檢《建隆以後合班之制》，五官正在寺監丞上，故注所言，應並指五官正，二者應移至少府監丞上。《建隆之制》御史臺檢法官未入雜壓。元豐之制，在御史臺主簿上。其下爲“九寺大晟府主簿、閤門祗候、樞密院逐房副承旨、供奉官、從義郎、左侍禁、秉義郎”。大晟府主簿，注言“崇寧三年增置”應删。副承旨下注言，“元豐令：中、下州通判在此下”，應補出。供奉官、從義郎、左侍禁、秉義郎，舊内東頭供奉官、東頭供奉官、内西頭供奉官、西頭供奉官，政和二年改，應改回[③]。其下爲“太子諸率府副率、幹(勾)當左右廂公事”。勾當公事注言，“崇寧中增入”。則應删去。其下爲“右侍禁、左班殿直”。殿直下注言，舊“殿頭高品”，誤。據《文獻通考》卷五七《職官一一・内侍省》，政和二年，以“右侍禁易内侍殿頭，左班殿直易内侍高品”，則“殿頭高品”爲兩職，殿頭爲右侍禁之舊職。殿頭、高品，應改回。其下爲“忠訓、忠翊、宣教郎”，忠訓、忠翊郎，注言，舊左、右侍禁。政和二年改，宣教郎，注言，“舊宣德郎，政和四年改”。均應改回。其下爲“太學辟雍武學律學開封府博士、太常寺奉禮郎、大晟府協律郎、太常寺太祝、郊社籍田令、光禄寺太官令、五監辟雍主簿”。辟雍博士，注言“崇寧元年增置”。開封府博士，注言“大觀元年置”。大晟府協律郎，注言“崇寧二年增置”。辟雍主簿，注言“崇寧元年增置”。則均應删去。奉禮郎、太祝、郊社籍田太官令，注言“、元豐、元祐令，在太學博士上”，則應移回。其下爲“五監辟雍主簿、宣義郎、成忠保義承事承奉承務郎、宗子國子太學辟雍正、武學諭、律學正、太醫局丞”。辟雍主簿，注言“崇寧元年增置”。宗子、辟雍正、武學諭、律學

---

① 按：直秘閣，太宗時即有之，故所謂“置”，同上，應是“增入”之誤。
② 按：直翰林醫官局，原稱院，元豐五年六月改。
③ 《梁溪漫志》卷2《文武官制》，第143頁；《文獻通考》卷57《職官・内侍省》第520頁。

正，均"崇寧元年置"，故應删去。成忠、保義郎，舊"左右班殿直"，政和二年改①，應改回。其下爲"京府諸州司録事、承直郎、京畿縣令、兩赤縣丞、三京赤縣令、右班殿直、黄門内品、承節承信郎"司録事，據下文"京府諸州司六曹"注，"元豐、元祐令，並六曹參軍。政和三年，除去'參軍'字，爲司録事、司儀曹事，餘曹放此"。則應改書作"司録參軍事"。承直郎，注言"崇寧三年，以留守節度（察）判官改。"並言，凡選人七階，儒林至迪功並改。故應改回。右班殿直，舊高班②，承節承信郎，"舊三班奉職、借職"，政和二年改，亦應俱改回。其下爲"京府諸州司六曹事、儒林郎、文林郎、從事郎、三京畿縣令、京畿縣丞、三京赤縣畿縣丞、兩赤縣主簿尉、諸州上中下縣令丞"。京府諸州司六曹，據其注，則應改書作"京府諸州六曹參軍"。儒林郎、文林郎、從事郎，舊爲掌書記、觀察支使、防團判官③、留守節察推官、軍事判官④、防團軍事推官⑤、軍監判官⑥，崇寧三年改，應改回。其下爲"三京畿縣令、京畿縣丞、三京赤縣畿縣丞、兩赤縣主簿尉、諸州上中下縣令丞、從政郎、京府諸州掾官、修職郎、京畿縣主簿尉、諸州上中下縣主簿尉、城砦主簿、馬監主簿、迪功郎、諸州司士、文學、助教"。掾官，徽宗時置⑦，故應删。從政郎，舊司録、録事參軍⑧、縣令。修職郎，"舊知録事參軍、知縣令"⑨。迪功郎，舊軍巡判官⑩、司理、司法、司户、主簿、尉⑪。崇寧三年改，今改回。又，京畿縣主簿尉下，據紹興、淳熙、慶元合班之制⑫，應有"三京赤縣畿縣主簿尉"，應補出。又，宋初以來，以節度副使、行軍司馬、防禦副使、團練副使、别駕、長史、司馬、司士參軍、文學參軍、參軍事、助教爲散官，其中文學、參軍、助教入雜壓⑬。從《元祐官品令》定司士參軍、參軍事、文學爲從九品⑭來看，參軍事，元豐、元祐兩朝未廢，仍然存在。則司士取代參軍事入雜壓，應在政和三年十二月十八日編定散官十等之時。十等散官無參軍事，詳見上列⑮。政和三年前應仍從《建隆之制》，以文學、參軍、助教入雜壓。

　　經上論述，《元豐合班之制》應已復原。現歸納、整理如下：

　　①　《梁溪漫志》卷2《文武官制》，第143頁。

　　②　《文獻通考》卷57《職官·内侍省》第520頁。

　　③　觀察支使防團判官原無，據《職官九·元豐寄禄格》、《歷代職源撮要》、《梁溪漫志》、《群書考索》補。

　　④　軍事判官"事"原作"監"，據《宋史·選舉四》、《歷代職源撮要》、《梁溪漫志》、《群書考索》改。

　　⑤　防團軍事推官"軍事"原脱，據《宋史·選舉四》、《歷代職源撮要》、《群書考索》補。

　　⑥　軍監判官"軍"字原脱，據《宋史·選舉四》、《歷代職源撮要》、《群書考索》補。

　　⑦　《宋史》卷20《徽宗二》第380頁；《續資治通鑑長編紀事本末》卷125《官制》，北京圖書館出版社2003年版，第3899頁。

　　⑧　司録、録事參軍原作"司録事參軍"，據《歷代職源撮要》、《群書考索》補。

　　⑨　知縣令"令"原作"事"，據《宋史·職官九》《梁溪漫志》改。

　　⑩　軍巡判官"軍"原脱，據《宋史·職官九》補。

　　⑪　"主簿尉"，原脱，據《宋史·職官九》補。《群書考索》作"三京軍巡判官、司理户曹司户法曹司法參軍、主簿、縣尉"。

　　⑫　《宋史》卷168《職官八》第4013頁；《古今合璧事類備要·後集》卷六一《淳熙雜壓》，《景印文淵閣四庫全書》，臺灣商務印書館1986年版，第940册第224—225頁；《慶元條法事類》卷4，燕京大學圖書館藏本，民國卅七年，第9頁下。

　　⑬　《宋史》卷168《職官八·建隆以後合班之制》第3991、3996、4013頁。

　　⑭　孫逢《職官分紀》卷41，中華書局1988年版，第781、782頁。

　　⑮　《宋會要輯稿·職官》56之42。

太師、太尉、太傅、太保、侍中、中書令、尚書令、司徒、司空、尚書左右僕射、王、開府儀同三司、知樞密院事、門下中書侍郎、尚書左右丞、同知樞密院事、太子太師太傅太保、特進、觀文殿大學士、太子少師少傅少保、御史大夫、吏部户部禮部兵部刑部工部尚書、金紫光禄大夫、銀青光禄大夫、左右金吾衛上將軍、左右衛上將軍、節度使、觀文殿學士、資政殿大學士、翰林學士承旨、翰林學士、資政端明殿學士、龍圖天章寶文閣學士、左右散騎常侍、御史中丞、尚書列曹侍郎、樞密直學士、龍圖天章寶文閣直學士、光禄大夫、正議大夫、左右驍衛武衛屯衛領軍衛監門衛千牛衛上將軍、太子賓客詹事、給事中、中書舍人、通議大夫、節度觀察留後、左右諫議大夫、龍圖天章寶文閣待制、太中大夫、太常卿、宗正卿、秘書監、觀察使、中大夫、光禄衛尉太僕大理鴻臚司農太府卿、中散大夫、内客省使、樞密都承旨、國子祭酒、太常少卿、宗正少卿、秘書少監、延福宮使、景福殿使、客省使、開封尹、太子左右庶子、引進使、防禦團練使、宣慶使、諸州刺史、左右金吾以下諸衛大將軍、駙馬都尉、七寺少卿、朝議大夫、尚書左右司郎中、國子司業、少府將作軍器監、都水使者、入内内侍省都都知、内侍省都都知、入内内侍省都知、内侍省都知、宣政使、四方館使、太子少詹事、左右諭德、入内内侍省副都知、内侍省副都知、昭宣使、東西上閤門使、入内内侍省押班、内侍省押班、樞密承旨、樞密副都承旨、起居郎、起居舍人、侍御史、尚書左右司員外郎、尚書吏部司封司勳考功户部度支金部倉部禮部祠部主客膳部兵部職方庫部駕部刑部都官比部司門工部屯田虞部水部郎中、朝請朝散朝奉大夫、樞密副承旨、知上州、皇城使、宫苑左右騏驥内藏庫使、翰林尚食軍器儀鸞使、左藏東西作坊使、莊宅六宅文思使、綾錦使、内園洛苑如京崇儀使、榷易使、西京左藏庫使、西京作坊東西染院禮賓使、翰林醫官使、供備庫使、殿中侍御史、左右司諫、尚書諸司員外郎、樞密院諸房副承旨、朝請朝散朝奉郎、少府將作軍器少監、開封少尹、諸衛將軍、太子侍讀侍講、客省引進閤門副使、左右正言、監察御史、知中州、承議郎、皇城副使、宫苑左右騏驥内藏庫副使、翰林尚食軍器儀鸞副使、左藏東西作坊副使、莊宅六宅文思副使、綾錦副使、内園洛苑如京崇儀副使、榷易副使、西京左藏庫副使、西京作坊東西染院禮賓副使、翰林醫官副使、供備庫副使、太子中舍、太子舍人、親王府翊善侍讀侍講、太常丞、宗正大宗正秘書丞、知下州、奉議郎、大理正、著作郎、太史局令、直翰林醫官局、太醫丞、閤門通事舍人、開封府司録參軍事、兩赤縣令、太子左右衛司禦清道監門内率府率、七寺丞、秘書郎、太常博士、著作佐郎、國子監丞、國子博士、大理司直評事、内殿承制、通直郎、内殿崇班、内常侍、上州通判、太史局正、太史局五官正、御史臺檢法官主簿、少府將作軍器都水監丞、秘書省校書郎正字、親王府記室參軍、九寺主簿、閤門祇候、樞密院逐房副承旨、中下州通判、内東頭供奉官、東頭供奉官、内西頭供奉官、西頭供奉官、太子諸率府副率、殿頭、高品、左右侍禁、宣德郎、太常寺奉禮郎、太常寺太祝、郊社籍田令、光禄寺太官令、太學武學律學博士、五監主簿、宣義郎、左右班殿直、承事承奉承務郎、國子太學正、京府諸州司録參軍事、留守節察判官、京畿縣令、兩赤縣丞、三京赤縣令、高班、黄門内品、三班奉職借職、京府諸州六曹參軍、掌書記、觀察支使、防團判官、留守節察推官、軍事判官、防團軍事推官、軍監判官、三京畿縣令、京畿縣丞、三京赤縣畿縣丞、兩赤縣主簿尉、諸州上中下縣令丞、司録、録事參軍、縣令、知録事參軍、知縣令、京畿縣主簿尉、三京赤縣畿縣主簿尉、諸州上中下縣主簿尉、城砦主簿、馬監主簿、軍巡判官、司理、司法、司户、主簿、尉、文學、參軍事、助教

三、復原《元豐官品令》

《元豐合班之制》①既已復原，將它與《元豐官品令》相校，可知《元豐官品令》缺失的職官有數十百種之多，且尚有少數官職兩者均無者，其品秩可據《元祐官品令》補入，不足，則據《紹興官品令》、《淳熙官品令》補入。

王（正一品）②、郡王（從一品）、國公（從一品）、郡公（正二品）、左右衛上將軍（從二品）③、開國縣公（從二品）、開國侯（從三品）、左右驍衛武衛屯衛領軍衛監門衛千牛衛上將軍（從三品）、開國伯（正四品）、太僕卿（從四品）、開國子（正五品）、內客省使（從五品）④、延福宮使（從五品）、景福殿使（從五品）、開封尹（從三品）、太子左右庶子（從五品）、引進使（從五品）、宣慶使（正六品）⑤、駙馬都尉（從五品）、開國男（從五品）、太僕少卿（正六品）、少府將作監（從四品）、軍器監（正六品）、都水使者（正六品）、內侍省都都知（從五品）⑥、宣政使（正六品）⑦、昭宣使（正六品）、樞密承旨（正六品）、樞密副承旨（正七品）、知上州（正六品）、樞密院諸房副承旨（正八品）⑧、少府將作軍器少監（從六品）、開封少尹（從六品）⑨、引進副使（從七品）、知中州（從六品）、親王府翊善侍讀侍講（從七品）、知下州（從六品）、太史局令（從七品）、太醫丞（從七品）、開封府司錄參軍事（從七品）、兩赤縣令（正七品）、太子左右衛司禦清道監門內率府率（從七品）、太僕丞（正八品）、國子博士（正八品）、內常侍（正八品）、上州通判（正七品）、太史局正（正八品）、太史局五官正（正八品）、少府將作軍器都水監丞（從八品）、親王府記室參軍（從八品）、太史局丞（從八品）、太僕寺主簿（從八品）、大理寺主簿（從八品）、樞密院逐房副承旨（從八品）、中下州通判（從七品）、太子諸率府副率（從八品）、武學律學博士（從八品）、少府將作都水監主簿（從八品）、太學正（正九品）⑩、三京赤縣令（正八品）、留守節察推官（從八品）、防團軍事推官（從八品）、三京畿縣令（正八

---

①　按：元豐改正官制，但差遣仍存，如《元豐合班之制》中有知上中下州、通判和直翰林醫官局，但前者有品秩而後者或以新設故並無品秩。又如大宗正丞，其品秩應與宗正丞同。但此職自熙寧設置以來以它官知，或以此故，諸官品令亦不載其品秩。

②　按：《宋會要輯稿·職官》9之17《神宗正史·職官志》列王、郡王、國公、郡公、縣公、侯、伯、子、男爵九等，《職官分紀》卷50載爵十等，多嗣王，這是因神宗朝以後出現了嗣濮王之故。又，唐令、《紹興令》郡公正二品，開國侯從三品，而《元祐令》郡公從一品，開國侯正三品，今從前者。

③　左右衛上將軍品秩，據《紹興官品令》補。

④　內客省使品秩，據《紹興官品令》補。

⑤　宣慶使品秩，據《紹興官品令》補。

⑥　按：《元豐官品令》入內內侍省都都知從五品，入內內侍省內侍省左右班都知、副都知、押班正六品，而未列內侍省都都知品秩，我意應從入內內侍省都都知，亦爲從五品。

⑦　宣政使品秩，據《紹興官品令》補。

⑧　按：《紹興令》、《淳熙令》、《慶元令》均爲正七品，與《元祐令》異。

⑨　開封少尹品秩，據《紹興官品令》補。

⑩　太學正品秩，據《紹興官品令》補。

品)、京畿縣丞(從八品)、三京赤縣畿縣丞(從八品)①、兩赤縣尉(從八品)②、司録録事參軍縣令(從八品)③、知録事參軍知縣令(從八品)④、京畿縣主簿尉(正九品)⑤、三京赤縣畿縣主簿尉(正九品)⑥、司理司法司户主簿尉(從九品)⑦、文學(從九品)、參軍事(從九品)、助教(從九品)⑧、軍巡使⑨。《元豐合班之制》中有京府諸州六曹參軍,《元豐令》中有節鎮上州諸司參軍事,從八品,中下州諸司參軍事,《元祐令》爲從九品,今據補。又,元豐官制中有尚書省都事、中書門下省録事,三者地位相當,合稱三省都録事。《元祐令》尚書省都事爲正八品,《宋會要輯稿·職官》三之三九,"準《紹興令》,中書門下省録事、尚書省都事爲正八品",則兩省録事品秩應補出。

元豐官職	元豐令	元祐令	紹興淳熙慶元令
(兩赤縣令)	正七品	正七品	正七品
京畿縣令	正八品	正八品	正八品
兩赤縣丞	正八品	正八品	正八品
(三京赤縣畿縣令)	正八品	正八品	正八品
(京畿縣丞)	從八品	正九品	從八品
(三京赤縣畿縣丞)	從八品	正九品	從八品
上中下縣令丞	從八品	正九品	從八品
兩赤縣主簿(尉)	從八品	正九品	從八品
(京畿縣主簿尉)			正九品
(三京赤縣畿縣主簿尉)			正九品
主簿尉	從九品	從九品	從九品

　　① 按:《元豐令》京畿縣丞、三京赤縣畿縣丞失載,然有縣令丞、兩赤縣主簿從八品之記載。南宋紹興等令三者均爲從八品,故三者應均爲從八品。《元祐令》京畿縣丞、三京畿縣丞正九品,三京赤縣丞品秩失載。縣令丞,《紹興令》作諸州上中下縣令丞,東京及三京赤縣、畿縣地望高於諸州上中下縣,故從《紹興令》作從八品。縣令丞亦應冠"諸州上中下",意較豁。

　　② 按:《元豐官品令》兩赤縣主簿從八品,尉當同品。《紹興令》兩赤縣主簿、尉即從八品,今從兩令。《元祐令》兩赤縣主簿、尉正九品,如非復置,即有誤。

　　③ 按:司録、録事參軍、縣令三階,徽宗時換從政郎,據《紹興官品令》爲從八品。

　　④ 按:知録事參軍、知縣令兩階,徽宗時換修職郎,據《紹興官品令》爲從八品。

　　⑤ 按:宋東京所轄縣非赤縣即畿縣,《元豐官品令》僅列京畿赤縣主簿,則顯缺畿縣主簿和赤縣、畿縣尉。其品秩據《紹興官品令》補。

　　⑥ 按:三京畿縣主簿尉品秩,據《淳熙官品令》補。

　　⑦ 按:司理、司法、司户、主簿、尉,徽宗時換迪功郎,據《紹興官品令》爲從九品。

　　⑧ 按:助教品秩,據《紹興官品令》補。

　　⑨ 按:軍巡使,《元豐官品令》與《元豐以後合班之制》均不載。《元祐令》與南宋三令均正八品,並與判官連書,同品。但《元豐令》判官爲從八品,四令從八品中亦有之,疑正八品中的判官爲衍文。

四、復原後的《元豐官品令》

正一品：太師、太傅、太保、太尉、司徒、司空、侍中、中書令、尚書令、王

從一品：左右僕射、開府儀同三司、特進、太子太師太傅太保、郡王、國公

正二品：金紫光禄大夫、知樞密院事、門下侍郎、中書侍郎、左右丞、同知樞密院事、郡公、上柱國

從二品：銀青光禄大夫、觀文殿大學士、太子少師少傅少保、御史大夫、吏部户部禮部兵部刑部工部尚書、左右金吾衛上將軍、左右衛上將軍、節度使、開國縣公、柱國

正三品：光禄大夫、觀文殿學士、資政殿大學士、翰林學士承旨、翰林學士、資政殿學士、端明殿學士、龍圖天章寶文閣學士、樞密直學士、左右散騎常侍、上護軍

從三品：正議大夫、龍圖天章寶文閣直學士、御史中丞、開封尹、六部侍郎、左右驍衛武衛屯衛領軍衛監門衛千牛衛上將軍、太子賓客、太子詹事、開國侯、護軍

正四品：通議大夫、給事中、中書舍人、太常卿、宗正卿、秘書監、諸衛大將軍、節度觀察留後、開國伯、上輕車都尉

從四品：太中大夫、龍圖天章寶文閣待制、左右諫議大夫、光禄衛尉太僕鴻臚司農太府大理寺卿、國子祭酒、少府將作監、諸衛將軍、輕車都尉

正五品：中大夫、觀察使、開國子、上騎都尉

從五品：中散大夫、太常宗正少卿、秘書少監、内客省使、延福宮使、景福殿使、太子左右庶子、樞密都承旨、客省使、引進使、防禦團練使、刺史、入内内侍省都都知、内侍省都都知、駙馬都尉、開國男、騎都尉

正六品：朝議大夫、光禄衛尉太僕鴻臚司農太府大理寺少卿、左右司郎中、國子司業、軍器監、都水使者、太子少詹事、太子左右諭德、四方館使、入内内侍省内侍省左右班都知、副都知、宣慶使、宣政使、昭宣使、東西上閤門使、入内内侍省内侍省押班、樞密副都承旨、樞密承旨、知上州、驍騎尉

從六品：朝請朝散朝奉大夫、起居郎、起居舍人、侍御史、左右司員外郎、開封少尹、六部郎中、少府將作軍器少監、知中下州、飛騎尉

正七品：朝請朝散朝奉郎、殿中侍御史、左右司諫、六部員外郎、直龍圖天章寶文閣、樞密副承旨、皇城以下諸司使、侍讀、侍講、兩赤縣令、上州通判、雲騎尉

從七品：承議郎、左右正言、監察御史、太常宗正秘書丞、大理正、著作郎、崇政殿説書、客省引進東西上閤門副使、皇城以下諸司副使、閤門通事舍人、太子中舍人、太子舍人、太子左右衛司禦清道監門内率府率、開封府司録參軍事、親王府翊善侍讀侍講、太史局令、太醫丞、中下州通判、武騎尉

正八品：奉議郎、通直郎、光禄衛尉太僕鴻臚司農太府大理寺丞、秘書郎、太常博士、著作佐郎、國子監丞、國子博士、大理司直評事、樞密院諸房副承旨、内殿承制、内殿崇班、内常侍、軍巡使、京府判官、京畿縣令、兩赤縣丞、三京赤縣畿縣令、太史局正、太史局五官正、中書門下省録事、尚書省都事

從八品：宣德郎、宣義郎、御史台檢法官、御史台主簿、少府將作軍器都水監丞、太常宗

正光禄衛尉太僕鴻臚司農太府大理寺主簿、國子少府將作軍器都水監主簿、秘書省校書郎、正字、太常寺奉禮郎太祝、太學武學律學博士、閤門祗候、樞密院逐房副承旨、東西頭供奉官、内東西頭供奉官、太子諸率府副率、親王府記室參軍、節度觀察防禦團練軍事軍監判官、節度掌書記、觀察支使、留守節察防團軍事推官、府司録參軍事、州録事參軍事、京府諸曹參軍事、軍巡判官、京畿縣丞、三京赤縣畿縣丞、諸州上中下縣令丞、兩赤縣主簿尉、府諸曹、節鎮上州諸司參軍事、司録、録事參軍、縣令、知録事參軍、知縣令、太史局丞

正九品：承事郎、承奉郎、殿頭、高品、郊社令、藉田令、太官令、太學正録、左右侍禁、左右班殿直、京畿赤縣畿縣主簿尉、三京赤縣畿縣主簿尉

從九品：承務郎、高班、黄門内品、三班奉職、三班借職、中下州諸司參軍事、州軍縣城寨主簿尉、司理、司法、司户、主簿、尉、文學、參軍事、助教

（作者單位：南京大學歷史系）

宋代科舉唱名賜第與期集儀制

祖　慧　閆真真

北宋立國之初,趙匡胤就確立了"以儒治國"和"與士大夫共治天下"的基本國策。"藝祖皇帝用天下之士人,以易武臣之任事者,故本朝以儒立國"①。爲了從科舉考試中選拔大批熟悉儒家經典的才學之士,宋代皇帝在不斷完善科舉制度、增加科舉取士人數的同時,竭力倡導讀書考試、追求功名的社會風氣。皇帝臨軒唱名賜第與新進士期集儀制,從一個側面體現了宋朝尊儒崇文的治國方略。

一、唱名賜第

隋唐科舉考試分地方鄉試、禮部省試二級,由皇帝親自考試省試合格進士的殿試制度始於宋太祖開寶六年(973)。當時,出任禮部省試主考官的翰林學士李昉在取士過程中有用情作弊、"取舍非當"之嫌,引起太祖的不滿,落第舉子徐士廉等人亦擊登聞鼓申訴。太祖遂從落第舉子中選取195人與宋準等12位合格進士一起,再"別試詩賦"一場。太祖親御講武殿覆試,得進士26人,皆賜及第。"自茲殿試遂爲常式"②。不過這時的殿試與省試仍"共爲一榜",界線並不明確,直到二年後,禮部省試以王式爲第一人,太祖親試,以王嗣宗爲第一,遂有了"省試、殿試之分,省元、狀元之別"③。科舉考試亦由二級變成鄉試、省試、殿試三級。

殿試制度初創階段,臨軒唱名與期集儀制並未確立。太平興國二年(977)殿試結束後,太宗遂於開寶寺宴請新進士。這是朝廷首度出資爲新進士舉辦慶祝宴,規模宏大。"故事,吏部放榜後,敕下之日,醵錢於曲江,爲聞喜之飲。近代多於名園佛廟,至是官爲供帳,爲盛集焉"④。宴席間,太宗还親自賦詩二首賜與新進士,以示優寵。新進士賜詩,"自興國二年呂蒙正榜始"⑤。賜宴五日後,又詔賜新進士及諸科人綠袍、靴、笏⑥。此時的新進士尚未注授官職,未注官而先釋褐賜公服,這是一種打破常規的作法,可視爲宋代皇帝

---

①　《宋史》卷四三六《陳亮傳》。中華書局1977年版,頁12940。

②　李燾:《續資治通鑒長編》(以下簡稱《長編》)卷一四,開寶六年三月辛酉條。中華書局2004年版,第297、298頁。

③　馬端臨:《文獻通考》卷三〇《選舉》三《舉士·宋》"開寶八年"按語。中華書局1986年版,第284頁。

④　《宋會要·選舉》二之一《進士科》。中華書局1997年版,第4245頁。

⑤　王辟之:《澠水燕談錄》卷六《貢舉》。宋元筆記小說大觀本,第1268頁。

⑥　王栐:《燕翼詒謀錄》卷一《進士解褐衣綠》,中華書局1997年版,第4頁。

唱名賜第儀制的前奏。次年殿試，新進士未注官先賜緑袍、笏，遂成爲定制①。

皇帝臨軒唱名賜第始於雍熙二年(985)。是年三月十五日，太宗趙光義御崇政殿省試合格進士，"梁顥首以程式上進，帝嘉其敏速，以首科處焉。十六日，帝按名一一呼之，面賜及第。唱名賜第，蓋自是爲始。"②此榜共得進士 25 名，太宗按名次高下逐一呼出每位登第者的姓名，這一舉措突顯出皇帝對科舉選才的重視。而對於新進士來説，能"一睹天顔"確實稱得上是無比的榮耀，自然有一種"平步青雲"的特殊感受。自此以後，皇帝臨軒唱名賜第之制一直沿續下來，儀式也逐漸制度化。

臨軒唱名安排在殿試之後數日内舉行。北宋時，殿試基本上固定在三、四月間，到了南宋以後，由於戰亂道阻，四川等邊遠地區的合格進士(類省試進士)很難在初春時節趕至臨安府，殿試及唱名時間被迫一再推延，大多於五、六月份舉行。嘉定十五年(1222)，臣僚上疏曰："國家重士，三歲大比，解試以八月、省試以(次年)二月，皆有一定不易之日。獨是廷對唱名，臨期取旨，每舉不同。"而五、六月份的臨安城，氣溫逐漸升高，暑氣逼人。殿試唱名時，群臣侍立殿下，"踧踖不安"；而在殿外祗候的官員及新進士"間有委頓"。要求恢復三月殿試的舊制，"庶幾臚唱之日，未至劇暑，朝儀整肅，以副臨軒策士之意"③。寧宗雖然贊同這項建議，但事實上卻没能做到，次年的唱名時間仍然是延至五月六日舉行。理宗紹定二年(1229)又頒詔，定四月上旬殿試，"更不移展"④。不過這項詔令也只是一紙空文，更有甚者，在詔令頒佈三年後的紹定五年，唱名時間破紀録地被延遲至八月⑤，已是初秋時分。

臨軒唱名的場所就是舉行殿試的場所。太祖朝、太宗太平興國年間，殿試場所固定在講武殿⑥。到了雍熙二年，殿試場所改在崇政殿⑦，并舉行了首次的臨軒唱名儀式。宋仁宗景祐四年(1037)，丁度進呈《貢舉條制》，提出將殿試場所改在集英殿的建議，没有被採納，詔："仍舊崇政殿試。"⑧一直到宋神宗熙寧三年(1070)，集英殿才最終被確立爲皇帝殿試及唱名的場所，直至南宋滅亡基本未變。即便在高宗初年、南宋末年的艱難時期，臨軒唱名地點變換不定，但都會掛上"集英殿"的扁額⑨。

唱名之制初行時，皇帝要親自喚出每位進士，面賜及第。不過，隨著録取人的急劇增多，每榜正奏名賜第多在數百人，特奏名登第者更是多達上千，再由皇帝一一唱名顯然是不現實的，遂改由軍頭司傳呼，也稱"臚傳"、或"傳臚"。皇帝一般只是象徵性地呼出前三名進士，並扣問他們的三代、鄉貫、年甲等。"唱名，謂之傳臚，聖上御殿宣唱，第一人、第二人、第三人爲一班，其餘逐甲各爲一班"⑩。起初，唱名時只呼姓名，而不加籍貫，遇到有同

---

① 《宋會要·選舉》二之一《進士科》，第 4245 頁。
② 《宋會要·選舉》一三之一《唱名》，第 4468 頁。
③ 《宋會要·選舉》八之二八《親試》，第 4387、4388 頁。
④ 《宋史》卷一五六《選舉》二《科目》下，第 3638 頁。
⑤ 《宋史》卷四一《理宗紀》一，第 796 頁。
⑥ 王應麟：《玉海》卷一一六《開寶講武殿進士》。江蘇古籍出版社 1987 年版，第 2140 頁。
⑦ 《宋會要·選舉》七之四《親試》，第 4357 頁。
⑧ 《宋會要·選舉》八之三三《親試雜録》，4390 頁。
⑨ 劉一清：《錢塘遺事》卷一〇《擇日唱第》，文淵閣《四庫全書》本，第 408 册第頁 1029。
⑩ 趙昇：《朝野類要》卷二《唱名》。叢書集成初編本，第 844 册第 26 頁。

名同姓人時就會出錯。真宗天禧三年（1019），睦州、衢州各有一位叫王言的等待宣唱。
"初喚王言賜進士及第，乃衢人。久之，又喚一王言，上問其鄉貫，方知前賜第者乃是睦人，
而衢州者只合得同进士出身……遂只賜睦州者同出身而已。明日，忽有旨賜睦人王言進
士及第"。從此以後，殿前唱名必傳呼"某州某人"，以防止類似事件再度發生①。

臨軒唱名日，皇帝端坐於大殿之上，先由御藥院進呈殿試考官初擬定的前十名卷子，
官員宣讀完畢，再由皇帝親自確定新進士前十名的名次。"故事，殿試上十名，例先納卷
子，御前定高下"②。其中，第一名狀元的選擇折射出朝廷用人的標準，對眾多士子起到風
向標的重要作用，最受皇帝重視。天聖二年（1024），仁宗還在諒闇期，不臨軒策士，以省試
成績爲準。是榜，省試官擬吳感爲省元，錄取名單上奏後，仁宗又命翰林學士晏殊等爲編
排官，重定名次高下。晏殊定宋祁第三，其兄宋庠則排名于後，章獻太后"不欲弟先兄，乃
推郊第一，祁第十"③。元豐五年（1082），殿試考官初定黃裳在第五甲，神宗曾讀過他的文
章，非常贊賞。臨軒唱名時，神宗令尋黃裳試卷，大臣找尋良久，才將試卷進呈。神宗閱
罷，對官員説："此乃狀元也。"親擢爲第一。考官曾鞏等十五人也因舉人不力，遭到罰銅各
三十斤的處罰④。政和八年（1118），殿試考官擬嘉王趙楷爲第一，徽宗以其爲宗室子，"不
欲令魁多士"，遂擢第二人王昂爲狀元⑤。紹興二十四年（1154）榜殿試，考官定秦檜孫秦
塤爲第一、張孝祥第二。高宗"讀塤策，覺其所用皆檜、熺語。遂進孝祥爲第一，而塤爲
三"⑥。上述史例説明，宋代皇帝在欽定狀元時十分慎重，並對新狀元寄予厚望，希望他們
能成爲天下士子的楷模。

皇帝御殿唱名時，宰輔、館職、殿試官等大臣須侍立於殿內，省試考官及奏名進士則在
外殿祇候。先由編排官將彌封的試卷置於御座的西側，按號逐一拆封，轉送至中書侍郎，
"即與宰相對展進呈，以姓名呼之"⑦。再由立於殿陛下的軍頭司高聲傳呼至殿外。被傳
呼者應聲入殿，受敕賜第。依據《閣（閤）門儀制》：省試官在殿試唱名時不得入殿立班，只
能於殿門外祇候，待唱名結束後，聽傳報，省試知舉官和點檢試卷官、諸科出義考官等方可
入殿，與新進士一起行告謝禮。⑧ 在殿門外祇候的還有皇親、管軍、使相、節度使等宗室及
武職要員。足見宋代唱名儀式規格之高。

與唐代科舉不同的是，宋代進士賜第即授官，不須經吏部銓選。因此，新進士於唱名
後數日即可注官，賜禄袍、靴、笏，正式成爲官僚士大夫中的一員。太宗太平興國二年，首
次於新進士注官之前就賜綠袍、靴、笏，"時未命官，先解褐，非常制也"。第二年即降詔，
"自是以爲定制"⑨。到了真宗大中祥符元年（1008）姚曄榜時，遂決定於唱名日當殿賜新

---

① 方勺：《泊宅編》卷八。宋元筆記小説大觀本，第2142、2143頁。
② 李心傳：《建炎以來繫年要録》（以下簡稱《要録》）卷一七，建炎二年九月庚寅條，中華書局1988年版，第351
頁。
③ 彭百川：《太平治蹟統類》卷二八《祖宗科舉取人·仁宗》。廣陵古籍刻印社1990年版，第480頁。
④ 《長編》卷三二四，神宗元豐五年三月戊申條注引《傳信録》，第7809、7810頁。
⑤ 《宋會要·選舉》八之三九《親試雜録》，第4393頁。
⑥ 《要録》卷一六六，紹興二十四年三月辛酉條，第2713頁。
⑦ 葉夢得：《石林燕語》卷一。唐宋筆記史料叢刊本，中華書局1997年版，第114頁。
⑧ 《宋會要·選舉》八之三四《親試雜録》。第4319頁。
⑨ 《宋會要·選舉》二之一《進士科》，第4245頁。

進士公服。據李燾《續資治通鑑長編》卷六八、大中祥符元年四月壬寅條記載：

　　（上）臨軒賜進士姚曄等一百六人及第，三人同出身，十五人同《三禮》出身，八十三人學究出身，《九經》以下及第、出身、試銜、助教者六百五十二人。先是，謝恩始令釋褐。是日，特賜綠袍、靴、笏。

　　這項新制體現了太宗皇帝對進士的恩寵，一直被後世皇帝沿用不廢。遇皇帝幼弱，太皇太后主政期間，殿試唱名後，新進士還要去向太皇太后謝恩。仁宗朝初期，章獻明肅太后垂簾主政，殿試唱名、賜袍儀式結束後，新進士們還要前往延和殿謝太皇太后。哲宗繼位甫十歲，宣仁高后垂簾聽斷，唱名日，皇帝御殿，“候賜公服、靴、笏、謝恩訖，移班赴內東門，謝太皇太后”①。

　　唐朝科舉無殿試，應試者能否被錄取完全取決於主考官，以至於“進士皆爲知舉門生，恩出私門，不復知有人主”②。宋太祖爲了加強對科舉取士大權的掌控，於建隆二年（972）頒詔，禁止新進士稱知舉官爲“恩門”。次年，又禁舉子“公薦”。到建隆四年以後，知舉官所定合格進士名單，須經皇帝面試後，才能發榜公佈。然而這些舉措並不足以阻斷舉子與知舉官之間千絲萬縷的聯繫。隨著殿試制度的確立，特別是皇帝臨軒唱名賜第之制的形成，新進士賜第、賜公服、行謝恩禮之後，就表示他們從此成爲“天子門生”。“唯臨軒親試，謂之‘天子門生’”③。這是宋代皇帝控制科舉大權的一項重要舉措，得到當時士大夫的擁護。

　　北宋中期以後，唱名一般分二日進行，一日賜正奏名進士、一日賜特奏名進士。由於每榜登第人數衆多，唱名賜第對于皇帝而言不是一件輕鬆的事。建炎二年（1128）殿試唱名，得正奏名進士554人，宋高宗御殿唱名至申時（傍晚六時左右），以至“聖體良勞”④。孝宗皇帝晚年因病不能久坐，只臨軒唱名前二甲，第三甲至第五甲則改爲逐甲撥過，不再一一唱名，“自後遂以爲例”。直到宋寧宗慶元五年（1199），京鏜等官員上奏，請遵祖宗故事，“逐一宣名”，使在廷之士“皆得一一仰望清光”。於是，皇帝臨軒逐一唱名之制得以恢復⑤。

　　關於宋代皇帝臨軒唱名儀制的具體程式，宋人吳自牧《夢粱錄》卷三《士人赴殿試唱名》、元人劉一清《錢塘遺事》卷一〇《擇日唱第》都作了比較詳細的記載。綜合來看，南宋臨軒唱名儀式如下：

　　唱名前數日，書鋪向禮部申請入殿號，禮部散號，由書鋪統一領出。請號日，行“給號禮”：天未亮，新進士即來到書鋪，至黎明時分，書鋪攜號入都，並引新進士至尚書省。宰執據案坐於庭中，庭中桌上擺放著曆（登記簿）。吏部依省試所定名次傳呼姓名，逐人隨呼而行至桌前，在曆上簽名、押字，然後領得一枚號紙。吏部侍郎在給號時，還要大聲告誡領號之人：“牢收號，入殿不得搪突。”號紙是用半片白紙做成，上有吏部尚書、侍郎、郎中所署官銜、及簽名。所得號紙與殿試唱名時的號紙相同，只是唱名日所用號紙上加蓋紅印，並寫

①　《宋會要·選舉》八之三六《親試雜錄》，第4392頁。
②　《燕翼詒謀錄》卷一《饗試不稱門生》，第2頁。
③　《宋史》卷一五六《選舉》二《科目》下，第3636頁。
④　《宋會要·選舉》八之三九《親試雜錄》，第4393頁。
⑤　《宋會要·選舉》八之一八《親試》，第4383頁。

有"入集英殿試訖"字樣和一行用小字寫就的內侍姓名。散號後,書鋪還要向得號人收取少量費用。

　　唱名之日,新進士一律身著襴袍、腳穿靴,列隊舉號由和寧門進入。數名監門官立於和寧門入口處收取號紙,不幸丟失號紙者不得入殿。新進士入和寧門,行拜闕禮,然後由贊者導引入殿廷下,再拜。皇帝臨軒,宰相進呈前三名試卷,並一一宣讀。三份試卷讀畢,宰執官(正相、副相)面立於皇帝前。宰執官開始拆封,依殿試所定五甲名次一一唱姓名,曰:"某人。"站在御案西側的閣門官則向殿下的衛士傳呼一遍"某人。"衛士六、七人隨即齊聲高喊:"某人!"聲響如雷,稱"臚傳",亦稱"繞殿雷"。如此呼叫三、四遍,被叫到姓名者方從人叢中出來應聲:"諾。"衛士立即來到應聲而上的新進士面前,問其鄉貫、父名,然後左、右夾扶著送至廷下。新進士躬身面對玉墀,拜。廷上再問以鄉貫、父名,由衛士代爲回答。對畢,新進士從皇帝面前經過,走向安排好的甲次位置。待一甲唱名畢,同甲已唱名新進士一齊行至兩廊角,領取敕黃,並手捧敕黃齊聲高呼:"謝恩!"彎腰再拜而退。狀元單獨列班,第二、第三名爲一班,均賜食,再由吏人爲前三名量體以制綠袍。第四名至第十名爲一班。此爲第一甲。第二甲全甲爲一班,謝恩畢,執敕黃而立。敕黃用麻紙兩幅粘連,大書"某人等,宜唱某等科第"。狀元至第三甲唱名畢,皆曰"宜賜進士及第";第四甲終,皆曰"宜賜進士出身";第五甲則曰"宜賜同進士出身"。

　　第二甲唱名完畢,皇帝要起駕入內宮用膳,新進士也獲賜三樣點心:赤焦肉餅二枚,天花素餅二枚,羊肉飯一盂。在皇帝用膳、休息的間隙,值殿衛士已經將第三甲進士名單排妥。兩名衛士管紙,每張紙上書寫十五名新進士的姓名。衛士按紙上所列姓名十五人一批喚到,一一問其鄉貫、父名,審查完畢。待皇帝重回大殿後,繼續唱名。每呼某人,二名衛士即夾某人至皇帝前,挨個魚貫而進,至三甲唱畢,一起謝恩,便授敕黃。第四甲唱名亦如此。其間,如有恩例當升甲次者,當殿宣示上旨:"某人,有某恩,合升一甲末。"符合升甲恩例者,不得自己報升甲。獲恩升甲者須面授旨,當殿謝恩。如唱名時傳喚某人不到,臚傳則唱曰:"待二年外方許到。"即推遲二年賜第。第四甲唱名畢,皇帝再起駕入內休息片刻。回殿後,再宣唱第五甲。五甲唱名結束,新進士手執黃敕再拜謝恩。

　　新進士所賜袍、笏早已全部堆放在大殿外的兩廊下,唱名結束後,殿上傳話:"賜進士袍、笏!"於是,新進士立刻奔出殿外,爭先恐後地跑到廊下搶綠袍、搢笏。他們來不及脫下身上的白布襴袍,就急急忙忙套上綠袍,系上黃帶子。按制,宗室子弟賜第者著紫袍、插象牙笏。往往是著裝未畢,殿上已催促謝恩。謝恩畢,新進士身著公服列隊出殿門,紫、綠相間,蔚爲壯觀。一出殿門,臨安府已備好馬匹迎候,狀元、榜眼、探花相繼被扶上馬遊街,其餘登第者十之五、六也僱車馬而去。

二、期　集

　　新進士前三名在臨軒唱名之後,就會被迎入狀元局,開始長達一個月的期集活動。"舊例:三魁唱名罷,賜袍、笏,謝恩入幕,賜御饌,進謝恩詩。出,賜席、帽,於闕門外上馬,迎入期集所，又名狀元局，官給錢物、供張、皁吏"①。期集活動始於唐朝，是新進士們的一種聚會，場面非常熱鬧。唐武宗時，宰相李德裕以新進士"附黨背公"爲由，將期集、參謁、曲江題名等新進士的慶祝活動全部罷去②。宋代大力推行科舉取士之制，新進士期集活動得以恢復，並且得到朝廷的支持和鼓勵，有組織、有經費、有活動場所。

北宋初期，殿試唱名之後，新進士前三名與其他登第人一樣，都要自出經費僱車馬歸寓所，"而京師遊手之民，亦自以鞍馬候於禁門外，雖號廷魁，與衆無以異也"。爲了表示朝廷對科舉的重視，突顯狀元的榮耀，大中祥符八年（1015）二月戊申，詔："進士第一人，金吾司差七人導從，兩節前引，始與同列特異矣。"③在狀元乘馬前往期集所的路上，沿途聚集了大批圍觀的民衆，"狀元一出，都人爭看"，大街上觀者如牆，成爲京城一大盛事。更有甚者，一些王侯、公卿爲了一睹狀元風采，還在期集所附近搭建帳蓬。"（嘉定十六年）蔣重珍舉進士第一。故事，京師給驢、哄（按：指喝道卒），自端門騎至期集所，侯王、大第供帳左右，觀焉"④。

期集活動的場所稱期集院或期集所，又名"狀元局"，"號爲團司，置局於禮部貢院"⑤。早在唱名前數日，官府就已差人吏、客司等著手準備新進士即將入住的期集場所，操辦相關事宜。南宋時，文科狀元局設於禮部貢院內，而武舉狀元局一般設於別院、或臨時借用祥符寺。一切安排妥當後，待唱名之日，官府還要排辦鞍馬儀仗，迎引文、武狀元乘馬帶羞帽至狀元局，"安泊款待"⑥。狀元局開局之日，即是新進士期集活動之始。

期集活動所需經費，北宋前期主要由新進士自籌，名次高者多出錢，名次低者少出錢。"國初，進士期集，以甲次高下率錢刊小録、事遊燕。或富而名次卑，所出無幾，或貧而名次高，至於假丐"⑦。宋神宗熙寧六年（1073）三月，首次頒詔：賜新及第進士錢三千緡、諸科七百緡，作爲期集費⑧。至熙寧九年，大臣練亨甫上書指出，朝廷所賜期集錢並沒有用於造《小録》，而是被新進士"假設名目，送遣游士，其餘以資胥吏"，揮霍殆盡。要求罷新進士期集。神宗頒詔：賜新進士五百緡、諸科二百緡，造《小録》，至於遊宴等活動費仍由新進士自籌。若所賜期集錢確實不足，由貢院從本院公用錢中支取⑨。直到宋哲宗元祐三年（1088），才又增新釋褐進士錢百萬（一千緡）、酒五百壺，"爲期集費"⑩。

南渡後，宋高宗於建炎二年首開科舉之際，即賜新進士錢一千七百緡作爲期集費，"自是以爲故事"⑪。縱觀兩宋，朝廷提供給新進士的期集錢一般在一千至二千緡之間，略有波動。如，紹興十八年，賜錢一千七百貫；寶祐四年（1256），賜期集錢一千二百貫（緡）文、

① 文天祥：《文天祥全集》卷三《封事·己未上皇帝書·跋語》。中國書店 1985 年版，第 62 頁。
② 《新唐書》卷四四《選舉志》。中華書局 1975 年版，第 1169 頁。
③ 《燕翼詒謀録》卷二《進士第一人給金吾前引》。第 12 頁。
④ 《無錫縣志》卷四下《記述》四之二下《宋·蔣狀元母夫人墓誌銘》。宋元方志叢刊本，第 3 册第 2297 頁。
⑤ 李心傳：《建炎以來朝野雜記》甲集卷一三《新進士期集》，中華書局 2000 年版，第 271 頁。
⑥ 吳自牧：《夢粱録》卷三《士人赴殿試唱名》，浙江人民出版社 1984 年版，第 23 頁。
⑦ 《燕翼詒謀録》卷五《進士期集所》，第 49 頁。
⑧ 《長編》卷二四三，熙寧六年三月壬戌條，第 5921 頁。
⑨ 《長編》卷二七三，熙寧九年三月戊寅條，第 6693 頁。
⑩ 《長編》卷四〇九，元祐三年三月甲戌條，第 9958 頁。
⑪ 《要録》卷一七，建炎二年九月丁酉條，第 353 頁。

小録錢五百貫①。賜錢最多的一次是度宗咸淳七年(1271)：初降旨賜期集錢及編《同年小録》錢一千七百貫，不久又先後二次追加，總經費達三千四百貫②，創兩宋新進士期集費最高記録。而此時的趙宋王朝距離滅亡只剩下十八年。

期集活動的組織者是新進士前三名，即狀元、榜眼、探花。北宋進士前三名可以統稱爲狀元，"謂之三狀元"③。三狀元自入局之日起，不得擅自離局外出，遇事須請假。如，寶祐四年狀元文天祥入局剛二天，就傳來父親病危的消息，他只得"告於朝"，向皇帝請假，"玉音給假三日"④。狀元局要舉辦一系列的活動，需要一批職事人員來操辦具體事務，"其職事有糾彈、牋表、主管題名小録、掌儀、典客、掌客、掌器、掌膳、掌酒果、監門等，多或至百餘人"⑤。職事人選由三狀元在局中一一商定，他們都是與三狀元同榜登第的新進士。"進士及第後，例期集一月，其釀罰錢，奏宴局什物，皆請同年分掌"⑥。職事名單確定後，要上報禮部，並照會御史台。職事要在狀元入局後的第五日入局，與狀元不同的是，他們入局後仍可以自由出入。新進士們大多喜歡到狀元局陪侍三位狀元，並與各位同年拉關係，希望將來能夠互相提攜，"他日仕途相遇，便爲傾蓋"。因此，狀元局裏非常熱鬧，通常是五日一會餐，每天午餐還有酒水、果子供應。

南宋時，除朝廷支撥的期集錢外，擔任職事的新進士往往還以制作《進士題名小録》爲名，向其他同年進士收取期集錢。每名進士須納錢五貫，然後可得小録題名一本。通常情況下，職事通過向新進士收納修小録錢可籌集一千三百多貫，加上朝廷下撥的期集錢一千七百貫。這樣，每一榜的期集費都在三千貫以上，數目相當可觀。而且，這些職事"日叫飲食，所得小録、題名紙札裝潢皆精緻，不費一金。其不與職事者，出錢而所得絶不佳，不沾盃勺，無乃太不均乎？"⑦這批新官僚尚未步入仕途，就開始利用手中小小的事權圖謀私利，將來一旦大權在握，能否做到清廉自律？這一點很值得懷疑。

宋代，新進士的期集活動內容十分豐富。以紹興十八年爲例：四月十七日，皇帝臨軒唱名；次日，赴期集所；二十九日，朝謝；五月初二，就法慧寺拜黃甲、敘同年；五日，赴國子監謁謝先聖、先師、鄒國公。其後某日，立題名石刻於禮部貢院，賜聞喜宴於禮部貢院⑧。寶祐四年：五月二十四日，皇帝御集英殿唱名，當日，新進士赴期集所；六月七日，謝闕；十三日，謁謝先聖、先師、兗國公、鄒國公；二十九日，賜聞喜宴，並降賜御詩於禮部貢院；七月四日，拜黃甲、敘同年於禮部貢院；二十五日，立題名碑石於禮部貢院⑨。度宗咸淳七年五月二十一日，唱名賜第後，新進士赴期集所；六月五日，朝謝；十七日，謁拜先聖、先師；七月十日，賜聞喜宴及御詩；十八日，拜黃甲、敘同年⑩。根據上述文獻記載，新進士在期集所

① 《紹興十八年同年小録》，第448冊第348頁；《寶祐四年登科録》，文淵閣《四庫全書》本，第451冊第53頁。
② 劉壎《隱居通議》卷三一《鹹淳七年同年小録》，文淵閣《四庫全書》本，第866冊第275頁。
③ 《錢塘遺事》卷一〇《置狀元局》，文淵閣《四庫全書》本，第408冊1031頁。
④ 文天祥《文天祥全集》卷一一《先君子革齋先生事實》，第268頁。
⑤ 《建炎以來朝野雜記》甲集卷一三《新進士期集》，第271頁。
⑥ 魏泰《東軒筆録》卷六，宋元筆記小說大觀本，第2721頁。
⑦ 《燕翼詒謀録》卷五《進士期集所》，第49頁。
⑧ 《紹興十八年同年小録》，文淵閣《四庫全書》本，第448冊第348頁。
⑨ 《寶祐四年登科録》，第451冊第51頁。
⑩ 《隱居通議》卷三一《鹹淳七年同年小録》，第866冊第275頁。

的主要活動有：正謝，謝先師、先聖，拜黃甲、敘同年，聞喜宴等，只是活動的先後順序略有調整。

1. 正謝。這是新進士期集中一項重要活動，由新科狀元率領同榜正奏名、特奏名進士一起，詣闕門謝恩，也稱"門謝"，或稱謝闕、朝謝。活動由太史局（北宋元豐改制前稱司天監）官員主持，於唱名賜第後擇日舉行。北宋前期，新進士及諸科及第人詣闕門謝恩時，還要"進銀百兩"，負擔比較重。宋神宗熙寧六年（1073），詔"免進銀"①。遂成定制。南宋儀制：正謝日，新進士由和寧門進入，至常朝殿門外列班，面向北，在贊者引唱聲中，朝皇帝御座躬拜、再拜②。正謝時，皇帝並不臨軒，新進士只是象徵性地"拜拜君之門而已"。儘管如此，登第人若不經門謝，往往不能祗受初官。寶祐四年狀元文天祥，入狀元局才二日就告假離局，隨後又歸家爲父守喪，没能參加門謝。服除歸朝後，文天祥因爲"賜第之初，未經門謝，未敢祗拜劄命"，在補進《門謝表》後，方接受朝廷任命③。

2. 謁謝先聖、先師。新進士謁先師之儀始於唐懿宗時。據《新唐書》卷一六〇《劉伯芻附子允章傳》所載："（劉）伯芻子允章，字蘊通。咸通中爲禮部侍郎，請謁先師（孔子）。"宋代遵循唐制，新進士要赴國子監謁謝先聖（孔子）、先師（顏回）、鄒國公（孟子），"用釋菜禮，三名爲三獻。榜中有士望者一人爲監禮官"④。祭前三日，由狀元點差職事官十四員：監禮官彈壓職事之不恭者；奉禮官跪于先聖、先師座前，奉幣進之于獻官；太官酌酒以進之于上三獻官；太祝讀祝。分獻官十員，分獻于十哲及兩廊賢臣。一人分獻十五位，每位皆之拜揖笏，興伏拜起，皆由太常寺所差贊者引導。禮畢而班退。

3. 拜黃甲、敘同年。黃甲用黃紙制成，上面按名次高低先後書寫五甲正奏名進士的姓名。據宋人趙昇《朝野類要》卷二《黃甲》載："黃甲，正奏名五甲也，吏部謂之黃甲。闕榜第五甲舊多貴顯，故或稱爲'相甲'。"宋代皇帝對於新進士舉行拜黃甲、敘同年儀式非常重視，希望藉此告誡這些即將奔赴官場的進士，不要以名次的高下相重輕，而應以年齡大小分長幼。"推此意也，凡在榜之人，是宜先義後利，爵位相讓，患難相恤，久相待而遠相致也"⑤。拜黃甲、敘同年活動一般是在正謝後數日，於貢院內舉行。其儀制爲：貢院設香案於堂上，禮部遣官來贊導，置黃甲於案上。狀元引五甲士人先行拜香案禮，然後望闕拜。拜畢，五甲進士分兩列，其中年齡在四十以上者站東廊，四十歲以下者站於西廊，相互再拜。拜畢，擇榜中年齡最大者一人上堂，由狀元先行拜禮，年高者答拜，然後退下。又擇同榜中年齡最小者一人上堂，拜狀元，狀元答拜，退下。接著，吏人拿紙筆，依黃甲先後，一一書姓名，"鑴於題名石"⑥。

4. 聞喜宴。聞喜宴又名"御宴"，始於唐代的"曲江宴"。宋代，新進士賜宴始於太宗太平興國二年呂蒙正榜，設宴地點在開寶寺內。第五年，又賜宴於迎春苑⑦。太平興國八

① 《長編》卷二四四，熙寧六年夏四月辛巳條，第5936頁。
② 《錢塘遺事》卷一〇《置狀元局》，第408冊第1031頁。
③ 《文天祥全集》卷四《門謝表》，第69頁。
④ 《建炎以來朝野雜記》甲集卷一三《新進士期集》，第271頁。
⑤ 胡寅：《斐然集》卷一九《送劉伯稱教授序》，文淵閣《四庫全書》本，第1137冊第543頁。
⑥ 《錢塘遺事》卷一〇《置狀元局》，第408冊第1032頁。
⑦ 彭百川《太平治蹟統類》卷二八《祖宗科舉取人·太宗》，第474頁。

年,詔賜新進士宴於瓊林苑,“自是遂爲定制”①。因此,聞喜宴又名“瓊林宴”。瓊林苑位於順天門外,始建於太祖乾德二年(964)②。徽宗朝,行太學舍選,一度改賜聞喜宴於辟雍,宣和年間又改在瓊林苑③。南宋建炎二年,高宗採納新狀元李易的建議,罷聞喜宴,直到紹興十七年,才降旨舊復④。次年,首次將賜宴場所定在禮部貢院,“賜狀元王佐等聞喜宴於禮部貢院”⑤。

聞喜宴一般分兩日舉行:一日宴正奏名進士,“請丞郎、大兩省”,即尚書左、右丞,六部侍郎,左、右散騎常侍,給事中,中書舍人,左、右諫議大夫等侍從官赴宴;一日宴諸科登第人,“請省郎、小兩省”,即尚書省六部二十四司郎官、起居郎、起居舍人等官員赴宴⑥。

宋代聞喜宴十分隆重、盛大,儀式也頗嫌繁褥。據《宋史》卷一一四《禮》一七載:

> 《政和新儀》:押宴官以下及釋褐貢士班首初入門,“正安之樂”作,至庭中望闕位立,樂止。預宴官就位,再拜訖。押宴官西向立,中使宣曰“有敕”,在位者皆再拜訖。中使宣曰“賜卿等聞喜宴”,在位者皆再拜,搢笏,舞蹈,又再拜。次引押宴官稍前謝坐再拜,在位者皆再拜。若賜敕書,即引貢士班首稍前,中使宣曰“有敕”,貢士再拜。中使宣曰“賜卿等敕書”,班首稍前,搢笏,跪,中使授敕書訖,少退,班首以敕書加笏上,俛伏,興,歸位再拜,在位者皆再拜。凡預宴官分東西升階就坐,貢士以齒。

飲酒過程中,依次奏“賓興賢能”、“於樂辟雍”、“樂育人材”、“樂且有儀”之樂,最後是“正安之樂”。宴飲間,還要賜新進士幞頭簪花,屬大羅花,由“紅、黃、銀紅三色”組成⑦。史載,司馬光生性不喜華靡,在聞喜宴上獨不戴花,同年勸道:“君賜不可違。”他才勉強取一枝戴上⑧。

南宋科舉已罷諸科,聞喜宴也由二日改爲一日舉行,其儀制與北宋類似:先設香案於堂上,押宴官率官屬及新進士列拜於庭下,面闕五拜,舞蹈。拜闕、舞蹈重複四次。正奏名、特奏名進士分坐於東、西兩廊,每人面前設一小桌,上面擺放青熟果子四盤、望果一盤、望花一朵,及醬、醋之類調味品。酒行五巡,賜宮花四朵,用絲綢紮成。新進士庭下再拜,謝賜宮花。又行四杯酒菜,終席。新進士“皆簪花乘馬而歸”⑨。

聞喜宴上除了有朝中官員到場祝賀外,皇帝還要派中使賜御制詩、書等,對新進士加以勉勵。太平興國二年,太宗首次於開寶寺賜新進士宴時,就曾賜御詩二首。此後,聞喜宴賜詩、書遂成定制。仁宗朝,一度改賜新進士《大學》一篇,“自後與《中庸》間賜”⑩。政和二年(1112),大臣以“詩經害術”爲由,要求禁士人習詩賦,徽宗遂罷賜新進士詩,改賜

① 《宋會要·選舉》二之二《進士科》,第4246頁。
② 《玉海》卷一七一《乾德瓊林苑》,第3137頁。
③ 《玉海》卷一一六《宋朝登科記》,第2157頁。
④ 《要錄》卷一七,建炎二年九月丁酉條,第353頁;卷一五六,紹興十七年十一月丁卯條,第2544頁。
⑤ 《紹興十八年同年小錄》,第348頁。
⑥ 《宋史》卷一五五《選舉》一《科目上》,第3608頁。
⑦ 《宋史》卷一五三《輿服》五,第3596頁。
⑧ 《宋史》卷三三六《司馬光傳》,第10757頁。
⑨ 《錢塘遺事》卷一○《置狀元局》,第408冊1033頁。
⑩ 《宋會要·選舉》二之七《進士科》,第4248頁。

箴①。不久又復舊制。到了南宋高宗朝，曾賜新進士《中庸》篇，後改賜《儒行篇》。孝宗嘗賜御書《益稷篇》、《旅獒篇》。總體上看，兩宋皇帝賜新進士以御制詩爲主。

除了上述主要期集活動外，新進士還要與朝中官員舉行同鄉會，敘鄉情、結新誼，目的無非是與朝中官員攀關係，爲將來的官場角逐尋找庇護。聚會一般選在京城風景優美的場所，若獲皇帝恩準，還可在御園內舉行。寧宗嘉定元年（1208），中書舍人、太子庶子、直學士院鄒應龍上疏，請求借御園舉辦講鄉會，特旨借皇家聚景園②。期集內，新進士們還會結伴到京城各景點游玩。南宋時，泛舟遊西湖勝景則成爲必不可少的活動項目。

爲顯示國家隆文而不忘武備，南宋皇帝還會在講武殿，安排正奏名進士進行射箭比賽。新進士比試射箭技藝始於宋孝宗淳熙二年（1175），唱名賜第後，孝宗親御射殿，召狀元詹騤以下139人試射藝。第二天，又召文舉進士第五甲及特奏名進士152人進行射箭比賽。比賽開始前，新進士全部穿襴袍、持笏入殿起居，易戎服，每位參賽者各給箭六支。比賽結束後，還要按成績優劣給予一定的獎勵："正奏名中的、中帖、上垛者，推恩有差。特奏名五等人射合格者，與文學。"孝宗皇帝即位後，念念不忘的是要用武力收復北方失地，他常對大臣們説："欲令文士能射御，武臣知《詩》、《書》。"③皇帝御射殿舉辦新進士射箭比賽，是要告誡士大夫們在苦讀儒家經書的同時，時刻不忘恢復大業。此後，新進士試射藝就成爲期集活動的一項內容保留下來。

聞喜宴過後數日，新進士就進入了集注授官階段。宋代集注授官歸吏部負責，集注之前，吏部先將官闕張榜公示於門亭，由書鋪抄録告示新進士，並將每人願就之官闕書於各自的笏上。集注日，書鋪於拂曉時分引新進士進入吏部，吏部郎中端坐於庭中，按五甲名次，一一呼新進士名，廷上唱曰："某人官人，上階。"某人應聲而上，行揖禮。郎中問曰："願受甚處闕？"新進士面對郎中，視銓選簿合受官，再揖，於書簿中寫上："某人願授某州某官闕。"書畢，退下。每名注官進士皆授告敕一道、印紙一軸、信符一道、門謝關子一道④。按制，進士前三名不赴吏部集注，而是直接送闕下授官。待三位狀元授官告畢，期集活動隨即宣告結束。"大凡團司，至狀頭授告出國門，乃罷"⑤。

總之，宋代科舉從皇帝臨軒唱名賜第至期集、注官，新進士可謂是備受榮寵。南宋人吳自牧在詳細記録宋代殿試唱名儀制後，也不無感慨地説："於此可見士子讀書之貴，而朝家待士之厚，不可不知也。"⑥可以説，對新進士的種種優寵是宋代統治者"與士大夫共治天下"的治國理念的具體體現，並得到士大夫階層的積極響應，進而在全社會形成崇儒重教、讀書做官的風氣。時人稱金榜題名者有"五榮"：

兩觀天顏，一榮也。臚傳天陛，二榮也。御宴賜花，都人嘆美，三榮也。布衣而

①　陳均：《九朝編年備要》卷二八，政和二年三月條，文淵閣《四庫全書》本，第328冊頁753頁。
②　金盈之：《醉翁談録》卷之二《榮貴要覽·戊辰親恩遊饗園録》，筆記小説大觀本，第19編第2163頁。
③　《建炎以來朝野雜記》甲集卷一三《新進士廷射》，第272頁。
④　《錢塘遺事》卷一〇《置狀元局》，第408冊第1033頁。
⑤　《建炎以來朝野雜記》甲集卷一三《新進士期集》，第271頁。
⑥　《夢粱録》卷三《士人赴殿試唱名》，第23頁。

入,緑袍而出,四榮也。親老有喜,足慰倚門之望,五榮也。[①]

　　（原文載於『禮學與中國傳統文化——慶祝沈文倬先生九十華誕國際學術研討會論文集』,稍作修訂。）

（作者單位:祖慧,浙江大學古籍研究所、浙江大學宋學研究中心;閆真真,澳門大學比較文學博士生）

---

① 《錢塘遺事》卷一〇《赴省登科五榮須知》,第 408 册第 1028 頁。

北宋轉對制度考論

周　佳

内容摘要：北宋前期的月朔次對和大起居轉對，分别繼承自唐末入閣時的待制次對制度和五代後唐的大起居百官轉對制度。二者在北宋中後期合流，形成"月朔轉對"做法。轉對官員資格，北宋前期以"常參官"爲主體，元豐改制後縮小到中高級職事官群體，徽宗朝再縮減至"待制以上"。轉對由御史臺提前通知，章奏按照"看詳、詳定、取旨"程式處理。轉對利於君主掌控政務、瞭解官僚隊伍情況；也爲官員提供了獻言獻策的普遍機會，促進了北宋"士大夫政治"的形成和展開。

關鍵詞：北宋　轉對　次對　士大夫政治

北宋君主聽政空間集中在内朝，爲防範壅蔽，開闢了多種信息渠道，尤其重視君臣面對面的直接交流。對君主而言，定期接見官員、商議政務，並同更大範圍的官員群體直接溝通，是其行使君權、掌控政務、瞭解官僚隊伍情況最直接有效的方式。對官員而言，在北宋君主日益走向政務前臺的情況下，能夠擁有上殿奏事權、獲得與君主直接交流的機會，對其仕途發展也至關重要。

北宋官員奏對有多種形式，除日常定期舉行的早朝分班奏事之外，還有引對、召對、請對、轉對等類型。其中，召對的主動權在於君主；請對多限於高級官員，有資格限制；分班奏事和諸司引對則限於少數中央部門，且内容只限於本職公事。在上述奏對活動之外，如果更大範圍内的官員群體，希望對本職以外的朝廷政務提出意見和建議，朝廷也爲他們提供了一條制度性的發言渠道，即轉對。

目前學界對宋代轉對活動已有討論[①]，但宋代轉對的時間、地點、官員範圍，及其與唐五代制度的關係等問題，尚需進一步釐清。本文針對北宋轉對活動，主要討論兩個問題：一是北宋轉對活動與唐五代制度的繼承關係；二是北宋轉對活動的具體操作辦法，包括時間、地點、官員範圍、結果處理等環節。

一、兩種制度：唐代次對與五代後唐轉對

轉對，在北宋又稱爲次對、輪對。史料記載和現有研究往往將此制度源頭上溯至唐五

---

① 參見徐東升：《從轉對、次對到輪對——宋代官員輪流奏對制度析論》，《廈門大學學報》（哲社版），2009年第5期，第45—51頁；陳曄：《北宋政情、政風下的轉對制》，《史學月刊》，2010年第11期，第40—50頁。

代，但是唐代有次對，五代後唐有轉對，這本是是兩種不同的奏對活動，需要加以區別。而北宋同時繼承並雜糅了唐、五代制度，在稱呼和做法上難免有混淆之處；另外北宋根據政治實際需要作出調整，其制度變化脈絡也有待釐清。

《文獻通考》記載北宋轉對始於太祖建隆三年（962）三月，當月"詔內殿起居日，令百官以次轉對"。在這段文字之前，《文獻通考》追溯北宋轉對制度的淵源時，說道："（唐後期）每入閣，即有待制、次對官。後唐天成中廢，至是（按宋初）復行之。"①即認爲北宋轉對直接繼承自唐代入閣時的待制、次對官奏事制度，這一敘述存在問題。

王林《燕翼詒謀錄》卷二云：

> 唐百官入閣有待制、次對官……後唐天成中，廢待制、次對官，五日一次內殿百官轉對，長興二年停。晉天福七年復。漢乾祐二年，陶穀奏罷之。淳化二年十一月丙申，太宗皇帝再復。②

《玉海》卷六一云：

> （北宋）建隆三年二月甲午，內出御札曰：內殿起居，文班朝臣及翰林學士以次轉對……唐制：百官入閣，有待制、次對官，各舉論本司事……後唐天成中，詔百官每五日內殿起居，拜舞訖退，遂廢待制、次對之官，每遇起居日，令百官轉對……晉天福中，詔五日起居，以兩人轉對，各具實封以聞。漢乾祐初，陶穀奏停，許詣閣門拜章。至是始復舊制，每起居日，常參官兩人次對，閣門受其章。③

對於北宋首次恢復起居日轉對活動的時間，《燕翼詒謀錄》和《玉海》的記載存在分歧，《燕翼詒謀錄》認爲是宋太宗淳化二年（991）十一月；《玉海》則與《文獻通考》一致，認爲是宋太祖建隆三年（962）。根據《長編》、《長編紀事本末》、《宋朝諸臣奏議》等文獻記載，當以宋太祖建隆三年（962）一說爲是④。

在制度淵源上，《文獻通考》認爲北宋轉對源自唐代入閣時的待制、次對官奏事制度。《燕翼詒謀錄》和《玉海》則認爲，唐代入閣時的待制、次對官奏事制度，至五代後唐時已經廢罷不用；後唐發明了一種新做法，即在五日內殿大起居時命百官轉對，此制度在五代後期時行時停，至北宋前期再次恢復。因此，北宋起居日轉對活動的制度源頭，直接來自後唐，而非唐代後期的待制、次對。

從《燕翼詒謀錄》和《玉海》的敘述來看，唐代入閣時的待制、次對，與後唐五日大起居時的百官轉對，是兩種不同的奏對制度，二者並無繼承關係。事實是否如此？

《資治通鑑》胡三省注云：

> 唐中世以後，宰相對延英，既退，則待制官、巡對官皆得引對，總可謂之次對官。⑤

胡三省提到唐代中期以後，君主御延英殿聽政時，有"待制"和"巡對"兩種次對官。其中的

---

① 《文獻通考》卷一〇七《王禮二·朝儀》，中華書局1986年版，第971頁。
② 王林《燕翼詒謀錄》卷二，中華書局1981年版，第15—16頁。
③ 《玉海》卷六一《藝文·建隆轉對》，廣陵書社2007年版，第1166頁下—1167頁上。
④ 參見李燾《續資治通鑑長編》（以下簡稱《長編》）卷三，建隆三年二月甲午條，中華書局2004年版，第62頁；卷三二，淳化二年十一月丙申小字，第724頁；《皇宋通鑑長編紀事本末》卷二九"轉對"條，哈爾濱：黑龍江人民出版社，2006年，第475頁；范百祿《上哲宗乞審議轉對之制》《宋朝諸臣奏議》卷七七，上海古籍出版社1999年版，第838頁。
⑤ 《資治通鑑》卷二四三，穆宗長慶三年九月丙辰條小字，中華書局1956年版，第7829頁。

"待制"，據《程氏續考古編》記載：

> 貞觀元年，太宗令京官五品以上更宿中書省，每延見與語，諮訪外事。蓋用漢世待詔故事，令内直以備宣喚，故曰待詔也，此時未以待詔名官也。其後武后改名曌，曌之音爲詔，故改待詔爲待制，而待制始爲官名。①

則"待制"一職始建於唐太宗時期，初名"待詔"，後避"武曌"諱，改爲"待制"，其設職本意是便於皇帝隨時召見在京的中高級官員，訪問政務。唐肅宗以後，逐漸以大明宮延英殿作爲固定聽政場所②，待制奏事也轉移到延英殿。至唐德宗時期，在御延英殿聽政時，除重申待制奏事外，還增加了一種巡對官奏事。據《唐會要》記載：

> （德宗貞元）七年十月詔："自今已後，每御延英殿，令諸司官長二人，奏本司事。"俄又令常參官每日二人引見，訪以政事，謂之巡對。③

從這段記載中，可以看出唐代後期延英殿奏事時，待制與巡對的區别：待制是由"諸司長官"構成，每次"二人"，只"奏本司事"；巡對官則由除諸司長官以外的其他常參官構成④，也是每次二人，但可以"通奏政事"⑤即允許對本職以外的國家政事發表意見。這一制度的設置，其本意是爲了擴大君主聽政時的政務信息來源及其與官員接觸的範圍，以便加強唐代後期君主對於國家政務的掌握。

唐代後期延英殿奏對中設置了待制、巡對兩種奏對官，此當無疑義。然當時所謂"次對官"，究竟是單指巡對官，還是包括待制、巡對兩種統而言之，對此問題，宋代學者意見不一。程大昌認爲"次對者，即巡對官，許亞次待制而俟對者也"⑥。胡三省則認爲，待制、巡對總稱爲"次對官"，"所謂次對官者，謂次宰相之後而得對也，非次待制官而入對也。"⑦元和元年（806），御史中丞武元衡曾上疏，針對當時待制、次對"比來多不奏事，有同虛設"的情況，建議取消次對官，只保留待制⑧。據此看來，當時"次對官"應當專指"巡對"而言。但唐代後期，由於制度更迭、時斷時續等原因，唐人自己在使用"待制"、"巡對"、"次對"稱謂時，已經出現混淆，將"待制"誤稱爲"次對"的情況常常有之⑨。因此筆者以爲，程大昌"次對者，即巡對官"的觀點，更符合唐代中後期"次對"一詞的原意；而胡三省"待制、巡對總稱爲次對官"的觀點，則反映出唐代後期稱謂混淆後的情況。

到唐末五代時，政局動盪，日常聽政活動難以保證，但月朔、望的入閣儀式還得以保留，待制、次對便逐漸轉移到入閣時舉行。後唐時，御史臺曾在上奏中稱："伏惟故事，每月

---

① 程大昌：《程氏續考古編》卷三"待制次對"條，《全宋筆記》第四編第十册，大象出版社 2008 年版，第 144 頁。

② 參見謝元魯：《唐代中央政權決策研究》第二章第一節《御前決策會議》，文津出版社 1992 年版，第 53—74 頁；袁剛《隋唐中書體制的發展演變》第八章第一節《延英奏對制度》，文津出版社 1994 年版，第 165—180 頁。

③ 《唐會要》卷二六"待制官"條，上海古籍出版社 2006 年版，第 593 頁。

④ 程大昌：《雍録》卷八"待制次對"條云："至其名爲巡對者，未爲長官而在常參之數，亦得更迭引對者也。"，中華書局 2002 年版，第 170 頁。

⑤ 程大昌：《程氏續考古編》卷三"待制次對"條，第 145 頁。

⑥ 程大昌：《雍録》卷八"待制次對"條，第 170 頁。

⑦ 《資治通鑑》卷二四三，穆宗長慶三年九月丙辰條小字，第 7829 頁。

⑧ 《唐會要》卷二六"待制官"條，第 593 頁。

⑨ 程大昌：《雍録》卷八"待制次對"條記載："然其稱謂既熟，雖唐人亦自不辨。開成中敕：'今後遇入閣日，次對官未要隨班出，並於東階松木下立侍，宰臣奏事退，令齊至香案前，各奏本司公事，左右史待次對官奏事訖同出。'按此所言，則嘗以諸司長官之待制者名爲次對矣。若究其始，則實誤以待制爲次對也。"（第 170 頁）

百官入閣,百司排儀仗,金吾勘契。入後,百官待制次對。"[1]《文獻通考》中也説:"(唐)其後每入閣,即有待制、次對官。"[2]其中都提到,根據唐代"故事",待制、次對活動是在月朔、望入閣時舉行。但準確地説,這一"故事",應當是指唐末之際的情況。

至五代後唐天成元年(926),由於唐末以來聽政制度荒廢,爲便於君臣溝通,後唐明宗創立了五日一次內殿大起居制度,並在大起居日"令百官次第轉對"[3],對時政提出建言。至後唐長興二年(930),朝廷下令:

> 今後宰臣文武百官,每五日內殿起居仍舊,其輪次轉對宜停。若有所見,許非時上表。其朔望入閣待制候對,一依舊規。[4]

此令停止了五日大起居時的轉對活動,同時保留了月朔、望入閣時的待制、次對活動。由此可以非常清楚地看到,唐德宗時定型的延英殿待制、次對活動,至唐末五代移至月朔、望入閣時舉行;五代後唐明宗創立的五日一次內殿大起居時的百官轉對活動,在五代後期時斷時續。這兩種制度的設置用意,都是爲了防範壅蔽,避免君臣隔絕,便於君主增加與官員的接觸機會,擴展政務信息渠道,在這一精神上,二者是一脈相承的。但就制度淵源來講,唐代待制、次對與後唐百官轉對,是兩種不同的奏對制度,二者並無直接的繼承關係。

二、一併恢復:北宋前期的月朔次對與五日大起居轉對

現有研究認爲,宋代轉對活動是在五日內殿大起居或者月朔入閣時舉行,這一觀點有問題。實際上,究其來源,北宋時的月朔次對和大起居轉對是兩種不同的奏對活動,它們分別繼承自唐末入閣的待制次對制度和五代後唐的大起居百官轉對制度。二者在北宋前期是涇渭分明的,到北宋中後期,才開始逐漸合流。南宋學者和今研究者根據二者合流後的情況往前推斷,便容易混淆其原本各自獨立的制度源流。

筆者根據史料,將所能搜集到的北宋歷次月朔入閣次對(表一)和五日大起居轉對活動(表二、表三)分別列表,以便分析。

表一　北宋歷次月朔入閣次對活動

舉行時間	場合	做法	出處
太祖建隆元年(960)	八月朔崇元殿入閣	始置待制、次對官。以工部尚書竇儀待制,太常卿邊光範候對。	《宋史》卷11(2765頁);《長編》卷1(20頁);《宋會要輯稿》儀制1之21。
建隆三年(962)	八月朔崇元殿入閣	工部尚書竇儀待制,太常卿邊光範候對。	《宋會要輯稿》儀制1之21
	十一月朔崇元殿入閣	宗正卿趙矩待制,知制誥張澹候對。	《宋會要輯稿》儀制1之21

① 《五代會要》卷五"待制官"條,上海古籍出版社2006年版,第71頁。
② 《文獻通考》卷一〇七《王禮二·朝儀》,中華書局1986年版,第971頁。
③ 《五代會要》卷五"待制官"條,第71頁。
④ 《五代會要》卷五"待制官"條,第72頁。另見《舊五代史》卷四二《明宗本紀八》,中華書局1976年版,第582頁。

建隆四年(963)	四月朔崇元殿入閣	工部侍郎艾穎待制、給事中馬士元候對。	《宋會要輯稿》儀制 1 之 21
	八月朔崇元殿入閣	給事中劉載待制、左諫議大夫崔頌候對。	《宋會要輯稿》儀制 1 之 21
乾德四年(966)	四月朔御文德殿入閣		《宋會要輯稿》儀制 1 之 21
太宗淳化二年(991)	十二月朔御文德殿入閣		《宋會要輯稿》儀制 1 之 22
淳化三年(992)	五月朔御文德殿入閣		《宋會要輯稿》儀制 1 之 23
真宗咸平二年(999)	八月朔文德殿入閣	右司諫、直史館孫何待制,比部員外郎、直史館洪湛候對。	《宋會要輯稿》儀制 1 之 23
大中祥符三年(1010)	閏二月朔文德殿入閣	右司諫、直史館李迪待制,金部員外郎杜夢證候對。	《宋會要輯稿》儀制 1 之 23

表二　北宋前中期歷次五日大起居轉對活動(太祖至神宗)

舉行時間	場合	做法	出處
太祖建隆三年(962)	内殿起居日	百官(一說翰林學士及文班常參官)以次轉對,限三人(一說二人)①,閣門受其章。	《文獻通考》卷 107;《長編》卷三(62 頁);《宋史》卷 118(2785 頁);《諸臣奏議》卷 77《上哲宗乞審議轉對之制》(838 頁)。
太宗淳化二年(991)	内殿起居日	常參官二人次對,閣門受其章。	《宋史》卷 118(2785 頁);《長編》卷 32(724 頁);《長編紀事本末》卷 29(476 頁)。
真宗咸平三年(1000)		常參官轉對	《長編》卷 47(1032 頁);《長編紀事本末》卷 29(476 頁)
景德三年(1006)		群臣轉對	長編》卷 62(1395 頁);《宋史》卷 118(2785 頁);《長編紀事本末》卷 29(478 頁)
仁宗天聖七年(1029)		百官轉對	《長編》卷 107(2504 頁);《長編紀事本末》卷 29(478 頁)
景祐三年(1036)		群臣轉對	《長編紀事本末》卷 29(478 頁)
神宗治平四年(1067)	起居日	百官(一說兩省及文班官)轉對,限四人。	《長編》卷 226(5505 頁);《宋史》卷 118(2785 頁);《宋史全文》卷 10(363 頁)

---

① 《文獻通考》卷一○七《王禮二·朝儀》作"限三人爲定",中華書局 1986 年版,第 971 頁;《宋史》卷一一八《禮二一》"百官轉對"條作"限以二人",中華書局 1977 年版,第 2785 頁。

表三　北宋後期轉對記録（哲宗至欽宗）

舉行時間	場合	做法	出處
神宗熙寧四年（1071）	十一月壬午（1日）文德殿	集賢院學士、史館修撰、判秘閣宋敏求轉對	《長編》卷228（5540頁）
哲宗元祐二年（1087）	十一月壬戌（15日）	户部尚書李常轉對	《長編》卷407（9900頁）
元祐三年（1088）	五月一日文德殿	翰林學士、知制誥、兼侍讀蘇軾轉對	《蘇軾文集》卷29《轉對條上三事狀》
元祐四年（1089）	五月庚午朔（1日）	中書舍人彭汝礪轉對	《長編》卷426（10294頁）
元祐六年（1091）	八月戊子朔（1日）	知開封府范百禄轉對	《長編》卷463（11047頁）
元祐七年（1092）	五月一日	吏部尚書王存轉對	《長編》卷473（11285頁）

　　首先看表一。表一反映的是北宋月朔入閣時待制、候對官輪流奏對的情況，這一活動直接繼承自唐代後期的入閣待制、次對奏事制度①。《宋史》在記録北宋太祖建隆元年（960）首次舉行入閣待制、候對奏事時，既説"始置待制、次對官"，又稱"以工部尚書竇儼待制，太常卿邊光範候對"②，則北宋"候對"即"次對"之意。

　　唐代中後期，待制、次對官奏事本在延英殿進行。至唐末五代，移至月朔、望入閣時舉行。北宋直接繼承唐末五代做法，基本放在月朔入閣時舉行。待制、候對官以在京的中高級文官爲主，但具體官員範圍限制如何，目前因史料較少，並不清楚。《長編》録有真宗咸平二年（999）八月辛亥朔日入閣時，右司諫、直史館孫何待制奏事的一份奏疏，建議朝廷整頓官制混亂局面，恢復唐代六部制度。唐代待制是由"諸司長官"構成，只能"奏本司事"。而北宋待制從現有記録來看，並不限定於"諸司長官"，其奏事内容與候對官一樣，均能就本職以外的朝廷普遍政務發表意見。這是北宋和唐代的不同之處。

　　從表一來看，北宋雖然繼承了唐末五代的月朔入閣待制、次對官奏事制度，但施行次數比較稀疏。據史料所見，北宋前三朝六十餘年間，僅僅有九條記録。真宗以後，便難以找到關於這項活動的記録。

　　與月朔入閣待制、候對活動相比，五日内殿大起居時的百官轉對活動在北宋更加受到重視，實行頻率和持續時間較長。至神宗熙寧四年取消入閣儀式後，以上兩種奏對活動逐漸合併。

　　北宋前期五日一次内殿大起居時的百官轉對活動，直接繼承自五代後唐明宗所創建的大起居轉對制度。每次施行轉對，需要以君主名義頒布正式詔令。每次持續時間少則數月，多則數年。轉對活動的舉行場合均是在五日内殿大起居時，這與五代做法無異。關於每次轉對的人數，史料記載並不完整，一般限定爲兩人。神宗治平四年（1067）下詔轉對時，曾增加二員，一共四人，這一數量規定此後是否延續，不得而知。

　　關於有資格參加轉對的官員範圍，太祖建隆三年首次施行轉對時，曾限定爲"翰林學士及文班常參官"，此後則基本以"常參官"爲主體。北宋前期的"常參官"是指不釐務而日

---

　　①　《宋會要輯稿》儀制一之一九云："待制候對者，亦唐制也。"中華書局1957年版。
　　②　《宋史》卷一一七《禮二十》，第2765頁。

赴常朝的在京文武官員①。這部分官員因爲資格有限，平時只能參加文德殿常朝參拜儀式，没有資格參加内朝垂拱殿早朝起居，也缺乏面見君主的奏事機會。因此，賦予其大起居時的轉對權力，對"文班常參官"而言，是爲他們提供了一條爲朝廷政務獻言獻策、在君主面前自我表現的機會；對君主而言，則擴展了他與在京文官直接交流的官員範圍，擴展了其政務信息渠道和思路。正如哲宗朝吏部尚書王存所言：

> 視朝轉對之意，本爲在庭庶官平日不得伸其所見，故於朝會使之盡言，以廣聰明。②

　　北宋太祖以後的轉對記載中，關於轉對官員的範圍，多籠統稱爲"中外臣僚"、"百僚"或"兩省及文班秩高者"③等。究其主體，應當是常參官中的"文班秩高者"。至哲宗元祐七年（1092），吏部尚書王存認爲，轉對本意是爲了方便"在庭庶官平日不得伸其所見"④，並爲其提供一條奏事渠道，而侍從官本來就有隨時向君主建言獻策的職責和渠道，並不適合參加轉對。在他的建議下，朝廷"特免侍從官轉對，專責以朝夕論思之效"⑤。元祐八年（1093），朝廷又下詔"職事官權侍郎以上，並免轉對"⑥。北宋前期，尚書省六部郎官官衙只作爲本官使用，並無實職。元豐改制後，尚書省六部郎官實負其責，六部匯總了國家各方面的繁雜庶務，因此六部正、副長官（尚書、侍郎）經常要就政務上内殿取旨。既然他們經常有面見君主奏事的機會，就不需要再擠佔"庶官"的轉對名額了。元祐八年免除"職事官權侍郎以上"官員的轉對權力，應當是出於這樣的考慮。如此一來，"轉對止於卿監郎官而已"，即以尚書省六部二十五司正副長官（郎中、員外郎）和九寺五監長官爲主體。紹聖四年（1097），正值"紹述"期間，因臣僚建言，朝廷恢復元豐以前條制，即將"侍從官"、"職事官權侍郎以上"重新納入到轉對官員範圍内⑦。總體看來，神宗元豐以後的轉對官員以尚書省六部郎官、卿監長官、侍從官爲主，與北宋前期"常參官"相比，轉對官員範圍縮小到中高級職事官群體。至徽宗朝，則進一步縮減到"待制以上"⑧，這似乎在一定程度上違背了轉對制度設計之初"使庶官伸其所見"的用意。

　　北宋轉對的具體操作辦法如下：每次轉對具體輪到哪幾位官員奏事，一般由御史臺提前通知。在北宋官員文集中，保存有一些題爲《轉對狀》、《轉對劄子》的奏疏，其開頭往往有"準御史臺牒"字樣⑨，可爲證明。轉對官員提前寫好章奏，於内殿起居日"其封章於閤門通進，復鞠躬自奏，宣徽使承旨宣答，拜舞而出"⑩。其章奏内容允許"指陳時政得失，朝

---

① 參見龔延明：《宋代官制辭典》"常參官"條，中華書局1997年版，第617頁。
② 《長編》卷四七三，元祐七年五月庚子條，第11285頁。
③ 《宋史》卷一一八《禮二一》記載，治平中，御史臺言："舊制，起居日，輪兩省及文班秩高者二員轉對。"（第2785頁）
④ 《長編》卷四七三，元祐七年五月庚子條，第11285頁。
⑤ 《文獻通考》卷一〇八《王禮三·朝儀》，第976頁。
⑥ 《長編》卷四八〇，元祐八年正月己亥條，第11424頁。
⑦ 《長編》卷四八六，紹聖四年四月己酉條，第11558頁。
⑧ 《宋史》卷一一八《禮二一》，第2787頁。
⑨ 例如蘇轍：《蘇轍集》卷四一《轉對狀》，中華書局1990年版，第728頁；蘇軾：《蘇軾文集》卷二九《轉對條上三事狀》，中華書局1986年版，第819頁；范祖禹：《范太史集》卷二二《轉對條上四事狀》，文淵閣《四庫全書》本，第269頁；程俱《北山集》卷三九《轉對狀》，文淵閣《四庫全書》本，第384頁。
⑩ 《文獻通考》卷一〇七《王禮二·朝儀》，第971頁。

廷急務，或刑獄冤濫，百姓疾苦，咸采訪以聞，仍須直書其事，不在廣有牽引”①，“國瘢時病，吏蠹民艱，悉冀敷陳”②，“無以觸諱爲懼”③。如果“事關急切者，許非時拜詣閤上章”④。每位轉對官員每次在奏章中可以提出多條建議，北宋官員文集中常可以看到題爲《轉對言三事狀》、《轉對條上三事狀》、《轉對條上四事狀》等字樣的奏章⑤，説明不少官員還是比較重視這一奏事機會，希望能夠盡可能多地爲朝廷提供個人意見。但是，也有一些官員無事可奏，視轉對爲負擔。他們對朝廷政務實在沒有想法可提，甚至拜托他人幫助自己擬一份轉對章奏，應付了事。北宋前期名臣楊億的文集中，就保存了一些題爲《代人次對奏狀》、《代人轉對論太學狀》的奏狀⑥，其“代筆”行爲一目了然。由於轉對是提前準備好章奏，官員轉對時只是照着章奏念一遍，君臣之間一般沒有過多的個人交流，所以這種“代筆”行爲一般也不會露陷。熙寧元年（1068）知諫院楊繪曾經在上疏中説道：

> 今之轉對者，前一日入奏於上閤，至其日再拜於上前而退，則所奏之事有可采者，或假手於人，若因而進用之，則僞濫者何由而甄別乎？欲乞先觀其言，設有可采，即於轉對之時召而訪以事，閲其能否真僞之狀。⑦

因爲當時轉對中存在章奏“假手於人”的情況，所以楊繪擔心，如果單純按照轉對章奏來甄別人才，恐怕會有濫進之徒。他建議神宗事先閲覽轉對章奏，如果認爲其内容有可取之處，就在次日轉對時與該名官員多作交流，以甄別其人才真僞。但從後來的轉對實施情況來看，這一意見似乎並未被采納。

另外，爲防範壅蔽、拓展言路，北宋在轉對時，往往會一併命“在外文武群臣未預次對者，各許上章奏事”⑧。例如咸平四年（1001），金州知州陳彭年就曾上疏真宗，其開頭云：“臣準詔，在朝文武百官舉行轉對，在外群臣各許上章奏事者。”⑨是爲一例。此外，不拘泥於日常轉對，如果朝廷遇到大事或災異等特殊情況，也會下詔命百官上書言事，以廣言路⑩。

轉對官所提出的意見是否能夠被朝廷采納，則需要等轉對結束，君主詳細閲讀其奏章後才有結果。真宗咸平三年（1000），曾下令自今後起“有司別録轉對章疏一本留中”⑪，以便君主閲覽。但實際上，由於北宋君主日常政務繁忙，這些轉對奏章一般並不會由君主親自過目。太祖建隆三年首次舉行轉對時，其轉對章奏是“下尚書省集官參詳，其有裨政治

　　① 《長編》卷三，建隆三年二月甲午條，第62頁。

　　② 《宋會要輯稿》職官六〇之二。

　　③ 《宋史紀事本末》卷七“太祖建隆以來諸政”條，中華書局1977年版，第38頁。

　　④ 《長編》卷三，建隆三年二月甲午條，第62頁。

　　⑤ 如蘇軾：《蘇軾文集》卷二九《轉對條上三事狀》，第819頁；范祖禹：《范太史集》卷二二《轉對條上四事狀》，第269頁；《長編》卷四六三，元祐六年八月戊子條云：“知開封府范百禄轉對，言三事……”（第11047頁）

　　⑥ 楊億《武夷新集》卷十七《代人次對奏狀》、《代人轉對論太學狀》，文淵閣《四庫全書》本，第562、567頁。

　　⑦ 楊繪《上神宗乞因轉對召訪以事閲其能否》，《宋朝諸臣奏議》卷七七，第835頁。

　　⑧ 韓援《上真宗論勤政》《宋朝諸臣奏議》卷二十，第191頁。

　　⑨ 陳彭年《上真宗答詔五事》，《宋朝諸臣奏議》卷一四五，第1653頁。

　　⑩ 司馬光《司馬光集》卷三四《乞轉對劄子》云：“臣竊見祖宗之時，累曾令朝臣轉對。或遇災異，更廣求直言。”（第798—799頁）

　　⑪ 《長編》卷四七，咸平三年十二月壬子條，第1033頁。

可施行者以聞"①。此後基本由君主指定宰執、侍從、館職等近臣一一閱讀審核,從中挑選出言之有物、確有見地的内容,列出名單後提交給君主,以供君主采納②。如熙寧三年(1070)轉對後,神宗下令:"百官轉對章奏,分委館職看詳,所陳當否,送司馬光詳定,令中書取旨。"③則分出了"看詳——詳定——取旨"這三道前期轉對章奏的處理常式。

三、合併:北宋後期的月朔轉對

如前所述,北宋前期存在兩種不同的奏對活動:一是月朔文德殿(宋初一度在崇元殿)入閣時舉行的待制、候對官奏事,這直接繼承自唐代入閣時的待制、次對制度;二是五日一次内殿大起居時舉行的百官轉對奏事,這直接繼承自五代後唐明宗發明的大起居轉對制度。二者制度源頭本不相同,但在防範壅蔽的設計精神上則一脈相承。

後唐明宗發明大起居轉對制度,本是因爲唐代入閣待制、次對制度在五代已經廢罷,當時爲防止君臣隔絶,所以發明轉對制度作爲彌補。但是,北宋前期同時恢復這兩種奏對活動,就造成制度上的重複。由於大起居轉對活動的頻率更高,官員範圍更廣,持續時間更長,而月朔入閣儀式本身就時斷時續,因此北宋前期更重視大起居轉對,而月朔入閣時的待制、候對奏事,則並不經常舉行,甚至到真宗以後,就鮮有記載。自北宋中期開始,史料中基本只剩下關於大起居轉對的記録。

由於月朔入閣待制、候對(次對)活動與大起居轉對活動,二者在稱呼、做法、功能等方面都十分相似;自北宋中期開始,月朔入閣待制、候對活動又逐漸廢罷不舉;加上唐五代以來制度本就混亂。因此北宋中後期開始,便出現將二者稱謂混淆的情況。如楊億《武夷新集》卷十七有《代人次對奏狀》,開頭云"臣次當轉對……"④則標題中應是"轉對",而誤作"次對"。如宋真宗咸平三年(1000)頒布的《諭群臣上言無諱詔》中,開頭云"順考前規,舉行轉對",其後又説"其未預次對群官,各許上章奏事"⑤,也是將"轉對"誤稱作"次對"。久而久之,"轉對"、"次對"這兩種稱謂在北宋便逐漸通用,都用作"轉對"之意。

熙寧三年(1070)五月,神宗下令廢除月朔入閣儀式⑥。如此一來,依托於入閣時舉行的待制、候對官奏事活動便徹底廢除。廢除入閣禮後,君主每月朔坐文德殿接受群臣朝參時,缺少正式的正衙立仗儀式。於是同年六月,朝廷又重新制定了一套月朔文德殿朝參儀

---

① 《長編》卷三,建隆三年九月癸酉條,第72頁。

② 例如《宋史》卷十五《神宗本紀二》記載:"(熙寧三年五月)壬寅,詔令司馬光詳定轉對封事。"(第276頁)《宋史》卷三〇四《范諷傳》記載:"百官轉對,敕近臣閲視其可行者,類入以聞。"(第10062頁)王存《上神宗乞收百官轉對封章留中采擇》云:"今又不然,罷近臣看詳而悉付中書執政之大臣。"(《宋朝諸臣奏議》卷七七,第836頁)《長編》卷二一一,熙寧三年五月戊戌條記載:"詔集賢校理孫洙、館閣校勘蒲宗孟同看詳轉對封章。"(第5122頁)《長編》卷二一六,熙寧三年十月戊午朔條記載:"命直史館李壽朋詳定百官轉對封章。"(第5251頁)

③ 《長編》卷二一一,熙寧三年五月壬寅條,第5123頁。

④ 楊億:《武夷新集》卷十七《代人次對奏狀》,第562頁。

⑤ 《宋會要輯稿》職官六〇之一、帝系九之四。

⑥ 《宋史》卷十五《神宗本紀二》云:"(熙寧三年五月)壬子,罷入閣儀。"(第276頁)

式①。《宋會要輯稿》儀制一之二四、一之三十分別記録有熙寧三年五月前後兩套月朔文德殿朝參儀式的過程，其中有一個頗有意思的區别：前者是仁宗景祐三年（1036），朝廷命知制誥李淑等重新修訂過的《閣門儀制》，其過程大致按照北宋前期做法，只是"省去繁文"而已。其中在朝參儀式結束後，有一段關於待制、候對官先後奏事的安排：

> 次待制、候對官並至奏事位，再拜。先待制官前，奏事畢，宣"所奏知"，歸位。次候對官如上儀，歸位。再拜舞蹈，舍人贊"好去"，分班至揖殿位，揖訖，出。②

後者是神宗熙寧三年六月，廢除入閣儀式後，命學士韓維等人重新制定的月朔文德殿朝參儀制。這套新儀制在一定程度上參照了北宋前期入閣儀制，但在朝參儀式結束後，並没有關於上引待制、候對官奏事的安排，反而有一段關於"轉對官"的説明：

> 如罷轉對官，每遇御史臺前期牒請文官二員，並依轉對官例，先於閣門投進奏狀。吏部侍郎及刑法官立於轉對官之南……引轉對官於宣制石南，宣徽使殿上承旨宣答如儀……③

從這兩段引文來看，神宗熙寧三年廢除入閣禮後，在重新制定的月朔文德殿朝參儀制中，不再設有待制、候對官奏事環節；同時，將原本在五日內殿大起居時舉行的轉對活動，移置於此。

上文表三能夠印證這一點。表七羅列了筆者所能找到的北宋後期轉對的具體事例，自神宗熙寧四年（1071）至哲宗元祐七年（1092），一共六例，其中五例均是在月朔（初一）文德殿舉行，一例是在月望（十五日）舉行。北宋後期官員文集中，保留有一些《轉對狀》，其開頭也都云："五月一日文德殿視朝，臣次當轉對。"④"十二月一日文德殿視朝，輪當轉對奏事。"⑤"十月一日輪當轉對者。"⑥也能證明當時轉對都是在月朔文德殿舉行。據徽宗朝編纂的《政和五禮新儀》卷一三九"賓禮"之"文德殿月朔視朝儀"記載，在當時新制定的月朔文德殿朝參的一系列程式中，當群臣起居完畢後，接着就是"舍人引轉對官於奏事位立"，並由轉對官開始奏對環節，其具體做法是：

> 轉對官再拜，引班首出班，躬奏云："臣等次當轉對，所有管見，已詣東上閣門上進，干犯宸嚴，無任戰懼，屏營之至。"門下侍郎稱："所奏知。"退，還侍郎位。引轉對官舞位，揖，躬，贊再拜，隨拜三稱"萬歲"，贊各祗候，直身立，卷班，由西道出。⑦

據引文來看，雖然事實上，轉對章奏已經提前由東上閣門遞進，在月朔文德殿朝參當日，所謂"轉對"基本只是走個程式而已，這反映出北宋末年，月朔轉對活動很有可能存在"名存實亡"的問題。但《政和五禮新儀》中仍然保留了"轉對官奏對"這一環節，這至少説明，當時轉對活動仍然繼承神宗熙寧三年改革後的做法，是在月朔文德殿進行的。徽宗重和元

---

① 《長編》卷二一二，熙寧三年六月戊辰條，第 5147 頁；蘇頌《蘇魏文公集》卷五一《宋敏求墓誌銘》，中華書局 1988 年，第 775 頁。此儀式詳細過程，參見《宋會要輯稿》儀制一之三○；《文獻通考》卷一○八《王禮三·朝儀》，第 973 頁。

② 《宋會要輯稿》儀制一之二四。

③ 《宋會要輯稿》儀制一之三二。

④ 蘇轍《蘇轍集》卷四一《轉對狀》，中華書局 1990 年版，第 728 頁。

⑤ 范祖禹《范太史集》卷二二《轉對條上四事狀》，第 269 頁。

⑥ 程俱《北山集》卷三九《轉對狀》，文淵閣《四庫全書》本，第 384 頁。

⑦ 《政和五禮新儀》卷一三九《文德殿月朔視朝儀》，第 651 頁。

年(1118)，有臣僚在上疏中說："祖宗舊制，有五日一轉對者，今惟月朔行之。"①則在月朔文德殿朝參時舉行轉對的做法，自神宗熙寧三年改革後一直被延續下來，直到北宋末年依然如此。

南宋李心傳《建炎以來朝野雜記》一書中云："故事，百官五日一轉對。"②此"故事"其實只是北宋前期的情況。同爲南宋人撰寫的《隨隱漫錄》一書中說："凡卿監郎官至院轄書監以上，五日分輪一員上殿，論之輪對。"③"輪對"即"轉對"之意，其中"五日分輪一員上殿"是北宋前期的做法，而"卿監郎官至院轄書監以上"則是北宋後期的做法。

北宋後期，因爲月朔待制、候對(次對)活動久已廢罷；原本在五日內殿大起居時舉行的轉對活動則基本轉移到月朔文德殿舉行，所以當時人對"次對"、"轉對"兩種稱謂混同使用，都用作"轉對"之意。至南宋，則更不做區分，基本上只知有"轉對"，不知北宋前期曾有"候對"(次對)。今研究者根據北宋後期和南宋史料推論，便不容易發現北宋前期曾經存在兩種不同源頭的奏對活動，及其在北宋中後期合併的變化痕跡。

四、餘論

誠如司馬光所言，轉對"不惟考時政之得失，亦以觀群臣之能否也"④。轉對爲更大範圍的朝廷官員直接向君主奏事、獻言獻策提供了一條制度化渠道，不僅有助於君主防範壅蔽、拓展信息渠道、發掘人才，也有利於提高普通官員參政議政的積極性。與請對需要先經過中書門下審批相比，轉對不需要經過宰執審核一關，就能直接與君主對話。也就是說，轉對這一奏事渠道是不受宰執控制的，因此有些宰執對此比較警惕，唯恐有些不利於己的言論直接上達天聽。仁宗天聖七年(1029)三月曾下詔百官轉對，至次年八月不得已停罷，就是因爲"言事者頗衆，大臣不悦"之故⑤。這也從一個側面反映出，轉對具有便捷、直達的特點。

與唐、五代相比，北宋君臣面奏的渠道更多，頻率更繁，君主能夠直接與之溝通的官員範圍更廣。而對官員尤其是中央諸司長官來說，由於北宋君主在日常政務裁決中的地位更加突出，所以定期面見君主進行政務取旨或商議，也成爲他們處理日常政務時必不可少的環節。多層次的奏對渠道，一方面成爲君主走向日常政務前臺、加強集權統治的制度基礎，另一方面也有利於激發北宋官員參政議政的熱情，促進了"士大夫政治"的形成和展開。

(作者簡介：浙江大學古籍研究所、浙江大學宋學研究中心)

---

① 《宋史》卷一一八《禮二一》，第 2787 頁。
② 李心傳《建炎以來朝野雜記》甲集卷九"百官轉對"條，第 170 頁。
③ 陳世崇《隨隱漫錄》佚文，中華書局 2010 年，第 57 頁。
④ 司馬光：《司馬光集》卷三四《乞轉對劄子》，四川大學出版社 2010 年版，第 799 頁。
⑤ 《長編》卷一〇九，天聖八年九月丙辰條，第 2543 頁。

朱熹治国理念探讨

——讀《讀兩陳諫議遺墨》

汪聖鐸

内容摘要:《讀兩陳諫議遺墨》是朱熹表述其治國理念的重要文獻。這篇文章是針對陳師錫《與陳瑩中書》撰寫的,而陳師錫《書》又是針對陳瓘的《日録辨》撰寫的,陳瓘的《辨》則是針對王安石的《日録》撰寫的。所以,朱熹的《讀兩陳諫議遺墨》實際是批判王安石變法、荆公新學的重要著作,體現了其治國理念。這一理念的核心是要人們治心,首先是要統治者治心。這一治國理念在南宋被越來越多的人接受,最終成爲國家占統治地位的理念,但卻並未能扭轉南宋走向滅亡的歷史命運。

關鍵詞:朱熹　陳師錫　陳瓘　《日録辨》　《與陳瑩中書》　治心

《讀兩陳諫議遺墨》是朱熹表述其治國理念的重要文獻,近年來已得到學界重視,特別是學者在論述理學與荆公新學的同異時,多加徵引,且對此文内容多有討論。[①] 但是,專以此文爲研究對象者似尚未見,而關於此文的内容的認識,也似還有可討論之處,故筆者不揣淺陋,撰成此文,以期有抛磚引玉之效。

一、朱熹撰文時間及陳師錫其人

要深入理解《讀兩陳諫議遺墨》,必須要知曉此文是在什麽樣的背景下,針對什麽人寫的。要確定這篇文章的寫作時間和背景,先要搞清什麽是"兩陳諫議遺墨"。所謂"兩陳諫議遺墨"並不是指兩陳的全部著作,或者他們的全部奏議,而只是陳師錫寫給陳瓘的一封信的原稿。

關於此文的撰寫時間,朱熹的文集中並未注明,在我所見到的朱熹年譜中,也未見有所説明。筆者曾試圖從文章本身尋找線索,文中言及朱熹往年曾侍汪澈(上饒汪公)議論王安石《日録》,而"又歎汪公之不可復見"。則此文應撰於汪澈去世之以後,即乾道七年八月以後。文中又言及,朱熹曾於"己未八月"爲"精舍諸生"講學。據此,則此文應撰於"己未"年以後。然而,在朱熹的有生之年内,只有二個"己未"年,即紹興九年(1139)及慶元五年(1199)。紹興九年時朱熹年僅十歲,不可能有講學事。慶元五年是朱熹去世的前一年,他

---

① 高紀春:《論朱熹對王安石的批判》,《晉陽學刊》1994 年 5 期;蕭鋼:《論朱熹對王安石新法新學的批判繼承》,《河北學刊》1990 年 3 期;李華瑞、水潞《南宋理學家對王安石新學的批判》,《河北大學學報》2001 年 2 期。

於次年三月去世,當時黨禁很嚴,病重中的朱熹是否能給諸生講學也令人持疑。我懷疑"己未"爲"乙未"的形近誤。文中所言及的講學時間似是乙未年即淳熙二年(1175)。此文撰寫時間應在淳熙二年以後不久。文中言及"今觀閑樂陳公(陳師錫)遺了齋陳公(陳瓘)表槁",查閱文獻,可以見到二篇與此有關的文獻,即周必大的《跋閑樂居士陳師錫與了翁陳瓘論王氏日録書》①及史浩的《跋閑樂先生論金陵日曆書》②,請看下引:

> 陳了翁以元符庚辰八月爲司諫,雖論《裕史》不當用《日録》,然多是王介甫而非蔡卞。明年八月,自都司出守海陵,閑樂先生實遺以書。其後了翁猶有《合浦尊堯》之作。大觀四年,始因星變,復上《四明尊堯集》及《尊堯餘言》痛悔前作,則此書爲有助矣。淳熙丁酉(四年),予判史部南曹,閑樂之孫昌年適來調官,出示遺墨,乃畧考歲月而歸之。五月二十五日。(周必大文)

> 尊君人臣之忠,責善友朋之義。閑樂先生此書,可謂兩盡。淳熙戊辰上已,先生孫昌年爲明之録參,不鄙獲垂示,再拜一觀,悚然敬慕,其在於昔,夷惠清和,百世聞風,尚皆興起,矧親目忠義之言耶。(史浩文)③

據此可知,淳熙四年時發生了一件事,即陳師錫的孫子陳昌年找到了陳師錫崇寧年間寫給陳瓘的一封信,信的內容是關於陳瓘《尊堯集》及王安石《日録》的。周必大與史浩都是宋孝宗的近臣,也是當時文化界的名人,他們都專門爲此封書信撰文,說明此事在當時造成了相當的影響。那麼,這封信是否就是朱熹于文中講的"閑樂陳公(陳師錫)遺了齋陳公(陳瓘)表槁",答案應是肯定的。因爲此信文今天尚能尋到,它就是收録于《宋文鑒》中的《與陳瑩中書》④。仔細閱讀陳師錫的《與陳瑩中書》,再讀朱熹的《讀兩陳諫議遺墨》,可以很直觀地得出結論:後文是完全針對前文的,甚至可以説,後文是逐條批駁前文的。由此,我們可以推定,朱熹寫這篇文章的時間是淳熙五年前後。朱熹爲什麼要專門針對陳師錫撰文呢? 陳師錫是怎樣一個人,他爲什麼要給陳瓘寫這封信呢?

《宋史》有《陳師錫傳》⑤,內載:"陳師錫字伯修,建州建陽人。熙寧中,遊太學,有儁聲。神宗知其材,及廷試,奏名在甲乙間。帝偶閱其文,屢讀屢歎賞,顧侍臣曰:'此必陳師錫也。'啟封,果然。擢爲第三,調昭慶軍(湖州)掌書記。"又據李燾記,陳師錫登進士第的具體時間是熙寧九年。可知,陳師錫在太學學習的時間是熙寧年間,而且在校期間已相當有知名度,以至連皇帝對他的文風都有瞭解。這些記載同時表明,陳師錫最初應不是反對王安石變法的人,因爲此時期科舉被録取者,一般都是擁護新法的人。而且此前,官方已對太學作了整頓,罷免了那些反對新法的學官,太學給他灌輸的應當也是王安石新學。

不過,隨後情況就有了變化。因爲陳師錫被安排的官職是昭慶軍(湖州)掌書記,即湖州知州的助手,而當時湖州知州是舊党官員蘇軾。不久,就發生了烏台詩案,在對待此事的態度上,陳師錫的表現引人注意,史載:"軾得罪捕詣台獄,親朋多畏避不相見,師錫獨出餞之,又安輯其家。"此事並未影響到他的升遷。史載他改任知臨安縣後,又進升爲監察御

---

①　周必大:《文忠集》卷一七,文淵閣《四庫全書》本。

②　史浩:《鄮峰真隱漫録》卷三六,文淵閣《四庫全書》本。

③　按淳熙無戊辰年,此"戊辰"當爲"戊戌(淳熙五年)"之形近訛。

④　吕祖謙《宋文鑒》卷一二〇,文淵閣《四庫全書》本。

⑤　《宋史》卷三四六《陳師錫傳》,中華書局 1977 年版。

史(李燾繫此事于元豐六年八月)①。監察御史品階雖不高,卻是很特殊的職務,通常是得到朝廷信任者才能擔任,被時人認爲是進一步升遷的臺階。但恰在此時陳師錫得罪了最高統治者。史載:"時詔進士習律。師錫言:陛下方大闡學校,用經術訓迪士類,不應以刑名之學亂之。夫道德本也,刑名末也。教之大本,人猶趨末,況教之以末乎!望追寢其制,使得悉意本業。用事者謂倡爲詖説,出知宿遷縣。"撰史者上對此事作了淡化處理,實際情況比其所述要嚴重。李燾記:"[元豐六年十二月]壬申,詔監察御史陳師錫送吏部。師錫乞罷貢舉及太學試律義,使學者得專意經術。上批:'朝廷比年修廣學校,訓迪士類,兼用經術、法令,長育人材,俾之成就,以充任使,從政以法令爲本,師錫不達朝廷造法大意,乃欲罷諸生習律,倡爲詖説,惑亂士聽'故也。"②可知,要懲處陳師錫的不是尋常"用事者",而是宋神宗本人。宋神宗給陳師錫定的罪名是"倡爲詖説,惑亂士聽"。陳因此被逐出京師。綜前所述,在宋神宗在位時期,在新、舊兩黨激烈地鬥爭中,我們很難判定陳師錫的政治傾向。儘管他同情蘇軾,我們不能因此就斷定他傾向舊黨。儘管他反對律學,但興辦律學並不是新法最重要的內容,我們也不能因此説他傾向舊黨。在新、舊兩黨爭論最激烈的青苗錢、免役法、市易法等問題上,我們找不到表明陳師錫態度的記載。

在舊黨上臺執政的元祐年間,《宋史·陳師錫傳》主要只記了二件事,一是蘇軾對他的熱情推薦(陳因此得到館職),二是陳師錫建議改革薦舉法。當時舊黨大張旗鼓地進行的批評新法,彈劾新党大臣的活動,似乎都同陳師錫無關(至少是不見記載)。在新党重新執政的紹聖、元符年間,《宋史·陳師錫傳》更是一掠而過,只講他擔任了知宣州等職務,連政績都未言及。

陳師錫的主要政治建樹,大約是在宋徽宗在位時期。《宋史·陳師錫傳》載:

> 徽宗立,召拜殿中侍御史。疏言:"元豐之末,中外洶洶矣。宣仁聖后再安天下,委國而治者,司馬光、呂公著爾。章惇誣其包藏禍心,至於追貶。天相陛下發潛繼統,而惇猶據高位,光等贈諡未還,墓碑未復,願早攄宸略,以慰中外之望。"蔡京爲翰林學士,師錫言:"京與弟卞同惡迷國誤朝,而京好大喜功,鋭於改作,日夜交結内侍戚里,以覬大用。若果用之,天下治亂自是而分,祖宗基業自是而隳矣。京援引死黨至數百人,鄧洵武内行汙惡,搢紳不齒,豈可淬穢史筆。向宗回、宗良亦陰爲京助,是皆國之深患,爲陛下憂,爲宗廟憂,爲賢人君子憂。若出之於外,社稷之福也。"帝曰:"此於東朝有礙,卿爲我處之。"對曰:"審爾。臣當具白太后。"遂上封事言:"自昔母后臨朝,危亂天下,載在史册,可考而知。至於手書還政,未有如聖母退抑謙遜,真可爲萬世法。而蔡京陰通二向,妄言宮禁預政以誣聖德,不可不察也。"改考功郎中……出知潁、廬、滑三州,坐黨論,監衡州酒,又削官置郴州,卒,年六十九。師錫始與陳瓘同論京、卞,時號二陳,紹興中,贈直龍圖閣。③

據上引,宋徽宗在位時期,陳師錫表現出明顯的舊黨傾向,讚揚宣仁太后、司馬光、呂

---

①　李燾《續資治通鑑長編》(以下簡稱《長編》)卷三三八元豐六年八月癸未。中華書局 2004 年版。

②　《長編》卷三四一元豐六年十二月壬申。

③　參見《皇朝編年綱目備要》(許懷藻等版,中華書局 2006 年版,下同)卷二六,《長編紀事本末》卷一二〇《逐惇卞黨人》、卷一三一《蔡京事蹟》

公著,反對章惇、蔡卞、蔡京。因此,他被當權者列入元祐黨籍中。關於陳師錫的去世時間,傳中失載。南宋費袞記:"閑樂陳公伯修,宣和三年以祠官居南徐",夢見天帝召見他,並委任他爲仙官,隨即去世。[1] 則他去世于宣和三年。傳中講"紹興中贈直龍圖閣",不當。據李心傳記,宋廷于紹興元年贈陳師錫直龍圖閣,紹興七年,又加贈諫議大夫。[2] 此前,靖康年已贈陳瓘諫議大夫。所以,南宋人稱陳師錫、陳瓘爲二諫議,是因爲二人都有諫議大夫的贈官(兩人生前擔任的官職都遠低於此)。陳師錫被後人稱道的突出政績是彈劾蔡京,這是因爲蔡京是宋徽宗在位時期最受信任的宰相,後人一般認爲他應對北宋滅亡負直接責任。

二、陳瓘的《日録辨》與《尊堯集》

朱熹在《讀兩陳諫議遺墨》中講,陳師錫給陳瓘寫信的時間是"建中、崇寧之間",陳瓘因彈劾蔡京被貶之後,且進一步推斷爲在陳瓘被貶于袁州的崇寧初年。周必大的推斷與朱熹接近而稍早,認爲此信寫于陳瓘被貶於海陵(泰州)時,即建中靖國元年的下半年。陳師錫的信中言及,他是針對陳瓘的《日録論》發議論的。如果朱、周二人的判斷正確,則所謂《日録論》應是指陳瓘的《日録辨》,它撰于陳瓘在"都司"任職(權給事中)時。《日録辨》包含了稍後寫成的《合浦尊堯集》的基本内容。要明白陳師錫給陳瓘寫信的原因,必須先瞭解二陳之間的關係及陳瓘爲什麽要撰寫《日録辨》。

費袞記:"閑樂先生陳公伯修師錫在太學與了翁友善。"又記了一段傳奇故事,講二人射雁,陳師錫射中了第一群中的三隻,陳瓘射中了次一群中的三隻,結果二人在前後二次科舉考試中分別作了第三名,且擔任的職務都是昭慶軍(湖州)掌書記。[3] 這一傳奇故事並非完全杜撰,陳師錫是熙寧九年科舉的第三名,陳瓘是元豐二年科舉的第三名,二人確是前後任的昭慶軍掌書記。與陳師錫不同的是,陳瓘在宋神宗、哲宗在位期間,似乎同舊黨没有接觸(他同劉安世的接觸似是在宋徽宗時期)。相反,他同新党大臣章惇、曾布、蔡卞筆的關係卻非同一般。陳瓘在湖州任職不久,就調任越州,越州的知州是王安石的女婿蔡卞。蔡卞對陳瓘很好,多有照顧,並曾向朝廷舉薦陳瓘。隨後,陳瓘又遇到章惇,章惇對陳瓘的才華也很賞識,提拔陳瓘任太學博士,甚至一度想讓陳瓘作自己的女婿。當陳瓘得罪當局被貶時,曾布又在哲宗面前爲陳瓘辯解。元符末年,陳瓘被召回京,應也與曾布直接相關。對此,已有學者作過論述,此不贅引。值得注意的是,早在紹聖初年,陳瓘就有了調和新、舊二黨的主張:

> 紹聖初,章惇以宰相召,道過山陽,瓘適相遇,從眾謁之。惇聞瓘名,獨請登舟,共載而行,訪以當世之務……瓘曰:"請以所乘舟爲喻,偏重其可行乎?或左或右,其偏一也。明此則可行矣。"……瓘復曰:"上方虛心以待公……敢問將欲施行之序?

---

[1] 《梁溪漫志》卷三《閑樂異事》,文淵閣《四庫全書》本,另見趙與時《賓退録》卷六,上海古籍出版社1983年版。

[2] 李心傳:《建炎以來繫年要録》卷四三紹興元年夏四月壬辰,卷一一七紹興七年十一月丁未,中華書局2013年版。另參李彌遜:《筠溪集》卷五《陳師錫贈諫議大夫》。

[3] 《梁溪漫志》卷三《射鴈堂》。

……"惇復竚思良久曰："司馬光奸邪,所當先辨,勢無急於此。"瓘曰："公誤矣,此猶欲平舟勢而移左以置右也,果然,將失天下之望矣。"惇屬色視瓘曰："光……不務纂紹先烈,肆意大改成緒,誤國如此,非奸邪而何?"瓘曰："不察其心而疑其跡,則不爲無罪。若遂以爲奸邪,而欲大改其已行,則誤國益甚矣。"乃爲之極論……爲今之計,唯當……消朋黨,持中道,庶可以救弊。[①]

陳瓘與新黨矛盾的發展,大約因如何評價和對待王安石的問題上產生分歧。此事發生在紹聖三、四年間。陳瓘自己回顧説

初在太學,與林自同爲博士,自以主張國是自任,爲蔡卞所厚。自之言曰:神考知王荆公之不盡,尚不及滕文公之知孟子也。士大夫固駭其言矣。蔡卞引選人常立爲假通直郎、崇政殿説書,又力薦之,請賜對。對之明日,復請躐除侍從官。哲宗謂卞曰:"立詆神考而卿薦之,何也?"又顧章惇曰:"卿不見其語乎。"惇謝不知,因請其語。哲宗怒曰:"語在《常秩行狀》,其語云:自安石罷相以後,民生塗炭。又云:自秩與安石去位,而識者知政事必敗。其尊厚安石而詆薄先烈如此。卞薦之何也?"即命中使史院取《秩行狀》,哲宗親指塗炭必敗四字以示宰執,惇以下皆頓首謝罪,請貶立。退擬立監壽州酒税。給事中葉祖洽駁曰:'立詆毀先烈,謫輕地近。'乃改立永州監酒,而撰秩行狀者某人特勒停。……紹聖四年春,自校書郎謁惇求外補,因問惇曰:"主上聖孝篤於繼述,然今日廟堂之所謂繼述者述神考乎? 述荆公乎?"因道林自滕文公之語……惇默然。自是惇呼林自罵斥之。惇、卞自此不咸。[②]

又講:

紹聖四年,蔡卞薦太學博士薛昂上殿,昂乞罷講筵進讀史官書,而專讀王安石《日録》《字説》。哲宗怒曰:"朕方稽考前代以監得失。薛昂俗儒(一作諂佞)妄言,可不黜乎。"[③]

新黨蔡卞、常立、薛昂等對王安石的過度讚美,包含了貶低宋神宗的意思,引起了宋哲宗的反感,也激發了陳瓘的反感。這顯然爲後來陳瓘撰《尊堯集》作了鋪墊。

元符三年正月,徽宗即位,向太后垂簾聽政。向太后是主張調和新舊二黨的,這使政局發生了大變化。對於剛上臺的宋徽宗而言,他最急迫的是要搞掉反對他當皇帝的宰相章惇。於是,有舊黨傾向的韓忠彥被任命爲宰相。又提拔了陳自升、豐稷、陳瓘、龔夬、鄒浩、任伯雨、陳師錫等一批人任台諫官。這些人都不同程度地同情舊黨,而不滿章惇、蔡卞、蔡京等的所作所爲。這些人不負所望,很快地就展開了對宰相章惇的彈劾。由於蔡卞(時任尚書左丞)、蔡京(時任翰林學士承旨)是章惇的死黨。在彈劾章惇的同時,也必然地對二蔡展開了彈劾。時任右正言的陳瓘在彈劾蔡卞時,又將"尊私史以壓宗廟"作爲蔡卞的罪行提出:"臣伏聞王安石《日録》七十餘卷,具載熙寧中奏對議論之語,此乃人臣私録之書,非朝廷之典册也。自紹聖再修《神宗實録》之書,請以此書疏付史院,凡《日曆》、《時政

---

① 《長編》卷四八五紹聖四年夏四月乙未。參《宋史》卷三四五《陳瓘傳》。

② 《長編》卷四八五紹聖四年夏四月乙未注引陳瓘自序。

③ 《長編》卷四九二紹聖四年冬十月癸未、卷五〇一元符元年八月辛醜注引陳瓘《尊堯録》。

記》及神宗禦集之所不載者,往往專據此書。"①"卞以繼述神宗爲名,以纂紹安石爲主,立私門之好惡以爲國是,奪宗廟之大美以歸私史"。② 在任伯雨、陳瓘等的彈劾下,當年五月,蔡卞被罷尚書左丞,逐出京城。(紹聖二年十月爲右丞,凡六年)陳瓘此後又建議重修《神宗實録》,被朝廷採納。九月,章惇被罷免宰相。這時,陳瓘發現蔡京被委任負責編修《哲宗實録》,立即加以反對。奏疏中言及:"昔者爲修《王安石日録》專一局,今者爲修《哲宗實録》則兼官而已。王氏尊於神考,蔡氏重于哲宗"。③ 十月,贊同調和新舊二党的曾布任宰相。這時,陳瓘卻因指責外戚向氏幹政及要求向太后還政遭外貶,出京任監當官。建中靖國元年三月,陳瓘被召回京任權給事中,隨加著作佐郎、實録院檢討。此年八月,陳瓘上《日録辨》,指責蔡卞篡改王安石《日録》,借抬高王安石,貶低宋神宗。又指責宰相曾布"尊私史以壓宗廟","緣邊費而壞先政"。於是,陳瓘被再次貶出京城,任知泰州。④ 崇寧元年,政局急劇變化。宋徽宗決定放棄調和新、舊二党的方針,而重新"紹述神宗聖政"。此年三月,蔡京被召回京,重任翰林承旨兼修國史。五月,韓忠彦被罷免宰相。蔡京被任命爲尚書左丞。朝廷下令,重新追貶元祐舊党司馬光等的官爵。這當中,陳瓘也被罷知州,改任管勾沖佑觀。閏六月,曾布被罷免宰相。七月,蔡京被任爲宰相。九月,頒佈元祐党、元符上書人的名單,確認其有罪,禁止元祐學術。陳瓘被列于元符上書有罪的名單,崇寧二年正月,被除名,編管廉州。⑤ 陳師錫給陳瓘的信,就是在這一背景下寫的。

　　這裏還應述及陳師錫給陳瓘寫此信後的一些情況。因爲陳瓘在廉州撰成了《合浦尊堯集》。令人不解的是,在此書中陳瓘並没有接受陳師錫的批評,《合浦尊堯集》大抵是《日録辨》的擴充版,基本觀點没有改變,仍是集中批評蔡卞,没有批評王安石。崇寧五年正月出現彗星,朝廷大赦元祐党人。陳瓘被恢復人身自由,於是遷居慶元府(原明州)他又撰寫了《四明尊堯集》(陳瓘大觀四年三月離明州,書應撰於此前)。《四明尊堯集》同《合浦尊堯集》相比,發生了根本性變化,即由針對蔡卞改爲針對王安石,對王安石的評價也由聖人轉變爲罪人,甚至講司馬光對王安石評價過高是犯了誤國之罪。對此,陳瓘自己作了説明:

　　　　昨在諫省,嘗以王荊公比伊尹。伊尹未嘗詆湯,胡可比也。又嘗以爲神考之師。神考用荊公止九載,何嘗終以其人爲是乎。瓘之前言可謂過矣。於是復著《四明尊堯集》痛絶王氏,以發揚熙寧用舍宰臣本末之緒,而自明區區改過之心。⑥

　　陳瓘的轉向,應與宋徽宗時期對王安石的過度推崇直接有關。在宋哲宗在位後期,在蔡卞等的推動下,宋廷已將王安石配享神宗廟庭,並將王安石的《三經新義》《字説》等列爲科舉教材。宋徽宗崇寧三年六月,宋廷下令王安石配享孔子廟庭,其位置僅次於顏回、孟子。崇寧四年五月,學士院頒《王安石贊》:"孔孟云遠,六經中微。斯文載興,自公發揮。

　　① 趙汝愚:《宋朝諸臣奏議》卷六〇陳瓘《上徽宗乞别行删修紹聖神宗實録》,上海古籍出版社 1999 年版。

　　② 《皇朝編年綱目備要》卷二五。

　　③ 《宋朝諸臣奏議》卷六〇陳瓘《上徽宗論哲宗實録不當止差蔡京兼修》。

　　④ 楊仲良:《長編紀事本末》卷一二九《陳瓘貶逐》,北京圖書館出版社 2003 年版。

　　⑤ 《長編紀事本末》卷一二九《陳瓘貶逐》、《宋史》卷一九《徽宗本紀》。

　　⑥ 《皇朝編年綱目備要》卷二八引陳瓘對劉安世言。參《宋史全文》卷一四、徐自明《宋宰輔編年録》卷一二,中華書局 1986 年版;吕中:《類編皇朝大事記講義》卷二二,上海人民出版社 2014 年版。

推闡道真，啟迪郡迷。優入聖域，百世之師。"①尤其是崇寧三年，辟雍建成，内設王安石坐像，而宋徽宗親臨太學及辟雍，禮拜孔子，自然也就等於向王安石像行禮，更使得陳瓘感到無法容忍。又據載，"蓋辟雍初成之日，〔何〕執中請開學殿，使都人縱觀安石坐像。"②南宋岳珂亦述："初，崇寧既建辟廱，詔以荆公封舒王，配享宣聖廟。肇創坐像，了翁憤之，並於奏牘寓意。其略曰：'代言之筆，盡目其徒爲儒宗，首善之宫。肇塑其形爲坐像，禮官舞禮而行詔，吏書獻佞而請觀光乎。仲尼乃王雱聖父之贊，比諸孔子，實卜等輕君之情……又況一人幸學，列辟班隨，至尊拜伏於爐前，故臣驕倨而坐視，百官氣鬱，多士心寒，自有華夏以來，無此悖倒之禮……'"③另陳瓘在《四明尊堯集序》中還講到：王安石子王雱"雱爲安石畫像贊曰：'列聖垂教，參差不齊。集厥大成，光乎仲尼。'蔡卞書之，大刻于石，與雱所撰諸書經義並行於世。"④在陳瓘看來，蔡卞、蔡京等的尊王安石、貶低皇帝的行爲非但没有收斂，反而變本加厲地越走越遠，他的態度也就由反對二蔡發展到反對王安石本人了。

三、陳師錫給陳瓘的信

瞭解了陳師錫其人，瞭解了陳瓘爲什麼要寫《日録辨》及《尊堯集》，才能讀懂陳師錫寫給陳瓘的信。但是，必須説明，陳師錫給陳瓘寫信時所看到的，卻不是二部《尊堯集》，而僅是《日録辨》。在他寫給陳瓘的這封信中，他都表述了哪些意見呢？一，陳師錫提出：《日録》不僅是私史，而且是誣僞之書、詆謗之書。他説："昔嘗見葉致遠言：荆公晚年自悔作此書，臨終命門人焚之。卞焚他書以給公。公殂，卞〔缺〕縱橫撰造，恣逞私意，甚者至於因事記言爲異日自便之計。"顯然，他認爲，《日録》原本就有誣僞、詆謗的内容，王安石生前已悔寫此書，蔡卞又增加了誣僞、詆謗的内容，而誣僞、詆謗的針對者，應該就是宋神宗。二，陳師錫反對陳瓘贊許王安石爲聖人、伊尹，他説："然吾友謂安石聖人也，與伊尹同伴，此何言之過也。吾輩在學校時，應舉覓官，析字談經，務求合於有司，不得不從其説。"他承認，自己在太學時也講過這類話，但那是被迫不得已。三，陳師錫廢《春秋》是錯誤的，他説：《春秋》"孔子之所作也。先儒斷天下之事，決天下之疑者，《春秋》也，安石廢而不用，正君臣，定名分，《春秋》之法也。"四，由《春秋》的正君臣、定名分，陳師錫進一步提出，王安石在君臣關係上的説法是錯誤的。他説："安石治平中唱道之言曰：道隆德駿，雖天子北面而問焉，與之迭爲賓主。夫天尊地卑不可易也，明此南面堯之爲君，明此北面舜之爲臣，自古未有君而北面者。安石以性命道德爲説，乃謂君可北面與臣迭賓主耶。"五、陳師錫反對陳瓘的王安石是宋神宗師的説法。他説："吾友謂安石神考師也，此何言之失也。神考於熙寧間兩相安石，首尾不過九年，逮元豐之親政，安石屏棄金陵凡十載，終身不復召用，而亦何嘗師之有。"六、陳師錫認爲王安石盡廢祖宗成憲，遠取渺茫不可稽考的三代之法是錯誤的。他説："自古有天下之君，未嘗不守祖宗之成憲，明訓後世子孫，妄爲更張，鮮不召亂，

① 《長編紀事本末》卷一三〇《尊王安石》。
② 《皇朝編年備要》卷二七、《宋宰輔編年録》卷一二。
③ 嶽珂：《桯史》卷一一《尊堯集表》，中華書局1981年版。按岳珂所記有小誤，即王安石封舒王在政和年間，在陳瓘撰成《四明尊堯集》之後。
④ 《宋文選》卷三二。

豈有掃蕩我祖宗之憲之訓,遠取三代渺茫不可稽考之事力行之者。"七、陳師錫不贊同説王安石有剗弊革故之功。他説:"吾友又曰:安石有剗弊革故之功。此何言之陋也。祖宗之法行之幾百年……法則久而必弊,因其弊而革之,雖弊不窮。仁皇之末,適當因革之時,而神考初政有爲,必有剗弊革故之臣,苟得忠厚之人,則祖宗之法尚可因弊革故,再新無窮。不幸遇安石,力掃痛蕩,一切顛倒之……於今……成敗可見。風俗之醇醨于祖宗時如何,廉恥之廢立于祖宗時如何,人才之美惡于祖宗時如何,民力之貧富于祖宗時如何?……愚恐更一二十年,事窮力彈弊蠹百出,土崩瓦解之勢見……若謂剗弊革故之功,非敢聞也。"陳師錫認爲王安石變法的效果很壞,並預言一二十年後國家會土崩瓦解。八、陳師錫不贊同講王安石有講解經義之能。他説:"吾友又謂安石有講解經義之能,有作成人才之功,此何言之蔽也。安石之學,本出於刑名度數,性命道德之説,實生於不足,解經奧義皆原于鄭康成、孔穎達,旁取釋氏,表而出之,後學不考其本,因受其欺耳。"[1]陳師錫的信可謂短小精悍,句句無廢言,而重點在批評王安石。他對王安石新學、新法都表示了不贊同的態度。這是他同當時的陳瓘在認識上一個主要差異所在。而陳瓘從《日録辨》、《合浦尊堯集》到《四明尊堯集》的轉變,也主要表現在對王安石的態度上。所以,周必大認爲,陳師錫的信對陳瓘的轉變起了重要作用。

　　如前所述。陳師錫的信重新被發現,在當時造成了相當的影響。除了信的内容本身之外,也同當時的政治環境、思想文化學術環境有關。因爲隆興和議以後,戰事減少,動亂減少,社會環境相對安定。人們痛定思痛,不能不進一步思考北宋滅亡的歷史教訓。其實這種思考從北宋滅亡時即開始了。最高統治者爲了自身利益,以遵從孝道爲名,不允許過多地批評老皇帝,人們必然地把批評的矛頭指向掌權的新黨,指向當時當權的蔡京等。這時,人們便越發地注意到陳師錫、陳瓘的歷史功績,尤其是他們的大無畏精神,他們的卓識遠見。紹興初年,名臣李光在爲陳師錫的奏議集作序時就講:"是時蔡京方爲翰林學士承旨,雖明智之士,未能知其必亂天下也。公獨慨然論奏,條其過惡,章凡四五上而不已,且曰若果用京,則治亂自此分,祖宗基業自此隳。臣非自愛而憂之,蓋爲陛下憂,爲社稷憂,爲天下賢人君子憂。未幾,京遂爲執政,盡逐異已者,固寵市權,熒惑主聽,握國柄者幾三十年,諫争之路自此塞絶。卒之,强敵肆虐,生民塗炭,公之言始效於此,可不謂先見之明乎。司馬温公志吕獻可墓,稱其論列王安石於海内歸重之時,人主信任之際,以謂明達先識己所不及。若伯修可謂無愧於斯人矣。某嘗恨今世士大夫徒知稱誦陳瑩中,而知公者尚鮮。豈非造膝之言秘不敢傳乎?"名儒楊時先後撰寫《沙縣陳諫議祠堂記》、《南劍州陳諫議祠堂記》稱許陳瓘,其中説:"初,京爲翰林學士承旨,以辭命爲職,潛奸隱惡未形於事,雖位通顯世之人,蓋莫知其非也。公於是時,力言京不可用,用之必爲腹心患,宗社安危未可知也。聞之者往往甚其言,以爲京之惡不至是。已而陰結嬖幸,竊國柄,矯誣先烈,怙寵妄作,爲宗社禍,悉如公言。於是人始服公爲蓍龜也。昔王文公安石以學行負時望,神宗皇帝引參大政,士大夫相慶于朝,謂三代之治可以立致。吕公獻可獨以爲不然,抗章論之,雖文正温公猶以爲太遽,欲獻可姑緩之。未幾,多變更祖宗故事,以興利開邊爲先務,諸公雖悉力交攻之,莫能奪,其流毒至於今未殄也。故温公每謂人曰:獻可之先見,餘所不及,心

---

　　①　並見宋吕祖謙:《宋文鑒》卷一二○陳師錫《與陳瑩中書》。

誠服之。余以爲公之於京言之於未用之前，獻可于文公論之於既用之後，則公之先見，於獻可有光矣。二公之言蓋異車而同轍也。"①陳瓘的《尊堯集》，由於是針對王安石、蔡卞的，此間廣泛流傳，引起了宋高宗的注意，於是在紹興二十六年六月，宋廷下令給陳瓘追加諡號。李心傳記：

[紹興二十有六年六月乙卯]詔故贈右諫議大夫陳瓘特賜諡忠肅。先是，上謂輔臣曰："近覽瓘所著《尊堯集》無非明君臣之大分，深有足嘉。《易》首乾坤，孔子作《系辭》，亦首言天尊地卑。《春秋》之法，無非尊王。王安石號通經術，而其言乃謂：道隆德駿者天子當北面而問焉。其背經悖理甚矣。瓘宜賜諡以表之。"事下太常，至是，用博士劉嶸擬定行下。②

這使陳瓘的知名度更加提高。人們在回顧北宋滅亡的歷史，總結其沉痛教訓的過程中，既佩服二陳的不畏強暴和遠見，則二陳對新黨、新學、蔡京的批評，也就尤其受到重視。這就是朱熹撰寫《讀兩陳諫議遺墨》的背景。

四、朱熹《讀兩陳諫議遺墨》的主要論點

朱熹在《讀兩陳諫議遺墨》(以下簡稱《遺墨》)中首先提出的一個論點是：王安石《日錄》不是蔡卞的僞作，而是王安石本人所作，它真實地反映了王安石的思想。它甚至不是王安石晚年退居江寧的"憨筆"。至於蔡卞是否作了纂改，那是無足輕重的。客觀地講，這個論點應主要是針對陳瓘《日錄辨》及《合浦尊堯集》的，《四明尊堯集》中觀點雖有改變，按朱熹的看法，改變得也不徹底。《遺墨》隨又提出：陳瓘在講到他從《合浦尊堯集》到《四明尊堯集》的轉變中，楊時起了作用，而卻沒有提到陳師錫，這使一些人感到不解。朱熹認爲，這一轉變楊時確實起了關鍵作用，人們的質疑是多餘的。(這或許同陳師錫與蘇軾關係密切，而陳瓘與理學家關係密切有關。)以上二個論點只是引子，本文的主要觀點卻是在下文展開的。

朱熹明確提出，陳師錫批王安石沒有抓住要害，即沒有抓住其"受病之源，遺禍之本"。什麼是王安石的"受病之源"呢？那就是工安石"質雖清介，而器本偏狹。志雖高遠，而學實凡近"。不懂得要"以格物致知、克己復禮爲事"。什麼是王安石的"遺禍之本"呢？那就是他用自己的邪說，迷惑了宋神宗的心。所以，陳師錫(其實當時很多人都是這樣想或這樣說的，這樣想、這樣說的目的，是要將宋神宗同王安石加以區分)講王安石不是帝師，王安石作宰相僅九年，而宋神宗在位的大部分時間王安石都被排斥在外，這種看法是錯誤的。朱熹接着講，王安石要變的想法並不錯(這一點他同陳師錫的看法趨近，但對祖宗之法的態度上略有差異)，錯誤在於王安石的"躁率任意"。而反對新法的人也"未能究其利病之實，至其所以爲說，又多出於安石規模之下"，所以才導致新法之禍。令人遺憾的是，朱熹在這裏沒有展開，沒有明確具體地說明王安石"受病之源，遺禍之本"是什麼，容易產生誤解。這是朱熹針對陳師錫信的第一點批評。

---

① 均見楊時：《龜山集》卷二四，文淵閣《四庫全書》本。
② 《建炎以來繫年要錄》卷一七三。

朱熹針對陳師錫信的第二點批評,是圍繞陳指責王安石"遠取三代渺茫不可稽考之事而力行之"展開的。推崇三代是理學的重要基點。因爲依據道統説,三代是王道相傳,而秦以後統治者都背離了王道,於是才有"絶學"。朱熹提出,三代之政都是見諸典籍的,不是虛無縹渺的。王安石也不是真的要效法三代,他講《周禮》不過是斷章取義地裝飾新法。如果真的尊崇三代,就要以"格君之本,親賢之務,養民之政,善俗之方"爲急務,而不應"獨於財利兵刑爲汲汲"。朱熹的這一論述,可以視爲他對王安石變法的進一步批判,是對"受病之源,遺禍之本"的一個説明。

朱熹針對陳師錫信的第三點批評,是圍繞王者師問題展開的。其實這是一個由來已久的話題。至少在宋仁宗在位時期,思想家李覯在"疑孟"時就涉及了這個問題。後來,司馬光、蘇軾(可能與反王安石變法有關)等在"疑孟"時都討論了這個問題,而且作爲"疑孟"的主要話題加以論述。陳師錫提出這個問題,有可能是受了蘇軾的影響。當然,更是因爲考慮到要説明王安石不忠的政治需要。如前所引,宋高宗在講陳瓘批王安石時,也是講的這個問題。然而,想作王者師,或許是歷代大儒的共同心願,更是朱熹的願望。既是"師",就要有師道尊嚴,所以,"迭爲賓主"就決不是不忠的問題。所以,朱熹認爲陳師錫是"峻文深詆而矯枉過直"了。在朱熹此文的結尾部分,他指名批評了劉安世,説劉安世關於廟學配享的文章是拾了芝麻,丟了西瓜("殺人於貨之盜而議其竊鈎之罪,對放飯流歠之客而議其齒決之非"),也是基於此。

朱熹針對陳師錫信的第四點批評,是批駁"安石之學獨有得於刑名度數,而道德性命則爲有所不足"的。(陳師錫的原話是"安石之學,本出於刑名度數,性命道德之説,實生於不足。"朱熹的理解是否精當,似還有討論餘地。)朱熹認爲,道德性命根本,刑名度數是派生物,二者"相爲表裏如影隨形","於此即有不足,則於彼也亦將何自而得其正耶"。朱熹接着舉例説明王安石在"刑名度數"方面的問題:王安石"與僧臥地而顧客褪衣"。《字説》"分文析字以爲學,而又不能辯乎六書之法","廢其五法而專以私意爲言"。王安石"使其妻窮奢極侈,斥逐娣姒而詬叱官吏","使其子囚首跣足箕踞於前,而干預國政"。"按問條法亦皆繆戾煩碎而不即于人心"。朱熹此所講王安石"刑名度數"方面的問題,其實是側重于修身齊家的。他所講的"刑名度數",與今人的理解是有一定差距的。

朱熹針對陳師錫信的第五點批評,是圍繞王安石釋經展開的。朱熹認爲陳師錫"不責其違本旨、棄舊説、惑異教、文奸言之罪,而徒譏其奧義多出鄭、孔意,若反病其不能盡黜先儒之説以自爲一家之言"。這裏首先的問題是對舊注的態度,朱熹認爲舊注是有錯誤的,他本人對舊注作了許多糾正,但他又認爲舊注是不能捨棄的,大部分鄭、孔舊注還是可信的。所以,依從鄭、孔舊説並不是王安石的錯誤,而王安石的錯誤恰是"棄舊説"。而王安石更主要的錯誤,還在於他沒有從經典中體悟到聖賢的"立言本意",不能"明理","至於天命人心日用事物之所以然,既已不能反求諸身以驗其實,則一切舉而歸之於佛老"。有些對經典的詮釋,又是爲其"違眾自用、剝民興利、斥逐忠賢、杜塞公論"找理論藉口的。朱熹批王安石的話中,最值得注意的是"反求諸身",它包含了理學的治心要求和途徑。

朱熹最後作了小結。他在高度評價二陳"能出死力以排斥"王安石學説的同時,又婉委地批評陳師錫"自未得聖賢之門户(從記載看,陳師錫的確少有與理學者接觸的事)",所以,陳師錫對王安石的批評是不得要領的。他認爲,同陳師錫相比,楊時的批評更接近真理:"離内外、判心跡,使道常無用於天下,而經世之務皆私智之鑿者"。文章末尾,朱熹又離開主題,反駁了人們對王安石"一道德"的批評。朱熹認爲,一道德是不錯的,關鍵是用什麽來"一",王安石用新學來"一"固然是錯誤的,如果用正確的學説來"一",那就另當別論了。朱熹的這段話,可以看作是對蘇軾的批評。因爲蘇軾是最反對王安石的"一道德"的,他曾講由於王安石的"一道德",使得文化界、學術界都白茅化。

五、朱熹的治國理念

如上所述,朱熹《讀兩陳諫議遺墨》主要是針對陳師錫給陳瓘的信的,表面看,朱熹批駁的絶大部分是陳師錫的觀點,但陳師錫的信卻是針對王安石新學、新黨、新法的。所以,朱熹此文實際上也是批判王安石的,或者説,是朱熹給陳師錫的批判"糾偏"的。有些想淡化荆公新學與朱熹理學的矛盾的學者,從這篇文章中看到了二者間的許多共同點。而朱熹在此文中的確多處肯定了王安石的品質、觀點、作法。但是,我們決不能忘記朱熹對王安石本人、新黨、新學的整體評價,即"迷國誤朝","於天下之事,每以躁率任意而失之於前,又以狠愎狗私而敗之於後","大本不正,名是實非","騁私意飾奸言,以爲違衆自用、剥民興利、斥逐忠賢、杜塞公論之地","敗國殄民至於如此""新法之禍所以卒至於橫流而不可救"。二者間最根本的不同,就在於治國理念的不同。因爲朱熹此文重在批駁,所以未能對此作正面展開,但我們仍可從字裏行間,瞭解其梗概。在文章的開頭,朱熹就指明,他認爲王安石《日録》暴露出的主要問題是"惑亂神祖之聰明而變移其心術,使不得遂其大有爲之志,而反爲一世禍敗之源"。朱熹在指責陳師錫未能抓住王安石"受病之源,遺禍之本"時提出:王安石不"知以格物致知、克己復禮爲事"。而其"遺禍之本"則是將宋神宗的心引向邪路。在論述三代之政時,指明"格君之本,親賢之務,養民之政,善谷之方"才是急務,應優先施行的。而王安石是"大本不正","先後之宜又皆顛倒"。在論述釋經時,又講王安石"不能反求諸身",卻急於"剥民興利"等。由此,我們已能看到朱熹治國理念的輪廓。

爲了進一步瞭解朱熹的治國理念,我們可以考察　下朱熹在一些重大歷史轉折時刻的言行,將此同上述朱熹對王安石的批評相對比,或許可以對此有更深的認識。紹興末年,宋孝宗即位,孝宗是一位想有作爲的皇帝,這一點同宋神宗頗有些類似,而在這一關鍵時刻,朱熹沒有放棄實現政治抱負的機會,借詔求直言上書給宋孝宗。在上書中朱熹開宗明義地講:

> 致知,爲治之先務也……端本正始,自貽哲命之時,因時順理乘勢有爲之會也……[要有]非常之事非常之功……帝王之學不可以不熟講也……臣聞之:堯、舜、禹之相授也,其言曰:人心惟危,道心惟微,惟精惟一,允執厥中……古者聖帝明王之學,必將格物致知,以極夫事物之變,使事物之過乎前者,義理所存纖微畢照,了然乎心目之間,不容毫髮之隱,則自然意誠心正,而所以應天下之務者,若數一二、辨黑白矣……然則人君之學與不學,所學之正與不正,在乎方寸之間,而天下國家之治不治見乎彼者如此,其大所系豈淺淺哉……蓋致知格物者,堯舜所謂精一也。正心誠意者,

堯舜所謂執中也。自古聖人口授心傳而見於行事者,惟此而已。①

次年,朱熹初次面見宋孝宗,其意義自非同尋常。史載:

隆興元年,復召入對,其一言:"大學之道在乎格物以致其知。陛下雖有生知之性、高世之行,而未嘗隨事以觀理,即理以應事。是以舉措之間,動涉疑貳,聽納之際,未免蔽欺,平治之效所以未著……"②

淳熙十五年,反對理學的宰相王淮被罷免,人們都認爲宋孝宗對理學的態度發生重大改變,這是歷史給朱熹提供的又一重大機會。史載:

[淳熙]十五年,[王]淮罷相,遂入奏:"……天理有所未純,人欲有所未盡,是以爲善不能充其量,除惡不能去其根。一念之頃,公私、邪正、是非、得失之機交戰於其中,故體貌大臣非不厚……願陛下自今以往,一念之頃必謹而察之,此爲天理耶?人欲耶?果天理也,則敬以克之,而不使其少有壅閼。果人欲也,則敬以克之,而不使其少有凝滯。推而至於言語動作之間,用人處事之際,無不以是裁之,則聖心洞然,中外融徹,無一毫之私欲得以介乎其間,而天下之事將惟陛下所欲爲,無不如志矣。"是行也,有要之于路,以爲正心誠意之論上所厭聞,戒勿以爲言。熹曰:"吾平生所學,惟此四字,豈可隱默以欺吾君乎!"③

隨後又上封事講:

蓋天下之大本者,陛下之心也……今日之急務,則輔翼太子,選任大臣,振舉綱維,變化風俗,愛養民力,修明軍政六者是也……以陛下之心爲天下之大本者,何也?天下之事,千變萬化,其端無窮,而無一不本於人主之心者,此自然之理也。故人主之心正,則天下之事無一不出於正。人主之心不正,則天下之事無一得由於正……本在於陛下之一心,一心正則六事無有不正,一有人心私欲以介乎其間,則雖欲憊精勞力以求正夫六事者,亦將徒爲文具,而天下之事愈至於不可爲矣。④

然而,正當宋孝宗對理學的態度發生轉變的關頭,卻出人意料地宣佈禪位給兒子光宗,光宗即位,又是一歷史轉變的關鍵時刻。朱熹也沒有放過這一機會,他寫了封事準備上繳光宗,也是首先講皇帝治心:

若講學以正心,若修身以齊家,若遠便嬖以近忠直,若抑私恩以抗公道,若明義理以絕神奸,若擇師傅以輔皇儲,若精選任以明體統,若振綱紀以屬風俗,若節財用以固邦本,若修政事以攘夷狄,凡是十者,皆陛下所當警動自新而不可一有闕焉者也。⑤

將朱熹的如上言行同他對王安石的批評對照分析,特別是聯繫他在《讀兩陳諫議遺墨》中所作的表述,我們可以很清楚地看到,朱熹的治國理念,就是想讓普天下的人一起治心,而皇帝首先要帶頭治心,因爲皇帝正才能正朝廷,朝廷正才能正百官,百官正才能正萬民。所以,每當機會到來,朱熹首先想到的就是規勸皇帝治心。這是比什麼都重要的。在

---

① 朱熹《晦庵先生朱文公文集》卷一一《壬午應詔封事》:紹興三十二年壬午夏六月孝宗即位,詔求直言,秋八月應詔上。《朱子全書》本,上海古籍出版社、安徽教育出版社2002年版,

② 《宋史》卷四二九《道學·朱熹傳》。

③ 《宋史》卷四二九《道學·朱熹傳》。

④ 《晦庵先生朱文公文集》卷一一《戊申封事十一月一日》。

⑤ 《晦庵先生朱文公文集》卷一二《己酉擬上封事》。

朱熹看來,皇帝的心正了,大家的心都正了,一切關係就全可以理順,一切問題都可以迎刃而解。那些相互殘殺、營私舞弊、貪污腐化、消極懈怠、怠忽職守等等,一切社會弊端都自然會被掃除,太平盛世自然就會來到。這是朱熹的理想,也是當時許多文人志士的理想,他們正是懷著這樣的夢想,懷著"爲天下立心,爲萬民立命,爲往世繼絕學,爲萬世開太平"的崇高志願,熱情激昂地努力地奮鬥,甚至形成了一股潮流。在朱熹看來,王安石沒有抓住根本,著急地解決錢不夠花的問題,卻加重了百姓負擔("剝民興利"),著急軍事,著急刑法,最要命的是用這些想法去影響皇帝,誤導皇帝,這都是本末倒置,都是違背了天理,都是犯了不可饒恕的罪,導致國家滅亡是情理之中的事。

然而,南宋中後期的歷史卻是理學治國理念的失敗史。此時期理學的地位不斷上升,最終成爲居統治地位的學術思想,甚至在學術界取得了獨霸地位。但是,理學家想要全社會的人一起治心的願望卻沒有實現,他們想皇帝帶頭治心的願望實際上也落空了。皇帝不能真正依照理學的要求去治心,在治理國家的過程中,他們的私心不斷地體現。人們將過多的精力和時間都用到了治心、正心誠意的討論上,用到了千方百計地幫助皇帝治心、正心上,這確實也起到了約束了皇帝胡作非爲的作用,但卻耽誤了朝野對國家體制問題、理財問題、軍事問題等的討論。看看南宋人的傳記即可知,大臣們都有頗多的經學著作,但對國家各方面具體制度的議論著述卻較少,至於官員的政績,除了救災之外,少有建樹,甚至很少見於記載。理學薰陶出了一批像文天祥、陸秀夫那樣的捨身殉國的志士,卻沒能扭轉南宋走向滅亡的歷史進程。這不由得使我們産生疑問:理學家們把那麼多的希望都寄託于皇帝治心,是否得當? 理學家的治心理論真的是能引導人類走向太平盛世的一把金鑰匙嗎?

(作者單位:河北大學宋史研究中心)

黎靖德事蹟考略

顧宏義

一、緣　起

《朱子語類》一書，由宋末黎靖德所編纂。但黎氏之生平事蹟，有關《朱子語類》的論著中甚少述及，偶有論及者，也頗多舛誤。《朱子語類》黎靖德有《識語》兩篇，一云其彙集李道傳、李性傳、蔡抗、黃士毅、王佖諸人所輯之《朱子語録》而成一編，署云"景定癸亥秋八月戊申朔，後學導江黎靖德書"；一云其又在景定本基礎上補充以吳堅編纂之《朱子語別録》，而成今日所傳之《朱子語類》一百四十卷："靖德來盱江，樞密（指包恢）甫下世，恨不及質之也。近歲吳公堅在建安，又刊《別録》二册，……靖德適行郡事，因輒刻之郡齋，與學者共之。咸淳庚午正月辛亥，靖德再書。"①對自己生平未有更多述及，故清《欽定續文獻通考》卷一七三、《四庫全書總目》卷九二也僅稱編纂《朱子語類》之黎靖德爲"導江人"，其書"成於度宗咸淳庚午"而已，②未及其他。又《天禄琳琅書目》乃引明人凌迪知《萬姓統譜》云"靖德，永嘉人。爲沙縣主簿，攝縣事。清謹，善理繁劇，博學能文，嘗修《沙陽志》"。③然檢之《萬姓統譜》卷一四"黎靖德"條，於"爲沙縣主簿"上尚有"嘉祐間"三字。④案：嘉祐，乃北宋仁宗時年號，顯然與編纂《朱子語類》者不相干，故《天禄琳琅書目》遂取《萬姓統譜》記文而特删去"嘉祐間"三字，以免相戾。《乾隆福建通志》卷二四於沙縣主簿下有黎靖德之名，而卷三一所載同於《萬姓統譜》。⑤然也未嘗云此黎氏與《朱子語類》之關係，且云此黎靖德爲永嘉人，與編纂《朱子語類》之黎靖德自稱導江人不同。可能因此緣故，由王星賢點校、中華書局出版的《朱子語類》卷首《朱熹與朱子語類》中對黎靖德生平即未作介紹；而由鄭明等點校的《朱子全書》本《朱子語類》之《點校説明》中，述及黎靖德爲永嘉人，嘗官沙縣主簿、邵武郡守、知建昌軍，然云其永嘉人，嘗官沙縣主簿，即因《萬姓統譜》所言，但也略去"嘉祐間"三字，並云其序自署"導江黎靖德"，"疑爲其郡望"。⑥因《萬姓統譜》所云黎靖

①　黎靖德編：《朱子語類》卷首，中華書局 1986 年版，第 26 頁。
②　乾隆十二年奉勑撰：《欽定續文獻通考》卷一七三，影印文淵閣《四庫全書》，上海古籍出版社 1987 年版；（清）永瑢等：《四庫全書總目》卷九二《朱子語類提要》，中華書局 1965 年版，第 782 頁。
③　于敏中等：《天禄琳琅書目》卷六《朱子語類》，上海古籍出版社 2007 年版，第 170 頁。
④　凌迪知：《萬姓統譜》卷十四，影印文淵閣《四庫全書》，上海古籍出版社 1987 年版。
⑤　郝玉麟等：《乾隆福建通志》卷二四、卷三一，影印文淵閣《四庫全書》，上海古籍出版社 1987 年版。
⑥　朱傑人等：《朱子全書·朱子語類》卷首《點校説明》，上海古籍出版社、安徽教育出版社 2002 年版，第 1 頁。

德之籍貫、任沙縣主簿之年代與編《朱子語類》者大不相同,且《萬姓統譜》未言黎氏曾編集《朱子語類》,故筆者此前曾撰一小文,以爲於北宋嘉祐年間任沙縣主簿的永嘉人黎靖德,與南宋末年編纂《朱子語類》的導江人黎靖德實非一人。[①] 近閱元人劉壎文集,得其所撰黎靖德墓誌銘一篇,云黎氏嘗"纂次《晦菴語録》,分類成編",而頗可考見黎靖德之生平履歷,並可證《萬姓統譜》中之"永嘉人"、"嘉祐間"諸字實誤。爲此,筆者再作本文以辨證之。

二、劉壎《前朝請大夫邵武郡侯黎公墓誌銘》

元人劉壎之文集名曰《水雲村稿》,其卷八所載《前朝請大夫邵武郡侯黎公墓誌銘》,即爲黎靖德之墓誌銘(以下簡稱《黎誌》),[②]全文如下:

> 公諱靖德,字共父,永康軍導江縣人。初仕閩,壻于南劍將樂之黄,因家焉,遂爲閩人。曾祖棻,登紹興進士科,知成都府新都縣,累贈少師。祖伯巽,登淳熙進士科,夔州路提刑,贈正奉大夫。父自昭,知惠州,贈中散大夫。叔祖伯登,直顯謨閣、知瀘州兼潼川路安撫使,愛公醇謹務學,奏補將仕郎。淳祐丙午,試吏部中選,調南劍州沙縣主簿。滿,授常州録事。未赴,服中散喪。既祥,監行在端平倉,又監交引庫。幹辦江西運司公事,侍郎魯公顏茂、尚書洪公燾踵爲部使者,二公俱當世吏師,於屬僚無所假借,獨奇公,連剡推舉。由是赴景定甲子春班,遷京秩,知撫州宜黄縣,避親,改邵武軍邵武縣。用年勞,賜服緋魚。公邑政清慎,四封安和。既授代,通判建昌軍。時郡守多急政,公佐以寬簡,民便之。公餘杜門勤書,纂次《晦菴語録》,分類成編,刻諸江西書院,士便之。移通判邵武軍,授代趙京。會賈似道出督漬遁,王、陳二丞相更化,公封事極陳缺政,切直無避,且獻救急策。王相閱視大喜,署其後謂:"鑿鑿皆精實語。"擬擢丞相掾。適邵武寇張民呶,郡守遁,廟論謂公兩仕邵,習知情僞,除監登聞檢院,出守邵武軍,免陛辭。兼程至郡,綏靖整飭,(印)(印)帖妥。德祐乙亥八月也。是冬,江西制帥黄萬石遁入閩,陰懷異志,兵民洶洶。公慮汙玷,解印綬去,隱將樂縣之珠嶺,葺斗室,將老焉。明年冬十月,三山行朝除公軍器監丞、都督府參議官,不赴。俄剽寇蠢起,有魁渠伍姓者,衆掩至公寓所,空其貲而火之,公遂不免,十二月三日也。年止五十有一,官至朝請大夫。子男二:逢原,將仕郎;奕原,繼姻家鄒泼。孫男一:仲仁。
>
> 公遇害之明年,逢原哀訴憲府。部使者陳公元英捕伍寇,梟首剮心,爲位以祭公。其文有曰:"世之治也,君子在位,爲守爲牧。世之亂也,君子在野,爲魚爲肉。侯死賊手,何禍斯酷!"又曰:"我興弔伐,取賊刲腹,剖心以祭,侯其瞑目。"逢原既復父讎,奉其柩殯僧地。未襄事,逢原亦歿。惟仲仁存,流寓光澤矣。嗚呼,悲夫!昔公之佐盱也,廉静簡儉,自處如寒士,揮屏塵俗,不苟交接。予特以斯文相契,辱愛等骨肉焉。其守邵也,禮聘荐至,予以親老辭,弗克赴。及其隱處也,猶間道馳書相勞苦,且曰:"暫寓劍、邵之間。"若欲使予知而嘗相聞者。噫,孰知一旦顛隕至斯極乎!公歿且四

① 參見顧宏義:《〈天禄琳琅書目〉訂正一則》,載《中華文史論叢》2009年第1期,上海古籍出版社2009年版。

② 劉壎:《水雲村稿》卷八,影印文淵閣《四庫全書》,上海古籍出版社1987年版。

十載,予忝仕閩,嘗沿憲檄行縣,至將樂,首訪公遺蹤,無存焉。既代還,經光澤,物色仲仁,幸見焉,而亦中年矣。仲仁曰:"吾父葬光澤,吾將迎吾祖而就葬,便時省也。"出《行實》請曰:"葬必有銘,非先生,其誰銘?"予于是愴然緘襲以歸,歸而執復,則公之平生歷歷在眼,忍不銘乎!自古海播塵揚時,薦紳大夫士不幸羅墮凶逆者何限,而公尤可哀者。清規奧學,廉聲惠政,宜有載雲旗、射天狼以相翼佑者,顧亦若是慘,則理之所不可推也。理不可推,亡所歸咎則奈何,諉曰數爾。嗚呼,悲夫!銘曰:

　　蜀文獻家,珪組滿門。奕世生賢,清修而文。時危抗章,朝野傾聽。專城幾何,朱光西冥。遼東避世,吾慕幼安。狼虎血牙,聞者辛酸。踰四十秋,魄始復土。生死交情,爲公銘墓。

《黎誌》所述黎靖德通判建昌軍時,"纂次《晦菴語錄》,分類成編,刻諸江西書院"。其《晦菴語錄》是否即《朱子語類》一書?《朱子語類》卷首所載黎靖德景定癸亥(四年,1263)《識語》有云:"朱子遺語之行於世也,盛矣。蓋本其舊者有三,而從以類者二"。而"語之從類,黃子洪士毅始爲之","子洪所定門目頗精詳",故"靖德忘其晚陋,輒合五書而參校之,因子洪門目以《續類》附焉,饒《後錄》入焉,遺者收之,誤者正之,考其同異,而削其複者一千一百五十餘條,越數歲編成,可繕寫"。其咸淳庚午(六年,1270)《識語》又云:"靖德來盱江,……近歲吳公堅在建安又刊《別錄》二冊,蓋收池、饒三錄所遺,而亦多已見他錄者,併參校而附益之,粗爲定編。靖德適行郡事,因輒刻之郡齋,與學者共之。"可證此《晦菴語錄》即《朱子語類》之別稱,黎靖德景定年間類輯諸本《朱子語錄》成一編,至咸淳六年又補入吳堅所刊《別錄》內容,而刊印於盱江(建昌軍別稱)軍學,即所謂"郡齋",也即《黎誌》中所言之"江西書院"。也就是說,《黎誌》所記之黎靖德,即是編集《朱子語類》之黎靖德。

三、黎靖德生平履歷及其家族

據《黎誌》,知黎靖德字共父,永康軍導江縣人。永康軍治即今四川都江堰市,而導江縣位於永康軍治之東。生於寶慶二年(1226)。因"初仕閩,壻于南劍將樂之黃因家焉,遂爲閩人"。所謂"初仕閩",當指黎靖德"淳祐丙午,試吏部中選,調南劍州沙縣主簿"。《萬姓統譜》云黎靖德"永嘉人","嘉祐間爲沙縣主簿",因永嘉乃浙江溫州屬縣,由此可證此"永嘉"當爲"永康"之誤,而"嘉祐"當爲"淳祐"之誤。

黎靖德曾祖黎棻,登紹興進士科,知成都府新都縣,累贈少師。案:未見其他記載。

其祖黎伯巽,登淳熙進士科,官夔州路提刑,贈正奉大夫。案:據魏了翁《宣教郎致仕史君堯輔墓誌銘》,黎伯巽字德立,約寧宗嘉定初守昌元(此指昌州,今重慶榮昌),理宗初爲吏部郎。[①] 黃榦《與李敬子司直書》中也有"黎郎中名伯巽"之語。[②] 黎伯巽知昌州時,嘗編纂《靖南志》,[③] 即昌州州志。《宋史·藝文志》作黎伯巽《靜南志》十二卷。[④] 又據劉克莊

---

① 魏了翁:《鶴山集》卷七一《宣教郎致仕史君堯輔墓誌銘》,影印文淵閣《四庫全書》,上海古籍出版社 1987 年版。

② 黃榦:《勉齋集》卷五《與李敬子司直書》,影印文淵閣《四庫全書》,上海古籍出版社 1987 年版。

③ 王象之:《輿地碑記目》卷四《昌州碑記》,影印文淵閣《四庫全書》,上海古籍出版社 1987 年版。

④ 《宋史》卷二〇四《藝文志三》,中華書局 1985 年版,第 5165 頁。

《玉牒初草》記，嘉定十二年六月"壬午，臣僚奏軍器監黎伯巽傾詐，……乞並與郡，……並從之"。① 其他不詳。

其叔祖黎伯登，直顯謨閣、知瀘州兼潼川路安撫使，愛公醇謹務學，奏補將仕郎。案：洪咨夔嘗撰《崔文昌書翰跋》，注云"爲黎監丞伯登作"。② 李劉有《代回崇慶黎知府伯登袖啓》。③ 崇慶府治今四川崇州。又許應龍嘗撰《黎伯登除直焕章閣主管潼州路安撫制》，云："蜀道去天遼邈，帥垣之寄，責任匪輕，非踐敭滋久，望實素孚者，曷稱其職。以爾安恬不競，詳練有謀。入造班行，咸推賢德。出更庾節，荐著休聲。載惟瀘南，素號重鎮，矧值繹騷之警，正資牧御之才。采之僉言，無以易汝。肆遷邃閣，俾任藩宣，勉圖爾庸，以寬憂顧。"④ 南宋末潼川府路治瀘州，故黎伯登以知瀘州兼潼川路安撫使。

其父黎自昭，知惠州，贈中散大夫。案：未見其他記載。

黎靖德因其叔祖黎伯登奏請而補將仕郎，至淳祐丙午（1246）二十一歲，"試吏部中選，調南劍州沙縣主簿"。據《萬姓統譜》，其在沙縣期間，曾"攝縣事。清謹善理繁劇，博學能文詞，嘗修《沙陽志》"。宋沙縣隸南劍州，治今福建沙縣，因縣城南有河曰沙溪，故別稱沙陽。黎靖德在沙縣三年任滿，授常州録事，因父卒，未赴任。由此推知黎自昭當卒於淳祐十年前後。黎靖德仕閩期間，因娶南劍州將樂縣黃氏女，遂安家於閩。

守喪期滿，黎靖德被授任監行在端平倉，又任監交引庫，轉任幹辦江西運司公事。因得到先後兩任轉運使魯穎茂、洪燾之賞識，而獲舉薦。由此於景定甲子（1264）春"遷京秩"，授知撫州宜黃縣，因"避親"而知改邵武軍邵武縣（治今福建邵武）。據《朱子語類》卷首黎靖德《識語》一末署"景定癸亥秋八月"，在甲子年之上一年，故推知黎靖德編集《朱子語類》乃在其幹辦江西運司公事任上。咸淳乙丑（1265），王柏專爲《朱子語類》撰序，稱"靖德編校成書，文公之遺語大備"。⑤ 黎靖德在縣"用年勞，賜服緋魚"，而行政"清慎，四封安和"。任滿"授代"，遷建昌軍通判。

宋建昌軍治今江西南城。黎靖德《朱子語類·識語》二有"因讀蔡公所刻包公録已四卷"，"其子樞密"云云，並稱"靖德來旴江，樞密甫下世"。案：上所稱"包公"乃指朱子學生包揚，"字顯道，建昌人"。《朱子語類》卷首《姓氏》有其人，云："癸卯、甲辰、乙巳所聞。"⑥ 而"樞密"即包揚之子包恢，字宏父，咸淳二年五月拜簽書樞密院事，四年十二月以資政殿學士致仕。⑦ 包恢卒於咸淳四年（1268），⑧則黎靖德通判建昌軍當在此稍後。

《黎誌》言黎靖德在建昌軍，"時郡守多急政，公佐以寬簡，民便之。公餘杜門勤書，纂次《晦菴語録》，分類成編，刻諸江西書院，士便之"。刻印《朱子語類》當在咸淳庚辰歲。又元劉壎《隱居通議》曾記一事，與黎靖德相關：南宋末，陳宗禮"魁望立朝，平生以名節自任，

① 劉克莊：《後村集》卷四四《玉牒初草·皇宋寧宗皇帝》，影印文淵閣《四庫全書》，上海古籍出版社 1987 年版。

② 洪咨夔：《平齋集》卷三〇《崔文昌書翰跋》，影印文淵閣《四庫全書》，上海古籍出版社 1987 年版。

③ 李劉：《四六標準》卷二八《代回崇慶黎知府伯登袖啓》，影印文淵閣《四庫全書》，上海古籍出版社 1987 年版。

④ 許應龍：《東澗集》卷五《黎伯登除直焕章閣主管潼州路安撫制》，影印文淵閣《四庫全書》，上海古籍出版社 1987 年版。

⑤ 《天祿琳琅書目》卷六《朱子語類》，第 171 頁。

⑥ 《朱子語類》卷首《姓氏》，第 18 頁。

⑦ 《宋史》卷二一四《宰輔表五》，第 5647、5650 頁。

⑧ 據昌彼得等：《宋人傳記資料索引》，中華書局 1988 年版，第 503 頁。

縉紳高之"，但爲賈似道所籠絡，拜端明殿學士、簽書樞密院事，"由是中外失望。是年適科舉，有清江胡尉以遜來盰江貢闈校文，當作次篇策題，胡因以大臣出處大節爲問。既成章，以呈監試黎通守靖德及同院考試官，咸謂胡君文筆甚奇，而指摘太切，懼陳公借此以爲辭召之柄，則朝廷推求，罪，必相及，遂命他考官改爲，而胡之策題竟置不用"。①

黎靖德又改任邵武軍通判，"授代趨京"，正逢賈似道"出督潰遁"，而"王、陳二丞相更化"，故黎靖德"封事極陳缺政，切直無避，且獻救急策"。據史載，賈似道丁家洲兵敗在德祐元年（1275）二月，王爚拜左相、陳宜中拜右相在三月。② 是知黎靖德當於是年初至京師臨安，而推知其約於咸淳七年或八年移任邵武軍通判。王爚初欲任黎靖德爲"丞相掾"，恰逢邵武民變，郡守棄官而遁，朝廷認爲黎靖德兩度任職邵武，"習知情僞"，故除黎靖德監登聞檢院，隨即出守邵武軍。黎靖德兼程至郡"綏靖整飭"，時在是年八月。是年冬，江西制置使黃萬石爲避元軍鋒芒，自贛遁逃入閩，"陰懷異志，兵民洶洶"。而黎靖德"慮汙玷，解印綬去"。據佚名撰《昭忠錄》載：德祐元年冬十二月，建昌軍降元。次年（1276）正月，建昌南城人吳楚才"於其鄉嶺村鳩聚丁壯，稱義兵，張榜聲罪。是時，黃萬石猶以江西制置使走邵武，楚才遂縣邵武太守黎靖德請於萬石，乞濟師。萬石不許，而授楚才迪功郎、權制置司計議官以安之，且戒勿興兵，楚才不聽，二月三日，自嶺村率衆晨炊蓐食，將攻城"，甫接戰便敗。③ 據《元史·世祖本紀》，黃萬石於次年五月乙卯降元。④《宋季三朝政要》又云五月間，"黃萬石以北命諭福建歸附，邵武降，建、劍守臣拒之，督府遣兵復邵武，萬石遁"。⑤ 可知黎靖德當是在五月間離邵武遁還，隱居將樂縣珠嶺。

是年十月，"三山行朝"即在福州重建的殘宋小朝廷任命黎靖德爲軍器監丞、都督府參議官，黎靖德"不赴"。不久，有"剽寇"至山中黎靖德隱居處劫掠放火，黎靖德遇害，時十二月三日（公元1277年1月8日），終年五十一歲，官至朝請大夫。

黎靖德有兩子：長子逢原，官將仕郎，於黎靖德遇害之次年卒，葬光澤；次子奕原，"繼娣家鄒浚"。有孫一人，名仲仁，"流寓光澤"。

四、劉壎與黎靖德之關係

劉壎《黎誌》述其與黎靖德交遊經過："昔公之佐盰也，廉靜簡儉，自處如寒士，揮屏塵俗，不苟交接。予特以斯文相契，辱愛等骨肉焉。其守邵也，禮聘荐至，予以親老辭，弗克赴。及其隱處也，猶間道馳書相勞苦，且曰：'暫寓劍、邵之間。'若欲使予知而嘗相聞者。"劉壎，元人吳澄曾爲撰墓表，云字起潛，南豐（治今江西南豐）人。"在宋已卓犖不群，邑正長、郡守倅及鄉先達莫不期以遠大"。宋亡時，年三十七。元初"郡庠缺官，當路交薦，年五十五始署盰郡學正，年七十受朝命爲延平郡教授"。官滿，復留任三年乃歸，卒於延祐己未

---

① 劉壎：《隱居通議》卷二〇《咸淳庚午科盰江擬策問》，影印文淵閣《四庫全書》，上海古籍出版社1987年版。

② 《宋史》卷四七《瀛國公本紀》，第925、927頁。

③ 《昭忠錄》，影印文淵閣《四庫全書》，上海古籍出版社1987年版。

④ 宋濂等：《元史》卷九《世祖本紀六》，中華書局1976年版，第182頁。

⑤ 《宋季三朝政要》卷六，影印文淵閣《四庫全書》，上海古籍出版社1987年版。

（1319）八月七日，年八十。所著有《經説講義》、《水雲村稿》、《隱居通義》等。[①]　即劉壎少於黎靖德十四歲；黎靖德通判建昌軍時，劉壎約三十歲。劉壎年五十五"署盱郡學正"（盱郡即元建昌路），當在元至元三十一年（1294）；七十歲任延平郡教授（延平郡即元延平路），當在元至大二年（1309）。

　　劉壎於仕閩時，"嘗沿憲檄行縣，至將樂，首訪公遺蹤"，因黎靖德"歿且四十載"，故遺跡"無存焉"。至延祐二年（1315）"既代還，經光澤，物色仲仁，幸見焉"。此時黎仲仁欲將其祖歸葬光澤，遂出《（黎靖德）行實》而請劉壎纂墓銘。故劉壎歸而爲撰《墓誌銘》如上。四年後，劉壎亦卒。

（作者單位：華東師範大學古籍研究所）

---

　　① 吳澄：《吳文正集》卷七一《故延平路儒學教授南豐劉君墓表》，影印文淵閣《四庫全書》，上海古籍出版社1987年版。

高麗宣宗《賀聖朝》與歐陽修詞
東傳時間之考察

陶　然

内容摘要：高麗存世的第一首詞——宣宗《賀聖朝》，經廣泛比對，其詞實爲別名《賀聖朝影》之《添聲楊柳枝》，從其詞調名及詞作格律方面考察，可知受到北宋歐陽修《賀聖朝影》詞的明顯影響。進而，金克己等高麗早期詞人的作品中，也有不少受到歐陽修詞的用調方面影響的痕跡。歐陽修詞對高麗早期詞的影響，在一定程度上緣于歐陽修的詞作是最早東傳進入高麗的宋詞作品之一。其具體時間應在北宋神宗熙寧六年至哲宗元祐四年之間。遠遠早于歐陽修的詩文著作之東傳。這對於認識高麗詞之濫觴及發展淵源，有重要意義。

關鍵詞：歐陽修　高麗詞　宣宗

　　朝鮮鄭麟趾所撰《高麗史》卷七十一《樂志》二所載"唐樂"中，多有宋人詞作，其中柳永詞數量達到八首，遠多於其他宋代詞人。又高麗睿宗十一年（1116）四月"庚午，幸金剛、興福兩寺，還至永明寺，御樓船，宴諸王宰樞侍臣，復以御制仙吕調《臨江仙》三関宣示臣僚"[①]。高麗睿宗所作的這三首詞雖未能傳世，但由其宮調歸屬可知其與晚唐五代詞人所作《臨江仙》均不相同，蓋仙吕調《臨江仙》實即《臨江仙慢》，首見於柳永《樂章集》中"夢覺小庭院"一関，睿宗詞應該就是沿用柳詞體式的。這些記載都可以見出柳永詞在高麗的傳播及對早期高麗詞的影響，亦爲論者所熟知。但是歐陽修與早期高麗詞同樣有著重要的聯繫，學界對此未曾關注。本文即從早期高麗詞所用詞調的角度，對北宋歐陽詞與高麗詞的關係以及歐詞傳入高麗的時間加以考察和推斷。

一、歐陽修詞與高麗宣宗《賀聖朝》之詞律

　　現存的第一首高麗詞出自高麗宣宗之手。宣宗名王運（1049—1094），字繼天，文宗次子，順宗之弟。史謂其"博覽經史，尤工制述"[②]，《高麗史》中還記載了他作有古風長篇及

---

① ［朝鮮］鄭麟趾：《高麗史》卷14《睿宗世家》。奎章閣本。
② 《高麗史》卷10《宣宗世家》。

三寶詩等詩歌作品。《高麗史》卷十《宣宗世家》載：宣宗六年九月"丁丑，以天元節宴遼使於乾德殿。王制《賀聖朝》詞曰：露冷風高秋夜清。月華明。披香殿裡欲三更。沸歌聲。擾擾人生都似幻，莫貪榮。好將美醁滿金觥。暢懽情"[1]。宣宗六年（1089），即宋哲宗元祐四年、遼道宗大安五年。

按《賀聖朝》一調本爲唐教坊曲，始見於馮延巳《陽春集》。《詞譜》卷六謂此詞"雙調四十七字，前段五句三仄韻，後段六句兩仄韻"[2]，並録馮詞爲正體：

　　　　金絲帳暖牙床穩。懷香方寸。輕颦輕笑，汗珠微透，柳沾花潤。　　　雲鬟斜墜，春應未已，不勝嬌困。半欹犀枕，亂纏珠被，轉羞人問。（馮延巳《賀聖朝》）

對照可知，高麗宣宗的《賀聖朝》詞與馮詞句律全然不同。細按其律，實爲《添聲楊柳枝》。《詞譜》卷三謂《添聲楊柳枝》"雙調四十字，前段四句四平韻，後段四句兩仄韻、兩平韻"[3]，並以五代顧敻所作爲正體，以北宋賀鑄改名的《豔聲歌》爲"又一體"：

　　　　秋夜香閨思寂寥。漏迢迢。鴛幃羅幌麝香銷。燭光搖。　　　正憶王郎遊蕩去。無尋處。更聞簾外雨瀟瀟。滴芭蕉。（顧敻《添聲楊柳枝》）

　　　　蜀錦塵香生襪羅。小婆娑。個人無賴動人多。見橫波。　　　樓角雲開風卷幕，月侵河。纖纖持酒豔聲歌。奈情何。（賀鑄《豔聲歌》）

考宣宗詞句律與賀鑄《豔聲歌》相合，因此可以確定高麗宣宗的這首《賀聖朝》實際用的是《添聲楊柳枝》之詞調。故韓國學者柳己洙在其所編《歷代韓國詞總集》中直接將此詞題爲"《添聲楊柳枝·賀聖朝詞》"[4]，亦有論者謂"這首詞既然是用來'賀聖朝'的，沒有頌禱之意、喜慶之情是不行的"[5]，似乎都傾向於將《高麗史》原文中的"賀聖朝"三字作爲詞序看待。而細繹宣宗詞的内容、用語等，實際上並不能看出有頌聖諛遼之意，至少，"擾擾人生都似幻"是不宜作爲善頌善禱之語看待的。

那麼"賀聖朝"之名究竟從何而來？按《添聲楊柳枝》這個詞調，在宋代詞人手中產生了不少別名或簡稱，如北宋賀鑄的八首《添聲楊柳枝》統稱《太平時》，又分別被改名爲《豔歌聲》、《喚春愁》、《花幕暗》、《晚雲高》、《釣船歸》、《愛孤雲》、《替人愁》和《夢江南》；南宋陸遊詞中亦稱《太平時》；晁補之、張元幹、張鎡、葛長庚諸人詞中則簡稱爲《楊柳枝》。而在歐陽修詞中則被稱爲《賀聖朝影》。清沈雄《古今詞話》云："太平時（楊柳枝　賀聖朝）　賀方回衍杜牧之'秋盡江南草未凋'詩，陳子高衍王之渙'李夫人病已經秋'詩，以七字現成句而和以三字爲調。《花間集》，起于張泌、顧敻，換頭句仍押仄韻。六一詞猶押平韻，一名《添聲楊柳枝》。"[6]

兹將高麗宣宗的《賀聖朝》和歐詞對列如下：

　　　　露冷風高秋夜清。月華明。披香殿裡欲三更。沸歌聲。　　　擾擾人生都似幻，莫貪榮。好將美醁滿金觥。暢懽情。（宣宗）

---

① 《高麗史》卷10《宣宗世家》。

② 《欽定詞譜》卷6，中國書店1983年版，第393頁。

③ 《欽定詞譜》卷3，第209頁。

④ ［韓］柳己洙：《歷代韓國詞總集》，韓信大學校出版部2006年版，第17頁。

⑤ 李寶龍：《韓國高麗詞文學研究》，人民出版社2011年版，第82頁。

⑥ 沈雄：《古今詞話·詞辨上卷》，《詞話叢編》本，中華書局1986年版，第899頁。

　　　白雪梨花紅粉桃。露華高。垂楊慢舞綠絲縧。草如袍。　　　風過小池輕浪起，似江皋。千金莫惜買香醪。且陶陶。（歐陽修）

　　兩詞格律完全相同。故宣宗《賀聖朝》實爲《賀聖朝影》的簡稱，而非詞序或詞意總括。

　　宣宗《賀聖朝》詞應與歐陽修《賀聖朝影》有一定的聯繫，以下四點值得注意：

　　第一，《添聲楊柳枝》實"有唐宋兩體。唐詞換頭句押仄韻，宋詞換頭句即押平韻"①。可見，兩者的區別在於：唐體在下片的第一句和第二句換兩個仄聲韻，而宋體在下片第二句協一個平聲韻，不換韻。兩宋詞人所作均爲宋體，正如《詞譜》所云"宋詞皆照此填"。而高麗宣宗所作也是全依宋體。因此可以推想該調傳入高麗宮廷並流衍的是宋體《添聲楊柳枝》，而非唐曲。

　　第二，宋體《添聲楊柳枝》首見於歐陽修詞。這個詞調宋人填的不算特別多，説是僻調並不過分，北宋詞人中不過歐陽修、賀鑄、晁補之數人有作，而在上述諸北宋詞人中唯有作爲文章鉅公的歐陽修影響最大。

　　第三，《賀聖朝影》調名，首見於歐陽修詞，並且除無名氏一首外，也僅見于歐詞。兩宋詞中，以《賀聖朝影》爲調名的宋體《添聲楊柳枝》僅有兩首，一爲歐詞，一爲《花草粹編》卷一所收"雪滿長安酒價高"一闋，《全宋詞》據以録爲無名氏詞。

　　第四，《詞譜》謂："按歐陽修詞，前段第三句'垂楊慢舞綠絲縧'，'慢'字可仄"②。而賀鑄《豔聲歌》此句爲"個人無賴動人多"，"無"字爲平聲。宣宗《賀聖朝》此句爲"披香殿裡欲三更"，"殿"爲仄聲。可見宣宗與歐詞字律全合，與賀詞稍異。

　　這樣看來，宣宗作《賀聖朝》詞，從調名來源和詞律方面來看，有比較大的可能是沿用歐陽修《賀聖朝影》詞之體式的結果。《高麗史》載睿宗五年十二月"癸丑立春，百官朝於乾德殿，賜春幡子，仍賦迎春詞二首"，又睿宗十年三月"壬午，宴群臣於乾德殿，賦萬年詞宣示左右"③。此所謂"迎春詞"、"萬年詞"，當即爲《迎春樂》、《萬年歡》的簡稱。故此《賀聖朝影》被不甚懂得詞律的高麗史臣簡稱爲《賀聖朝》並不稀奇。

二、歐陽修詞與高麗金克己詞之用調

　　金克己也是高麗早期詞家。據柳己洙先生考證，其生卒年約在高麗毅宗四年（1150，宋紹興二十年）至神宗七年（1204，宋嘉泰四年）。金克己號老峰，雞林（慶州）人，曾任義州防禦判官、直翰林院等，神宗六年使金，卒于返國途中。生平略見俞升旦《金居士集序》一文。金克己今存詞四首，所用詞調分別爲《憶江南》、《採桑子》、《玉樓春》和《錦堂春》，其用調、用語與歐修詞的關聯也很值得關注。

　　《憶江南》本《望江南》，因白居易詠杭州西湖的名作而更名《憶江南》。此調有二體，一爲"單調二十七字，五句三平韻"，一爲"雙調五十四字，前後段各五句三平韻"④。《詞譜》

① 《欽定詞譜》卷 3，第 210 頁。

② 《欽定詞譜》卷 3，第 211 頁。

③ 《高麗史》卷 13、卷 14。

④ 《欽定詞譜》卷 1，第 44 － 45 頁。

卷一以白居易"江南好"詞爲單調正體,列歐陽修"江南蝶"詞爲雙調正體。茲將歐詞與金克己詞分列如下:

　　　　江南蝶,斜日一雙雙。身似何郎曾傅粉,心如韓壽愛偷香。天賦與輕狂。　　微雨後,薄翅膩煙光。才伴遊蜂來小院,又隨飛絮過東牆。長是爲花忙。(歐陽修《望江南》)

　　　　江南樂,靈岳莫高焉。幽谷虎曾跑石去,古湫龍亦抱珠眠。月夜降群仙。　　高下極,一握去青天。松寺晚鐘傳絶壑,柳村寒杵隔孤煙。鳥道上鉤連。(金克己《憶江南》)

《望江南》"雙調始自宋人"[①],由單調《望江南》複疊一遍而成。金克己的《憶江南》詞亦作雙調,詞律與歐詞相同。按北宋詞人作雙調《望江南》詞者甚多,除歐陽修外,同時前後尚有張先的"青樓宴"詞、蘇軾的"春未老"、"春已老"二詞,皆爲名作。但張先詞作于熙寧六年(1073)[②],蘇詞則作于熙寧九年[③],均在歐陽修卒後。因此大體上可以説歐陽修是北宋著名詞人中最早作雙調《望江南》者。

金克己之《採桑子》,據《新增東國輿地勝覽》,描寫的是平壤西揚命浦多景樓的景觀,詞云:

　　　　鼇頭轉處黃金闕,偶落人間。鳳輦追歡。一眼瓊田萬頃寬。　　長風忽起吹高浪,翻湧銀山。日已三竿。曉氣凄微送嫩寒。

《採桑子》爲唐曲,北宋張先、晏殊等均填有此調,而以歐陽修在潁州所作的十二首《採桑子》最爲著名,是《歐陽文忠公近體樂府》的卷首之作。雖然金克己詞作未必受歐詞的直接影響,但其中"一眼瓊田萬頃寬"與歐詞"一片瓊田"(其八)、"十頃波平"(其九)之語,又"長風忽起吹高浪"與歐詞"水闊風高"(其二)之語,又"鳳輦追歡"與歐詞"飛蓋相追"(其五)之語,又"曉氣凄微"與歐詞"煙雨微微"(其七)之語,似均有一定承襲的可能。

《錦堂春》爲《烏夜啼》之別名,宋人於四十七字之《烏夜啼》首句添一字爲六字句,即改名《錦堂春》。金克己以此調詠高麗信都郡,詞云:

　　　　翠黛迴浮暮嶺,清眸輕剪秋波。珠簾十裡笙歌地,飄梗幸閒過。　　潘岳乍煩擲果,謝鯤寧避投梭。涼煙細雨西樓上,爭奈別愁何。

此調《烏夜啼》又別名《聖無憂》,歐陽修有三首,其中"世路風波險"、"相別重相遇"二詞首句均爲五字句,"珠簾卷,暮雲愁"一詞則作六字句,但上下片第三句卻作六字句,格律與金詞略有不同。《詞譜》謂"此調五字起者,或名《聖無憂》,六字起者,或名《錦堂春》。"[④]歐陽修就是宋代詞人中最早作《聖無憂》詞者。

另外,金克己《玉樓春》詞云:"家園寂寞春將半。隨分春光猶爛漫。煙濃柳弱短長垂,雨歇花繁紅紫間。　　禁中憶昔同遊玩,涕淚交零腸欲斷。唯將尺素寫幽懷,忘卻疏狂詩酒伴。"《玉樓春》自是唐宋詞中的熟調,而金氏此詞用語與歐詞的格調也頗爲相近。

---

　①　《欽定詞譜》卷1,第45頁。

　②　吳熊和、沈松勤:《張先集編年校注》,浙江古籍出版社1996年版,第47頁。

　③　薛瑞生:《東坡詞編年箋證》,三秦出版社1998年版,第157頁。

　④　《欽定詞譜》卷6,第389頁。

三、歐陽修詞傳入高麗的時間

高麗文宗二十五年(1071)三月，"遣民官侍郎金悌奉表禮物如宋。初，黃慎之還，移牒福建，請備禮朝貢。至是，遣悌由登州入貢"①。從而恢復了中斷數十年的北宋和高麗之間的通好關係。徐兢《宣和奉使高麗圖經》卷四十《樂律》載："熙寧中，王徽（高麗文宗）嘗奏請樂工，詔往其國，數年乃還。後人使來，必齎貨奉工技爲師。每遣就館教之。"這說明樂舞詞曲的交流，是兩國通好的內容之一。北宋的樂師不僅去高麗使節的客館中教授，還被派遣到高麗執教，如《高麗史》卷七十一《樂志二》俗樂"用俗樂節度"條載：

> 文宗二十七年二月乙亥，教坊奏女弟子真卿等十三人所傳《踏沙行》歌舞，請用於燃燈會。制從之。

真卿等女弟子就是北宋派至高麗教習歌舞的歌伎。按高麗文宗二十七年(1073)，當宋神宗熙寧六年。這是目前文獻中所能發現的最早的高麗史上與詞有關的記載。《踏沙行》即《踏莎行》，是一種歌舞曲，其詞始見於晏殊《珠玉集》和歐陽修《近體樂府》，而歐陽修"候館梅殘"一闋更是詞史上的名作。這時晏殊已卒，而上距歐陽修熙寧五年去世尚不到一年。因此，推斷歐詞最早在北宋神宗熙寧年間即有傳入高麗的可能，應該是合理的。

《高麗史》所載"唐樂"中錄有歐陽修《洛陽春》詞，據吳熊和先生考察，也是在熙寧、元豐年間隨著北宋與高麗音樂交流的繁盛而傳入高麗的②。再結合前論高麗的第一首詞宣宗《賀聖朝》沿襲歐詞的情況，可證至少在宣宗作詞的元祐四年前，歐陽修的詞作甚至詞集已傳入高麗。而金克己作爲相當於南宋時期的高麗詞人，其作品與歐陽修詞或隱或顯的聯繫，在一定程度上說明了歐詞在高麗的深遠影響。

這樣就可以大致勾勒出歐詞傳入高麗的時間上限爲熙寧六年(1073)，下限爲元祐四年(1089)。這段時期，正是北宋和高麗音樂文化交流臻于極盛的時期，歐陽修詞和柳永詞一樣，都是傳入高麗的第一批宋詞作品。

韓國學者黃一權先生曾廣泛考察歐陽修詩文著作傳入高麗的時間，據高麗金富軾撰《三國史記》中《新羅本紀》卷十已引用歐陽修《新五代史·梁本紀》卷三史論、李仁老《破閑集》中曾提及《集古錄跋尾》及《居士集》中《重讀徂徠集》詩句、崔滋《補閑集》曾提及《歸田錄》及《歐陽公集》等記錄，認爲歐陽修所編《新五代史》、《新唐書》在1145年之前已傳入高麗，詩文集則在1241年之前傳入了高麗③。但未專門考察歐詞東傳的情況。而從時間上來看，歐陽修詞傳入高麗，較其詩文著作等至少提前了半個世紀到一個世紀左右。

作者單位：浙江大學中文系、浙江大學宋學研究中心

---

① 《高麗史》卷8《文宗世家》。

② 吳熊和《高麗唐樂與北宋詞曲》，見《吳熊和詞學論集》，杭州大學出版社1999年版，第44頁。

③ 黃一權：《歐陽修著作初傳韓國的時間及其刊行、流布的狀況》，《復旦學報》2000年第2期，第131—140頁。

《黄氏日抄・讀文集》評文傾向與
黄震的文學識見[*]

李建軍

内容摘要：黄震是南宋後期程朱理學極爲重要的繼承和修正者，被譽爲13世紀後期中國思想發展史上的代表人物，其代表作《黄氏日抄》折衷諸儒，斷以己意，是一部重要的思想著述。該書的"讀文集"十卷，細緻品讀唐宋時期韓、柳、歐、蘇等十位名家的詩文作品，又可視爲隨筆雜記類的文話著述。就評文内容而言，黄震一方面"以理衡文"，從理學的角度評騭文之意旨，另一方面也從文章鑒賞的角度論析文之體制、意味、表達、語言、技法等。就評文方法而言，黄氏善於知人論世，揭示文章風格、文人成就的深層原因；又長於辯證分析，好而知其惡，惡而知其美，客觀呈現相關作家爲人爲文的瑕瑜所在；還善於博采衆說、斷以己意和對比分析、相較而論。《黄氏日抄・讀文集》評文傾向以及折射出的理學家的文學識見，在南宋後期具有一定的代表性。

關鍵詞：折衷諸儒；文話著述；評文傾向；文學識見

黄震是南宋後期重要的理學家，其代表作《黄氏日抄》是中國思想史上的重要著述。該書有"讀文集"十卷，細緻品讀唐宋時期韓、柳、歐、蘇等十位名家的詩文作品，又可視爲隨筆雜記類的文話著述。細緻分析《黄氏日抄・讀文集》的評文傾向，可以管窺黄震的文學眼光與文學識見，更可以管窺南宋後期理學家對文學的態度和看法。

一、"折衷諸儒"與《黄氏日抄》

黄震（1213—1280）字東發，慈溪（今屬浙江寧波）人。出身於窮儒之家，備嘗生活之艱辛，"率困科場之淹苦"^①，於理宗寶祐四年（1256）四十四歲時才登進士第。三年後，即理宗開慶元年（1259），方步入仕途，出任平江府吳縣尉。歷浙東提舉常平主管帳司文字，提領鎮江轉般倉分司；後入爲點校瞻軍激賞酒庫所檢察官，擢史館檢閱。以言事觸怒度宗，外放爲廣德軍通判，不久又爲紹興府通判。度宗咸淳七年（1271）差知撫州，八年兼權提舉江西常平茶鹽，九年差提點江西刑獄，不久遭受讒言落職奉祠。恭帝德祐元年（1275），以宗正寺主薄召，後移爲提點浙東常平茶鹽，"十二月召赴行在奏事，尋除侍左郎官，未造朝

---

* 本文係作者主持的浙江省高校重大人文社科攻關項目（2013QN010）階段性成果。

① 黄震：《黄氏日抄》卷九三《謝王尚書舉著述科》，《景印文淵閣四庫全書》本，臺灣商務印書館1986年版，第708册第992頁。

而國事非矣"。① 南宋覆滅後，黃震"歸寶幢山中，誓不入城府"，②屏居山林，隱居不仕。卒於元世祖至元十七年（1280），享年六十有八，門人私諡曰文潔先生。

黃震在南宋後期"以經術、行誼、政業爲江南名卿"，③同時也是那個時代重要的思想者。其時，"臨川陸學傳四方，震獨崇朱氏學。其爲文，悉本之"，"善論利害，奏疏明暢曲盡，人謂其甚似朱氏"，④成爲程朱理學的重要繼承者，全祖望《東發學案序録》云：

> 四明之專宗朱氏者，東發爲最。《日鈔》百卷，躬行自得之言也，淵源出於輔氏。晦翁生平不喜浙學，而端平以後，閩中、江右諸弟子，支離、舛庚、固陋無不有之，其能中振之者，北山師弟爲一支，東發爲一支，皆浙産也。⑤

指出黃震對於朱學的"專宗"之"最"與"中振"之功。值得注意的是，黃震對程朱理學在繼承中又有修正，黃宗羲早已指出：

> 嗟夫！學問之道，蓋難言哉！無師授者，則有多歧亡羊之歎；非自得者，則有買櫝還珠之誚，所以哲人代興，因時補救，視其已甚者而爲之一變。當宋季之時，吾東浙狂慧充斥，慈湖之流弊極矣，果齋、文潔不得不起而救之。然果齋之氣魄，不能及於文潔，而《日鈔》之作，折衷諸儒，即於考亭亦不肯苟同，其所自得者深也。今但言文潔之上接考亭，豈知言哉！⑥

黃宗羲認爲黃震"折衷諸儒，即於考亭亦不肯苟同"，其實正道出了黃震的治學特點。《四庫全書總目·黃氏日抄提要》指出黃震"解說經義，或引諸家以翼朱子，或舍朱子而取諸家，亦不堅持門户之見。蓋震之學朱，一如朱之學程，反復發明，務求其是，非中無所得而徒假借聲價者也"，⑦也是道出了黃震"學朱"但並不堅持門户之見的開闊胸襟與求是精神。正因爲黃震有此胸襟與精神，他一面繼承程朱理學，一面又修正之，"糾正朱子後學中出現的空疏之弊，使理學真正成爲救世之'實學'，但同時也指出了程朱理學體系中某些固有的弊病"。⑧ 黃震對程朱理學的繼承特別是修正，在思想史上具有重要價值，侯外廬先生主編的《中國思想通史》將黃震作爲13世紀後期中國思想發展史上的代表人物，⑨可謂實至名歸。

黃震作爲南宋後期重要的思想者，其思想凝結在著述之中。其著述現存的有《黃氏日抄》、《古今紀要》、《戊辰修史傳》和《古今紀要逸編》四種，⑩其中《黃氏日抄》最爲重要。《黃氏日抄》共九十七卷，前六十八卷爲黃震"每閱經史文集，輒疏其精要、辯論"⑪的讀書

　　① 黃儒雅：《黃震墓誌》，見倪士毅、翁福清《貞瑞可珍—從〈黃震墓誌〉補正〈宋史〉與〈宋元學案〉之誤》，《浙江師範大學學報》（哲社版）1987年第1期，第87頁。

　　② 袁桷《延祐四明志》卷五《人物考·黃震》，《景印文淵閣四庫全書》本，第491冊第423頁。

　　③ 戴表元《剡源文集》卷一四《贈黃彦實序》，《景印文淵閣四庫全書》本，第1194冊第185頁。

　　④ 袁桷《延祐四明志》卷五《人物考·黃震》，《景印文淵閣四庫全書》本，第491冊第423頁。

　　⑤ 黃宗羲等：《宋元學案》卷八六《東發學案》，中華書局1982年版，第2884頁。

　　⑥ 黃宗羲等：《宋元學案》卷八六《東發學案》，黃百家引黃宗羲語，第2886頁。

　　⑦ 《欽定四庫全書總目》卷九二《黃氏日抄提要》，中華書局1997年版，第1219頁。

　　⑧ 張偉《黃震與東發學派》，人民出版社2003年版，第7頁。

　　⑨ 侯外廬主編：《中國思想通史》第四卷下冊，人民出版社1959年版，第813—825頁。

　　⑩ 關於黃震著述情況，詳參張偉《黃震與東發學派》第一章第三節"黃震著述考述"，人民出版社2003年版。

　　⑪ 《延祐四明志》卷五《人物考·黃震》，《景印文淵閣四庫全書》本，第491冊，第423頁。

劄記，後二十九卷爲其文集，其中今傳本闕第八十一、八十九、九十二卷，故該書存者實九十四卷。[①]　該書卷次内容及體例、價值，《四庫提要》言之甚明：

> 是書本九十七卷，凡讀經者三十卷，讀《三傳》及孔氏書者各一卷，讀諸儒書者十三卷，讀史者五卷，讀雜史、讀諸子者各四卷，讀文集者十卷，計六十八卷，皆論古人。其六十九卷以下，凡奏劄、申明、公移、講義、策問、書記、序跋、啟、祝文、祭文、行狀、墓誌，著録者計二十九卷，皆所自作之文……是編以所讀諸書隨筆劄記，而斷以己意，有僅摘切要數語者，有不摘一語而但存標目者，並有不存標目而採録一兩字者。[②]

關於《黄氏日抄》的成書年代及版本情況，據張偉博士考證，該書最早刊刻於南宋末年恭帝德祐元年（1275 年）與二年（1276）之間，初刻本當爲一百卷，後遇兵亂，殘缺散佚，元代順帝至元三年（1337 年）刊本已缺六卷，只有九十四卷。[③]　該書今傳本有清代乾隆年間沈起元序、汪佩鍔珠樹堂校刊本以及《四庫全書》本，此外，尚有耕餘樓刊本。

黄震的其他三書即《古今紀要》、《戊辰修史傳》和《古今紀要逸編》，此處也附帶提一下。《古今紀要》十九卷，乃"上自三皇，下迄哲宗元符"、以人物紀傳爲主的通史類著述。該書被四庫館臣歸入史部別史類，提要云：

> 是書撮舉諸史，括其綱要，上自三皇，下迄哲宗元符。每載一帝之事，則以一帝之臣附之。其僭竊割據，亦隨時附見。詞約事該，頗有條貫。非曾先之《十八史略》之類粗具梗概，傷於疏陋者比。所敘前代諸臣，各分品目。惟北宋諸臣事蹟較歷代稍詳，而無忠、佞標題，蓋不敢論定之意也……震傳朱子之學，故是書亦用《綱目》之例。其謂論昭烈者每以族屬疏遠爲疑。使昭烈果非漢子孫，曹操蓋世奸豪，豈不能聲其罪而誅其僞？今反去之千百載下，而創疑其譜牒耶？一語決疑，可謂簡而盡矣。[④]

充分肯定了該書的價值，該書今有《四庫全書》本傳世。《戊辰修史傳》可能是黄震任職史館時所修史傳的部分留存底稿，今僅存杜範、真德秀、洪咨夔、袁甫、徐元傑、李心傳六篇人物傳記。該書今有《四明叢書》本傳世。《古今紀要逸編》又名《理度二朝紀要》、《理度兩朝政要》，乃宋亡之後所撰、以人物傳記爲主的雜記類著述，體例不一，内容簡略。今有《知不足齋叢書》本傳世。

黄震作爲十三世紀後期"折衷諸儒""斷以己意"的重要思想者，其代表作《黄氏日抄》主要是一部思想著述。但該書的"讀文集"十卷，細緻品讀唐宋十位名家的詩文作品，其中又不乏對文章、對文學的真知灼見，又可視爲隨筆雜記類的文話著述。

二、以理衡文：求義理者，必於伊洛

《黄氏日抄》卷五九至卷六八共十卷，分别對韓愈、柳宗元、歐陽修、蘇軾、曾鞏、王安

---

①　《四庫全書總目·黄氏日抄提要》云："是書本九十七卷……其中八十一卷、八十九卷原本並缺，其存者實九十五卷也。"而《四庫全書·黄氏日抄書前提要》云："是書本九十七卷……其中八十一卷、八十九卷、九十二卷原本並缺，其存者實九十四卷也。"仔細核對該書，當以後者説法爲是。

②　《欽定四庫全書總目》卷九二《黄氏日抄提要》，第 1219 頁。

③　詳參張偉《黄震與東發學派》第一章第三節"黄震著述考述"相關論述，人民出版社 2003 年版，第 50—57 頁。

④　《欽定四庫全書總目》卷五〇《古今紀要提要》，第 694—695 頁。

石、黄庭堅、汪藻、范成大、葉適十家文集，予以摘抄評述，其體例正如《四庫提要》所云"以所讀諸書隨筆劄記，而斷以己意，有僅摘切要數語者，有不摘一語而但存標目者，並有不存標目而採録一兩字者"。① 近年來，這十卷被獨立出來，命名爲《黃氏日抄·讀文集》，收入《歷代文話》。

黃震在"讀文集"中，分體摘評上述作家的重要作品時，最習常的作法是撮述文章大意，點明文章主旨，如評韓愈《原人》曰："謂命於兩間，爲夷狄禽獸之主。主而暴之，不得爲主之道。故聖人一視而同仁，篤近而舉遠。此説已見仁之全體大用，漢唐諸儒不及也。本朝《西銘》又加精密。"②黃震有時不復撮述大意，徑直運用三言兩語揭示文章主題，如評韓愈《雜説四首》曰："《龍喻》言君不可以無臣。《醫喻》言治不可以恃安。《鶴喻》言人不可以貌取。《馬喻》言世未嘗無逸俗之賢。"③黃震有時又着眼於字義訓詁、名物制度，如評柳宗元《柳渾行狀》云：

> 渾年十餘歲，有稱神巫告曰："若相法，當夭且賤，幸而爲釋，可以緩而死耳，位禄非若事也。"公學益篤，舉進士，仕至宰相。李元平有名，公曰："喋喋衒玉而賈石者也。"貞元初，上親擇郎吏，分宰京師外部。公曰："陛下當擇臣輩以輔聖德，臣當選京兆以承大化，京兆當求令長以親細事，夫然後宜。"榜音彭，所以輔弓弩，其音去聲者，笞也，音謗者進船也。葬令：五品以上爲碑，龜趺螭首；降五等爲碣，方趺圓首。不知二者之於君其未也。④

前面乃撮述柳文大意，後面則訓釋文中字詞，點明典章制度。黃震有時還會對作家作品做一些考辨，如論韓愈《外集》云：

> 《外集》五卷，大抵文緩而衍，不類昌黎天成之筆。揆之於理，又多可疑如此。按李漢叙，稱最厚且親，收拾遺文無所墜，並目録共四十一卷。然則《外集》何從而來哉？又孰爲之收拾耶？五卷之多，惟《論史》一書，柳柳州嘗辨之，可審其爲韓，餘孰與稽耶？趙台卿於孟子有言，又有外書四篇，其文不能弘深，後世依仿而托之者。愚於昌黎之《外集》，蓋不能盡信云。⑤

黃震有時又僅僅摘録文中切要數語，不置一詞，如摘録韓愈《送孟琯序》"善雖不吾與，吾將强而附；不善雖不吾惡，吾將强而拒"，《荆潭唱和序》"和平之音淡薄，而愁思之聲要妙；歡愉之辭難工，而窮苦之言易好"。⑥ 特別值得注意的是，黃震在每卷末尾都有總評，綜合論析該作家的學術思想、文章成就等。總之，黃震摘評文章時，不拘一格，形式非常靈活，評述内容也非常廣泛。在這些内容中，有大量涉及文章寫作、作品鑒賞、文人評價等文章學以及文學的相關論述，這些構成了"讀文集"成爲文話的核心内容。

黃震作爲一位思想者，對文章之義理最爲關注。黃氏曾明確提出："求義理者，必於伊

---

① 《欽定四庫全書總目》卷九二《黃氏日抄提要》，第 1219 頁。

② 《黃氏日抄·讀文集》卷一，《歷代文話》第 1 册，復旦大學出版社 2007 年版，第 604 頁。

③ 《黃氏日抄·讀文集》卷一，《歷代文話》第 1 册，第 605 頁。

④ 《黃氏日抄·讀文集》卷二，《歷代文話》第 1 册，第 639—640 頁。

⑤ 《黃氏日抄·讀文集》卷一，《歷代文話》第 1 册，第 628 頁。

⑥ 《黃氏日抄·讀文集》卷一，《歷代文話》第 1 册，第 615 頁。

洛;言文章者,必於歐蘇。"①正道出了他評文時的兩個支點:義理(文之意旨)與文章(文之表達)。黃氏評文時,這兩點又有先後之分、主次之别。

黃氏摘評文章時常常因文生發一通理學議論,如評韓愈《原性》曰:

> 論與生俱生,而其所以爲性者五:仁、義、禮、智、信,最爲端的。性有三品之説,正從孔子"上智下愚不移"中來,於理無毫髮之背。至伊洛添氣質説,又較精微。蓋風氣日開,議論日精,得氣質之性與天地之性對説,而後孟子專指性善之説舉以屬之天地之性,其説方始無偏。此於孟子之説有功,而於孔子之説無傷。實則孔子言性,包舉大體;孟子之説,特指本源,而言性無出於孔子者矣。奈何"三品"之説本於"上智、下愚"之説,而後進喜聞伊洛近日之説,或至攻詆昌黎耶?②

最典型的是評韓愈《原道》,洋洋灑灑近千言,仿佛一篇理學論文。

黃震主張爲文要有補於世,要切於正理,《宋史》本傳云:"震嘗告人曰:'非聖人之書不可觀,無益之詩文不作可也。'"③於此可見黃氏正統的文論主張。黃氏評文,正是秉持此種思想,如評王安石《上人書》:

> 《上人書》云:"文者,務爲有補於世而已。"又《與祖擇之書》謂二帝三王引而被之天下之民,孔子孟子書之策,皆聖人之所謂文也。愚謂論文至此不其盛矣乎。④

高度認同王安石"文者,務爲有補於世而已"之論。黃氏對那些義理精到之文,多有稱譽,如評韓愈《送文暢師序》:

> 論"民之初生,固若禽獸夷狄";然今"安居暇食,優遊生死,與禽獸異者",聖人之教之賜也,而文暢不知。可謂辨之明而諭之切矣。扶持正教,開明人心,與《原道》之書相表裏。⑤

又如評葉適《吕子陽老子説序》:

> 《吕子陽老子説序》謂:"每歎《六經》、孔孟,舉世共習,其魁俊偉特者,乃或去爲佛、老、莊、列之説,怪神靈霍,相與眩亂。甚至山棲絶俗,木食澗飲,以守其言,異哉!"愚按,此序識到理明,尤水心文之絶特者,可以成誦,故表出之。⑥

"扶持正教,開明人心"、"識到理明"云云,正道出了黃氏對文章之"理"的高度關注。

黃氏一方面揄揚"理精"之文,另一方面又討伐"悖理"之作,如評汪藻《鎮江府大成殿記》云:

> 《鎮江府大成殿記》謂道宫佛刹之立,其徒志堅而材足有立,既非事情矣。又謂吾夫子息爭已亂之道,有功於世,何其卑邪?大抵道佛之盛,由世俗信邪爲禍福傾動所致。而其徒又無家可歸,相與丐乞經營,爲終身屯聚衣食之地,故成之易。夫子之道乃民生日用,常安習而與之相忘,既無異端之張惶誘脅,其學官乃朝廷所設,以教育人,士必待上之人甚崇重,然後爲士者肯於違父母、辭室家以從之遊。屋之成否,蓋在

---

① 《黃氏日抄·讀文集》卷三,《歷代文話》第1册,第703頁。
② 《黃氏日抄·讀文集》卷一,《歷代文話》第1册,第604頁。
③ 《宋史》卷四三八,中華書局1977年版,第12994頁。
④ 《黃氏日抄·讀文集》卷六,《歷代文話》第1册,第771頁。
⑤ 《黃氏日抄·讀文集》卷一,《歷代文話》第1册,第614頁。
⑥ 《黃氏日抄·讀文集》卷一〇,《歷代文話》第1册,第859頁。

朝廷，非士之事也，故成之難。是豈爲士者之才志，皆不異端若哉？夫子如天覆地載，民無能名，而又止以息争已亂爲功，此何等議論？甚矣！文墨之士，於儒道未嘗知味，而語言妄發之可羞也！①

指斥汪文"語言妄發"，有悖正理。黄氏對那些文甚佳而理非正之作，同樣也是直言批之，如評王安石《揚州龍興講院記》：

> 《揚州龍興講院記》結句云："嗚呼！失之此而彼得焉，其有以也夫。"此文法之妙，世所共稱道者也。然邪説誣民，故浮屠之寺廟被四海，此何足以稱其賢而反借之以貶吾儒哉？②

黄氏真正心儀的佳作是那些理既正而文復工的篇章，如認爲柳宗元《晉問》"以地險也，兵革也，馬之良、木之大、鹽之富也，文公之霸也，皆不如堯之遺風焉。理正而文工"，《非國語》"非獨駁難多造理，文亦奇峭"；③贊揚王安石《桂州新城記》"理正文婉"、《子貢論》"理有文暢，可以成誦"；④稱贊曾鞏《寄歐陽舍人書》"理密文暢，可觀"；⑤稱揚葉適《龜山祠堂記》"記文優緩而理趣高"⑥等等。

黄氏心儀理、文兼具的篇章，也認可那些文雖平平然"識到理明"之作，但直言批評那些文甚佳而理非正之作，從中正可窺見其"理在文先"的評文標準。

三、關注文法：言文章者，必於歐蘇

黄氏一方面從理學的角度評騭文之意旨，另一方面也從文章鑒賞的角度論析文之體制、意味、表達、語言、技法等。黄氏賞文，偶爾只籠統地稱之贊之，如説柳宗元《嶺南饗軍堂記》"文佳"，王安石《比部陳君銘》"工"，范成大《三高祠記》"極佳"，⑦並不點出這些文章"佳"在何處、"工"在哪裏。但絶大多數時候，黄氏賞文還是比較具體的。

黄氏對文之體制、體式比較在意，如指出王安石《孔道輔銘志》"以擊蛇爲小事而附其後，得體"，汪藻《虔州神惠廟記》"以神之受職爲言，得體"，葉適《白石經藏記》"記少年遊歷，可觀。末以其成先志而記之，亦得體"，⑧又如評韓愈的記文：

> 《燕喜亭記》工於狀物，《掌書廳記》工於言情，《畫記》工於叙事，《藍田丞廳記》叙崔斯立盤鬱之懷，《修滕王閣記》自叙慨慕遐想之意。隨物賦形，沛然各縱其所之，無拘也。近世爲記者，僅述歲月工費，拘澀不成文理，或守格局，各成窠段，曰：此金石之文，與今文異。嗚呼，異哉！⑨

稱揚韓愈記體文"隨物賦形，沛然各縱其所之"，批評"近世爲記者"畫地爲牢，流露出記體

---

① 《黄氏日抄·讀文集》卷八，《歷代文話》第1册，第795頁。
② 《黄氏日抄·讀文集》卷六，《歷代文話》第1册，第772頁。
③ 《黄氏日抄·讀文集》卷二，《歷代文話》第1册，第642、655頁。
④ 《黄氏日抄·讀文集》卷六，《歷代文話》第1册，第772、765頁。
⑤ 《黄氏日抄·讀文集》卷五，《歷代文話》第1册，第737頁。
⑥ 《黄氏日抄·讀文集》卷一〇，《歷代文話》第1册，第854頁。
⑦ 《黄氏日抄·讀文集》卷二、六、九，《歷代文話》第1册，第649、775、834頁。
⑧ 《黄氏日抄·讀文集》卷六、八、一〇，《歷代文話》第1册，第774、794、854頁。
⑨ 《黄氏日抄·讀文集》卷一，《歷代文話》第1册，第607頁。

文應靈活其體式的文論觀點。

　　黄氏對文之意味也頗爲看重，賞文時常拈出之，如認爲蘇軾"叙田表聖奏議，憂治世危明主之説極高，歸之二宗之聖尤高。以賈太傅爲比，以待來者舉行，意味殊深長矣"，又指出《淩虚臺記》"末句云：'蓋世有足恃者，而不在乎臺之存亡也。'其論甚高，其文尤妙，終篇收拾盡在此句，而意在言外，諷詠不盡。昔王師席所謂文之韻者此類"；又如評曾鞏《黄氏銘》"述其事夫、教子、教孫三節，有味"，評王安石《芝閣記》"實貶題而寄興以及其大者，意味無窮，猶爲諸記中第一"，評葉適《王文正祠堂記》"文有餘韻，亦一奇也"。①

　　黄氏對行文精妙之作，頗爲留意，常有贊語，如謂韓愈《送鄭權尚書序》"叙事工密"，柳宗元《段太尉逸事狀》"文高事核，曲盡其妙"，歐陽修《王彦章畫像記》"述其以奇取勝以歉時事，文字輾轉不窮"，曾鞏《衛尉金君志銘》"君兄弟皆舉進士，諸子又皆舉進士，而己獨放山谷間，以恩受封。述其次第處文字起伏可讀"，王安石《祭束向》"言其才而不遇，文皆精妙"，黄庭堅《胡宗元詩集序》、《王定國文集序》、《小山集序》"皆山谷文之暢達變化，可壓卷者也"，葉適《漢王新修學記》"歷叙江漢古今材質，文有節奏，可觀"等等。②

　　黄氏也常從語言文字的角度論析文章，如謂韓愈《守戒》"謂諸侯於君當爲翰蕃，譬之宅於山者，施陷穽；宅於都者，固扃鐍。甚切。其後譬以賁育之不戒，童子之不抗，魯雞之不期，蜀雞之不支，尤語工而意切"，葉適《季子廟記》"文字好"，范成大題跋文"跋語多簡峭可愛"。③ 黄氏有時還點出文采粲然之作，如謂葉適《風雩堂記》"説極平實，而文采燁然可讀也"，《温州社稷記》"以社稷神明之正與世俗淫誣對形，文極華贍"等等。④ 黄氏對篇章中警語、瑰語、雋語等精妙之語頗爲留意，常摘録而稱揚之。如謂蘇軾《揚州到任啟》"'但未歸田之須臾，猶思報國之萬一'，警語也"，《買燈狀》"'内帑所儲，孰非民力'，最爲警策語"；謂韓愈《與袁相公書》"薦樊宗師云：'奇寶横棄道側，而閣下篋櫝尚有少缺不滿之處。'瑰語也"；又謂韓愈《南海廟碑》"多雋語"，並拈出之，如"上雨旁風"，"取具臨時"，"盲風怪雨，發作無節"等。⑤ 又如評韓愈《送殷侑使回鶻》、《韋侍講序》：

　　　　《送殷侑使回鶻》謂"今人適數百里，出門惘惘有離別可憐之色；持被入直三省，丁寧顧婢子語，刺刺不能休。今子使萬里外國，獨無幾微出於言面，豈不真知輕重大丈夫哉！"以上皆借事形容，曲盡文字之妙。

　　　　《韋侍講序》"其拒而不受於懷也，若築河堤以障屋霤。其容而消之也，若水之於海，冰之於夏日。其玩而忘之以文辭也，若奏金石以破蟋蟀之鳴，蟲飛之聲。"以上皆雜喻形容，亦曲盡文字之妙。⑥

將文中"曲盡文字之妙"的經典語句録出而稱之。

　　當然，黄氏在賞文時，關注最多的可能還是文法。黄氏常用"有法"、"可法"、"文法"等

　　① 《黄氏日抄·讀文集》卷四、五、六、一〇，《歷代文話》第 1 册，第 707、711、747、772、856 頁。
　　② 《黄氏日抄·讀文集》卷一、二、三、五、六、七、一〇，《歷代文話》第 1 册，第 616、639、671、747、774、778、853 頁。
　　③ 《黄氏日抄·讀文集》卷一、一〇、九，《歷代文話》第 1 册，第 606、857、832 頁。
　　④ 《黄氏日抄·讀文集》卷一〇，《歷代文話》第 1 册，第 856、857 頁。
　　⑤ 《黄氏日抄·讀文集》卷四、一，《歷代文話》第 1 册，第 717、720、612、621 頁。
　　⑥ 《黄氏日抄·讀文集》卷一，《歷代文話》第 1 册，第 615、616 頁。

言辭標示篇章，如謂歐陽修《上范司諫書》"鋪叙有法"，《擬峴台記》"模寫甚工，前輩取以爲文法者也"；謂王安石《曾致堯志》"末論遇合處，宛轉可法"，《九曜閣記》、《揚州新園亭記》、《撫州三清殿記》"皆隨事立文法，精確老蒼"；謂黃庭堅銘志"簡明有法"；謂韓愈《與孟東野書》、《答竇存亮書》"皆叙交際次第，自成文法"等等。①

黃氏常常將篇章的文法之妙較爲具體地揭示出來，如謂韓愈《代張籍書》"就'盲'字上發明，不爲悲苦之辭。死中求活法也"，《獲麟解》"大意謂麟，祥物也；但出非其時，人不謂之祥。蓋以自況，而不直説，遂成文法之妙"；又如謂歐陽修"蔡君謨之弟君山志自無狀，有一節深一節，文法極可觀。志黃夢升，文法亦類之"，《畫舫齋記》"始言爲燕居而作，次反言舟之履險，而終歸舟行之樂，三節照應"；再如謂汪藻《廣德軍范文正公祠堂記》"史失其傳，不得不紀，乃叙其事，而終以柳宗元上段太尉遺事，抑揚而收之"等等。② 黃氏有時還會非常細緻地分析文章的謀篇佈局，揭示其文法堂奥，如論析韓愈《師説》：

> 前起後收，中排三節，皆以輕重相形；初以聖與愚相形，聖且從師，況愚乎？次以子與身相形，子且擇師，況身乎？次以巫醫、樂師、百工與士大夫相形，巫、樂、百工且從師，況士大夫乎？公之提誨後學，亦可謂深切著明矣，而文法則自然而成者也。③

將該文輕重相形的文法技巧揭示出來。又如論析汪藻《嚴州高風堂記》：

> 始謂帝王功成志得，必有輕天下之心，於是嚴穴間，有不得而用者出，而百年之風俗係焉。漢之二祖，皆以布衣取天下。高祖時，有四皓莫能致。逮光武立，嚴子陵亦不爲帝留。是五人者，出處相類。然四皓晚從太子之招，而風節減於功名。子陵終高臥，故東漢之士尚風節，而以功名爲不足道。鋪叙既足，又接以四皓學伊尹，子陵學伯夷，然後獨歸之本題，之子陵而收焉。其文字佈置極佳，可爲作文者之法。④

將此文起承轉合的妙法闡發出來。

四、知人論世：善論利害，自出機杼

黃氏"讀文集"，不但讀"文"，更讀"人"。黃氏在每卷末尾都有總評，綜合論析該作家的學術思想、文章成就等，往往閃爍着真知灼見。從方法上看，這些論析具有以下一些特點。

（一）知人論世

黃氏評文能聯繫作家的人生閱歷、所處的時代語境，從"人"、"世"等多個維度破譯出"文"之風格、成就的深層原因。如謂蘇軾"擬策剴切而忠厚，蓋東坡晚年閱變既深之文"，⑤從東坡的人生遭際解讀其擬策之風格。又如對柳宗元其人其文的解讀：

> 柳之達於上聽者，皆諛辭；致於公卿大臣者，皆罪謫後羞縮無聊之語；碑碣等作，

---

① 《黃氏日抄‧讀文集》卷三、六、七、八，《歷代文話》第 1 册，第 682、739、774、773、780、608 頁。
② 《黃氏日抄‧讀文集》卷一、三、八，《歷代文話》第 1 册，第 610、605、667、671、795 頁。
③ 《黃氏日抄‧讀文集》卷一，《歷代文話》第 1 册，第 605 頁。
④ 《黃氏日抄‧讀文集》卷八，《歷代文話》第 1 册，第 794—795 頁。
⑤ 《黃氏日抄‧讀文集》卷四，《歷代文話》第 1 册，第 716 頁。

亦老筆與俳語相半；間及經旨義理，則是非多謬於聖人。凡皆不根於道故也。惟紀志
人物，以寄其嘲罵；模寫山水，以舒其抑鬱，則峻潔精奇，如明珠夜光，見輒奪目。此蓋
子厚放浪之久自寫胸臆，不事諛，不求哀，不關經義。又皆晚年之作，所謂大肆其力於
文章者也。[1]

黃氏對柳宗元的奏疏、書啟、碑碣等文體評價不高，認爲其"不根於道"，但對其人物紀志、
山水遊記則贊譽有加，認爲"峻潔精奇，如明珠夜光，見輒奪目"，並從柳的人生遭際、創作
心態等維度闡析原因，令人信服。

(二)好而知其惡，惡而知其美

黃氏評文論人，常能一分爲二，好而知其惡，惡而知其美，呈現出一種客觀辯證的眼
光。如黃氏對韓愈非常推崇，在《送孟東野序》評語中云"世徒以文觀之，豈惟不知公，抑不
知文者耳"，[2]認爲韓愈成就不徒以文。在總評中，黃氏更是將此意闡發得淋漓盡致：

蓋自孟子没，而異端作，中國之不爲夷狄者幾希。公始出而排斥之。天地之所以
位，人之所以異於禽獸，中國之所以異於夷狄，一一條析明盡，而世始昭若發蒙。孔、
孟而後，所以扶植綱常者，公一人而已。孟子没而邪説熾，性理之不蕩於空虛者尤希。
公始出，而指喜怒哀樂愛惡欲七者以爲情，指仁義禮智信五者以爲性。人獨於五者之
要指仁與義二者，謂由是而之焉則爲道。且謂舍是而言道者，非吾之所謂道。孔孟而
後所以辨析義理者，文公一人而已……文公之所以爲文者，其大若此。豈曰"文起八
代之衰"，止於文字之文而已哉。[3]

表彰韓愈扶植綱常、辨析義理之功，認爲"文公之所以爲文者，其大若此"。但黃氏對韓愈
也並非没有批評，如謂其"《賀慶雲》等表，皆文人諛語。牽於時俗，無足論者。《請上尊
號》，尤甚"，[4]直言不諱地指責其某些文章之俗。

黃氏對歐陽修也是充分肯定，但同時也指出其大醇遮不住的小疵，黃氏在對歐公的總
評中云：

唐文三變，至韓文公，方能盡掃八代之衰，追配六經之作。嗚呼，亦難哉！文公没
未幾，俳語之習已復如舊……歐陽公起，十歲孤童，得文公遺文六卷於李氏敝篋，酷好
而疾趨之，能使古文粲然復興，今垂三百年，如公尚存時。非有卓絶之資，超絶前古，
疇克至此跡？其文詞盡温而自然暢達，夫豈人力之所可強？宋興百年，元氣胥會，鍾
之異人，固應然爾。蘇文忠公繼生是時，公實獎披而與之俱。歐陽公之模寫事情，使
人宛然如見；蘇公之開陳治道，使人惻然動心：皆前無古人矣。

然蘇公以公繼韓文公，上達孔孟，謂即孔子之所謂斯文，此則其一門之授受所見
然耳。公雖亦辟異端，而不免歸尊老氏，思慕至人。辨《繫辭》非聖人之言，謂嬴秦當
繼三代之統，視韓文公《原道》、《原性》等作已恐不同，況孔子之所謂斯文者，又非言語

---

① 《黃氏日抄·讀文集》卷二，《歷代文話》第 1 册，第 659 頁。
② 《黃氏日抄·讀文集》卷一，《歷代文話》第 1 册，第 613 頁。
③ 《黃氏日抄·讀文集》卷一，《歷代文話》第 1 册，第 629—630 頁。
④ 《黃氏日抄·讀文集》卷一，《歷代文話》第 1 册，第 626 頁。

文字之云乎？故求義理者，必於伊洛；言文章者，必於歐蘇。①

前面褒贊歐公"使古文粲然復興"之功，以及文章"模寫事情，使人宛然如見"、"前無古人"的巨大成就，後一段則指出其義理未臻醇厚。黃氏還批評歐公某些文章不夠嚴謹，如評《論尹師魯墓誌》：

> 《論尹師魯墓誌》謂"述其文曰簡而有法"，"惟《春秋》可當"；"述其學曰通知古今，惟孔孟可當"。愚意文簡有法，各隨其宜，豈必《春秋》？通知古今，各隨其分，豈必孔孟？未聞文王諡文而孔文子不可謂之文也。公與師魯平生交，而故爲譏貶，何哉？俄又云："然在師魯，猶爲末事。"若果末事，何必《春秋》然後可當，孔孟然後可當？愚恐其首尾又自背馳也。②

認爲該文某些表述不夠妥當，且"首尾又自背馳"，有失細密。

黃氏對蘇軾也是既贊其文章臻妙，又惜其義理未醇。黃氏在評蘇軾《杭州上執政》兩書、《揚州上呂相書》時云"論災傷民事，婉切動人"，並發揮道："愚謂古今善言天下事，如賈誼之宏闊，陸宣公之的切，蘇子瞻之暢達，皆間世人豪，天佑人之國家而篤生者也。"③將蘇軾與賈誼、陸贄比肩，認爲都"善言天下事"，"皆間世人豪"。但黃氏對蘇軾義理之未醇，也直言不諱地指出：

> 東坡寫景詠物，論說天下事，無一不曲盡其妙，如化工之賦形萬物。至論孔子從先進，謂先進爲仕進之初，論正統不過虛名，篡弒者與聖人同稱而無害，而反斥章子貶曹魏之非，恐亦文人之自主其說，未必聖人之本旨，萬世之通言也。吁！中庸之不可能，固如此哉！④

黃氏對蘇軾的態度，在總評中體現得最爲充分：

> 東坡之文，如長江大河，一瀉千里。至其混浩流轉，曲折變化之妙，則無復可以名狀。蓋能文之士莫之能尚也。而尤長於指陳世事，述敘民生疾苦。方其年少氣銳，尚欲汛掃宿弊，更張百度，有賈太傅流涕漢庭之風。及既懲創王氏，一意忠厚，思與天下休息。其言切中民隱，發越懇到，使巖廊崇高之地，如親見閭閻哀痛之情，有不能不惻然感動者。真可垂訓萬世矣！嗚呼，休哉！然至義理之精微，則當求之伊洛之書。⑤

前面盛贊東坡文章"蓋能文之士莫之能尚"，最後一句筆鋒一轉，"然至義理之精微，則當求之伊洛之書"，此句可謂暗諷東坡義理未醇未精之微言。

黃氏對汪藻也是"是中有非"，總評云：

> 浮溪之文明徹高爽，歐蘇之外邈焉寡儔。艱難扈從之際，敷陳指斥，尤多痛快，殆有烈丈夫之氣。至其行責詞，則痛詆李綱；草麻制，則力褒秦檜；平居議論，則鄙經學而尊詞章。詞章陋習，滅没人才，一至此甚，不然公之成就豈止如今日所見而已哉？⑥

既肯定其人"歐蘇之外邈焉寡儔"的文章造詣，又批評其"詞章陋習"。

---

① 《黃氏日抄·讀文集》卷三，《歷代文話》第1冊，第702—703頁。
② 《黃氏日抄·讀文集》卷三，《歷代文話》第1冊，第686頁。
③ 《黃氏日抄·讀文集》卷四，《歷代文話》第1冊，第719頁。
④ 《黃氏日抄·讀文集》卷四，《歷代文話》第1冊，第705頁。
⑤ 《黃氏日抄·讀文集》卷四，《歷代文話》第1冊，第729頁。
⑥ 《黃氏日抄·讀文集》卷八，《歷代文話》第1冊，第801頁。

　　如果説黃氏對韓愈、歐陽修、蘇軾、汪藻是"好而知其惡"，整體肯定的前提下又指出某些缺失；那麼黃氏對柳宗元、王安石則是"惡而知其美"，整體評價不高，但又肯定其閃光點。黃氏在對柳宗元的總評中云：

> 柳以文與韓並稱焉……愚於韓文無擇，於柳不能無擇焉。而非徒曰並稱。然此猶以文論也。若以人品論，則歐陽子謂"如夷夏之不同"矣。歐陽子論文，亦不屑稱韓、柳，而稱韓、李，李指李翱云。①

認爲柳宗元不但人品與韓愈如"夷夏之不同"、不可比肩，就是文章也不能並稱。黃氏在評柳宗元《愚溪對》時云：

> 《愚溪對》設溪神援惡溪、弱水、濁涇、黑水，皆有其實，而予不愚。柳子用貪泉對，泉不貪，飲而南者貪也，汝獨招愚者居焉，則汝之實也，因自陳其愚。文極精妙。此雖子厚自戲之辭，然愚謂溪之愚可辭，而子厚傑然文人也，乃終身賢叔文而不知悟，其身之愚，可得辭耶？②

直斥柳宗元"其身之愚，可得辭耶"。黃氏對柳宗元其人評價不高，對其文也頗有微詞："啟皆獻文求哀之辭，表多世俗稱頌之語，氣索理短，未見柳之能過人者。"③但是黃氏也充分肯定柳宗元人物紀志、山水遊記的藝術造詣，正如上文所述。

　　黃氏對王安石頗有訾議，其總評云：

> 文人不護細行，世有是言矣。亦孰知博學能文、其清修苦節有如荆公者乎？然公之文有論理者，必欲兼仁與智，而又通乎命；有論治者，必欲養士教士取士，然後以更天下之法度，其文率曖昧而不彰，迂弱而不振，未見其有犂然當人心，使人心開目明，誦詠不忘者。或者辨析義理之精微，經論治道之大要，固有待於致知之真儒耶？惟律詩出於自然，追蹤老杜；記誌極其精彩，劈劈昌黎；雖有作者，莫之能及公。其文人之護細行者乎？嗚呼！文亦何補於世？乃因細行而致大用，以其論理論治之差者，而施之天下則所傷多矣。④

論其人，既稱其博學能文、清修苦節，又批其"因細行而致大用"，"以其論理論治之差者，而施之天下則所傷多矣"，整體評價是過大於功；論其文，認爲"率曖昧而不彰，迂弱而不振，未見其有犂然當人心，使人心開目明，誦詠不忘者"，但又指出律詩、記誌的藝術造詣，整體評價是大疵小醇。

（三）打破俗見，自出機杼

　　黃宗羲已經指出，黃震"《日鈔》之作，折衷諸儒，即於考亭亦不肯苟同"。⑤ 誠哉是言，《黃氏日抄》確有一種博采衆説，斷以己意的學術品格。黃氏"讀文集"論析作家，常能打破世俗之見，自出機杼，如論黃庭堅：

> 涪翁孝友忠信，篤行君子人也。世但見其嗜佛老，工嘲詠，善品藻書畫，遂以蘇門

---

① 《黃氏日抄·讀文集》卷二，《歷代文話》第1册，第659頁。
② 《黃氏日抄·讀文集》卷二，《歷代文話》第1册，第641頁。
③ 《黃氏日抄·讀文集》卷二，《歷代文話》第1册，第653頁。
④ 《黃氏日抄·讀文集》卷六，《歷代文話》第1册，第775—776頁。
⑤ 黃宗羲等《宋元學案》卷八六《東發學案》，黃百家引黃宗羲語，第2886頁。

學士例目之。今愚熟考其書，其論著雖先《莊子》而後《語》、《孟》，至晚年自刊其文，則欲以合於周孔者爲内集，不合於周孔者爲外集。其說經雖尊荆公而遺程子，至他日議論人物則謂周茂叔人品最高，謂程伯淳爲平生所欣慕。方蘇門與程子學術不同，其徒互相攻訌，獨涪翁超然其間，無一語黨同……公雖以流落無聊，平生好交僧人，遊戲翰墨，要不過消遣世慮之爲，而究其說能垂芳百世者，實以天性之忠孝，吾儒之論說。至若禪家句眼不可究詰其是非者，等於戲劇，於公豈徒無益而已哉？ 讀涪翁之書，而不於其本心之正大不可泯没者求之，豈惟不足知涪翁，亦恐自誤。①

黃氏批評世人"以蘇門學士例"看待黃庭堅之偏頗，通過細緻的辨析，認爲涪翁乃"孝友忠信，篤行君子"，讀涪翁之書，當於"其本心之正大不可泯没者求之"。

黃氏對水心文法的辨析最爲有見：

水心之見稱於世者，獨其銘志序跋，筆力橫肆爾。近世自號得水心文法者，乃以陰寓譏罵爲能。愚觀水心文雖間譏罵，實皆顯白。如曰："旁縣田一頃，蛙鳴聒他姓。"此顯斥翁靈舒廢家業而工晚唐詩，直以爲世戒，非陰寓也……惟"數花須噢松葉"，世傳狀鮑清卿爲猴精。此爲譏諷，然他日誌其妻劉氏，直舉龐蘊夫婦棄家學佛，至賣漉籬。此其偏好自有取輕者，終篇述其治行甚褒，瑕瑜不相揜也。借曰水心時一以文爲戲，可盡以例其餘耶？ 學之者不於其橫肆而獨於其戲者耶？ 嗚呼！ 水心之傳世者僅此，而學之者又辱之，且關學者心術，故爲之辯。②

黃氏認爲水心爲文，最有價值者在於"銘志序跋，筆力橫肆"，而非"以文爲戲"，後世"自號得水心文法者，以陰寓譏罵爲能"，乃是不辨瑕瑜。這種見解針砭世俗，可謂振聾發聵。

（四）對比分析

黃氏論析作家時，還善於做對比分析，如將曾鞏與王安石相較而論：

南豐與荆公俱以文學名當世，最相好且相延譽。其論學皆主考古，其師尊皆主揚雄，其言治皆纖悉於制度而主《周禮》。荆公更官制，南豐多爲擬制誥以發之。豈公與荆公抱負亦略相似，特遇於世者不同耶……南豐比荆公則能多論及本朝政要，又責誚荆公不能受人之言。使南豐得政當有可觀者乎？ 南豐之文多精核，而荆公之文多澹靖；荆公之文多佛語，而南豐之文多辟佛；此又二公之不同者。③

指出兩人在論學傾向、師尊所主、言治所本以及人生抱負等方面的相似處，又辨析兩人文章風格的相異處，可謂有見。又如論范成大時，與蘇東坡聯繫起來：

公喜佛老，善文章，蹤跡徧天下，審知四方風俗，所至登覽嘯詠，爲世歆慕，往往似東坡。東坡當世道紛更，屢爭天下大事，其文既開闔痛暢而又放浪，嶺海四方人士爲之扼腕，故身益困而名益彰。公遭值壽皇清明之朝，言無不合，凡所奏對，其文皆簡樸無華，而又致位兩府，福禄過之，流風遺韻亦易消歇耳。④

① 《黃氏日抄·讀文集》卷七，《歷代文話》第1冊，第788—789頁。
② 《黃氏日抄·讀文集》卷一〇，《歷代文話》第1冊，第870頁。
③ 《黃氏日抄·讀文集》卷五，《歷代文話》第1冊，第755頁。
④ 《黃氏日抄·讀文集》卷九，《歷代文話》第1冊，第850頁。

將兩人不同的人生遭際、文章風格與後世影響對照，相形而論，也是頗有識見。

總之，黄氏讀"文"讀"人"時，或知人論世，揭示文章風格、文人成就的深層原因，或辯證分析，好而知其惡，惡而知其美，客觀呈現相關作家爲文爲人的瑕瑜所在，或博采衆説，斷以己意，或對比分析，相較而論，大多言之成理，恰中肯綮。當然，這一方面可能與黄氏較高的思想水準頗有干係，另一方面可能也與其較高的文章水準息息相關，史載："震爲人清介自守，臨川陸學傳四方，震獨崇朱氏學。其爲文，悉本之……善論利害，奏疏明暢曲盡，人謂其甚似朱氏。"[①]黄氏自己能文，故其評文每每能擊中要害。

（作者單位：台州學院中文系、浙江大學宋學研究中心）

---

① 　袁桷：《延祐四明志》卷五《人物考·黄震》，《景印文淵閣四庫全書》本，第 491 册，第 423 頁。

宋代士林的禪趣與禪門頌古之風

董　平

内容摘要：在大致以西元十一世紀後半葉爲中心期的北宋時期，儒佛之間的思想互動以及士大夫與僧人之間的實際交往，是中國古代思想史上具有重要意義的事件。士人的"逃禪"既成爲風氣，一方面使禪宗實際上取代了"儒道互補"之文化傳統中莊老哲學的文化角色，使禪的理趣境觀在士林中獲得進一步的認同與普遍化，從而爲理學的實際發生準備了必要的思想氛圍以及實現其整合性創新的思想視域；另一方面，禪宗亦在這種交往中普遍容納儒道之學，並導致禪僧的"文人化"與禪理的詩化，禪門"頌古"之風以及"文字禪"的出現與繁榮，同樣是以文人與禪僧之間的實際交往爲背景的。但禪門風氣的這一轉向，同時却導致禪宗本身之特性的流失，此亦正爲其走向式微的一種原因。

關鍵詞：禪宗　頌古　文字禪　儒釋互動　理學

　　晚唐五代時期，禪宗實現了"一花開五葉"的"自然結果"，形成了潙仰、雲門、曹洞、法眼、臨濟"五家"。然入宋以後，由潙山靈祐、仰山慧寂所開創的潙仰系，其傳派無人，法脈不續；法眼宗自清涼文益以後，至永明延壽（904—975），不過二傳，入宋亦衰，其法脈之流入朝鮮的傳承反較國内爲悠長。故宋代禪宗，實以雲門、曹洞、臨濟三家爲主。臨濟宗得汾陽善昭（947—1024）而中興，至其弟子石霜楚圓（986—1039）則將其傳播中心南移，此後又衍爲黄龍、楊岐二派，是爲宋代禪宗中的重要事件，由此而形成禪宗作爲一整體的所謂"五家七宗"之法脈流布。

　　禪宗原以"不立文字"、"以心傳心"相標榜，且自爲高尚，以爲"教外別傳"，然兩宋之世，各種"燈録"、"語録"大量湧出，乃至"頌古"成風，"文字禪"逐漸衍爲一種主流形式，在某種意義與程度上，實走向了"不立文字"的反面。雖然禪宗的所謂"不立文字"，實就其必求"悟性"的根本目的及其清通灑脱、不羈縻於世務的精神實質而言，並非謂其全然與語言文字不相關涉，強調以四卷《楞伽》爲心要，"藉教悟宗"，固爲禪宗創立之初期即行密授的法門，而在南宗確立之後及此後的流布傳承過程之中，各種經論，如《法華》、《維摩》、《金剛》、《圓覺》、《楞嚴》、《起信論》等思想均有大量攝入，仍體現了佛教思想之傳承的某種内在同一性，故"禪教一致"之説亦史不絶書。然隋唐之世，禪門大德確亦大多不尚文字，較少著述；相對而言，宋代之"燈録"、"語録"及"頌古"的大量出現，則正標誌了禪門風氣之丕變。

觀兩宋佛教,無論教禪,皆以融合與會通爲其發展之大勢。此種融會,既體現於佛教內部不同宗派之間在義學上的相互兼攝以及"宗"、"教"之間的相互涵融,而且亦體現於佛教與"外學"(儒、道)之義理的互動與兼取。若五代時永明延壽融攝"教下"諸説而衡以"心宗"而編纂《宗鏡録》乃代表了佛教內部之融合禪教的卓越努力,則北宋時明教契嵩(1007—1072)之主動的"援儒入釋",則代表了會通儒釋的文化新風。

但就思想之歷史發展的實跡而論,這種儒釋之間的互動整合所產生的最高成就,却並不體現於佛教本身,而是體現於儒學的復興,亦即"理學"的整體建構及其理論形態的展開。理學無疑重建了先秦儒學的古典經義,但無疑又融入了時代新義,並且這種"新義"是以佛理的融入爲主要内容的。原宋代理學之開啓的時代,恰好也即是明教契嵩的時代。對理學的發端有導源之功的歐陽修(1007—1072)以及周敦頤(1017—1073)、邵雍(1011—1077)、張載(1020—1077)、程顥(1032—1085)、程頤(1033—1107)等理學的著名代表人物,均鼎盛於十一世紀的後半葉,而檢尋其思想經歷,皆無不與佛教有種種深層關涉。正是佛教的一些思想要素、概念形態、思辨路向乃至其實踐方式在理學思潮中的融入,使理學成爲儒學的一種新形態,它既是先秦以孔孟爲代表的原始儒學之經典義理的回歸,亦是先秦儒學之固有思想空間的深層拓展,與這種古典新義的重建相聯繫的,則是儒學本身的理論境域之内在超越層面的不斷凸現與强化,由此而養成一種足以普遍影響士林的新學風。兩宋之士多沾濡禪風,這雖與禪風本身的熾盛大有關係,却亦未必不與理學的倡導及其風氣之漸盛有内在關聯。

以西元十一世紀後半葉爲中心期而實際發生於中國思想界的儒學與佛學之間的思想互動,是中國思想史上的重大事件。這種互動的思想交往所產生的結果,不僅就儒學而言乃因有理學的巨大成就而在歷史上留下了濃墨重彩,並且就佛學而言,亦因僧人與文士的多層交往而導致其生活風氣與説禪方式的直接轉變。"頌古"與"文字禪"的流行,不僅是在這種交往背景之下出現的,而且實際上亦正爲這種交往所產生的一種直接結果。

一

禪觀的境界是洋溢着生命之流動的活潑氣象的,而其玄遠的清幽、淡泊的閒適、超越的悠遠、空靈的自由,則極啓迪了中國士人追求瀟灑曠達的文化基因及其審美情懷。兩宋士人普遍好禪,並因此而成爲禪宗本身發展的一種重要的社會文化動因,正與禪學之理趣的豐富内涵有着深刻的内在聯繫。

在中國傳統文化的宏觀結構之中,儒學居於政治文化的核心,並因此而成爲中國文化在歷史過程中的主流形態,乃是一種基本的歷史事實;但這一歷史事實的另一方面是,以老莊爲代表的道家思想却一直作爲一種不可或缺的資成因素而伴隨着儒學傳統的貫徹與演歷。儒家建構了以個體道德的培養、擴充及其於經驗世界的現實實踐爲根本要義的義務論倫理學,將個體的存在在本質上還原爲道德的存在,而道德的價值則是必須在現實性上充分延展于個體之生存的全部經驗境域的。因此,在現實世界中,個體對道德的實踐,便即是本質上的生存價值得以實現出來的根本途徑,自我的存在性則須在主體的道德世界之中、在對他者主體的同情的認同及"同體"的感悟之中才能真正實現出來。個體的存在性及其生存的價值，便永遠與群體的共相存在及其價值訴求相互聯結。但在老莊的思想體系之中，道作爲存在之共相本質的確認，既導致本原意義上的"萬物一體"的確認，又因"性分"之義而導致相對獨立的個體性及其生存價值的確認，從而體現出將個體的生存價值作爲價值的終極形態而還原出來的基本取向。按照莊子的闡述，凡存在於經驗世界中的價值都僅僅是相對的，而在道的觀照之下，一切相對的東西實質上都並不具有價值的實在意義，因爲經驗狀態的相對關係以及處於這種相對關係之中的相對價值最終都將消解於道的絕對性之中。因此之故，生存意義的真實實現就顯然並不在於個體與他人或群體所構成的關係情境之中，而是要以道爲"大宗師"，實現這種關係的主觀解構與超離，從而轉進於存在的絕對自由之境。顯而易見，這與儒家將個體所處的群體或共同體作爲個體之生存價值得以實現的基本境域的觀點是非常不同的。但有趣的是，道家與儒家在現實生活中的實際相遇，却似乎並未造成太多的現實困難或激烈的思想衝突，我們經常所看到的，反而是它們在個體的經驗生存處境中實現了互補與和諧。原其緣由，蓋因生活的常態原需要在"世務的介入"與"世務的出離"之間保持一種必要的內在張力。個體的現實生存狀態並不呈現爲某種單維的展開，而更是呈現爲某種多維的結構。設若儒學爲人們的社會—政治生活及其公共交往提供了某種值得普遍遵循的基本價值模態，則老莊哲學便爲其非社會性的個體存在本身提供了追求絕對價值與思想自由的理想範本；因此之故，儒、道之不同的價值揭示便爲個體的不同生活維度的價值尋求提供了基本取向。

禪宗作爲中國化佛教的一種典型形態，其孕育與發展的過程，幾乎從伊始即曾受到老莊思想的影響與刺激。而在"不可言説的"禪境的隱喻或意象的呈現上，則尤其整合了老莊的虛淡玄遠與超拔空靈，莊禪亦因此在某種程度上保持著其精神實質的同一性。到兩宋時代，隨着禪宗之影響的日漸深廣，它在社會生活的精神層面，尤其是在傳統上習慣於以詩歌藝文來表達其審美情懷及其清雅閒適之心態的士大夫知識階層那裏，遂成爲一種更富有新意亦更富有吸引力的思想資源，更何況禪宗原是以"世務的出離"爲其形式特徵的。禪宗的理趣及禪境的幽深更爲深刻地啓迪了士人的心靈，傳統"儒道互補"結構中的老莊哲學的文化角色，在很大程度上遂被禪宗所取代了。當時士人之普遍喜禪，正與這種文化傳統之轉變的內在邏輯有關。《佛祖統紀》云：

> 荆公王安石問文定張方平曰："孔子去世百年生孟子，後絕無人，或有之，而非醇儒。"方平曰："豈爲無人？亦有過孟子者。"安石曰："何人？"方平曰："馬祖、汾陽、雪峰、岩頭、丹霞、雲門。"安石意未解。方平曰："儒門淡薄，收拾不住，皆歸釋氏。"安石欣然嘆服。後以語張商英，撫几賞之曰："至哉，此論也！"[1]

王安石（字介甫，1021—1086）、張商英（字天覺，1043—1121）皆嘗爲相，而張方平（字

---

[1]　志磐：《佛祖統紀》卷四五，《大正藏》卷四九，第415頁中。念常《佛祖歷代通載》卷一三嵩嶽元珪禪師傳"論曰"亦載此事，而文字略有不同："荆國王文公嘗問張文定公曰：'去孔子百年而有孟軻，此後迨孔孟者爲誰？何吾道之寥寥乎？'文定沉吟久之，曰：'有人，第恐過之耳。'曰：'誰耶？'文定曰：'南嶽讓、嵩山珪、馬祖、石頭、丹霞、無業，若此類，孔孟之教響勒不住，故歸釋氏矣。'文公深肯之。其後張公無盡（商英）聞之，歎曰：'達人之論也！'然嵩山，蓋祖庭之旁出者也，其感應超絕，説法沛然如此，則南嶽而下的傳，正續宗師，世教響勒不住，端可見矣。二三公之讜論，渠不信夫！"（文淵閣四庫全書本）

安道,1007—1091)亦爲一時名儒,嘗官參知政事,知陳州,以太子少師致仕,史以"慷慨有氣節"稱之。其所謂"儒門淡薄,收拾不住,皆歸釋氏",至以爲馬祖道一、汾陽善昭諸禪門大德乃過於孟子者,不僅體現了張方平本人的觀點,而且正可藉以見出當時士人之"逃禪"的普遍情形,真實反映了士林中的一種普遍的文化心態。王安石自青少年時即深染佛説,多與僧人交往,至晚年居於金陵,尤以禮佛誦經爲事。安石曾説:

> 道之不一,久矣! 人善其所見,以爲教於天下而傳之後世。後世學者,或狥乎身之所然,或誘乎世之所趨,或得乎心之所好,於是聖人之大體分裂,而爲八九博聞該見有志之士,補苴調腑,冀以就完,而力不足,又無可爲之地,故終不得。蓋有見於無思無爲、退藏於密、寂然不動者,中國之老莊、西域之佛也。既以此爲教於天下而傳後世,故爲其徒者,多寬平而不忮,質静而無求。不忮似仁,無求似義。當士之誇漫盜奪,有己而無物者多於世,則超然高蹈,其爲有似乎吾之仁義者,豈非所謂賢於彼而可與言者邪![①]

安石此説,正可爲何以"儒門淡薄,收拾不住,皆歸釋氏"下一注脚。正因"道之不一","聖人之大體分裂",後世之士無由以見"無思無爲、退藏於密、寂然不動"之體,而老釋反有以得之,且其徒多寬平質静,不忮不求,大段不悖儒門仁義之旨;當"誇漫盜奪、有己而無物者"充塞于士林,釋門之"超然高蹈",賢於狥身惑衆之士多多,然則士之競趨於釋氏,豈非理之當然? 然當時立朝諸大儒,其喜禪而深達玄理者,却正可謂所在多有,未遑細舉。同時代的吳處厚(字伯固)嘗列舉數人云:

> 楊文公(億,字大年,974—1020)深達性理,精悟禪觀,捐館時,作偈曰:"漚生復漚滅,二法本來齊。要識真歸處,趙州東院西。"

> 丞相王公隨(字子正,生卒年不詳,1032—1033爲相),亦悟性理,捐館時,知河陽,作偈曰:"畫堂燈已滅,彈指向誰説? 去住本尋常,春風掃殘雪。"是夕薨,淩晨大雪,實正月六日。

> 曹司封修睦(生卒年不詳,大中祥符元年進士,官至司封員外郎),深達性理,知邵武軍時,常以竹簟贈禪僧仁曉,因作偈與之,曰:"翠筠織簟寄禪齋,半夜秋從枕底來。若也此時人問道,涼天卷却暑天開。"

> 張尚書方平,尤達性理,有人問祖師西來意,張作偈答之,曰:"自從無始千千劫,萬法本來無一法。祖師來意我不知,一夜西風掃黃葉。"

> 陳文惠公(堯佐,字希元,963—1044),亦悟性理,嘗至一古寺,作偈曰:"殿古寒爐空,流塵暗金碧。獨坐偶無人,又得真消息。"

> 富文忠公(弼,字彦國,1004—1083),尤達性理。熙寧中,余守官洛下,公時爲亳守,遺余書,託爲訪荷澤諸禪師影像。余因以偈戲之曰:"是身如泡幻,盡非真實相。況兹紙上影,妄外更生妄。到岸不須船,無風休起浪。唯當清静觀,妙法了無象。"公答偈曰:"執相誠非,破相亦妄。不執不破,是名實相。"既又以手筆貺余曰:"承以偈見警,美則美矣,理則未然。所謂無可無不可者,畫亦得,不畫亦得。就其中觀像者爲不

---

①　王安石:《臨川先生文集》卷八三《漣水軍淳化院經藏記》,四部叢刊本。

得，不觀像者，所得如何？禪在甚麼處？似不以有無爲礙者，近乎通也。思之，思之。"①

吴處厚雖人品不高，然爲當時之人，其所記當不誣。這裏所舉諸人，皆可謂位高權重，同時亦都究心禪學，"深達性理"（看來吴處厚本人亦是"深達性理"的，而觀此，則又燦然可明"性理"一詞在當時之義），則一時風氣之所趨，當可想見。如楊億、錢惟演（字希聖，生卒年不詳，約 1016 年前後在世）輩非但篤信佛法，且原亦爲一時詩壇領袖，創爲"西崑體"，士人競相效仿，詩風爲之一變。②

被史稱爲"鐵面御史"的趙抃（字閱道，1008—1084），彈劾不避權貴，爲官清正廉明，而同時却亦爲篤志佛學的典型，這一點曾深爲朱熹所不解，嘗云："趙清獻公（抃）晚知濂溪先生（周敦頤）甚深，而先生所以告之者亦甚悉，見於章貢送行之篇者，可考也。而公于佛學，蓋没身焉，何耶？"③其實周敦頤之學恐亦未必不與佛學有關。④《羅湖野録》記趙抃之事云："趙清獻公平居以北京無鉢元禪師爲方外友，而諮決心法。暨牧青州，日聞雷有省，即説偈曰：'退食公堂自憑几，不動不摇心似水。霹靂一聲透頂門，驚起從前自家底。舉頭蒼蒼喜復喜，刹刹塵塵無不是。中下之人不得聞，妙用神通而已矣。'"⑤及其致仕歸鄉，尤篤志奉佛，乃至於"日須延一僧對飯"："趙閱道休官歸三衢，作高齋而居之，禪誦精嚴，如老爛頭陀，與鐘山佛慧禪師爲方外友，唱酬妙語，照映叢林。性喜食素，日須延一僧對飯。可以想見其爲人矣。"⑥

----

① 吴處厚：《青箱雜記》卷十，中華書局 1985 年版，第 110—111 頁。
② 葛立方《韻語陽秋》卷二："咸平、景德（998—1007）中，錢惟演、劉筠首變詩格，而楊文公與王鼎、王綽號'江東三虎'，詩格與錢、劉亦絕相類，謂之'西崑體'。大率效李義山之爲豐富藻麗，不作枯瘠語。……公（楊億）嘗論義山詩，以謂包蘊密緻，演繹平暢，味無窮而炙愈出，鎮彌堅而酌不竭，使學者少窺其一斑，若滌腸而洗骨。"（《歷代詩話》，中華書局 1981 年版，第 499 頁）劉攽《中山詩話》謂楊億不喜杜甫詩，目爲"村夫子"，而歐陽修亦不甚喜杜詩而愛李白，以爲"不可曉"（同上書，第 288 頁）。觀《韻語陽秋》所記楊億之語，則可明其不喜杜詩之故。雖世謂"西崑體"格調低下，徒作綺麗之句，然楊億本意，蓋亦在"不作枯瘠語"而欲人"滌腸洗骨"耳。故歐陽修云："楊大年與錢、劉數公唱和，自《西崑集》出，時人爭效之，詩體一變。而先生老輩患其多用故事，至於語僻難曉，殊不知自是學者之弊。"（《六一詩話》，同上書，第 270 頁）
③ 《朱文公文集》卷八三《跋趙清獻公家問及文富帖跋語後》，四部叢刊本。按：朱熹所謂濂溪所以告清獻者甚悉，其意蓋謂濂溪對趙抃之篤于佛教曾多所針砭，此實爲猜測之詞，正見其回互濂溪之意。濂溪曾因得趙清獻的舉薦而任廣東轉運判官提點刑獄。《宋史》本傳載，濂溪爲南昌守時，"趙抃惑於譖口，臨之甚威，敦頤處之超然。通判虔州，抃守虔，熟視其所爲，乃大悟，執其手曰：'吾幾失君矣！今而後乃知周茂叔也。'熙寧初，知郴州，用抃及吕公著薦，爲廣東轉運判官提點刑獄，以洗冤澤物爲己任。"亦見黄庭堅《山谷集》卷一《濂溪詩並序》。
④ 劉克莊曾有詩云："先儒緒業有師承，非謂聞風便販膺。康節易傳於隱者，濂溪學得自高僧。衆宗虚譽相賢聖，獨守遺編當友朋。門掩荒村人掃跡，空鈔小字對孤燈。"（《後村先生大全集》卷二《先儒》，四部叢刊本）當朱熹之時，學界大概仍有人謂濂溪之學有得於佛學，並且濂溪之子周壽（字元翁）、周燾（字次元）亦從蘇軾、黄庭堅游，篤於禪學，大概朱熹的弟子何叔京曾向朱熹轉述過此類意思，但遭到朱熹的批評："元翁與蘇、黄游，學佛談禪，蓋失其家學之傳已久，其言固不足據；且潘君者，又豈非清逸（按：潘興嗣，字延之，自號清逸居士，與濂溪友善，且志其墓）家子弟耶？清逸之子亦參禪。雖或及識濂溪，然其學則異矣。今且據此論之，只文字語言便與《太極通書》等絶不相類。蓋《通書》文雖高簡，而體實淵愨，且其所論不出乎陰陽變化、修己治人之事，未嘗劇談無物之先、文字之外也。而此書乃謂中爲有物，而必求其所在於未生之前，則是禪家'本來面目'之緒餘耳。"（《朱文公文集》卷四十《答何叔京》"伏蒙示及心説"，四部叢刊本）所以陶宗儀著《説郛》，嘗謂"濂溪得道於異僧壽涯，晦庵亦未然其事，以異端疑之。"（卷三八上，文淵閣四庫全書本）
⑤ 釋曉瑩：《羅湖野録》卷一，文淵閣四庫全書本。
⑥ 釋惠洪：《冷齋夜話》卷十，文淵閣四庫全書本。

以上所提到的這些人，皆當時重臣，飲譽朝野，其爲人亦大多端方嚴整，政績多有可觀，而其薰沐玄風，深達禪理，聞道作偈，語轉機鋒，實不讓禪門高僧。居高位者如此，其風斯在下，儒林士子遂競以交友"方外"爲高，推闡玄理，吟詠唱酬，則成爲士林中的一種新風尚。特舉當時影響最巨之文壇領袖歐陽修（字永叔，1007—1072）、蘇軾（字子瞻，1037—1101）、黄庭堅（字魯直，1045—1105）爲例。歐陽修不喜浮圖之説，史有明據，他作詩送僧人惟晤，以爲"子佛與吾儒，異轍難同輪"，①當時與他有過交往的釋文瑩，曾謂"公（修）尤不喜浮圖"，②念常則曾對《新唐書》隱去佛門大德事蹟而不書示其不滿，以爲"歐陽文忠公雅嫉吾釋，未始略有假借。"③然《韻語陽秋》卷一二云：

> 歐陽永叔素不信釋氏之説，如《酬净照禪師》云："佛説吾不學，勞師忽款關。我方仁義急，君且水雲閒。"《酬惟悟師》云："子何獨吾慕，自忘夷其身。韓子亦嘗謂，收斂加冠巾"是也。既登二府，一日被病亟，夢至一所，見十人端冕環坐，一人云："參政安得至此？宜速反舍。"公出門數步，復往問之，曰："公等豈非釋氏所謂十王者乎？"曰："然。"因問："世人飯僧造經，爲亡人追福，果有益乎？"答云："安得無益！"既寤，病良已。自是遂信佛法。文康公得之於陳去非，去非得之於公之孫恕，當不妄。葉少蕴守汝陰，謁見永叔之子棐，久之不出。已而棐持數珠出，謝曰："今日適與家人共爲佛事。"葉問其所以，棐曰："先公無恙時，薛夫人已如此，公弗之禁也。"④

此謂歐陽修因病而夢"十王"，"自是遂信佛法"，或未可盡信，然歐陽公之不喜浮圖，却並不禁止其家人妻子之篤信佛法，更不表明他對佛説没有了解，⑤更何況他與僧人亦多有交往，與詩僧秘演、惟儼、惟晤等相互酬唱，又爲秘演、惟儼序其文集，而契嵩《輔教編》、《傳法正宗記》成，得朝廷褒獎而賜號"明教大師"，在某種意義上亦因出於歐陽修的稱歎，以爲"探經考證，既無訛謬。於是朝廷旌以明教大師，賜書入藏。"⑥即或歐陽修不喜佛説爲事實，然其行爲却正可表明當時士人與僧人之間的相互交往業已蔚然成風，雖不喜其説，却亦不礙其結友方外。

蘇軾之精通佛説，則略無可疑，《五燈會元》將他列爲東林常總禪師法嗣。《冷齋夜話》卷七：

> "横看成嶺側成峰，遠近看山了不同；不識廬山真面目，只緣身在此山中。"魯直

---

① 歐陽修：《酬學詩僧惟晤》，《歐陽文忠公文集》卷四，四部叢刊本。
② 釋文瑩：《湘山野録》卷上，中華書局 1984 年版，第 15 頁。
③ 釋念常：《佛祖歷代通載》卷一三"一行傳""論曰"。文淵閣四庫全書本。按：志磐引《歐陽外傳》："詔歐陽修同宋祈、范鎮修《唐書》，如高僧玄奘、神秀諸傳及方技傳，乃至正觀爲戰士建寺薦福之文，並削去之。有净因自覺禪師，初學于司馬光，嘗聞其言曰：'永叔不喜佛，舊唐史有涉其事者，必去之。'嘗取二本對校，去之者千餘條。因曰：'駕性命道德之空言者，韓（愈）文也；泯治亂成敗之實效者，《新書》也。'范祖禹聞光言，乃更著《唐鑒》，陰補《新書》之闕。"（《佛祖統紀》卷四五，《大正藏》卷四九，第 412 頁下）
④ 何文焕：《歷代詩話》，中華書局 1981 年版，第 577—578 頁。
⑤ 歐陽修通達佛説，在其文集中多有體現，如《緑竹堂獨飲》："自古英壯氣，不有此恨如何消？又聞浮屠説，生死滅没，謂若夢幻泡；前有萬古後萬世，其中一世蚍蜉。安得獨灑一檞淚，欲助河水增滔滔。古來此事無可奈，不如飲此罇中醪。"（《歐陽文忠公文集·外集》卷一，四部叢刊本）志磐《佛祖統紀》卷四五云："歐陽永叔自致仕居潁上，日與沙門遊，因自號六一居士，名其文曰《居士集》。息心危坐，屏却酒骰。臨終數日，令往近寺借《華嚴經》，讀至八卷，倏然而逝。"（《大正藏》卷四九，第 414 頁中）
⑥ 釋曉瑩：《羅湖野録》卷一，文淵閣四庫全書本。

曰："此老人于般若横説豎説,了無剩語,非其筆端有舌,安能吐此不傳之妙哉!"

黄庭堅以爲蘇軾詠廬山詩乃説盡般若,了無剩語,其見解堪稱獨特而又切中肎綮。這非但表明蘇軾是深於禪理的,而且庭堅本人亦精於此道,否則他對蘇軾之詩便不應有如是之評。蘇氏一家皆篤信佛教,軾嘗自述云:"昔予先君文安主簿、贈中大夫、諱洵,先夫人武昌太君程氏,皆性仁行廉,崇信三寶。捐館之日,追述遺意,舍所愛,作佛事,雖力有所止,而志則無盡。"①蘇軾不僅深通禪理,與僧人有廣泛的交游,而且自以爲前生是僧。②《冷齋夜話》卷十記蘇軾一事:

> 東坡夜宿曹溪,讀《傳燈錄》,燈花墮卷上,燒一"僧"字,即以筆記於窗間曰:"山堂夜岑寂,燈下讀《傳燈》;不覺燈花落,茶毗一個僧。"

其"燈下讀《傳燈》"的專注神態及其心契禪理的雅適閒情,躍然紙上矣。

作爲"蘇門四學士"之一的黄庭堅,開"江西詩派",地位尊於儒林,然其崇信佛法,問道參禪,往往獨有心悟,觀《五燈會元》卷一七的記載,則其言行與當時禪僧實已無甚區别。曉瑩謂"太史黄公魯直,元祐間丁家難,館黄龍山,從晦堂和尚游,而與死心新老、靈源清老尤篤方外契。"③曾與他甚相過從的釋惠洪在《冷齋夜話》中對庭堅與僧人的交往亦多有記載。庭堅不僅自己深於禪觀,亦曾勸人尋求禪悦。《羅湖野録》卷二:

> 投子聰禪師與海會演和尚,元祐間道望並著,淮上賢士大夫多從之游。黄太史魯直亦嘗勉胡尚書少汲問道於聰、演,其書曰:"公道學頗得力耶?治病之方,當深求禪悦,照破生死之根,則憂畏淫怒無處安脚。病既無根,枝葉安能爲害?投子聰老是出世宗師,海會演老道行不愧古人,皆可親近,殊勝從文章之士學妄言綺語,增長無明種子也。"

此等言語,若謂其出於某僧之口,當無不信者,而其出於庭堅之筆,却足以想見其本人嘗耽於禪悦的情形了。

蘇、黄諸人皆名高一世,其詩文之出,非但儒林盛傳,而亦禪林争睹。其與禪僧深相交往,以禪趣禪理入詩,正引領了一時風氣。而士大夫階層與僧人的普遍交往,我們是應將它作爲一種文化現象來加以審視的,其中既包含著中國傳統文化結構本身之邏輯發展的深刻内容,亦隱含著當時儒釋交融的思想底藴。儒釋之間的實際交往,促成了不同思想體系之間的交互涉入,而其所導致的直接結果,一方面是使儒學進一步加深了對於佛學之理趣情韻的理解與領會,並爲其在哲學層面整合佛學的思想因素而實現儒學之重建及其觀念的重新體系化造成了現實的思想條件,另一方面,亦使以禪宗爲代表的釋家風氣發生了

---

① 蘇軾:《真相院釋迦舍利塔銘並序》,《蘇東坡全集》(景印本),中國書店 1986 年版,第 455 頁。

② 《佛祖統紀》卷四六:"(元祐七年)軾弟轍謫高安,時洞山雲庵與聰禪師一夕同夢與子由出城迓五祖戒禪師。已而瞻至,三人出城候之,語所夢,軾曰:'八九歲時,夢身是僧,往來陕右。又先姚孕時,夢昉目僧求托宿。'雲庵驚曰:'戒公陕右人,一日昉。'遂數其終已五十年,而子瞻時四十九。自是常稱'戒和上'。"(《大正藏》卷四九,第 417—418 頁)有趣的是,後來大慧宗杲則又被認爲是"東坡後身",趙與時《賓退録》卷四:"開禧丙寅、眉山重修經圖,號《江鄉志》,末卷《雜記門》云:'佛日大師宗杲,每住名山,七月遇蘇文忠忌日,必集其徒修供以薦。嘗謂張子韶(九成)侍郎曰:老僧東坡後身。張曰:師筆端有大辯才,非老先生而何!鄉僧可升在徑山爲侍者,親聞此語。'今按杲年譜,蓋生於元祐四年己巳,而東坡卒於建中靖國元年辛巳,此時杲已十三歲矣。杲平生尊敬東坡,忌日修供或有之,必無後身之説,可升之妄也。"(上海古籍出版社 1983 年版,第 52 頁)張方平亦自以爲前生是僧,見惠洪《冷齋夜話》卷七。

③ 釋曉瑩:《羅湖野録》卷一,文淵閣四庫全書本。

重大轉變。

　　理學的興起，首先注重從本體論上對先秦儒學進行理論重建，而這種重建的工作，實際上是以佛道思想來作爲基本的理論參照體系的。詳濂、洛、關、閩諸子，皆出入於老釋者數十年，而其理學思想的系統表達，要説與這種思想經歷没有關係，實際上是不可能的。即便如張載之“純粹”，“民胞物與”之説可謂説盡仁者境界，實則與禪家所謂“盡山河大地是汝自己”、“山川草木皆我眷屬”之説頗有關聯，這一點曾爲楊時一語道破。[①]　道德心性之學的體系化及其本體論意義上的關於人的本質的論證，實質上是以儒學的“現世主義”去解構佛道哲學中“出世主義”的思想成分，或在充分整合的前提下將其詮釋爲儒學的先驗基礎及其精神境界的最終歸結；而佛道哲學，尤其是佛學中某些無法被儒學在理論上所同化的部分，則訴諸直接的理論批判。金代李純甫（字之純）嘗云：“學至佛則無所學。伊川諸儒雖號深明性理，發揚六經聖人心學，然皆竊吾佛書者也。”[②]此言雖太過，但在某種意義上卻亦中肯。其著《鳴道集説》，有云：

　　　　劉子翬之洞達，張九成之精深，吕伯恭（祖謙）之通融，張敬夫（栻）之醇正，朱元晦（熹）之峻潔，皆近代之偉人也，想見方寸之地既虚，而明四通六辟千變萬化，其知見只以夢幻死生，操履只以塵垢富貴，皆學聖人而未至者。其論佛老也，實與而文不與，陽擠而陰助之，蓋有微意存焉。唱千古之絶學，掃末流之塵跡，將行其説於世政，自不得不爾。[③]

　　此論理學諸家之言雖未必全是，然謂其於佛老之説“實與而文不與，陽擠而陰助之”，且認爲其所以然之故，乃在欲“行其説於世政，自不得不爾”，卻爲深有見地之言。但不管如何，理學既經興起以後，即以其新穎的理論面貌而引起士人的廣泛關注，其影響廣被，學者向趨，大有風吹草偃之勢。這種新儒學之風的流行，實際上又反過來促使儒學之士重新關注佛學。因此兩宋之際儒士之習染於禪，實理學風氣有以啓之。如王蘋（字信伯）者，雖師事程頤，請益惟謹，亦造其粹，而其議論則有近於禪者，以爲“佛實見道體，只是差之毫釐，故不可與入堯舜之道”，此論嘗極爲胡宏所質疑，以爲“豈不迷亂學者”？[④]　若張九成（字子韶，1092—1159），既出於程頤高足楊時之門，而亦契于著名禪師大慧宗杲，其所議論，並不諱言其有得於禪，故嘗爲朱熹比之洪水猛獸之災，而黄宗羲云：“凡張氏所論著，皆陽儒而陰釋，其離合出入之際，務在愚一世之耳目。”[⑤]然王、張之學，實足爲儒學而兼禪學的代表，在某種意義上正體現了儒學與禪學相互融會整合的實質，而在學術傳統上，他們又爲南宋以陸九淵爲代表的“心學”之思想前導。

　　宋代儒林禪風之盛，與當時的政治環境亦有重大關係。宋朝諸帝皆尊佛教。志磐

---

　　① 　楊時《龜山集》卷一六《與楊仲遠書》（第三）：“《正蒙》謂‘萬象爲太虚中所見物，則物與虚不相資，卒陷於浮圖以山河大地爲見病之説。’山河大地，正指物言之也。若謂指物言之，可也，則浮圖見病之説不足非矣。此與佛氏以心法起滅天地，更當究觀。所謂心法起滅天地之旨，未易以一言攻之也。更詳味之，如何？”此説正見《正蒙》之説實有佛學的理論來源。《五燈會元》卷六《未詳法嗣·亡名道婆》：“昔有一僧參米胡，路逢一婆住庵。僧問：‘婆有眷屬否？’曰：‘有。’僧曰：‘在甚麽處？’曰：‘山河大地，若草若木，皆是我眷屬。’”（中華書局1984年版，第367頁）

　　② 　引自《宋元學案》卷一百《屏山鳴道集説略》。

　　③ 　引自念常：《佛祖歷代通載》卷二十，文淵閣四庫全書本。

　　④ 　見《宋元學案》卷二九《震澤學案》。

　　⑤ 　見《宋元學案》卷四十《横浦學案》。

曾説：

> 我太祖皇帝飛龍在天，首詔天下復寺立像，遣沙門求法西天，館梵僧翻傳貝葉，建精藍濟戰士之魄，造經版壽大藏之傳；當國家多事，而於弘贊佛道，無所不舉。及太宗繼體，度童子十七萬人，建譯經院，制《聖教序》，賜天下無名伽藍之額，建開寶大塔舍利之藏。暨真宗在朝，聖德遐被，五天咸貢梵典，昭陳天禧，度僧二十四萬。[①]

　　周世宗於顯德二年(955)的滅佛事件，使佛教遭受嚴重破壞，而宋初的興佛，則無疑爲佛教的復興造成了良好的政治環境。統治者之好佛，同時亦使佛教的進一步傳播以及廣大民衆包括士人之奉佛獲得了觀念形態上的合法性。因此宋代以禪宗爲主流形式的佛教本身的發展及其在士大夫階層獲得普遍信仰的基本事實，是與這種政治上的倡導相互聯繫在一起的。

　　就政治而言，宋代的中央集權體制獲得了進一步的完善與強化。仕途之窮達、陟黜之無定，往往強化了士人從禪宗中尋求心理平衡及其精神寄託的需求，傳統文化中的儒道互補結構在新的政治環境之中被賦予了新的内容。士大夫的"逃禪"，信之者乃直言而不諱，而稱不信者，則又以爲禪出於老莊，而爲其事實上的"逃禪"別尋一種藉口。[②] 羅大經曾説：

> 士豈能長守山林、長親簑笠？但居市朝軒冕時，要使山林簑笠之念不忘，乃爲勝耳。……荆公(安石)拜相之日，題詩壁間曰："霜松雪竹鐘山寺，投老歸歟寄此生。"只爲他見趣高，故合則留，不合則拂袖便去，更無拘絆。山谷(庭堅)云："佩玉而心若槁木，立朝而意在東山。"亦此意也。[③]

　　"居市朝軒冕而山林簑笠之念不忘"，在很大程度上體現了當時士大夫的某種普遍心態，實亦爲士大夫之"逃禪"的心理基礎。

二

　　宋代士大夫之習染於禪，作爲一種時代風氣，其中既有文化傳統本身的原因，亦有時代學術與現實政治的原因。就前者而言，"逃禪"之風可視爲"儒道互補"傳統的一種新形式，它不僅在現實性上成爲一般士人宦海失意的心靈慰藉，亦在精神領域成爲其心靈自由的歸依，在某種意義與程度上，禪學實際上取代了老莊思想的文化角色，禪的"理趣"及其隱逸的"雅趣"既不悖於老莊，而"山林簑笠"之思反因此而更能着上一層空靈的玄微與靈動的瀟灑，"儒道互補"向"儒禪(釋)互補"轉變，便幾乎是順理成章之事；就後者而論，思想的融會與整合已成時代新風，基於儒釋之整合而達成的理學已漸行於學界，而理學的轉向又促使儒林士子到禪學中去尋求新的思想資源，更何況還有從最高統治者到文壇的領袖人物爲之表率。

　　儒禪之風氣的相互薰陶、儒士與禪僧的實際交往及其思想的相互會通，既使儒學發生

---

①　志磐：《佛祖統紀》卷四二，《大正藏》卷四九，第 393 頁上。

②　羅大經曾直言"佛法出於老莊"，見所著《鶴林玉露》卷三"禪家有觀白骨法"條。

③　羅大經：《鶴林玉露》卷五，文淵閣四庫全書本。

根本改觀,亦致禪林風氣出現重大改變。僧人的一般生活方式開始向"士大夫化"轉變,而上層僧人的生活方式向"貴族化"、"世俗化"的轉變則顯得相當突出。惠洪曾記一事:

> 南還海岱,逢佛印禪師元公出山,重荷者百夫,擁輿者十許夫,巷陌聚觀,喧吠難犬。予自歎曰:使褒禪山石崖僧見之,則子爲無事人耶![1]

志磐亦記一事:

> 富鄭公(弼)請顯華嚴,住洛陽招提,邀司馬温公(光)從迓之。忽見數十擔過。温公問之,曰:"新招提長老行李也。"温公即命歸,謂鄭公曰:"已見之矣!"[2]

佛印禪師與招提寺長老的宏大排場,蓋爲當時上層禪僧之生活方式的一種縮影。這種貴族化的奢侈,自然與佛家所倡導的"以貧爲德"的居陋生活已然大相徑庭,故志磐論曰:"學道之士以貧爲德,此世人之常所知敬也。招提數十擔,卒爲温公見薄,一眚掩大德,可不戒之哉!"[3]志磐之論雖是,但這種貴族化的生活方式對禪僧恐怕還是有相當的誘惑力的,其流風所至,蓋亦有奔走於權貴之門而曲意奉迎的現象,與早期禪僧居山林而守志操,或雖受帝王隆遇而仍能泊如儼如的風範,蓋已相去甚遠。

另一方面,僧人與文士之間交往的日益頻繁,相互吟詩作賦,贈答唱酬,風氣既開,遂使禪僧的角色發生某種轉向而趨於"文人化"。宋代"詩僧"之多之著,非但度越前代,亦是後代所不能比擬的。到北宋中葉,僧人以詩名而享譽于士林者,歐陽修在《六一詩話》中曾説:"國朝浮圖,以詩名於世者九人,故時有集號《九僧集》,今不復傳矣。余少時聞人多稱之。其一曰惠崇,餘八人者,忘其名字也。"並録其佳句,以爲"其集已亡,今人多不知有所謂九僧者矣,是可歎也!"[4]然此所謂"九僧"者,並未被人遺忘,《九僧集》當時亦未亡佚,後來司馬光説:"歐陽公云:《九僧集》已亡。元豐元年秋,余游萬安山玉泉寺,于進士閔交如舍得之。所謂九詩僧者:劍南茜晝、金華保暹、南越文兆、天台行肇、沃州簡長、貴城惟鳳、淮南惠崇、江南宇昭、峨眉懷古也。直昭文館陳充集而序之。"[5]此九僧中,以惠崇詩名最爲傑出,吳處厚《青箱雜記》卷九曾録其佳句。至於曉瑩《羅湖野録》、文瑩《湘山野録》、惠洪《冷齋夜話》等著作中所存詩僧及其佳句尤多。文人以"逃禪"爲高行而好與僧人交游,僧人亦因可獲高名而喜與文人交往,而詩則成爲雙方最有興味的"媒介"。

> 東坡游西湖僧舍,壁間見小詩云:"竹暗不通日,泉聲落如雨。春風自有期,桃李亂深塢。"問誰所作,或告以錢塘僧清順者,即日求得之。一見甚喜,而順之名出矣。余留錢塘七八年,間有能誦順詩者,往往不逮前篇,政以所見之未多耳。然而使其止於此,亦足傳也。[6]

清順原無詩名,却因東坡一見而出名,這種因與文人的交往而獲得高名的情況,大概是很鼓舞了僧人作詩之風氣的。僧人作詩風氣之盛,或説僧人的"文人化",正是宋代禪門"頌古"之風與"文字禪"之所以鬱勃繁興的一個重要原因。

---

① 惠洪:《冷齋夜話》卷十《石崖僧》,文淵閣四庫全書本。
② 志磐:《佛祖統紀》卷四五,《大正藏》卷四九,第 413 頁上。
③ 見同上。
④ 歐陽修:《六一詩話》,《歷代詩話》,中華書局 1981 年版,第 266 頁。
⑤ 司馬光:《温公續詩話》,《歷代詩話》,第 280 頁。
⑥ 周紫芝:《竹坡詩話》,《歷代詩話》,第 339 頁。

三

禪門中首開"頌古"之風的是汾陽善昭（947—1024）。善昭"器識沉邃，少緣飾，有大智，於一切文字不由師訓，自然通曉。"①此可明他在十四歲因父母雙亡而出家之前，是受過"外學"的良好薰陶的。出家之後，他歷參七十一員善知識，皆能妙得其家風，最後於首山省念（926—993）門下開悟，而成爲臨濟宗的第六代傳人及其中興者。正因善昭有"遍參"的經歷，所以他的思想並不僅僅局限於臨濟宗，而實有綜博的一面；他於曹洞、雲門宗旨皆有契會，説法時亦予以宣揚。② 在某種意義上，他的宗派意識並不強烈，而表現出和同禪教以及貫通禪門諸宗以會歸於開明本心這一"大事因緣"的顯著傾向。但作爲臨濟宗的傳人，他畢竟更爲重視臨濟宗旨的弘揚。他特別重視臨濟義玄"一句語須具三玄門，一玄門須具三要"的所謂"三玄三要"之旨的提挈與發揮，不僅將它視爲禪理玄言之運用的典範，而且將它作爲啓悟玄機以頓達本體的有效工具而廣爲施用。他有偈説："三玄三要事難分，得意忘言道易親；一句分明該萬象，重陽九日菊花新。"③惠洪曾有論云：

> 此方教體，以音聞應機，故明道者假以語言，發其智用，然以言遣言，以理辨理，則妙精圓明，未嘗間斷，謂之流注真如，此汾陽所謂"一句明明該萬象"者也。得之者神而明之，不然死於語下。故其應機而用，皆脱略窠臼，使不滯影跡，謂之有語中無語，此汾陽所謂"重陽九日菊花新"者也。三玄之設，本猶遣病，故達法者貴知其意，知意則索爾虛閒，隨緣任運，謂之不遺時，此汾陽所謂"得意忘言道易親"者也。古塔主喜論明此道，然論三玄則可以言傳，至論三要則未容無説，豈不曰一玄中具三要，有玄有要，自非親證此道，莫能辯也。④

惠洪此説，實不僅是詮釋了善昭的偈頌，並且亦代表了禪林中要求以古人言語爲機用而契會其玄意的一般風氣。但在善昭那裏，所謂"三玄三要"的提挈並不是要通過言語文字的論説來對其進行義理上的清晰論證，恰恰相反，"三玄三要事難分"，義理的清晰辨明不僅是困難的，甚至亦是沒有必要的，"得意忘言"，直達其意而直透根本，顯然更爲重要，所以他説："爾還會三玄底時節麼？直須會取古人意旨，然後自心明去，便得通變自在，受用無窮，喚作自受用身。佛不從他教，便識得自家活計。"⑤

既然"得意忘言道易親"，那麼無論義玄的"三玄三要"，而且一切言語文字亦都爲筌蹄；魚得則筌遺，意會則言忘；但舍筌則無由得魚，無言則道意難會；若要"會取古人意旨"，那末古人曾經有過的實致其心開性悟的經驗，對今人"識得自家活計"的實踐便無疑是有益的。"當頭棒喝"可爲"筌蹄"，可爲開明心性的契機，"語言文字"亦同樣可爲"把鼻"，可爲契會真如的途徑。善昭首開"頌古"之風，既轉換了臨濟宗"棒喝"的家風，實際上亦開啓

---

① 惠洪：《禪林僧寶傳》卷三《汾州太子昭禪師》，文淵閣四庫全書本。
② 惠洪曾説："汾州無德禪師，示徒多談洞山五位、臨濟三玄，至作《廣志歌》，明十五家宗風，豈非視後進隨於參尋，得少爲足，警以遍參耶？"（《林間録》卷下，文淵閣四庫全書本）
③ 《汾陽無德禪師語録》卷上，《禪宗語録輯要》，上海古籍出版社1992年版，第103頁中。
④ 惠洪：《林間録》卷下。
⑤ 《汾陽無德禪師語録》卷上，《禪宗語録輯要》，上海古籍出版社1992年版，第103頁中。

了"文字禪"的先河。"頌古"的運用顯然要比"棒喝"雅致得多,文字的明瑩亦更能傳達出禪意的幽深,儘管在他那裏,語言文字並非究竟,而不過是導向心性之終極開悟的一種符號指向而已。

善昭撰《頌古百則》,乃取古德的著名公案而以偈頌的形式予以解讀性的詮釋,其《都頌》説:"先賢一百則,天下録來傳。難知與易會,汾陽頌皎然。空花結空果,非後亦非先。普告諸開士,同明第一玄。"①這裏清楚地表明,他作"頌古"的目的,正是要通過先賢的一百則公案來"同明第一玄",而其擇取公案的標準,則不論難易,無分先後,亦不依宗派,而是看是否能有助於眾生之本心的開悟,實現"空花結空果"、"同明第一玄"的目的。其體例是先對公案進行扼要敘述,繼之以頌。現略舉一例,以明其餘:

馬祖住庵時常坐禪,讓和尚將磚于庵前磨,祖云:"磨磚作什麼?"讓云:"作鏡。"祖云:"磨磚豈得成鏡?"讓云:"磨磚既不成鏡,坐禪豈得成佛?"云:"如何即是?"讓云:"譬如駕車,牛若不行,打車即是,打牛即是?"

磨磚作鏡慕同音,來問分明示本心。才喚耕人回面指,犁牛觸破古皇金。②

懷讓磨磚以開悟道一,是禪宗中爲人所熟知的一則公案,善昭之頌,則給出了他對於這一公案的禪理詮釋。在懷讓看來,"坐禪"是外在工夫,與"成佛"是風馬牛不相及的,猶如"磨磚"不可能"成鏡"一樣,"磨磚既不成鏡,坐禪豈得成佛",正謂"成佛"須直指本心,于心上用功,而不必藉坐禪之類的外在形式,故善昭謂"來問分明示本心",可謂直擊其要;本心人人具有,亘古長存,正所謂"古皇金"者,只須向裏尋求,本心便即歷然朗現,是即所謂"才喚耕人回面指,犁牛觸破古皇金"。可見善昭的"頌古",雖已不再如先前"棒喝"那樣簡捷明快,但因他對公案本身所含的禪理是取正面詮釋的態度的,因而在某種意義上又比"棒喝"顯得更爲清晰,更有可能使讀者通過"頌"文的領會而契入禪旨,從而更好地實現禪宗本身的宗教目的。就此而言,善昭的"頌古",實際上改變了禪宗接引門人入道的方式及其啓迪心悟的方式,同時亦改變了禪語言的運用方式,並爲此確立了新的範例。而這一新形式的出現,在某種意義上又更能符合士大夫的嗜好,有利於禪宗思想在士大夫中的進一步廣泛傳播。

這一禪語言之運用的新形式,在某種程度上使禪宗的頓悟法門回轉到了某種獨特的言意關係的領悟。它要求穿越言語本身而直契於言外之意,又以"得意"的經驗爲"頓悟"的契機。正因此故,它同時亦要求禪僧必須具備駕馭語言的嫻熟能力,禪僧的"文人化"便似乎是不可避免的了。善昭的嗣法弟子石霜楚圓,他在二十二歲出家之前原爲書生,其擅于詩文大概亦是情理中事,史稱其"連眉秀目,頎然豐碩,然忽繩墨,所至爲老宿所呵",③隱然可見其瀟灑不羈的"書生"本色。其居山寺,"迎來送去,門連城市,車馬駢闐;漁唱瀟湘,猿啼嶽麓,絲竹歌謠,時時入耳,復與四海高人日談禪道,歲月都忘。"④尤見其灑落閒雅的風韻氣度。他開示門人的方式,亦顯得別有風致:

① 《汾陽無德禪師語録》卷中,《禪宗語録輯要》,第 119 頁下。
② 同上,第 113—114 頁。
③ 惠洪:《禪林僧寶傳》卷二一《慈明禪師》,文淵閣四庫全書本。
④ 《續傳燈録》卷三《潭州石霜楚圓慈明禪師》,《大正藏》卷五一。

問："達磨未來時如何？"師曰："長安夜夜家家月。"曰："來後如何？"師曰："幾處笙歌幾處愁。"①

"長安夜夜家家月，幾處笙歌幾處愁"，是唐人章孝標的詩句。將詩文引入説法以啓悟後學，正代表了由善昭所開啓的一種新風尚；雖然其中包含着對原詩之意象的某種創造性轉換，但若無良好的文學修養，要做到這一點則是不可能的。禪僧之嫺於詩藝，便逐漸成爲一種"素質"要求，而與文人的交往，則既可以磨練詩藝，亦可以藉取高名。楚圓本人即與楊億、李遵勖皆相交甚篤。

楚圓門下有黃龍慧南（1002—1069）與楊岐方會（996—1049），分別開創"黃龍派"與"楊岐派"。雖其門庭施設不無差異，但主旨不異，且將詩藝融入禪理以開示門人，亦爲二家所同，"文字般若"已成爲禪門的一種新傳統。慧南以"生緣"、"驢脚"、"佛手"設問，世目爲"三關"，契悟者少，然其開示門人，却往往文字優美，如云："摩尼在掌，隨衆色以分輝；寶月當空，逐千江而現影。"②對仗極爲工整。他與潘興嗣交往極篤，而興嗣則與周敦頤爲契友，其間或可透露出當時儒禪之間相互影響的某種消息。慧南的嗣法弟子祖心（1025—1100），出家前本習儒業，頗有詩名，至年十九因眼疾而出家。黃庭堅曾受禪法于祖心，並因其啓迪而"開悟"。而據黃氏所撰《黃龍心禪師塔銘》，③則祖心的性格實頗有疏略簡狂的一面，出家之初，亦並不十分恪守戒律，且亦保持着鑽研"外學"的熱情，"雖在僧次，常勤俗學，衆中推其多能。"正因"常勤俗學"，所以他遂得以貫通內外之學，"雖博通內外而指人甚要，雖直以見性爲宗而隨方啓迪，故摭內外書之要指，徵詰開示，使人因所服習，克己自觀，悟則同體，歸則無教。""摭內外書之要指"、因人之所服習而隨機啓迪，正代表了祖心禪風的一種特色。這一特色不僅揭示了當時禪學與儒道之"外學"歸於統合的一般趨勢，而且亦體現了禪僧之趨於"文人化"的時代風氣。

這一風氣在慧南的另一弟子寶峰克文（1025—1102）那裏，則體現得更爲清晰。克文早習儒業，至年二十五始正式出家，次年受具，"即游京洛，翱翔講肆，賢首、慈恩，性相二宗，凡大經論，咸造其微。解幞捉麈，詞音朗潤，談辯如雲，學者依以揚聲。"④他因夜聞有僧誦"佛法如水中月"之語而"豁然心開"，是自然得道，不由師傳，但却歸宗於黃龍慧南。他與當時的士大夫有廣泛交往，紹聖四年（1097），即因丞相張商英之請而居泐潭寶峰禪院（在今江西宜豐）。克文博通內外典藉，融攝禪教，和會儒道，一切均可用爲開明心性之資，所謂"東西南北，四維上下，觀機設教，應病與藥"，⑤正體現爲其禪學思想的基本特色。這種融貫禪教與儒道之學而歸極于心宗的態度，不僅是與他本人的生活經驗以及思想經驗相聯繫的，並且亦是與當時的時代思潮相聯繫的。克文頗善詩文，"文人化"的特徵更加明顯，故其説法，出語多清雅婉約，如云："月到天心白，波歸海上清。"⑥亦有純用偈頌上堂的例子，如："上堂：'二月仲春漸暄，時來萬物爭妍；莫待桃花悟道，出門芳草芊芊。'喝一喝，

---

①　同上。

②　《黃龍慧南禪師語録》，《禪宗語録輯要》，第137頁中。

③　見《豫章黃先生文集》卷二四，四部叢刊本。

④　惠洪：《雲庵真浄和尚行狀》，《石門文字禪》卷三十，四部叢刊本。

⑤　《古尊宿語録》，中華書局1994年版，第789頁。

⑥　同上，第793頁。

下座。"①他在與蘇轍等文人士夫相唱和的同時,亦仿善昭"頌古"之例,對禪門古德的事蹟或"公案"以偈頌的形式進行詮釋,且往往文彩斐然。② 從克文那裹,我們可以清晰地觀察到當時"文字禪"之風氣的轉趨濃郁。而其弟子惠洪,則尤其嫻於詩藝,不僅爲著名的詩僧,而且在理論上給予"文字禪"以合理化論證。

惠洪(1071—1128)與張商英相交甚契,商英嘗"數延入府中,與論佛法,有詔賜號'寶覺圓明',一時權貴人爭致之門下,執弟子禮。"③可見他在當時士大夫中的影響與地位。他博學多能,性格疏簡,以能詩而享譽于叢林士夫之間,雖儒者對其詩作亦有時致不滿者,如葉夢得《避暑録話》、胡仔《苕溪漁隱叢話》、吴曾《能改齋漫録》、陳善《捫虱新話》、俞文豹《吹劍外録》等對其均有微詞,或斥爲謬妄,但正如四庫館臣所説:"其詩邊幅雖狹,而清新有致,出入于蘇(軾)、黄(庭堅)之間,時時近似,在元祐、熙寧諸人後,亦挺然有以自立。……特以詞藻論之,則與《參寥子集》均足各名一家耳。"④陳垣先生則稱其"伉爽有才氣,聰明絶世,同時僧中無兩也。"⑤惠洪不僅爲臨濟宗在北宋末的重要傳人,爲著名詩僧,而且亦爲重要的禪宗史家。他的特出之處,正在於能以禪家的睿智、豐厚的學養、詩人的敏感及其對語言純熟的駕馭能力來詩化禪境,使禪境的空寂虚明轉換爲生命形象的活潑靈動,從而豐富了禪語言本身的表現能力。物態之暄妍、事象之靈動、意境之空明,皆原本於靈明之本體的自然澄澈,故詩句所傳達的整體意象,便即可以成爲悟道之資。惠洪曾説:

借山泉爲嶔體,聽萬象以説法,何也? 蓋道不可以言傳故。前聖賤言語,小譬喻,又欲學者自得之,故設象比興,以達其意。……余以翰墨爲五色藻,辯才而畫圖之,他日有尋流而得源、悟意而忘象者,可以拊手一笑。⑥

道不可以言傳,故須設象以比興,使人們得以尋流而討源、悟意而忘象,故凡美詞佳句,正爲達意悟意之資;而在佛性遍在於一切處這一基本前提之下,所謂無情之物亦必具於佛性,然則"借山泉爲嶔體,聽萬象以説法"便亦完全是可能的了。由此可見,惠洪實已將王弼"得意忘象"這一舊有命題與嘉祥吉藏、天台湛然、南陽慧忠等高僧的所謂"無情有性"之説充分地融會貫通起來,不僅爲其詩文創作的正當性與合理性進行辯護,而且闡明了恰當的語言運用在悟道中的積極妙用。

必須作出這一辯護的理由,在惠洪那裹,是基於他對禪風之弊的别一種洞察。他注意到了這樣一種情況:

叢林無所宗尚,舊學者日以慵惰,絶口不言;晚至者日以窒塞,游談無根而已,何從知其書、講味其義哉! 脱有知之者,亦不以爲意,不過以謂祖師教外别傳、不立文字之法,豈當復刺首文字中耶? 彼獨不思:達磨以前,馬鳴、龍樹,亦祖師也,而造論則兼百本契經之義,泛觀則傳讀龍宫之書,後達磨而興者,觀音、大寂、百丈、際斷,亦祖師

---

① 同上,第 823 頁。

② 見《古尊宿語録》卷四五。

③ 念常:《佛祖歷代通載》卷一九,文淵閣四庫全書本。

④ 《四庫全書總目提要·石門文字禪提要》。

⑤ 陳垣:《中國佛教史籍概論》,中華書局 1962 年版,第 133 頁。

⑥ 惠洪:《潙源記》,《石門文字禪》卷二二,四部叢刊本。

也，然皆三藏精入，該練諸宗。①

是在他看來，若固守"教外別傳、不立文字"之法，棄置一切經論語言於不顧，乃至於"下視天下之士，而又工於怪奇詭異之事，衒名逐世，不顧義理"，則無異於禪門之罪人。②原於此故，他確認了語言文字與明心見性之間的表裏關係：

> 心之妙，不可以語言傳，而可以語言見。蓋語言者，心之緣、道之標幟也。標幟審，則心契，故學者每以語言爲得道淺深之候。③

語言既爲"道之標幟"，爲"心之妙"的顯現，便亦爲"心契"與否之徵候及其表徵的感性形態。然則語言文字非但未可盡棄，且正須歷練磨礪，運用純孰，使之成爲達意傳心的利器。由此可見，惠洪之倡導"文字禪"，是蘊含著他對"教外別傳、不立文字之法"在傳承過程中所生弊病的深刻的批評性反思。對"游談無根"、"不顧義理"的空疏之弊的批評，促使他傾向於經論之義理追尋的回歸，所謂禪教合一，在他那裏並不是要以禪的高妙去同化教的"支離"，而是要以教之義理的嚴謹密實來挽救禪門的游談空疏。在這一意義上，"文字禪"的倡導，作爲一種實踐性要求，與融合禪教，或以直契心源的明心見性與經論教義的精深探尋互爲補充的觀念，亦是相爲表裏的。

惠洪不僅倡導"文字禪"、實踐著"文字禪"，而且在理論上論證了這種倡導與實踐的正當性、合理性與必要性。語言爲"道之標幟"的觀念，實質上亦包含著對儒學傳統中"文以載道"觀念的整合，而這一點則是能夠在儒學之士那裏獲得普遍同情的。詩文創作原爲文士的當行本色，這種類似於"載道"之理念的切入，則無疑爲儒士與禪僧之間的相互交通及其理念的相互融攝架起了必要的津梁。"文字禪"之風氣的轉趨濃郁，原與文人學士之趨禪密切相關，而其興盛的結果，則既深化了儒學對佛學之義理的深層整合的程度，又加劇了僧人之趨於"文人化"及其理念與生活方式之世俗化的普遍程度。在這一互動的過程之中，惠洪在理論上與實踐上都曾起到頗爲重要的作用。

但將"文字禪"推向一個鼎盛的高峰並在叢林產生巨大影響的人物，却來自於楊岐派。"楊岐（方會）天縱神悟，善入游戲三昧，喜勘驗衲子，有古尊宿之遺風，慶曆以來，號稱宗師。而白雲（守端）妙年俊辯，膽氣精銳，克肖前懿。"④至守端（1025—1072）的主要嗣法弟子法演（？—1104），非但楊岐宗風盛暢於天下，而且善昭以來的"頌古"已運用得極爲純孰。法演説法的特點，正在於他極善於運用古來禪德的"公案"或"話頭"以引導學者予以推究參詳，以之爲入道的樞要。略舉一例，以明其餘：

> 上堂，舉梁武帝問達磨："如何是聖諦第一義？"磨云："廓然無聖。"帝云："對朕者誰？"磨云："不識。"又僧問六祖："黃梅意旨什麽人得？"祖云："會佛法底人得。"僧云："和尚還得麽？"祖云："不得。"僧云："和尚爲什麽不得？"祖云："我不會佛法。"師云：大小大祖師，問着底便是不識不會，爲什麽却兒孫遍地？乃云：一人傳虛，萬物傳實。⑤

在法演的三卷《語錄》中，諸如此類引古人公案者乃佔有相當大的比例，未遑細舉。他

---

① 惠洪：《題宗鏡錄》，《石門文字禪》卷二五，四部叢刊本。
② 見惠洪：《題際斷禪師語錄》，《石門文字禪》卷二五。
③ 惠洪：《題讓和尚傳》，《石門文字禪》卷二五。
④ 惠洪：《禪林僧寶傳》卷二八《白雲端禪師傳贊》，文淵閣四庫全書本。
⑤ 《法演禪師語錄》卷上，《禪宗語錄輯要》，第156頁下。

說法的第二個特點，則正在於極善融鑄詩詞語句，並在某種意義上將詩句轉換成了"話頭"。亦略舉一例：

> 上堂，僧問："如何是奪人不奪境？"師云："秋風吹渭水，落葉滿長安。"學云："如何是奪境不奪人？"師云："路上逢人半是僧。"學云："如何是人境俱不奪？"師云："少婦棹輕舟，歌聲逐流水。"學云："如何是人境俱奪？"師云："高空有月千門掩，大道無人獨自行。"①

"秋風吹渭水"是賈島的詩句，"少婦棹輕舟"是李白的詩句，"高空有月千門掩"是王舉袞的詩句（見《詩話總龜》卷八），這些均被法演用爲參取禪境的"話頭"了。對詩詞句意的這種活用，表明法演是有相當深厚的文學修養的，所以他的演說往往典雅有韻味，吐詞若珠璣，至有通篇可作美文讀者。亦略舉例：

> 解夏上堂云：一塵起，大地收；一葉落，天下秋。金風動處，鷩砌畔之蛩吟；玉露零時，引林間之蟬噪。遠煙別浦，行行之鷗鷺爭飛；絕壁危巒，處處之猿猱競嘯。又見漁人舉棹、樵子謳歌；數聲羌笛牧童戲，一片征帆孤客夢。可以發揮祖道，建立宗風。九旬無虛棄之功，百劫在今時之用。如斯話會，衲子攢眉。不見道，一塵不立始歸家，若有纖毫非眷屬。②

如此屬辭比事，若無深厚的文學功底及駕馭文字的嫻熟技巧是斷不可能的。而從中透露出的消息，卻正足以說明禪的詩化，或詩的禪化，已成爲禪宗發展的一種必然趨勢。人們往往強調佛果克勤在"文字禪"中的突出地位，但實際上，克勤之編纂《碧岩錄》，在某種意義上正應將它看作是出於法演的啓迪，是對法演傾心于古德的"公案"及其所表現出的濃厚的"文字禪"之風格的繼承與發揚。法演的另一弟子佛眼清遠（1067—1120）亦有大量的"頌古"之作。

佛果克勤（1063—1135）因編纂《碧岩錄》而在"文字禪"中所居的地位，是眾所周知的。③《碧岩錄》既代表了"文字禪"的最高成就，實亦標誌了"文字禪"的終結。在某種意義上，克勤是自善昭以來禪門"頌古"之風的總結者。他在禪門的地位崇高，影響極大，亦與士大夫保持廣泛的深層交往，是一位博通內外之學，又善融攝禪教的高僧。但他對禪教的融通，卻並不表現爲某種理論上的直接倡導，而是注重將教的義理充分整合於禪宗明心見性之旨的發明，融攝其義而加以會通，不落絲毫朕跡。禪宗向以不立文字爲高，以直指人心爲的，但克勤認爲，"既不立文字語言，如何明得？所以道，路逢達道人，不將語默對。"④換言之，不立文字並非絕對，它本身亦並不體現爲禪宗的最終目的，而恰當的語言

---

① 同上，第158頁下。

② 同上，第160頁下。

③ 《碧岩錄》十卷，其內容是對雲門宗雪竇重顯禪師（980—1052）所作《頌古百則》的詮解發微，用爲開示後學悟入玄門的契機。自善昭《頌古百則》之後，"頌古"于禪林漸蔚然成風，非但臨濟宗人繼起回應，雲門宗人亦效法不絕。雲門宗的智門光祚禪師效善昭體例，亦有"頌古"之作，而其法嗣重顯禪師所作《頌古百則》，則非唯於公案的揀擇更爲精當，並且出語亦更雅致，旋即馳譽禪林。克勤曾說："雪竇頌一百則公案，一則則焚香拈出，所以大行於世。他更會文章，透得公案，盤礴得熟，方可下筆。"（《碧岩錄》卷一、《禪宗語錄輯要》第714頁中）正見"會文章"已成一時風氣，甚至亦是"透得公案"的前提要件。宋代禪林的"文人化"趨勢，正因此而演爲時代潮流。《碧岩錄》刊行之後，旋即風靡叢林，這一點絕非偶然，正爲時代風氣有以致之。

④ 《圜悟佛果禪師語錄》卷一三，《禪宗語錄輯要》，第278頁下。

文字之運用，對於心性本體的開明恰恰是必要的。但語言文字畢竟亦並不是禪宗的目的，而不過是導向明心見性的一種方便途徑，故"若立語句，以至百千萬億方便，其意只是與人解粘去縛，令教盡裸裸地騰輝古今，實無許多般計校。"①"佛祖言教，筌蹄爾，藉之以爲入理之門，既廓然明悟承當得，則正體上一切圓具，觀佛祖言教，皆影響邊事。"②立足於不立文字之旨而論文字語言"與人解粘去縛"、"以爲入理之門"的功用，表明克勤已在禪教的張力之間尋得了某種使之歸於和諧的制衡，而這一點正可視爲克勤對禪宗不立文字之説的理論修正，並且亦爲其廣泛融攝教理教義以説禪在一般理論上的指導原則。正以此故，他極重視對古來禪德之"公案"的參稽研究。禪機既然可以隱寓於詩，那末通過詩意的解讀與領會，人們便亦可以從中淘汰、揀擇出禪機，從而成爲啓悟的"把鼻"，這一點實際上正爲克勤編纂《碧巖録》的基本目的。所以他説："大凡頌古，只是繞路説禪；拈古大綱，據款結案而已。"③

四

禪宗從其初期直指心性的簡易直捷，到《碧巖録》時期的"繞路説禪"；從直下承當的自體心性的頓悟到諸宗競相發明"一切皆真"；從强調"教外別傳"的獨特到禪教不異及與儒道和會的倡導；從"不立文字"到"文字爲道之標幟"的觀念；從出世間的高蹈到與士大夫的混跡；從中我們可以看出禪宗本身的歷史性演變的軌跡。在一般意義上，在這一歷史性演變的過程所顯示出來的，是禪宗作爲一種宗教的某種固有的獨特個性在其傳承中的逐漸失落。但此同時，却亦是禪宗的宗教價值理念、思維特徵、獨特的行爲方式與獨特的語言運用方式普遍滲透於社會生活的各領域而發揮其廣泛影響的過程。禪宗幾乎是在其自身的極大泛化的過程之中失去其特徵的鮮明性的。

禪宗這一富有意味的歷史性變動，最清晰地集中體現於以十一世紀後半葉爲中心期的歷史階段之中。士大夫的"逃禪"，不論其出於何種原因，這一事實都意味着禪的理、趣、境、觀對士大夫階層的實際影響。在禪僧與文人的這種交往之中，佛教所固有的"偈頌"傳統與中國文人的"詩賦"傳統能獲得其現實的契合點，便幾乎是順理成章的；禪僧爲表達其禪的獨特觀悟，亦出於與文人交往的現實需要，而强化其語言的運用能力，使"偈頌"轉趨"詩化"而轉向"文字禪"一路，便同樣幾乎是順理成章的。禪趣禪觀的"詩化"與僧人的"文人化"，正體現爲北宋中葉禪宗本身發展的一種時代潮流。但是實際上，正是這種"詩化"與"文人化"的轉向，使禪的思想在對知識階層發生實質性影響的同時，在對文人詩意的心靈進一步啓迪、因禪語言的新穎運用而使中國詩藝辟出新境界的同時，禪宗亦改變了它本身，消磨了它作爲一種宗教的獨特"自性"。但就思想的互滲互融而實現不同形態之間的整合性創新的歷史來看，禪宗消磨其自身獨特性的過程，"空花"結出的却並不是"空果"，而是"實果"，是即爲以理學爲典範的儒學新形態。理學的發生，就其現實性而言，正是以

---

① 同上，第 278 頁下。

② 《圜悟佛果禪師語録》卷一五《法語中·示覺民知庫》，《禪宗語録輯要》，第 287 頁上。

③ 《碧巖録》卷一，《禪宗語録輯要》，第 711 頁上。

禪儒之間的思想交往以及事實上的僧人與文士之間的行爲交往爲基本背景的。而亦正由於這一交往的普遍性，作爲中國文化根本價值核心之載體的儒學才面臨着變革與更新的歷史性要求。

理學運動在儒佛互動的過程之中完成了這一思想更新的歷史性任務。一般意義上的佛教以及特殊意義上的禪宗的某些最能顯示其獨特性的觀念，或被吸收，或被同化，或被理性地批評，並在儒學的整體框架之下獲得了全新的創造性詮釋，儒學不僅重新煥發出了勃然的生機，而且在"學以成爲聖人"的一般倡導之下，實際上在某種意義與程度上取代了宗教的一般功能。禪宗以及作爲整體的佛教，因其思想特性的消失而轉趨衰微，便成爲一種不可逆轉的歷史趨勢。正如胡應麟曾經指出的那樣：

> 禪家五宗，獨臨濟爲盛。倡自黃蘗、睦州，皆大機逸格，而臨濟自一悟後，縱橫揮霍，迴出常情，歷世五傳，知識不乏。至宋初而石霜再振，黃龍、楊岐二派遂遍海宇。南渡而後，徑山（宗杲）復出，舉代趨風。宋太史（濂）所謂"若聖若凡，無不瞻仰"，自臨濟一宗觀之，非虛語也。然大慧（宗杲）後嗣者式微，而紫陽（朱熹）、廣漢（張栻）、金溪（陸九淵）、四明（楊簡）輩出，儒術復大盛于當時，諸緇流又落莫矣。考智邵談道伊洛日，正黃龍、楊岐後而大慧前，是時釋門亦稍式微，足徵吾道與異端相爲盛衰，若符契也。[①]

胡氏雖看出了佛教（禪宗）與儒學"相爲盛衰"的歷史現象，但似乎並不明白在宋代儒學的重興之中，原是有機地整合了佛教本身的思想內容及其思想意義的。正是這種不同思想視域的創造性整合，才使儒學在保持其自身特色的同時，又開闢出了足以彌綸天地的全新境界。

董平，文學碩士、哲學博士，現爲浙江大學求是特聘教授、中國哲學博士生導師，浙江大學中國思想文化研究所所長、浙江大學佛教文化研究中心主任。

（作者單位：浙江大學哲學系、浙江大學宋學研究中心）

---

① 胡應麟：《少室山房筆叢正集》卷三十《雙樹幻鈔上》，文淵閣四庫全書本。

南宋佛教文化的繁榮與中日佛教交流

——從日本保存的宋版藏經説起

邢東風

内容摘要：本文通過對日本保存的宋版藏經的介紹與考察，具體揭示宋代、特别是南宋時期佛教文化的繁榮及中日佛教交流的盛況。首先對筆者所在單位（愛媛大學）保存的宋版藏經散册及其他地方保存的同類經捲進行考察；其次結合相關資料和圖片，具體展示日本保存的宋版藏經的總體情況，並附有相關考證，從而確認日本現存的宋版藏經多爲南宋印本；然後探討日本擁有大量宋版藏經的原因，説明宋版藏經在雕版印刷發展史上佔有重要地位，它是當時先進的雕版印刷工藝與佛教信仰相互結合、相互促進的結果，而南宋是多種宋版藏經集中交匯的時期，日本的宋版藏經是當時中日佛教密切交往的結果，宋版藏經的刻印也有日本入宋僧的參與；最後的結論認爲，日本保存的宋版藏經反映了宋代、特别是南宋時期佛教文化的繁榮及中日佛教交流的盛況，宋版藏經所代表的佛教文化是當時中國文化軟實力的集中體現。文末附有何梅、方廣錩二教授給筆者的三封信。

關鍵詞：宋版藏經　雕版印刷　南宋　佛教　日本

大家知道，印刷術是中國古代"四大發明"之一，作爲印刷物的中國古籍，一般來説以宋版書最爲珍貴。可是，如果説到中國古代最大規模的印刷物是什麼？現存宋版書中規模最大、數量最多的又是什麼典籍？對於這樣的問題，恐怕就不是誰都清楚了。實際上，無論是現今保存的宋版書也好，還是中國古代雕版印刷的典籍也好，規模最大、數量最多的乃是佛教經典的總集《大藏經》，歷史上也稱爲《一切經》。

兩宋時代，在北宋和南宋政權的統治地區，先後刻印過五種藏經，即：①北宋開寶年間在成都開刻的經版，一般稱爲"蜀版"或"開寶藏"；②北宋元豐年間在福州東禪等覺院開刻的經版，一般稱爲"東禪寺版"或"崇寧藏"；③北宋政和年間在福州開元寺開刻的經版，一般稱爲"開元寺版"或"毗盧藏"；④北宋末年至南宋初期在湖州思溪圓覺禪院制作的經版，一般稱爲"思溪版"或"圓覺藏"，又因圓覺禪院後來改稱"資福禪寺"，所以又稱"資福藏"；⑤南宋末期至元代在平江磧沙延聖院制作的經版，一般稱爲"磧沙藏"或"延聖院版"。本文所説的"宋版藏經"，就包括這五種《大藏經》或《一切經》，其中保存至今的古籍實物，大多是南宋時期的印本。

宋版藏經原出中國，但是目前在日本保存的最多，中國保存的不僅遠遠少於日本，而且其中一部分還是從日本傳回來的。宋版藏經在日本也是珍貴的文物，但是相對來説容易見到，特别是大學或公眾圖書館的藏本，一般來説有可能閱覽。在中國，宋版藏經很少公開展示，即便是專家學者也難得一見，因而很難使人通過宋版藏經對當時的佛教文化獲得具體的瞭解。

　　2006 年春夏，筆者受本校圖書館的委託，對該館收藏的兩册宋版藏經進行調查，同時還對日本其他地方保存的同類經卷作了調查，於是有幸觀瞻宋版藏經的實物。筆者當時所見只是一小部分，但是有感于這樣珍貴的佛教文物在中國難得一見，因此不揣冒昧，結合筆者見到的經卷實物以及其他相關資料，對日本保存的宋版藏經作一介紹，並對部分經卷加以分析鑒定，目的是通過具體的資料及相關考察，揭示南宋時期佛教文化的繁榮以及中日佛教交流的盛況。

一、愛媛大學的宋版藏經散册

　　筆者供職的愛媛大學是一所綜合性國立大學，與佛教並無特殊關係，然而該校圖書館也藏有兩册宋版藏經，一是《中阿含經》卷 56，一是《宗鏡録》卷 22。其中《中阿含經》爲折裝本，一面 6 行，行 17 字，千字文序號爲"似"字，有蟲蛀。卷首題記云：

　　福州東禪等覺院住持傳法沙門智賢謹募眾緣，恭爲今上皇帝祝延聖壽，闔郡官僚同資禄位，雕造大藏經印板計五百餘函。時紹聖三年五月　日謹題。

　　卷首有"東禪經局"朱印，卷尾有"廣東運使寺正曾噩舍"的施財記，還有"葛紹印造"印記，卷首尾各有"三聖寺"朱印。

　　"紹聖"是北宋年號，"東禪經局"是東禪等覺院刻經事業的運營組織，"三聖寺"原是京都的一座寺院。根據這些題記和印記可知，這個經卷屬於東禪寺版（又稱"崇寧藏"）的藏經，經版最初刻於北宋紹聖三年(1096)，由"廣東運使寺正曾噩"出資刻印，歷史上曾爲三聖寺收藏。

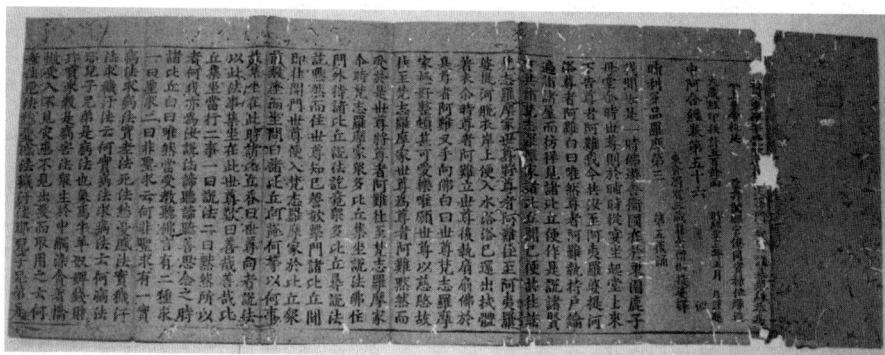

愛媛大學的東禪寺版《中阿含經》卷五十六

　　《宗鏡録》也是折裝本，一面 6 行，行 17 字，千字文序號爲"富"字，蟲蛀較少，卷首下方有"東麥圖書"朱印，頁内有"盈"、"林厚"、"匐"、"堯"、"仗達"、"習全"、"保"、"林元"、"元"等刻工名。書帙内側有手寫題記：

　　金澤文庫現藏宋版一切經之一部，裝釘於[①]德川末期，系石橋氏寄進者也。

　　　　　　　　　　　　　　　　　　　　　　　　　　金澤文庫長　　寶　請

---

① 　此字爲草體，難以辨認，似"於"字，又似"教"或"者"字。

"東麥"的意思不詳,可能是某人的名號,或者是地名、機構名①。"金澤文庫"位於橫濱,原是鎌倉時代的私人文庫,今爲文化設施。關於"石橋氏"的情況,此人與"東麥"是否爲一回事,目前還不清楚。根據這些印記和題記可知,這個本子原是金澤文庫宋版藏經的一部分,後來曾爲"東麥"、石橋氏收藏。又據專家鑒定,這部經卷屬於開元寺版(又稱"毗盧藏")。

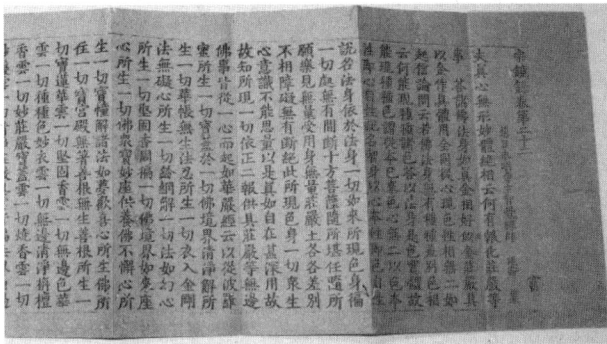

愛媛大學的開元寺版《宗鏡録》卷二十二

筆者在看到這些宋版經卷時,除了欣賞讚歎之外,對於它們的相關背景並不瞭解。爲了弄清它們的性質和價值,例如它們屬於哪個版種、什麼年代制作、是否爲孤本等等,先後向何梅女士(中國社科院)和方廣錩先生(上海師大)請教,得到他們的熱心指教。當時他們給筆者三封回信(參見本文附録),不僅對筆者的問題作了清楚的解答,而且還提供了許多有價值的資訊。

何梅老師在第一封信中,根據我校宋版《中阿含經》卷56的卷首題記和"東禪經局"印記,斷定其爲北宋《崇寧藏》本,亦即東禪寺版;又根據卷尾"廣東運使寺正曾噩舍"的題記,斷定其爲南宋慶元二年(1196)修補版的印本;另外還介紹了同類經卷在其他地方的收藏情況。關於我校收藏的宋版《宗鏡録》散册,何梅老師根據頁内的刻工名,斷定其爲《毗盧藏》本,亦即開元寺版,並介紹了同類經卷在其他地方的收藏情況。刻工名是判斷宋版藏經種類的重要標誌,何梅老師的斷定乃是出自行家手眼。信中還提到兩册"元版",即元版《續高僧傳》卷11和卷12,也是我校圖書館藏本,筆者在調查時注意到這兩册元版藏經,於是一併向何梅老師請教,經她斷定,此二册爲元代《普寧藏》本。何梅老師是國内屈指可數的《大藏經》專家之一,她對筆者的問題非常認真,因此還向李富華先生(何梅老師的同事,也是研究《大藏經》的權威學者)徵求意見,這種認真負責、對待學術一絲不苟的精神令人感佩!

何梅老師的第二封信是針對筆者關於宋版藏經的修補問題而寫,其中主要介紹了東禪寺版(崇寧藏)在南宋時期三次大規模修補的情況,並説明我校宋版《中阿含經》散册爲南宋慶元二年(1196)修補版印本的具體根據,即"廣東運使寺正曾噩舍"的施財記是南宋慶元二年前後第二次修補的標記。因此可以説,這部經卷是南宋時期在北宋原版的基礎

---

① 日本德島縣吉野川市山川町有"東麥原"的地名。不過,印記中的"東麥"恐怕並非"東麥原"。

上重新制版和印刷的產物。

方廣錩老師是著名的佛教文獻學者，對日本的各種藏經情況也非常熟悉，他在信中對何梅老師的意見表示肯定，並對《崇寧藏》和《毗盧藏》在日本的主要收藏地點作了介紹，從而爲我們後來的調查提供了重要線索。信中提到的"帖"是日本的提法，相當於中國所説的"册"，從方老師列舉的册數，可以略知日本收藏的宋版藏經之多。

日本保存的宋版藏經雖然很多，但是大多收藏在寺院，而大學和一般公共設施裏保存的較少。那麼這兩册宋版藏經是怎麼流傳到愛媛大學的呢？原來，這兩册經卷屬於愛媛大學圖書館中"鈴鹿文庫"的藏書，也就是説，它們是和"鈴鹿文庫"的圖書一起進入本校圖書館的。"鈴鹿文庫"是以鈴鹿三七的名字命名。鈴鹿三七（1889—1967）是一位學者，曾在大谷大學、諾特爾達姆清心女子大學、神宮皇學館等大學任教，又是日本近代著名歌人及藏書家鈴鹿連胤的後裔，生前擁有很多藏書。他的夫人是本校圖書館原館長井手淳二郎的妹妹，因爲這種關係，鈴鹿三七去世以後，他的一部分藏書被出售和捐贈給愛媛大學圖書館，共計 7432 種，設爲"鈴鹿文庫"，這兩册宋版藏經也包括在内。不過，這兩册經卷一直被擱置在書庫，直到 2006 年愛媛大學圖書館對"鈴鹿文庫"的漢籍進行整理，才引起人們的關注，於是著手調查。

那麼這兩册宋版藏經又是怎麼落入鈴鹿之手的呢？其間的經過今已不詳。上文提到，根據宋版《中阿含經》卷 56 的"三聖寺"印記，可知其原爲三聖寺所有。三聖寺是鎌倉時代的禪宗寺院，原址在京都的東福寺一帶，大約于弘長元年（1261）由圓爾辨圓的弟子十地覺空及其弟子東山湛照創建，後來逐漸衰落，明治六年（1873）與萬壽寺合併。萬壽寺始建于平安時代後期，後爲天台系淨土教寺院，正嘉年間（1257—1259）由十地覺空和弟子東山湛照改爲臨濟宗寺院，名爲"萬壽禪寺"。三聖寺今已不存，其部分遺物、遺構保存在今東福寺和萬壽寺内。當初三聖寺藏有宋版《一切經》，後來流散各處，愛媛大學的宋版《中阿含經》散册即爲其中之一。

上文還提到，根據愛媛大學藏本宋版《宗鏡録》散册的"東麥圖書"印記，以及金澤文庫長的手寫題記，可知這部經卷原屬金澤文庫，後來又爲"東麥"、石橋氏收藏，而石橋氏又把這個經卷捐獻給金澤文庫。金澤文庫在今神奈川縣橫浜市，原址爲真言律宗的稱名寺，鎌倉時代中期，北條即時（1224—1276）改爲私人文庫，今爲縣屬文化設施，其中保存有宋版藏經和其他古代書籍文物。北條即時是鎌倉時代的武將，同時也是著名的文化人，曾爲第八代執權北條時宗的輔佐，金澤文庫的宋版藏經就是北條即時于弘長元年（1261）捐贈給稱名寺的，由當時的"入宋沙彌"定舜從南宋帶回。後來，這部藏經的一部分流失到他處，其中的一册便輾轉落入愛媛大學。

關於"東麥"和鈴鹿三七如何得到金澤文庫的宋版《宗鏡録》卷 22，今已不得其詳，但是，在 1934 年金澤文庫長關靖撰寫的《金澤文庫書志論考》一文中，提到鈴鹿三七藏本是金澤文庫宋版《宗鏡録》的一册①，可見當時這個經卷已從金澤文庫流出，而爲鈴鹿三七所有。另外，"東麥"與石橋、與陵鹿三七或陵鹿家族有無關係，這些情況尚不清楚，而愛媛大

---

① 參見加藤國安：《宋版"宗鏡録""中阿含經"の発見—愛媛大學附屬図書館藏鈴鹿文庫の一寶典》，《地域創成研究年報》第 3 號，2008 年 3 月。

學收藏的這部經卷卻與他們有關,特別是石橋氏還曾把這部經卷捐獻給金澤文庫,説明這個經卷曾從金澤文庫失而復得,以後又流入鈴鹿手中,最終爲愛媛大學所有。關於這部經卷的流傳經過,還需要進一步考察。

總之,愛媛大學的宋版《宗鏡録》散册,原本是金澤文庫的宋版藏經之一册,由於金澤文庫的宋版藏經是鐮倉時代定舜從南宋帶回到日本,因此很可能是南宋時期的印本。

二、其他地方保存的同類經卷

2006 年 7 月下旬,筆者和本校另一位教師加藤國安先生受圖書館委託,分別對日本其他地方收藏的同類經捲進行了調查。筆者當時調查的地點有四處:一是大阪圖書館,二是京都大學圖書館,三是京都大學人文科學研究所,四是愛知縣本源寺。加藤先生調查的主要是金澤文庫和宮内廳書陵部。下面把調查情況作一介紹。

1. 大阪圖書館宋版《宗鏡録》卷二十四

書號爲"甲漢 39",卷首和卷尾有"大阪圖書館收藏記"朱印,卷首下方有"大阪府立圖書館　大正三年十二月十八日"朱印。千字文序號爲"富"字,共 20 紙,每紙 6 折,一面 6 行,行 17 字。第 11 紙爲 5 折,第 20 紙爲 3 折。有修復時加上的襯紙,第 16.17 紙連接處的上部和第 13 紙上部有蟲蛀破損,其他部分蟲蛀不甚嚴重,字體較粗,墨色濃厚。刻工名有"老"、"林通"、"郭正"、"程亨"、"林又"("又"字不清)、"王景"、"林士"("士"字不清)、"厚"、"彦"、"習全"、"正"、"才全"、"契"(此字不清)、"王大"、"郭正"等,其中"程亨"、"林通"、"王大"、"郭正"等皆爲開元寺版(毗盧藏)刻工名[1],而"習全"之名亦見於愛媛大學的宋版《宗鏡録》,因此可以斷定,大阪圖書館的宋版《宗鏡録》卷 24 爲開元寺版,且與愛媛大學的宋版《宗鏡録》爲同一版系。開元寺版刻於北宋政和二年(1112)至南宋紹興二十一年(1151),後來又於南宋嘉熙三年(1239)至元大德十年(1306)期間經過三次大規模修補[2],目前雖不能具體斷定這個經卷的印刷年代,但其作爲南宋印本的可能性較大。

2. 京都大學圖書館宋版《宗鏡録》卷六十四

书号为"谷村文庫 1—25/ス□1",卷首有"秋邨遗志"朱印,第 2 頁上方有"京都帝国大学图书"朱印,还有"昭和 17.9.1"墨印。千字文序號爲"輕"字,共 9 紙,每張 6 折,一面 6 行,行 17 字。首尾完備,有修復時加上的襯紙,有蟲蛀,不甚明顯,字形清秀,第 8 紙墨色濃厚。刻工名有"井通"("井"字不清)、"介"、"厚"、"陳通"、"陳晶"、"内"(此字不清)、"習全"等,其中"陳晶"、"陳通"爲開元寺版刻工名,"習全"又見於愛媛大學和大阪圖書館的宋版《宗鏡録》散册,"厚"見於大阪圖書館藏本,因此這個經卷也屬於開元寺版(毗盧藏),且與愛媛大學和大阪圖書館的藏本爲同一版系。

京都大學圖書館的谷村文庫專門收藏谷村一太郎的藏書。谷村一太郎(1871—1936)生前曾任藤本比爾布婁卡銀行取締役會長。1942 年,其生前擁有的 9200 餘册藏書被捐贈給京大圖書館,宋版《宗鏡録》卷 64 亦在其中。據京都大學人文科學研究所梶浦晉先生

① 參見李富華、何梅:《漢文佛教大藏經研究》,宗教文化出版社 2003 年版,第 204—205 頁。

② 參見上書,第 214　217 頁。

介紹,京都大學圖書館還藏有宋版《宗鏡録》卷36,可惜筆者没有見到。

3.京都大學人文科學研究所宋版《宗鏡録》卷四十七

卷首尾有"金澤文庫"朱印和"松本文庫"朱印,書帙内側有"京都大學圖書"朱印。千字文序號爲"駕"字,共15紙,每紙6折,一面6行,行17字。首尾完備,有深藍色書帙和修復時加上的襯紙,有蟲蛀,不甚嚴重,字體略粗。刻工名有"仕"、"忝"(此字不清)、"林元"、"廣"、"知求"(字跡不清)、"陳晶"、"盛"、"盈"(字跡不清)、"李質"等,其中"林元"、"陳晶"、"李質"等都是開元寺版的刻工名[①],"盈"亦見於愛媛大學的宋版《宗鏡録》,可知這個經卷也屬於開元寺版,且與愛媛大學藏本爲同一版系。

京都大學人文科學研究所的"松本文庫"由該所原所長、京都大學教授松本文三郎(1869—1944)的藏書構成,這部經卷爲松本文三郎生前所有。

4.京都大學人文科學研究所宋版《中阿含經》各卷

京都大學人文科學研究所藏有宋版《中阿含經》散册共九卷,即卷4.7.14.16.19.20、21.22.27。這九卷原爲同一系列,一紙5折,每紙右側邊緣印有小字,小字因粘連而被隱蔽,紙質白而厚,印刷較好,字體清秀,没有書帙和襯紙,蟲蛀較少,卷尾有音訓。與該所收藏的宋版《宗鏡録》卷47相比,正文部分的尺碼與《宗鏡録》大體相同,而上下余白比《宗鏡録》較短。與該所宋版《宗鏡録》散册同樣,也屬於"松本文庫"。後經何梅老師鑒定,這九卷宋版《中阿含經》散册屬於南宋時代的"思溪版"(又稱"圓覺藏"或"資福藏")。

5.愛知縣本源寺宋版《中阿含經》

本源寺的宋版《中阿含經》卷四十四

本源寺位於愛知縣稻澤市,寺内也保存有宋版藏經,原爲鎌倉時代京都三聖寺所有,文化五年(1808),三聖寺的經藏(相當於藏經閣)破損,藏經流失,幾經輾轉,爲近江覺勝寺所有,天保三年(1832),由本源寺第11代住持泰靈購入。

本源寺的宋版藏經約有2200册,系東禪寺版和開元寺版混合藏,1983年被指定爲愛知縣文化財。其中屬於《中阿含經》的部分有29册,蟲蛀甚多,破損嚴重,有些經卷已經碎成紙屑,亟待修復。爲避免進一步損壞,筆者當時只抽看了其中若干卷册。

1978—1979年,同朋學園佛教文化研究所對本源寺的宋版藏經進行了調查,並寫成

① 參見上書,第205頁。

調查報告書《本源寺藏宋版一切經調查》一册。根據該調查報告,本源寺宋版藏經《中阿含經》的基本情況如下:

第一,屬於《中阿含經》的卷册共有 29 卷,即第 2.5.6.7.8.10.11.12.13.15.16.18.22.25.31.32.34.35.36.37.38.39.42.44.45.46.47.49.50 卷。

第二,關於千字文序號,第 2 卷爲"薄"字,第 11 卷爲"夙"字,第 22 爲"興"字,第 31 卷爲"温"字,第 42 卷爲"清"字。

第三,關於收藏印記,除第 11.12.13.16.42 卷以外,其餘各卷均有"三聖寺"朱印。

第四,關於題記年月,有"紹聖二年四月"(第 12 卷)、"紹聖二年五月"(第 32 卷)、"紹聖三年正月"(第 34.36.46.47.50 卷)、"紹聖三年二月"(第 35.37 卷)、"紹聖三年四月"(第 2.5.6.49 卷)、"紹聖三年五月"(第 39 卷)、"紹聖三年七月"(第 7 卷)。

第五,關於施財刊記,有"崇賢裏卻容爲考□□□□板捨"(第 5 卷)、"安撫使賈侍郎捨"及"安撫賈侍郎捨"(第 7 卷)、"廣東運使寺正曾噩捨"(第 47.49.50 卷)、"廣東運使曾寺正捨"(第 50 卷)、"泉州衆施主捨"(第 50 卷)。

第六,關於造印記,有"林璋印造"(第 44 卷)。

第七,關於版種,第 2.5.6.7.32.34.35、第 6.37.39.46.47.49.50 卷爲東禪寺版。[①]

從上列情況可知,本源寺的宋版《中阿含經》主要爲東禪寺版("崇寧藏"),初版雖然是北宋紹聖二年至三年(1095—1096)制成,但根據"廣東運使寺正曾噩捨"的題記,可知其爲南宋時期修版之後的印本。另外,本源寺宋版《中阿含經》的"紹聖三年五月"刊刻年月、"廣東運使寺正曾噩捨"施財題記、"三聖寺"收藏印記等,亦見於愛媛大學的宋版《中阿含經》散册,因此可以斷定它們屬於同一版系。

筆者調查時主要觀看了本源寺的宋版《中阿含經》卷 44,該卷千字文序號爲"興"字,一面 6 行,行 17 字,頁内有刻工名"陳孟",卷尾有"林□印造"印記,卷内有多處"三聖寺"朱印。刻工"陳孟"亦見於其他東禪寺版藏經[②],故可斷定此卷也是東禪寺版。順便一提,據相關資料介紹,本源寺的宋版藏經中,東禪寺版 1861 帖,開元禪寺版 255 帖,不能確定版種的北宋版 7 帖,南宋思溪版 54 帖,似爲思溪版的 3 帖,北宋勅版模刻版 23 帖,伊豆修禪寺舊藏元版 1 帖,和版 13 帖,和寫本 2 帖,版種不明的 10 帖[③]。總之,該寺所藏主要爲南宋版印本。

6.金澤文庫宋版藏經

金澤文庫的宋版藏經雖有流失,但至今仍有半數保存。據説當初從中國輸入的宋版藏經有 6000 帖以上,現存 3101 帖,其中東禪寺版 978 帖,開元寺版 2116 帖,思溪版 7 帖,此外再加上和版、寫本,共計 3486 帖(或説 3490 帖)[④]。金澤文庫的宋版藏經爲開元寺版和東禪寺版混合藏,1998 年被指定爲國家重要文化財。

① 參見《本源寺藏宋版一切經目録》、《本源寺藏宋版一切經調查報告》,同朋學園佛教文化研究所 1979 年版,第 177—178 頁。

② 參見李富華、何梅:《漢文佛教大藏經研究》,第 165 頁。

③ 參見《愛知県の國・県指定文化財と國登録文化財》,"文化財ナビ愛知"(http://www. pref. aichi. jp,2014 年 6 月 2 日下載)。

④ 參見加藤國安:《宋版"宗鏡録""中阿含經"の發見——愛媛大學附屬図書館藏鈴鹿文庫の一寶典》。

金澤文庫的宋版《宗鏡録》卷一金澤文庫的宋版《中阿含經》卷五十六

據加藤國安先生的調查,金澤文庫的宋版《宗鏡録》缺卷 9、11、12、17 至 25、29、31 至 38、40 至 42、44、46、47、49、52、57 至 61、64 至 67、70、71、73 至 76、78、79、82 至 86、90、91、93、95、96、98、99[①],愛媛大學的宋版《宗鏡録》卷 22 正在這個缺項系列之内,它原來就是金澤文庫宋版《宗鏡録》中的一册。再從加藤拍攝的照片來看,金澤文庫宋版《宗鏡録》卷 1 的千字文序號爲"禄"字,刻工名有"棄寀盈"、"受"等。其中"盈"也見於愛媛大學藏本,可見屬於開元寺版("毗盧藏")的印本。

加藤還提供了金澤文庫宋版《中阿含經》卷 56 的照片。該卷千字文序號爲"似"字,卷首題記:"福州東禪等覺院住持傳法沙門智賢[②]謹募眾緣,恭爲今上皇帝祝延聖壽,闔郡官僚同資禄位,雕造大藏經印板計五百餘函。時紹聖三年五月日謹題。"卷首尾有"金澤文庫"長方形朱印。刻工名有"陳旭"、"祐"、"宗"、"昌"、"九"、"大"、"丁亥右"、"光"等,施財題記有"廣東運使寺正曾噩捨"。根據卷首題記,可知爲東禪寺版;又據"廣東運使寺正曾噩舍"施財題記,可知爲南宋慶元二年(1196)修補版的印本。此本與愛媛大學藏本屬於同一版系。

總之,宋版《中阿含經》和《宗鏡録》在日本其他地方也有收藏,而且大多與愛媛大學藏本屬於同一版系。愛媛大學的《中阿含經》卷 56 與本源寺的宋版《中阿含經》同爲東禪寺版,同出自三聖寺,二者原來都是三聖寺的宋版藏經。至於愛媛大學的宋版《宗鏡録》卷 22,與金澤文庫的宋版《宗鏡録》同爲開元寺版,原是金澤文庫藏本中的一册。這些經卷大多爲南宋印本。

三、日本保存的宋版藏經

日本到底保存有多少宋版藏經? 近代以來,經過多次調查,雖已掌握大體情況,但是由於零本分散,所以恐怕直到現在也難以做出完全徹底的統計。梶浦晉先生曾對日本保存中國歷代藏經的主要場所和數量做過簡要的統計,其中關於宋版藏經的保存情況如下:

---

① 參見加藤國安上文。
② "賢"字因蟲蛀殘缺,據愛媛大學藏本補。

東禪寺版

教王護國寺（東寺）（與開元寺版混合藏）　6087 帖

醍醐寺（與開元寺版混合藏）　6096 帖

金剛峰寺（與開元寺版混合藏）　3750 帖

本源寺（與開元寺版混合藏）　2229 帖

開元寺版

宮内廳書陵部（與東禪寺版混合藏）　6263 帖

金澤文庫（與東禪寺版、和版混合藏）　3490 帖

知恩院（與東禪寺版混合藏）　5969 帖

中尊寺（與東禪寺版混合藏）　227 帖

教王護國寺（東寺）（《大般若波羅蜜多經》，含東禪寺版）　639 帖

思溪版

增上寺（與和版、抄本混合藏）　5356 帖

最勝王寺　5535 帖

喜多院（與磧沙版、普寧寺版混合藏）　4687 帖

岩屋寺　5157 帖

長瀧寺　3752 帖

唐招提寺（與磧沙版、和版混合藏）　4794 帖

興福寺（與磧沙版混合藏）　4354 帖

長谷寺（與開元寺版、和版、寫本混合藏）　2222 帖

大谷大學圖書館　一藏（帖數不詳）

禦茶之水圖書館成簣堂文庫　317 帖

西大寺（《大般若波羅蜜多經》）　599 帖

磧沙版

武田科學振興財團杏雨書屋　4888 帖

宮内廳書陵部（《大般若波羅蜜多經》）　579 帖

西大寺（《大般若波羅蜜多經》）　600 帖

成相寺（《大般若波羅蜜多經》）　475 帖

野藏神社（《大般若波羅蜜多經》）　600 帖

法華寺（《大般若波羅蜜多經》）　331 帖[①]

　　上表列舉的都是 200 帖以上的大宗保存，不包括散在各處的零本在内，假如把那些散冊也加在一起，那麼日本保存的宋版藏經數量更多。通過這個統計，可以瞭解日本保存的宋版藏經的大體情況。上表給人最深的印象是，在四種宋版藏經中，思溪版的大宗保存最多，即使不包括大谷大學的藏本在内，思溪版的數量也有 36700 帖以上，遠遠超過其他宋

　　①　以上資料采自梶浦晉《日本における中國開版典籍の收藏—仏典典籍を中心として—》，《第 4 回國際図書館學セミナー発表要綱—日中両國ライブフリアンシップの相互理解と發展のために—》，日本圖書館研究會，2005年，第 77 頁。

版藏經。思溪版與磧沙版合計達 44200 餘帖,比東禪寺版(18100 餘帖)與開元寺版
(16500 餘帖)的總和還要多出 1 萬帖左右。這種情況表明,在日本保存的宋版藏經中,南
宋版明顯多於北宋版。實際上,即便經版是北宋制作的,只要經版不壞,到了南宋時期還
可以繼續印刷,而且經版制成之後,又經過增版續修、重新修版,因此,現在保存的東禪寺
版和開元寺版的藏經,其中多爲南宋印本。根據這種情況,可以説日本保存的宋版藏經中
的大部分都是南宋印本。

　　關於日本保存的宋版藏經,有各種研究和資料,這裏不必一一介紹。鑒於一般讀者難
得見到宋版藏經實物,下面主要將網路上附有照片的資料彙集在一起,結合照片加以介
紹,以便讀者對宋版藏經得到更感性的瞭解。

　　1. 日本保存的《開寶藏》

東京書道博物館的開寶藏《十頌律》卷四十六①京都南禪寺的開寶藏

《佛本行集經》卷十九(複制本)②

　　在現今保存的宋版藏經中,北宋《開寶藏》的印本僅有 13 卷,其中中國有 9 卷,日本有
4 卷③。在日本的《開寶藏》藏本中,目前可以確認的有東京書道博物館的《十頌律》卷 46
和京都南禪寺的《佛本行集經》卷 19。關於它們的來歷,今已不得其詳,不過,根據中日兩
國的史料記載,可以確認《開寶藏》在北宋時期就已傳入日本的實事。例如日本平安時代
的東大寺僧人奝然(938—1016),于永觀元年(938,北宋太平興國八年)渡宋,後來將《大藏
經》5048 卷帶回日本④。或説奝然得到的就是《開寶藏》,它來自宋太宗的賞賜。《開寶藏》
於開寶四年(971)開刻,大約在太平興國八年(983)完成,奝然得到它時,這部藏經的刻印
剛剛完成不久。大約 90 年後,日本天台宗僧人成尋(1011—1081)入宋,他説奝然帶回的
藏經保存在當時京都的法成寺。

　　2. 奈良興福寺宋版藏經

　　奈良興福寺是日本著名的古寺,法相宗大本山。興福寺國寶館保存有宋版藏經,爲思
溪版、磧沙版(延聖院版)、祥符寺版的混合藏,共 4354 帖,1955 年指定爲國家重要文化

---

①　本圖引自《台東區ヴァーチャル美術館》(https://www.city.taito.lg.jp,2014 年 8 月 25 日下載)。
②　《2014 年度「漢字字體規範史データベース」:入剳用入力仕様》(http://joao—roiz.jp,2014 年 6 月 29 日下
載)。
③　參見李富華、何梅:《漢文佛教大藏經研究》,第 70—71 頁。
④　參見性淳:《東國高僧伝》卷六,《大日本仏教全書》第 104 卷,名著普及會 1987 年版,第 73 頁。

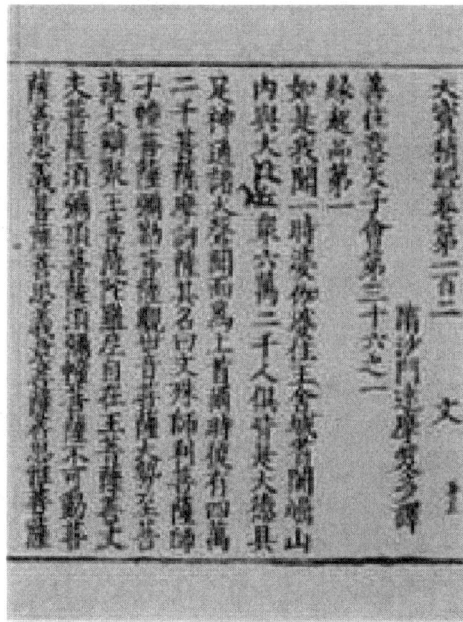

興福寺的磧沙版《大寶積經》卷一百二

財。上圖爲南宋磧沙版《大寶積經》卷102,折裝本,一紙30行,一面6行,行17字。卷末有題記,説明紹定四年(1231)趙安國在都城爲勸緣大檀越募捐開版之旨,可見其爲南宋版本。據説有鐮倉時代末期的字音標注,應爲實際使用過的經本[①]。

3. 京都知恩院宋版藏經

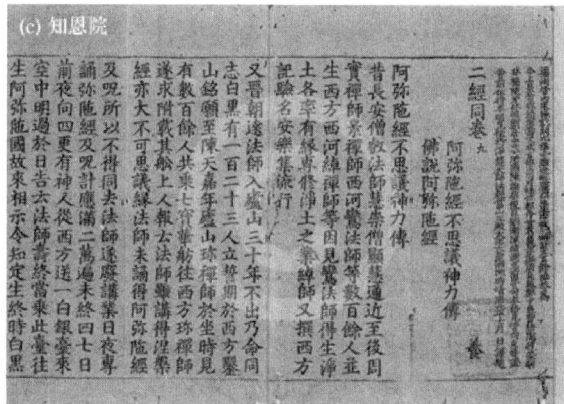

知恩院的開元寺版《阿彌陀經不思議神力傳》

知恩院位於京都,是日本浄土宗總本山。該寺現存宋版藏經,係開元寺版和東禪寺版混合藏,共5969帖,北宋末期至南宋時代刻印,1965年指定爲國家重要文化財。網上公開有其中的《阿彌陀經不思議神力傳》和《佛説阿彌陀經》合卷,千字文序號爲"養"字,下有

---

①　參見《國寶重要文化財》,興福寺(http://www.kohfukuji.com,2014年5月31日下載)。

"知恩院藏"正方形朱印,卷首有靖康元年(1126)刊版題記,可證其爲開元寺版①。

4.埼玉縣喜多院宋版藏經

喜多院的思溪版《辯正論》卷八

　　喜多院位於埼玉縣川越市,是日本天台宗寺院,傳爲慈覺大師圓仁創建。寺內保存有混合本藏經 4686 帖,主要爲思溪版,共 2691 帖,磧砂版 39 帖,元代普寧寺版 1789 帖,另外還有南宋補寫本 33 帖,江户時代補寫本 144 帖,爲南宋、元、江户混合藏,1969 年指定爲國家重要文化財。其中没有《大般若经》,而有表示各版刊行的刊記、表示傳來的印記(思溪版有"渤海藏記"、"清河"朱印,普寧寺版有"三韓"朱印)等,因而具有很高的資料價值。據説這部藏經原爲江户初期毛利輝元獻給德川家康之物,慶長十九年(1614),德川家康爲了海天僧正而送給喜多院,於是成爲喜多院的藏本②。思溪版于靖康元年(1126)開版,也是南宋印本。

5.京都東寺宋版藏經

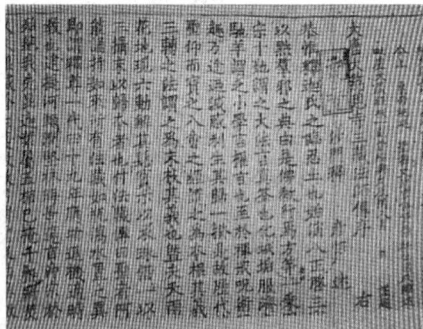

東寺的宋版《大唐大慈恩寺三藏法師傳序》③

---

①　參見《知恩院》(http://www.chion-in.or.jp,2014 年 5 月 31 日下載)。

②　參見《川越大師 喜多院》(http://www.kawagoe.com,2014 年 5 月 31 日下載)。

③　本圖引自樂敏著、田建國等譯:《鑑真東渡》,五洲傳播出版社(http://books.google.co.jp,2014 年 8 月 26 日下載)。

　　東寺位於京都,又名"教王護國寺",係日本真言宗寺院,弘法大師空海曾在這裏傳法。寺内保存有一部接近完整的宋版藏經,共計 6087 帖,其中包括東禪寺版 5506 帖,開元寺版 556 帖,和刻春日版 7 帖,補寫本 18 帖,主要爲東禪寺版(崇寧藏)和開元寺版(毗盧藏)混合藏。東寺還藏有宋版《大般若波羅蜜多經》642 帖(含補寫本 9 帖)[①],或説 638 帖,主要爲開元寺版,其中含有部分東禪寺版[②]。上圖是東寺的宋版《大唐大慈恩寺三藏法師傳序》,千字文序號爲"右"字,根據卷首題記,可知爲毗盧藏(開元寺版),南宋紹興十八年(1148)刊本。

　　6.愛知縣岩屋寺宋版藏經

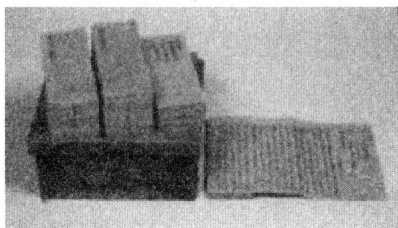

岩屋寺的思溪版藏經[③]

　　岩屋寺位於愛知縣南知多町,寺内保存有宋版藏經 5157 帖,和版 111 帖,寫本 195 帖,共計 5463 帖。其中宋版經卷爲南宋淳祐十年(1250)刻印,屬思溪版,欠缺較少,保存狀態良好,1939 年指定爲國家重要文化財。據説這部藏經原在京都栂尾高山寺或仁和寺子院,寶德三年(1451)由大野城主佐治盛光(道西居士)捐贈給岩屋寺,於是爲岩屋寺所有[④]。

　　7.茨城縣最勝王寺宋版藏經

　　最勝寺王位於茨城縣櫻川市,寺内保存有宋版藏經 5535 帖,其中 5195 帖爲南宋思溪版,折裝本,一面 6 行,行 17 字,其餘爲江户時代刻印的天海版。1958 年指定爲茨城縣重要文化財[⑤]。當地傳説這部藏經得自"唐土仁宗皇帝"的寄贈,關於這個傳説,下文再作説明。

　　順便一提,據茨城縣教育廳《縣指定文化財一覽》,茨城縣還有三種"唐本一切經",實際上也是宋版藏經。

　　其中第一種在表中編號第 7,現存 3 帖,南宋紹興二年(1132)印制,爲茨城縣笠間市笠間稻荷神社藏本,1958 年指定爲縣文化財。表紙爲藏藍色,寫有金色文字,分別爲《放光般若波羅蜜多經》卷 5.《攝大乘論本》卷 3.《佛説佛名經》卷 3。經文爲木版印刷,一面 6 行,行 17 字。

---

①　據《東寺》,"ウイキペデイアフリー百科事典"(http://ja.wikipedia.org,2014 年 6 月 5 日下載)□

②　參見梶浦晉:《日本における中國開版典籍の收藏—仏教典籍を中心として》。

③　本圖引自《南知多町/歷史と文化財》(http://www.town.minamichita.lg.jp,2014 年 6 月 1 日下載)。

④　參見《文化財ナビ愛知》(http://www.pref.aichi.jp,2014 年 6 月 1 日下載)。

⑤　參見《縣指定文化財·書跡》,"櫻川市教育委員會"(http://www.city.sakuragawa.lg.jp,2014 年 5 月 31 日下載)。

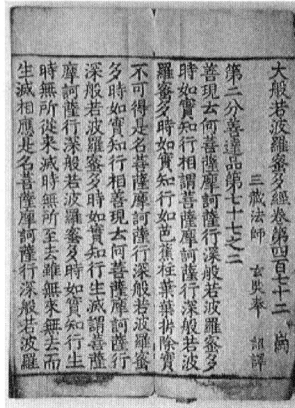

最勝王寺的思溪版《大般若經》卷四百七十二

　　第二種編號第 16,現存 2 帖,爲茨城縣水户市個人收藏,南宋印本,1967 年指定爲縣文化財。建長七年(1255),笠間時朝向常陸一宮鹿島神宮捐獻宋版藏經,此二帖爲其中一部分。笠間時朝屬於鐮倉幕府藤原姓宇都宮家族,領有笠間之地,以武人和歌人而聞名,信仰佛教,京都三十三間堂再建時,曾捐贈兩尊千手觀音像。宋版藏經由當時的入宋僧帶回日本。

水户市個人收藏的宋版藏經

　　第三種編號第 32,現存一帖,南宋刻本,爲《經律異相》卷 39,茨城縣笠間市西念寺收藏,1987 年指定爲縣文化財。上有書寫題記:“渡唐本一切經內建長七年乙卯十一月九日于鹿嶋社遂供養常州笠間前長門守從五位上行藤原朝臣時朝。”可知係建長七年(1256)笠間領主時朝捐贈給鹿島社之物。

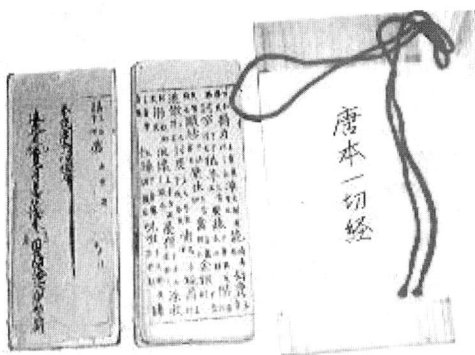

笠間市西念寺的宋版藏經①

8. 東京大學宋版藏經

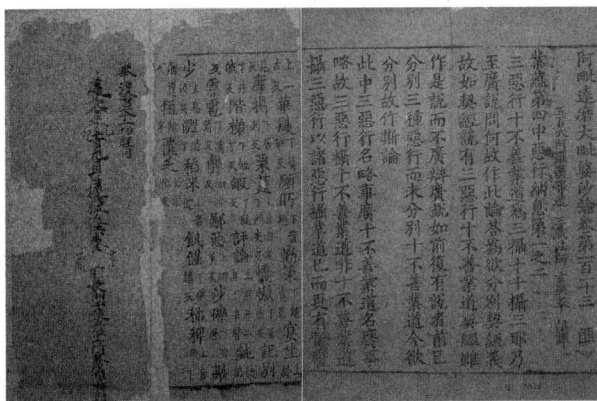

東京大學的思溪版《阿毘達磨大毘婆沙論》卷一百十三

　　東京大學藏有宋版藏經 1 帖，内容是唐玄奘譯《阿毘達磨大毘婆沙論》卷 113，一面 6 行，行 17 字，本帖邊緣有"馮辛"、"嚴志"、"葉宗"、"董珎"、"董明"、"趙宗"、"趙昌"、"陳景"等刻工名，均見於思溪版②，可證其爲南宋思溪版藏經。卷末有書寫題記："奉渡唐本一切經内/建長七年(乙卯)十一月九日于鹿島社遂供養(常州笠間)前長門守從五位上行藤原朝臣時朝。"據此題記可知，此經卷是建長七年(1256)藤原時朝向鹿島社捐獻的宋版藏經的一部分，與上面提到的茨城縣西念寺藏"唐本一切經"爲同一系列。

　　藤原時朝捐獻的宋版藏經後來散在各地，在東京大學收藏之前，本册經卷原來屬於青洲文庫。該文庫是明治時代山梨縣西八代郡市的私立圖書館，主要收藏渡邊壽(1803—1875)、渡邊信(1840—1911)、渡邊澤次郎(1870—1941)三代的和漢書籍，1927 年被東京大學收購，於是成爲東京大學圖書館的藏書。東大圖書館還藏有其他宋版零本，即《涅槃

---

　　① 　參見《縣指定文化財一覽》，"茨城縣教育委員會"(http://www.edu.pref.ibaraki.jp，2014 年 5 月 31 日下載)。

　　② 　參見李富華、何梅：《漢文佛教大藏經研究》，第 230—231 頁。

經疏三德指歸》、《中阿含經》、《法華文句科》、《曇無德部四分律删補隨機羯磨》等,與宋版《阿毘達磨大毘婆沙論》卷 113 合爲一帙①。

9. 静岡縣修禪寺宋版藏經

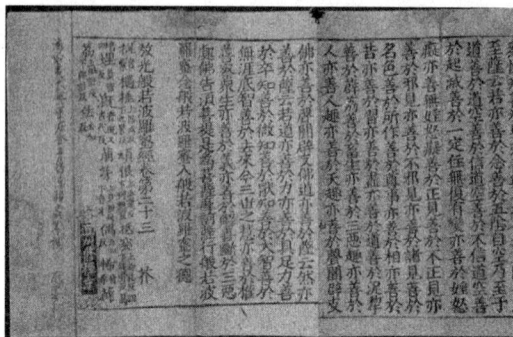

修禪寺的宋版《放光般若波羅蜜經》卷二十三

修禪寺位於静岡縣伊豆市,屬日本曹洞宗寺院,傳爲弘法大師空海創建。該寺藏有宋版藏經 1 卷。據説鎌倉幕府第二代將軍源賴家(1182－1204)曾幽禁在此,並被暗殺,其母北條政子爲源賴家祈禱冥福,於是向修禪寺捐獻指月殿、宋版大藏經和釋迦三尊繡像。後來德川家康爲了幕府的平安,從全國各寺徵集經卷,集中到增上寺,因而修禪寺的宋版藏經只剩下一卷,即《放光般若波羅蜜多經》卷 23。此卷爲黄麻紙料,共 4 紙,天地 28.6 釐米,每紙 30 行,行 17 字,卷末有“豆州修禪寺”墨印,還有“爲征夷大將軍左金吾督源賴家菩提尼置之”的題記,據説是北條政子的筆記。1958 年指定爲縣文化財。順便一提,禪修寺指月殿的匾額據説爲元初度日僧人一山一寧(1247－1317)所書,正安元年(1299),一山一寧因被懷疑爲蒙古間諜而被幽禁於此②。

10. 岩手縣中尊寺宋版藏經

中尊寺位於岩手縣西磐井郡平泉町,是日本天台宗東北大本山,傳爲慈覺大師圓仁創建,實爲平安時代後期藤原清衡(1056－1128)創建。藤原家族是當時日本東北地區的支配者。據説中尊寺原有宋版藏經 6 千帖,後來大多流失,今存 210 帖(或説 227 帖),係開元寺版與東禪寺版混合藏。2008 年 6－8 月,由日本东北历史博物馆、北海道开拓纪念馆、新泻县立历史博物馆共同举办了“古代北方世界生活的人们”(古代北方世界に生きた人びと)特别展,展品中有中尊寺的宋版藏经。

①中尊寺開元寺版《大方等大集經》卷 5

千字文序號爲“位”字,卷首題記云:

福州管内眾緣就開元禪寺雕造毗盧大藏經印板一副,計五百餘函,恭爲/今上皇帝祝延聖壽,内外臣僚同資禄位。都會首顧徽,曾糸吾、陶穀、張嗣、林桶、陳芳、林韶、/劉居中、蔡原國、陳詢、蔡俊臣、劉漸、禪靖、謝忠、前管句沙門本悟、見管句沙門僧

<hr>

①　參見丘山新、古勝隆一:《阿毘達磨大毘婆沙論》,“青洲文庫”(http://www. lib. u-tokyo. ac. jp,2014 年 5 月 31 日下載)。

②　參見《修禪寺》(http://shuzenji－temple.com,2014 年 5 月 31 日下載)。

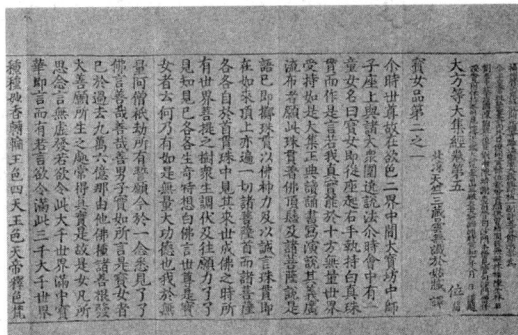

中尊寺的開元寺版《大方等大集經》卷五

仟、/證會,前住持本明、見住持宗鑒大師元忠、當山三殿大王大聖泗洲。時宣和六年八月　日。謹題

據此題記,可知該卷爲開元寺版,經版制作于北宋宣和六年(1124)①。

②中尊寺宋版《入大乘論》卷上

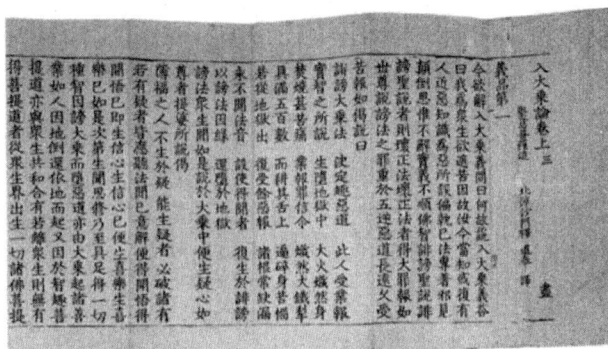

中尊寺的宋版《入大乘論》卷上

網上展示有中尊寺收藏的《入大乘論》卷上,千字文序號爲"盡"字,或爲開元寺版,或爲東禪寺版,很可能是北宋末南宋初的印本。宋版藏經在當時爲高價輸入品,中尊寺的收藏既可證明藤原氏擁有雄厚的財力,也説明當時的日宋貿易及佛教交流遠及日本東北地區②。

11. 奈良天理圖書館宋版藏經

奈良的天理圖書館保存有很多漢籍珍本,其中包括宋版佛經。1999 年 10－11 月,在"天理图书馆开馆 69 周年纪念展"(天理図書館開館 69 周年記念展)期间,展出了以下宋版佛经:①《宝箧印陀罗尼经》,开宝八年(975)钱俶刊;②《佛国禅师文殊指南图赞》,南宋,"贾官人宅"刊;③《护塔灵鳗菩萨传》,崇宁二年(1103)序刊;④《古尊宿语录·续开古尊宿语录》,嘉熙二年(1238)鼓山寺刊;⑤东禅寺版《大庄严经论》,元祐九年(1094)刊;⑥开元

---

① 參見《東北歷史博物館》(http://www.thm.pref.miyagi.jp,2014 年 5 月 31 日下載)。

② 參見《中尊寺》(http://www.do-be.jp,2014 年 6 月 5 日)。

寺版《御制逍遥咏》,绍兴年间(1131—1162)刊;⑦思溪版《大智度论》,南宋刊本①。以上七種都是珍貴的宋本,其中第⑤、⑦兩項可以肯定屬於宋版藏經。

12.早稻田大學宋版藏經

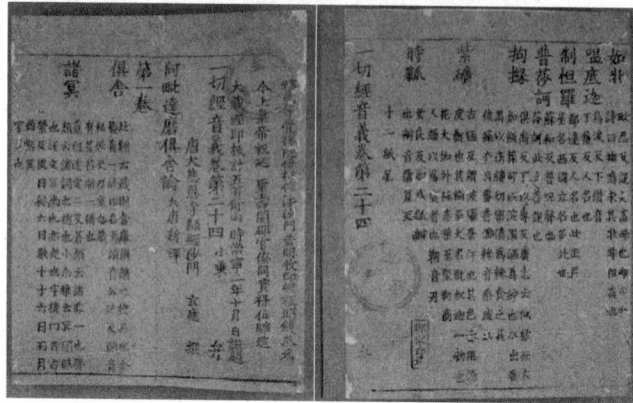

早稻田大學的東禪寺版《一切經音義》卷二十四

早稻田大學圖書館藏有宋版藏經1帖,共12紙,内容爲唐玄應的《一切經音義》卷24,千字文序號爲"弁"字,卷首有題記:

福州等覺禪院住持禪法沙門普明收音經板頭錢,恭爲/今上皇帝祝延聖壽,閤郡官僚同資禄位,雕造/大藏經印板計五百餘函。時崇寧二年(1103)十月 日謹題。

據此題記,可知爲北宋崇寧二年(1103)東禪寺版。卷尾有"鄭寧印造"印記,卷首尾皆有"三聖寺"印記,可知原爲三聖寺藏本②。這部經卷與愛媛大學、本源寺等處收藏的《中阿含經》爲同一系列。

13.京都醍醐寺宋版藏經

醍醐寺位於京都,始建於九世紀,是日本真言宗醍醐派總本山。寺内保存有宋版藏經6千餘帖(或説6104帖,或説6096帖),係東禪寺版與開元寺版混合藏。據記載,這部藏經是鎌倉時代的醍醐寺僧重源(1121—1206)從南宋帶回,而後收藏在醍醐寺。上圖爲宋版《大般若波羅蜜多經》卷1,千字文序號爲"天"字,根據卷首題記,可知其爲開元寺版,北宋政和五年(1115)制版。經版雖然是北宋的,但重源得到它是在南宋,因此很可能是南宋印本。

順便一説,2010年9—12月,醍醐寺靈寶館舉辦秋季特別公開展,展出了該寺所藏宋版藏經的一部分,共計50餘種。細目如下:

經名函號
《大般若波羅蜜多經》卷11
《大般若波羅蜜多經》卷55856

---

① 參見《天理図書館開館69周年記念展》(http://www.tcl.gr.jp,2014年5月31日下載)。
② 《一切經音義》,(http://www.wul.waseda.ac.jp,2014年5月31日下載)。又參見《一切經音義.卷第24/玄応撰》,"早稻田大學図書館"(http://www.wul.waseda.ac.jp,2014年6月1日下載)。

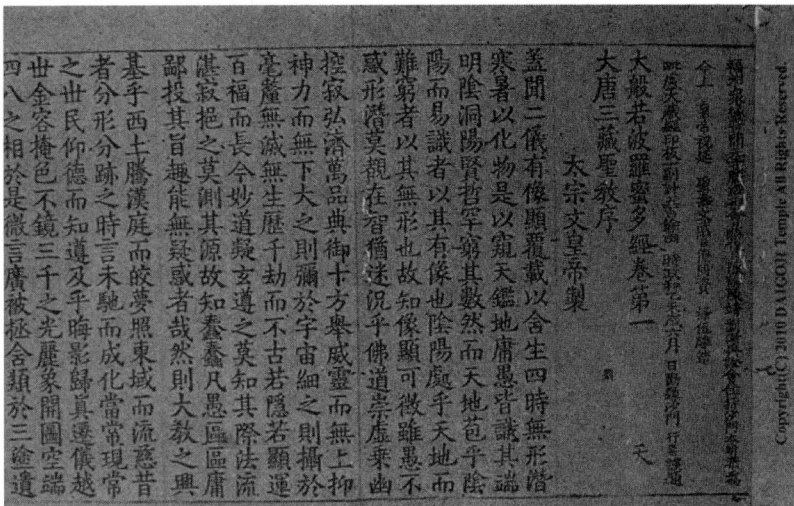

醍醐寺的宋版《大般若波羅蜜多經》卷一

《放光般若波羅蜜經》卷 1 61
《光贊般若波波羅蜜經》卷 968
《大方廣佛華嚴經》卷 14 106
《首楞嚴經義海》卷 1568
《大般若波羅蜜多經》卷 536
《摩訶僧祇律》卷 14307
《增壹阿含經》卷 31269
《説一切有部俱舍論》卷 24396
《日藏經》卷 594
《日藏經》卷 794
《注大乘入楞伽經》卷 4534
《注大乘入楞伽經》卷 1 534
《注大乘入楞伽經》卷 6 534
《注大乘入楞伽經》卷 7 534
《養字音》156
《首楞嚴經》卷 3196
《民字音》98
《中陰經》卷上 193
《大般若波羅蜜多經》卷 23224
《大般若波羅蜜多經》卷 9910
《不思議佛境界經》下 88
《佛性論》卷 1251
第 285 函 285
第 10 函 10

第 327 函 327

音義"平字函釋音" 111

《大方廣佛華嚴經》卷 11111

《持世經》卷 3144

《神変加持經》卷 7　197

《佛説秘密三昧大教王經》卷 1564

《天聖廣燈録》卷 18 525

《大般若波羅蜜多經》卷 478　　　48

《大雲輪請雨經》卷上 557

《大智度論》卷 44212

《大般若波羅蜜多經》卷 56657

音義"果字函釋音" 57

《大般若經》卷 37538

《十誦律》卷 55315

《廣弘明集》卷 10476

《自在王菩薩經》卷上 7103

《自在王菩薩經》卷下 103

《無言童子經》卷上 103

《無言童子經》卷下 103

《首楞嚴經義海》卷 20569

《大寶積經》卷 7380

《菩薩? 子經》雜 7

《順正理論》卷 3397

《眾事分阿毘曇》卷 19　362

《大安般守意經》卷下 303

《四分律藏》卷 40 雜 15

《忉利天説法經》卷下　　雜 6①

醍醐寺保存有許多日本國寶級的佛教文物,宋版藏經即其中之一。

14.岐阜縣長瀧寺宋版藏經

長瀧寺位於岐阜縣郡上市,屬日本天台宗寺院,寺内保存有南宋思溪版藏經,折裝本,上下有細線,一面 6 行,行 17 字,用紙上乘,字體清秀。明治年間,因火災燒毀 42 函,今存196 函,3752 帖,1967 年指定爲岐阜縣重要文化財②。上面右圖爲思溪版《大般若波羅蜜多經》卷二,千字文序號爲"天"字。宋版藏經在當初爲貴重舶來品,長瀧寺擁有宋版藏經,不僅表明該寺當時擁有足夠的財力,而且也表明當時中日佛教交流的普及。

---

① 參見《醍醐寺靈寶館 秋期特別公開》,"醍醐寺"(http://www.daigoji.or.jp,2014 年 6 月 1 日下載)。

② 參見《清流の國岐阜県》(http://www.pref.gifu.lg.jp,2014 年 6 月 1 日下載)。

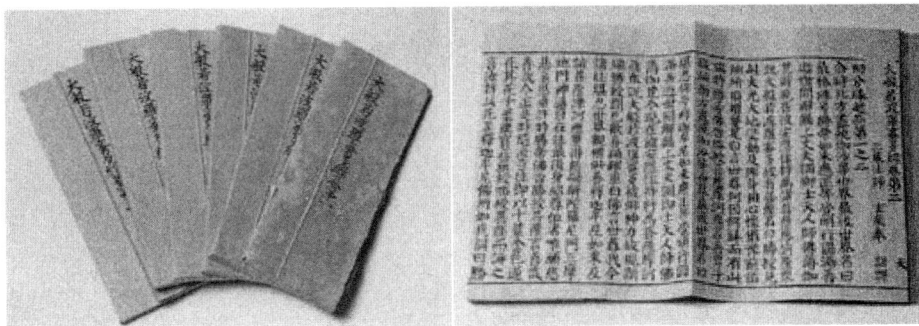

長瀧寺的宋版《大般若波羅蜜多經》

15.東京增上寺宋版藏經

增上寺的宋版藏經①

增上寺位於東京市内,係日本浄土宗寺院,寺内保存有宋版藏經 5927 帖(或説 5356 帖),主要爲南宋思溪版,另有元版藏經 6014 帖、高麗版藏經 6590 帖。1899 年指定爲國家重要文化財。

增上寺的宋版藏經原本是菅山寺(位於滋賀縣長浜市)的藏本,係鐮倉時代中期僧人傳曉自中國帶回。慶長十八年(1613),德川家康下令將此藏經的大部分(5714 帖)捐贈給增上寺,作爲代償,給菅山寺寺領 50 石和大片山林,於是這部藏經爲增上寺所有。2014 年 3-5 月,江户東京博物館舉辦了"大江户與洛中"紀念特別展,展品中有增上寺宋版藏經 10 帖,從照片上看去,其保存狀態甚佳。

上面介紹的只是日本保存的宋版藏經的一部分,然而也已足夠規模。不難想像,假如歷史上没有大量的宋版藏經從中國傳入日本,那麼歷經千百年之後,日本也不可能還有這麼多的保存。毋庸置疑,日本歷史上曾經擁有、後來消失的宋版藏經只能比現在保存的更多。那麼日本爲什麼會有如此多的宋版藏經呢?

---

① 《大江户と洛中—アジアのなかの都市景観》,"貓アリーナ"(http://nekoarena.blog31.fc2.com,2014 年 6 月 14 日下載)。

四、南宋佛教文化的繁榮與渡宋日僧

　　圍繞著日本保存的宋版藏經,可以對宋代、特別是南宋時期的佛教文化以及當時中日佛教交流的實際情況獲得更清楚的瞭解。

　　首先,日本歷史上曾經擁有大量的宋版藏經,以至於現在還有相當多的保存,其基本提前是宋代有大量的藏經印行。假如宋土沒有更多的藏經印行,那麼流傳到海外的也不會很多,而其中能夠保存下來的當然就更少。

　　宋代是文化高度發達的時代,其最爲明顯的標誌,就是雕版印刷的發達,而作爲雕版印刷的最高成果乃是宋版藏經,因此可以説,當時雕版印刷的發達與佛教文化的發達是互爲表裏的。作爲印刷物,宋版藏經的制作有賴於雕版印刷工藝的成熟與普及,這種工藝的發展,無疑是當時印本藏經大量出現的基本前提。實際上,雕版印刷雖然在唐代就已出現,然而它的普及和興盛卻是在宋代,宋版藏經的大量出現,正是這種最先進的工藝得到廣泛運用的結果。作爲宋代雕版印刷制品的主體部分,宋版藏經直接反映了當時雕版印刷事業的繁榮,同時也最典型地體現了宋代文化的高度發達,它在中國古代雕版印刷史上佔有極爲重要的地位。

　　另一方面,雕版藏經的制作是一種規模龐大、費時費力、依賴高額成本的事業,而這種事業的發起,是出於佛教信仰的需要,假如社會上沒有對佛經的廣泛需求,那麼刻印藏經的事業就不可能擴大規模和持續發展。尤其是在民間私版藏經的場合,就更是需要捐款資助、銷售流通。實際上,隨著雕版印刷工藝在佛經制作上的廣泛運用,人們也找到了一種新的滿足信仰需求、寄託佛教信念的方式,那就是通過對刻經事業的資助("施財"),或爲自己積累功德,或爲他人祈福,或者追薦亡靈。宋版藏經中的刊記及施財記,往往表現了制版者和施主的這種心願,他們資助的事業雖然是藏經刻印,但是其行爲動機與以往的抄寫經卷或建造石窟等等並沒有多少不同。很多經版的刻印,就是基於這種宗教心理的驅動。因此,在雕版印刷的發達與佛教信仰的需求之間,有一種互爲表裏、相互促進的關係。正是由於當時僧俗各界對佛經的廣泛需求,於是才有大量的藏經印行。通過宋版藏經,可以看出當時雕版印刷的發達還有佛教文化和宗教心理的背景。

　　在兩宋境內印行的五種藏經當中,除了《開寶藏》之外,東禪寺版和開元寺版在北宋時期已經印行,到了南宋時期仍在繼續,而南宋時期又有新出現的思溪版和磧沙藏,可見在僅有半壁江山的南宋,至少有四種藏經印行流通,多種版本的藏經流行於南宋,這樣的情況爲歷史上所罕見,它既反映了南宋雕版印刷事業的高度發達,也表現了當時佛教信仰的廣泛流行。

　　其次,宋版藏經大量傳入日本,另一個前提是當初中日之間的密切交流,特別是兩國之間的佛教交流。日本擁有大量的宋版藏經,正是當時中日之間經濟文化密切交流的結果。

　　宋代、特別是南宋中期以後,中日之間的貿易相當發達,商船往來日益頻繁,有的商人專門從事中日貿易,以至於現在還能舉出一些具體的人名。例如從南宋渡日的中國商人謝國明(? 一約 1253),長期在九州地區從事日宋之間的商船貿易,又在九州建立承天寺,還曾受圓爾辨圓的委託,爲辨圓的中國老師徑山師範禪師運送一千根木材,幫助徑山寺的重建。謝國明的例子表明,當時中日的貿易發達,不僅促進了兩國的經濟交往,同時也給佛教的交流帶來極大的便利,而且有些商人本身就信仰佛教,或與僧人關係密切,而貿易的物件也包含有佛教的"法物"。當時有很多僧人搭乘商船往返於兩國之間,其中在文獻史料中留下名字的就有 120 多人,有的還是多次往返①。就貿易内容來説,日本從南宋輸入的物品主要有香藥、書籍、織物、文具、茶碗等,不難想像,通過商船運往日本的書籍當中也包括宋版藏經在内。一套完整的藏經多達 6 千餘册,合在一起應有相當大的體積,但是當時的商船既然連木材都可以運載,那麽輸運藏經也應不成問題。總之,伴隨中日之間貿易往來的頻繁,兩國的佛教交流也達到空前密切的程度。

　　當時渡宋的日本僧人,日本稱爲"渡宋沙彌",現代一般稱爲"入宋僧"。據木宮泰彦統計,北宋時期的日本入宋僧有 22 人②,南宋有 109 人③,元代有 222 人④。與此相應,也有許多中國僧人前往日本,其中南宋僧人有 14 人⑤,元代有 13 人⑥。從這個統計可以看出,宋元時期,日本的入宋僧不斷增多,其中南宋時期的入宋僧是北宋時期的五倍,元代是南宋的一倍,可見南宋是日本入宋僧人數急劇增加的時代。在這些日本入宋僧當中,有許多人從中國帶回了宋版藏經,現在知道名字的有重源、慶政、行一、明仁、曇照、定舜(寬元中入宋)、傳曉⑦,而在上面提到的宋版藏經中,有的還能知道當初把它們帶回日本的具體人物。

　　醍醐寺的宋版藏經是由重源帶回的。據上醍醐寺建保六年(1195)的文書記載:"爰造東大寺上人大和尚重源聊依宿願,從大唐淩蒼海萬里之波浪,渡七千餘軸之經論。"⑧這裏所謂"大唐",就是指南宋;"七千餘軸之經論",就是宋版藏經。重源(1121—1206),號俊乘房,日本平安時代末期至鐮倉時代僧人,長承二年(1133)在真言宗醍醐寺出家,後師從净土宗開祖法然,又到四國、熊野等地修行,據説曾三次到南宋。重源帶回宋版藏經後,將其安置在上醍醐寺,建久六年(1195),還特意在寺内修建了經藏。除了醍醐寺以外,據説重源還爲東大寺净土堂置"唐本一切經",爲般若台寺置宋版《大般若經》,如果真是這樣,那麽他所帶回的宋版藏經恐怕不止一部。東大寺於治承四年(1180)被燒毁,後來重源被推舉擔任東大寺勸進職,主持東大寺的重建,重建時任用南宋赴日技工陳和卿,不僅採用南宋的技術,還使用了南宋的木材,可見他與南宋關係之深⑨。

　　慶政(1189—1268),號證月坊,鐮倉時代天台宗寺門派僧人。曾師事園城寺能舜、慶範、延朗、明惠等人,承元二年(1208)棲隱西山。建保五年(1217)入宋,翌年歸國,攜回宋版《一切經》。嘉禄二年(1226)建法華寺於西山。著作有《證月上人渡唐日記》(已佚)、《續

①　參見木宮泰彦:《日華文化交流史》,富山房 1987 年版,第 323 頁。
②　參見上書,第 275—278 頁。
③　參見上書,第 334—351 頁。
④　參見上書,第 445—464 頁。
⑤　參見上書,第 388—389 頁。
⑥　參見上書,第 432—433 頁。
⑦　參見上書,第 334—351 頁。
⑧　轉引自木宮泰彦:《日華文化交流史》,第 365 頁。
⑨　參見上書,第 365 頁。

本朝往生傳》、《閒居友》、《法華山寺緣起》、《比良山古人靈托》、《渡宋記》、《漂到琉球國記》等。在日本保存的宋版藏經的施財刊記中也有慶政的名字，可見他在入宋期間還曾參與藏經刻印的事業。

金澤文庫的宋版藏經是由定舜從南宋帶到日本的。金澤文庫的前身是稱名寺，據稱名寺第二代長老劍阿的筆録《一切經表白文》，當初北條即時爲了把奈良西大寺的叡尊長老請到鎌倉，特意派常陸小田的三村山清涼院僧人定舜入宋取經。據説北條即時向稱名寺捐贈宋版藏經有一個條件，那就是要叡尊到鎌倉來主持教化，遭到叡尊的拒絶，而定舜先已到關東，他與北條即時和叡尊都有關係，於是幫助北條即時勸請叡尊，後來終於把叡尊請到關東。定舜是鎌倉時代的"入宋沙彌"之一，或説是叡尊的弟子，寬元三年（1245）奉叡尊之命入宋，搜集律宗經典，寶治二年（1248）回國，好像他在"唐物搬入"即南宋物品的輸入方面還享有某種特權[①]。

增上寺的宋版藏經是由傳曉（又作"專曉"）從南宋帶回的。傳曉是鎌倉時代中期菅山寺（在今滋賀縣長浜市）的僧人，文永年間（1264－1274）入宋，健治元年（1275）歸國，將攜回的 7 千余卷宋版藏經安置在菅山寺。到了江户時代，按照德川家康的命令，這部藏經的大部分被轉移到了增上寺。

關於最勝王寺宋版藏經的來歷，應當也是由入宋僧從中國帶回的，不過具體是誰已不清楚。當地有這樣的傳説：

> 唐土仁宗皇帝，一夜夢神人立枕邊告帝："汝元爲日本武藏國岡部六彌太忠純之勇者，歸依上野國世良田山長樂寺開山榮朝禪師，結種種善緣。因其果報，汝得生爲帝王，宜早送財寶於日域，以謝報恩。"帝信夢中之事，發大船三艘，積種種寶物，送于長樂寺。一艘至常陸之浜，是爲《一切經》、諸佛尊像、幡蓋、幢幡等種種佛器，内有喬曇彌手織幡蓋二旒。由此經驛馬漸至當寺而止，遂爲當寺寶物[②]。

這裏説明，"唐土仁宗皇帝"因感夢而知自己前世生在日本，並曾歸依禪師結下善緣，於是獲得福報，轉生而爲唐土帝王；爲了報恩，這位皇帝派遣三艘大船，裝滿種種寶物，運到日本，其中一艘到了常陸（今築波、茨城一帶），船上裝有《一切經》，於是這部藏經就成了最勝王寺的寶物。這裏的"唐土仁宗皇帝"，恐怕實際上是指北宋的仁宗皇帝，而最勝王寺的宋版藏經實際上是南宋的《思溪藏》，當初遠在日本茨城的人們對於"唐土"的情況未必十分清楚，因而難免在傳説當中出現張冠李戴的錯亂。不過這個傳説畢竟反映了最勝王寺的宋版藏經來自南宋的實事，同時也表明日本之所以容受宋版藏經，乃是基於日本佛教的需要，只是這裏表達得比較婉轉，它把這種需要解釋成中國皇帝對自己前世祖國的"報恩"。

其實，日本之所以大量輸入宋版藏經，主要是爲了在寺院中供養。當初日本並非没有佛經，但是宋版藏經不僅規模完備，而且非常莊嚴，作爲佛法的象徵，在寺院裏被當作供奉的聖物。鎌倉時代是日本佛教大發展的時期，因而那些擁有財力的寺院，往往需要供奉藏

---

① 參見馬淵和雄：《鎌倉大仏の中世史》第二章《鎌倉、弘長二年》，新人物往來社 1998 年版（http://www015. upp. so-net. ne. jp）。

② 參見《築波山大法源院最勝王寺》（http://shikamasonjin. cocolog－nifty. com，2014 年 8 月 27 日下載）。

經,大概只有這樣,一座寺院才算得上完備。北條即時爲了迎請高僧叡尊而特意派遣定舜到南宋取回宋版藏經,就是一個典型的例子。或許在北條即時看來,稱名寺只有具備了宋版藏經,才夠得上完備與莊嚴,因而才有吸引叡尊那樣的高僧的資格和魅力。

最後還想提一點,就是宋版藏經的刻印,也有日本入宋僧的參與,而其參與的具體方式,就是爲刻印藏經施財資助。這一點可由宋版藏經中的施才刊記得到證明。據山本信吉的調查,宮內廳圖書寮和東寺的宋版藏經中有比較多的日本入宋僧施才刊記,例如宮內廳圖書寮藏本的施財刊記有:

　　福州版大藏經《大般涅槃經》卷 33:"日本國僧慶政舍"

　　同《大方廣佛華嚴經》卷 23:"日本國僧慶政舍、周正刀"

　　同《大般涅槃經》卷 36:"日本國行一舍板十片"

　　同《妙法蓮華經》卷 7:"日本國比丘明仁舍刊換"

　　東寺藏本的施財刊記有:

　　《大般若經》卷 564:"日本國比丘浄刹舍"

　　《大寶積經》卷 45.50:"日本國北京西山法華寺比丘政元舍"

　　《大般涅槃經》卷 1.9:"日本國北京西山法華寺比丘乘蓮舍"

　　《大般涅槃經》卷 8.31.32.33.35.37:"日本國下州千葉寺比丘了行"①

這裏見到的日本入宋僧有慶政、行一、明仁、浄刹、政元、乘蓮、了行,其中大部分人的事蹟已不清楚。

另外,從東寺藏本日本入宋僧施財刊記的年代來看,《大般若經》的施財刊記以北宋政和年間(1111－1118)爲主,但第 566 卷有"淳祐癸卯局司重刊"的重刊記,可知爲 1243 年的再版本;《大寶積經》的施財刊記主要也是政和年間的,但第 44 卷有"嘉熙己亥"的施財刊記,可知這部分經版爲 1239 年重刊。這些日本入宋僧的施財刊記大致刻於 1240 年前後,表明南宋後期有許多日本入宋僧參與了宋版藏經的重刻②。

根據這些施財刊記可知,當時的日本入宋僧不僅把南宋的雕版藏經帶回日本,而且在中國期間還出資刻印藏經,直接參與宋版藏經的制作事業,而且這類情況大多發生在南宋,這也從一個側面反映了當時中日佛教交流的廣度和深度。

總之,宋版藏經是當時雕版印刷工藝的發展與佛教信仰的廣泛流行相互結合、相互促進的結果,它是宋代文化、特別是佛教文化高度發達的標誌;日本保存的宋版藏經是當時中日經濟文化交流、特別是佛教交流的結果,也是宋代佛教對外開放、中日佛教密切交流的象徵。南宋雖然最終没能敵過兇悍的蒙古鐵騎,然而其由先進的工藝和虔誠的佛教信仰聚合而成的文化軟實力在當時的東亞擁有最強的影響和魅力,以至於周邊國家的人們歷盡艱辛、花費重金取回藏經,頂禮供養,保存至今。以宋版藏經爲代表的佛教文化,可以説是當時中國文化軟實力的象徵。日本保存的宋版藏經,實際上是當初中國印制的大量藏經的縮影,通過這些珍貴的文物,可以使我們具體地瞭解宋代雕版印刷的發達與佛教文化的密切關係,以及宋代佛教文化高度開放和國際化的程度。

---

　　①　參見山本信吉:《古典籍が語る一書物の文化史》,八木書店 2004 年版,第 197 頁。

　　②　參見上書,第 187 頁。

附録：何梅、方廣錩老師給作者的信件

1. 何梅老師的第一封信

邢東風教授：您好！

您委託我的事情，現在有了眉目。貴校收藏的這四册佛經，正象您所説的，兩册是宋版，兩册是元版。

宋版中的《中阿含經》卷五十六是北宋《崇寧藏》本，因有卷首的題記和"東禪經局"的印記爲證。鈐有"三聖寺"硃印的《崇寧藏》本，在北京大學圖書館和哈佛燕京圖書館都有存本。從卷尾有"廣東運使寺正曾噩舍"的題記還可以判斷，此卷經是在南宋寧宗慶元二年(1196年)修補殘損經板以後的刷印本。有同樣題記的《崇寧藏》本，在北京大學圖書館和哈佛燕京圖書館也有存本。您最關心的是此卷經是否在其他處已不存，或者某處的存本唯缺此卷。爲此我查尋了現存的幾家目録：首先是《東寺經藏一切經目録》，日本京都東寺收藏有一部近於完整的《崇寧藏》，其中"似"字函收有此卷經。據小野玄妙博士考察，日本所存爲混合本之福州藏共有五、六藏，收藏處還有宫内省圖書寮、京都上醍醐、高野山勸學院、知恩院等，此外南禪寺、京都教王護國寺、横濱金沢文庫、同朋學園也有部分藏本。以上各處收藏目録見《昭和法寶總目録》No. 7P804. No. 6—No. 10。國内現存《崇寧藏》本已知不足百卷。

宋版中的《宗鏡録》卷二十二，應該是繼《崇寧藏》後同在福州雕造的《毗盧藏》本。此卷在"富"字函的只有《崇寧》、《毗盧》二藏。據《東寺經藏一切經目録》記載，《崇寧藏》本《宗鏡録》卷二十二是大觀元年八月刊(No. 7P819)，説明若是《崇寧藏》本，卷首應有刊板題記。再查《宫内省圖書寮一切經目録》(No. 6P786)"富"字函中有此卷，但無刊板題記，正好與本經同，宫内省圖書寮保存了一部幾乎是完整的《毗盧藏》本。另外卷首折頁處有刻工名"盈"字，卷尾折頁處有刻工名"元"字，都是《毗盧藏》其他經本出現過的刻工人名。

元版《續高僧傳》卷十一、卷十二，應該是《普寧藏》本。此二卷經在千字文函號"左"字下有册次"四"、"五"的，只有《普寧藏》、南宋《磧砂藏》和明《初刻南藏》。《初刻南藏》是孤本，現存四川成都的全藏中不缺此二卷，可以排除在外。而《普寧藏》與南宋《磧砂藏》的元代續刻本則較難分辨，因《磧砂藏》的元代續刻是覆刻《普寧藏》。我將卷十一首紙與《影印宋磧砂藏經》本核對後，發現《普寧藏》本第十五行"吉藏"的"藏"字，《磧砂藏》本作"蔵"字。卷十二末紙第五行岷嶓(民波二音西蕃二山名)，其中"蕃"字，《磧砂藏》本作"番"字。另外末紙折頁處下方有刻工名"餘"字，《磧砂藏》本無刻工名。由此判斷這兩卷經是元《普寧藏》本，應該沒有問題。日本三緣山增上寺存有一部完整的《普寧藏》本，今查奈良《西大寺藏元版一切經目録》中正好缺"左"字函(卷八至十五)。國内現存之《普寧藏》，以山西崇善寺藏本較完整，經查亦缺"左"字函。

這四卷經的照片，我是前天才見到李富華老師，並請他看過了，我把上述想法跟他談了以後，他也表示同意。這樣我就可以給您回信了，如有疑問處，咱們還可以進一步探討。

順祝

吉祥如意！

何梅

2006 年 4 月 29 日

2.何梅老的第二封信

邢教授:您好!

上封信我是 4 月 29 日發給您的,不知何故您未收到。後來華方田晚上快十一點鐘了給我打電話,於是我趕緊又給您發信,我還委託小華也給您發,因爲他有您兩個信箱的地址。好在這次發成功了。

現存的宋版、明版大藏經,一般在經板刊成後,或有續刻經典入藏,或在數十年後有過修補殘損經板的情況,崇寧藏也不例外。

崇寧藏自北宋元豐三年至政和二年(1080—1112)全藏刊竣時,共 564 函,這中間有個別經卷是後來在南宋建炎二年六月至三年二月(1128—1129)、紹興四年(1134)、紹興二十八年(1158)補刻的。崇寧二年,應該説全藏基本刻成,並獲賜崇寧萬壽大藏之名。崇寧藏在北宋嘉祐七年至南宋淳熙三年(1062—1176)期間,又續刻了敕準入藏的有關禪宗和天臺宗僧人的撰著共 18 函。

崇寧藏在印行了半個世紀以後,經板已有磨損,於是自南宋紹興二十六年(1156)以後,直至元代,曾對殘損經板進行過三次大規模的修補。第一次是紹興二十六年至二十八年間;第二次是南宋寧宗慶元二年(1196)前後,北京國家圖書館藏本《鞞婆沙論》卷九的版間折頁處有"賈侍郎舍"、"慶元丙辰"、"比丘法悟錢開板"的字樣(慶元丙辰的明確年代是我考察時發現的,已收入李富華和我合著的《漢文佛教大藏經研究》一書),美國哈佛燕京圖書館藏本《十誦律》卷十三的版間折頁處有"安撫賈侍郎舍"、"廣東運使寺正曾噩舍"的字樣。因爲崇寧藏在最初刻成時,版間折頁處僅刊有千字文函號、卷次、紙次及刻工姓名一行小字,末版的版間空白處僅刊有用紙數及刻工人名、印造工人名,除此以外,不刊刻其他內容。所以可以判斷,上述折頁處所刊字樣,均是後來修補經板時刻入的內容。第三次補版是元至治年間到泰定三年(1321—1326)。東禪經板是在元末至正二十二年(1362)與寺一同毀於兵火。

您還有什麼疑問,我們可以進一步探討。

何梅　敬上

2006 年 5 月 16 日

3.方廣錩先生的回信

邢東風:

您好!

首先是道歉。接到你的電話後,一直沒有收到你的電郵,我心中奇怪,也無法與您聯繫。今天因爲接受電郵不暢,進到信箱中,發現"不明郵件夾"中有 33 封信,是好長時間加壓的。新浪信箱把它認爲可能有問題的信件,不送給本人,壓在"不明郵件夾"中。我以前就曾經因此誤過事,這次沒有收到你的來信,也沒有想到問題可能出在這裏,沒有進去查看,今天偶然發現。拖了很長時間,可能誤了你的事情。

寄來五張照片收到。何梅的鑒定是對的。兩者一爲《崇寧藏》,一爲《毗盧藏》。這兩種藏經,日本所存甚多。大致如下:

　　《崇寧藏》:教王護國寺(即東寺),5506 帖;醍醐寺,5441 帖;金剛峰寺,3286 帖;本源寺,1861 帖;稱名寺、知恩院各有 978 帖。此爲大宗收藏,另本無從統計。

　　《毗盧藏》:宮内廳書陵部,6263 帖(與《崇寧藏》混合);稱名寺,2116 帖;知恩院,4940 帖;東寺,556 帖;醍醐寺,655 帖;本源寺,255 帖。此亦爲大宗收藏。

　　這兩部藏經的經本,主要收藏在日本。中國只有個别另本。所以,日本在宋藏研究方面,遠遠走在中國前面。

　　物以稀爲貴。宋版藏經,在中國現在開始貴起來,在日本則没有中國這樣稀罕。

　　以上供參考。再次道歉。希望没有耽誤你的事情。

　　謹頌

　　時祺!

　　方廣錩

2006 年 6 月 9 日　星期五

(作者單位:日本愛媛大學教授)

正本清源:王安石《字説》現象的學術緣起略説

關長龍

内容摘要:語言化石作爲一種學術返本開新的重要資源,在中國歷史上每次重要的文化傳統重構中都起到了舉足輕重的作用,若漢世今文經學之論,已導夫先路;而北宋新儒學之發生,亦借重良多。王安石《字説》一書,正爲此焦點之作,其因字以明義,因義以正名,又以之辨經格物,再建規範,用意深矣。其於今日文化傳統之重建,蓋亦頗有啓益之資。

關鍵詞:王安石　字説　右文説　傳統重建

熙寧九年(1076),王安石第二次罷相後,歸隱江寧府(今南京)之鍾山,其間措意最勤者,當爲《字説》一書。黄庭堅云:"荆公晚年删定《字説》,出入百家,語簡而意深,常自以爲平生精力,盡於此書。"[1]王安石自己也認爲辨考文字之功,"蓋惟天下之至神爲能究此"[2],"能知此者,則於道德之意,已十九矣"[3]。故知《字説》一書,非僅限於語言文字之探頤索隱,其所繫大矣[4]。

唯其書約至南宋中葉即已散佚不傳[5]、舊貌難知。自二十世紀三十年代張壽先生撰《字説輯佚》以來[6],又有張宗祥先生撰《王安石〈字説〉輯》[7],踵事增密,而集其大成者蓋爲胡雙寶先生《王安石〈字説〉輯佚》一文[8],計録佚文 654 條(内有複音詞 15 條),雖其收詞

---

① 黄庭堅:《書王荆公騎驢圖》,載《豫章黄先生文集》卷 27,四部叢刊本。

② 王安石:《進字説表》,載《王文公文集》,上海古籍出版社 1974 年版,第 236 頁。

③ 王安石:《字説序》,載《王文公文集》,第 429 頁。

④ 參鄧廣銘:《王安石在北宋儒家學派中的地位》,載《鄧廣銘學術論著自選集》,首都師大出版社 1994 年版。是中云:"在北宋一代,對於儒家學説中有關道德性命的意藴的闡釋和發揮,前乎王安石者實無人能與之相比。由於他一度得君當政,他的學術思想在士大夫間所產生的影響,終北宋一代也同樣無人能與之相比。"第 285 頁。

⑤ 是書據王氏晚年《進字説表》言爲 24 卷,到北宋後期的翟楮筠提及時已爲 22 卷,南宋前期《郡齋讀書志》中則著録爲 20 卷。而在今傳南宋中後期的《直齋書録解題》和《玉海》中則未見著録。

⑥ 載《河北博物院畫刊》133、135、137、139 期(1937 年)。

⑦ 張宗祥:《王安石〈字説〉輯》,福建人民出版社 2005 年版。

⑧ 載《古籍整理與研究》總第 3 輯(1987),又收入胡雙寶《漢語·漢字·漢文化》,北京大學出版社 1998 年版。

釋義多不能盡稱原貌，但卻爲我們了解《字説》的基本理念提供了一些管窺蠡測之資①。本文即擬在既有諸賢研究的基礎上，綜合考察《字説》在漢語史與學術史互動中所呈現的一些問題，希望能對今天學術研究的返本開新有所啟迪。

一、形聲突破，語言之文化考察的延伸

自許慎推闡六書而爲《説文》以來，其中之"形聲字"就被看作是約定俗成之當然，亦即只要這個字是形聲字，就不必再去尋找它進一步的造字理據了，雖然許慎也指出了一些形聲兼會意的現象，但這些字的總量在《説文》所收的形聲字中所占比例甚微。隨着漢語造字本身的發展與成熟，後起字的形聲造字比例也越來越大。對這些字都不去思考其"固善"的初衷，而是簡單地以"約定俗成"來省略思考，這無疑給文化研究留下一種追本溯源的缺憾，此蓋即王安石《字説》撰著之緣起。他在《字説序》中説：

> 余讀許慎《説文》，而於書之意，時有所悟。因序録其説爲二十卷，以與門人所推經義附之。惜乎先王之文缺已久，慎所記不具，又多舛。而以余之淺陋考之，且有不合。②

王安石以爲："（文字）其聲之抑揚開塞，合散出入，其形之衡從曲直、邪正上下、内外左右，皆有義，皆出於自然，非人私智所能爲也。"③而這種觀念在宋代也得到了許多時人的認同。如葉大慶於《考古質疑》中云：

> 古人制字，皆有名義，或象形而會意，或假借而諧聲，或轉注而處事，莫不有義存乎其間。是以成周戊官，外史達書名於四方，行人諭書名於九歲，凡以是也。故止戈爲武，反正爲乏，皿蟲爲蠱，見於《左傳》者不一。雖然，要難一律論也。近世王文公，其説經亦多解字，如曰'人爲之謂僞'，曰'位者人之所立'，……無所穿鑿，至理自明，人亦何議哉！有如中心爲忠，如心爲恕，朱晦庵亦取之。唯是不可解者，亦必從而爲之説，遂有勉强之患，所以不免諸人之譏也。④

"人爲爲僞"説出自《荀子·性惡》，"中心爲忠，如心爲恕"説出自孔穎達《五經正義》之《左傳》昭公六年疏："於文中心爲忠，如心爲恕，謂如其己心也。"則知王氏之所爲，亦非盡爲自説自畫，而是在前人的基礎上再加以調研窮理的結果。如葉夢得云：

> 凡字不爲無義，但古之制字不專主義，或聲或形，其類不一。先王略別之，以爲六書，而謂之小學者，自是專門一家之學。其微處遽未易盡通，又更篆隸損益變易，必多

---

① 如劉銘恕在三十年代撰寫的《王安石字説源流考》（《師大月刊》第二期，1932 年），以及上世紀末以來曹錦炎《王安石及其〈字説〉——介紹張宗祥輯本〈熙寧字説輯〉》（載《浙江學刊》1992 年第 6 期）、徐時儀《王安石的語言文字觀》（《江西社會科學》1992 年第 5 期）、《王安石〈字説〉的文獻價值述略》（《文獻》1993 年第 2 期）、《王安石〈字説〉的成書時間和版本流傳考》（《喀什師範學院學報》1995 年 1 期）、陳本源《王安石〈字説〉散論》（《蘇州教育學院學報》1999 年第 1－2 合刊）、黄建榮《王安石〈字説〉説解字義的特點和以"會意"説解字義的原因》（《撫州師專學報》2001 年第 2 期），以及陳萍《王安石〈字説〉研究》（湖南師範大學 2011 年碩士學位論文）、李燕傑《王安石〈字説〉研究》（曲阜師範大學 2011 年碩士學位論文）等等。
② 載《王文公文集》，上海古籍出版社 1974 年版，第 428 頁。
③ 《王文公文集》之《字説序》。
④ 葉大慶：《考古質疑》，上海古籍出版社 1985 年版，第 29 頁。

乖失。許慎之《説文》，但據東漢所存，以偏旁類次，其造字之本，初未嘗深究也。王氏見字多有義，遂一概以義取之，雖六書且不問矣，況所謂小學之專門者乎！是以每至於穿鑿附會，有一字析爲三四文者，古書豈如是繁碎哉！學者所以哄然起而交詆，誠不爲無罪，然遂謂之皆無足取，則過也。①

又有倪思《經鉏堂雜誌》亦論及此：

> 荆公《字説》以轉注、假借皆爲象形、象意，此其所以爲徇也。若其間説象形、象意處，亦自有當理者。②

至於三家的批評意見，則是學者之間對一些字的具體解釋方面的異見所致。因爲字之形何者有義可解，何者無義可解，或與一個人的才力學識有關，亦難一定。但在文字發展過程中，約定俗成的選擇也必取其理據之最恰切於義者，此非幾人或一個集團可指定而頒行者。且漢語以字詞句篇的意會一貫性爲主要特點，則文字之有意會理據者或遠比我們普通人所想像的要多。然流傳至今，文字最初的宣泄功能日益減少，而交際功能日益增加，則其形音變異以及理據的失落也就不可避免了。即以今日語史學之發展，於文字理據的不可説者仍夥，況鮮知甲金文及古音學的北宋之時。至於文字發生中的假借表義等現象，更不可以形辨之，北宋人已多有論及，但對其中的形聲表意問題，論者三家則無一置喙。

也就是説，《字説》的解形乃是對《説文》"未嘗深究"者加以深究，其中最爲有力者當即前所言及的"形聲表意"右文説。這在時賢輯録的《字説》佚文中也可看出，有許多傳統認可的形聲字，荆公都以右文會意解之。如"雞""鶡""霄""農"等。因此，可以説，王安石在《字説》中創獲最多的應是這些占漢字總數百分之八十多的形聲字。張世南於《游宦紀聞》中説：

> 自《説文》以字畫左旁爲類，而《玉篇》從之，不知右旁亦多以類相從，如戔有淺小義，故水之小涉者爲淺，木而輕薄者爲棧。青字有精明之義，故日之無障蔽者爲晴，水之無溷濁者爲清，目之能明見者爲睛，米之去粗皮者爲精。凡此皆可類求。③

這裡所提及的右旁多以類相從，正是沈括《夢溪筆談》中所提及的王子韶的"右文"説字（今稱之爲"右文説"）④。而其所稱引的"戔"字族也見於沈括所述。王子韶在神宗朝也屬意於新學，他在元豐二年曾與王安石門人陸佃共同修定《説文》⑤，其書在元豐五年進上。《宣和書譜》記有王子韶曾著《字解》20 卷："大抵與王安石之書相違背，故其解藏於家而不傳。"⑥《字解》的編寫，當在其與修《説文》之後，則其事當晚於荆公的《三經新義》乃至於《字説》之作。然以其書不傳，故不能知詳，則其所異者蓋在於某些文字闡釋的具體而微中了。

---

①　馬端臨：《文獻通考》卷 190〈經籍十七〉引，浙江古籍出版社 1988 年版，第 1613—1614 頁。
②　轉引自《宋元學案》，中華書局 1986 年版，第 3250 頁。
③　張世南：《遊宦紀聞》，中華書局 1981 年版，第 76 頁。
④　參胡道靜：《夢溪筆談校注》卷 14，上海古籍出版社 1987 年版，第 492 頁。
⑤　參王應麟：《玉海》卷 44"雍熙校定説文元豐重修"條。文淵閣四庫全書本，第 213 頁。
⑥　《宣和書譜》卷 6，文淵閣四庫全書本。按這裡所提及的"違背"，蓋指具體的文字解釋而言，而非其所用之方法。

以沈括所提及的"右文説"看來,其集大成之源頭自當溯至荊公。右文説在清代以後,漸被視爲語史學中的一條十分重要的構字原則,並被引入訓詁學中,爲許多大家所器重。如清乾嘉盛世之段玉裁、王念孫,後期的阮元、俞樾,近代的沈兼士、劉師培、章太炎等等,或以專文論述,或廣泛運用於著述中。也就是説,王安石之解字,雖有一些不可强通者,但他卻張揚了漢語中一條重要的構字法則——右文説。今之語史界皆因沈括故而歸功於王子韶之創見,然以史實論之,頗有失公允。

語言是文化的沉澱,而文字又是語言的再沉澱,則文字表意的"深究",必有助於文化考察的深入,特別是對傳統文化追本溯源工作的深入。

二、義理格致,文化之語言考察的啟益

陳善《捫虱新話》云:"荊公《字説》多用佛家説。"[①]又朱翌《猗覺寮雜記》云:"介甫《字説》往往出於小説、佛書。"[②]按佛學之入於中土,蓋肇始於西漢,後漸躋身爲中國思想界的三大宗教之一,其於中國文化乃至於文字形成之影響固不可低估,而儒、釋、小説云云,則亦盡在情理之中矣。自《説文》之作至北宋《集韻》之成書,文字之增已累愈三倍(《説文》計重文共收字一萬多,不計重文則爲9353個,《集韻》計重文五萬餘字,不計重文也有三萬多)。文字本以記錄文化之演進而發生,是以佛教對某些文字的影響,亦勢所必然。故荊公之以佛語解字,亦頗有許之者,如《捫虱新話》云:

荊公《字説》多用佛語,初作"空"字云:"工能穴土,則實者空矣,故空從穴從工。"後用佛語改云:"無土爲穴,則空無相;無工以穴之,則空無作,無相無作,則空名不立。"此語比舊時爲勝。《維摩詰經》曰:"空即無相,無相即無作,無相無作即心意識。"《法華經》曰:"但念空無作。"《楞嚴經》云:"但除器方,空體無方。"荊公蓋用此意。[③]

此條楊時嘗於《王氏〈字説〉辨》中斥之。然其所辨亦僅爲不能用佛語及謂"吾儒本無此説"罷了。按"空"之引申義,於佛學或有王氏所釋之義,然空字見載戰國金文及《説文》,則其字之産生固早於佛教之傳入中國。段玉裁《説文解字注》"空"下云:"古者司空主土……是則司空以水土爲職。禹作司空,治水而後晉百揆也。治水者必通其瀆,故曰司空,猶司孔也。"[④]則又與王氏之前解大同小異了。而佛語之命名理據,卻也正因此而得以正名。

至於類似這種用"佛老"之語的解字,王安石也並非都是空穴來風或簡單地照抄古書。他在《答曾子固書》中曾説:

故某自百家諸子之書,至於《難經》《素問》《本草》諸小説,無所不讀。農夫女工無所不問。然後於經爲能知其大體。[⑤]

王安石對漢字的解讀,也正是採取這樣一種態度。葉夢得嘗言:"王荊公作《字説》時,

---

① 陳善:《捫虱新話》卷1,上海書店1990年版,第3頁。
② 朱翌:《猗覺寮雜記》卷上,文淵閣四庫全書本,第458頁。
③ 陳善:《捫虱新話》卷1,第3頁。
④ 段玉裁:《説文解字注》,上海古籍出版社1981年版,第344—345頁。
⑤ 王安石:《臨川先生文集》卷73,四部叢刊本。

用意良苦,置石蓮百許枚几案,咀嚼以運其思。"①又曾敏行《獨醒雜志》載:"王荆公作《字説》,一日躊躇徘徊,若有所思而不得。子婦適侍見,因請其故,公曰:'解飛字未得。'婦曰:'鳥反爪而升也。'公以爲然。"②此即他在《進字説表》中所説的:"諮諏討論,博盡所疑。"

從《字説》佚文來看,可知王安石對一些文字的解釋是出於對文化語義之範疇來源的推闡。如:

伶:伶非能自樂也,非能與衆樂樂也,爲人所令而已。

信:信者,性也。言近於性,則極天下之至順。

戲:自人道言之,交則用豆,辨則用戈,慮而後動,不可戲也,戲實生患。自道言之,無人焉用豆?無我焉用戈?無我無人,何慮之有?用戈用豆,以一致爲百慮,特戲事耳。戲非正事,故又爲於戲、傾戲之字。

法:法之字從水,從廌,從去。從水,則水之物因地而爲曲直,因器而爲方圓,其變無常,而常可以爲平。從廌,則廌之爲物去不直者。從去,則法將以有所取也。

職:有職者當聽上,所聽乎上者言,所以爲言者音。音之所不能該,則聽無與焉,奚所受職?不通乎此,乃或失職,則傷之者重矣。

革:三十年爲一世,則其所因必有革。革之要,不失中而已。治獸皮去其毛謂之革者,以能革其形。革有革其心,有革其形,若獸則不可以革其心者。不從世而從廿從十者,世必有革,革不必世也。……③

還有上所引及的"空"字等的解釋,我們從中似可以看出,王氏所解之字,多可視爲他對這個漢字所包含的文化精神所作的解釋。這種考察的結果無疑對漢民族的此類文化心理積澱有了較爲本源的觸及,雖然或因個人的學力、見識所限而未必盡當,但他之所爲,卻無異於"凡解釋一字,即是做一部文化史"的學術發凡之功④,而這也正是文化研究"返本開新"最重要的源頭活水之一,《澠水燕談録》謂"(荆)公之治經,尤尚解字"是也⑤。文化繼統對語言考據的需求,實爲《字説》現象緣起的又一個助力因素。

三、語言化石,學術返本開新的它山利器

作爲承載精神傳統的書面形態——文字,其形成之理據必有與學術文化同步者,而學術文化之道,亦必有寄寓於文字之形聲而可察可知者,此即王氏所謂"名,義之所出也"⑥。且王氏以爲文字皆體自然而生,故解之可以明自然之理而入於神:

蓋聞物生而有情,情發而爲聲。聲以類合,皆足相知。人聲爲言,述以爲字。字雖人之所制,本實出於自然。鳳鳥有文,河圖有畫,非人爲也。從則效此,故上下內外、初終前後、中偏左右,自然之位也。衡邪曲直、耦重交析、反缺倒仄,自然之形也。

---

①　載葉夢得:《蒙齋筆談》,轉引自丁傳靖《宋人軼事彙編》卷10,中華書局1981年版,第486頁。

②　《獨醒雜誌》卷4,文淵閣四庫全書本,第549頁。

③　並參胡雙寶:《王安石〈字説〉輯佚》,載《漢語·漢字·漢文化》。

④　引文載《沈兼士學術論集》,中華書局1986年,第202頁。

⑤　王闢之:《澠水燕談録》卷10《談謔》,中華書局1981年版,第126頁。

⑥　王安石:《周官新義》卷4《天官四》,文淵閣四庫全書本,第43頁。

發斂呼吸、抑揚合散、虛實清濁，自然之聲也。可視而知、可聽而思，自然之義也。以義自然，故先聖之所宅，雖殊方域，言音乖離，點畫不同，譯而通之，其義一也。道有升降，文物隨之，時變事異，書名或改，原出要歸，亦無二焉。乃若知之所不能知，思之所不能至，則雖非即此而可證，亦非舍此而能學。蓋惟天下之至神爲能究此。①

既然時變事異而文字之旨歸無二，其"能知此者，則於道德之意，已十九矣。"王安石的女婿兼門生蔡卞曾論及《字說》一書："謂介甫晚年閒居金陵，以天地萬物之理，著爲此書，與《易》相表裡。"②

王安石之解字論經，蓋始於英宗朝或者更早，而仁宗朝則正是宋代學術轉型的"質變期"之始。全祖望於《宋元學案》序錄云：

> 慶曆之際，學統四起，齊魯則有士建中、劉顏夾扶泰山（指孫復）而興。浙東則有明州楊、杜五子，永嘉之儒志、經行二子，浙西則有杭之吳存（當作"師"）仁，皆與安定（指胡瑗）湖學相應。閩中又有章望之、黃晞，亦古靈（指陳襄）一輩人也。關中之申、侯二子，實開橫渠（指張載）之先。篳路藍縷，用啟山林，皆序錄者所不當遺。③

王安石於慶曆二年中進士，授簽書淮南判官，慶曆四年撰成《淮南雜說》一書（今僅存佚文十數篇），晁公武《郡齋讀書志》載〈王氏雜說〉條引《國史》之《王安石傳》云：

> 初著《雜說》數萬言，世謂其言與孟軻相上下。於是天下之士始原道德之意，窺性命之端。④

則慶曆學術轉型之啟動，荊公與有力焉。然轉型之直接因緣，蓋爲古文運動所宣導的"文以載道"高潮期的到來與經學領域疑經疑傳以重返儒學傳統思想的崛起。而"文以載道"與重返儒學傳統的共同途徑則是如何格物至道而返本開新的問題。其格致實物之道，則有胡瑗之湖學的實學研討與後來沈括所爲的《夢溪筆談》等等，以及作爲政治格致之典範的范仲淹之制度革新實踐。至於精神傳統的格致，則有整理舊學之興，而整理舊學又必推本溯源，因此作爲民族精神歷程之積澱產物的漢字就成了後人窺探先人心智的必要途徑之一。故北宋後期的翟棲筠奏言云："王安石參酌古今篆隸而爲之說，此造道之指南而窮經之要術也。"⑤也就是說，《字說》既可以析字義而明經，又因以格物理而證道，因此，《字說》現象的出現，正是響應格物明理之時代召喚的必然結果。我們從王安石寫給神宗的《謝手詔索文字表》中亦可看出一些端倪：

> 切以百王之道雖殊，其要不過於稽古；六藝之文蓋闕，其教猶足以範民。……伏惟陛下有堯之文明，有湯之勇智，以身爲度，動皆應於乾行；肆筆成書，言必稽於聖作。

---

① 《王文公文集》之《進字說表》。

② 孫猛：《郡齋讀書志校證》，第 165 頁。這一點，在《字說》的繼承者們那裡，也頗爲得到張揚。如"其學問則未嘗有異於安石"的陸佃撰有《埤雅》，其子陸宰在序中說："先公作此書，自初迄終，僅四十年，不獨博極群書，而農父、牧夫、百工技藝，下至輿台皂隸，莫不諮詢，苟有所聞，必加試驗，然後記錄，則其深微淵懿，宜窮天下之理矣。"浙江大學出版社 2008 版，第 1 頁。王應麟於羅願的《爾雅翼》後序中說："惟大學始教格物致知，萬物備於我。廣大精微，一草木皆有理可以類推。"又云："〔此書〕自今顯行，式永厥垂，縣是進大學之道，學者葆之。"文淵閣四庫全書本，第 222 册，第 247、253 頁。

③ 《宋元學案》，第 2 頁。

④ 孫猛：《郡齋讀書志校證》，第 526 頁。

⑤ 《續資治通鑒長編拾補》重和元年 11 月丙子，第 403 頁。

　　欲推闡先王之大道,以新美天下之英才,……①

　　安石爲政,乃欲以道贊成君上"範民"與"新美"的英才之志,故其整合學術的目的,實爲統一思想,矯正時風,一新王政。其《字説序》有云:"(文字)先王以爲不可忽,而患天下後世失其法,故三歲一同。同者,所以一道德也。"因此王安石執政以後,置經義局以正學術,置條例司以正法令,又覃思竭慮以撰《字説》折中其間。全祖望以爲:"是固荆公一生學術之秘,不自知其爲累也。"②蓋《字説》一書,内繫學術之造道、社會之風俗、君上之政教,其義甚重,故荆公平生於此著力最多。在北宋士大夫對儒學進行返本開新以"修齊治平"的踐履中,他也取得了特爲卓越的成就。

　　中國學術之勃興,蓋當屬跡於西周、春秋之時,而彼時又正是中國漢字形成的勃發期。故儒家六經之所語,亦必多有因義而造字者,其合體字構件之所取,亦必多用本義及切近之引申義爲常。至漢世文字發生了巨大的變革——"隸古定"完成,而經書之傳授又以師説膠葛之,後世頗或因其固必,而失於膠葛不化。王氏因字之理據而求經之原始,正爲千年之後再起儒學初衷之門徑。今以王氏《三經新義》的輯存者言,其中以字説經者甚多,元祐廢黜王氏新學之時,猶得以存而未斥。又從道學家那裡看,則有程頤取其《易》説,朱熹取其《易》、《書》、《詩》、《周禮》四經注等等,可知其説字解經固有直指聖心者。就《字説》本身而言,雖楊時之苛責,其所論亦僅爲一卷,是《字説》的二十或二十四分之一。則經學之向儒學回歸,《字説》之作蓋與有功焉。其於今日文化傳統重構之路的選擇,蓋亦必有所啓益矣。

　　　　　　　　　　　　　　　(作者單位:浙江大學古籍研究所、浙江大學宋學研究中心)

---

①　《王文公文集》,第 233 頁。
②　《宋元學案》,第 3252 頁。

論張栻理學體系的邏輯結構

張 琴

內容摘要：湖湘學派的研究，一般認爲張栻疏略於宇宙論的建構而偏重於心性論的闡述，其思想表達在總體上缺乏理論的完整性或體系性。但通過張栻觀點的系統梳理，我們其實是仍然能夠發現其理學思想的體系性建構的，並且也有其自身的邏輯完整性。在思想淵源上，張栻批判地繼承與發展了胡宏"性一分殊"、"性體心用"與"盡心成性"的學説，建構了以性爲本位的理學思想體系，闡明了性、太極、心、情、理等範疇之間的内在聯繫。本文即以此爲中心，來探討張栻理學體系的邏輯結構。

關鍵詞：張栻　理即性　湖湘學派　宇宙論

一、"理即性"的本體論預設

張栻的宇宙論建構以太極爲中心，在某種意義上可視之爲胡宏性本位宇宙論的繼承與發展。在胡宏那裡，性爲宇宙間氣之往來的根本原因，而性、氣的結合與運動，則不僅構成爲山川大地，而且也賦予人以性之全體。因此性爲一切萬物所共具的本質，也是人自身存在的真實本質。通過"復其性"的德性踐履，便不僅能夠實現人之真實本質的回歸，並且能夠實現宇宙本體的回歸，從而達到與宇宙合一的最高精神境界而優入聖域。張栻繼承胡宏的性本位思想，又重新梳理與論證了太極與性、氣、心、情之間的邏輯關係，對太極與心在理學體系中的核心地位做出了明確的闡述。

不同於閩學論性爲天理之分殊的觀點，張栻認爲，性作爲涵蓋人、物與一切自然現象的本體範疇，是普遍地存在于萬物的生成、發展與消亡過程之中的，因此理爲性之分殊，而非性爲理之分殊。在張栻那裡，性是一個涵括人性、物性的終極本體範疇，其意義與胡宏論"性立天下之有"、"一人之性，萬物備之"的觀點是保持一致的。作爲宇宙的本原，性爲一切現象的共有本質。這一性本位思想，實爲湖湘學派所共同堅持。張栻説：

> 性之統體無乎不在也。……在人爲人之性，在物爲物之性，各正性命而不失，所謂道也。蓋物之氣稟雖有偏，而性之本體則無偏也。觀天下之物，就其形氣中，其生理何嘗有一毫不足者乎？此性之無乎不在也。[1]

---

[1]　張栻：《答胡伯逢》，《張栻全集》，長春出版社 1999 年版，第 956—957 頁。

凡有是性者,理無不具,是萬物無不備也。[1]

張栻清晰界定了性在廣義上的本體意義:性爲人與一切萬物之終極本原。體現於人,性是人之所以爲人的生命本質;體現於物,則是事物之形成以至於消亡的存在本質。"物之氣稟有偏,而性之本體則無偏",表明事物現象之所以呈現出多樣性,是因其氣稟之各有偏失,氣稟之"偏"的多樣性,即呈現爲事物世界的多樣性與豐富性;但另一方面,事物之氣稟雖各有不同,但並不妨礙其所具之性的整全性、真實性與圓滿性。隨氣之所稟,則性具於其中,所以事物存在的無限多樣性,恰好成爲"性之本體"之存在的無限普遍性的證明。具體事物的生成毀亡,一無例外地皆原本於其隨氣所稟的本然之性,所以其"生理"也是本然具足的。"理"即是"性"合乎其本然存在狀態的呈現。所以在張栻那裡,他明確地"規定"了性、理之間的邏輯關係:性涵攝理,理具於性,理即是性之本然實在的有序呈現。所以他說:"有是性,則具是理。"[2]性在邏輯上是先在的、是本原性的,性在焉,則理具焉,所以理實際上即是性的秩序性呈現。大本之性,本具萬理,是理爲性之所本具。性散而萬殊,萬物皆假性以成,所以性的存在遍具於一切萬物,具有無限的普遍性;然性之"散"乃必循其理,所以具體事物便皆性理完具,是爲性理合一。張栻強調說:"有是理則有是事,有是物。夫其有是理者,性也。順其理而不違,則天下之性得矣。"[3]正因爲具體事物作爲存在的完整性與統一性即是其性理合一的規定性,因此,一方面,"天下之性"即是天下一切萬物之性("分殊之性")的共相;"分殊之性"在焉,則"分殊之理"也必在焉,所以對於分殊之理的遵循與順應便可以上達於"天下之性"與"天下之理"。性的普遍性恰恰在於殊相事物的無限多樣性,而殊相的差異性又成爲"天下之性"的顯現。事物的具體存在,即是一切生命存在與物質現象在時空連續性之中的續存形態與運動過程。而由於人、物在本原意義上是以"性"爲其共同本質的,所以人終究可能通過"成性"的修身途徑而達到與天地萬物爲一體的至高境界,終究能成爲萬物的"主宰者"。

由此可以看到,張栻論性、理的邏輯關係與胡宏的觀點是一致的。這一性理關係的處理,體現了張栻對湖湘學派性本體思想的堅持,也體現了湖湘學與朱熹閩學的在本體論預設上的差異。如果說程、朱的"性即理"思想是基於理本位思想而強調性、理的統一,那麼湖湘學的性本位思想,就可以稱之爲"理即性",是基於性本位思想而強調理、性的統一。[4]

二、"太極即性"的宇宙論建構

"理即性"的本體論預設,成爲張栻以太極爲中心的宇宙論建構的思想基石。在張栻那裡,性作爲形而上的本體存在,其存在性是通過具體事物的無限多樣性來普遍顯現的。或者簡單地說,性是被恰當地"分配於"具體現象的,而具體現象的生滅運動之"理",便即是性的自身實現方式。按照這一思路,則性"被分配"而理隨之的過程,便需要一個性能夠

---

①　張栻:《孟子説》卷七,《張栻全集》,第 466 頁。
②　張栻:《孟子説》卷六,《張栻全集》,第 429 頁。
③　張栻:《孟子説》卷四,《張栻全集》,第 384 頁。
④　關於胡宏性理關係的論述,詳見拙作《論胡宏性本位宇宙論的建構》,《哲學研究》2012 年第 6 期。

被恰當"分配"的動力機制。正是在這一意義上,張栻引入了"太極"概念,並最終把"性"與"太極"相同一,從而完成了關於宇宙論的整體性建構。

"太極"的本質,則氣而已。在張栻的宇宙論建構中,性、氣之間的關係,便成爲一個必不可缺少的理論環節。性爲宇宙萬物的普遍本質,也爲氣得以運行的本源。無性則氣無以運行,無氣則性無由遍在,因此性氣是相互共在而不相分離的。正是性氣的統一,才爲宇宙萬物的化生衍化注入了必要的動力機制。"太極"以言氣,則性已在焉,所以太極即氣即性,是爲性氣合一。張栻説:"天可言配,指形體也。太極不可言合。太極,性也。"①所謂"太極不可言合",正謂太極乃是人、物所固有的形而上的内在本原,若"言合"則意味着本體與現象的隔閡與分裂。"太極,性也",則斷言太極即性,其本質爲同一無二。但若仔細推究,太極雖然即是性體,但二者的範疇意義並非完全等同。性概念突出存在的本質實在意義,而太極則强調了本質實在的運動性,是性之動態的呈現與表達。張栻講到:

> 太極所以形性之妙也。性不能不動,太極所以明動静之蘊也。極乃樞極之義……若只曰性而不曰太極,則只去未發上認之,不見功用。曰太極,則性之妙都見矣。體用一源,顯微無間,其太極之蘊歟!②

> 太極之説,某欲下語云:易也者,生生之妙也;太極者,所以生生者也。③

作爲宇宙的終極本體,性具有表達其自身的必然性,是即爲"生之理",所以説"不能不動",但性之所以能動,則由於性原本即太極,太極是能動的本原,性正因太極之能動而流行遍在於一切萬物,或者干脆説,太極即流行於宇宙一切萬物之性。太極因其能動而使性體得以普遍地流行發用,是性"不能不動"的動力機制。在這一意義上,性體普遍,即太極普遍;宇宙統體一性體,即宇宙統體一太極。太極之動而有動静陰陽,所以性體的實在而有未發已發;非性有未發已發,實因太極之動有陰有陽。太極即是現象變化的本原,是"所以生生者"。換句話説,宇宙現象之所以生生不息,即由於太極之動的連綿不絶。太極是使性體獲得普遍呈現的必然性方式。如果性不即太極,則性體無由顯現其用;如果性體不顯其用,則性體的存在便無由實證;性即太極,太極即性,則體用一源,顯微無間。因此在張栻看來,性與太極之間的關係,並非本體與現象的關係,而是同一宇宙本體在不同維度上的呈現形態。就此而言,太極與性都是最高的本體範疇,"太極,性也。"正因太極與性的本然同一,才使宇宙一切萬物在現象上呈現出有無、動静、生死等等的生生不息之妙。張栻曰:

> 論性之本,則一而已矣。……蓋何莫而不由於太極,何莫而不具於太極,是其本之一也。然有太極,則有二氣五行,氤氳交感,其變不齊,故其發見於人物者,其氣稟各異,而有萬之不同也。雖有萬之不同,而其本之一者,亦未嘗不各具於其氣稟之内。……故太極一而已矣,散爲人物而有萬殊。就其萬殊之中,而復有所不齊焉,而皆謂之性。論性而不及氣,則昧夫人物之分,而太極之用不行矣;論氣而不及性,則迷夫大

---

① 張栻:《答周允升》,《張栻全集》,第 976 頁。
② 張栻:《答吳晦叔》,《張栻全集》,第 822 頁。
③ 張栻:《答吳晦叔》,《張栻全集》,第 825 頁。

本之一,而太極之體不立矣。①

　　這一段文字主要論述性、太極、人、物之間的關係。顯而易見的是,"性之本"則一而已,由太極而使之"發見於人物",故性爲一切現象之本體;太極也"一而已矣",然其二氣五行,氤氳交感,則使具體事物之賦形而有萬不同。性體現了多樣性當中的普遍統一性,太極則體現了統一性當中的無限多樣性。"性不能不動"的運動不息,是通過太極二氣交感的無限變化來實現的。簡言之,太極動靜屈伸、變化無限的本然性運動,直接使形而上之性與形而下之器產生了内在的本質聯繫,使世界的無限豐富的多樣性、變化性與其本原的統一性、永恒性融爲一體。

　　性與太極是張栻建構其理學體系的核心範疇。學術界現有的研究成果一般認爲,張栻的性與太極是邏輯上的體用關係。但實際上,按照我們上文的分析,在張栻那裡,太極與性在邏輯上是具有相同位格的,從宇宙終究實在本身的存在性而言,名之爲性;而從實在性自身的運動性及其表達的必然性而言,則名之爲太極。所以性即太極,太極即性,兩者不論就其存在的實際狀態還是就其邏輯意義而言,都是不可相分離的。雖然體用也不能兩相分離,但在邏輯上仍然可以説先有是體而後有是用,由於張栻所闡明的性與太極的關係不存在這種邏輯意義上的先後,所以也不應當稱之爲體用關係。而張栻之所以對性與太極作出範疇内涵上的必要區分,實際上是遵循"同體異取"的理學建構法則。

　　事實上,正是因爲有了"性即太極"這一觀點,張栻才完成了宇宙論的整體性建構。一方面,形而上之性是宇宙一切萬物之所以存在的根據,是即爲宇宙萬物的本體,因而統攝了宇宙一切萬物的無限差別相,使雜多的現象具有了内在本質上的同一性;另一方面,這種雜多之中的同一性之所以可能,則是由於太極的本然性運動,正是太極的運動性才使性被切實地貫注於一切形而下之物,從而使形而上之性與形下之器獲得了存在上的完全統一。所謂"天命之全體流行",所謂宇宙之化生化育,正是太極所形見之妙。按照這一觀點,則全體宇宙便是一個既永恒而又流行變化、生生不已的生命大全。

　　相較於張栻"性即太極"的宇宙論詮釋,朱熹則強調"太極即理"。在給陸九淵的書信中,朱熹一再強調"太極乃是天地萬物本然之理"的觀點,而這也體現了張栻與朱熹在理學範疇意義詮釋與層次定位上的區別。

　　張栻的宇宙論建構,其目的顯然不只是要闡明宇宙萬物的統一性,而更爲重要的,則是要闡明人如何可能經由修身工夫而上達於天道,成爲聖人。因此,對張栻宇宙論思想的完整理解,還應當要包括他的心性論。

三、"心主性情"的心性論建構

　　張栻的心性論以"心主性情"爲核心理念。與胡安國、胡宏"性不可以善惡言"的觀點不同,張栻清晰界定了人性的至善内涵,而性之所以爲至善,則以其宇宙論爲基本的理論根據。《周易》説:"天地之大德曰生。"又説:"生生之謂易。"在張栻看來,宇宙的"生生"本

---

① 　張栻.《孟子説》卷六,《張栻全集》,第427—428頁。

身即是粹然善的,所以他説:"天心粹然,道義俱全。易曰至善,萬化之源。"①生生不息爲宇宙本體的現象呈現,而"所以生生者"則爲性,也爲真正意義上的"萬化之源"。作爲"萬化之源"的本體之性爲粹然至善,則性既是宇宙本體,也是道德本體。這是"第一假設"。與此相關的"第二假設",則是人在生命伊始就稟賦了性與太極的本然至善。"天命之謂性",故人性作爲人的存在本質,也原本是粹然至善的。在這一意義上,人的存在本身即自然地承載了宇宙終極本體之性的全部本質與内容。正因爲如此,人才有可能做到這樣一點:現實生活實踐之中對"天命之性"的體察與踐履,同時即是對宇宙本體之性的還原,是爲"復其性之全"②。回歸其性之全體,即是上契于天道天心,是爲聖人。

　　然張栻的獨到之處在於,按照他的理解,宇宙全體之性在人的真實體現,乃是心。因此在本質上説,天、性、心三者,名雖爲三,而其實則一,是因"同體異取"所産生的名言差别而已。張栻説:"天也,性也,心也,所取則異,而體則同。"③這一觀點在張栻的思想中具有特殊的重要性。因有這一觀點的確立,人實際上才有可能在存在的意義上與最高的天道相同一,才有可能在經驗存在的意義上實現出人格的完整與統一,才有可能把經驗生活的意義與天道的最高價值聯繫爲一個整體。在張栻那裡,心因此就成了人在現實性上將其自身的存在性與最高的宇宙本體聯結爲一體的根本環節。心具有"虚靈知覺"的本然性,因此它也即是個人現實行爲的主宰,是使性在現實領域獲得終究開顯的實際承擔者。按照這一"同體異取"的觀點,心聯繫了形而上與形而下的兩個世界,而作爲宇宙本體之性在人的直接内在,其自身之至善則是不可懷疑的。所以張栻説:"仁,人心也,率性立命,知天下而宰萬物者也。"④"仁"是關於"人心"之道德性的本質規定,是性體與天道在人心的體現。正因爲有這一規定,以仁爲核心的義禮智信等德性價值才獲得了内在於心體自身的本質意義。

　　這樣,人心就成爲統合宇宙大全之性與人的現實活動之情的關鍵。這一觀點的簡潔表達即是"心主性情"。主者,主宰之義。就人的經驗存在而言,"心也者,貫萬事,統萬理,而爲萬物之主宰者也。"⑤"主宰處便是心,故有主於性、主於身之言。然兩處語,亦當瑩之歸於一也。"⑥可見在張栻那裡,心之爲主宰,是兼"主於性、主於身"而言的,只不過他同時強調,話雖分兩頭,但其意義的理解則當"瑩之歸於一",因爲所謂心之"主於性",實爲心體即是性體,性體是藉心體來體現的;所謂心之"主於身",實際上則是凡爲心所主的全部身體活動,即是性體向經驗世界的貫徹。基於這樣的理解,那麼"心主性情",無疑就突出了強調了心在人的"成性立命"過程之中的關鍵性地位。張栻説:

　　　　所以成性而立命者何歟?一則不謂性,一則不謂命,而心之道行乎其中矣。非知仁者,其孰能明之?⑦

①　張栻:《艮齋銘》,《張栻全集》,第 1039 頁。
②　張栻:《答胡伯逢》,《張栻全集》,第 957 頁。
③　張栻:《孟子説》卷七,《張栻全集》,第 464 頁。
④　張栻:《潭州重修嶽麓書院記》,《張栻全集》,第 694 頁。
⑤　張栻:《敬齋記》,《張栻全集》,第 724 頁。
⑥　張栻:《答胡伯逢》,《張栻全集》,第 958 頁。
⑦　張栻:《答吳德夫》,《張栻全集》,第 986 頁。

惟聖人能盡其性，太極之所以立。人雖具太極，然淪胥陷溺之，則謂之太極不立可也。①

“成性而立命者”，不是性，不是命，而是心。“成性而立命”，即是“太極之所以立”。聖人能盡其性，則太極以立，人道完備；凡人雖具太極，但人欲熾盛，則爲太極不立。太極不立，即人道爲淪胥陷溺。由此我們遂可以看到，“心主性情”之説在闡明宇宙大本之性如何可能向人的經驗生活世界貫徹的根本意義。

我們同樣可以看到，張栻雖然注重人的主體性的樹立，但因有“心主性情”之論，心的開顯就不是脱離性與太極的任意張揚。如果就心、性、太極的關係而言，性與太極作爲宇宙本體是具有邏輯上的先在性的，是心體之所以爲“仁”的形上賦予者。雖然心體即性體，是屬於同一層次的本體存在，但在邏輯關係上，性與太極的預設則先在於心的本體意義。在張栻看來，這一邏輯次序是不容顛倒的，如果顛倒這一邏輯次序，則有可能走向佛教的空寂，以爲天地之理、一切萬物皆爲心所造，本體之性反爲蒙昧而不明，是對心體至善本質與人道的抹殺。

張栻“心主性情”的心性論與朱熹有所不同。朱子雖也強調心的主宰意義，但在他那裏，所謂“主宰者”，即是“所以然者”之天理，而非心體本身。朱熹曾清晰地表明這一點：“心固是主宰底意，然所謂主宰者，即是理也。”②主宰只是作用、功能、職事之意。“心大概似個官人。心雖是一物，卻虛，故能包含萬理。”③心“虛”而能“包含萬理”，即是指心具有認知功能。心因能“包含萬理”而具備主宰作用，但使心具有此主宰作用的“主宰者”仍是天理。而在張栻那裏，心之爲主宰，則是由於心聯結了性與情，也可謂心體是共攝了形上的性體與形下的經驗情感的，人的存在的普遍性及其存在的經驗性，都歸攝於心體。心的這一主宰意義，實與朱熹論心的主宰意義存有重大差別。

關於心性的邏輯關係問題，胡宏曾提出“性體心用”、“性不能不動，動則心矣”的觀點。④ 張栻雖師事胡宏，但對“性體心用”之説以及朱熹的“性動則情矣”的觀點，都提出了批評。《知言疑義》曰：

心性分體用，誠爲有病。此若改作“性不能不動，動則情矣”一語，亦未安。不若“自性之有形者謂之心，自性之有動者謂之情”，語意精密也。⑤

張栻的這一意見是重要的。在他看來，“性體心用”，即以心爲性之用，無疑貶損了心的主宰意義，實則心性相即不二，故不得分體用。“性不能不動”，是強調性具有表達其自身的必然性，但若説“動則情矣”，則恰好消解了性向經驗世界呈現其自身的意義，終究會導致人的經驗存在與其形上本質的分離。若就“性之有形”、“性之有動”爲言，前者爲心，後者爲情，則心、情皆爲性的自身呈現方式，充分體現了性之流行貫徹的一維性，故張栻謂二程此語“語意精密”。我們在這裏可以看到張栻與朱熹以及胡宏之心性論的差別，但事情的另一方面是，他的“心主性情”之説，仍然包含着對胡宏“性體心用”、“心妙性情之德”

---

① 張栻：《答周允升》，《張栻全集》，第976頁。
② 《朱子語類》卷一，嶽麓書社1997年版，第3頁。
③ 《朱子語類》卷五，第80頁。
④ 《胡子知言疑義》，《胡宏集》，中華書局2009年版，第336頁。
⑤ 《胡子知言疑義》，《胡宏集》，第337頁。

與張載"心統性情"思想的整合與改造,儘管他對"統"字的理解與朱熹有所區別。① 張
栻説:

> 自性之有動謂之情,而心則貫乎動静而主乎性情者也。……心之所以爲之主者
> 固無乎不在矣。②

這一論説最爲清楚地體現了張栻性之一元貫通而徹上徹下的獨特觀點,也是關於"心
主性情"之説的清晰闡明。張栻將"情"理解爲"性之有動",按照這一觀點,性爲宇宙之大
全的本體,心爲性在人本身的實在,情爲性(即心體)的發用;性體的流行即是心體的流行,
心體的流行即主宰了人的全部經驗活動,人因此而可以復歸性體,因此而可以上達天道。
心體貫通於性、情表達的全部過程。在人那裡,性之有動即爲心體之動,其現實表現即爲
情感的發越;性之有静即是心體之静,而爲性體的本然實在。正因心體該貫性、情,它即成
爲能夠從現象的差異性中還原宇宙本體之真實本質並賦予其至善價值的唯一主體。正因
有這一主體的實際存在,人們才可能在經驗的實踐領域把自己導向一個廣大無垠、生生不
息、與宇宙大全之性爲一體的至善境域。

張栻原有"太極即性"之説,而從他"心主性情"的基本觀點,可以自然得到"心體即太
極"的結論。張栻曾説:

> 太極固是性,然情亦由此出,曰性情之妙,似亦不妨。③

"性之有動謂之情","太極固是性",則情必爲太極所出,故太極"所以形性之妙",也必
爲所以形情之妙。"太極之動,發見周流,備乎己也。"④"備乎己"的"太極之動",即是性
體、心體之動,故若謂太極即是性體,也必説心體即是太極。實際上,所謂心的主宰性,在
張栻那裡的根本意義,即是要建立起含攝性情而爲一體的心體,是即爲人的"太極"。

綜上所述,我們認爲,張栻的思想有其完整的體系性。這一完整性主要體現在以"太
極即性"爲核心的宇宙論以及以"心主性情"爲核心的心性論的基本建構,並且這兩部分之
間有其內在思想與邏輯的連續性與統一性。就前者而言,張栻以"性即太極"爲核心理念
的宇宙論,闡明了性爲宇宙的本體存在,是具有形而上的普遍性與永恒性的;太極是性將
其自身本質普遍"分配"於天下一切萬物的動力機制,而實質上即是性的動態維度,故太極
即性,性即太極,太極並非性體之用。就後者而論,則心體實即爲宇宙普遍之性於人的內
在,也即是性在人的充分體現,因此心體與性體不殊,心體即是性體;但在經驗意義上,心

---

① 張載"心統性情"説曾極受朱熹推崇,以爲"伊川'性即理也',横渠'心統性情',二句顛撲不破。惟心無對,'心
統性情',二程卻無一句似此切。"(朱熹:《張子語録・後録(朱子語録)》,《張載集》,中華書局 2008 年,第 338 頁。)對於
"統"的理解,朱熹有兩種詮釋:一謂"統猶兼也",一謂"如統兵之統",言有以主之也。朱熹:"性者理也。性是體,情是
用,性、情皆出於心,故心能統之。統如統兵之統,言有以主之也。"朱熹對於"主"的解釋與張栻的意見並不完全契合。
按張栻的宇宙論與心性論建構之邏輯關係,中正至善之性爲普遍實性,體現爲天地之生生不息之道,在邏輯上是先在
的,所以"人受天地之中以生,有是心也。"因此在張栻看來,"心主性情"之"主",其涵義涵攝、貫通、體現。心只能在
體現性的前提之下來主宰情感的流露發越,而性則爲粹然至善的宇宙本體。如果説"性情皆出於心而心能主之",那麼
心在本體意義上就反而是高於性的,爲性之主宰了。如果這樣,那麼心就並不受性體與太極的規定,這恰好是違背張
栻以性爲終極本體的理學建構宗旨的。

② 張栻:《答吴晦叔》,《張栻全集》,第 953 頁。

③ 張栻:《答吴晦叔》,《張栻集》,第 825 頁。

④ 張栻:《擴齋記》,《張栻全集》,第 722 頁。

體主宰人的情感與行爲，而正是心體的這一主宰性，既把人與其經驗的生活世界聯繫起來，又把人的内在本質與宇宙普遍的大全之性聯繫起來，所以謂之"心主性情"。張栻的這一宇宙論思想，在某種意義上是其綜合北宋理學成果而對湖湘學派的發展。同時，張栻也補充並修正了湖湘學派的人性論與工夫論思想。[①]

　　張栻的學説在整體上呈現爲一個以太極爲樞紐、以心爲核心的由形上之本體世界向經驗的現實世界展開的系統，它以人對於至誠不息之天道的體認與順應爲原則，以人對於生活世界之能動的恰當干預或實踐爲歸結，這一點也最爲深刻地體現了由胡安國、胡宏到張栻一脈相承的學術精神，在宋代理學運動中起到了承前啟後的重要作用。

（作者單位：浙江科技學院中文系、浙江大學宋學研究中心）

---

　　① 　張栻主張涵養與察識並重的工夫論思想。"存養體察，固當並進。"（《答喬德瞻》第一書，《張栻全集》，第 930頁）張栻早期贊同胡宏的"先察識後涵養"的思想，後期轉向於"察識涵養相須並重"的修養路徑。這也是張栻基於宇宙論與心性論理學體系之重構而對工夫論的適當調整。在人性論上，張栻對胡宏的思想並非完全贊成，他反對胡宏"善不足以名之"的觀點，將胡安國、胡宏的"不可以善惡言"的人性論修正爲"粹然至善"的人性論。

川僧南游考論

——宋代佛教地理流動研究之一

馮國棟

内容摘要：宋元時期有大量川僧南游，這些南遊川僧不乏影響深遠的高僧大德。他們大部分具有良好的經論基礎，同時，又兼具川人行事豪放的風格，他們的南遊對當時南方的禪風産生了重要的影響，對當時日益趨向軟熟的禪風起到了救弊的作用。

關鍵詞：兩宋　蜀僧　南遊　禪風

一、問題的提出

元代文人袁桷爲無準師範徒孫、西岩了慧弟子東岩净日撰塔銘云："紹定辛卯蜀破，士大夫蔽江東下。成都大慈寺主華嚴教僧之秀朗，率棄舊業，以教外傳游東南。若癡絶沖、無準範，導達後進，表表名世者，皆其門人。"[①]記載了宋理宗紹定四年(1231)，蒙古破蜀，大量蜀僧南遊兩浙之事。另一元人危素撰雪窗悟光塔銘亦云："宋自南遷，都虎林，大刹相望，其説法居尊席者多蜀之大浮圖師。若無準範公、北磵簡公輩，聲光震輝，號爲極盛。國朝既混一宇内，蜀土寧謐，學佛之士游東南者，何可其未數數然也。"[②]説明南宋至元，蜀地僧人皆有南遊兩浙的傳統。此二則材料説明元代人已注意到蜀地僧人南游這一現象。

其實早在宋代，僧俗兩界人士對蜀僧南遊這一現象已有記録。南宋文學家陸游于宋孝宗乾道六年(1170)入蜀，路經荆州二聖寺，記録當時情形云："荆州絶無禪林，惟二聖而已。然蜀僧出關，必走江浙，回者又已自謂有得，不復參叩。故語云：下江者疾走如煙，上江者鼻孔撩天。徒勞他二佛打供，了不見一僧坐禪。"[③]足見在南宋前期，蜀僧南游已成爲一個非常突出的現象，以致於當時已有俗諺描寫蜀僧南遊的情況。《佛祖統紀》記雍熙二年下詔禁嶺南僧置妻孥，志磐評論曰："嘗聞蜀僧在鄉，多畜妻子，平時習熟，公私不以爲非。今之西蜀遊學東南者，真成出家之士也。"[④]志磐的評論雖然是針對嶺南、西蜀僧人畜妻子而發，但也提及"今之西蜀遊學東南者"，正説明宋人志磐也已注意到蜀僧南遊這一現象。

---

①　袁桷：《天童日禪師塔銘》，《清容居士集》卷三十一，四部叢刊景元本。

②　危素：《有元阿育王山廣利禪寺住持兼住天童景德寺佛日圓明普濟禪師光公塔銘》，郭子章《明州阿育王山志》卷八下，明萬曆刻清乾隆續刻本。

③　陸遊：《入蜀記》，《渭南文集》卷四十七，四部叢刊景明活字本。

④　志磐：《佛祖統紀》卷四十三，《大正藏》第49册，第400頁。

　　由於大量蜀僧出關南游，而南遊蜀僧中傑出者亦復不少，故而宋代"川僧"已成爲兩浙叢林備受關注的文化現象。應庵曇華曾言："大宋國裏，只有兩個僧：川僧、浙僧。其它盡是子：淮南子、江西子、廣南子、福建子。"①説明南宋的蜀地僧人與當時處於政治中心的浙地僧人已具有同等重要的地位，他們的重要性已超過了淮南、江西、廣南、福建諸地的僧人。宋净慈寺僧人斷橋妙倫爲浙人，其師佛鑒師範爲蜀人，妙倫爲佛鑒拈香云："你是川僧，我是浙僧。相逢相見，元似不曾。因何今日成冤憎？不見道：臭肉來蠅。"②説明川僧入浙也引發了兩浙僧人的身份自覺。

　　另外，入浙蜀僧性格、行事與浙地僧人多有不同，故而形成了獨特的禪風——"矗苴"，③"川僧矗苴，浙僧瀟灑"幾成當時宗門習語。最早言及此語者，似爲佛眼清遠（1067—1120）。清遠爲蜀人，有侍者名雪堂行，爲括蒼（浙江麗水）人，清遠曾戲之曰："川僧矗苴，浙（當作淅）僧瀟灑。諸人若也不信，看取山僧侍者。"④説明在北宋末年，"川僧矗苴，浙僧瀟灑"這一習語已出現于禪林，也就是説，實際上在北宋，兩浙的蜀地僧人已成爲當時禪門中獨立不倚的一派勢力。南宋以後，此語更爲流行，如大慧宗杲（1089—1163）《祖傳禪人求贊》："矗苴全似川僧，蕭灑渾如浙客。偏向情未生時，拈出報慈一隔。"⑤無準師範（1178—1249）上堂云："摩騰入漢，平地風波。達磨西來，重增殃禍。是則是，且道祖意教意，是同是別？川僧矗苴，淅僧瀟灑。"⑥師範弟子西岩了慧（1198—1262）上堂亦云："聞此法，沾此味者，各各踴躍歡喜，欵未曾有。雖然如是，畢竟作麼生是實相義？川僧矗苴，淅僧蕭灑。"⑦。

　　兩宋時期，各地僧人彙聚于名山勝地、通都大邑，在與異地僧人的交往中也形成了較爲濃厚的地方意識。黄龍死心批評當時禪林風氣云："只爲爾無量劫來業識濃厚，心中趑趄欹欹，繚繚絆絆，信之不及，便被世間情愛纏縛得來七顛八倒。江南人護江南人，廣南人護廣南人，淮南人護淮南人，向北人護向北人，湖南人護湖南人，福建人護福建人，川僧護川僧，浙僧護浙僧。道：我鄉人住院，我去贊佐他。一朝有個不周全，翻作是非，到處説。苦哉，苦哉！恁麼行腳，掩彩殺人，鈍致殺人。"⑧批評當時各地僧人以地域鄉情爲紐帶結夥的現象，其中也説到"川僧護川僧，浙僧護浙僧"。宋圓悟《枯崖漫録》記載破庵祖先參密庵咸傑有省，歸蜀住夔州臥龍，自認爲咸傑弟子。"時密庵在天童，謂育王佛照曰：'元來川僧有道義。'佛照曰：'待你知得，遲了。'蓋密庵平生怕川僧，不肯掛搭；而佛照喜川僧，堂中大半是也"。⑨密庵咸傑（1118—1186）爲福州人，故而不肯掛搭川僧。而佛照德光爲蜀人，故禪堂中蜀人甚多。

---

① 守詮等編：《應庵曇華禪師語録》卷三，《卍續藏》第 120 册，第 824—825 頁。
② 文寶、善清編：《斷橋妙倫禪師語録》卷一，《卍續藏》第 122 册，第 416 頁。
③ "矗苴"有爲人不合常規，生硬等義。龍晦《釋"矗苴"兼論四川禪學的特色》，《龍晦文集》，巴蜀書社 2009 年版。
④ 道融：《叢林盛事》卷一，《卍續藏》第 148 册，第 56—57 頁。
⑤ 蘊聞編：《大慧普覺禪師語録》卷十二，《大正藏》第 47 册，第 861—862 頁。
⑥ 宗會、智折等編：《無準師範禪師語録》卷一，《卍續藏》第 121 册，第 859 頁。
⑦ 修義、景元編：《西岩了慧禪師語録》卷一，《卍續藏》第 122 册，第 344 頁。
⑧ 《死心悟新禪師語録》（黄龍四家録第三）卷一，《卍續藏》第 120 册，第 251 頁。
⑨ 圓悟：《枯崖漫録》卷一，《卍續藏》第 148 册，第 150 頁。

綜上所述,可以看出,自兩宋迄元,大量蜀僧南遊,蜀地僧人在當時的江西、兩浙一帶已逐漸形成一支獨立不倚的勢力,以"矗苴"的作風聞名于禪林。然則,南遊的蜀僧有哪些人,有什麼特點,給江南禪林禪風帶來什麼樣的影響,這是本文將要討論的問題。

二、南遊川僧考

兩宋南遊川僧甚多,不可盡考,茲據道原《景德傳燈錄》(簡稱《景德》)、正受《嘉泰普燈錄》(簡稱《普燈》)、普濟《五燈會元》(簡稱《五燈》)、居頂《續傳燈錄》(簡稱《續燈》)、通醉《錦江禪燈》(簡稱《錦江》),如惺《大明高僧傳》(簡稱《大明》)、明河《補續高僧傳》(簡稱《補續》)、喻謙《新續集高僧傳》(簡稱《新續》)略考兩宋南遊蜀僧如下:

法號	生卒年	籍貫	出川前所習	參承師次	主持寺院	資料出處
竟欽	910—977	益州		雲門文偃	韶州雙峰	景德 22. 五燈 15. 錦江 2
澄遠	908—987	綿竹		雲門文偃	導江迎祥寺 益州青城香林院	景德 22. 五燈 15. 錦江 2
重顯	980—1052	遂寧	元瑩講《圓覺疏》於大慈寺,顯往辨難。	智門光祚	杭州靈隱、 平江翠岩、 明州雪寶	五燈 15. 續燈 2. 補續 7. 錦江 3. 新續 14
居訥	1010—1071	梓州	以講學冠兩川	洞山子榮	南康歸宗、四祖、 開先	續燈 6. 錦江 3
法寶	1015—1083	遂州		黃蘗南、 雲居寶		補續 7
顯如		益州		大陽警玄	惠州羅浮山	廣燈 25. 五燈 14. 續燈 6
德滋	?—1083	蜀		黃龍慧南	舒州宿松縣靈隱	續燈 16. 錦江 4
常總	925—1091	劍州		黃龍慧南	洪州泐潭、 江州東林	建中 12. 五燈 17. 續燈 16. 錦江 4
德普	1025—1091	綿州	秀出講席,解《唯識》、《起信論》,兩川無敢難詰者,號"義虎"	黃龍慧南	吉州禾山	僧寶 29. 續燈 16. 錦江 8
惟勝		潼川		黃龍慧南	瑞州黃蘗	普燈 4. 五燈 17. 補續 8. 續燈 15. 錦江 4
承皓	1011—1091	眉州		北塔思廣	襄州谷隱、 郢州大陽、 荊南玉泉	五燈 15. 續燈 5. 補續 8. 錦江 3
逍遙聰	1042—1096	綿州	年二十三誦經得度,遂游成都講肆,舍之南遊。	圓照宗本	高安真如、開善、 聖壽	續燈 14

純白	1094—1098	梓州	遍歷成都講肆	黃蘗惟勝	成都昭覺	新續 11. 續燈 18. 五燈 18. 錦江 4
静顯		蜀		仰山偉	襄州谷隱	普燈 7. 續燈 18. 錦江 4
永因		興元府		佛國惟白	興元府中梁山乾明院	續燈 19. 錦江 4
法演	?—1104	綿州	往成都習《唯識》、《百法論》	元照宗本浮山法遠白雲守端	舒州四面山、白雲、蘄州五祖寺	普燈 8. 五燈 19. 錦江 4
守智	1015—1115	劍州		法昌倚遇翠岩可真黃龍慧南	潭州雲蓋、開福	普燈 4. 五燈 17. 續燈 15. 錦江 4
順公		西蜀		黃龍慧南	洪州上藍	普燈 4. 續燈 16. 補續 8. 錦江 4
慈感		潼川		黃龍慧南	江州承天、南嶽福嚴	五燈 17. 續燈 15. 補續 8. 錦江 4
志芝		臨江		黃龍慧南	廬山歸宗	普燈 4. 五燈 17. 續燈 16
文準	1064—1115	興元府	游成都講聚，倡諸部綱目	真净克文	隆興府泐潭	聯燈 15. 普燈 7. 五燈 17. 錦江 4
希廣①		梓州		真净克文	筠陽九峰	普燈 7. 五燈 17. 補續 9. 指月 17.
智興		西川		玉泉芳	漸源、黃梅龍華、延福	續燈 13. 錦江 3
子淳	1065—1118	梓潼	通貫教乘	芙蓉道楷	南陽丹霞山、唐州大乘、隨州保壽	普燈 5. 五燈 14. 續燈 12. 補續 9. 錦江 3
齊輔	?—1120	閬州	就學成都講聚	黃龍元肅	隆興府九仙	普燈 7
清遠	1067—1120	臨邛	讀《法華》不能解，卷衣南遊	五祖法演	舒州四面大中庵、崇寧萬壽寺、龍門、和州褒禪	聯燈 16. 普燈 11. 五燈 19. 續燈 25. 錦江 5
宗泰		涪城	自出關，遍游叢社	五祖法演	成都無爲、正法	普燈 11. 續燈 25. 錦江 6
道初		梓州		五祖侍者	蘄州龍華	普燈 11. 五燈 19 續燈 25. 錦江 6
宗顯		潼川		昭覺純白五祖法演	成都府信相寺	五燈 18. 續燈 26. 錦江 5. 明傳 7. 新續 12
法燈	1075—1127	成都	講《首楞嚴》，依大慈寶範爲僧	芙蓉道楷	東京太平興國、襄州鹿門	五燈 14. 續燈 12. 錦江 4

　　① 《錦江禪燈》卷四、卷八各收一"廣道者"，實爲一人而誤收。

惟照	1084—1128	簡州	聽《起信》於大慈	鹿苑清泰芙蓉道楷	鄧州招提盧山圓通、浏潭、洪州寶峰	五燈 14. 續燈 12
心道①	1058—1129	眉州	成都習《唯識》	佛鑒慧懃	襄州天寧、常德文殊	普燈 16. 五燈 19. 續燈 29. 錦江 6.
知昺		永康		佛鑒慧懃	韶州南華	普燈 16. 五燈 19. 續燈 29. 錦江 6
慧方	1073—1129	臨江		黃龍死心	螺川隆慶、吉州禾山、豫章雲岩	普燈 10. 五燈 18. 續燈 23
希明		漢州		青原惟信	成都正法	普燈 10. 五燈 18 續燈 23. 錦江 5
天遊	宋	成都		黃龍死心渤潭文準	隆興府雲蓋、雲岩	普燈 10. 五燈 18. 續燈 26. 錦江 5. 新續 11
蘊能		眉州	少習儒	永安喜、真如喆、德山繪大溈祖琇	西蜀報恩、中岩。	普燈 10. 五燈 18. 續燈 26. 錦江 5. 新續 14
善悟	1074—1132	洋州		佛眼清遠	吉州天寧、南康雲居	普燈 16. 五燈 20、續燈 29. 明傳 5. 錦江 6
克勤	1063—1135	彭州	從敏行授《楞嚴》	玉泉□、金鑾信、大溈喆、黃龍心、東林度、五祖法演	成都昭覺、荊南碧岩、道林、金陵蔣山、汴京天寧萬壽、鎮江金山	普燈 11. 五燈 19. 補續 9. 新續 12. 錦江 5
元静	1065—1135	閬州	師成都大慈寶生院宗裔，留講聚有年而南下	永安恩、五祖法演	成都昭覺、能仁、彭州大隨	普燈 11. 五燈 19. 續燈 25. 錦江 6
清素	？—1135	嘉州		五祖法演	嘉州九頂	普燈 11. 五燈 19. 續燈 25. 錦江 6
元易	1053—1137	潼川		芙蓉道楷	鄧州招提、襄州石門	普燈 5. 五燈 14. 續燈 12. 錦江 2
法順	1076—1139	綿州	從大慈寺沖悟法師受《圓覺》、《起信》	佛眼清遠	臨川廣壽、撫州白楊	普燈 16. 續燈 29. 錦江 6
法真		劍門		天童正覺	襄州石門、萬壽	普燈 13. 五燈 14. 續燈 24. 錦江 5
妙普	1071—1142	漢州		黃龍死心	嘉興華亭青龍庵	五燈 18. 續燈 23. 明傳 5. 錦江 5. 新續 39

---

① 《補續高僧傳》卷十作"正導"，與心道生平事蹟相同。

惠泉		成都		黃龍死心	嘉定府九頂	普燈 10. 五燈 18. 續燈 23. 錦江 5
文璉	1073—1144	遂寧		佛眼清遠	遂寧西禪	普燈 16. 五燈 20、續燈 29. 錦江 6
德貫	宋	成都		佛眼清遠		普燈 16. 續燈 29. 補續 10. 錦江 7
齊璉	1073—1145	潼川	游成都,依《法華》、《百法》講席,又通《唯識》	五祖演、真如哲、百丈肅、晦堂心芙蓉道楷	襄陽普寧、天彭能仁、大隨、廣漢無爲、成都超悟	普燈 5. 五燈 16. 續燈 12. 錦江 4
士珪	1083—1146	成都	初依大慈宗雅,心醉《楞嚴》	佛眼清遠	和州天寧、廬山東林、温州能仁、龍翔	普燈 16. 五燈 20、續燈 29. 明傳 5. 錦江 6
守遂	1072—1147	遂寧		南巖自慶大洪報恩	隨州水南、德安延福、隨州大洪	補續 9. 續燈 12. 錦江 4
祖覺	1087—1150	嘉州	初習《華嚴》獨步西南,稱"覺華嚴"	圓悟克勤	眉州中巖	普燈 14. 五燈 19. 續燈 28. 錦江 6. 明傳 1.6 兩錄
法泰	宋	漢州		圓悟克勤	鼎州德山、邵州西湖、潭州溈山	聯燈 16. 普燈 14. 五燈 19. 續燈 27. 錦江 6
清了	1090—1151	左綿	年十八,往成都大慈寺習經論	丹霞子淳長蘆祖照	真州長蘆、四明補陀、台州天封、福州雪峰、明州育王、温州龍翔、臨安徑山	五燈 14. 續燈 17. 補續 9. 新續 20、錦江 4
慶顯[①]	宋	廣安		佛性法泰宏智正覺大洪守遂	隨州大洪	普燈 9. 五燈 14. 續 17
繼昌		彭州		黃龍祖心	漢州三聖院、南康雲居	普燈 6. 五燈 17. 續燈 22. 錦江 4
文演	1092—1156	成都	游大慈寺習經論	正法明圓悟克勤	潭州智度、福巖	僧寶 6. 普燈 14. 五燈 18. 續燈 28. 錦江 6
正賢	1084—1159	潼川	游成都,依大慈秀公習經論,秀稱爲"經藏子"。	佛眼清遠	南康歸宗	五燈 20、續燈 29. 錦江 7
顯嵩	南宋	銅梁		不詳	巴川宣密院	明傳 8. 錦江 20、新續 15

① 《錦江禪燈》卷四作"顯慶",疑誤。

自回①		合州		大隨元靜	合州釣魚臺石頭	普燈 17. 五燈 20、續燈 30、錦江 7
師遠		合川		大隨元靜	常德府梁山	五燈 20、續燈 30、錦江 7
子言		綿州		大隨元靜	彭州土溪	普燈 17. 五燈 20、續燈 30、錦江 7
居靜	宋	成都		白馬安慧 大隨元靜	潼川護聖寺	新續 11. 五燈 20、續燈 30、錦江 7
道顏	1094—1164	潼川		圓悟克勤 大慧宗杲	江州東林寺	普燈 8. 聯燈 18. 續燈 32. 錦江 7
德升	1165—1173	漢州	游心講席,三學四眾以義虎推焉	竹庵士珪	南康雲居寺	普燈 20、五燈 20 續燈 33. 錦江 7. 新續 14
慧遠	1103—1176	眉山	詣大慈講肆	靈巖征、圓悟克勤	平江虎丘、臨安靈隱	普燈 15. 五燈 19. 續燈 28. 補續 10. 錦江 6. 新續 13
安民	南宋	嘉定	初至成都講《楞嚴》,有聲于時	圓悟克勤	建康保寧、常州華藏	五燈 19. 明傳 4. 續燈 28. 錦江 6. 新續 12
道祖		成都		圓悟克勤	成都昭覺	普燈 15. 五燈 19. 續燈 28. 錦江 6
袁覺	南宋	眉州	既受具出蜀,遍謁有道尊宿。	大潙法泰 圓悟克勤	眉州象耳山	普燈 14. 五燈 19. 續燈 28. 錦江 6. 新續 13
道元	南宋	綿州		佛鑒慧懃 佛眼清遠 圓悟克勤	成都昭覺	普燈 14. 五燈 19. 錦江 6. 新續 19
清旦	宋	蓬州		大潙法泰	岳州永慶、潭州潙山	普燈 19. 五燈 20、續燈 31. 錦江 7. 新續 11
齊已		邛州		瞎堂慧遠	慶元府東山天童	普燈 20、五燈 20、續燈 31. 錦江 7
寶印	1109—1190	嘉州	往聽《華嚴》、《起信》	圓悟克勤 大慧宗杲 密印安民	明州雪竇、臨安徑山	普燈 19. 五燈 20、續燈 31. 錦江 7 新續 13
可宣		漢州		琅邪慧覺 華藏安民	江州歸宗	普燈 3. 五燈 12. 續燈 7. 補續 8. 錦江 3
守緣		漢州		泐潭擇明	漢州無爲	普燈 20、五燈 20、續燈 31. 錦江 7

---

① 《大明高僧傳》作"臨海人",不知何據。

自圓		綿州	先探律宗，淹流教海五祀，而後出關南下	高安善悟	南康雲居寺	普燈 20、五燈 20、續燈 33. 錦江 7. 新續 14
宗璉		合州	剃染登戒，之成都大慈講習	鹿苑業、文殊道、佛性法泰、大溈善果	荊門軍報恩 福嚴玉泉	普燈 21、五燈 20、續燈 33. 補續 14. 錦江 7
德會		重慶府		石頭自回	南康雲居	五燈 20、續燈 33. 錦江 7
德光	1121—1203	臨江		月庵果、應庵曇華、百丈震、大慧宗杲	台州鴻福、臨安靈隱、臨安徑山、明州育王	五燈 20、續燈 32 補續 10
道能		漢州		大慧宗杲	處州連雲	五燈 20、續燈 32. 錦江 7
道印		漢州		大慧宗杲	臨安府靈隱	續燈 32. 五燈 20、錦江 7
祖先	1136—1211	廣安		密庵咸傑	臨安靈隱、果州清居、梓州望川、夔州臥龍、平江秀峰、臨安廣壽、湖州鳳山	續燈 35. 明傳 8. 錦江 8
法薰	1170—1244	眉山		松源崇嶽、破庵祖先	蘇州高峰、楓橋、鍾山、臨安淨慈、靈隱	續燈 35. 補續 11. 錦江 8
真慈		潼州	至成都遍遊講肆，聽《圓覺》	東林道顏	婺州智者寺	五燈 20、續燈 34. 明傳 8. 錦江 8
法演		果州		東林道顏	汀州報恩	續燈 33. 錦江 8
子淉		潼川		大溈行	常德府德山	普燈 21、五燈 20、續燈 34. 錦江 8
居簡	1164—1246	潼川		別峰祖智、塗毒智策、佛照德光	天台般若、湖州鐵佛、常州顯慶、碧雲、蘇州慧日、湖州道場、臨安淨慈	新續 3. 錦江 8
師範	1178—1249	梓潼		正法堯、松源崇岳、育王德光、破庵祖先	明州清涼、雪竇、育王、臨安徑山	續燈 35. 補續 11. 錦江 8. 明傳 8
慈覺		蜀		破庵祖先	南康雲居	錦江 8

道沖	1169—1250	武信	游成都習經論。紹熙壬子（1192）出峽，回翔荆楚間。	松源崇嶽薦福道生	嘉禾光孝、建康蔣山、福州雪峰、慶元府天童、育王、臨安徑山	續燈 36.補續 11.新續 15
祖智	1200—1260	順慶		無準師範	洞庭天王、明州天童	南宋元明僧寶傳 7.錦江 8
了慧	1198—1262	蓬州		懷庵照、浙翁如琰高原泉、無準師範	蘇州定慧、江州東林、四明天童	增集續傳燈録 4
惟一	1202—1281	資州	二十二，遊大慈講筵。	佛鑒慧懃	建寧瑞岩、洪州寶峰、袁州興國、慶元府天童	行狀、增續傳燈録 4

説明：表中僧人略依卒年先後排列，卒年不可考者，按其師承與時間相近排於卒年可考僧人之後。

三、南遊川僧的特點

宋代南遊川僧表現出了許多共同的特點，如南遊前多有修習經論的經歷，這爲其後的參禪打下了良好的佛學基礎。從他們所屬的宗派來看，北宋初年主要集中於雲門、曹洞兩系，中期以後，臨濟黃龍派勢力漸長，而北宋末迄於南宋，臨濟楊岐一系勃興，成爲兩宋南遊蜀僧最爲重要的一派。從他們駐錫地來看，北宋多集中于京西南路、淮南西路與江南西路，而南宋以後則主要集中于兩浙路。

（一）南遊前多有習經論的經歷

禪宗號稱"教外別傳"，不甚重視經論研習，而南遊的川僧，出關之前，多有習經論的經歷。在可考的 93 位僧人中，有重顯、居訥、德普、逍遙聰、純白、法演、文準、子淳、齊輔、清遠、法燈、惟照、心道、克勤、元静、法順、齊璉、士珪、祖覺、清了、文演、正賢、德升、慧遠、安民、寶印、自圓、宗璉、真慈、道沖、惟一等 31 人南游前遊學講肆，習學經論，占了 33.3％，考慮到資料的缺失，這個比例可能還要高。他們中許多人經論水準相當高，如居訥"講學冠兩川"，德普"秀出講席"，祖覺講習《華嚴》有聲，被時人稱爲"覺華嚴"，正賢習經論慧解通方，被稱爲"經藏子"，德普、德升皆有"義虎"之稱。足見南游蜀僧義學水準之高。

而這此僧人習經論之地多集中于成都，尤以成都大慈寺爲最。成都自安史之亂，玄宗入蜀以後即成爲佛教義學興盛之地。安史亂中，長安、洛陽義學僧侶入蜀避亂，長安、洛陽義學衰落，江南禪宗的興盛，而成都義學師資相傳，尚稱淵源有自。而當時成都大慈寺，不僅爲著名的遊樂、文化中心，亦爲成都佛教義學所鍾，許多著名僧人曾于此説法講經。[①]因此，南遊蜀僧多於成都修習經論，如逍遙聰"年二十三誦經得度，遂游成都講肆"，昭覺純白"父子相與遍歷成都講肆"，五祖法演"少落髮受具，游成都講席"，泐潭文準"遂受具足戒

---

① 關於大慈寺，參王衛明：《大聖慈寺畫史叢考》，文化藝術出版社 2005 年版；段玉明：《唐宋大慈寺與成都社會》，《宗教學研究》2009 年第 2 期。

于唐安律師,遍游成都講肆,唱諸部綱目",文殊心道"年三十得度,詣成都習《唯識》",大智齊璉"年十三落髮,從護聖受具,踰歲游成都,依《法華》、《百法》講席",密印安民"初講《楞嚴》于成都有聲",西禪文璉"年二十三薙髮,詣成都表言講席",癡絶道沖"禮修證爲落髮師,游成都習經論",西岩了惠"往成都講席,習性宗經論"等。

正如上文所引袁桷所言,南遊蜀僧早年多爲大慈寺講僧,如:

雪竇重顯"詣益州普安院仁銑師落髮爲弟子。大慈寺僧元瑩講定慧《圓覺疏》,師執卷質問大義"。(《明覺禪師語録》卷 6 吕夏卿撰《明州雪竇山資聖寺第六祖明覺大師塔銘》)

鹿門法燈"少依大慈寶範爲僧。卑聽「華嚴」,得其要。"(《嘉泰普燈録》卷 5)

泐潭惟照"去家走成都,依鹿苑寺青泰爲童子……泰嘗使之受《起信論》於大慈寺中"。(《僧寶正續傳》卷 1)

大隨元静"師成都大慈寶生院宗裔。元祐三年,通經得度,留講聚有年"。(《五燈會元》卷 19)

白楊法順"游成都,從大慈寺沖悟法師,受《圓覺》、《起信》"。(《僧寶正續傳》卷 4)

真歇清了"具戒已,之成都大慈寺,聆《圓覺》、《金剛》、《起信》等經論之講,領略大意"。(《真歇清了禪師語録》卷 1《崇先真歇了禪師塔銘》)

雲居正賢"游成都大慈寺,從重透法師聽經論"。(《僧寶正續傳》卷 5)

瞎堂慧遠"年十三從藥師院宗辯和尚薙染,首詣大慈講肆"。(《大明高僧傳》卷 5)

窮谷宗璉"剃染登戒,之成都大慈講習"。(《嘉泰普燈録》卷 21)

惟一"二十二,遊大慈講筵"。(《環溪惟一禪師語録》卷 2《行狀》)

從所習經論來看,其中習唯識者 4 人:德普、法演、心道、齊璉。習《起信》者 4 人:德普、惟照、法順、寶印。習《楞嚴》者 4 人:法燈、克勤、士珪、安民。習《圓覺》者 3 人:重顯、法順、真慈。習《華嚴》者 2 人:祖覺、寶印。習《法華》者 2 人:清遠、齊璉。説明南游川僧所習以《唯識》、《起信》、《楞嚴》、《圓覺》等有宗經典爲主,這與兩浙禪僧多習《法華》、《金剛》等的義學背景頗相異趣。

(二)南遊蜀僧宗派分析

1.雲門系

初期南遊蜀僧中,以雲門一系最爲壯大,文偃弟子雙峰竟欽、香林澄遠皆爲蜀人,而澄遠系出雪竇重顯與圓通居訥,重顯居明州雪竇,將雲門禪風傳至江南;而圓通居訥舉大覺懷璉入汴京,使雲門一系佔據了京師佛教的顯位。此二位南遊蜀僧對雲門宗在宋初的復興作用甚大。

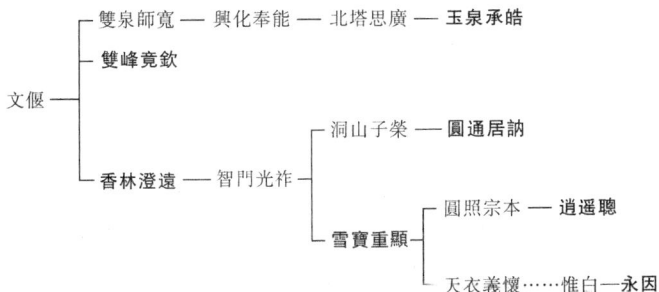

```
                    ┌ 雙泉師寬 ── 興化奉能 ── 北塔思廣 ── 玉泉承皓
                    │
                    ├ 雙峰竟欽
                    │
文偃 ────┤                              ┌ 洞山子榮 ── 圓通居訥
                    │                              │
                    └ 香林澄遠 ── 智門光祚 ┤              ┌ 圓照宗本 ── 逍遥聰
                                                   └ 雪竇重顯 ┤
                                                               └ 天衣義懷……惟白 ─ 永因
```

説明:圖中以黑體標示者爲南遊蜀僧

2.曹洞宗

南游蜀僧屬於曹洞一系者多爲芙蓉道楷法嗣,主要活動於北宋中期。道楷弟子主要有齊璉、子淳、法燈、元易諸人。

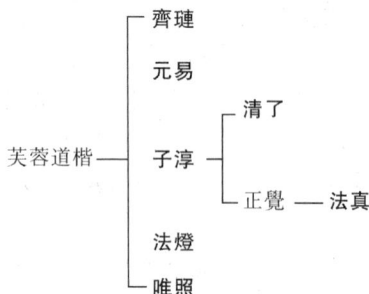

```
                  ┌─ 齊璉
                  │
                  │  元易
                  │            ┌─ 清了
芙蓉道楷 ──────────┤  子淳 ──────┤
                  │            └─ 正覺 ── 法真
                  │  法燈
                  │
                  └─ 唯照
```

3.臨濟宗黃龍派

北宋中期,南遊蜀僧多入臨濟下黃龍一派,黃龍慧南弟子中蜀人甚多,有德滋、常總、德普、惟勝、守智、上藍順、慈感、志芝;再傳弟子有純白、文準、希廣、静顯、繼昌;三傳弟子有宗顯、蘊能、慧方、天遊、妙普、惠泉等人。其中惟勝門下出昭覺純白,開法成都昭覺寺,純白弟子宗顯繼之,遂使昭覺寺成爲蜀中禪宗的重要寺院。具體師承見下圖。

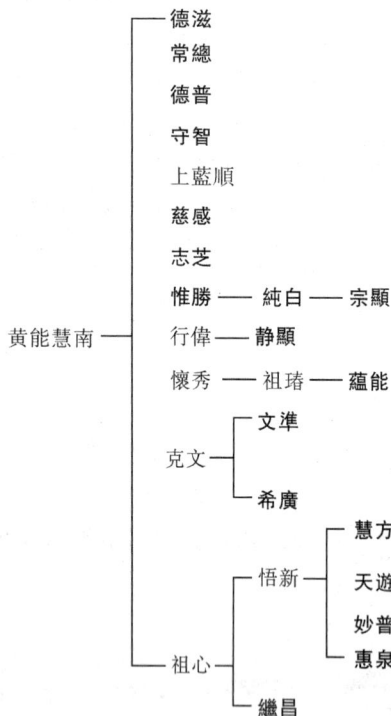

```
                  ┌─ 德滋
                  │
                  │  常總
                  │
                  │  德普
                  │
                  │  守智
                  │
                  │  上藍順
                  │
                  │  慈感
                  │
                  │  志芝
                  │
                  │  惟勝 ── 純白 ── 宗顯
                  │
黃能慧南 ──────────┤  行偉 ── 静顯
                  │
                  │  懷秀 ── 祖琇 ── 蘊能
                  │
                  │          ┌─ 文準
                  │  克文 ────┤
                  │          └─ 希廣
                  │
                  │                  ┌─ 慧方
                  │          悟新 ────┤  天遊
                  │                  │  妙普
                  └─ 祖心 ──┤        └─ 惠泉
                            │
                            └─ 繼昌
```

4.臨濟楊岐派

自北宋中後期至南宋,臨濟下楊岐派因五祖法眼及其門下之突起,遂成爲南遊蜀僧中最爲重要的一支。此派中可考之南遊蜀僧共 48 人,占總人數 93 人的一半以上。五祖法眼的弟子有 6 人爲蜀人,其中被稱爲"東山三佛"的佛眼清遠、佛果克勤皆爲蜀人。清遠弟子法孫中有蜀人 7 人,克勤弟子法孫中有蜀人 26 人,最爲繁盛。五祖門下不僅人數眾多,也多有領袖一時的禪門傑將,如佛眼清遠、圓悟克勤、大隨元静、瞎堂慧遠、佛照德光、卍庵道顏、北磵居簡、破庵祖先、石田法薰、無準師範、癡絕道沖、別山祖智,皆主持東南大刹,名聞一時。具體師承見下圖。

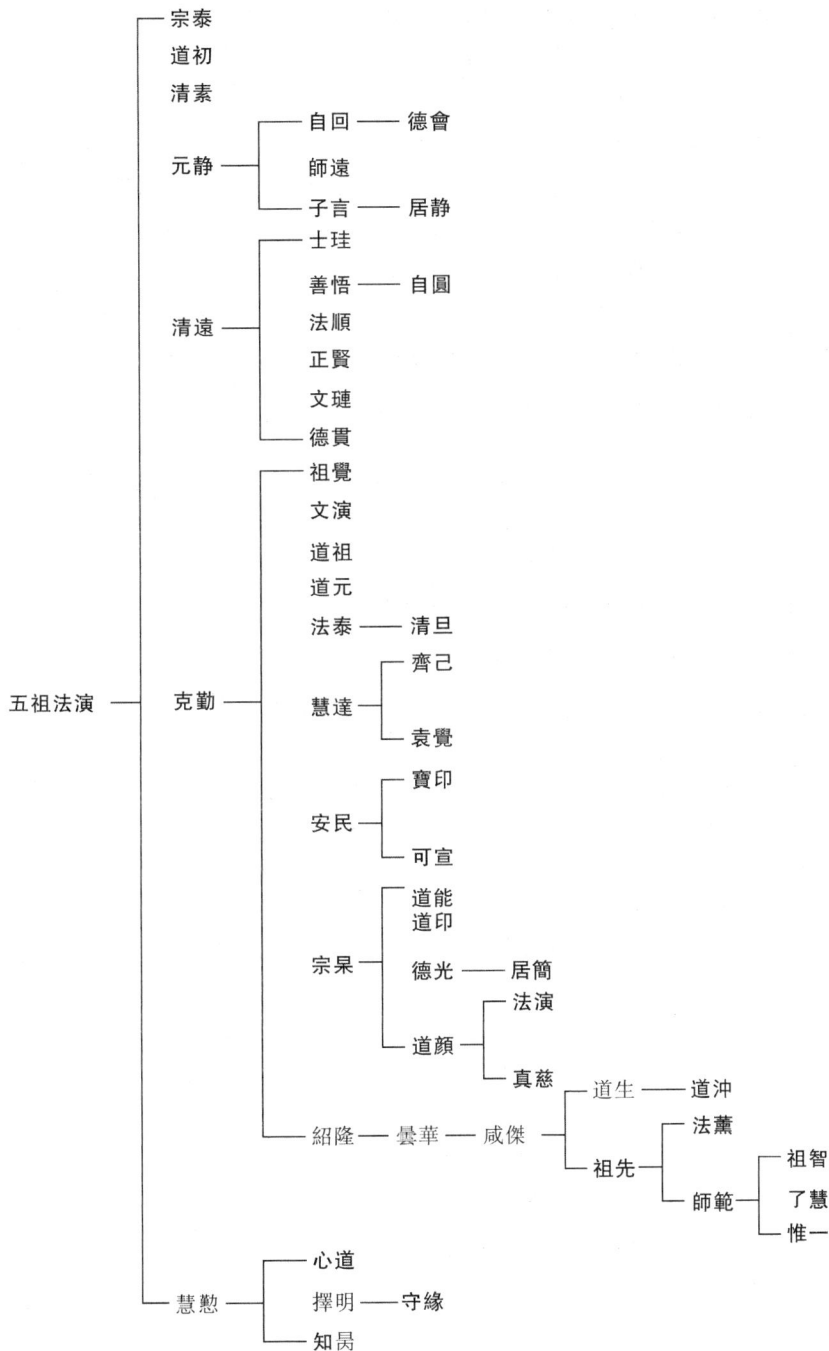

```
                  ┌ 宗泰
                  ├ 道初
                  ├ 清素
                  │          ┌ 自回 ── 德會
                  ├ 元静 ─────┼ 師遠
                  │          └ 子言 ── 居静
                  │          ┌ 士珪
                  │          ├ 善悟 ── 自圓
                  ├ 清遠 ─────┼ 法順
                  │          ├ 正賢
                  │          ├ 文璉
                  │          └ 德貫
                  │          ┌ 祖覺
                  │          ├ 文演
                  │          ├ 道祖
                  │          ├ 道元
                  │          ├ 法泰 ── 清旦
                  │          │          ┌ 齊己
                  │          ├ 慧達 ─────┤
                  │          │          └ 袁覺
                  │          │          ┌ 寶印
五祖法演 ──────────┼ 克勤 ─────┼ 安民 ─────┤
                  │          │          └ 可宣
                  │          │          ┌ 道能
                  │          │          ├ 道印
                  │          ├ 宗杲 ─────┤ 德光 ── 居簡
                  │          │          │          ┌ 法演
                  │          │          └ 道顏 ─────┤
                  │          │                     └ 真慈
                  │          │                         ┌ 道生 ── 道沖
                  │          └ 紹隆 ── 曇華 ── 咸傑 ───┤
                  │                                    │          ┌ 法薰
                  │                                    └ 祖先 ─────┤          ┌ 祖智
                  │                                               └ 師範 ─────┤ 了慧
                  │                                                          └ 惟一
                  │          ┌ 心道
                  └ 慧懃 ─────┼ 擇明 ── 守緣
                             └ 知㫒
```

分析兩宋南遊蜀僧可以發現,在北宋初年迄中期,南遊蜀僧多入雲門、曹洞二宗。至北宋中後期，則多屬臨濟黃龍派，至北宋末迄南宋，臨濟楊岐，特別是五祖法演一系異軍突起，後來居上，一舉成爲南遊蜀僧中最爲強勁的一支。

（三）南遊蜀僧駐錫地考察

北宋時期，南遊蜀僧除少數人駐錫於汴京、江南外，多駐錫京西南路、淮南西湖與江西南路：

京西南路：法燈（東京太平興國、襄州鹿門）、静顯（襄州谷隱）、承皓（襄州谷隱、郢州大陽）、子淳（南陽丹霞山、唐州大乘、隨州保壽）、惟照（鄧州招提）、心道（襄州天寧）、元易（鄧州招提、襄州石門）、法真（襄州鹿門、萬壽）、齊璉（襄陽普寧）、守遂（隨州水南、大洪）。

淮南西路：德滋（舒州宿松縣靈隱）、法演（舒州四面山、白雲、蘄州五祖山）、清遠（舒州四面山、崇寧萬壽、龍門、和州褒禪）、道初（蘄州龍華）、士珪（和州天寧）。

江南西路：居訥（南康照宗、開先）、常總（洪州泐潭、江州東林）、德普（吉州禾山）、順公（洪州上藍）、慈感（江州承天）、希廣（筠陽九峰）、惟照（廬山圓通、洪州泐潭、寶峰）、慧方（吉州禾山、豫章雲岩）、善悟（吉州天寧，南康雲居）、士珪（廬山東林）、法順（臨川廣壽、撫州白楊）。

南宋以後，政治文化中心南移，南遊蜀僧除在淮南西路、江南西路繼續活動外，許多高僧開始移居兩浙東西路與江南東路。北宋時雖也有在兩浙、江南活動的蜀僧，如雪竇重顯曾活動於杭州靈隱、平江翠岩、明州雪竇，但爲數甚少，南宋以後，蜀僧大量流入兩浙，特別是在禪宗五山十刹設立之後，開法於五山十刹的蜀僧不在少數。

兩浙東西路：清了（杭州徑山、四明補陀、台州天封、明州育王、温州龍翔）、慧遠（平江虎丘、杭州靈隱）、安民（常州華藏）、道印（臨安靈隱）、法薰（蘇州高峰、楓橋、臨安浄慈、靈隱）、齊己（慶元府天童）、寶印（明州雪竇、臨安徑山）、德光（台州鴻福、臨安靈隱、徑山、明州育王）、祖先（臨安靈隱、平江秀峰、臨安廣壽、湖州鳳山）、真慈（婺州智者寺）、居簡（天台般若、湖州鐵佛、常州顯慶、碧雲、蘇州慧日、湖州道場、臨安浄慈）、師範（明州清涼、雪竇、育王、臨安徑山）、道沖（嘉禾光孝、慶元府天童、育王、臨安徑山）、祖智（明州天童）、了慧（蘇州定慧、四明天童）。

江南東路：克勤（金陵蔣山、鎮江金山）、安民（建康保寧）、道沖（建康蔣山）

綜上所考，可以看出南遊川僧北宋多集中于京西南路、淮南西路與江南西路，而南宋以後則主要集中于兩浙路。龍晦先生曾推測“藞苴”一詞爲“盛行於江西的口語”，是非常有道理的。[①] 而“川僧藞苴，浙僧瀟灑”流行於南宋也就很好理解了。

四、結　語

南北文化交流一直是促時佛教發展演變的重要動力，南北朝佛教的融合，促成隋唐佛教宗派的分化與發展，江東牛頭禪學與東山法門的融合，影響了禪宗的分燈。[②] 而宋代初

---

① 龍晦：《釋“藞苴”兼論四川禪學的特色》，《龍晦文集》，第 199 頁。
② 印順：《中國禪宗史》，中華書局 2010 年版，第 81—123 頁。

年,臨濟宗的南下與雲門宗北上,造成了汴京禪宗興盛的局面。這些皆足以説明南北學風交流對佛教發展演變意義非凡。但降及南宋,金元統治北方,南北文化雖有交流,實已大不如前。同時,隨著兩宋印度經論翻譯的衰歇,江西兩浙的佛教很少受到新的刺激。而此時,蜀地不同于中原的文化傳統在兩宋、特別是南宋的佛教發展中起到了重要的作用。大量蜀地僧人南游,他們的佛教義學修養、磊苴不合的行事風格、多用蜀語巴歌的傳法形式,以及他們對於《楞嚴》、《起信》等經典的重視,使他們顯得與兩浙僧人頗爲不同,"磊苴"成爲他們禪學風格的形象概括。而這些無疑給兩浙禪宗以新的刺激,對日益趨向軟熟的禪風起到了以生間熟的作用,促進了禪風的變化。

當然,文化的交融是雙向的,影響是互相的,兩浙的禪風也對蜀地產生了影響,特別是在北宋初期,蜀地禪宗尚不發達之時。[①] 如《續傳燈録》卷十八記載昭覺純白:"會成都府帥奏改昭覺爲十方,問真覺誰可住持,真覺以師應請。師(純白)既領院,遵南方規範,一變律居。"[②]説明南方禪宗對蜀地也有重要的影響。

(作者單位:浙江大學古籍研究所、浙江大學宋學研究中心)

---

① 楊天惠:《長松長老顯禪師(宗顯)語録序》:"頃歲吾蜀佛教惟講席律壇之爲尚,蓋人自以爲無等等法矣,而未始知有祖道之高。"扈仲榮等編《成都文類》卷二十三,文淵閣四庫全書本。
② 居頂《續傳燈録》卷十八,《大正藏》第 51 册,第 587 頁。

楊億與禪宗

朴永焕

内容摘要:宋代新儒學大盛,强調道統、文統的重建。但禪學和道學也十分盛行。自從六祖慧能建立南宗禪後,經洪州馬祖禪師等的努力,到了宋初,禪宗進入了一個發展的時期,各種宗派迭起,禪風機用多變,使禪宗内部充滿了活力,在社會上造成了廣泛的影響。北宋初期被稱爲一代文豪的西昆體領袖楊億在儒道佛三家合流的背景上,不僅廣泛交流了廣慧禪師等當時的高僧大德,經常與他們談禪説法,建立了多方面的聯繫。而且他還經常與虔誠信奉禪宗的士大夫保持密切來往,這些都促使他樂於接受禪宗的人生觀和世界觀的主要因素。所以楊億奉詔修訂的禪宗第一部巨型燈録《景德傳燈録》,不僅爲以後禪宗《燈録》著者所效仿,而且在一定程度上影響到宋代禪宗"文字禪"之盛行。並開啟了宋代是禪宗燈録和語録編撰的黄金時代。另外,雖然楊億是宋初西昆體的領袖之一,但他對禪宗所宣揚的人生觀,有很大的吸引力。他在矛盾重重的社會環境裏,用禪宗的人生觀來消除煩惱。禪宗人生觀如夢如幻,宣揚生死無别,强調隨緣自適。他在詩文中經常表現出"人生如夢"等禪宗"性空"思想,並運用"隨緣"、"曹溪"、"彌天"等佛禪典故。從本質上來説,禪宗爲楊億提供了精神依託處,成爲他的一劑心藥,而楊億對禪宗的重視,又在一定程度上推動著宋代禪宗的發展。

一、序 論

宋代新儒學大盛,强調道統、文統的重建。但佛學和道學也十分盛行。尤其是禪學有時不亞於儒學。自從慧能建立南宗禪後,經洪州馬祖等的努力,到了宋初,禪宗進入了一個發展的時期,各種宗派迭起,禪風機用多變,使禪宗内部充滿了活力,在社會上造成了廣泛的影響。這是因爲禪宗適應新時代後取得的成果。

宋代佛教禪宗仍然興盛的最主要原因是宋初皇帝們對佛教禪宗的重視和鼓勵。比如宋太祖常去寺院參禮,還派遣大批僧人到印度取經。朝廷還於開寶四年(971)刻大藏經——《開寶藏》。太宗"素崇尚釋教"[①],創建規模宏偉的譯經院,派遣朝廷大臣乃至宰相充任譯經使和潤官。這些措施在一定程度上提高了佛教的社會地位,並且擴大了佛教在士大夫中的影響。

宋代皇帝注重禪宗。如太祖經常誦讀自己抄寫的《金剛經》[②]。景德元年(1004),宋

---

① 《中國佛教思想史》下,郭朋著,福建人民出版社,第 3 頁。
② 《佛祖統紀》卷四三;郭朋:《中國佛教思想史》下,福建人民出版社 1995 年版,第 3 頁。

真宗詔令道元所撰的《傳燈録》入藏流通。仁宗於天聖九年(1031)下詔"韶州守臣詣寶林山南華寺,迎六祖衣鉢,入京闕供養,及至奉安大内清净堂。敕兵部侍郎晏殊,撰《六祖衣鉢記》①。禪宗在他們的支持下,迅速發展,成爲宋代佛教的主流。

另外,宋代禪宗已經脱離了由唐代慧能創建的"不立文字"的初期禪宗,而走上了"不離文字"的"文字禪"和"看話禪"時代。其結果出現了大量的《燈録》和《語録》。宋代不少士大夫,不僅紛紛走入禪們,結交僧人,閲讀各種《燈録》和《語録》,而且有的人還直接參與編寫《燈録》和《語録》的工作。這不僅擴大了禪宗在社會上的影響,而且這種獨特的禪風還影響到宋代詩歌與詩學理論。宋代士大夫們幾乎都'好佛喜禪',選官不如選佛成了一種風尚。宋初文人代表楊億就在這種崇尚佛禪的風氣下,廣交當時高僧和修訂《景德傳燈録》,並且表現出以詩説禪。

二、禪學淵源

自從唐朝開始,士大夫的參禪活動十分活躍。到了宋代,士大夫與禪僧的交往愈加密切。有些儒家出身的士大夫們自感"儒們淡泊",紛紛投身於佛門,加入參禪的行列。北宋初詩文壇的代表人物楊億也不例外,他曾説"修天台之止觀,專曹溪之無念。"②因此他既常與虔誠信奉禪宗的士大夫保持密切來往,又廣泛交往當時高僧大德,討論禪機,以尋求安慰和寄託。這些交往對楊億禪學思想之形成一定有相當程度的影響。

(一)文士談禪

①李維:《宋史·楊億傳》説楊億"天性穎悟","留心釋典禪觀之學"③。吴處厚《青箱雜記》説楊億"深達性理,精悟禪觀"(卷十)④。道原寫完《佛祖同參集》⑤以後,請楊億寫序。書編成後,被真宗敕令收到《佛祖同參集》,命李維、王曙、楊億一同加以刊削裁定。

從史料來看,楊億"精悟禪觀"曾受到李維的影響比較大。李維,真宗時宰相李沆之弟,歷任户部員外郎、中書舍人、兵部員外郎、翰林學士承旨、史館修撰等職,以文章知名,曾參與編修《真宗實録》、《續通典》、《册府元龜》等,又歷任潤文官⑥。《五燈會元》裏面記載:

> 文公楊億居士,字大年。幼舉神童,及壯,負才名,而未知有佛。一日過同僚,見讀《金剛經》,笑且罪之,彼讀自若。公疑之曰:"是豈出孔孟之右乎,何佞甚?"因閲數板,茫然始少,敬信。後會翰林李維,勉令參問。⑦

自幼博讀儒家經史的楊億,在朝廷爲官不久"未知有佛",又極力批評和譏笑讀《金剛

---

① 《佛祖統紀》卷四十五。
② 《武夷新集》卷十八,《答史館查正言書》。
③ 《宋史》卷三〇五,鼎文書局 1980 年版,第 10079 頁。
④ 《全宋詩》卷一二二,北京大學出版社 1998 年版,第 1410 頁。
⑤ 北宋初法眼宗禪僧道原編撰的《景德傳燈録》原稱是《佛祖同參集》。
⑥ 《宋史》卷二八二,《李維傳》,鼎文書局 1991 年版,第 9541 頁。
⑦ 《五燈會元》卷十二,中華書局 1990 年版,第 726 頁。

經》的同僚,説天下没有任何可以與孔孟之書相比的書。但是他自己閲讀了《金剛經》之後,對佛禪產生了"敬信"的念頭。後來他向李維經常請教,受到不少啟發。楊億寄書李維,敘述其師承本末:

> 病夫夙以頑憨,獲受獎顧。預聞南宗之旨,久陪上國之遊。動静咨詢,周旋策發。俾其刓心之有詣,墙面之無慙者,誠出於席間床下矣。[①]

楊億在與李維出遊的路上,諮詢南宗之旨,以宗門事相策發。認爲他的禪學水準很高,因爲都是從心中流出,在參禪中得到。又云:

> 重念先德,率多參尋。如雪峰九度上洞山,三度上投子,遂嗣德山。臨濟得法大愚,終承黄檗。雲巖蒙道吾訓誘,乃爲藥山之子。丹霞蒙馬祖印可,而作石頭之裔。在古多有,於理無嫌。病夫今繼紹之緣,實屬於廣慧。而提激之自,良出於鼇峰也。欣幸欣幸。[②]

在此楊億詳盡敘述了古代得道的禪師學禪的經過。鼇峰指的是李維,不僅説明了他嗣法於廣慧元璉的原因,而且還説明最早幫自己啟迪禪法的還是李維,這是學禪的大幸!可知在禪學方面李維對他的影響是最大的。又他對南宗承傳,敘述得非常透徹,這就説明他對佛學瞭解之深。所以他經常與虔誠信奉禪宗的士大夫保持密切來往。其代表性的人物爲駙馬都尉李遵勗。

②李遵勗(? —1038),字公武,有文武才。真宗大中祥符(1008—1016)年間召對便殿,娶真宗妹萬壽長公主爲妻,授左龍武將軍、駙馬都尉。他好爲文詞,貫通經論,更好禪度。得心法於谷隱禪師[③],與楊億、慈明楚圓爲友,其實是楊億的學生。谷隱藴聰禪師與楊億之師廣慧都是臨濟宗首山省念的弟子。因此按臨濟的輩份來説李遵勗與楊億都是臨濟下六世。李遵勗著有《間宴集》、《外館芳題》,並繼《景德傳燈録》出世之後編撰禪宗燈史《天聖廣燈録》三十卷[④]。

楊億常與他李遵勗禪語交往。他們之間的禪機問答,水準很高,對佛禪的瞭解非常透徹。例如《景德傳燈録》中説:

> 侍郎問李駙馬:釋迦六年苦行,成得什麽事? 尉云:擔折知柴重。問:一盲引眾盲時如何? 尉云:盲。侍云:灼然。尉便休。[⑤]

楊億提問"釋迦六年苦行之後,有什麽結果?",李遵勗不直接回答,而只是説看見擔子折斷可以推測所挑的柴太重了。"一盲引眾盲"問題的回答也有趣,説"盲",是因爲領導在前面的人都不懂禪,後面的人當然也是瞎修гол煉了。楊億又説"灼然"二字,這是贊許李遵勗有真知灼見。他們兩個人的認識統一了。這些禪機問答,與高僧大德的機鋒没有兩樣。從下面的文章中,我們可以瞭解到他們兩人的親密關係:

> 侍郎臨終前一日,親寫一偈與家人,令來日送達李駙馬處。偈曰:"漚生與漚滅,

---

① 《景德傳燈録》附録,成都古籍書店 2000 年版,第 662 頁。(《佛祖綱目》卷第三十五。)

② 《景德傳燈録》附録,第 662 頁。

③ "楊億内翰參透廣慧,李遵勗太尉見石門大悟。"(《禪苑蒙求》目録卷上)

④ 《宋史》卷四六四,《李遵勗傳》,第 13567 頁。

⑤ 《景德傳燈録》附録,第 662 頁。

二法本來齊。欲識真歸處,趙州東院西。"尉接得偈云:"泰山廟裏賣紙錢"。①

楊億去世之前寫一首偈頌,特別囑咐第二天送給李駙馬。"漚"是"水泡"。《金剛經》説"一切有爲法,如夢幻泡影。"强調人生如夢。《楞嚴經》也以大海中流動的水泡比喻人生。"真"指的是"靈魂","趙州東院"是唐代趙州從諗禪師所住的觀音院②。楊億所强調的是"諸法空相,不生不滅"、"一切都是空"的境界。生與死本來無別,我真正的歸處,是在寺院裏。李遵勗看到楊億的偈頌,知道楊億即將離世,説"泰山廟裏賣紙錢",是指楊億已經明白了人生的真諦,最終覺悟了。

③其他:此外他與宰相王旦也是空門友。王旦病危之際,邀請楊億到臥室,拜託楊億處理他的後事説:

> 吾深厭煩惱,慕釋典,願未來世得爲比丘,林間宴坐,觀心爲樂。將易簣之時,君爲我剃除鬚髮,服壞色衣,勿以金銀之物置棺内。用荼毗火葬之法,藏骨先塋之側,起一茅塔,用酬夙願。吾雖深戒子弟,恐其拘俗,托子叮嚀告之。(《湘山野録》)③

王旦不僅"慕釋典",而且希望來世時作一名出家的比丘,盡享林間宴坐,觀心爲樂的日子。所以他願意自己的後事要按佛門的規矩來辦理。但是楊億不太同意,説"餘事敢不一一拜教,若剃發三衣之事,此必難遵。公,三公也。萬一薨奄,鑾輅必有被祧之臨,自當斂贈公袞,豈可以加於僧體乎?"(《湘山野録》)王旦是貴族和大臣,按儒家的禮制,他去世後要按儒家的一定規格舉行儀式,所以不可能按佛門的儀式來操辦,果然,王旦去世以後,真宗親臨葬禮慟哭。

由此可見,楊億周圍的這些文人不僅都與禪宗保持著密切的聯繫,而且他們都從那兒找到心理平衡,也從中得到一種精神上的滿足感。這些因素一定程度上影響到楊億的人生觀和處世態度。

(二)禪師交遊

①廣慧禪師:楊億文士中學禪於李維,但僧人中對他影響最大的是廣慧。楊億嗣法於廣慧的情況,在《五燈會元》裏説得比較詳細:

> 及由秘書監出守汝州,首謁廣慧。慧接見,公便問:"布鼓當軒擊,誰是知音者?"慧曰:"來風深辨"。公曰:"恁麼,則禪客相逢祇彈指也。"慧曰:"君子可入。"公應"喏喏。"慧曰:"草賊大敗。"夜語次,慧曰:"秘監曾與甚人道話來?"公曰:"某曾問雲岩諒監寺,'兩個大蟲相咬時如何?'諒曰:'一合相。'某曰:'我只管看。'未審,恁麼道還得麼?"慧曰:"這裏即不然。"公曰:"請和尚別一轉語。"慧以手作拽鼻勢,曰:"這畜生更蹦跳在。"公於言下,脱然無疑。④

大中祥符七年(1014),楊億知汝州,首次謁見廣慧禪師。楊億請教廣慧,廣慧一一回答。楊億問,來到寺廟,擊響法鼓,誰能聽懂呢? 廣慧回答説"來風深辨",這是説吹來的風

---

① 《景德傳燈録》附録,第664頁。

② 《景德傳燈録》卷十:"師出院路逢一婆子,問:'和尚住什麼處?'師云:'趙州東院西。'婆無語。"(第172頁)

③ 《佛祖統紀》卷四十。

④ 《五燈會元》卷十二,中華書局1990年版,第726頁。

自有深辨,不必操這個心了。楊億不明白,又問,那麼,你的意思是不是談禪的客人之間見面時就要非常短暫了? 廣慧回答的"君子可人",意思是説不是一般人都能做到了,只有達到了一定層次的人,像君子才能入禪。如果碰到草賊,肯定是不能取得境界的了。入夜,兩人繼續討論,楊億告訴廣慧,他曾經把兩虎相争時的情形請教於諒禪師,諒禪師認爲兩虎呈"一合相",廣慧禪師對此有什麼看法? 廣慧用手勢加上語言做了解説,指出用手拽畜牲的鼻子,他肯定要反抗,要蹦跳,所以不要去追求什麼相,一切要隨順自然。楊億聽後,"脱然無疑",進入悟境。

　②安禪師、諒禪師:楊億除了廣慧禪師之外,還學禪於安禪師與諒禪師。《五燈會元》卷十二云:

> 又故安公大師,每垂誘導。自雙林滅影,只履弗歸,中心浩然,綱知所旨,仍歲沉痾,神慮迷恍。殆及小間,再辨方位。又得諒公大士,見顧蒿蓬。諒之旨趣,正與安公同轍,並自廬山歸宗、雲居而來,皆是法眼之流裔。①

"安公",生平不知,與諒禪師同是楊億學禪的指路人。楊億在廬山歸宗寺與雲居寺,向兩位法眼禪師學禪。"每垂誘導","見顧蒿蓬",安公與諒禪師的宗風相同,旨趣無二,楊億對他們非常尊敬,可惜安公已經入寂了,夜深人静,追憶安公,心中索然,這時楊億已經固疾纏身,神志迷恍,時不時清醒的時候,更加懷念二位大師。這是楊億心中的苦悶,因爲他失去了最好的導師。

　雖然楊億先學禪於安禪師與諒禪師,但嗣法於廣慧,其原因記載於《佛祖綱目》卷三十五和《五燈會元》卷十二。楊億列舉了古代禪師們傳承世系的情況。他參訪了很多禪師,然而最後選擇嗣法的是廣慧。楊億學禪於法眼後裔的安禪師與諒禪師,嗣法於廣慧元璉②,説明他是經過選擇之後再作出決定的。他的這種選擇,是根據自己的需要而定的,當然也與大師們的魅力有重要的關係。

　③其他:此外,楊億與臨濟宗首山省念的弟子汾陽善昭(947—1024)和他弟子慈明楚圓(986—1039)也有聯繫③。從楊億寫的《汾陽無德禪師語録》卷首中得知,楊億雖與善昭没有直接見面,但是揚億在知汝州期間與禪僧密切交往的消息在叢林傳播後,善昭派弟子帶信拜見楊億,並且贈送自己的語録集一部,請楊億寫序。根據《五燈會元》卷十二,楊億與善昭弟子慈明楚圓也有密切交往。楊億不僅禪理問題早晚向他請教:並且感歎他們二人見面得太晚,楊億還把楚圓禪師介紹給駙馬李遵勖④。從中可知他對楚圓禪師的敬仰之心。

　有關楊億的紀録來看,他所認識的當時高僧禪師不知其數⑤。但是其中對他影響比

---

① 《五燈會元》卷十二,第 727 頁。

② 《五燈會元》卷十二:"重念先德。率多參尋。如雪峰九度上洞山。三度上投子。遂嗣德山。臨濟得法大愚。終承黃檗。雲巖蒙道吾訓誘。乃爲藥山之子。丹霞蒙馬祖印可。而作石頭之裔。在古多有。於理無嫌。病夫今繼紹之緣。實屬於廣慧。而提激之自。良出於龕峰也。"(《佛祖綱目卷第三十五》)

③ 《五燈會元》卷十一《汾陽善昭禪師》、卷十二《石霜楚圓禪師》,第 685、699 頁。

④ 《五燈會元》卷十二:"館於齋中,日夕質疑智證,因閒前言往行,恨見之晚。朝中見駙馬都尉李公遵勖曰:'近得一道人,真西河師子'……師於是黎明謁李公(遵勖)"《石霜楚圓禪師》,第 700 頁。

⑤ 比如《威上人》《成都鳳道人終南山謁種微君》《通道人歸西京》《題顯道人壁》《慧初道人歸青州養親》《廉上人歸天臺》等他的很多詩作都與禪僧有聯繫。

較大的是廣慧禪師、安禪師、諒禪師、楚圓禪師等。可説，楊億從他們那裏找到了幫助自己建立思想體系的禪宗真諦。

三、編修佛經禪典

楊億除了與禪僧大德保持密切的關係之外，奉詔參與編定和編撰《景德傳燈録》等佛禪經典，而且還奉詔爲新翻譯的佛經潤文。《景德傳燈録》爲宋代道原禪師編撰①，成爲宋代以後社會上最流行的禪宗燈史。《景德傳燈録》30卷，是一部以禪宗師資傳承世次爲綱，以記言記事爲主要内容的禪宗史籍。道原書完成後，請楊億寫序。楊億在《佛祖同參集序》文説：

> 東吴道原禪師，乃覺場之龍象，實無人之眼目。慨然以爲祖師法裔，頗論次之未詳。草堂遺編（《禪源諸詮集》），亦嗣續之孔易。……自飲光尊者（迦葉），迄法眼之嗣，因枝振葉，尋波討源，乃至語句之對酬，機緣之契合，靡不包舉，無所漏脱，孜孜纂集，成二十卷。（《武夷新集》卷七）

道原認爲宗密的《禪源諸詮集》等以往的禪宗史書對歷代祖師傳記的論述過於簡單，所以道原在王公大臣的支持下，編撰《佛祖同參集》，記述從迦葉到東土歷代祖師，廣泛收録了歷代禪師的機緣語句。還收録偈頌之類編於書後，共20卷。還稱讚道原禪師説"禪師之用心，蓋述而不作"（同上）

道原將《佛祖同參集》獻於皇帝，真宗令楊億等三人重新修訂該書。楊億修訂後又寫了序文。楊億在〈景德傳燈録序〉文中説：

> 有東吴僧道原者，冥心禪悦。索隱空宗，披弈世之祖圖。采諸方之語録，次序其源派，錯綜其辭句。由七佛以至大法眼之嗣，凡五十二世，一千七百一人，成三十卷，目之曰景德傳燈録。詣闕奉進，冀於流布。皇上爲佛法之外護，嘉釋子之勤業，載懷重慎，思致悠久，乃詔翰林學士左司諫知制誥臣楊億、兵部員外郎知制誥臣李維、太常丞臣王曙等，同加刊削。俾之裁定。②

《景德禪燈録》一共記載了上自過去佛下至法眼宗第四代，共52世1701位禪僧的事蹟。傳燈以喻歷代禪法傳承，如燈燈相續。皇上爲佛法之外護，詔楊億、李維、王曙等人同加刊削裁定，最後成三十卷。關於他們如何修訂《景德傳燈録》，楊億在序文中，從兩個方面來加以説明：

> 臣等昧三學之旨，迷五性之方。乏臨川翻譯之能，慚毘邪語默之要。恭承嚴命，不敢牢讓。竊用探索，匪遑寧居。考其論譔之意，蓋以真空爲本。將以述囊聖入道之因，標昔人契理之説，機緣交激。若挂於箭鋒，智藏發光，旁資於鞭影，誘道後學。敷暢玄猷，而捃摭之來。徵引所出，糟粕多在，油素可尋。其有大士示徒，以一音而開演，含靈聳聽，乃千聖之證明。屬概舉之是資，取少分而斯可。若乃別加潤色，失其指

---

① 道原禪師的生平事蹟不詳，根據《天聖廣燈録》卷二十七記載，他是天臺德韶的法嗣、法眼宗開山祖師清涼文益的法損。

② 《景德傳燈録》卷首，匯文堂出版社1987年版，第13頁。

歸。既非華竺之殊言,頗近錯雕之傷寶,如此之類,悉仍其舊。①

這裏指出,其一、他們基本上維持原著的宗旨和風格。在真空爲本的基礎上,説明以往聖賢達到覺悟的原因、禪師學人之間針鋒相對的回答,通過事例啟發智慧需要師友的鼓勵,以此來引導後學,弘揚深奧的佛法。其二、書中記述歷代禪師的禪法語録,其中既有糟粕,也有精華,雖然理解不同,但是從中得到啟發,爲保持原書風格,不再加以潤色。

除此之外,楊億在汝州時,還將自己收集的多位禪師的語録合編爲《汝陽禪會集》十三卷。主要記述廣慧與法昭禪師二人之間的參扣禪語,加上襄州谷隱寺紹遠、玉泉寺守珍、白馬令岳、普寧寺歸道,正慶寺惠英、鹿門山惠昭等人的語録。楊億編輯語録時,將語録體例分爲別語、代語、拈語、垂語、進語、辨語等項②。這是宋代文字禪的重要史料,可惜早已失傳。

另外,宋朝在繼承歷代譯經傳統的基礎上,譯經事業已經程式化和制度化了③。朝廷不僅設置譯場,而且還派官員擔任潤文官和譯經使。譯經初期只是任命在中央朝廷任職的官員擔任潤文官,真宗萬年開始任命高官擔任“譯經使兼潤文”的官職,以此提高譯經的神聖地位。從開設譯經院到譯經終止,前後擔任潤文官有湯悦、楊礪、朱昂、楊億等人。

身爲潤文官的楊億參與了《大中祥符法寶録》二十一卷(簡稱“祥符録”)的編修,記載太宗、真宗兩朝翻譯的大小乘經律論和西方聖賢集傳 222 部 413 卷的目録、譯者、内容、提要和翻譯緣起等,還載録包括宋太宗、真宗等人著作在内的“東土聖賢著撰”的目録。

由此可見,在編撰禪宗燈録和語録或譯經事業方面,宋代士大夫作了很大的作用。尤其是楊億奉詔修訂的禪宗第一部巨型燈録《景德傳燈録》,不僅爲以後禪宗《燈録》著者所效仿,而且在宋代禪宗盛行方面起了一定的作用。除了《景德傳燈録》之外,宋代還有四部《燈録》:李遵勖撰《天聖光聖録》,雲門宗惟白撰《建中靖國續燈録》,臨濟宗悟明撰《聯燈會要》,雲門宗正受撰《嘉泰普燈録》等。宋代是禪宗燈録和語録編撰的黄金時代,這跟楊億等士大夫直接參編修佛經禪典的影響有密切的關係。

四、以詩説禪

(一)一切皆空

世上所有的人生難免有生老病死,這就表示了人生的無常性。但是世俗之人老是追求常性的東西,看不到無常的特點。佛教禪宗説只有人們擺脱了這些觀點,就能獲得清净解脱。所以禪宗强調“諸法空相”。因爲我們的本體是空的,我們不因開悟之故而有所增減。如果我們明瞭諸法是空相的,那麽我們一切煩惱也都能徹底解决了。再説瞭解我們的心本身是一無所有的,那麽心理產生的所有喜怒哀樂等各種情緒反應,也就影響不到我

---

① 《景德傳燈録》卷首,匯文堂出版社 1987 年版,第 13 頁。
② 《羅湖野録》卷下〈楊億章〉。
③ 宋太祖非常重視西行取經,太宗也十分重視譯經事業。比如他在太平興國五年(980)建立譯經院,開創了宋代的譯經事業。到真宗朝來華的外國僧人更多了,他們都受到真宗的禮遇。《宋代禪宗文化》,魏道儒著,中州古籍出版社 年版,第 34 頁。

們。所以説"色即是空,空即是色。"

楊億從不得意的人生經歷中看到人生的無常,所以他在詩文中經常强調人生如夢。比如〈威上人〉詩:

> 五蘊已空諸漏盡,塚間行道十年餘。吟成南國碧雲句,讀遍西方貝葉書。
>
> 清論彌天居士伏,高情出世俗流疏。問師心法都無語,笑指孤雲在太虛。①

"五蘊"和合,緣起人身。這是佛教特有的緣起論學説。如果拆開五蘊,則人就是眼耳舌身意幾個孤立的東西,所以認識到五蘊爲空,就是諸種煩惱皆無,楊億十年來就是走的這種道路。永明延壽在浙江奉化雪竇寺編纂了《宗鏡録》一書,傳法眼宗風。楊億深入鑽研延壽的著作,同時又廣泛閲讀佛經。想到東晉彌天釋道安的高行,楊億不得不佩服,一切高境界的情狀從心中流出,離惡塵俗世也就疏遠了。楊億在學佛的道路上求師追問,禪師告訴他的都是佛不可説的心法,笑指宇宙太虛空中自由自在的孤雲,就是學佛的境界。再看《別聰道人歸縉雲》詩:

> 二年假守栝蒼城,郡榻唯師即送迎。搗藥幾憐春漏永,調琴長待夜蟾生。
>
> 心猿已伏都無念,海鳥相逢自不驚。送別秋郊豈成恨,白雲青嶂是歸程。②

慧能主張"無念爲宗",這是早期南宗禪的一個重要命題。其弟子神會認爲"無念"是體悟佛性,頓悟成佛的關鍵。所以"無念"指無妄念,不是指無一切念。通過"無念"法修習,發現真心,領悟"空寂自性"、"自心本性寂静",實現"自在解脱"。在這些理論的基礎上,馬祖提出了"無心"説。所以説心裏已經消失了浮躁不安之心,而達到無妄念的清净心。既然達到"無念"的境界,海鳥相逢也當然不驚。楊億住蒼城二年,送迎聰道人。因爲得到了禪師的幫助,所以不管在搗藥或是調琴,都已旁鶩不驚了。送別聰道人,眼見白雲青嶂,則是又一種景象。

再看〈大名府大安閣主道者(上幸魏郡,親至其寺,面賜紫)〉詩:

> 釋子修行與眾殊,銅台連接起精廬。群公共結二林社,萬乘曾回六尺輿。
>
> 衣惹天香親御座,閣成雲構倚晴虛。浮生自恨猶貪禄,未得同翻貝葉書。③

所謂"浮生"就是虛幻無常的人生。一切的存在本質是空的,人生也不例外。《金剛經》是佛教禪宗性空學説的代表作,該經説,"如夢幻泡影,如露亦如電,應作如是觀。"是説一切法、一切相,皆是自性以外的"幻有",也就是"人生如夢"、"如幻"。但是我們一般不知這些道理,只執著於貪禄。楊億推崇像出家人那樣的無拘無束、自由自在的生活,而想脱離塵世上的所有煩惱。因爲人的一生只不過是浮生,不值得一意追求貪禄。所以詩人對自己不能過閲經談道感到怨恨。在〈譯經惣持大師致宗之泗上禮塔〉詩中也表現了同樣的思想:

> 早傳心印得衣珠,不學聲聞證有餘。犀柄屢登三殿講,琅函新譯五天書。
>
> 蓮華塔下焚香去,竹箭波間解纜初。隨順世緣無所住,經行宴坐自如如。④

"衣珠",就是"衣中寶",比喻人人都具有的佛性,所以要從内心來證求成佛,不必在外追求。楊億早年就是以此作爲學佛的手段。"不學聲聞"[①],是説聲聞乘只是以自身唯解脱目的之有餘涅槃,大乘則是以悟盡證透爲最後的涅槃。楊億雖然强調了禪宗的直指人心的禪法特點,但是他還是肯定講經説法的作用,所以他想要手執犀柄在殿堂講經説法,要用精美的寶函盛裝五天竺的佛經。最後兩句引用《金剛經》的"應生無所住心"、"應無所住而生其心",是説心不應執著於任何事相,對外界的一切現象既不著念,也不受其影響。在《金剛經》看來,世界上一切物質和精神,都只像幻覺、泡沫、夢幻一樣,轉瞬即逝,説明它們的本性是空。既然本性是空,那麼應該"隨緣",在隨順世緣的無所住中,打禪晏座,最後達到"自如如"的境界。同樣的思想表現在他去世之前作的一首偈頌中:

　　漚生與漚滅,二法本來齊。欲識真歸處,趙州東院西。[②]

"漚"是"水泡","漚生"是浮漚,指虚幻無常的人世。《金剛經》説"一切有爲法,如夢幻泡影。"同樣《楞嚴經》也以大海中流動的水泡比喻人生。心的一無所有的本質,説"諸法空相"。不論厭煩現世世界或期待極樂世界等想法,其實一切都是空的。諸法不生不滅,不垢不净,不增不減。所以説:"二法本來齊"。

在他的詩歌中,以泡影來表達佛教的世界觀的著作比比皆是。例如"浮漚一念歸心起,本寺房前見偃松。"(《廉上人歸天臺》)、"讀遍龍宮七佛書,一塵無念得衣珠。"(《贈文照大師》)等,表現的都是人生體會的結果。由此可知,楊億詩中的"浮生"、"浮漚"、"已空"、"無念"、"無所住"、"泡幻"無一不是禪宗"性空"思想的體現。可見性空思想對他的人生觀產生過重要的影響。楊億早期"未知有佛"時,已經對《金剛經》產生了"敬信"的念頭。既使他對佛禪瞭解甚少時,也已經開始認同《金剛經》的觀點。此外他與禪僧談禪時,也强調這一觀點。説:"若有一人發真歸源,十方虚空一時鎖。古德亦云:若人識得心,大地無寸土。此是甚道理? 直下盡十方世界,是汝一隻眼。"[③]意思是説,一旦覺悟而回歸法性,十方虚空就在你的心中。這是因爲心即是佛,十方世界盡在你的眼中。

(二)常用佛禪典故

"曹溪"是廣東韶關南華寺後的一條小溪,六祖慧能具足比丘資格後,到曹溪寶林寺,作爲弘法的基地。居住達30餘年,慧能因此有"曹溪大師"之稱,南華寺也被視作禪宗南宗祖庭之一,著稱於世。"曹溪水"、"曹溪一滴"的稱呼,都是比喻"菩提自性,本來清净,但用此心,直了成佛"的南宗禪法。也有"曹源一滴",喻指禪法,因禪宗六祖能住於此開創南宗禪法而被稱作曹源。

楊億不僅正式信奉南宗禪,經常參禪説法,而且與禪僧大德保持密切的關係,所以在詩文中經常提到"曹溪"一詞。比如〈題顯道人壁〉詩云:

　　心似寒灰不復然,尋常談論即彌天。門臨潁水多年住,法自曹溪幾世傳。

---

① 聲聞:"三乘之一,指按照佛的言説教義修習,唯以自身解脱爲目的的修行者。"《禪宗辭典》,第256頁。

② 《全宋詩》卷122,第1420頁。

③ 《景德傳燈錄》附錄,成都古籍書店2000年版,第664頁。

儒士誰同翻貝葉,都人常見施金錢。翰林詩版分明在,曾與吾家有舊緣。①

顯道人住萬壽縣精舍二十年之後,達到了"心似寒灰"的"無心"境界。所以平時來談論的是"彌天"(詳細於後)。門前的潁水多年不流,不知曹溪禪法已經傳了幾世?第一大段是說顯道人住在寺裏已經與外界很少發生聯繫,只關心寺院裏的事情。第二大段是說佛經語録的作用,閱讀禪師語録,才知道原來都是何曾相識的事情。以下的詩句都是以曹溪來指代南宗禪,說明楊億對曹溪一滴是非常崇敬並且熟悉的。

曹溪衣鉢何年得,盧阜香燈幾日歸。(《送僧之棣州謁王工部》)②
韶石間尋張樂地,曹溪首訪悟空人。(《十六兄赴韶州從事》)③
曹溪嫡嗣多參見,碧落仙鄉遍往還。(《送僧歸越》)④
麟殿九旬談妙法,曹溪一滴渡迷津。(《靈隱長老歸舊山》)⑤

六祖慧能因讀《金剛經》"應無所住而生其心",頓悟"一切萬法,不離自性。"他認為修行的關鍵是在"認識"上,也就是"心性"上下功夫,至於修行方式,主張"搬柴運水"都是行佛道。只要從繫縛中解脱出來就能隨緣應物,任運無礙。所以楊億也常運用到這些"隨緣"思想。比如:

千燈續焰知無盡,一錫隨緣信自由。(《海印大師歸永嘉》)⑥
隨順世緣無所住,經行宴坐自如如。(《譯經惣持大師致宗之泗上禮塔》)⑦
說法音同海潮震,隨緣身比嶽雲閒。(《送僧歸越》)⑧
跡似孤雲本無滯,飄飄新到帝鄉來。(《送僧歸越州》)⑨

此外,楊億禪詩的另一個有趣的現象是詩歌中經常表現出東晉道安的典故。道安十二歲出家,敏睿逸倫,研習經論,識志超卓。他致力於經典翻譯,即諸經序文、注釋之作。其研究以般若經為主,另又精通阿含,開拓經文批判的先河。其與習鑿齒二人複嘗以"四海習鑿齒"、"彌天釋道安。"之語對達,深為著名,後世遂以"彌天釋道安",呼之。下面是楊億使用"彌天"典故的詩句。

清論彌天居士伏,高情出世俗流疏。《威上人》⑩
彌天談論降時彦,結社因緣背俗流。《洞溪慶道人歸上都》⑪
心似寒灰不復然,尋常談論幾彌天。《題顯道人壁》⑫
聞有道安雖未識,定應談論已彌天。《通道人歸西京》⑬

---

① 《全宋詩》卷116,第1336頁。
② 《全宋詩》卷116,第1340頁。
③ 《全宋詩》卷119,第1384頁。
④ 《全宋詩》卷119,第1385頁。
⑤ 《全宋詩》卷119,第1340頁。
⑥ 《全宋詩》卷119,第1390頁。
⑦ 《全宋詩》卷117,第1365頁。
⑧ 《全宋詩》卷119,第1379頁。
⑨ 《全宋詩》卷118,第1379頁。
⑩ 《全宋詩》卷115,第1325頁。
⑪ 《全宋詩》卷115,第1331頁。
⑫ 《全宋詩》卷116,第1336頁。
⑬ 《全宋詩》卷116,第1344頁。

　　到日彌天清論罷，遍尋紫閣與圭峰。《成都鳳道人終南山謁種微君》[①]

　　庭闈晨夕供甘旨，高論彌天不易酬。《慧初道人歸青州養親》[②]

　　彌天曾共習鑿齒，入洛因尋陸士龍。《廉上人歸天臺》[③]

　　在此，不能斷定楊億爲什麼常用道安的典故。但是可以推測是不是這跟佛經的翻譯和編修有關係。眾所周知，道安致力於經典翻譯，及諸經序文、注釋之作。將經典解釋分爲序分、正宗分、流通分等三科，此中分法也沿用到現在。他的一生功業，在佛教史上貢獻至巨。楊億奉詔參與編訂的《景德傳燈錄》，成爲宋代以後最流行的禪宗燈史，還奉詔爲新翻譯的佛經潤文。又編修《大中祥符法寶錄》，編撰了《汝陽禪會集》並寫序。因此他對宋代佛教、特別對禪宗的傳播有較大的影響。這些編撰和翻譯佛經的共同點有可能影響到他的以詩說禪的創作。也許他借鑒道安的貢獻，勉勵自己。

五、結　論

　　慧能的南宗禪派系，經洪州禪、臨濟禪等的努力，到了宋初，進入了一個全面發展的時期，各種宗派迭起，禪風機用多變，使禪宗內部充滿了活力，在社會上造成了廣泛的影響。宋朝皇帝實行了較開明的文化政策，宣導"三教合一"，這不僅促進了儒道佛三家思想的交融與合流，而且還爲士大夫與禪宗的交往提供了寬鬆的氣氛。

　　北宋初期被稱爲一代文豪的楊億是典型的例子。他在三家合流的政治氣氛上，不僅廣泛交流了廣慧禪師等當時的高僧大德，經常與他們談禪說法，建立了多方面的聯繫。而且他還經常與虔誠信奉禪宗的士大夫保持密切來往，這些都促使他樂於接受禪宗的人生觀和世界觀的主要因素。

　　在編撰禪宗燈錄和語錄或譯經事業方面，楊億奉詔修訂的禪宗第一部巨型燈錄《景德傳燈錄》，不僅爲以後禪宗《燈錄》著者所效仿，而且在一定程度上影響到宋代禪宗"文字禪"之盛行。並開啟了宋代是禪宗燈錄和語錄編撰的黃金時代。

　　另外，雖然楊億是宋初西昆體的領袖之一，但他對禪宗所宣揚的人生觀，有很大的吸引力。他在矛盾重重的社會環境裹，用禪宗的人生觀來消除煩惱。禪宗人生觀如夢如幻，宣揚生死無別，強調隨緣自適。他在詩文中經常表現出"人生如夢"等禪宗"性空"思想，並運用"隨緣"、"曹溪"、"彌天"等佛禪典故。從本質上來說，禪宗爲楊億提供了精神依託處，成爲他的一劑心藥，而楊億對禪宗的重視，又在一定程度上推動著宋代禪宗的發展。

【參考書目】

《五燈會元》，（宋）普濟著，（北京）中華書局，1990年。

《景德傳燈錄》（宋）釋道元著，（成都）成都古籍書店，2000年。

《指月錄》，吳相洲譯，（高雄）佛光出版社，1996年。

---

① 《全宋詩》卷116，第1349頁。

② 《全宋詩》卷117，第1355頁。

③ 《全宋詩》卷117，第1364頁。

《景德傳燈録》,(宋)道原著,(臺北)匯文堂出版社,1987年。

《宋代禪宋文化》,魏道儒著,中州古籍出版社,1993年。

《汾陽無德禪師語録》,楚圓集,(高雄)佛光出版社,1994年。

《佛祖統紀》,志磐撰,(台南)湛然寺,1995。

《宋史》,楊家駱主編,(臺灣)鼎文書局,1980年。

《全宋詩》(二),北京大學古文獻研究所編(北京)北京大學出版社,1991年。

《宋代文學思想史》,張毅著,(北京)中華書局,1995年。

《中國佛教思想史》,郭朋著,(福州)福建人民出版社,1995年。

《蘇軾禪詩研究》,朴永焕著,(北京)中國社會科學出版社,1995年。

《禪思與詩情》,孫昌武著,(北京)中華書局,1997年。

《禪宗宗派源流》,何雲等著,(北京)中國社會科學出版社,1998年。

(作者單位:韓國東國大學校中語中文學科)

大慧禪與儒佛融通

張家成

内容摘要：所謂"大慧禪"是指宋代大慧宗杲禪師以"看話禪"爲核心,博通内外經典、融世出世間法於一體的禪法思想。本文在闡述唐宋以來儒道佛"三教融合"與中國佛教的世間化的文化背景之後,從宗杲"菩提心即忠義心"的理論命題及其作爲"佛門義僧"的生平實踐兩個方面,闡述了大慧宗杲融合儒佛的努力及禪法思想"世間化"之特徵。

關鍵詞：儒佛融通；佛教世間化；菩提心即忠義心；佛門義僧

大慧宗杲以其"看話禪"影響了宋元以後中國禪學的發展進程。他提出的"不壞世間相而求實相"的禪法思想,尤其是"菩提心即忠義心"的説法,既是在佛教中國化進程影響下所形成的,同時也進一步加劇了宋元以降中國佛教世間化的進程。本文通過分析大慧宗杲的思想及生平行持中"融合儒佛"這一向度,來解讀大慧禪法之"世間化"特徵。

一、儒道佛"三教融合"與中國佛教的世間化

佛教産生自古代印度。爲了適應中國本土的社會文化形態,作爲異域文化的佛教在傳入中國之初就開始了中國化的歷程。在北魏曇靖所撰的《提謂波利經》(被視爲疑僞經)中,便最早用儒家的"五常"(仁義禮智信)來"格義"佛教"五戒"。雖然這一"格義"還只是簡單的比附,但卻代表了此後佛教以融合、會通中國本土儒道思想的方式來實現中國化的發展方向。實際上,魏晉南北朝以後的中國思想文化史,就是儒道佛三教之間由衝突、鼎立到互相融合會通的歷史。而從三教關係演變的整個歷史進程來看,唐五代是一個重要的轉折時期。在此之前,三教之間在會通、融合的同時,三教對立、衝突從未停止過。由三教之間的衝突所導致的一個重要社會現象,便是佛教所稱的"法難"的不斷出現。而自北宋以降,雖然三教之間的論辯依然繼續存在,但三教的融合會通成爲三教關係的主流,佛教"法難"現象亦隨之不再發生。在宋元明清歷代,無論是儒、道、佛三教自身的思想演變,還是宋元明清曆朝帝王的宗教政策[①],無不體現"三教融合"乃至"三教合一"的基本格局。

從社會學的角度來看,思想文化領域的"三教融合"思潮(這一思潮在中國佛教那裏主

---

① 南宋孝宗皇帝趙昚親撰《三教論》一文,主張"以佛治心,以道養生,以儒治世"。《三教論》實際上代表了宋代及此後的最高封建統治者對於儒、釋、道三家所採取的基本文化國策——它既不是如漢代那樣"獨尊儒術",也不是崇奉佛、道,而是三家並用,三教互補。

要表現爲儒佛之間的融合會通），是隋唐以來中國佛教的"世間化"基本態勢。也有學者將這一佛教"世間化"進程稱爲中國佛教的"世間化運動"。① 本文認爲，早期中國佛教"世間化"運動的一個重要標誌是中國化形態的佛教宗派——禪宗的出現和流行，尤其是慧能的那首著名謁語："佛法在世間，不離世間覺。離世覓菩提，恰如求兔角"，彰顯了中國佛教的"世間化"特質。

至兩宋時期，儒道佛"三教融合"思潮繼續深化，並表現出一些新的特點：由於民族危機的加劇，中國佛教也一改此前那種偏於避世隱修的消極被動傾向，突出表現爲積極主動地参予政治經濟社會事務，並謀求改變現世狀況，從而使得宋代佛教的"世間化"特徵變得更加明顯：從泛泛地主張三教調和，提倡入世濟眾，轉向依附儒家的基本觀念，甚至主張忠君愛國。從五代北宋初以來佛教發展的歷史來看，有眾多的佛門高僧從不同角度宣導佛教應積極入世。如延壽、贊寧、契嵩、克勤等就是其中的典型。

五代末宋初的永明延壽（904—975）禪師，爲改變唐末五代禪宗普遍流行的放任自然、不問善惡是非的風氣，提倡禪、教、净的統一，主張"萬善同歸"，要求佛教回到世間。延壽的"萬善觀"在整合了禪、教、净諸宗的基礎上，進而融合儒、道等世間法。他在《萬善同歸集》中説："文殊以理印行，差別之義不虧；普賢以行嚴理，根本之門靡廢。本末一際，凡聖同源，不壞俗而標真，不離真而立俗。"②即是在理論上證明佛教参與世間的必要性。他所説的"萬善"，除了大乘"六度"及念佛、誦經、持咒、放生等佛門修持行爲，還包括世俗間的諸善行，"勸臣以忠，勸子以孝，勸國以紹，勸家以和"。③

而稍後的贊寧（919—1001）律師一生除精研釋教内典之外，廣涉儒典。他因身處五代到北宋朝代更替之際，還特別提出了"佛法據王法以立"④的主張，特別強調通過獲得世俗君主和大臣之大力扶持來弘揚佛法。贊寧在《僧史略》一書的"結語"中提出沙門要"崇儒通道"的主張："信於老君先聖也，信於孔子先師也。非此二聖，曷能顯揚釋教？"⑤其思想尤其注重世間"王法"的作用，"世間化"傾向十分鮮明。

北宋明教契嵩（1007—1072）則認爲儒道佛三教之間只有治世與治心的差別，主張三教"同歸於治"。他説："儒、佛者，聖人之教也。其所出雖不同，而同歸於治。儒者，聖人之大有爲者也；佛者，聖人之大無爲者也。有爲者以治世，無爲者以治心。"⑥儒和釋同樣是聖人之道。所不同者，儒家是"有爲"而治，釋氏是"無爲"而治。而釋氏的這種"無爲"，通過"治心"即以聖人之道來規勸人心，其結果同樣是有益於治世。此觀點在他上仁宗皇帝《萬言書》中更加顯露。而他在名著《輔教編》還設有《孝論》十二章，擬儒《孝經》以發明佛意。同時批評"後世之學佛者，不能盡《孝經》而校正之，乃有束教者，不信佛之微旨在乎言

---

① 参見杜繼文《佛教史》（中國社會科學出版社，第 476—484 頁）第九章第一節有關內容，以及董平《中國佛教的世間化運動》，載吳光主編：《中華佛學精神》，上海古籍出版社 2002 年版。

② 《萬善同歸集》卷上，載《中國佛教思想資料選編》第三卷第一册，第 7 頁。

③ 《萬善同歸集》卷上，載《中國佛教思想資料選編》第三卷第一册，第 78 頁。

④ 轉引自杜繼文主編：《佛教史》，中國社會科學出版社 1991 年版，第 481 頁。

⑤ 贊寧：《僧史略》，《大正藏》，第 54 册第 254、255 頁。

⑥ 契嵩：《寂子解》，載《鐔津文集》卷八，《大正藏》，第 52 册第 686 頁。

外。"①據此,他認爲佛教決不可離開"天下國家"大事和君臣父子等倫理規範。這表明了宋代佛教的世間化和當時的儒、釋調和論之間具有不可分割的内在聯繫。

而在圓悟克勤(1063—1135)那裏,其至出現了"佛法即是世法,世法即是佛法"②(《圓悟佛果禪師語録》)的説法,將世間的"法"與佛門的"法"合而爲一。此一説法,無疑代表了中國佛教史上最爲徹底的佛教"世間化"思想,無疑也對其弟子大慧宗杲的禪法思想産生了重要影響。

從思想史的角度來看,宋代佛教理論創新之處並不多見。然而宋代佛教的歷史價值正在於其社會意義層面。宋代佛教的世間化,意味著此後佛學對儒學的靠近和依附也更加明顯。

二、菩提心即忠義心

大慧宗杲(1089—1163)俗姓奚,宣州寧國(今屬安徽)人。他出家後,先後參訪湛堂文準、圓悟克勤等禪師,在圓悟克勤禪師門下得悟,並承嗣圓悟克勤法脈。其師以其所著《臨濟正宗記》付囑之,並令宗杲分座説法。宗杲因此名震京師,成爲臨濟宗楊岐派第五代傳人。作爲一代禪門大德,他提倡"看話禪"法,將"參話頭"的修證方法進一步完善化和普及化,不僅使"臨濟中興",而且對後世禪宗産生深遠影響。同時,他還博通内外典籍,融攝經教、和會儒釋,融世出世間法於一體,其思想學説對南宋理學也有重要影響。

在三教關係上,大慧宗杲主張"三教融合"。他説:"愚謂三教聖人立教雖異,而其道同歸一致。此萬古不易之義。"③又説:"三教聖人所説之法,無非勸善誡惡,正人心術。心術不正,則奸邪,唯利是趨。心術正,則忠義,唯理是從。"④又説:"殊不知,在儒教則以正心術爲先,心術既正,則造次顛沛,無不與此道相契,前所謂爲學爲道一之義也。在吾教則曰:若能轉物,即同如來。在老氏則曰慈曰儉,曰不敢爲天下先。能如是學,不須求與此道合,自然默默與之相投矣。"⑤作爲中國傳統文化中的三個重要組成部分,儒道佛三教之間固然有著種種的不同和差異,但宗杲對於三教聖人(釋迦牟尼、孔子、老子)所説之法採取了融合會通的態度,認爲三教無不"唯理是從"、"道歸一致",其宗旨均在於"勸善誡惡,正人心術"。因此,不應對儒釋道三教有差別地對待。宗杲的這一説法,批評了社會上一般文人士大夫對佛教的誤讀,旨在肯定佛教的入世精神。當然,嚴格地説,佛教也是建立在世俗社會的基礎之上,佛教追求超越世俗的出世理想,並不是要否定個體以及社會的價值,而恰好是更加智生地展現個體生命和社會的價值和意義。因此,三教的差異不過是名相的不同,其道並行而不相悖。顯然,宗杲的這一説法還是頗有新意的。

當然,我們也不難發現,作爲佛門禪師,雖然大慧宗杲對儒、道思想都非常熟悉、乃至精通,但其"三教融合"思想的重點還是在於強調儒佛之間的融合會通。他在回答曾以科

① 契嵩:《傳法正宗記》卷 1,《大正藏》,第 51 册第 0715 頁。
② 《圓悟佛果禪師語録》卷 5,《大正藏》,第 47 册第 735 頁。
③ 《大慧普覺禪師語録》卷 22,《大正藏》,第 47 册第 906 頁。
④ 《大慧普覺禪師語録》卷 24,《大正藏》,第 47 册第 912 頁。
⑤ 《大慧普覺禪師語録》卷 24,《大正藏》,第 47 册第 913 頁。

舉而中狀元的居士汪聖錫的書信中説："若透得狗子無佛性話，……儒即釋，釋即儒；僧即俗，俗即僧；凡即聖，聖即凡。"①認爲儒佛相即、僧俗相即、凡聖相即，實際上是當時特殊的社會環境下强調僧人不能離棄世俗，佛家應當與儒家倫理道德相協調。

"大慧禪"——大慧宗杲的禪法雖以接引學人參學悟道爲基本目的，但在宋代士大夫大量參禪及儒佛交遊十分盛行的風氣之下，其禪法恰如同時代之論壇一樣，不僅經常討論儒家義理（倫理），而且還將儒家義理大量吸收到其禪法思想裏。大慧禪法裏經常提到的是各種"儒家公案"和話頭：如"韓愈參禪問道"、"一貫之道"、"朝聞道，夕死可矣"、"唯"與"忠恕"的不同境界、"爲學"與"爲道"的不同等話頭和論題。甚至於他的"禪語"，也與當時的道學家語幾乎没有差別："未有忠於君而不孝於親者，亦未有孝於親而不忠於君者。但聖人所贊者依而行之，聖人所訶者不敢違犯，則於忠於孝，於事於理，治身治人，無不周旋，無不明瞭。"②而這一切"儒門公案"，最後又都集中到愛君憂國的"忠義"上來。

正是在這一"儒佛融通"的前提下，宗杲進而提出了"菩提心即忠義心"的命題。他在《示成機宜（季恭）》中説："菩提心則忠義心也，名異而體同。但此心與義相遇，則世出世間一網打就，無少無剩矣。"③所謂"菩提心"，指佛家的覺悟之心，它代表了佛家的最高智慧。而"忠義心"是儒家所提倡的忠君愛國之心，它是中國古代封建社會世俗生活領域的最高行爲準則。但宗杲卻將二者"一網打就"，即打成一片、統一起來，視爲其禪法中"一心"之二門。

按照原始佛教的基本義理，"忠義心"與"菩提心"分屬世、出世間二個不同的領域，二者原本並不相容。脱離世俗生活的出家信徒，不應再具有世俗生活中的"忠君"、"孝親"等義務。這正是原始佛教與儒家名教之間的根本性分歧。但伴隨著佛教的中國化和世間化進程，這一傳統看法也出現了重要的轉折。

到了兩宋時期，受民族危機日益深重的社會現實的影響，"忠君愛國"成了宋代社會爲人處世的一個重要準則。宋代理學也突出强調"忠孝節義"，在宋儒所有的倫理觀念中，"忠君"列在首位。同時將"忠君"與"愛國"（"報國"）並提，也是自宋代開始形成的。④ 受這一社會觀念的直接影響，北宋以來的佛教界也相應地吸取忠孝仁義作爲自身理論學説的組成部分。如宋杭州天臺宗僧人智圓説："士有履仁義、盡忠孝者之謂積善也。"⑤將儒家的忠孝仁義視爲佛教的善惡標準。因此，智圓大力提倡儒家禮教。契嵩在其名著《輔教編》中設有《孝論》篇，專門"擬儒《孝經》發明佛意。"相對來説，大慧宗杲用"忠義心"來解釋作爲成佛基石的"菩提心"，認爲二者"名異而體同"，則是將二者等同起來，觀點更爲直接。

由"忠義心"和"菩提心"的同一性，宗杲進而延伸到"王事"和"民事"之間的統一。他説："所謂王事民事，一一明瞭，一一無差，然後卷舒自在，縱奪臨時，皆吾心之常分，非假於他術。"⑥認爲"忠君"其實也就是在爲民做事，二者等無差別。宗杲還用此一命題分析區

---

①　《大慧普覺禪師語録》卷 28，《大正藏》，第 47 册第 932 頁。

②　《大慧普覺禪師語録》卷 24，《大正藏》，第 47 卷第 913 頁。

③　《大慧普覺禪師語録》卷 24，《大正藏》，第 47 卷第 912 頁。

④　據《宋史·嶽飛傳》記載，嶽飛在出仕之前，其母在其背上刺上"精忠報國"四字，作爲其一生志向與理想。

⑤　《閒居編》第十八，載《卍新纂續藏經》，第 56 册第 892 頁。

⑥　《大慧普覺禪師語録》卷 5，《大正藏》，第 47 册第 833 頁。

別了忠義者與奸邪者的不同:"忠義奸邪與生俱生。忠義者處奸邪中,如清净摩尼寶珠置在淤泥之内,雖百千歲不能染汙。何以故? 本性清净故。奸邪者處忠義中,如雜毒置於净器,雖百千歲亦不能變改。何以故? 本性濁穢故。"①宗杲分析了忠奸生成的原因,從"忠義心即菩提心"的角度來看,奸人就是無"忠義心"者,也就是"菩提心"被蒙蔽了。而一旦顯發出"菩提心",就意味著有了作"忠義之士"的品格,也即達到了人生的最高追求。

不僅"忠君、愛國"是菩提心的體現,世間生活中的一切無不可以視作佛法之顯現。宗杲曾説:"世間出世間法不離,湛然無纖毫滲漏。"②"佛法在日用處,行住坐臥處,吃茶吃飯處,語言相問處,所作所爲處。"③"日用應緣處,便恢張此個法門,以報聖主求賢安天下之意,真不負其所知也。願種種堪忍,始終只如今日做將去,佛法、世法打做一片,且耕且戰,久久純熟,一舉而兩得之。"④在日常生活中,"茶裏、飯裏,喜時、怒時,净處、穢處,妻兒聚頭處,與賓客相酬酢處,辦公家職事處,了私門婚嫁處"等等,都是禪修工夫的重要時節。接著,宗杲還舉當時的"三大老"爲例來説明之:"昔李文和都尉,在富貴叢中參得禪,大徹悟。楊文公參得禪時,身居翰苑。張無盡參得禪時,作江西轉運使",認爲"這三大老"便是個"不壞世間相而談實相"的典型,"又何曾須要去妻拏、休罷官職、咬菜根,苦形劣志,避喧求静,然後入枯禪鬼窟裏作妄想,方得悟道來!"⑤

所謂"世間相",是指世俗社會的各種存在,而"實相"則指出世間的最高境界,即涅槃解脱。宗杲主張禪法修行應落實在日常生活之中,而反對遠離塵世的獨自修行。他還針對當時普遍的士大夫學禪之風,宣導"不壞世間相而求實相"⑥的參禪理念。這一理念正是中國佛教特別是禪宗解脱理論的精髓所在,爲傳統士大夫提供了安身立命的精神原動力。

"不壞世間相而求實相"與"佛法在世間,不離世間覺"、"煩惱即菩提"等説法同義,實際上就是主張世間與出世間相依不二、即世間求解脱。宗杲上述這些説法表明,不僅穿衣吃飯可以是佛法,忠君安民同樣可以是佛法,佛法與世法原本可以融爲一體,一舉而兩得。宗杲將"忠君愛國"觀念引入佛教,其主張"菩提心即忠義心"實乃其禪法思想的重要一環,在中國禪宗思想史上也具有重要地位,產生了重要影響。從理論上來看,這一説法既是中國佛教世間化的重要依據,同時又對於宋元明清中國佛教的世間化,起了重要的推動作用。

三、佛門義僧

前引宗杲所説:"菩提心則忠義心也,名異而體同。但此心與義相遇,則世出世間一網打就,無少無剩矣",在這一段文字中,宗杲認爲,此心與"義"相遇,則世出世間可打成一

---

① 《大慧普覺禪師語録》卷 24,《大正藏》,第 47 册第 912 頁。
② 《大慧普覺禪師語録》卷 26,《大正藏》,第 47 册第 923 頁。
③ 《大慧普覺禪師語録》卷 27,《大正藏》,第 47 册第 924 頁。
④ 《大慧普覺禪師語録》卷 30,《大正藏》,第 47 册第 939 頁。
⑤ 上述引文均見《大慧普覺禪師語録》卷 21,《大正藏》,第 47 册第 899-900 頁。
⑥ 《大慧普覺禪師語録》卷 22,《大正藏》,第 47 册第 906 頁。

片。顯然，"義"是其中的一個關鍵字。

當然，宗杲所説的"義"字的含義是統合了佛家的"理義"之義和儒家的"仁義"之義的。他曾引用唐名僧圭峰宗密的一個説法，並表示了異議：

"圭峰云：'作有義事，是惺悟心。作無義事，是狂亂心。狂亂由情念，臨終被業牽；惺悟不由情，臨終能轉業。所謂義者，是義理之義，非仁義之義。'而今看來，這老子亦未免析虛空爲兩處。仁乃性之仁，義乃性之義，禮乃性之禮，智乃性之智，信乃性之信。義理之義，亦性也。作無義事，即背此性；作有義事，即順此性。然順背在人，不在性也。仁義禮智信在性，不在人也。"①

在宗杲看來，圭峰是將儒之仁義與佛之理義相分割，理、性、義相割離。爲表示不分別儒釋之理，宗杲採用"理義"的説法以示區分（"理者理義之理，非義理之理"②），而他所説的"理義"説是統合宗密的"義理"説及儒家的"仁義"説、"恩義"説。在宗杲那裏，"理"、"性"、"義"三者，是相互統一的。這裏，宗杲不僅將儒門之"義"引入佛門，强調儒家之"義"在其禪法理論和實踐中的意義和價值，同時還用佛家之理改造、提升傳統儒門之"義"。

在宗杲本人的生活實踐中，"義"的特色顯然十分突出。縱觀宗杲的一生的行持，我們不難發現其"重義"的人生軌跡。本文認爲，大慧宗杲堪稱爲中國佛教史上典型的"佛門義僧"。在宗杲的一生的"義"行中，既表現爲民族大義、愛國忠義之"義"氣，也體現爲在處理社會及人際關係上的個人行持方面之"義"德。

宗杲嘗自稱"予雖學佛者，然愛君憂國之心與忠義士大夫等，但力所不能而年運往矣。喜正惡邪之志，與生俱生。"③宗杲極力突出僧人也要和士大夫一樣忠君愛國，"爲君上盡誠，而下安百姓"。④ 曾任宰相的張浚在其所撰的《大慧普覺禪師塔銘》中也這樣説道："師雖大方處士，而義篤君親。每及時事，愛君憂時，見之詞氣。"⑤由此可見，宗杲雖是出家人，正是因爲關心世事民情，而與世俗社會保持著密切的往來和聯繫。大慧宗杲與當時的士大夫交遊十分頻繁，是一名活躍於士大夫之間的著名禪師。如二程的後學中，有不少人都是他的座上客。而與宗杲交遊的理學家們的思想上大都烙印著大慧禪法的深刻影子。

更爲重要的是，宗杲生活在南宋之初抗金派和投降派激烈鬥爭的年代，他以强烈的愛國憂民意識而同情抗金派的政治見解，甚至主張佛教徒也應忠君報國、保衛宋朝江山。正因如此，他的一生順逆無常，既曾經被朝廷高高捧起，禦紫衣、封名號宗⑥，也曾被朝廷狠狠地摔下，褫奪僧籍，流放湖廣瘴癘之地。宋紹興十年（1140），宗杲在徑山寺與來訪的張九成談論時，曾説一偈："神臂弓一發，透過千重甲；衲僧門下看，當甚臭皮襪。"他把主張抗金，反對議和的岳飛、韓世忠、張九成等人比作"神臂弓"，把曲膝投降主張議和賣國的秦檜之流比作"臭皮襪"，次日爲眾説法時又有"神臂弓一發，千重關鎖一時開；吹毛劍一揮，萬

---

① 《大慧普覺禪師語録》卷 28，《大正藏》，第 47 册第 932 頁。

② 《大慧普覺禪師語録》卷 24，《大正藏》，第 47 册第 912 頁。

③ 《大慧普覺禪師語録》卷 24，《大正藏》，第 47 册第 912 頁。

④ 《大慧普覺禪師語録》卷 30，《大正藏》，第 47 册第 939 頁。

⑤ 《大慧普覺禪師語録》卷 6，《大正藏》，第 47 册第 836 頁。

⑥ 杲又字曇晦，號妙喜，二名均係宰相張商英所贈；其號"佛日大師"，乃宋欽宗所賜；晚年又被孝宗賜號"大慧禪師"，謚"普覺"。

劫疑情皆悉破"之語。秦檜得知此事以後,"恐其議己,令司諫詹大方議其(張九成)與宗杲謗訕朝政"①,以坐議朝廷除三大帥(韓世忠、張俊、岳飛)事而遭"罪",張九成被免官並聽候處理,而大慧宗杲則被追牒(開除僧籍),充軍湖南衡陽。這就是南宋歷史上著名的"神臂弓"事件。自是宗杲開始了長達十六年的流放生涯,直至紹興二十六年(1156)才被平反並恢復僧籍。但自始至終,宗杲一直都以出家僧人的身份,堅守著中國傳統的道德觀念。

另一方面,宗杲爲人個性率真,剛直不阿,也充分表現出"義"的特徵。據《年譜》記載,他十三歲在鄉校讀書時嬉戲時誤用硯臺砸中老師,"償金三百",結果被父親訶責,於是説"讀世間書,曷若究出世法?"②,乃發心出家。

宗杲禪師生活的時代,禪林新出現的"文字禪"之風氣十分濃郁,其代表人物除惠洪以外,便是乃師圓悟克勤,而其代表作品則是《碧岩録》。宗杲是克勤的弟子,但其平生所作的一件驚人之舉便是焚毁《碧岩録》的刻板,以糾正"近世學語之流"的禪林風氣。按照通常的觀點,弟子入其門户,傳其衣鉢,當須繼志以述事;但宗杲焚毁《碧岩録》之舉,看似有悖弟子之德,也引起了後人對此的諸多猜想。實際上,宗杲在此卻以禪林大"義"爲重,而將弟子之德置之度外,恰恰賦予了源自傳統儒家的師徒之"義"以新的含義。

還有一件事也不得不提。宗杲提倡看話禪,並對當時流行的曹洞宗的默照禪作了尖鋭的批評。他説:"近年以來,有一種邪師説默照禪,教人一二時中是事莫管,休去歇去,不得做聲,恐落今時,往往士大夫爲聰。"③這樣的批評文字,在宗杲的《語録》、《年譜》及《正法眼藏》等書中都很常見,《語録》的記載尤爲詳細。當時提倡"默照禪"最爲著名的曹洞僧人是真歇清了(1091—1151)和宏智正覺(1091—1157)二人。但據現有文獻資料,現實生活中宗杲與上述二人一直保持著良好的私人關係。如宗杲入閩時,在福建雪峰的真歇清了還曾經請宗杲到雪峰爲徒眾開堂説法。宗杲與宏智正覺之間的關係更是非常融洽。宗杲恢復僧籍後,正是應宏智之請赴寧波主持育王寺,此後,二人往來十分頻繁,友誼深厚。雖然批評"默照禪",但宗杲對宏智的禪境界也有很高的評價。對這一看似矛盾的現象,學術界有種種的解讀。如閆孟祥先生在其《宋代臨濟宗發展演變》一書中認爲是現在的學者誤解了宗杲的批評——宗杲批評的不是真歇清了和宏智正覺的默照禪,而是針對除二人以外的其他"邪師"。④ 本文認爲,毫無疑問,宗杲對默照禪的批評自然應當包括了真歇和宏智的默照禪。宗杲向來重義,他的處世原則可謂"對事不對人",正如他焚燒乃師圓悟克勤的《碧岩録》是出於佛門大義,而不是針對他的老師,他對默照禪的批評也是如此,這裏没有個人恩怨。這種做法,恰恰體現了宗杲"佛門義僧"的處世和行事原則。

綜上所述,宗杲雖是佛門禪師,其身上卻始終展現了鮮明的"儒者風範"的一面。他不僅在理論上、思想上宣導儒佛融通和佛教世間化,將世出世法打成一片,還堅持"知行合一",在社會生活中努力踐行這一理念。宗杲説:"直要到古人腳踏實地處,不疑佛,不疑孔

---

① 《宋史·張九成傳》。
② 《大慧普覺禪師年譜》,載《佛光大藏經》"禪藏·語録部"之"大慧禪師語録",第 623 頁。
③ 《大慧普覺禪師語録》卷 26,《大正藏》,第 47 册第 923 頁。
④ 參見閆孟祥先生《宋代臨濟宗發展演變》,宗教文化出版社 2006 年版,第 251 頁。

子,不疑老君,然後借老君孔子佛鼻孔,要自出氣。真勇猛精進,勝丈夫所爲。願猛著精彩,努力向前。"①可以説,宗杲本人正是這樣一位"勇猛精進"、"努力向前"以踐行其禪法理念的著名禪師,是中國佛教史上典型的"佛門義僧"。

(作者單位:浙江大學哲學系、浙江大學宋學研究中心)

---

① 《大慧普覺禪師語録》卷 21,《大正藏》,第 47 册第 898 頁。

《續修四庫全書·宋別集》商榷

祝尚書

《續修四庫全書》（以下簡稱《續修》），是上海古籍出版社歷時八年（一九九四至二〇〇二）方才告竣的編纂、出版工程。是書規模之宏大，搜羅之繁富，對保存民族文獻，弘揚傳統文化，其功之偉，當不在《四庫全書》下。且其用影印方式，原原本本，既無清人觸"時忌"擅改之虞，亦無手抄魚魯帝虎之訛，又遠在乾隆館臣之上。筆者每徘徊于圖書館《續修》列架之下，皆不由肅然起敬。

但是，任何上規模的出版工程，都難免會留下一些遺憾，更何況像《續修》這樣的巨型叢書，其頭緒之紛繁，擬目、覓書之艱難，非個中人可以想像。筆者因工作關係，對《續修》集部之宋別集部份有較多關注，發現有失收及版本選擇失當等情況，茲不辭翦陋，提出與主事諸公商榷，若有一得之愚，將來或設法補救，則幸甚。

一、失收，凡十種

首先須説明：所謂"失收"是有時間界限的，即指編纂《續修》時可得之本而因各種緣故未能入編，後來由海外引回故國的書籍（如近年由日本引回多部宋人文集），一概不計在內。

1.《注東坡先生詩》四十二卷，施元之、顧禧、施宿注。《四庫全書》未收，《續修》失收。

《四庫全書》收錄"清施本"。所謂"清施本"，即清初宋犖宛委堂所刊《施注蘇詩》本，此本雖亦稱"施注"，但并不等於施顧注蘇詩，黃丕烈嘗謂該本"與宋本（施顧注原本）迥異"。宋景定間所刻施宿、顧禧、施宿《注東坡先生詩》四十二卷，今存三十四卷，在翁同龢後人（已移居美國）處。一九六九年，臺北藝文印書館嘗借得依原大影印。一九七八年，臺北汎美圖書公司再次影印，其《景印補全宋刻施顧注蘇東坡詩説明》曰："爰以景定本爲底本，其所闕各卷，乃以古香齋本補入。……共三千二百餘面，合裝四冊，除天地邊緣等較宋刊縮小外，書中板框、字體之大小，亦仍保持宋刻原大，以期不失宋板之真面目也。"所補之"古香齋本"，乃光緒間南海孔氏翻刻的"清施本"。影印兩本，大陸圖書館不難得到（四川大學圖書館即有其書）。翁氏所藏宋刻原本，上海圖書館於二〇〇〇年斥資四百五十萬美元從翁氏後人處購回，今藏該館善本室。用宋本影印恐有諸多不便，但用臺灣影印本再影印，應該可行。

2.《郎中集》二十一卷,孔平仲撰。《四庫全書》本缺六卷,《續編》未能用完本補全。

孔文仲(一〇三三——一〇八八),字經父,嘉祐六年(一〇六一)進士第一;弟武仲(一〇四二——一〇九八),字常父,嘉祐八年進士;弟平仲,字毅父,治平二年(一〇六五)進士,臨江軍新淦(今江西新干)人。三人號"清江三孔"。傳世之《清江三孔集》四十卷,乃南宋慶元間所刻三人合刊本,通爲編卷,分別爲孔文仲《舍人集》二卷(卷一至卷二)、武仲《侍郎集》十七卷(卷三至一九)、平仲《郎中集》二十一卷(卷二十至四十)。宋刻本久已失傳,今國內著錄明、清抄本凡十餘部,其中孔平仲《郎中集》只存十五卷,缺六卷,各本多同,如《四庫全書》本、胡思敬《豫章叢書》本等。但也有完整無缺的。傅增湘《藏園群書經眼錄》卷一八著錄一明黑格寫本《三孔先生清江文集》四十卷,十行二十字,"存《孔氏雜說》一卷,《孔平仲集》二十一卷。"又按曰:"新刊本(指《豫章叢書》本)《孔平仲集》祇十五卷,胡宿堂跋謂後六卷遍尋不獲,四庫本亦缺。茲帙乃完然無失,洵可珍也。"①此本今藏國家圖書館。《經眼錄》又著錄另一抄本《三孔先生清江文集》四十卷,道:"舊寫本,十行二十二字。卷一至二爲經父集,卷三至十九爲常父集,卷二十至四十爲毅父集。近時胡氏《豫章叢書》刻《三孔集》,其毅父集卷一六至二十一凡六卷原文全佚去,此本獨完好,殊爲罕覯。其卷末王藻跋,各家抄本皆不存,余收得明抄殘本(指上述明黑格寫本),只存毅父集,卷尾王藻跋斷爛,僅存數行,茲乃全存,尤足貴也。"②按:傅氏所記舊抄本,今藏北京大學圖書館。北大王嵐教授《宋人文集編刻流傳叢考·三孔集》核對該書後,認爲該本是"今傳眾本中唯一一個收全三孔文集四十卷的"本子,若欲重新整理是集,"以此四十卷抄本爲底本,校以(國圖所藏)明抄本等諸本",即可整理出一部完善的《三孔先生清江文集》。③ 不過,若慮及《續修》制作成本,四庫本中孔文仲、武仲二集尚完整,只影印孔平仲《郎中集》亦可。

3.《雪峰空和尚外集》一卷(即不分卷),釋惠空撰,《四庫全書》未收,《續修》失收。

釋惠空(一〇九六——一一五八),號東山禪師,俗姓陳,福州(今屬福建)人。嘗參圓悟于雲居,歷住曹溪、疏山,返閩寓秀峰,晚開法于福州雪峰。《外集》收其所作偈頌及法語函牘,宋、元皆嘗刊行,然傳本國內久絕,今僅存日本舊刊本。1980年,臺灣明文書局據所得日本舊刊本影印入《禪門逸書初編》,早已傳入大陸。該本前有明復撰《雪峰空和尚外集解題》,述其版本源流道:

> 此集初刊乾道六年(一一七〇),去空公遷化,纔十二年耳。又八年(淳熙五年,一一七八),雷峰惠然再刊之。元順帝至正七年丁亥(一三四七),日本建長寺契充書記得其書,讀而好之,化緣而鋟之梓,寺主梵僊爲跋,即此本也,今幾七百年矣。久霾廢檔,一朝復出,得非空老人于真寂光中默佑冥護之力,何能有此機緣也。尤可貴者,書中偈頌篇裏夾注殆滿,蠅書蟻畫,精細非常。博引禪冊,廣搜梵夾,儒典世籍,亦復不遺。一人一地,一事一物,皆剖析其意義,標示其出處,雖市諺土語,亦不忽遺。設非宏博之士,窮累年之功,焉克臻此,而其淑人婆心,覺世宏願,顯現於字行間者,足令人馨香再拜矣。惜乎偈頌篇外,法語書簡部份,無一字及之,殊難解識其故。

---

① 傅增湘:《藏園群書經眼錄》卷一八,中華書局2009年版,第1279頁。
② 傅增湘:《藏園群書經眼錄》卷一八,中華書局2009年版,第1280頁。
③ 王嵐:《宋人文集編刻流傳叢考》,江蘇古籍出版社2003年版,第183頁。

北京大學圖書館亦藏有日本刊本一部,乃李盛鐸在日本時所得,《木犀軒藏書目録》著録道:"《雪峰空和尚外集》一卷,宋釋慧空撰。日本刊本,日本貞治正平(元至正)間刻本(日人批注有缺頁及抄配)。分偈頌、法語、真贊、書簡諸門。和尚蓋南宋初僧也。"①

4.《北磵詩集》九卷,釋居簡撰,《四庫全書》未收,《續修》失收。

居簡(一一六四——一二四六),字敬叟,號北磵,潼川(今四川三台)龍氏(一云王氏)子。二十一歲出蜀,依東南多所禪寺。嘗居杭州靈隱飛來峰北磵十年,人以"北磵"稱之,故以爲號。嘉熙間敕住杭州净慈光孝寺。嘉定丁丑(十年,一二一七),張自明序其集,稱"讀其文"、"誦其詩"云云,則"其集詩、文各爲一編"②。《四庫全書》已收《北磵文集》十卷,但《北磵詩集》九卷則未收,蓋館臣未得其本。

詩集今存宋刊本,藏日本御茶之水圖書館,乃原德富蘇峰成簣堂舊藏,"每半葉十四行,每行二十四字。左右雙邊,版心有字數及刻工名姓。是書首有葉水心(適)題詩,每册首尾有'青柳軒常住'墨書"③。《和刻目録》(油印本)又著録日本寶永三年(一七〇六)木活字本《北磵詩集》九卷。

臺北"中央圖書館"藏有朝鮮舊刊本《北磵詩集》,存卷一至四,卷首有龍泉葉適題詩《奉酬光孝堂頭禪師》,摹手書。每半葉十四行,每行二十四字。臺灣明文書局嘗將其影印入《禪門逸書初編》,當時《續編》可據以入編。用殘本影印固然是很大的缺憾,但讀者對此可以理解,遠勝于隻字不録。至于九卷本《北磵詩集》,《全宋詩》已用日本內閣文庫所藏應安七年(一三七四)刻本入編,國內有了該書的完整文本。二〇一二年,西南大學出版社、人民出版社用日本國會圖書館所藏五山版影印編入《日本五山版漢籍善本集刊》,同年又影印入金程宇編《和刻本中國古逸書叢刊》,今後國內已不存在沒有該書完整傳本的問題了。

5.《蜀阜存稿》三卷,錢時撰,《四庫全書》未收,《續修》失收。

錢時(一一七五——一二四四)),字子是,號融堂,淳安(今屬浙江)人。從楊簡學,絕意仕進,隱居授徒。嘉熙初,以薦特賜進士出身,授秘閣校勘。尋辭歸,創融堂書院。著書十種,文集稱《蜀阜集》。《蜀阜集》全本明代猶存,趙氏《萬卷堂書目》卷四著録道:"《蜀阜集》十八卷。"又《千頃堂書目》卷二九曰:"錢時《蜀阜集》十八卷。淳安人,官秘閣檢閱。喬行簡嘗進其所爲《五經管見》、《西漢筆記》於朝。"

十八卷本《蜀阜集》明代已罕見,後散佚。今存三卷本,題《蜀阜存稿》,乃明代鄉人徐貫重輯之本。徐氏門人蔡清嘗作《蜀阜存稿序》,稱"其遺稿今不盡傳,是編名《蜀阜存稿》,則今吾閩右布政使梅軒徐公(貫)所收集于散落之餘而校定焉者也。公將行之梓,命門生蔡清校而序之"④。序未署年代,考蔡清爲成化進士,書當刊于成化前後。

徐貫刊本久不見著録,或已失傳。民國十六年(一九二七),徐氏後裔刊家集,有《蜀阜存稿》三卷,當即源於明本。家集本各公共圖書館亦不見著録,唯中華書局圖書館尚存一

---

① 李盛鐸:《木犀軒藏書題記及書録》,北京大學出版社 1985 年版,第 240 頁。
② 《四庫全書總目提要·北磵文集提要》。
③ 嚴紹璗:《日藏漢籍善本書録》,中華書局 2007 年版,第 1583 頁。
④ 蔡清:《蜀阜存稿序》,《虛齋集》卷三,文淵閣《四庫全書》本。

部,其詩文已分別收入《全宋詩》和《全宋文》(此刊本年代較近,其他圖書館亦或有之,但未見著録)。

6.《後村先生大全集》一百九十六卷,《四庫全書》收《後村居士集》五十卷,《續修》未用《大全集》本補足。

劉克莊(一一八七——一二六九),其文集宋末曾彙編爲《前》、《後》、《續》、《新》四集。《四庫全書》收《後村居士集》五十卷,即劉克莊自編之《前集》。劉克莊逝世後,其季子劉山甫合四集刊爲《後山先生大全集》,凡一百九十六卷、目録四卷,《四部叢刊》初編用顧氏賜硯齋抄本《大全集》影印。四庫本約只有大全集的四分之一,此點眾所周知,故此不再作版本考證。《續修》理應用《大全集》本補足。《四部叢刊》初編底本脱誤甚多,遠非善本。今國内各圖書館猶存明、清鈔本多部,大多爲殘本,完本有張金吾從天一閣傳録之帙,《愛日精廬藏書志》卷三一著録,今藏南京圖書館,有清劉尚文校補,張金吾、周星詒、傅以禮跋,孫毓修校并跋。國家圖書館藏有清鈔本,有翁同書校。兩本或優於賜硯齋本(筆者未校),可選擇一種影印。

7.《太白山齋遺稿》二卷,孫德之撰,《四庫全書》未收,《續修》失收。

孫德之(一一九二—?),字道子,東陽(今屬浙江)人。嘉熙二年(一二三八)進士,又中宏詞科,官至秘書監丞。後以國事不可爲,遂絶意仕進,築太白山齋,別號太白山人,潛心著述。據明嘉靖時其十一世裔孫孫學爲其集所作《後序》,知作者著有《續大事記》及各體文不下數百卷,然經元季兵燹之餘,所存僅什一於千百。萬曆時,二十一世孫宗裕跋,稱作者文集嘗由“同知公諱志者綴録梓傳,因遭回禄,僅存一本,後爲杜氏所竊,幾乎無傳。石台公(孫揚)遍訪複得,教諭公諱學者複刻其板,而又灰燼”。此謂初刻于孫志,複刻于孫學。

嘉靖刊本之後,至崇禎癸酉(六年,一六三三),是集方有重刻本。重刻本乃作者五世裔孫紹壋所鐫,有《敘》,稱“因以千百世之計,托之片楮焉”。崇禎本今亦無著録。是集今可見者唯清道光四年(一八二四)刻本,藏中國科學院圖書館及浙江東陽市圖書館。蔡袁海《重刊記》稱“石台先生(孫揚)裔孫刻《石台先生遺集》若干卷,並此稿刻之”。是本首行題‘宋秘書孫氏太白山齋遺稿’,次行署“十一世孫清流學訓導學集刻”。每半葉十行二十字,白口,四周單邊。卷首爲附録、目録,正集厘爲上、下二卷,共有文六十二篇,有題無文者二十三篇。

8.《無文印》二十卷,釋道璨撰,《四庫全書》僅收《柳塘外集》四卷,乃選本,《續修》未用全集本取代補足。

道璨(一二一四—一二七一),號無文,豫章漢昌(今江西南昌)陶氏子。嘗主饒州薦福寺、廬山開元寺,與士大夫交遊甚廣。所著《無文印》二十卷,歷代書目藏志未見著録,世傳止《柳塘外集》。今遼寧省圖書館猶藏宋槧《無文印》一部,有抄配。卷首載癸酉(咸淳九年,一二七三)長至月李之極序,稱“其徒惟康萃遺稿二十卷,請于常所來往之有氣力得位者刊之,囑予爲之序”。傅增湘《藏園訂補郘亭知見傳本書目》著録咸淳間浙刻本《無文印》二十卷、語録四卷、贊一卷、偈頌一卷,謂乃“友人羅振玉獲自日本之書,蓋宋元時倭僧攜歸之書也”。所述即今遼寧圖書館藏本。遼寧館本近已模擬影印收入《中華再造善本叢書》。

咸淳九年刊本《無文印》,今日本國會圖書館亦藏一部,楊守敬《日本訪書志》卷一六嘗著録,曰:"《無文印》二十卷,宋咸淳九年癸酉刊本,附語録一册,杉本仲温藏本。宋釋無文撰。凡詩二卷,文十八卷。首有李之極序。每半葉十一行,行二十字,雕刻精良。無文與當時名流相唱和,故其詩文皆無疏筍氣,文尤簡直有法,在宋僧中固應樹一幟也。"該本版式結構,與上述遼寧圖書館藏本同,蓋同板所印。

除宋槧外,是集北大圖書館猶藏有日本貞亨年間刊本。《北京大學圖書館藏善本書録》(北大出版社一九九八年五月版)著録道:"《無文印》二十卷、語録一卷,日本貞亨間(清康熙間)刻本,半葉十一行,行二十字,黑口,四周雙邊。據宋本翻刻,共十册。'有書影。

道璨著作,清以後流傳較廣者爲《柳塘外集》二卷、四卷、六卷三本,皆非全帙。二卷本乃詩集,即《無文印》之首二卷,前有張師孔序,嘗收入《宋人小集》四十二種、《宋四十名家小集》、《南宋群賢小集補遺十三種》等。民國三年(一九一四),李氏宜秋館據抄本刊入《宋人集》甲編。

四卷本收入《四庫全書》,乃鮑士恭家藏本。《提要》曰:"集凡詩一卷,銘、記一卷,序文疏書一卷,塔銘、墓誌、壙志、祭文一卷。宋以後諸家書目皆未著録,國朝康熙甲寅(十三年,一六七四),釋大雷始訪得舊本,釋元宏、燈岱因爲校正鋟板。"則鮑氏本當即康熙本。康熙本今北大圖書館有著録。一九八〇年,臺灣明文書局據四庫本影印,收入《禪門逸書初編》。六卷本,今僅浙江省圖書館著録清抄本一部。

9.《雪岑和尚續集》二卷,釋行海撰,《四庫全書》未收,《續修》失收。

釋行海(一二二四—?),號雪岑,剡溪(今浙江嵊縣)人。早年出家,曾住嘉興先福寺。今存所著《雪岑和尚續集》上、下二卷,卷上爲七言律詩,卷下爲七言絶句。自序道:"余詩自淳祐甲辰(四年,1244)到今淳祐庚戌(十年)①,凡若干首。三四五六七言,歌行謡操吟引詞賦,衆體粗備,旋已删去太半,以所存者類而成集,以遺林下好事君子,用旌予於無爲淡泊中,猶有此技癢之一累也。"林希逸爲之跋,謂其詩稿"本有十二巨編,三千餘首",未能盡選,僅選摘二百餘首,並盛贊所作"平淡處而涵理致,激切處而存忠孝,富贍而不窒,委曲而不澀滯,温潤而醞藉,純正而高遠,新律古體,各有法度",云云。是集既稱"續集",必當有正集,已佚不傳。

是集中國科學院圖書館藏有抄本一部。

日本藏有南北朝時期(一三三六—一三九二)覆宋刻本,每半葉十行,行二十字,白口,左右雙邊,今宮內廳書陵部、京都建仁寺兩足院有藏本。又有寬文五年(1665)藤田兵衛有刊本,今日本內閣文庫、公文書館、京都大學等著録。

10.《草窗韻語》六卷,周密撰,《四庫全書》未收,《續修》失收。

周密(一二三二—一二九八),字公謹,號草窗,又號蕭齋、弁陽嘯翁、弁陽老人、華不住山人。濟南人,流寓吳興(今浙江湖州)。淳祐中官義烏令,宋亡不仕,號泗水潛夫。所著甚富,今存《齊東野語》、《清波雜誌》、《癸辛雜識》及《草窗詞》等。《草窗韻語》乃其詩集之一種,另有《蠟屐集》、《弁陽詩集》,馬廷鸞、戴表元嘗爲之序,久已失傳。

《草窗韻語》至近代始重新面世,且爲宋刊本,此前不見著録,更未收入《四庫全書》等叢書。原本手書上板,每半葉九行十七字,白口,四周雙邊。版心下方記刊工名,有王世

---

① "戌"原作"午",按淳祐無庚午,當是"戌"之誤,徑改。

刊、文明、應龍刁等。本書卷首次行題"齊人周密公謹父"六字(參傅增湘《藏園訂補邵亭知見傳本書目》)。上虞羅氏嘗據宋本影印,今國內有著錄;烏程蔣氏(汝藻)於民國十一年(一九二二)托董康據宋本影刊入《密韻樓景宋本七種》。朱孝臧跋蔣氏影刊本道:

> 孟蘋先生近得《草窗韻語》,自一稿至六稿,凡六卷。卷首咸淳重光協洽歲同郡陳存敬序,古涪文及翁序;卷末乙亥李彭老、李萊老題七言絕句,一稿後又有李韠和父題一絕。卷中書體仿《道因碑》。近見曹君直藏趙子固水仙卷草窗題詞,筆意絕相似,疑自寫上版也。鮑刻《蘋洲漁笛譜》(按:乃周密詞集)稱從汲古摹本,行款正同,亦有二李題詞,當屬一時所刊。……此本自元至正汔康熙時題識殆遍,乃未入收藏家著錄,洵絕無之秘帙矣。

宋刻原本大陸未見著錄,不詳何在。據影刊本,卷首有"翰林學士院印",則該宋本乃明翰林院舊物;又有"都穆之印"等印記,則明代已流入私家。李萊老題詩後,有題記一行曰:"至正十年(一三五○)三月,浚儀張雯得之于高文遠書肆。五月重書于吳下樂志齋。"卷末猶有萬曆羅文瑞、康熙楊汝楫等題識。詳見《文祿堂訪書記》卷四。

是集未入《續修》,甚爲可惜,宜用影宋刊《密韻樓景宋本七種》本影印入編。

二、版本選擇失當,凡四種

1.《雙峰猥稿》九卷,舒邦佐撰。《四庫全書》未收,《續修》著錄崇禎刊本《雙峰先生存稿》六卷,非完本,宜用道光本。

舒邦佐(一一三七—一二一四),字平叔,靖安(今屬江西)人。淳熙八年(1181 進士,授鄂州蒲圻簿,改潭州善化簿,遷衡州錄事參軍。以疾歸,卒。所著《雙峰猥稿》,嘗自爲序,述其學四六得法經過。文集乃其子舒邁編,作者生前已刊行。趙希弁《讀書附志》卷下著錄道:

> 《雙峰猥稿》八卷,右舒邦佐平叔之文也。開禧丙寅(二年,一二○六),劉德秀爲之序。平叔,豫章雙溪人也。

趙氏所錄,殆即舒邁刊本。

自元迄清,舒氏後裔嘗屢爲翻刻。清查慎行曾傳抄一部,有跋述其版本源流道:

> 是集初刻于宋寧宗嘉泰四年(一二○四),公季子邁所編,先生自敘,題曰《雙峰猥稿》。至理宗淳祐七年(一二四七),再刻于連山,章杭山有序。元初,公之六世孫名世重刊,有歐陽冀公序,未幾板毀。洪武中,七世孫泰亨以家藏舊雕本翻刻於南昌,訓導劉鈗志其本末。正統中,九世孫守中重刻,劉忠潯爲之序。今所抄者,照正統本。

查氏所述各本(包括正統本),今皆未見著錄,唯舊本序跋多存。查氏抄帙凡九卷,有朱墨校補並跋,今藏重慶圖書館。國家圖書館亦藏有清初抄本一部。抄正統本較趙氏《附志》多一卷,蓋元、明重梓時所析或增補。

正統本之後,明代猶有崇禎本,乃舒氏裔孫日敬所刊,有崇禎癸酉(六年,一六三三)序。此刊底本缺三卷,故只六卷,遂易名曰《雙峰先生存稿》,今遼寧省圖書館著錄一部。入清,是集首刻于雍正間,乃二十一世裔孫慕芬所刊,雍正辛亥(九年,一七三一)翰林院編修黃之雋爲之序,次年張廷璐、周大璋再序之,舒慕芬有跋。據黃序,此刻亦僅六卷,當源於崇禎本。

由於失九卷之舊，故裔孫頗以爲憾。道光中，《別下齋叢書》新刻《拜經樓藏書題跋記》出，舒氏裔孫恭受見後，得知吳騫所藏查慎行抄九卷本猶傳世（（按見《題跋記》卷五），遂乞錢吉泰假以校勘，錢氏於是照本録寄（按乃朱緒曾所抄，見《開有益齋讀書志》卷五），比六卷本詩文共多九十篇，因而"珍之不啻球圖"，遂于道光二十九年（一八四九）付梓，浙江督學使者趙光爲之序，裔孫舒化民跋。是刻恢復"雙峰猥稿"舊名。咸豐八年（一八五八）舒氏又重刊。道光本今國家圖書館、北大圖書館、上海圖書館等著録六部，日本京都大學藏一部。咸豐本今北大圖書館、上海圖書館等著録四部。

乾隆開四庫館時，江西巡撫嘗採進六卷本，館臣疑其爲僞書，因列之於《存目》，《提要》考舒邦佐爲北宋末人，又據集中詩文，以爲紹熙間尚在仕途，當已百有餘歲，似無此理。再據詩中用語，以爲"出於唐寅之後，是殆近世之所作耳"。道光刊本前列《提要》，舒恭受有按語，分析館臣致誤原因道："惟族眾繁多，每三十年一修族諜，輒以活字版排印祖集數十部，隨諜分儲各房，其族中別刻之本鮮有存者，而活字本所存諸序又皆僅記支干，未署年號。當乾隆時四庫開館采書，江西大吏即據活字本繕寫以進，總纂諸公誤以淳熙辛丑（八年，一一八一）爲宣和辛丑（三年，一一二一），移南宋於北宋，至爭差甲子一周。凡集中所上長官箋啟皆在紹熙年間，年代齟齬不相合，遂有百有餘歲之疑。"是集未收入《四庫全書》，裔孫固十分惱恨，以爲"皆由活字本校刻不精，啟斯疑竇"所致。故道光本除前後悉附墓誌銘及歷代重刻序跋外，"並考證集中事蹟，注於各題之下，無一不與史傳脗合，源委井然，班班可考，集之真僞，可不辨而自明"。今通讀全書，四庫館臣所考顯誤，是集可信無疑。

據上所述，舒邦佐文集用崇禎六卷本《雙峰先生存稿》失當，當用道光本方爲完帙。

2.《自堂存稿》十三卷，陳杰撰。《四庫全書》著録大典本四卷，《續修》未改用全本補足。

陳杰，字燾父，豐城（今屬江西）人。淳祐十年（一二五〇）進士，官至江西憲使、朝散大夫。宋亡不仕，隱居東湖，取所作詩有補於詩教者編爲《自堂存稿》。《國史經籍志》卷五、《千頃堂書目》卷二九著録《自堂存稿》十三卷。乾隆四庫館臣因無採進本，遂從《永樂大典》中重輯，《四庫提要》謂"裒輯遺篇，尚得四卷"。

然而，該本完帙民國時尚傳世，曾藏葉德輝家，其《郋園讀書志》卷八著録"《自堂存稿》十三卷，宋元明活字參雜本"，略曰：

> 是本多於《大典》本過半，尤足以窺全豹。前有宋咸淳甲戌（十年，一二七四）十月望自敘，末有明萬曆壬辰（二十年，一五九二）〔陳〕賓補版跋。書版有宋刻、有元刻、有明刻，又有活字排印者，數葉版式大小不一。蓋其版自宋末元時訖明陸續補刊而成，臨印時又以活字補其缺葉耳。

除所述外，卷首自敘前猶有劉辰翁序。

民國十二年（一九二三），葉德輝侄啟勳曾影抄一部，凡十三卷，今藏湖南省圖書館，有葉啟勳跋。是乃海內孤本。《湖南省圖書館古籍線裝書目》著録爲"清抄本"，誤，應爲民國抄本。因抄本爲原書完帙，可正《提要》敘述之誤。傅增湘於一九三四年（甲戌）見之，其《經眼録》卷一四嘗著録，曰："十行十八字。前有咸淳甲午（引者按：咸淳無甲午，疑是庚午

〔六年,一二七〇之誤〕劉辰翁序,又咸淳甲戌前工部郎中玕溪陳杰壽甫序,序後三行如下:'初刊不無誤字漏章,今已逐一釐正,依次添入,仍有續卷見後。'卷首題'賜進士豐城玕溪陳杰壽甫撰','弟進士陳霖憲甫録'二行。後有萬曆壬辰十世孫賓汝功跋。"

大典本較十三卷抄本,所收詩文數量相去甚遠。以詩而論,抄本存六百又三首,而大典本僅有三百三十四首。《全宋詩》用《豫章叢書》本爲底本,集外輯詩不少,但抄本仍可補入二百六十餘首,且詩題、正文多所不同。詩之小序、注文,大典本多無,即有也差異甚大。不過抄本亦有脱字、脱句、闕題現象。[①] 惜葉德輝所稱"宋元明活字參雜本",今已不詳所在,恐已亡佚。

由上述,則《續修》當用湖南圖書館所藏葉氏抄十三卷本影印,以取代大典本。

3.《月洞詩集》二卷,王鎡撰,《四庫全書》收入《月洞吟》一卷,非完本,《續修》未改用全本補足。

王鎡,字介翁,括蒼遂昌(今浙江遂昌)人。嘗爲縣尉。宋亡,棄印綬,歸隱湖山,顔其居曰"月洞",結社賦詩。所作詩原有若干已不詳,今存《月洞吟》一卷、《月洞詩集》二卷兩本。《月洞吟》乃明嘉靖間作者族孫王養端所刊。嘉靖壬子(三十一年,一五五二)養端爲序,稱"懼久而益無聞,乃刻遺詩一卷"云云。嘉靖本久佚,今以萬曆二十九年(一六〇一)重刻本爲古。有湯顯祖序,謂于黃兆山人處得其先人"宋月洞先生詩七十余首",末署"歲辛丑"。以湯氏年代考之,"辛丑"當爲萬曆二十九年,此序即爲重刻而作。萬曆本今國内亦無著録,唯日本内閣文庫庋藏一部,乃原紅葉山文庫舊藏本。

《四庫全書》著録鮑士恭家藏本。館臣以"曹本"校,又偶以《(宋詩)紀事》校。所用底本爲萬曆重刻本。

入清,乾隆間有《月洞詩集》刻本二卷,附二十一世祖(王)暉如公詩十四首,乃巾箱本,今唯中國科學院圖書館著録。嘉慶癸酉(十八年,一八一三),族裔王夢篆作《月洞詩集序》,謂該集"自前明震堂公(王養端)重刻前册,後有叔隆公爲之再鐫(按:當指萬曆本)。本朝則故族伯宗虞又爲補刻後册(按:刊刻時間不詳,或亦在乾隆間)。乃不數十年,版又散失。今公裔孫楠恐復失傳,將前後册合併付梓"。嘉慶二十年,裔孫王楠刻成,涂以輈爲序,稱"甲寅(按:當爲甲戌,即嘉慶十九年)秋,平昌太學生王楠重鐫其祖《月洞詩集》,事既竣,挾詩集至蓮城謁余請序",云云。是刻今國家圖書館、天津圖書館著録。

光緒二年(一八七六)有元和潘氏刻《月洞詩集》二本,今國家圖書館、上海圖書館、浙江圖書館著録。十三年(1887),裔孫王人泰再刊之,跋稱"雖光緒丙(戌)〔子〕太守潘重梓之,而板存郡署,有求公詩者印刷維艱",於是再譜於梨棗。是刻今北大圖書館、南京圖書館等著録,日本東京大學亦有藏本。

民國九年(一九二〇),李氏宜秋館據傳抄文瀾閣四庫本刊入《宋人集》乙編。

以上所述自乾隆以下各本,有一點極重要,即書名已由"月洞吟"改爲"月洞詩集",卷數也由一卷增爲二卷。上引嘉慶癸酉王夢篆《月洞詩集序》稱《月洞吟》有上下册,明人所刊僅爲上册,至乾隆間方刊下册,書名卷數的變化,無疑皆由此而來。上已言及,四庫本乃抄萬曆本,今以四庫本《月洞吟》一卷與光緒十三年王人泰所刊《月洞詩集》二卷相校,差别

① 詳參何振作:《長沙葉啟勳抄〈自堂存稿〉的價值》,《圖書館雜志》2009 年第五期。

極大：二卷本卷一共收詩八十一首，前面收詩及編次與四庫一卷本基本相同（僅詩題偶有差異），然自光緒本卷一《述懷》（"平日自笑拙經營"）以下十三首，爲四庫本所無，則庫本收詩僅六十八首，加庫本末《月洞書屋》一首在光緒本卷二，實爲六十九首，與上引湯顯祖序"宋月洞先生詩七十余首"，相去不遠。而光緒本卷二收詩一百四十六首，扣除《月洞書屋》一首後，爲一百四十五首，皆《月洞吟》所無。簡言之，《月洞詩集》兩卷所收詩，較《月洞吟》一卷本多出一百五十八首。王夢篆所謂上、下册，下册從何而來？明人未言有下册，何以清中葉方面世？迄不可解，但所收詩無與前人重者，當非贋品，必有其故。因此，《續修》宜用乾隆本《月洞詩集》二卷入編，以補四庫本之不足。

4.《釣磯詩集》五卷，邱葵撰，《四庫全書》未收，《續修》用南京圖書館藏道光本影印，失誤，當用同治本。

邱葵（一二四四——一三三三），字吉甫，同安（今福建廈門）人。早習《春秋》，宋末科舉廢，杜門勵學，居海嶼中，自號釣磯翁。自元以後，其詩集僅以稿本藏於家。明盧若騰嘗序之，略曰："（邱葵）《周禮補亡》今流傳海內，詩集則惟其家有寫本。林子獲，吾邑志節士也，借得之，喜而示余。讀之，苦多亥豕，稍爲訂正，脫簡則仍之，擬俟他時梓行，非徒表章吾邑人物，亦欲使後學知所興起也。"盧氏門人林霍亦有序，稱盧公"苦多亥豕，稍爲訂正，擬俟時平梓行，而竟騎長春尾歸天上，不知此事當屬何人也"[1]。

陸心源《釣磯詩集跋》（按所跋爲同治本，詳下）曰："是書著録家所罕見，顧太史（嗣立）選元詩，錢詹事（大昕）《補元史·藝文志》，阮文達（元）收《四庫》未收古書，皆未之及。康熙中，裔孫國斑掇拾殘剩詩一百九十四首刊行之，題曰《獨樂軒詩集》。"康熙本凡三卷，非足本，已久無著録。北京大學圖書館所藏李氏書中，有清抄三卷本，李盛鐸跋謂"此本前有斑序，疑即從斑本出也"[2]。

道光二十六年（一八四六），龍溪林國華氏于汲古書屋刊《釣磯詩集》五卷，並作《書後》，稱其"日得童君宗瑩《釣磯詩集》，爲林子獲藏本，……惜亥豕間有，抄正成帙開雕"。陸心源《同治本邱釣磯詩集序》述之曰：

> 乃自蒙古（元）之初，訖明中葉，僅傳寫本，藏在其家。至萬曆間，林氏霍訪借得之，始傳於世。終因謀梓未果，流傳絕希。康熙間，先生後裔國斑輯録遺集，亦未得見，但以所得詩一百九十四首分爲三卷，付之剞劂，所謂《獨樂軒詩集》者，非足本也。嗣後龍溪林君國華求得林氏原本，于道光丙午（二十六年）復墨之板，是爲五卷本。然兩刻（按指康熙及道光本）出之蠹穿鼠齧，輾轉傳寫，未有善本校勘訂定，故不免脫亡謬誤，學者病之。

道光本今唯南京圖書館著録。此本雖仍非完帙，又多脫誤，但較之康熙本，其版本承傳有緒，非掇拾殘剩可比。

同治十二年（一八七三），邱氏裔孫炳忠將道光本與羅以智抄本合併，由楊浚校正後刊行，有林鴻年、楊浚序，乃是集迄今最全之本。上引陸心源序又曰：

> 予別有所藏四卷本者，舊轉録之錢塘羅氏以智，羅則傳之鐵樵汪氏，而佐以獨樂

---

① 按：兩序皆見道光刊本《釣磯詩集》卷首。

② 李盛鐸：《木犀軒藏書題記及書録》，北京大學出版社1985年版，第43頁。

軒本校寫以傳者也，謬誤差少，比兩本爲善。同治癸酉之歲（十二年），奉詔來閩，攜載行篋。温陵楊侍讀雪滄博學嗜古，……請藉以去，搜訪兩本，詳爲讎勘，佚者補，誤者正，字句參差同異則分注每章下，以兩存之。仍依原第，編爲四卷，采補諸詩分體增入，詳注自出，不淆其舊。共得五七言古近體詩若干首，如目（按陸氏跋稱共有詩四百六十八首），而以林本所載文三篇附之帙尾。……先生後人伯貞取以付梓，乞予文爲序。

　　按羅以智嘗將其傳録本與康熙本相校，于道光庚戌（三十年，一八五〇）八月五日作跋，詳述兩本篇數道：

　　　　《釣磯詩集》四卷，宋末邱吉甫先生所作。予從鐵樵汪氏假所藏舊抄本録其副，弃諸篋笥有年矣。今又獲見先生裔孫國埏康熙年刊本，輯先生詩一百九十四首，分三卷，題曰《獨樂軒詩集》。按抄本，五言古四十一首，增刊本五首。七言古與刊本同。五言律八十二首，刊本所無者三十二首，刊本中爲抄本所無者十九首，較刊本尚增十三首。七言律七十八首，刊本所無者四十首，刊本中爲抄本所無者二十五首，較刊本尚增十五首。五言絶四首，增刊本一首。七言絶十二首，增刊本二首。以刊本補抄本，凡得詩二百七十四首。字句頗多異同，刊本殊有舛誤。據《全閩詩話》載先生《贈浯江魏秀才》詩二章，刊本脱去，抄本具在。先生之詩流傳弗失，幸而得其全，殆有默爲呵護者歟！

　　鐵樵汪氏本源於何本，今不詳。同治本從康熙本補抄四十四首，並采道光本中爲羅氏本所無之詩，吸取各本之長，陸氏所謂“比兩本爲善”，洵非溢美。是本刻成于同治十三年，今傳本已稀，唯首都圖書館、上海圖書館著録。

　　陸心源原藏抄羅本，今藏日本静嘉堂文庫，“卷首有清道光庚戌（三十年）八月五日錢唐羅以智鋭泉甫小楷跋”，見《皕宋樓藏書志》卷九三、《静嘉堂秘笈志》卷三八。羅以智手抄原本，葉景葵嘗得之于蔣氏傳書堂，有跋（見《卷盦書跋》），今未見著録，不知尚在其後人之手否？傅增湘《藏園群書經眼録》卷一四著録舊寫本，亦屬羅本系統，録有羅以（原誤“明”）智跋。要之，邱葵詩集，今以同治本爲善，《續修》用道光本影印，失當。

三、著録失當

　　除漏收及版本選擇失當外，《續修》“宋別集”部份尚有其他問題可議，以下談兩點。

　　1. 關於重收《范文正公文集》的問題。《《續修》集部第一三一三册收《范文正公文集》二十卷，用《古逸叢書》三編本影印北宋刊本。北宋刊本《范集》的版本價值毋庸置疑。《四庫全書》所收《范集》，據《提要》乃康熙四十六年（一七〇七）范氏歲寒堂刊本二十卷，在《范集》版本系統中亦屬善本。且《續修》之義在“續”，即補《四庫全書》之缺，並無改換版本的任務；若要改換版本，則類似情況尚多。因此，雖北宋刊本《范集》極爲珍貴，然獨此集改換版本重印，似有違體例。

　　2. 關於《巽齋四六》作者署名問題。《續修》影印清抄本《巽齋先生四六》一卷，編入集部第一三二一册，題危昭德撰。按：今國家圖書館藏宋刊本《四家四六》四卷，凡六册，每半葉十行十九字，細黑口，左右雙邊。所謂四家爲《壺山先生四六》一卷，《矔軒先生四六》一卷,《後村先生四六》一卷,《巽齋先生四六》一卷。宋本四家皆不著撰人,而以別號名書,除"臞軒"爲王邁號、"後村"爲劉克莊號可確定外,另兩家皆被後人誤題。《巽齋先生四六》,或署歐陽守道撰(如《北京圖書館古籍善本書目》等),或署危昭德撰(如北京大學圖書館藏清初抄本、南京圖書館藏舊抄本等),然危昭德絕無"巽齋"之號,已可定其誤。核集中所收文章,凡内容有事蹟可考者,皆非昭德所撰。如兩卷本《春山文集四六抄》(此書見下)卷上《賀誅吳曦》,誅吳曦事在開禧三年(一二〇六),是時昭德殆尚未出世。此篇宋人所編《翰苑新書·後集上》卷二〇署"危巽齋"。又《通楊安撫》、《賀李參政》、《賀錢參政除資學赴經筵》、《賀魏右史》等篇,分別指楊萬里、李壁、錢象祖、魏了翁,皆與危積同時,而危昭德當不及見。故可斷言:《巽齋先生四六》非危昭德撰。《翰苑新書續集》所題"危巽齋",實乃危積。蓋後人見《巽齋四六》之文,他書有題"危巽齋"者,遂誤以爲該集乃危昭德撰,而危氏所著《春山文集》久佚,無可按覆,踵謬承訛,幾不可破。又有人輯文獻中凡題'危巽齋'之文,以增補《巽齋先生四六》,遂成所謂危昭德撰《春山四六抄》或《春山文集四六抄》一書。此事筆者昔日同事楊世文先生嘗作過專門研究,並撰《宋刻本〈四家四六〉考》一文(載《宋代文化研究》第七輯,巴蜀書社 1998 年版),所考證據確鑿可信,上所述即主要依據該文之考證。由知該書著者題"危昭德",乃相關圖書館著録之誤,《續修》似應吸取新的研究成果,不能再踵訛承謬了,當改題該書作者爲"危積撰"。按:危積(一一六三——一二三六),字逢吉,號巽齋,臨川(今江西撫州)人。淳熙十四年(一一八七)進士。初名科,孝宗更名積。調南康軍教授。累官著作郎兼屯田郎官,出知潮州、漳州。卒,年七十四。著有《巽齋集》二十卷,久佚,今僅存《巽齋小集》一卷(收入《南宋群賢六十家小集》)及《巽齋先生四六》一卷。

(作者單位:四川大學文學與新聞學院)

歐陽修詞真僞及歐集版本問題

胡可先

內容摘要：近年來因爲整理校注《歐陽修詞集》，對於歐詞和歐集相關的一些問題進行了一些思考，主要集中於三個方面：一是歐陽修詞的真僞問題；二是《歐陽修詞校注》的校勘注釋問題；三是歐陽修集整理的版本選擇問題。

關鍵詞：歐陽修；詞作真僞；詞集整理；版本選擇

一、歐陽修詞的真僞問題

閱讀和研究歐陽修詞，一個難以回避的問題就是真僞情況。對於歐詞真僞的處理，一般採取兩種手段：一種是將歐陽修的疑僞詞悉數刪卻，以毛晉汲古閣刻《六一詞》爲代表；一種是對歐詞進行梳理，根據不同情況分別對待，以唐圭璋《全宋詞》爲代表。毛晉的做法過於武斷，他刪卻了很多歐詞，並將《近體樂府》三卷和《醉翁琴趣外篇》六卷改編爲《六一詞》一卷，這些都爲後人所詬病[1]。唐圭璋的做法較爲審慎，他將《近體樂府》和《醉翁琴趣外篇》中的大多數作品編入《全宋詞》，而對確定爲僞作者編入附錄，並詳細注明出處。學術界考證歐集和歐詞真僞者，主要通過兩種途徑：一是考察與他人重出的情況，二是就歐陽修《近體樂府》和《醉翁琴趣外篇》的不同風格進行比較。[2]

其實，歐陽修作詞和編集的過程是非常複雜的。詞在宋初是以歌唱爲主，因爲文人的創作，既是自身情感的抒發和個人生活的表現，也是要適合歌女們演唱的需要。與這種風氣相關，歐詞在三個方面較爲突出：一是聯章組詞往往非一時所作，而是特定時期根據演唱的要求，將舊作和新作組合在一起以成聯章的，這以《採桑子》十三首最具代表性。二是個別作品看上去並不是歐陽修詞，而是前人的成詩，實則是歐陽修改詩爲詞以適合演唱的的需要。《瑞鷓鴣》一首就是如此，清錢大昕《十駕齋養新錄》卷一六"詩詞蹈襲"條列舉此

---

① 清鄭文焯《六一詞跋》批評毛氏"所見非宋本，抑徑情去取，以自行其是耶？"（《大鶴山人詞話》卷三，南開大學出版社 2009 年版，第 308 頁）；冒廣生《六一詞校刊記》則云："毛刻與《近體樂府》同出一源，但多刪汰。茲重補定，並加校勘。"饒宗頤《詞集考》亦稱："毛氏傳詞之功雖可佩，而其播弄痼癖，亦不可不察。"文學古籍刊行社本《六一詞》依汲古閣本刊刻，然將毛晉所刪之詞悉數補入。

② 有關歐陽修詞集的來源，學術界取得諸多成果，其要者有：陳尚君《歐陽修著述考》，《復旦學報》1985 年第 3 期；謝桃坊《歐陽修詞集考》，《文獻》1986 年第 2 期；羅弘基《歐陽修詞集斠疑》，《求是學刊》1990 年第 3 期。

詞謂:"歐公非竊人句爲己作者,偶寫古人句,編次公集者,誤以爲公作而收入之。"①而以此詞與吳融詩比較,字句改動者頗多。如"楚王台",吳融詩《浙東筵上有寄》作"襄王席",實寫宴飲之所。歐詞此處虚化了歌舞宴飲的場景,代之以縹緲幻曼的形容。又如"眼色相看意已傳",吳融詩作"眼色相當語不傳",相較之下,歐陽修改動之後,更加情意纏綿,適合詞之情調。故該詞應爲歐陽修改動吳融之詩爲詞,以應歌女演唱之作,不應視爲吳融詩而誤入歐集。三是歐詞很大程度上是宴會歌筵之上的應歌之作。陳師道《後山談叢》記載:"文元賈公守北都,歐陽永叔使北還,公預戒官妓辦詞以勸酒,妓唯唯。復使都廳召而喻之,妓亦唯唯。公怪歎,以爲山野。既燕,妓奉觴歌以爲壽,永叔把盞側聽,每爲引滿。公復怪之,召問,所歌皆其詞也。"②可見歐詞是非常適合歌舞演唱需要的。這樣的環境和氛圍,使得同一作者的詞和詩文在思想境界上有所區別,有些作品所表現的只是在這一特定氛圍下的情境或情感,不必一定要繩以作者的生活。也正因爲如此,我們也就不必苛求歐陽修的豔冶之作。

即使是歐詞的重出之作,我們的取捨也比較審慎。比如,歐陽修詞與馮延巳《陽春集》重出最多,不僅是毛晉汲古閣刻《六一詞》歸入删汰之列,即使是唐圭璋編纂《全宋詞》也以爲《陽春集》成書早於《近體樂府》而論定爲馮作。但實際上,宋人不僅大多將這些詞歸爲歐陽修所作,如《蝶戀花》"庭院深深深幾許"一首,李清照就確認爲歐作,而且從《陽春集》編纂的過程考察,也不能確定這些詞就是馮延巳作,因爲宋人陳世修所編的《陽春集》,距馮延巳之卒已近百年,這與歐陽修及其家人所編之集相比,當然以後者更爲可信。但鑒於現存歐陽修詞集也不是手編原貌,而是經過羅泌的删訂改編的,其真相也有待於進一步探索。故而有關歐詞與馮延巳重出的問題,業師吳熊和先生在《唐宋詞通論》中有一段論述:馮延巳《陽春集》和歐陽修《近體樂府》之詞作,常多相混。"其中蝶戀花'庭院深深'、'誰道閒情'、'幾日行雲'、'六曲闌幹'諸闋,向稱名作。歷來詞選、詞評,大多據爲馮延巳詞,對之揄揚備至。這些詞歸馮、歸歐,就顯得特別重要。若非歐作,歐陽修另有佳篇,對他無大損害;若非馮作,《陽春集》本以此壓卷,失之將大爲減色。……評馮延巳詞,若據上述諸詞立論,就宜審慎。"③施蟄存先生以爲"《近體樂府》編定時,歐陽修尚生存,極可能爲親自編定而假名於其子者。且其中有數首見於《樂府雅詞》及《花庵詞選》,皆以爲歐陽修作。此兩家選本皆精審。……故余以爲此十六首亦當剔出,非馮延巳作也。"④有關馮、歐重出之詞,近年也頗引起學者們的注意,木齋先生的《馮延巳〈陽春集〉真僞論考》,則認爲《陽春集》就其寫作數量、藝術水準、藝術風格三個方面來説,都是超越南唐時代的,它應該是柳永之後、晏歐之前時代的產物。若是將摭拾他人的篇章剔除,則所謂的《陽春集》已形同虚設,事實上,從馮延巳六言體壽山曲來推論,馮延巳的寫作水準和風格,如同其人爲奸佞小人一樣,是這些阿諛頌贊之作。⑤則進一步將馮延巳的著作權徹底否定。即使退一步説,歐詞也很難説是淵源于馮延巳的,顧隨在《駝庵詞話》卷五中説:"詞原不可分豪放、婉約,

① 錢大昕:《十駕齋養新錄》卷一六,上海書店 1983 年版,第 387 頁。
② 陳師道:《後山談叢》卷三,上海古籍出版社 1989 年版,第 27 頁。
③ 吳熊和:《唐宋詞通論》,商務印書館 2003 年版,第 181 頁。
④ 施蟄存:《北山樓詞話》卷二,上海古籍出版社 2012 年版,第 191 頁
⑤ 木齋:《馮延巳陽春集真僞論考》,《社會科學研究》2008 年第 3 期,第 162—172 頁。

即使可分，六一也絕非婉約一派。大晏與歐比較，與其說歐近於五代，不如説大晏更近于五代，歐則奠定宋詞之基礎。"①陳尚君先生的態度較爲可取："歐、馮互見詞，在別無確證情況下，只能存疑，不應輕易否定歐的著作權。"②也正因爲如此，我們在論述歐陽修詞的淵源時，也就不將馮延巳詞作爲歐詞的一個重要源頭，因爲這些詞如果不是馮延巳而是歐陽修所作，這樣的論證就毫無説服力。反之，歐陽修詞如果沒有近代學者所論證的馮延巳詞這個源頭，其地位則會更高。

最後，我們再談一下《近體樂府》和《醉翁琴趣外篇》風格不一致的情況。羅泌《六一詞》跋云："公性至剛，而與物有情，蓋嘗致意於詩，爲之本義，温柔寬厚，所得深矣。吟詠之餘，溢爲歌詞，有平山集盛傳于世，曾慥《雅詞》不盡收也。今定爲四卷，且載樂語於首，其甚淺近，前輩多謂劉煇僞作，故削之。"③是知羅泌校刻歐詞時，已將所謂"淺近之作"削之，所保留者主要是"温柔敦厚"之篇。由此看來，歐陽修諸子所編的詞集，是保留這些"淺近之作"的，相傳劉煇所作的《醉蓬萊》等詞，是典型的豔冶之作，由此推測歐詞的原本與《醉翁琴趣外篇》在風格上並不一定就有很大的距離。同時北宋人的詞作，是不避豔冶的，我們不僅從柳永的詞中讀到大量的豔冶之篇，即使是正統士大夫如范仲淹、晏殊、司馬光、蘇軾、黃庭堅，也是不乏豔冶之篇的。北宋時的這些豔冶之作，甚至傳入鄰國高麗，被其正統史書《高麗史·樂志》所載録，④可見北宋有適合豔詞流行的環境。歐陽修的一些詞是在當時特定的時代環境下爲娛樂生活的需要而作的，並不是他的行爲就是如此，正如夏承燾先生所言："詞人綺語，攻擊之者乃資爲口實；《醉翁琴趣》中豔體若'江南柳'者尚多，吾人讀歐詞，固不致信以爲真也。"⑤對於豔冶之詞，南宋與北宋的論家因爲時代環境和思想思潮的不同，體現了截然不同的取向：北宋人能夠容納，南宋人盡力拒斥。無論如何，"現有的種種理由，似均不足以動搖歐陽修對此書（《醉翁琴趣外編》）主名的名位"⑥。

由於歐詞真偽的複雜情況，諸如前面引用吳熊和先生的《唐宋詞通論》、陳尚君先生的《歐陽修著述考》和木齋先生的《馮延巳〈陽春集〉真偽論考》，或以爲不應輕易否定歐的著作權，或進一步將馮延巳的著作權徹底否定，如果我們按照古籍整理的一般方式，將歐詞重出與疑偽之作單列以附於書後，似乎就遮蔽了有關歐詞很多有價值的信息。基於此，我們則以歐集版本爲主要依據進行處理：遵從中華再造善本和日本天理圖書館藏本，以及日本宮內廳藏本《歐陽修全集》，其《近體樂府》正集中的詞，校注本也編入正集；"續添"中的

---

① 顧隨：《駝庵詞話》卷五，《詞話叢編續編》本，第199頁。

② 陳尚君：《歐陽修著述考》，《復旦學報》1985年第3期。

③ 羅泌：《六一詞跋》，見景宋吉州本《歐陽文忠公近體樂府》卷三。曾慥刪削之事，見其《樂府雅詞序》："歐公一代儒宗，風流自命，詞章窈眇，世所矜式，當時小人或作豔曲，謬爲公詞，今悉刪除。"按，曾慥爲南宋初年的道學人物，其否定俗豔之詞自在情理之中。

④ 《高麗史·樂志》在載録柳永臨江仙慢之後，收有無名氏《解佩令》詞："臉兒端正，心兒峭俊。眉兒長，眼兒入鬢。鼻兒隆隆，口兒小，舌兒香軟，耳垛兒，就中紅潤。項如瓊玉，髮如雲鬢。眉如削，手如春筍。妳兒甘甜，腰兒細，腳兒去緊。那些兒，更休要問。"

⑤ 夏承燾：《四庫全書詞籍提要校議》，《唐宋詞論叢》，《夏承燾集》，浙江古籍出版社1997年版，第186頁。

⑥ 王水照：《王水照自選集》，上海教育出版社2000年版，第652頁。按，王水照先生對於《醉翁琴趣外篇》有著精深的研究，撰有《醉翁琴趣外篇偽作説質疑》，載《王水照自選集》，第646—652頁；《醉翁琴趣外篇的真偽與歐詞的歷史定位》，《詞學》第十三輯，第44—54頁。

詞,確定爲僞作者如《水調歌頭・和杜子美滄浪亭》詞,則移置於後。在每首的解題之後,將相關真僞的原始資和研究資料進行排比參證,間或提出自己的看法,並揭示進一步研究的空間。《醉翁琴趣外篇》因歐氏全集未收,具其詞作多與《近體樂府》所載重複,故而我們就刪去重複而另編一卷。我們覺得,這種處理方式很難説是最好的處理方式,但根據目前的情況,應該是較爲適合的處得方式。現將這部分詞作列之於後,以祈盼方家對於歐詞真僞研究的進一步重視。

歐陽修《近體樂府》與他人詞互見表

序號	詞牌	首句	互見作者
1	歸自謠	何處笛	馮延巳
2	歸自謠	春豔豔	馮延巳
3	歸自謠	寒水碧	馮延巳
4	長相思	蘋滿溪	張先
5	長相思	深畫眉	白居易
6	阮郎歸	東風臨水日銜山	馮延巳、李煜、晏殊
7	阮郎歸	南園春早踏青時	馮延巳、李煜、晏殊
8	阮郎歸	角聲吹斷隴梅枝	馮延巳、李煜、晏殊
9	蝶戀花	六曲欄杆偎碧樹	馮延巳、張泌、晏殊
10	蝶戀花	簾幕風輕雙語燕	晏殊
11	蝶戀花	遙夜亭皋閑信步	李冠
12	蝶戀花	庭院深深深幾許	馮延巳
13	蝶戀花	獨倚危樓風細細	柳永
14	蝶戀花	簾下清歌簾外宴	柳永
15	蝶戀花	誰道閒情拋棄久	馮延巳
16	蝶戀花	幾日行雲何處去	馮延巳
17	漁家傲	粉蘂丹青描不得	晏殊、晏幾道
18	漁家傲	幽鷺謾來窺品格	晏殊
19	漁家傲	楚國細腰元自瘦	晏殊
20	玉樓春	池塘水綠春微暖	晏殊
21	玉樓春	雪雲乍變春雲簇	馮延巳
22	一叢花	傷春懷遠幾時窮	張先
23	千秋歲	數聲鶗鴂	張先
24	清平樂	雨晴煙晚	馮延巳
25	應天長	一彎初月臨鸞鏡	馮延巳、李璟、李煜

26	應天長	石城山下桃花綻	馮延巳
27	應天長	綠槐陰裡黃鶯語	韋莊、溫庭筠、皇甫松
28	芳草渡	梧桐落	馮延巳
29	更漏子	風帶寒	馮延巳
30	行香子	舞雪歌雲	張先

我們在整理歐陽修詞集的時候，大致做出了這樣的處理原則：一、《近體樂府》正集之外續添的詞拿到附錄。校注行文時對有些互見詞的後人考訂内容進行必要的選擇，做技術性的處理。在前輩的考訂中，有的人雖然證據完全不足，但他下斷論一定不是歐陽修的。這就要進行抉擇，把斷論删掉。不然内行人看到本子覺得還不錯，但外行人看到，比如說唐圭璋考訂這首詞不是歐陽修的，他就會認爲這麼有名的大家，你怎麼没看到，還收進去了？所以要做處理。這是比較方便處理的。二、在前言中把真僞部分多說一些，把互見的詞都點出來，非常醒目地寫在那邊，給人家提供一個再研究的餘地。

二、《歐陽修詞校注》的校勘注釋問題

我和徐邁博士編寫的《歐陽修詞校注》，重點是校勘和注釋，附帶加上輯評。這裡對歐陽修詞的版本和校注的體例作必要的交代。

歐陽修詞，《歐陽文忠公集》收有《近體樂府》三卷，以下簡稱“集本”，又單刻有《醉翁琴趣外篇》六卷，後人或加删訂，或加合併，以成《六一詞》。集本編纂最早，故今以集本三卷編次，而將《醉翁琴趣外篇》及他書中集本未收之詞，編爲第四卷。唯《近體樂府》第一卷所錄樂語，雖非詞作，但與詞聯繫緊密，故移置於附錄。西湖念語一篇，内容實爲《採桑子》組詞之總敘，故仍牟於卷首。本書的每一首詞，都進行詳盡的校勘、注釋和輯評。並將與歐陽修詞相關的重要資料附錄於書後，附錄列以下數種：樂語，疑僞詞，傳記，唱和詞，序跋，著錄，總評。

（一）校勘

歐陽修詞宋本傳世者尚有數種：宋吉州本歐集所收《近體樂府》三卷、日本天理圖書館藏歐集所收《近體樂府》三卷、日本宫内廳書陵部藏歐集殘卷所收《近體樂府》二卷、宋本醉翁琴趣外編六卷。吉州本《近體樂府》，吳昌綬雙照樓影印景刊《宋金元明本詞》景寫付刊，又中華再造善本《歐陽文忠公集》據中國國家圖書館藏宋慶元二年周必大刻本影印。故本書即以中華再造善本爲底本，此外，《醉翁琴趣外篇》則以景宋本爲底本，歐詞的這兩種宋本可謂最精最全之本：

《歐陽文忠公集》一百五十三卷之《近體樂府》三卷，中華再造善本據中國國家圖書館藏宋慶元二年周必大刻本影印本。

景宋本《醉翁琴趣外篇》六卷，景刊宋金元明本詞，上海古籍出版社一九八九年影印本。

　　本書校勘尊重底本，儘量不改動原文，異文列於校記，校記亦參考近人校勘成果，擇善而從。歐詞與他人詞相混者頗多，相關考辨文字亦列入校記當中。

　　本書據以校刊者有以下諸本：

　　《歐陽文忠公近體樂府》三卷，吳昌綬雙照樓影印宋吉州本，景刊宋金元明本詞，上海古籍出版社一九八九年影印本。

　　《歐陽文忠公集》一百五十三卷附錄五卷，其卷一三一至卷一三三爲《近體樂府》，南宋慶元（一一九五－一二〇〇）嘉泰（一二〇一－一二〇四）年間刊本，日本國寶，天理圖書館藏本。

　　《歐陽文忠公集》（殘卷）存六十八卷，其卷一三二、卷一三三爲《近體樂府》，宋紹熙年間（一一九〇－一一九四）刊本，日本宮內廳書陵部藏本。

　　《歐陽文忠公全集》一百五十三卷，其卷一三一至卷一三三《近體樂府》，四部叢刊影印元刊本。

　　《六一詞》，毛晉汲古閣刊本。按，《四庫全書》本《六一詞》，因底本出於毛本，故而不作參校本，特予以說明。

　　同時參校了宋人所編宋詞的總集、選集等：

　　《花庵詞選》，宋黃昇編，中華書局上海編輯所一九五八年排印本。

　　《唐宋諸賢絕妙詞選》，宋黃升編，《四部叢刊》影印明舒氏刻本。

　　《群英詩余》，宋何士信編選，日本同朋舍昭和五十五年影印元刊本。

　　《樂府雅詞》，宋曾慥編，四部叢刊據黃丕烈藏明鈔本影印。

　　《全芳備祖》，宋陳景沂編，農業出版社一九八二年影印本。

　　還參考了近代以來有關歐詞的校勘注釋本

　　《歐陽文忠近體樂府》三卷，林大椿校，一九二六年排印本。

　　《六一詞》，文學古籍刊行社一九五五年版。

　　《全宋詞》所收歐陽修詞，唐圭璋編，中華書局一九六五年版。

　　《六一詞校記》，冒廣生校，載《冒鶴亭詞曲論文集》，上海古籍出版社一九九二年版。（簡稱“冒校”）

　　《歐陽修詞箋注》，黃畬校注，中華書局一九八六年版。

　　《六一詞校注》，蔡茂雄校注，臺北文津出版社一九七八年版。

　　《歐陽修詞研究及其校注》，李棲校注，臺北文史哲出版社一九八二年版。

　　《歐陽修全集》，李逸安點校，中華書局二〇〇一年版。

　　《歐陽修詞集校釋》，歐陽明亮點校，華東師範大學二〇一二年博士學位論文《歐陽修詞論稿》附錄。

（二）注釋

　　別集注釋，貴在精深，歐詞的注釋，前人已有不少成果，本書擬在充分吸納這些成果的基礎上，注意以下幾個方面：一是以詞證詞，以探尋詞體文學的淵源和特點；二是以歐證歐，以體現歐陽修各體文學之間的相互關聯，進而探尋歐陽修要眇之詞心；三是詳釋名物，自《花間集》後，詞家所用名物往往與詞之表現渾融一體，歐詞尤爲如此，前人注詞多重典故而輕名物,故本書於此多加致力;四是考訂年份,本書對相關作品的寫作年代,詳加考訂;五是考訂真僞,歐詞或爲抒懷之作,或爲酬贈之作,或爲應歌而作,真僞考訂是一大難題,本書對於歐詞真僞,綜合前人成果而加以自己的推測與判斷。注釋採用各家舊注,加以説明。然徵引典籍,則直接採用原典,不再標明原注者之名。

(三)輯評

輯評部分選擇前人對歐陽修詞的代表性評論,以便於讀者瞭解作品之背景和價値。各篇作品評論録於詞後,詞之總評則置於全書附録。評論之選擇偏重古人,健在學者雖有精義,亦不在收録之列。

三、歐陽修集整理的版本選擇問題

我與徐邁博士一起整理校注《歐陽修詞集》,對於歐詞的版本經過精心對比和選擇,在校注過程中,也涉及到整個歐陽修集的版本問題。因爲歐陽修是大家,當代學者對歐集的整理校注也頗爲致力,總數超過十種。較爲重要者就有李逸安先生校點的《歐陽修全集》,中華書局 2001 年版;洪本健先生校注的《歐陽修詩文集校箋》,上海古籍出版社 2009 年版;井岡山大學校注的《歐陽修詩編年箋注》,中華書局 2012 年版。對於這幾個整理本的版本選擇,還是可以做一番考量的。有關歐集的版本選擇問題,我們結合幾種歐集整理情況談談自己的看法。

第一,有關李逸安和東英壽的學術論辯。李逸安校點的《歐陽修全集》,選擇清人歐陽衡的刻本爲底本,近年來在學術界引起了一些爭議。尤其是日本的歐陽修研究專家東英壽對此本提出了不少批評,東英壽寫了一篇專文《關於歐陽衡的〈歐陽文忠公全集〉——中華書局〈歐陽修全集〉底本選擇的問題點》[①];而後李逸安又撰文進行反駁。這就是中華書局編的《書品》2013 年第 3 期發表的《再論歐集整理暨底本選擇——兼議日藏天理本與東英壽〈輯存稿〉》。

先看東英壽的批評,東英壽認爲中華書局本《歐陽修全集》的問題所在主要是底本選擇清代的歐陽衡本,僅僅是大約二百年前依照歐陽衡的見解而編纂修改的東西,所以和以周必大爲依據的先期流行的諸版本有著似是而非的形式,因對於今後的歐陽修研究將帶來混亂。東英壽著重論述了歐陽衡本的問題在於歐陽衡完全無視歐陽修、周必大的意圖。周必大在編纂時,尊重歐陽修手定的《居士集》,承襲歐陽修死後遺留下的作品集,歐陽衡本卻大大變更了周必大本的構成,這既損害了歐陽修作品集的原形,也減低了其資料性的價値,是個大問題。東英壽還論述了中華書局本的問題點在於選用歐陽衡本作底本,不管其校勘如何出色,其資料性價値都是較其源頭的周必大本爲劣的。此外,歐陽衡本將周必大的《居士外集》中《正統論》等七篇作品移入《居士集》,這樣歐陽衡本的《居士外編》就面目全非了,但歐陽衡還是用小字雙行的形式收在《居士集》所收作品的後面,以示與本文有所區別。而中華書局本没有承襲歐陽衡本的小字雙行形式,而是將從周必大本《居士外

---

① 《新宋學》第二輯,上海辭書出版社 2003 年版,第 256－268 頁。

集》中移來的作品,作爲歐陽修手定本《居士集》的本文編入,結果是不僅違背了歐陽修、周必大的意圖,就是連歐陽衡的意圖也違背了。

再看李逸安的反駁,李逸安先生先説中華書局出版的自己點的本子,爲當今歐陽修研究者和廣大讀者提供了一個可以信賴又便於使用的本子,所以"甫一問世,就深受好評"。好評是廣泛的,質疑就是東英壽。接著,李先生説選用歐陽衡本原因有四:一是衡本爲足本,無缺卷;二是衡本刊刻于考據風鼎盛的乾嘉盛世,校勘相當謹慎;三是衡本收文多,流傳廣;四是張之洞《書目答問》將它列爲善本。並且説:"中華《歐集》彙聚了點校者十多年研究整理歐陽修詩文集的經驗成果,所以它被業界專家稱讚是首次大規模全新點校的好本子,不但多次獲獎,還被著名學府的古籍整理專業指定爲必讀參考書。東英壽先生挑出衡本有雖于周本的幾個特點議論發揮,質疑中華中《歐集》的點校整理,令人費解。"[1]

東英壽最近又作了《關於近年出版的三種歐陽修全集》[2],對於李逸安、李之亮、洪本健校注的歐陽修全集做了評述,認爲歐陽衡本在性質上是基於歐陽衡的見解,它是距今約二百年前對周必大本系統加以更改的結果;從而,無論李逸安本的校勘優良與否,它承接的不過是最初周必大本的支流之一,且又經由歐陽衡更改本後而形成。李逸安本以與周必大本形似而實非的歐陽衡本爲底本,相比于作爲源流所出的周必大本,在資料價值上已經是無可否認的低劣了。正是在選擇歐陽衡本作爲底本這一關鍵點上,李逸安點校的《歐陽修全集》,問題很大。

我們認爲,李逸安論述衡本有一定的優點,並引用張之洞之説以衡本爲善本,這些都是有道理的。但如果作爲一般版本較少的別集,選擇善本作爲底本,當然是可以的。但歐陽修則具有特殊情況,因爲他的文集善本甚多,就不是拿到一個善本就可以作爲底本的,必須要善中選善。東英壽認爲該本"在資料價值上已經是無可否認的低劣"言語雖然稍過一些,但就古籍整理而言,對於版本的抉擇還是從嚴比從寬更值得提倡。

第二,有關歐陽修集的善本。對於善本較多的別集,是必須善中選善的,因此我們就有必要對於歐陽修全集的善本進行一番考察。根據《中國善本書總目》,收集的歐集善本就有 52 種,其中一百五十三卷全集的善本多達 20 種,最末是歐陽衡刻本:

歐陽文忠公集一百五十三卷,宋歐陽修撰,年譜一卷,宋胡柯撰,附錄五卷,宋慶元二年周必大刻本[卷三至六、三十八至四十四、六十一至六十三、九十五、一百三十四至一百四十三配明抄本]。

歐陽文忠公集一百五十三卷,宋歐陽修撰,年譜一卷,宋胡柯撰,附錄五卷,宋刻本[卷三十至三十四配清初抄本]存一百四十三卷(一至六十五,六十八至八十九,九十五至一百四十六,年譜,附錄一至三)。

歐陽文忠公集一百五十三卷,宋歐陽修撰,宋刻本,鄧邦述跋。存四卷(二十至二十三)。

歐陽文忠公集一百五十三卷,宋歐陽修撰,年譜一卷,宋胡柯撰,附錄五卷,明天順六年程宗刻本。

---

① 《書品》2013 年第 3 期,第 99 頁。
② 《新宋學》第三輯,上海人民出版社 2014 年版,第 377—390 頁。

　　歐陽文忠公集一百五十三卷,宋歐陽修撰,年譜一卷,宋胡柯撰,附錄五卷,明天順六年程宗刻弘治五年重修本。

　　歐陽文忠公集一百五十三卷,宋歐陽修撰,年譜一卷,宋胡柯撰,附錄五卷,明天順六年程宗刻弘治、正德、嘉靖遞修本。

　　歐陽文忠公集一百五十三卷,宋歐陽修撰,附錄五卷,明天順六年程宗刻弘治五年重修本,清錢孫保批校並跋。

　　歐陽文忠公集一百五十三卷,宋歐陽修撰,年譜一卷,宋胡柯撰,附錄五卷,明正德七年劉喬刻本。

　　歐陽文忠公集一百五十三卷,宋歐陽修撰,年譜一卷,宋胡柯撰,附錄五卷,明正德七年劉喬刻本,清丁丙跋。

　　歐陽文忠公集一百五十三卷,宋歐陽修撰,年譜一卷,宋胡柯撰,附錄五卷,明正德七年劉喬刻嘉靖十六年季本詹治重修本,清許湘如、許聚、陸僎跋。

　　歐陽文忠公集一百五十三卷,宋歐陽修撰,年譜一卷,宋胡柯撰,附錄五卷,明正德七年劉喬刻嘉靖十六年季本詹治三十九年何遷遞修本,清丁丙跋。

　　歐陽文忠公集一百五十三卷,宋歐陽修撰,年譜一卷,宋胡柯撰,附錄五卷,明正德七年劉喬刻嘉靖十六年季本詹治三十九年何遷遞修本,清丁丙跋,清吳汝綸批校。

　　歐陽文忠公集一百五十三卷,宋歐陽修撰,年譜一卷,宋胡柯撰,附錄五卷,明隆慶五年邵廉刻本。

　　歐陽文忠公集一百五十三卷,宋歐陽修撰,年譜一卷,宋胡柯撰,附錄五卷,明正刻本。

　　歐陽文忠公集一百五十三卷,宋歐陽修撰,年譜一卷,宋胡柯撰,附錄五卷,明刻本〔卷一至五十配正德元年日新書堂刻居士集〕。

　　歐陽文忠公集一百五十三卷,宋歐陽修撰,年譜一卷,宋胡柯撰,附錄五卷,清乾隆十一年孝思堂刻本。

　　歐陽修文忠公集一百五十三卷,宋歐陽修撰,年譜一卷,宋胡柯撰,附錄五卷,清乾隆五十七年刻本。

　　歐陽文忠公集一百五十三卷,宋歐陽修撰,年譜一卷,宋胡柯撰,附錄五卷,清嘉慶二十四年歐陽衡刻本,傅增湘校。

　　在這諸多的歐集善本之中,歐陽衡刻本時代是最後的。尤其值得重視的是三種宋刻本都藏於國家圖書館。日本的各家圖書館珍藏的歐陽修集的善本也有不少,據嚴紹璗《漢籍善本書録》,日本所藏的歐集善本有十八種。其中宋刻二種:

　　歐陽文忠公集一百五十三卷,附錄五卷,宋歐陽修撰。南宋慶元(1195—1120 年)嘉泰(1201—1204 年)年間刊本,日本國寶,共三十八册。天理圖書館藏本,原金澤文庫、伊藤家等舊藏。

　　歐陽文忠公集(殘卷),存六十八卷,歐陽修撰,周必大編校。宋紹熙年間(1190—1194)刊本,共十八册,宮內廳書陵部藏本。

　　其他一百五十三卷的善本全集亦有六種以上:

　　歐陽文忠公集一百五十三卷,附錄五卷,年譜一卷。宋歐陽修撰,周必大編校,明天順年間(1457—1464 年)刊本。静嘉堂文庫、大倉文化財團藏本。

歐陽文忠公集一百五十三卷,附録五卷,年譜一卷。宋歐陽修撰,《年譜》宋胡柯撰。明嘉靖十六年(1637年)新安詹治校刊本,共二十四册。蓬左文庫藏本。

歐陽文忠公集一百五十三卷,附録五卷,年譜一卷。宋歐陽修撰,周必大編。明嘉靖三十四年(1555年)刊本。内閣文庫、静嘉堂文庫、禦茶之水圖書館藏本。

歐陽文忠公集一百五十三卷,附録五卷,年譜一卷。宋歐陽修撰,周必大輯,《年譜》宋胡柯撰。明刊本。東洋文庫、尊經閣文庫藏本。

歐陽文忠公集一百五十三卷,首一卷,附録五卷。宋歐陽修撰,宋周必大輯。明刊本,共二十四册。内閣文庫、築波大學附屬圖書館藏本。

歐陽文忠公集一百五十三卷,首一卷,附録五卷。宋歐陽修撰,宋周必大輯。明隆慶五年(1571年)刊本,共三十册。禦茶之水圖書館、原德富蘇峰成簣堂等舊藏。

因此,歐集具有那麽多的善本,整理歐集就必須在善本中再加選擇,這樣才能使得新整理的本子精上加精。

第三,東英壽天理本輯存稿的價值。《中華文史論叢》2012年第1期發表了東英壽《新見九十六篇歐陽修散佚書簡輯存稿》,引起了很大的反響,天理本《歐陽文忠公集》也更爲歐陽修研究者所知。而李逸安《再論歐集整理暨底本選擇》專門辟出一節爲《淺議日藏天理本與東英壽〈輯存稿〉》,在論述《輯存稿》時,認爲該文有五個方面的問題:一是大肆渲染"96篇"輯佚數字;二是"散佚書簡"提法不確;三是天理本之"國寶"説。四是生造證據,論述注水;五四版本論證失於武斷。並且認爲"發現和輯得佚文,於古籍整理者是再普通不過的一件事,通常只需公佈相關的版本,佚文資料或直接補佚即可。因爲輯佚是古籍整理的必要程式之一,點校整理後的古籍幾無例外都附有補佚内容,輯出百十篇佚文亦不鮮見,很少有人爲此大做文章。"(100頁)對於天理本的價值,李逸安也在文中説:"假若周本諸刻無一存世,而天理本爲僅見的本子,其版本價值自然不容低估,但從目前《輯存稿》披露出的資料來看,其價值主要是體現在校勘補佚上。"(104頁)但作者在文中又稱:"筆者因未睹天理本原書。"因此,因爲李逸安先生的質疑,我們有必要對於東英壽的《輯存稿》進行審視,但是李逸安是在没有見過天理本原書的情況下展開質疑,因而其論證過程和結論也都很難令人信服,因而我們還必須進一步審視天理本和輯存稿的價值。

我要説明的是,輯佚是需要眼光的,需要功力的,佚文是否重要要看作者和輯佚者的眼光,有些佚文是重大發現,有些佚文只是文獻輯補,除了對文獻有意義,對其他研究没多少意義。同樣的佚文,有的是具有重要價值被埋没掉,有的是没有價值被淘汰掉。當時被淘汰以後,後來又出來了,輯佚有没有價值呢? 從文獻來説是有價值的,但其他研究没有多少價值,因爲當時是被時間淘汰的。這個是要注意的。古人淘汰的東西你把它弄過來是没有意義的。但是有些佚文是重大發現,就不一樣了,像歐陽修的96篇佚文完全是重大發現。歐陽修是個政治家,是各方面都有成就的人物,作爲正統的政治家表現較多,而作爲個人一面表現較少。詞是表現個人生活、日常生活那部分的,但還受人詬病;書信則完全是私人生活的重要部分。挖掘出來後當然對歐陽修研究,對整個北宋文人的生活情態、文人的心理活動、政治家的經歷等方面的研究,都是很有用的。因此,發現佚文是有層次的,也是需要眼光的,洞見深邃的人可以從佚文中找到寶貝,眼光短淺的人則把時間淘汰的垃圾佚文當著寶貝。而"發現和輯得佚文,於古籍整理者是再普通不過的一件事"的説法,就把歐陽修佚文的價值過於忽視了。

　　至於天理本的價值,近年來有好幾位學者撰文在討論新發現歐陽修手簡時論及,如熊禮匯有《一道漣漪讓水有生命——新發現歐陽修書簡的學術意義》《略論歐陽修書簡的藝術特色——從日本學者新發現的 96 通書簡説起》《初讀歐陽修九十六通佚書所想到的》,洪本健有《東英壽教授新見歐陽修散佚書簡解讀》,歐明俊有《從新發現的 96 通書簡看歐陽修的日常生活》,這裡我引用陳尚君的一段論述:"東英壽教授在仔細比讀存世的幾個宋本歐集後,發現元明以後通行歐集源自周必大所編初刻本,中國國家圖書館和日本宮内廳藏宋本則爲第一次增補本,前者所收書簡,較初刻增加十九篇,而天理本則爲更後的增補本,較國圖本又增九十六篇。由於該本流傳較少,未爲元明後刻本繼承,而天理本在日本被定爲國寶,很少爲學者所知,因而長期湮没不聞。其實同一文本中國國家圖書館也有藏殘本,書簡十卷僅存四卷,佚簡有三十六篇,可惜一直未被重視。"①東英壽曾發表專文《關於天理本〈歐陽文忠公集〉》,認爲該本"是基於周必大原刻本刊行的周綸修定本,周必大的原刻本《歐陽文忠公集》于慶元二年(1196)刊行,周綸修定的工作則大約在十年後的開禧年間完成。所以説,天理本《歐陽文忠公集》雖然不是周必大的原刻本,但是要以推定是緊接其後的周必大之子周綸修定並刊行的南宋本,與中國大陸和臺灣所藏諸本不同,由於保持了完整形態並流傳至今,是價值非常高的典籍。"②

　　第四,歐陽衡本不可依據的一個實證。中華書局本《歐陽修全集》依據歐陽衡刻本校勘,我們可以根據其中所收的《范仲淹神道碑》以證明其版本的弱點。《范仲淹神道碑》今天仍有石刻原碑存世,碑文精拓本也有數種,如《洛陽新獲墓誌》和《洛陽名碑集釋》影印拓本圖版都非常清晰。我們以此與中華書局本校勘記比照,具有以下情況:

　　1.校勘記[1]"此文周本、叢刊本注云'至和元年'作,載《居士集》卷二七"。歐陽衡本缺此題注,是其缺憾。石刻文末題署:"至和三年二月日建。"蓋歐陽修至和元年作文,直到至和三年二月才建碑。

　　2.歐文"其所有爲,必盡其力",校勘記[2]"'力',《文鑒》、周本、叢刊本作'方'"。按,石刻即作"方",可見歐陽衡本不可從。

　　3.歐文"通判河中府、陳州",校勘記[3]"'河中府'下周本、叢刊本、考異、程本校:'一有陳州'。按《宋史·范仲淹傳》云:'通判河中府,徙陳州。'"按,石刻即作"通判河中府、陳州"。

　　4.歐文"于慶州城大順以據要害,奪賊地而耕之",歐陽衡本無"奪賊地而耕之"六字,中華本校勘記[4]"'奪賊地而耕之'六字,周本、叢刊本爲異文,作小字夾註,《文粹》作正文,今據補"。按,石刻即有"奪賊地而耕之"六字。

　　5.歐文"賊既失計乃引去",校勘記[5]"'既',周本、叢刊本爲異文,今據《文粹》補作正文",按,石刻作"賊失計乃引去"。

　　6.歐文"自山林處士裡閭田野之人",校勘記[7]"'山林',周本、叢刊本校'一作搢紳'"。按,石刻即作"搢紳"。

①　陳尚君:《關於新發現的歐陽修佚簡》,《東方早報》2012 年 5 月 16 日,第 T06 版。
②　東英壽:《復古與創新—歐陽修散文與古文復興》,上海古籍出版社 2005 年版,第 194－195 頁。

　　這裏可以看出,中華書局本《歐陽修全集》對於《范仲淹神道碑》出了 8 條校勘記,其中有 5 條都説明歐陽衡本是與石刻不合的,相較而言,周本、叢刊本也是優於歐陽衡刻本的。

　　第五,其他幾種歐集整理本平議。除了李逸安校點本外,洪本健還有《歐陽修詩文集校箋》,上海古籍出版社 2009 年版。洪本健是歐陽修研究的專家,他的代表作品還有《歐陽修資料彙編》,爲歐陽修研究提供了極大的方便,是不可或缺的資料書和工具書。《歐陽修詩文集校箋》對於歐陽修的每一首詩文都進行校勘和箋注,而其功力和特色在箋注方面。這裏不展開論述。在校勘方面,據該書的前言,洪本健先生得到了幾種最好的本子,包括天理圖書館本和宮内廳本。天理本的詩文全部是東英壽影印後寄給洪本健的。洪本健在《歐陽修詩文集校注》的前言中也專門論證了天理本優於《四部叢刊》等本子的特點,但最終選定《四部叢刊》本爲底本,是因爲《四部叢刊》本與周必大本是一個系統,且爲歷代讀者廣泛使用與認可。同時洪本健利用了天理本和宮内廳本作爲參校本,解決了歐陽修詩文集校勘的一些問題,這是值得肯定的。中華書局 2012 年還出版了劉德清、顧寶林、歐陽明亮箋注的《歐陽修詩編年箋注》,在校勘方面,以通行的《四部叢刊》初編影印元刻本《歐陽文忠公全集》爲底本,參用《全宋詩》和李逸安點校的《歐陽修全集》,但又按照時間重新排列。其實,《四部叢刊》的本子並不是元刻本,而是明刻本。這方面,日本學者清水茂和森山秀二先生都曾經作過較爲深入的研究,認爲是以明代内府本爲原本的版本。這樣的版本當然也就不如國家圖書館所藏的宋刻本,也不如日本的天理本和宮内廳本。但總體説來,對於歐集,《四部叢刊》影印時也是經過選擇的,還是較清代的歐陽衡刻本更值得選擇,但並不是歐集整理校勘的首選。

　　第六,歐陽修集整理的版本選擇。歐集校勘首選哪一種版本呢? 國家圖書館藏宋慶元二年周必大刻本、日本天理圖書館藏慶元嘉泰年間刊本都是極好的本子,而且是同源的,天理本稍遲于國圖本。“中華再造善本”據中國國家圖書館藏宋慶元二年周必大刻本影印本,既保持了國家圖書館本的原貌,同時又相對易得,應該是我們整理歐集的最佳選擇本。我們在校注《歐陽修詞集》的時候就以“中華再造善本”影印南宋慶元二年周必大刻本《歐陽文忠公集》“樂府”部分爲底本,不足者以吳昌綬雙照樓影印《景刊宋金元明本詞·醉翁琴趣外篇》爲底本,此二本爲歐陽修詞最精、最全者。參校本方面,除了常見之歐詞單行本(如汲古閣本《六一詞》等)、合集本(如《四部叢刊》影印元刊本《歐陽文忠公全集》等)及歷代重要詞選(如《花庵詞選》等)悉數參校外,日本天理圖書館藏《歐陽文忠公集》(南宋慶元、嘉泰年間刊本)及日本宮内廳書陵部藏《歐陽文忠公集》(南宋紹熙年間刊本)等所收歐詞,更是重要的參校依據。

(作者單位:浙江大學中文系)

宋初三次編修《道藏》考

韓松濤

内容摘要：宋初曾三次編修《道藏》，第一次未定名，第二次命名爲《寶文統録》，第三次命名爲《大宋天宫寶藏》，並留有節略本《雲笈七籤》傳世。本文考證得出宋初三次編修《道藏》都是在杭州附近的余杭大滌山宫霄宫進行。並對參與編撰道藏的官員和道士作了概述。

關鍵詞：宋代；道藏；洞霄宫；張君房

道書的彙編可以上溯至葛洪的《抱樸子内篇・遐覽》，其所藏的道書，也可以看作是一個小型的私家《道藏》。後世的《道藏》則大多由官方所修，如南朝時陸修静的《三洞經書》，北周武帝時編制的《玄都經》和《三洞珠囊》，唐玄宗時主持編纂的《三洞瓊綱》等。

五代時也有多個政權關注道書的徵集和校定。如夏竦《重建道藏經記》記載吴越國王錢鏐的崇道事蹟曰："五代相競，中原多事，吴越忠懿王得爲道士朱霄朱外新之，遂築室於上清閣西北，藏金録字經二百函，勤其事也。"①又《宋史・列傳第二十一・劉載》稱："劉載，字德興，涿州范陽人。……周世宗初，擢知制誥。顯德三年，拜右諫議大夫，與右拾遺鄭起、尚書博士李寧同校道書。"可知周世宗柴榮在位年間也整理過道書。

宋代皇帝自太宗起就頗爲崇道，故在宋初就進行道經的收集與整理，在其後三十年間，共進行了三次較大規模道藏的編修，終於編成《大宋天宫寶藏》。宋初道藏三次編撰的地點與參與人員，是本文主要的考證内容。

1　宋初三次編修道藏概述

宋太宗至宋真宗前後三十餘年間，大規模編修《道藏》共有三次，一次在太宗雍熙二年（985），以徐鉉、王禹偁總領。第二次從宋真宗大中祥符二年（1009）開始，至大中祥符九年（1016）編成，以王欽若總領，賜名爲《寶文統録》。第三次編修是對《寶文統録》的修訂，于宋真宗天禧三年（1019）編定，由張君房總領，賜名《大宋天宫寶藏》。

宋太宗編修道藏與宋真宗再次進行道經的編修之事見《混元聖記》：

大中祥符二年己酉，詔左右街選道士十人校定《道藏》經典。至三年，又令于崇文院集館閣官僚詳校，命宰臣王欽若總領之。初，太宗嘗訪道經，得七千餘卷，命散騎常侍徐鉉知制誥，王禹偁校正，刪去重複，寫演送入宫觀，止三千三百三十七卷。至是，

---

① 《道藏》第11册，第94—95頁。

欽若沿舊三洞四輔經目，增補凡四千三百五十九卷。撰成篇目上進，賜名《寶文統錄》。帝親制序云……①

上述文中所稱"止三千三百三十七卷"當有誤。關於去重後的卷數，《文獻通考》卷224稱爲："去其重複裁得三千七百三十七卷。"②兩者相差四百卷。據《宋史·列傳四十二·王欽若》："欽若自以深達道教，多所建明，領校道書，凡增六百餘卷。"王欽若所校道書爲《寶文統錄》，最後爲4359卷，與3737卷相比較，差距爲六百餘卷（實際爲622卷），故宋太宗時去重後的卷數當以3737卷爲是。

大中祥符二年（1009）上距宋太宗"訪道經"之雍熙二年（985）已經24年。宋太宗雖然整理了道經，並經過初步整理，刪去重複得到了3737卷，並將之"寫演送入宮觀"，但從20餘年後王欽若可以增補道經六百餘卷來看，宋太宗於雍熙年間的對道經的整理是初步的，故只是送入宮觀，而沒有賜名或定名。

到大中祥符二年開始編定的新《道藏》，應該説比20餘年前進步了很多，在搜訪道書上較前次多搜羅了622卷，這是一個很大的成績，故皇帝賜名《寶文統錄》。據記載："洞真部六百二十卷，洞玄部一千一十三卷，洞神部一百七十二卷，太玄部一千四百七卷，太平部一百九十二卷，太清部五百七十六卷，正一部三百七十卷，合爲新錄，凡四千三百五十九卷。又撰篇目上獻，賜名《寶文統錄》。"③由上可知《寶文統錄》是對所編新錄的"篇目"的賜名，所以《寶文統錄》只是道藏的目錄，其目分爲七部。

雖然在搜訪道書上成績較大，但《寶文統錄》的編纂品質不是很高，後來參與《大宋天宮寶藏》的張君房曾評價道："然其綱條洩漫，部分參差，與《瓊綱》、《玉緯》之目，舛謬不同。歲月坐遷，科條未究。"④於是對《寶文統錄》的加工修訂仍然繼續，並改由張君房主持。最終編定時有四千五百六十五卷，較《寶文統錄》多206卷，起《千字文》天字爲函目，終於宮字型大小，共四百六十六字。題曰《大宋天宮寶藏》。至天禧三年（1019）春，寫錄成七藏以進之。也就是説《大宋天宮寶藏》是編修好並重新抄錄完成的新《道藏》。

2 宋初三次編修道藏均在余杭洞霄宮考

宋太宗時，道經的整理是在杭州附近的余杭進行的。夏竦《重建道藏經記》記錄了天臺道藏"付余杭"之事可證之。《重建道藏經記》在記述靈靜大師孟玄岳掌管該藏的事蹟中，記錄了一件與道藏編撰相關的事件："至雍熙二年，有詔悉索是經付余杭，傳本既畢，運使諫議大夫雷公德祥命舟載以還，從師請也。"雍熙爲宋太宗年號，二年爲985年，也即第一次編修道藏之時，"有詔"即皇帝下令讓天臺道藏"付余杭"，唯一可能的就是編訂道藏了，此記載可旁證第一次編修道藏是在余杭進行的。

又據張君房《雲笈七簽·序》："在先時，盡以秘閣道書、太清寶蘊出降于余杭郡。"這個

---

① 《道藏》第17册，第877頁。

② 馬端臨：《文獻通考》下册，中華書局1999年版，第1802頁。

③ 馬端臨：《文獻通考》，第1802頁。

④ 張君房：《雲笈七簽·序》，中華書局2003年版，第1頁。

"先時"是第三次編修道藏時指稱的,即指第一與第二次編修道藏的時候,也即宋太宗編定道藏和宋真宗編修《寶文統録》的時候。則從此文獻可知宋初第二次編修道藏也在余杭進行。而後第三次編修道藏,宋真宗將張君房"改官領錢塘","錢塘"即今杭州,余杭爲其屬縣。也就是讓張君房到余杭縣所在的杭州任職,以方便其編修《道藏》。説明宋太宗到宋真宗時期前後三十餘年,三次編修《道藏》都是在余杭進行的。

編修道藏在余杭進行的原因,首先應該是考慮到地理之便。編修道藏首先要將各地所收舊道藏集中,大約考慮到道書運輸的問題,要選取與舊道藏所在地都相近的地點。據張君房《雲笈七籤·序》:"在先時,盡以秘閣道書、太清寶藴出降于余杭郡。"又曰:"臣于時盡得所降到道書,並續取到蘇州舊《道藏》經本千餘卷,越州、台州舊《道藏》經本亦各千餘卷,及朝廷續降到福建等州道書《明使摩尼經》等……"①其中所列除秘閣道書外,舊道藏經本所在地有蘇州(今江蘇蘇州)、越州(今浙江紹興)、台州(今浙江台州)、福建(今福建)。而"太清寶藴"據陳國符《道藏源流考》:"按謂亳州太清宮《道藏》。"②則是在今安徽亳州。從上可知各處地方道藏大都在以杭州爲中心的江浙一帶。其次,將地方道藏都運至余杭,是因爲余杭有著名的大滌山洞霄宮,張君房《序》中之所以没有提到洞霄宮的藏書,很可能是因爲其就在洞霄宮編修道藏,故只寫明瞭别處所來之道藏。余杭大滌山洞霄宮,也收藏有千卷以上的道經。洞霄宮道經的收藏,或起之于暨齊物。《洞霄圖志》卷五曰:"暨齊物,字子虚。師玉清觀朱法師君緒,受法籙神符秘方,救物不息。後隨入大滌山精思院,並重象樓三間,又名書樓,積千卷其上,日以著述爲事,每講貫玄學,聽者嘆服。……"③第三,在《洞霄圖志》中提到洞霄宮道士參與編修道藏的事件,如馮德之、朱益謙。

所以,從以上的考證可以得出這樣的結論:由於洞霄宮本身收藏有道經,並且各個地方道藏所處地理位置,又以余杭洞霄宮爲中心,故當時就將洞霄宮選爲國家編修道藏的地點,宋初的三次編修道藏都是在余杭洞霄宮進行的。

3　宋初編修道藏人物考

據《混元聖記》、《雲笈七籤·序》及《宋史》等文獻,第一次道藏的編以徐鉉、王禹偁總領,參與編修道書的還有張契真和孔承恭;第二次編撰以王欽若總領,參與編修的還有翰林學士陳堯佐、樞密真學士戚綸、道士馮德之等;第三次編撰張君房爲總領,參與者有第二次編修道藏就參與其事的馮德之等。

徐鉉字鼎臣,廣陵(今江蘇揚州)人。徐鉉事件雖然宋史無傳,但宋史中多有其事蹟出現。先爲吳校書郎、南唐知制誥、翰林學士、吏部尚書,後隨李煜歸宋,官至散騎常侍。徐鉉有文名,《宋史》著録其多部著作,有《吳録》二十卷,爲徐鉉、高遠、喬舜、潘佐等撰,又有《江南録》十卷,徐鉉、湯悦撰;又有《質論》一卷,徐鉉《稽神録》十卷。又有文集《徐鉉集》三

---

① 張君房:《雲笈七籤·序》,第1頁。
② 陳國符:《道藏源流考》,中華書局1963年版,第131頁。
③ 鄧牧:《洞霄圖志》卷五《暨天師》,《中國方志叢書·華中地方·第五五九號》(據元至大年間舊鈔本影印),第121頁。

十二卷。

王禹偁，宋史有傳，字元之，济州钜野人，太平兴国八年进士。與徐鉉交好，《宋史·王禹偁傳》曰：“廬州妖尼道安誣訟徐鉉，道安當反坐，有詔勿治。禹偁抗疏雪鉉，請論道安罪，坐貶商州團練副使，歲余移解州。”也就是女尼道安誣告徐鉉，但“有詔勿治”，也就是皇帝下令不追究，但王禹偁爲之“抗疏”，也就是上表奏爲徐鉉鳴不平。結果被貶官商州。

張契真，據《十國春秋》：“張契真，錢塘人。……太宗選居太乙宫，召對，賜紫，令校道書，賜號元静大師。”①陳國符認爲此篇中稱張契真所校道書，即是太宗令徐鉉等人讎校之道書，而張契真參與了此事。張契真，《歷世真仙體道通鑒》有傳，稱其幼從上清宫胡法師遊赤城，時朱霄外居天臺，“目而器之”，度爲道士。又于周世宗顯德五年受正一盟威靈寶法錄于大元樊先生，由是名震江湖。錢忠懿王命總三錄齋事，宋太宗命主醮，又命刊正道書，賜號元静大師，真宗景德三年（1006）卒。②從其卒年可知，張契真只參與了第一次太宗時的道書編撰。

孔承恭，《宋史》有傳，傳中稱“（太宗）又詔承恭與左散騎常侍徐鉉刊正道書。”可知其參與了道書的校定。《宋史·列傳第三十五》曰：“孔承恭，字光祖，京兆萬年人。唐昭宗東遷，舉族隨之，遂占籍河南。以門蔭授秘書省正字，歷温、安豐二縣主簿。……授將作監致仕。……卒，年六十二。”

王欽若，字定國，臨江軍新喻人。王欽若參與了宋真宗天書下降的事件，也可算是歷史名人。該事件《宋史·王欽若傳》有記載：“先是，真宗嘗夢神人言‘賜天書于泰山’，即密諭欽若。欽若因言，六月甲午，木工董祚于醴泉亭北見黄素曳草上，有字不能識，皇城吏王居正見其上有禦名，以告。欽若既得之，具威儀奉導至社首，跪授中使，馳奉以進。真宗至含芳園奉迎，出所上《天書再降祥瑞圖》示百僚。”王欽若與道教關係密切，《宋史》所記，其所著書有：“《鹵簿記》、《彤管懿範》、《天書儀制》、《聖祖事蹟》、《翊聖真君傳》、《五嶽廣聞記》、《列宿萬靈朝真圖》、《羅天大醮儀》”等。並稱其“欽若自以深達道教，多所建明，領校道書，凡增六百餘卷。”③説其“領校道書，凡增六百餘卷。”就是指其編定《寶文統録》的事件。

陳堯佐《宋史》有傳，《宋史》稱其“字希元，其先河朔人。高祖翔，爲蜀新井令，因家焉，遂爲閬州閬中人。……堯佐進士及第，……以太子太師致仕，卒，贈司空兼侍中，謚文惠。……有《集》三十卷，又有《潮陽編》、《野廬編》、《愚丘集》、《遣興集》。”《雲笈七籤·序》與《洞霄圖志》卷五《馮先生》都記有其與戚倫參與編修道藏之事。

戚綸《宋史》無傳，但《宋史》中多有提及。初爲杭州地方官，與陳堯佐相熟，《宋史·志第五十·河渠七》記載：“逮宋大中祥符五年（1012），杭州言浙江擊西北岸益壞，稍逼州城，居民危之。即遣使者同知杭州戚綸、轉運使陳堯佐畫防捍之策。”景德元年（1005）任待制，《宋史》稱：“景德元年置，以杜鎬、戚綸爲之，並依舊充職。”後又任“樞密直學士”。

馮德之，《洞霄圖志》卷五《人物門·高道》有《馮先生》條，載馮德之編修道藏之事：

---

① 吴任臣：《十國春秋》，中華書局 1983 年版，第 1293 頁。

② 《道藏》第 5 册，第 374—375 頁。

③ 《宋史·王欽若傳》

　　　馮德之字幾道，河南人。少習儒業，書無不讀，京師號馮萬卷。不慕聲利，棄家入道，被旨住杭州洞霄宮。時公卿皆以詩餞行。宋真宗銳意元教，盡以秘閣道書出降余杭郡。俾知郡戚綸，漕使陳堯佐。選先生及沖素大師朱益謙等，修校成藏以進，號《雲笈七籤》。①

　　馮德之在京師號爲“馮萬卷”，當是頗有名望的讀書人。其入道後“被旨住杭州洞霄宮”，也就是宋真宗降旨讓其入駐杭州洞霄宮。洞霄宮自宋太宗始就是編修道藏之所，而宋真宗下旨讓有“馮萬卷”之稱的馮德之入駐洞霄宮，其意思是相當明顯的，也就是讓其來編修道藏。該事件張君房《雲笈七籤·序》中也有提及：“在先時，盡以秘閣道書、太清寶蘊出降于余杭郡，俾知郡故樞密真學士戚綸，漕運使今翰林學士陳堯佐。選道士沖素大師朱益謙、馮德之等，專其修較，俾成藏而進。”②《洞霄圖志》卷五稱最後編定的是《雲笈七籤》，大多數學者都認爲《雲笈七籤》是張君房編的，這裡是筆誤。其實不然，張君房是第三次編修道藏的總領官，其編修《大宋天宮寶藏》及《雲笈七籤》是在第二次編修的基礎上進行的。作爲總領官，其編修道藏不會是一個人，一定會有助手，而參與第二次編修的馮德之本就是洞霄宮的道士，理所當然應該參加了第三次的編修，所以《雲笈七籤》的編修放到了朱益謙、馮德之及洞霄宮名下，雖然與事實略有出入，但也並無不可。《洞霄圖志》卷五的這條內容恰恰説明了張君房所主持的《大宋天宮寶藏》及《雲笈七籤》的編修是在洞霄宮完成的。而馮德之則參與了《寶文統録》與《大宋天宮寶藏》兩次道藏的編修。

　　張君房，據《四庫全書總目》卷一四六記載：“宋張君房，岳州安陸人。景德（1004—1007）中進士及第，官尚書度支員外郎、充集賢校理。”③可知張君房爲今湖北安陸人，進士及第，官至集賢校理。張君房最終能任集賢校理其實與宋真宗讓其編修《道藏》有關。據張君房在《雲笈七籤·序》中的自述，張君房編修道藏結緣的原因，是由於其貶官寧海（今浙江省寧波市寧海縣）開始的。《雲笈七籤·序》曰：“祀汾陰之歲，臣隸職霜台，作句稽之吏。越明年秋，以鞫嶽無狀，謫掾于寧海。……俾知郡故樞密真學士戚綸……等，專其修校。……適綸等上言，以臣承乏，委屬其績。時故相司徒王欽若總統其事，亦誤以臣爲可使之。又明年冬，就除臣著作佐郎，俾專其事。”④

　　“祀汾陰之歲”按《宋史》卷八：“大中祥符四年春正月，辛巳詔執事汾陰，懈怠者罪勿原。乙酉，習祀後土儀。丁亥，將祀汾陰，謁啟聖院。”故“祀汾陰之歲”即爲大中祥符四年（1011）⑤。此年張君房調入御史台爲官，第二年（1012）就被貶官寧海。而後負責編修《寶文統録》的戚綸就上書推薦張君房負責繼續對道藏進行編修，而對《寶文統録》負總責的王欽若也同時贊同，於是張君房就於第二年被任命爲“著作佐郎”，專門負責編修道藏的事。爲了有利於《道藏》的編修，“君房自祥符乙卯（大中祥符八年，1015）冬十月，改領官錢塘”。

<hr>

①　鄧牧：《洞霄圖志·馮先生》，《中國方志叢書·華中地方·第五五九號》（據元至大年間舊鈔本影印），第138—139 頁。

②　張君房：《雲笈七籤·序》，第 1 頁。

③　《四庫全書總目》卷一四六。

④　張君房：《雲笈七籤·序》，第 1 頁。

⑤　轉引自劉全波：《〈雲笈七籤〉編纂者張君房事蹟考》，《中國道教》2008 年第 4 期，第 39—42 頁。

"大中祥符九年(1016)三月……仍令著作佐郎張君房就杭州監寫本。"①從大中祥符五年(1012)就被貶官寧海至天禧三年(1019)《大宋天宫寶藏》編修完成,張君房至少在浙江居住了七年,而後張君房因編修道藏有功而有升遷。

雖然編修道藏功成事遂,但張君房開始了編輯《雲笈七簽》的工作,《雲笈七簽·序》稱:"掇雲笈七部之英,略寶蘊諸子之奥,總爲百二十卷,事僅萬條。"其目的有四"上以酬真宗皇帝委遇之恩,次以備皇帝陛下乙夜之覽,下以裨館校讎之職,外此而往,少暢玄風耳。"②

4　簡短結語

宋初三次編撰道藏的事實,已爲學術界所瞭解,而三次編撰道藏的地點,似乎從來没有人關心過,本文通過對文獻的梳理,考證出三次道藏編撰的地點在余杭洞霄宫。而參與人物除三次總領官外,其他參與人員也少有人關心,這次對數位參與者作了一些概述。以上内容希望對宋學相關研究有所裨益。

（作者單位:浙江大學道教文化研究中心）

---

① 轉引自劉全波:《〈雲笈七簽〉編纂者張君房事蹟考》,《中國道教》2008年第4期,第39—42頁。
② 張君房:《雲笈七簽·序》,第1頁。

中華書局本《宋高僧傳》校補

楊志飛

內容摘要：《宋高僧傳》在中國佛教史上具有重要的文獻與史料價值，范祥雍先生點校本的問世，有力地推動了隋唐佛教的研究。但點校本中尚存在斷句有誤、文字形近致訛等疏漏。因此，本文對其中校勘的未盡之處提出若干補校意見。

關鍵詞：《宋高僧傳》；《磧砂藏》；校補

《宋高僧傳》是北宋初釋贊寧奉敕編修的一部僧傳，因記載了唐初至宋初三百多年間六百餘位高僧大德的行跡而成爲研究中古佛教的重要文獻。范祥雍先生曾以宋元版《磧砂藏》爲底本，以江北刻經處刻本、日本印《大正藏》爲參校本，對該書進行標點整理，作爲中華書局《中國佛教典籍選刊》叢書的一種而出版①。點校本問世之後，成爲學界的通行本。但筆者發現，《磧砂藏》本《宋高僧傳》並非佳本，尚不如晚出的《永樂北藏》、《龍藏》本精審，任繼愈先生主持編修《中華大藏經》（漢文部分）時，亦未使用《磧砂藏》本爲底本進行影印。《磧砂藏》是民間募刻藏經，無論資金的籌措、刻工的選用都有許多艱難之處，出現疏漏、訛誤在所難免。由於《磧砂藏》本存在一些訛誤，范先生亦未使用宋《資福藏》、元《普寧藏》、明《永樂北藏》《徑山藏》、清《龍藏》等進行參校，因而導致點校本中尚有部分疏失，學界已有校補文章②。今就讀書所見，將前賢未指出的訛誤之處臚列如次，以期對學界有所助益。

一、文字訛、脱、倒

1.卷一《唐京兆大薦福寺義淨傳》：

睿宗唐隆元年庚戌，於大薦福寺出浴像功德經、毗奈耶雜事二衆戒經、唯識寶生、所緣釋等二十部，吐火羅沙門達磨未磨、中印度沙門拔弩證梵義。（第2頁）

---

① 贊寧撰，范祥雍點校：《宋高僧傳》，中華書局1987年版。文中所引，皆用此本。

② 如張兆英《〈宋高僧傳〉標綫淺談》，《古籍整理研究學刊》1991年第1期；王邦維《新版〈宋高僧傳〉卷一至三校點商榷數例》，《古籍整理研究學刊》1993年第4期；董志翹《〈宋高僧傳〉標點獻疑》，《花園大學研究紀要》1993年第25輯；張小艷《〈宋高僧傳〉補校》，《湖州師範學院學報》2003年第2期；王秀林《〈宋高僧傳·智暉傳〉標點勘誤二則》，《書品》2005年第3期；王紹峰、曹祝兵《讀〈宋高僧傳〉校點本剳記》，《阜陽師範學院學報》2011年第3期；楊志飛《〈宋高僧傳〉點校商榷》，《書品》2012年第2期；郭紹林《中華書局版〈宋高僧傳〉的標點錯誤》，《社會科學戰線》2012年第3期等。

按："達磨末磨"，誤，應作"達磨末磨"。《續古今譯經圖紀》、《開元釋教録》、《貞元新定釋教目録》諸書均是《宋高僧傳》之文獻來源，皆作"吐火羅沙門達磨末磨"，查底本《磧砂藏》亦作"達磨末磨"，以"末"爲"未"，蓋形近之誤。

2. 卷二《唐洛京智慧傳》：

聞<u>南北竺</u>頗尚持明，遂往諮稟。（第23頁）

按：傳主釋智慧，梵名般剌若，北天竺迦畢試國人，自己身爲北天竺人，不當再言往"南北竺"諮稟佛法，疑"南北竺"系"南天竺"之誤。檢唐代圓照所集《大唐貞元續開元釋教録》，作"時聞南天尚持明藏，遂便往詣，諮稟未聞"[1]，"南天"即是"南天竺"之省稱，故上揭"南北竺"當爲"南天竺"。

3. 卷七《後唐洛陽長水令諲傳》：

年既應法，乃納<u>戒津</u>，大小乘教兼而學之。（第144頁）

按："乃納戒津"，不辭，疑當爲"乃納戒律"。納戒，即受戒也，納受戒體於身中之義。佛教中稱十四至十九歲的沙彌爲應法沙彌，引文是説令諲到了受沙彌戒的年齡，故"戒津"當是"戒律"之訛。

4. 卷七《後唐定州開元寺貞辯傳》：

一志聽尋，暇則刺血書經，又鍼血<u>盡</u>立觀自在像，慈氏像等。（第145頁）

按："盡立觀自在像"，不辭。"盡"，當爲"畫"之訛。謂以鍼刺血來畫觀自在菩薩、慈氏（彌勒）菩薩的像。"慈氏像等"之前的逗號，當以頓號爲宜。

5. 卷七《大宋東京天清寺傅章傳》：

（傅章）所度弟子一十五人，以其年十一月十六日<u>上京</u>之南原，用荼毗之法，薪盡火滅，得舌且不灰，眾歎戒德。（第158頁）

按："上京之南原"中"上"爲"卜"之訛。卜，選擇、挑選之義。古有"卜葬"，指埋葬死者前，先占卜以選擇吉祥之葬日與葬地。《禮記·雜記下》："卜葬其兄，弟曰'伯子某'。"孔穎達疏："謂卜葬擇日，而卜人祝龜所稱主人之辭也。"[2]後成爲擇時地安葬之代稱。檢《磧砂藏》本，誤作"上"，《永樂北藏》、《龍藏》、《大正藏》等皆作"卜"，是。

6. 卷十二《唐縉雲連雲院有緣傳》：

太守<u>盧約</u>者，以諶諒之誠，請入州<u>開元等別院</u>，四事供施焉。（第286頁）

按："開元等別院"，於意未通，查其他版本藏經，《資福藏》、《普寧藏》、《永樂北藏》、《龍藏》等皆作"開元寺別院"，可證"開元等"之誤。別院，猶下院，是設在寺廟之外的僧侶常住處。從文意可知，太守盧約延請僧人有緣駐錫開元寺之別院，而非開元寺外其他寺院之別院，故應以"開元寺別院"爲是。

7. 卷十二《唐杭州龍泉院文喜傳》：

<u>大復</u>二年壬戌八月中，<u>宣城帥田頵</u>應杭將許思叛渙縱兵大掠。（第293頁）

按：大復，爲唐昭宗年號"天復"之訛，係形近而誤。

8. 卷十七《唐洛京佛授記寺玄嶷傳》：

---

①　圓照：《大唐貞元續開元釋教録》，《大正藏》，第55卷，第755頁下。

②　孔穎達：《禮記正義》卷四十二，《十三經注疏》，中華書局1980年版，第1562頁。

或問之曰："子何信佛邪?"嶷曰："生死飆疾,宜早圖之,無令臨衢整轡,中流竚柮乎?有若環車望斗,劾鬼求仙,以此用心,非究盡也。"(第414頁)

按:"柮"當是"枻"形誤。枻,意爲短槳,且"臨衢整轡"正與"中流竚枻"相對而言。柮,《説文》:"柮,斷也。從木,出聲",《集韻·没韻》:"柮,榾柮,短木",清段玉裁《説文解字注·木部》:"柮,梼柮也。……今人謂木頭爲榾柮,於古義未遠也","柮"亦同"机",意爲無枝之樹,皆與此處意義不合。《永樂北藏》、《龍藏》、《大正藏》等皆作"中流竚枻",可參證。

9.卷十七《唐江陵府法明傳》:

如聞天下諸道觀皆盡化胡成佛變相,僧寺亦畫玄元之形,兩教尊容,二俱不可。(第415頁)

按:"諸道觀皆盡《化胡成佛變相》",文意不通,應作"諸道觀皆畫《化胡成佛變相》"。"盡"乃"畫"之形誤。底本《磧砂藏》與《全唐文》卷十七《禁化胡經勅》皆作"諸道觀皆畫化胡成佛變相"。變,又做變像、變繪,乃變動、轉變之意,依佛典記載,描繪佛之本生,或淨土莊嚴、地獄相狀等之圖畫,用以宣傳教義,即將種種真實之動態,以圖畫或雕刻加以描繪。如畫彌陀淨土之相,稱爲彌陀淨土變,畫兜率天彌勒淨土之相,稱爲彌勒淨土變,依《華嚴經》所畫之七處八會或七處九會,稱爲華嚴變相。"盡"與"畫"因形近而誤,且本篇下文有"僧寺亦畫玄元之形",可相與印證。

10.卷十七《唐京兆大安國寺利涉傳》:

有潁陽人韋玎,垂拱中中第,調選河中府文學,遷大理評事祕校。見涉講筵幣帛堆積,就乞選糧,所獲末厭。表請釋道二教定其勝負,言釋道蠹政可除。(第420頁)

按:"所獲末厭",不辭,應爲"所獲末厭",指對所獲不滿足。"未"乃"末"之形誤。

11.卷十七《唐杭州千頃山楚南傳》:

文德六年二月,忽雙虹貫堂室,二鹿蹶然入寺,法堂梁折。(第429頁)

按:文德,唐僖宗年號,僅一年(888)。疑此處"六年"係"元年"之誤。陳垣《釋氏疑年錄》卷五主楚南文德元年卒之説:"唐文德元年卒,年七十六。《宋傳傳》、《六學僧傳》均作'文德六年卒,年七十',《四部叢刊》本《景德録》亦作'文德六年卒'。今據頻伽本《景德録》十二。"[1]

12.卷二十五《唐荊州法性寺惟恭傳》:

歸即語其處,疑其寺行香樂佛也。及曉,回入寺,聞鐘聲,云"恭卒"。(第638頁)

按:《宋高僧傳》中《惟恭傳》來源於《酉陽雜俎續集》卷七,亦見載於《金剛經鳩異》、《太平廣記》卷一〇七所引,諸書中"及曉"均作"及晚"。僧律中有僧人不得在外留宿的條文,因此,靈歸天晚時回寺,當更合文意。

13.卷二十六《唐上都青龍寺光儀傳》:

儀性好終南山,因居法興寺。(第656頁)

按:《光儀傳》本於唐牛肅所撰《紀聞》,《太平廣記》曾徵引此節,作"興法寺"。終南山上無法興寺,僅有興法寺,疑《宋高僧傳》"法興寺"爲倒文。

14.卷二十六《唐東陽清泰寺玄朗傳》:

① 陳垣:《釋氏疑年錄》卷五,廣陵書社2008年版,第77頁。

殆乎产蓐，亦如初寐，覺後心輕體安。嬰兒不啼，呪爾而笑。（第 662 頁）

按：呪，同“咒”，咒爾，不辭，底本《磧砂藏》及《永樂北藏》、《龍藏》、《大正藏》等作“莞爾”，是。莞爾，也作莞爾、莧爾，微笑的樣子。

15. 卷二十六《唐湖州大雲寺子瑀傳》：

年未總角，辭親出家，以<u>如意年中大赦度人</u>，壞衣削髮，煤炱世事，於洛京大福先寺受戒。勤勤祈請，假寐三日之夕，見有神人儼然在目，倏往忽來，或同或異，得非至誠乎？（第 665 頁）

按：“勤勤祈請，見有神人儼然在目”指虔誠祈禱，感得神人來現，但“假寐三日之夕”於文意頗爲不通。假寐，指和衣打盹。禪師瑀公既虔心祈請，怎會假寐三日？《全唐文》卷九一八《唐湖州大雲寺故禪師瑀公碑銘》與《杼山集》卷九皆作“不遑假寐”，指因虔誠祈請而無暇休息，可知點校本奪“不遑”二字，故應作“勤勤祈請，不遑假寐，三日之夕，見有神人，儼然在目”。

16. 卷二十九《唐湖州杼山皎然傳》：

又長城赳胥錢沛行役，泊舟<u>呂山</u>南，見數十百人，得非提食器負束帛，恰然語笑而過。（第 729 頁）

按：“見數十百人，得非提食器負束帛”，文意不通，《全唐文》卷九一九《唐湖州杼山皎然傳》“見數十百人行，並提食器負束帛”。[1] 蓋“行”誤爲“得”，而“並”誤爲“非”，故令“得非”合讀而致斷句有誤。又，“恰然”，誤，《大正藏》與《全唐文》皆作“怡然”，正符合“提食器負束帛”的那些人赴齋時的喜悦心情。

17. 卷三十《唐洪州開元寺棲隱傳》：

後寇盜稍平，入<u>荊楚</u>，登祝融，蹤跡嘯做。（第 746 頁）

按：“嘯做”，不辭，《大正藏》作“嘯傲”，是。嘯傲，放歌長嘯，傲然自得，指行爲曠達，不受世俗禮法約束（多指隱士生活）。晉陶潛《飲酒》：“嘯傲東林下。”《宋高僧傳》卷十六《唐吳郡山破山寺常達傳》：“（常達）或遊遨坰牧，或嘯傲海壖，不出林蘢，勣經數載”（頁 393），卷二十三《唐南嶽蘭若行明傳》：“（行明）後遊方問道，然其耿介軒昂，嘯傲自放”（頁 591）。故此處應作“嘯傲”，“做”乃“傲”之形誤。

二、句讀失宜

1. 卷二《唐洛京智慧傳》：

……資聖寺道液、西明寺良秀、莊嚴寺應真、醴泉寺超悟、道岸、辯空、並充證義。（第 23 頁）

按：辯空之後的頓號多餘，應刪去。

2. 卷十一《唐汾州開元寺無業傳》：

一切境界本自空寂，無一法可得迷者，不了即爲境惑，一爲境惑，流轉不窮。（頁 249）

按：此句當斷作“一切境界，本自空寂，無一法可得。迷者不了，即爲境惑，一爲境惑，

---

① 董誥等編：《全唐文》，中華書局 1983 年版，第 9574 頁。

流轉不窮。"意思是一切妄境本來不有,身心不可得,世界不可得,善惡、苦樂、成功、失敗、生死等一切都不可得。因爲衆生迷誤,不能明瞭通達一切法本來無有之理,所以被這一切生死妄染之法、妄境所迷惑。一旦被這一切事物、一切生死之法所迷惑,則輪回六道,流轉生死,没有窮盡。

3.卷十八《唐武陵開元慧昭傳》:

里人有八十餘者云:"昭居此六十餘年,其容貌無異於少時昔日也。"但不知其甲子。(第459頁)

按:從文意上看,"但不知其甲子"一句亦是里人之語,故應置於引號之内。

4.卷二十一《唐鳳翔府寧師傳》:

將知覺夢惟一,明昧有殊,如攝論云如夢等覺時,一切處唯有識也。(第556頁)

按:攝論,指世親菩薩造、隋笈多共行矩等所譯之《攝大乘論釋論》,故應加書名號。而"如夢等覺時,一切處唯有識"出自《攝大乘論釋論》卷四,故應加引號。

5.卷二十四《唐湖州法華寺大光傳》:

夜分將醒,白光滿室,朗然若晝,往覘光公宴坐,梵音方作。光起面門如開,毫相經音向息,光色隨斂。(第624頁)

按:"光起面門如開,毫相經音向息,光色隨斂",應斷作"光起面門,如開毫相,經音向息,光色隨斂。"可能點校本以"光"爲傳主大光禪師,故"光"字下有標注人名專用之下劃線。然此處之"光"應爲"光明"之義。《妙法蓮華經》云:"爾時佛放眉間白毫相光。"毫相,爲如來三十二相之一。此處指大光禪師所現之瑞相,即誦經時,光明從面部顯現,如開毫相,俟誦經將止,光色亦隨之收斂。高僧誦經,時有瑞相顯現,或舒發毫光,或佛光充室,或白毫光現,聖衆滿空,或口發金光,不一而足。且光乃隨音之"作"與"息"而"起"與"斂",前後相應,故句首之"光",應作光明、光亮解。

6.卷二十五《唐河中府栢梯山文照傳》:

自此聰敏日新,辯給在口,時謂爲觀音附麗於厥躬也。且曰:"我師是周隋國師。"凡所纂集義疏,必乘夢寐而授我,無愧爲資矣。(第635頁)

按:傳主文照著作中並無《義疏》,而隋智者大師則著有《觀音義疏》二卷,故"凡所纂集義疏,必乘夢寐而授我,無愧爲資矣"同爲文照所説,亦應在引號之内。

7.卷二十六《唐上都青龍寺光儀傳》:

他日會使君夫人出其女,靚妝麗服,從者越多,來而逼之。(第655頁)

按:此處標點當作"他日,會使君夫人出,其女靚妝麗服,從者越多,來而逼之",使君夫人之女"一見(光)儀而心悦,願致款曲",但光儀禪師"恐懼而避焉",因此使君夫人之女才趁自己母親外出之機來逼婚。若標點爲"使君夫人出其女",則是使君夫人將女兒外嫁之義,於上下文意不合。

8.卷二十六《唐明州國守寺宗亮傳》:

大中再造,國寧寺征選清高者參名,亮預住持。(頁686)

按:本句當斷作"大中再造國寧寺,征選清高者參名,亮預住持。"會昌(841－846)年間,唐武宗大肆毀除寺院,國寧寺亦在被毀之列。後信奉釋教的唐宣宗即位,改號大中(847－860),對被毀之寺進行了重建與整修,故曰"再造國寧寺"。

9.卷二十九《唐湖州杼山皎然傳》:

又興冥齋,蓋循燋面然,故事施鬼神食也。(第 729 頁)

按:此句應斷作"又興冥齋,蓋循燋面然故事,施鬼神食也。"循……故事,爲固定結構,應合讀。面然,餓鬼名,亦稱焰口。燋,意爲乾枯。自唐代僧人不空譯出《救拔焰口餓鬼陀羅尼經》、《瑜伽集要救阿難陀羅尼焰口儀軌經》等,向餓鬼施食,成爲修密法者每日必行之儀式。如《佛説救拔焰口陀羅尼經》:"爾時阿難獨居静處念所受法,即於其夜三更已後,見一餓鬼名曰焰口,其形醜陋身體枯瘦。"[1]此處皎然所循燋面然故事,即阿難向餓鬼施食之事也。

三、人名、書名等未標或誤標

1.卷二《唐洛京智慧傳》:

乃歎曰:"此大乘理趣等經,想脂那人根熟矣!"(第 23 頁)

按:此處"大乘理趣等經",乃唐德宗貞元四年(788)罽賓國沙門般若所譯之《大乘理趣六波羅蜜多經》、《華嚴長者問佛那羅延力經》、《般若心經》等經。《大乘理趣》,即《大乘理趣六波羅密多經》之略稱,該經是大乘佛法的"理之所趣",是大乘佛法的綱要,討論的是菩薩道的内涵──佈施、持戒、忍辱、精進、禪定、般若,而以般若爲統合一切之中心。故《大乘理趣》應加書名號。

2.卷三《唐洛京長壽寺菩提流志傳》:

帝聞軫悼,勅試鴻臚卿,諡曰開元一切遍知三藏。(第 44 頁)

按:開元十五年(727),譯經大師菩提流志示寂,朝廷賜諡曰開元一切遍知三藏。此處宜用專名號而非書名號。

3.卷三《唐蓮華傳》:

手自書寫華嚴經百千偈中所説善財童子五十五聖者,善知識入不思議解脱境界普賢行願品,謹奉進上,願於龍華會中奉覩云。(第 47 頁)

按:《入不思議解脱境界普賢行願品》,是唐代罽賓國三藏般若奉詔譯《大方廣佛華嚴經》中的一品,故應加書名號。

4.《譯經篇論曰》:

秦獄既械其利防,此無緣也;漢庭肇迎其白馬,斯有感焉。(第 52 頁)

按:利防,即釋利防,秦始皇時沙門釋利防等十八賢者,齎經來華,始皇弗從,遂禁利防等。因此,利防之下應用專名號。

5.《譯經篇論曰》:

痛責彌天,符佛地而合阿含,得之在我;用胡名而迷梵種,失則誅誰?(第 54 頁)

按:佛地,指《佛地經》,一卷,唐玄奘譯,此經是佛爲妙生菩薩説佛地之五相,謂清净法界及四智也,與《阿含》相對而言,故應用書名號。

6.卷四《唐新羅國黄龍寺元曉傳》"系曰":

---

① 不空譯:《佛説集要救阿難陀羅尼焰口儀軌經》,《大正藏》第 21 卷,第 464 頁中。

經云龍王宮殿中有七寶塔，諸佛所説諸深義，別有七寶篋滿中盛之，謂十二因緣、總待三昧等。（第 79 頁）

按：此節文字有二處錯誤。一，"十二因緣"與"總待三昧"，二者前承"諸佛所説諸深義"而來，是教義而非經書，故不宜加書名號。二，"總待三昧"，不辭，應爲"總持三昧"。梵語陀羅尼，譯爲總持，即持善不失，持惡不使起之義，以念與定慧爲體；三昧，梵語 samādhi 之音譯，意爲正思維指導下的定力。"總持三昧"連用，在佛經中頗爲常見，如"少欲知足，樂静之處，多諸方便，念不錯亂，總持三昧，根原具足"[1]，"相好圓滿，光明具足，眷屬成就，宮殿莊嚴，福德智慧，總持三昧，神通辯才，咸不思議？"[2]等。

7.卷四《周京兆廣福寺會隱傳》：

天皇朝慎選高學名德，隱膺其選。（第 81 頁）

按：天皇，是唐高宗李治謚號天皇大聖大弘孝皇帝之略稱，應加專名號。

8.卷九《唐京師大安國寺楞伽院靈著傳》：

以天寶五載四月十四日申時，示滅於安國寺石楞伽經院，享壽五十六，僧夏三十六。（第 201 頁）

按：此處之"石楞伽經院"爲安國寺一別院，故應用專名號，而非書名號。

9.卷十《唐婺州五洩山靈默傳》：

默因住白砂道場，經於二載。（第 230 頁）

按：白砂道場，爲婺州天台山中一佛寺，故應用專名號而不宜用書名號。

10.卷十四《唐京兆西明寺道宣傳》：

某非常人也，即毗沙門天王之子那吒也，護法之故，擁護和尚，時之久矣。（第 329 頁）

按：毗沙門天王，即北方多聞天王，四天王之一，居須彌山北水精山，爲佛教中護法之天神。此處不應用書名號，當用專名號。

11.卷十四《唐京師崇聖寺靈崿傳》：

末塗懼失宣意，隨講收采所聞，號之曰記，以解删補鈔也。（第 341 頁）

按：僧人靈崿曾於乾封年間在南山道宣律師座下習律，有《行事鈔記》一部[3]，所解説之《删補鈔》，即南山律宗三大部《四分律删繁補闕行事鈔》的略稱。故"記"、"删補鈔"均應加書名號。

12.卷十四《唐開業寺愛同傳》：

具戒後，講彌沙塞律，遠近師稟，若鱗羽宗乎鯤鳳也。（第 345 頁）

按：彌沙塞是優婆毱多（梵名 Upagupta）的五大弟子之一，認爲應不著有無相，又稱爲地部，其律典爲《彌沙塞律》，又稱《彌沙塞部和醯五分律》、《五分律》，劉宋佛陀什、竺道生等譯，凡三十卷。作爲釋典，《彌沙塞律》應加書名號。

13.卷二十一《唐五臺山竹林寺法照傳》：

寺前有大金榜，題曰大聖竹林寺，一如鉢中所見者。（第 539 頁）

---

① 瞿曇僧伽提婆譯：《增一阿含經》，《大正藏》第 2 卷，第 667 頁上。
② 般若譯：《大方廣佛華嚴經》，《大正藏》第 10 卷，第 723 頁上。
③ 慧顯：《行事鈔諸家記標目》，《卍續藏經》第 44 册，第 303 頁。

按:大聖竹林寺是寺名,不應用書名號,當用專名號。

14. 卷二十二《感通篇論》:

覈斯理長,無不包括,亦猶<u>斑固</u>增加九流,變書爲志同也。(第576頁)

按:書,指《史記》中的八書;志,指《漢書》中的志。故書與志都應加書名號。

（作者單位:陝西省社會科學院古籍所）

《南宋武義徐謂禮文書》讀後

魏　峰

　　由中國人民大學歷史學院包偉民教授與浙江省文物考古研究所鄭嘉勵研究員共同編著的《武義南宋徐謂禮文書》一書日前由中華書局出版。徐謂禮文書，是指出土於浙江省金華市武義縣南宋墓的紙質文書，由於墓主爲南宋人徐謂禮，故定名爲"徐謂禮文書"。現存文書共包括三部分，共計十五卷，分別爲"録白告身"兩卷、"録白敕黄"一卷"録白印紙"十二卷，徐謂禮文書完整記録了徐謂禮從寧宗嘉定十四年（1221）以承務郎任監臨安府糧料院起，至理宗淳祐十二年（1252）以朝散大夫知信州，三十年間的仕宦履歷。尤其是"録白印紙"部分記録了徐謂禮自任京官後歷任的考課内容，包括各類保狀、薦狀、任滿交割批書、任内功過記録等，反映了一個南宋官員從中央到地方、從低級到中級的歷官過程。如此完整記録一個官員任官考課的紙質文書，爲現存宋代文獻所首見，對宋代職官、文書，乃至相關的政治、社會、司法、經濟等等多方面領域的研究，均有無可比擬的重要意義。

　　本書是對徐謂禮文書的整理和初步研究，除《前言》、録文、墓葬清理報告外，共收録圖版 178 幅，全彩印刷，完整呈現了文書全貌，它的及時出版對學界儘快利用這批難得資料開展研究提供了極大便利，嘉惠學林，意義非凡。通觀全書，本書有以下特點：

　　一、《前言》。由本書編者包偉民教授所撰《前言》，不但是對本書内容的總括，本身也是一篇完整的針對徐謂禮文書的研究論文。《前言》依據史料考察了文書主人徐謂禮的基本行實，結合出土壙志梳理了徐謂禮的世系，對於一些傳世史料中有關徐謂禮的記載，如與賈似道關係等問題予以考訂和駁正。對於文書，除説明基本情況外，還就整理過程中發現的文書拼接錯誤、繫年等問題，進行了詳細的討論和説明。《前言》對文書學術價值的討論尤爲重要。通過分析文書的格式、行文，《前言》對南宋中央制敕的頒行流程、告身的制作程式等做了細緻闡述，指出文書提供了傳世文獻所未及，而由徐謂禮文書提供的關於南宋後期中央政治運作的新資訊。對於文書分量最重的印紙，針對書頭、批書内容、結語、簽押等四個部分分别進行論述，對印紙各部分的記録差異，從制度運作層面進行了解釋，並指出，徐謂禮文書印紙部分的簽押表現出形式化特徵。《前言》對徐謂禮文書研究前景討論，也爲未來開展相關研究指明了方向。

　　二、圖版。此次在武義出土的徐謂禮文書長短不一，寬度大致在 36 釐米，長度除個別卷帙外，一般在 2 米多，爲儘量真實呈現文書原貌，本書以大八開、全彩色印刷，圖版多達178 幅，最大限度的保留了文書的原貌，真實呈現了文書的紙張、墨色、書體原貌，便於研究者從書法、文書格式等方面開展研究。圖版依據録文編號分卷、分段,便於讀者與録文對照。

三、録文。本書以保持原貌爲基本原則,將文書全部録文,爲了方便讀者的使用,編者在録文時,按每一則公文單獨起訖,將文字都標明了序號,並依據文書内容擬定篇名。每一篇名包含了年號、西元紀年、事由等,形成文書繫年的基本線索。

本書録文依據出土文獻的整理通例,保留原文書空字、換行、字體差異、缺筆等格式,特別是簽押格式,避免公文格式這一重要歷史資訊在録文時缺失。在點斷方面,基於初步研究,對文書中包含的狀、敕、牒等公文,均在録文中予以標示、點斷。如《紹定二年七月二十六日轉宣義郎告》,即在點斷時區分了制敕與吏部簽押附言;《紹定四年三月日知平江府吳縣丞第一考成》在録文時分别點斷出徐謂禮本人的申狀、吳縣向平江府的狀以及平江府的批書簽押,完整呈現了印紙批書的流程。《淳祐貳年拾壹月日差主管台州崇道觀牒》内點出徐謂禮自陳劄子"特畀祠廩,理作自陳",與宋代官員降爲祠禄官"理作自陳"的制度規定相印證。

除標明西元紀年外,録文還初步作了注釋,主要注出是文書中涉及的階官和地名,便於讀者直觀瞭解徐謂禮遷轉次序。對於印紙中出現人名,依據資料作了簡要注釋。録文對文書中出現的專門用語、職官差遣、及姓名、姓氏的結銜並未注釋,期待未來研究者進行相關的研究和注釋工作。

四、墓葬清理報告。由浙江省文物考古研究所整理的徐謂禮墓清理報告,介紹了墓葬地理位置、基本形制,墓葬清理情況,對墓葬所反映的南宋喪葬制度等進行分析,不但爲瞭解文書出土環境和背景提供了豐富資訊,其對南宋江南地區葬制的討論也頗具啟發意義。此外,清理報告輯録了墓葬出土的徐謂禮及其妻林氏的兩方壙志。其中,徐謂禮本人的壙志雖已殘損,但也提供了傳主生卒年等重要資訊;而由徐謂禮自撰自書的林氏壙志保留完整,使讀者以此得以瞭解徐謂禮的世系、婚姻關係等内容,還可以通過壙志比照文書内容,找到文書没有提供的歷史信息。如徐謂禮在主管官告院被差出赴平江府百萬倉查核,僅在任兩月有餘即被罷任,對此徐謂禮在林氏壙志中提到"得所以欺弊之實,官吏惡□見底,卒以賈禍",暗示了此次罷任的原因。又如,徐謂禮在印紙中一通保狀中記載徐繼祖爲其侄兒,而依據壙志可知徐繼祖爲其親子,係過繼給其兄爲子,壙志與印紙相互參照,進一步深化了我們對南宋家族文化的認識。

總之,徐謂禮文書是近代宋史學創立以來,首次從墓葬中發現的宋代文書,是一份極其珍貴的宋史研究的新史料,它的整理出版,爲宋代官制、政務運作等方面的深入研究提供了極其重要的第一手資料,必將實質性推進宋代政治史、官制史的研究,對宋代政治、經濟、文化研究的深化意義重大。徐謂禮文書能在較短時間内整理出版,供學術界同仁研究,得益於參與整理研究的歷史與考古專業學者的共同努力,他們發揮各自專業優勢,爲文書的整理進行卓有成效的工作,使本書能很快面世,因此本書的出版也可以看做是一次歷史學界與考古學界成功合作。

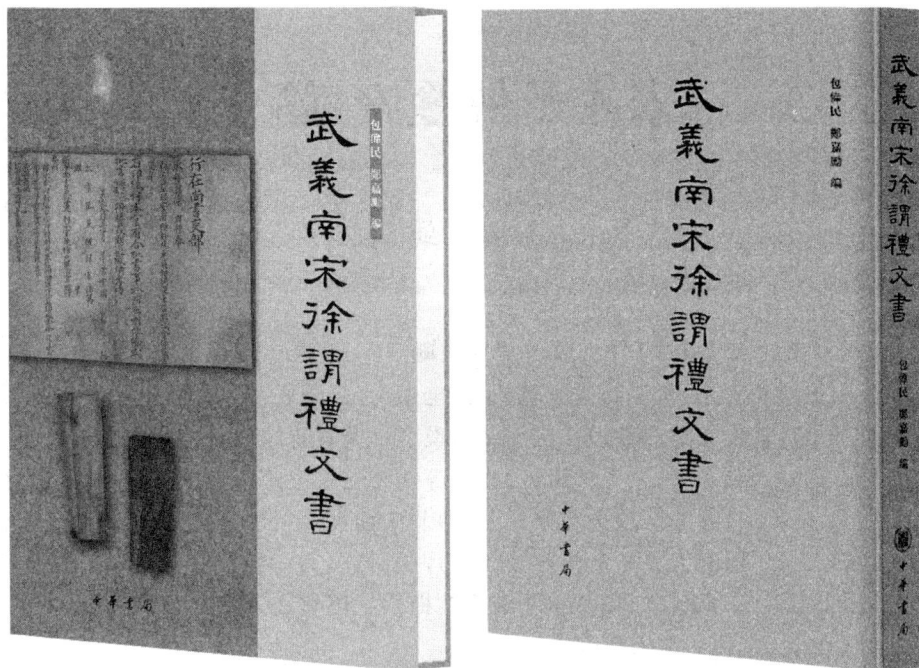

（作者單位：杭州市社會科學院南宋史中心）

《宋才子傳箋證》簡介

张　剑

　　20世紀以來的宋代文學研究，取得了令人矚目的成果，其中一個重要方面便是宋代文獻的考訂、整理和研究，尤具時代意義的有《全宋詞》、《全宋詩》、《全宋文》等。而新世紀第二個十年伊始，宋代文獻的整理與研究又出現了一個具有時代意義的創獲，即由傅璇琮主編，由祝尚書、張劍、辛更儒、程章燦、王兆鵬等任分卷主編的《宋才子傳箋證》（遼海出版社2011年12月出版）問世。該書共分五卷，即北宋前期卷、北宋後期卷、南宋前期卷、南宋後期卷、詞人卷。對宋代380餘位才子作了實證研究，大大拓展了人們的學術視野，爲宋代文學及文化研究的綜合性探討和理論總結提供了堅實的基礎，從而整體性地推進了宋代文學乃至宋代文化的深入研究。

　　《宋才子傳箋證》的撰稿人大多是有關研究領域的專家和學術工作者，如王水照、劉德重、陶文鵬、劉揚忠、莫礪鋒、周裕鍇、謝思煒、沈松勤、張宏生、諸葛憶兵、鄭永曉、陶然、吕肖奐、彭國忠、胡元翎等，他們不僅將各自的研究成果運用到箋證中，同時還注意吸收國內外同行的研究成績，糾正過去史書和今人研究中的諸多疏失，展示出當前中國學者在宋代文學基礎研究領域的學術水準。

　　《宋才子傳箋證》在體例上汲取了《唐才子傳校箋》的經驗，又有所創新。其每篇傳、箋皆爲當代學者同一人所作，“傳”大致敘其生平事蹟，著重于文學活動及與其他文士的交往；“箋證”則是具體記述作家事蹟，也可訂正過去記載之誤，實際上是一篇作家事蹟考。傳主有正史或知名度較高、研究成果較多者可略寫，重在材料的取捨；不知名或前期研究成果較少者可適當多寫，重在填補空白。這樣既能對未曾考訂過的傳主進行全新的考訂，又能容納已有的考證成果，並對既有成果之疑闕者訂補之、錯誤者辨正之。彙聚新舊成果於一書，從而爲宋代文學的教學和研究奉獻了最全面的實證研究成果和可靠的文獻資料。

　　總之，《宋才子傳箋證》既是當代宋代文學基礎研究的代表性成果，又是當代學界團結值得深思又飽含情誼的的見證，同時也是傅璇琮先生這樣的學術領袖對古代文學、文獻研究整理工作的又一次重大貢獻。《宋才子傳箋證》的成果、體例和組織形式，在宋代文學乃至整個中國古代文學研究界都具有特殊的價值，在宋代文史研究界也具有里程碑意義。

（作者單位：中国社科院文学研究所）

"校點本《宋會要輯稿》"出版發行

舒大剛

在四川大學古籍整理研究所成立 30 年之際，由全所學人校點，劉琳、刁忠民、舒大剛、尹波等審稿，歷時八年校勘、爲卷十六册的"校點本《宋會要輯稿》"，日前由上海古籍出版社出版。

校點本《宋會要輯稿》全書 1210 余萬字，是宋代各類史料分類纂集，内容包括政治、軍事、經濟、制度、禮樂、教育、選舉、科技以及其他歷史文化資訊，與《宋史》、《續資治通鑒長編》鼎足而三，構成宋代三大資料寶庫。經考訂，該書在宋代的最後編定者爲宋代四川學人張從祖、李心傳（分别編有《總類國朝會要》及其"續編"），最早刊行也在成都。自明初失傳後，一直真相不明、内容不全，明代《永樂大典》尚收録其文，清人徐松從《大典》中將其輯出，當時未及系統整理。其後雖經廣雅書局、嘉業堂兩次整理，都没有解決問題，以致訛、脱、衍、倒，滿篇皆是，斷裂、散亂、重複、錯簡，比比而然。因此，自清中葉以來，一直有學人立意重新整理此書，可是 300 年來俱無結果，長期以來學界引爲憾事。

本世紀初，川大古籍所與哈佛大學、臺灣中央研究院合作，對《宋會要輯稿》進行初步校點，收入臺灣中央研究院"漢籍資料庫"。目前在《巴蜀全書》工程推動下，由劉琳、刁忠民、舒大剛、尹波等審稿加工，形成 1210 余萬字的"標點本《宋會要輯稿》"，前後歷時 8 年之久，撰寫校記三萬三千餘條，糾正原書錯誤數以萬計，最終以其優秀品質獲得國家出版基金資助。

本次校點特别注重四個方面的工作。第一，糾正年月日錯誤。《宋會要輯稿》在輯録、轉抄的過程中，年月日的錯亂極其嚴重，專家們將糾正年月日的錯誤作爲校勘的重點之一，全書共改正年月日的錯誤 2800 餘條（處）。第二，鑒别非"會要"之文。專家們通過紀日表述方式、記事的體裁與風格、所記的時代與地域，以及其他抄録他書的痕跡進行辨别。第三，移正錯簡之處。專家們發現並移正的錯簡的地方有 59 處，少的地方有 10 餘字，多的有 3000 餘字，總字數達 3 萬餘字。第四，勘正錯誤的行款。《宋會要輯稿》中的行款錯誤主要表現在三個方面：分條不當，正文、注文互混，標題混亂。

專家認爲，校點本《宋會要輯稿》標點準確，校勘精審，整理規範，使用方便。

（作者單位：四川大學古籍所）

繩鋸木斷，重構宋代四萬進士檔案

——《宋登科總録》（14册）出版

宋　平

《中國歷代登科總録》，於 1996 年 10 月，爲教育部全國高校古籍整理委員會批準立項。2003 年，進而爲國家社會科學規劃辦批準列入國家社科基金專案；2012 年，經國家社會科學規劃辦組織專家進行重大專案中期評估，提升爲國家社會科學基金滾動資助專案。《中國歷代登科總録》全書分爲五卷：《隋唐五代登科總録》、《兩宋登科總録》、《遼西夏金元登科總録》、《明代登科總録》、《清代登科總録》，將收録自隋唐至清末進士等登科人 12 萬左右，總字數約 3750 萬。

課題從批準立項後，我們的團隊歷經近二十年努力，《中國歷代登科總録》的第一份碩果———1000 萬字、十四册的《宋代登科總録》，首先在廣西師大出版社出版。

宋代三百多年，共舉行了 118 榜科舉考試。然而，前人沒有做過斷代的《宋登科記》。唐代，有清人徐松撰寫的《登科記考》。我們要做《宋代登科總録》課題，是從零開始。兩宋共舉行過 118 榜科舉試，各種科目登第人共約有 11 萬人（包括特奏名）。而完整保存下來宋代登科録，只有《紹興十八年同年小録》和《寶祐四年登科録》，所載進士分別爲 330 人、601 人，這還是得益於朱熹、文天祥的名人效應。除去這二榜，仍缺 116 榜登科録，或已湮沒，或散落在茫茫史籍之中，須從現存宋代典籍及後世相關史料中去尋覓，正如沙裏淘金。課題組同人坐冷板凳，從宋代基本史籍、文集筆記、人物傳記、方志、碑刻等大量文獻資料中，去搜尋宋登科人名録和有關資料。經十餘年的努力，總共搜集了 41040 登科人。我們完成的、剛出版的 14 册《宋代登科總録》，提供了一份兩宋 118 榜登科録，重構了宋代四萬多進士的檔案。這是迄今爲止，關於宋代登科人物最大資料庫。

《宋代登科録》所收每一個登科人，都有一份小傳，即凡從現存文獻中能輯録到的宋代登科人，按朝代、榜次順序，列其姓名，姓名下列字型大小、籍貫、登科年、初授官、所歷官（舉例）及終任官（或最高官），諡號。小傳之下，附書證。書證引用書，寫明哪一朝作者、書名、卷次及與小傳有關資訊的原著引文。書證儘量做到三條以上。舉例如下：

【李垂】字舜工，博州聊城縣人。咸平三年登進士第，初授聞喜縣
尉。天禧四年，任尚書祠部員外郎、秘閣校理、同修起居注，仕至知均州。

宋尹洙《河南先生文集》卷一七《李公（垂）墓誌銘》："公諱垂，字舜工。博州聊城人。咸平中舉進士，初命解州聞喜尉，換州司法，再調湖州録事參軍。召試爲崇文院校勘，出知亳、潁、晉、絳、均五州事，年六十九，以明道二年六月二十五日疾終於武當。"

《宋史》卷二九九《李垂傳》："李垂字舜工聊城人，咸平中登進士第。自湖州録事參軍召爲崇文校勘，累遷著作郎、館閣校理，出知均州，卒年六十九。"

《北京圖書館藏拓片□□墓誌》6489、公孫簡《《趙郡李君（筠）墓誌銘・天禧四年十二

月》："君諱筠，字質素，博州聊城……生三男：季曰垂，舉登科第。習知官守，今尚書祠部員外郎、秘閣校理、同修起居注。咸平三年，垂擢進士第。"

雍正《山東通志》卷一五《選舉志·宋制科》："李垂，，聊城人，起居注。"

由上可知，小傳所提供的登科人資訊，及書證，需要從多種管道通過查閱文獻獲得。爲此，我們翻閱了數百種文獻。歷經了"上窮碧落下黃泉"搜集資料的種種磨難。這些已逝的登科人，大都是曾經在宋代叱咤風雲的精英，范仲淹、歐陽修、司馬光、蘇軾與蘇轍兄弟、王安石、沈括、蘇頌、李綱、宗澤、朱熹、文天祥等等偉大的政治家、思想家、科學家、文學家、軍事家，是其中傑出的代表，從他們身上可以窺見宋代科舉制度的生命力、創造力和影響力。正是在他們的影響和帶動下，宋代出現了當時世界上最爲繁榮、最爲光采奪目的文化。科舉文化流淌在中華傳統文化的血脈之中。

《宋代登科總錄》的問世，具有重要的學術價值：

一、摸清了宋代科舉家底——留存至今的登科人名錄，爲開闢宋代科舉研究新思路提供了四萬多登科人的大資料。依靠這個大資料，可以統計宋代進士出身的宰相數量是多少？與非進士出身的宰相比例如何？進士出身的翰林學士比例有多高？北宋前期、後期與南宋時期進士地域分佈有何變化？說明什麽問題？有多少進士具有雙重籍貫？世官之家與寒門出身的進士比例如何？有沒有變化？進士出身與非進士出身人在官僚隊伍中的比例及其在中高層官僚隊伍中的比例如何，有何變化？宋代文化名人中進士與非進士比例如何？等等，從而有助於深入研究宋代社會人口上、下和地域的流動性，區域經濟的發展與變化，官僚隊伍選拔與科舉制的緊密關係與公開、公平程度，貴族與平民社會地位的升降態勢等。從而爲打開宋代科舉研究新思路搭橋鋪路。

二、《宋代登科總錄》所運用的書證資料，均出自第一手文獻資料，具有翔實可靠的權威性。傳統庋藏的古籍與新出土的文獻，凡涉及宋代登科人資料的，我們皆力盡所能，設法予以搜集、披閱、爬梳、整理、考辨。每搜集到一位元進士的傳記資料，我們都有一份收穫的喜悅。在此基礎上，爲每個登科人撰寫一小傳，全書 4 萬餘人要寫 4 萬多份小傳，平均一天寫 40 份小傳，也要寫上 1000 天，也就是說，光先撰小傳一項，就需二、三年時間。至於搜集、梳理，考辨文獻資料，輸錄，校對，所投入時間更多。沒有堅韌不拔、甘坐冷板凳的毅力，是難以做到的。

三、做課題與學術研究相結合，保證了《宋代登科總錄》的科學性、準確性，和解疑釋難的學術品質。宋代科舉制度變化比較大、比較複雜，在我們撰寫過程中，碰到的問題自然較多。如宋代載籍中的"進士"，不等於"及第進士"，不像明清，凡文獻中提及的"進士"，就是登科進士。如何鑒別宋代及第進士就成了難題；宋代宗室，從不允許參加應舉，到南宋宗室登科人日益增多，其政策如何變化，有何特殊性？特奏名是怎麽回事？上舍釋褐算不算進士？童子科是不是正式科目？以及貢士舉、恩科、詞科、州郡縣名的變化等等，都是必須搞清楚的學術問題，這直接關係到收錄登科人的標準、範圍與撰寫小傳的正確性。我們課題組成員邊做課題，邊進行學術研究，逐個解決課題中所遇到的難點、疑點。以上研究成果，陸續發表在學術刊物上。例如《宋代及第進士之鑒別》（刊登于《文史》）①、《宋代宗

---

　　① 龔延明：《宋代及第進士之鑒別》，《文史》第 41 輯，中華書局 1996 年版。

室科舉考試述論》(刊登於《歷史研究》)①,《關於宋代童子科的幾個問題》(刊登於《中國史研究》)②,《兩宋"上舍釋褐"考述》(刊登于《文史》)③,《北宋徽宗朝"貢士"與"進士"考辨》(刊登於《文獻》)④;並都已充分反映在《宋代登科總録》中。

四,提供了兩宋三百年古代文化精英的傳記資料庫,有助於開擴宋代文、史、哲研究的視野,推進宋代專門史研究的深入。《宋代登科總録》所收録的四萬多登科人,每一個都是經歷拼搏登上龍門的社會精英。在中國政治、思想、軍事、經濟、文化等各個領域,扮演了重要角色。要瞭解和研究中國政治史、思想史、軍事史、教育史、文學史、社會史,他們都是繞不過去的人物。

《宋代登科總録》的出版,標誌著前後歷經將近二十個寒暑的《中國歷代登科總録》課題,終於進入收穫季節。以後將陸續分卷問世。聞著發著書香的 14 册《宋代登科總録》,想起從零做起,在茫茫歷史塵煙中,在與青燈黄卷爲伴的漫長歲月中,年復一年,終於尋覓到 40140 個宋代登科人,我仿佛如登山隊員,終於登頂。回眸山腳,看那一步一個、向上登攀的腳印,深深體會到:做學問來不得浮躁,來不得急功近利,真需要沉下身來,真需要有一種繩鋸木斷、精益求精的慢功夫,甘於寂寞、堅持不懈的韌精神。

龔延明　祖慧編撰《宋登科總録》(14 册),廣西師大出版社 2014 年出版

【附】《宋代登科總録》書影照片

（作者單位:浙江大學哲學系、浙江大學宋學研究中心）

---

① 　祖慧:《宋代宗室科舉考試述論》,《歷史研究》2011 年第 3 期,
② 　周佳、祖慧:《關於宋代童子科的幾個問題》,《中國史研究》2005 年第 4 期。
③ 　祖慧:《兩宋"上舍釋褐"考述》,《文史》2007 年第 4 期。
④ 　龔延明:《北宋徽宗朝"貢士"與"進士"考辨》,《文獻》2008 年第 4 期。

蜀學光大，會要新生

——評點校本《宋會要輯稿》

王瑞來

　　歷史是中國人的宗教。殷有貞人，周置太史。晉之乘，楚之檮杌，魯之春秋，"其文則史"。《太史公書》出，紀傳體立。二十四史，流傳至今。正史之外，更有別裁。伴隨著歷史的腳步，"華夏民族之文化，歷數千載之演進，造極於趙宋之世"。在士大夫政治格局之下，以文教立國，尤重史籍。其於本朝之史，體裁紛繁。有起居注、時政記，有日曆、實錄、國史，復有會要之修。

　　其中，昉自唐代的會要之體史籍，極爲朝廷所重。宋高宗即云："會要乃祖宗故事之統轄，不可缺。"前朝所行之事，均爲廣義之祖宗法，皆爲決策之參考。可見宋人重史，不惟用於觀往知來，更爲資治通鑑。諸多本朝史之中，何以偏重會要？宋人程俱在《麟台故事》卷一《官職》記載修纂《政和會要》時道出了原委："朝廷每有討論，不下國史院而下會要所者，蓋以事各類從，每一事則自建隆元年以來至當時，因革利害源流皆在，不如國史之散漫簡約，難見首尾也。"由此可知，儘管也本於日曆、實錄、國史所修，但會要這種體裁形式，猶如史籍中的類書，分門別類，編年排列，典制行事因革，開卷瞭然。作爲政策參考，較其他種類的史籍更爲便捷。

　　由於這個緣故，宋朝也相當重視會要的修纂，從北宋至南宋，會要之修，凡十一次之多。不過，會要由於屬於關涉朝政的機密文件，在印刷術普遍應用的宋代，卻只將編竣之會要繕寫三部，嚴禁刊刻流傳。《宋會要輯稿》刑法二之三八就記載有如此規定："本朝會要、實錄不得雕印，違者徒二年，告者賞緡錢十萬。"因此，歷朝編修的會要，只有南宋後期理宗端平三年(1236)由史家李心傳整理成書的《國朝會要總類》588卷在四川雕版刊行。

　　唯一刊刻的這部會要，估計印數很少，因此流傳亦稀。明正德六年(1441)成書的《文淵閣書目》著錄："《宋會要》一部，二百三册，缺。"然而這部殘缺的《宋會要》，在萬曆年間編撰的《新定内閣藏書目錄》中已不見著錄，説明已經亡佚。所幸明初編纂的《永樂大典》這部號稱世界上最早的百科全書，大量引錄了明廷收藏的這部《宋會要》，才使清人徐松得以借受命編集《全唐文》之機，將散見於《永樂大典》的《宋會要》輯出。不過，徐松輯錄的嘉慶年間，《永樂大典》已非全帙，其所輯錄，亦非全部。

　　《永樂大典》的體例由於是"用韻以統字，用字以系事"，所錄《宋會要》以非分門別類之原貌。因此，徐松根據宋人王應麟《玉海》所載《慶曆國朝會要》的類目，將所輯內容編入各個門類，並做了初步的文字校訂。此後，這部輯稿幾經輾轉，命運多舛，先後由廣雅書局的屠寄、嘉業堂的劉富曾和北平圖書館的葉渭清整理校勘，最後由哈佛燕京學社資助，在陳垣先生的主持下，定名《宋會要稿》影印，於1935年以線裝200册行世。1957年，中華書局以四合一版縮印，精裝八册，易名《宋會要輯稿》發行。嗣後，台灣世界書局、新文豐出版公司又據以影印。而中華書局應研究之需，又數次印行。

幾十年間，研究者使用的，便是這部《宋會要輯稿》。稱之爲"稿"，洵非謙辭。其中手寫誤植、脱缺倒衍、篇次錯亂比比皆是。然而捨此無它，對這部堪稱宋代史料淵藪的《宋會要輯稿》，研究者只能在忍耐中辨别使用，其中因錯訛而誤導之事亦所在多有。爲了便於使用，海内外學者圍繞著這部輯出的《宋會要》稿，進行了許多研究，並編制有不少索引、目錄。先於影印本問世的，有湯中出版於 1932 年的《宋會要研究》。50 年代有法國學者巴拉兹（Balazs）等編制的《宋會要目次》。70 年代有日本學者青山定雄爲首的東洋文庫宋代史研究委員會編制的《宋會要研究備要》，80 年代有台灣大學王德毅教授編制的《宋會要輯稿人名索引》，以及東洋文庫編制的食貨門的系列索引，包括有人名・書名篇、職官篇、地名篇、年月日・詔敕篇等。我在 90 年代赴日之後，還參與過索引編制的作業。在 90 年代，日本京都大學梅原郁教授主編的《宋會要輯稿編年索引》。對於《宋會要輯稿》進行系統研究並編制細目的，則是河南大學王雲海教授，撰有《宋會要輯稿研究》和《宋會要輯稿考校》兩部專著。而陳垣之孫陳智超先生還利用北圖所藏被視爲棄稿的部分《宋會要》稿，編就一部《宋會要輯稿補編》，並撰有《解開宋會要之謎》。上述這些研究著作與工具書，爲研究者提供了極大的幫助，讓錯訛紛在的《宋會要輯稿》用起來已經比較方便了。

不過，就像點校整理的"二十四史"一樣，學界一直期盼著《宋會要輯稿》也能有整理標點本。其實，整理《宋會要輯稿》的責任感，像一塊巨石，一直壓在老一代宋史研究者的心頭。在 80 年代中期，以王雲海先生爲首，國内主要的宋史研究者就醖釀整理《宋會要輯稿》，在人員構成上進行了組織，甚至都印出了整理方案和樣稿。進入新世紀，又一次被提上日程。不過都因種種原因未能展開。其中的一個技術原因則是，整理者分散於各地，不便於集中操作。

大規模的整理未能展開，但分類的個别整理還是取得了一定的成果。比如在王雲海先生指導下，苗書梅等整理的《宋會要輯稿・崇儒》，以及郭聲波整理的《宋會要輯稿・蕃夷道釋》、馬泓波整理的《宋會要輯稿・刑法》。這些《宋會要輯稿》的部分整理出版，既爲研究者提供了使用方便，也爲全面整理《宋會要輯稿》提供了經驗。

在既有的研究積累之上，四川大學古籍整理研究所在完成 360 册宋代文章集成的《全宋文》這樣大型古籍整理項目之後，再賈餘勇，開始著手整理《宋會要輯稿》。早有耳聞，最早川大古籍所是與美國哈佛大學、台灣中研院歷史語言研究所合作，初步整理出了《宋會要輯稿》以及《宋會要輯稿補編》。這一整理稿作爲電子版掛在台灣"漢籍電子文獻"網上，一直有條件地公開在一定範圍之内。日本東洋文庫由於與台灣的學術機構簽訂有協議，可以利用台灣的"漢籍電子文獻"全部典籍，所以，我所參與的東洋文庫《宋會要輯稿・刑法》的研究班，在進行譯註作業時，一直都在使用這一電子版，受之嘉惠已有數年之久。儘管據川大古籍所的朋友説，電子版只是一次粗加工，不過，在幾年來的使用中，並未發現特別明顯的重大失誤。

在電子版的基礎上，川大古籍所的研究人員再接再屬，在所長舒大剛、副所長尹波兩教授作爲項目負責人的統籌組織之下，由刁忠民教授初審、劉琳教授終審，將《宋會要輯稿》以焕然一新的面貌奉獻在學者面前。《宋會要稿》經過徐松組織輯出，又經過幾次整理，業已《宋會要輯稿》的形式固化，成爲一部定型的典籍。因此，川大古籍所的整理，並沒有試圖超越輯稿，復原會要，而是就《宋會要輯稿》本身加以整理，處理存在的問題。這一整理方針無疑是正確而切合實際的。儘管如此，點校本也使《宋會要輯稿》發生了脱胎換骨般的巨大變化。據統計，校勘記達三萬三千多條，而正文中用括號直接改、删、補、乙亦達兩萬多處，並且字號分條和行款設計都做了精心設計，頗具匠心。除了日常時時使用電子版《宋會要輯稿》，由於某種機緣，尹波教授根據《宋會要輯稿》整理實踐所撰寫的研究論文也曾拜讀過兩篇。窺一斑而見全豹，川大古籍所研究人員的用心之專，用力之勤，用功之深，業已目睹實感。

《宋會要輯稿》不同於普通典籍，治宋史者，如果不是專攻制度史，也未見得能夠全都讀懂。研究宋史，《宋會要輯稿》是不可或離的必備之書。從我 1984 年發表《〈宋會要輯稿〉證誤——〈職官〉七十八宰輔罷免之部》到今年，已經整整 30 年了。對《宋會要輯稿》錯訛之多，閱讀之難，也體驗了 30 多年。對宋代文史典籍，儘管川大古籍所的研究人員有著豐富的整理經驗，但面對這樣一部極爲專門的典章制度之籍，他們所經歷的困難可想而知。不過，群策群力，他們啃下了這塊讓一般研究者都退避三舍的硬骨頭。

前修未密，後出轉精。點校本《宋會要輯稿》肯定存在有一定的失誤，在今後的使用中會被陸續發現。然而儘管會存有瑕疵，依然不失爲一塊巍巍豐碑。用一個不大恰當的類比，對於專業研究人員來説，《宋會要輯稿》點校本的問世，其意義甚至大於《宋史》點校本的出現。《宋會要輯稿》點校本會爲研究者掃除不少閱讀障礙，會使宋代文史研究提升到一個新的高度。從此，幾代研究者將受惠於這部《宋會要輯稿》點校本。享受美味佳餚，我們感謝廚師。應當感謝的，還有上海古籍出版社，在出版市場化的今天，出版這樣大型的專業書籍，也需要一定的膽識與魄力。整理者與出版者，對學術文化的貢獻，自當風物長宜放眼量。

《宋會要輯稿》點校本的問世，讓我還産生一點其他感想。三十年來，伴隨著研究課題，我也整理出版過一些宋代史籍，但都規模較小。古籍整理，有些項目非一己之力能夠勝任，游擊隊打不了大戰役，一定要依靠集體的力量，才能完成像《宋會要輯稿》這樣有難度、有規模的大項目。從《全宋文》得編纂到《宋會要輯稿》的整理，川大古籍所提示了一條古籍整理的成功路徑。

彷彿是冥冥之中的命運安排，《宋會要》的最後一次編纂和唯一一次刊刻是在宋代四川，而將近 800 年後，《宋會要輯稿》的整理出版又是出自四川學者之手。蜀學有傳統，更有活力，代有傳人，生生不息。宋代典籍整理重鎮在四川，在巴山蜀水間。

（作者單位：四川大學、日本學習院大學東洋文化研究所）

宋代科舉史研究的基石

——《宋代登科總錄》讀後

潘　晟

　　斷代科舉史研究在制度和個案研究的基礎上進一步深化,需要一個重要的資料基礎,就是有關該時代各科登第人的記錄。此類資料,明清時代有保存相對較爲完整的各科進士題名録,唐代則有清人徐松搜集編纂的《登科記考》,及後來學者陸續所做的補正。至於宋代,雖然傳世文獻較爲豐富,但是原始登科録基本完整保存下來的僅有《紹興十八年同年小録》、《寶祐四年登科録》兩榜,兩宋舉行過 118 榜科舉考試,其餘年 116 榜的登科録資料都已在戰火中化爲灰燼。因此與其他朝代相比,宋代作爲中國古代科舉發展的最爲重要的時代,有關其各科登第人的資料,既缺乏便於利用的相對完整的第一手原始文獻,也缺乏經過系統整理編纂的彙編文獻,這是宋代科舉史研究的一個重大缺憾。這個缺憾,隨著《宋代登科總録》的問世,終於得到了彌補。

一、宋代科舉人物傳記庫

　　龔延明等在主持完成《宋登科記考考》的基礎上,新推出的《宋代登科總録》,彌補了這個重大缺憾,爲宋代科舉史研究提供了便於利用的、權威的全面的登科人資料總庫。

　　科舉作爲一種銓選制度,是一個較爲完整的體系,不僅僅包括最引人注目的進士科,還包括進士以外的諸科,不同類型的制科,及非常設科目。但是從原始文獻到編纂資料,側重于文榜進士科的爲多,其他諸多科目登第人大多在當時就沒有得到足夠重視,因此相關記載較爲薄弱。《總録》則不僅收録考辨文榜進士登第人資料,更將進士科以外的其他各科登科人資料都做了全面的搜求,因此它並不僅僅是進士登第人的人物傳記資料彙編,而是宋代各科登第人資料的集合,是宋代登科人資料的總集。這不僅僅體現了編著者們爲此付出了更多的艱辛,更體現了他們對於拓展科舉史研究思路和視野的努力。或許正是這種努力和學術抱負,讓編著者們爲我們提供了 4 萬多個登科人的傳記資料。

　　《總録》編纂中最重要的一個特點是在登科人條目下提供了詳細的書證。茲以《考》、《總録》第一榜建隆元年楊礪榜,李若拙條爲例,例證提供詳細書證的價值,及作爲總集這種編纂方式所需要付出的巨大工作量。

　　《總録》李若拙條:

　　【李若拙】字藏用。京兆府樊川縣人。繹父。建隆元年登進士第,初授岳州防禦判官。後又登賢良方正直言極諫科。真宗朝,歷右補闕、知制誥。終官右諫議大夫、知貝州。

《宋會要輯稿·選舉》一之六《貢舉》：“真宗咸平元年二月十九日，以翰林學士楊礪權知貢舉，知制誥李若拙、直昭文館梁顥、直史館朱台符權同知貢舉，詔放合格進士孫僅以下五十一人。”

宋田錫《咸平集》卷二九《起居舍人李若拙可鹽鐵判官制》：“以爾具官李若拙，素有文學，藹然聲光……”

《宋史》卷三〇七《李若拙傳》：“李若拙字藏用，京兆萬年人。父光贊，貝、冀觀察判官。若拙初以蔭補太廟齋郎，複舉拔萃，授大名府戶曹參軍……俄又舉進士，王祐（祜）典貢舉，擢上第，授密州防禦推官。登賢良方正直言極諫科，太祖嘉其敏贍，改著作佐郎……真宗嗣位，召見慰問，進秩金部郎中。召試學士院，改兵部郎中，充史館修撰，俄知制誥。咸平初，同知貢舉，被疾，改右諫議大夫。車架北巡，判留司御史台。明年，使河朔按邊事，知昇、貝二州。四年，卒，年五十八。”按：萬年，爲唐地名，宋改樊川。

《續通志》卷三三五《李若拙傳》：“李若拙，字藏用。京兆萬年人。父光贊，貝、冀觀察判官。若拙初以蔭補太廟齋郎；複舉拔萃，授大名府戶曹參軍；俄又舉進士，擢上第，授岳州防禦判官；登賢良方正直言極諫科……淳化三年，出爲兩浙轉運使……俄知制誥。咸平初，同知貢舉……使河、朔按邊事，知昇、貝二州，卒，年五十八。”

雍正《陝西通志》卷三〇《選舉·進士·宋》：“建隆元年楊礪榜　李若拙，萬年人。”

清厲鶚《宋詩紀事》卷二《李若拙》：“若拙，宋初官左諫議大夫。”按：“左諫議大夫”爲“右諫議大夫”之誤。

光緒《江西通志》卷九《宋職官表》：“太宗朝，李若拙，字藏用，京兆萬年人，進士上第。主客郎中、江南轉運使，淳化五年任。”（第1冊，第3—4頁）

從上面的引文我們可以看出，《總録》援引的書證是嚴格按照史料的原始程度先後排列的，這不僅爲讀者提供了極大的便利，省去了查閱原始文獻的大量時間，也爲初學者以及資料條件並不完備的學者提供了學習和閱讀原始文獻的機會，理解不同類型文獻對於相同人物記載的史源演變過程，有助於深入理解不同文獻在不同場合的價值。

宋史研究領域，在《總録》《考》之前最常用的傳記資料索引是昌彼得、王德毅等編的《宋人傳記資料索引》（簡稱《索引》）提供了2萬2千多條人物傳記資料的索引，長期以來是中古史研究者案頭常備的工具書之一。而《總録》不僅所收條目高達4萬餘條，遠遠超過了《索引》，並且提供了如此豐富的詳細書證，其學術價值和編著工作的艱辛程度，由此可以得到彰顯，因此將《總録》作爲宋代人物總録對待也並不爲過。

二　斷代科舉史研究的典範

《總録》的意義和價值並不限於爲各類讀者提供了一部資料豐富翔實的宋代登科人總資料庫，它同時也是斷代科舉史研究的典範。其典範的意義，個人認爲至少有這樣兩個方面。

首先，它是建立在深入、扎實的學術研究基礎之上，並非單純的科舉人物資料彙編。這除了體現在數量龐大的各條目隨文考證之中，更體現在最後一部分《宋代科舉總論》對宋代科舉的總體論述之中。

與一般傳記資料彙編的一個很大的不同是,《總録》在最後附上了具有高水準的長達15萬元字的宋代科舉研究成果——《宋代科舉總論》(第 14 册,第 7615—7791 頁),共 176 頁,包括 10 章,依次爲:宋代科舉研究文獻資料;宋代科舉科目;宋代科舉考試程式;宋代科舉考試内容與試卷格式;宋代科舉考試管理制度;宋代科舉考試機構與考官;宋代宗室科舉制度;宋代登科人唱名賜第與釋褐授官;宋代皇帝與科舉;宋代及第進士之鑒别。"涵蓋了宋代科舉考試制度的各個方面,而幾乎每一個章節又都是相應的專題研究爲基礎撰寫而成。僅從書中序言與後記中引用的編著者所撰專題論文即可見其相應研究的深度和認真程度:

　　　龔延明《宋代及第進士之鑒别》(《文史》第 41 輯,中華書局 1996 年)

　　　龔延明《〈文獻通考·宋登科記總目〉補正》(《文史》2002 年第 4 期)

　　　祖慧、周佳《關於宋代童子科的幾個問題》(《中國史研究》2005 年第 4 期)

　　　祖慧《兩宋"上舍釋褐"考述》(《文史》2007 年第 4 期)

　　　龔延明《北宋徽宗朝"貢士"與"進士"考辨》(《文獻》2008 年第 4 期)

　　　祖慧《宋代宗室科舉考試述論》(《歷史研究》2011 年第 3 期)

因此,這一附於書後的《宋代科舉總論》,不僅爲前面各册宋代登科人資料提供了註脚和解釋,其實質上更是一部有獨到見解的宋代科舉考試制度的專著。

顯然,宋科舉人物小傳與書證相結合,宋代登科録與科舉史相結合,做課題與學術研究相結合以解決課題中遇到的疑點與難題,這是《宋代登科總録》的特色所在,爲我們樹立了斷代科舉史研究的典範。

三　中古史研究的資源寶庫

科舉史研究的資源寶庫。《總録》提供了如此規模的人物傳記資料資料庫,對於科舉史研究有著巨大的推進作用,其表現是多方面的。首先是對科舉史具體問題研究的推進。如關於博學宏詞科的地位,雖然有一個輪廓的認識,如本書《宋代科舉總論》第二章第二節(三)博學宏詞科有一個小節的專論,並指出紹興三年别立博學宏詞科的改革,對該科的得人起到了重要作用,並羅列當時該科出身的"宰相周必大、洪適、湯思退、真德秀、王應麟,同知樞密院事洪遵、宋代著名學者洪邁、吕祖謙等"(第 14 册,第 7640 頁)以證該科得人,及其在科舉中的地位。而我們通過《總録》的人名索引,可以快速地找出其所列舉著名人物的進士登第與博學巨集詞科登第情況,還可以進一步通過人名索引,檢索其他博學巨集詞科登第人的情況,乃至發掘各登科人之間的人物關係(如洪適、洪邁、洪遵皆爲洪皓子,而以宏詞科登第),從而對該專題在宋代科舉史中的地位和作用展開更爲深入的討論。

《總録》按進士、諸科,特奏名、制科、非常科的分類著録體例,加上以登科人名編制的索引,爲此類科舉史專題問題的深入提供了極爲便捷的檢索工具和基礎史料支援。因此,它無論是對於有心的初學者,還是有志于深化科舉史的專家,都可以提供很好的幫助:它既可以提供快速的檢索,又能提供最基礎也是最重要的史料,爲進一步的研究起到發現問題,做出第一判斷的作用。

其次,對科舉史之外其他專門史研究提供宋代精英人物資料庫。《總録》收録了 4 萬余登科人的資料，這是迄今年爲止，最爲全面、權威、可靠的宋代登科人物資料庫，因此在爲宋代科舉史研究提供人物數的同時，也爲其他專題的史學研究以及其他學科的研究提供了極爲豐富的資料，並打開了豐富的可想像學術研究空間。編著者在該書後記中提出的希望該書，"能爲推動宋代科舉史以及相關學科（宋代思想史、文學史、教育史、社會學史、經濟地理學、人才管理學等）的深入研究，發揮應有的作用。"[①]這是一個平實的認識。相信認真通檢該書的讀者，會發現它在更多領域的學術價值。

限於學歷和興趣，在此僅從個人相對熟悉的領域出發，談談利用《總錄》籍貫資料。準確的籍貫資料，是取得可靠的地域分佈或空間分佈結論的基礎。在《總錄》（包括《考》）出版之前，對於宋代科舉的地域分佈已經有很不錯的討論，[②]但是除了限於進士科以外，且在涉及區域分佈方面更多地側重於南宋，區域之間分佈特徵的比較研究也較難展開，最重要的是其區域分佈或空間分佈的結論很難進行檢驗。依據個人對《總錄》登科人籍貫資料的整理，認爲雖然並不是所有登科人的全集，但是可以在此基礎上對以往的研究結論進行檢驗，尤其是關於南宋進士分佈的已有研究進行檢驗。理由是，《總錄》對於南宋各榜進士登科人的彙集在所有資料中最爲豐富，可以在此基礎上作出南宋進士科登第人較爲詳細的各類地域分佈統計圖，並從多個方面加以檢驗。一個是依據目前保存較爲完整的紹興十八年資料和寶祐四年資料進行檢驗；另一個是可以通過電腦篩選資料完整的州縣，進行檢驗；第三，還可以通過對目前保存的其他科目登科人的分佈情況，做爲輔助參考。在上述檢驗的基礎上，可以將南宋南方地區的登科人區域分佈特徵，與北宋南方地區的登科人區域分佈特徵，做比較研究，從而作爲檢驗北宋其他地區登科人區域分佈的參考。

在區域分佈方面，除了進士科以外，《總錄》提供了其他各科的資料，這爲科舉人才分佈研究突破進士科的局限提供了可能。此外，由於登科人籍貫資料至於縣級，因此將以往限於州一級的科舉人才分佈研究延展至縣一級，將歷史人文地理研究的解析度推進到縣一級，然後比較州級分佈研究與縣級分佈研究，對於歷史人文地理空間特徵研究的價值，這對於推進學科發展或許會有新的啟發。

在地域分佈或空間分佈中，除了直接的登科人分佈特徵及其影響因數的研究以外，還可以探索科舉家族的地域分佈特徵。科舉家族的研究是科舉史研究中較爲常見的論題，但以個案研究爲主，很少能夠從空間分佈方面給出整體的考察。《總錄》提供的籍貫資料，爲我們整理出較爲系統的科舉家族資料並討論其分佈的空間特徵及其過程提供了可能。在此基礎上，還可以憑藉詳細的籍貫和生平資料，通過人際網路分析，討論家族內部空間結構問題，並展開不同區域家族特徵的比較研究。若與區域發展過程結合起來，則可以從相對静態的地域分佈研究，進入動態的區域或空間過程研究。

以上是個人閱讀學習《總錄》之後的零星感想，堅信它無論對於初學，還是碩學，不僅是一套值得案頭必備的工具書，同時也是可以從中不斷獲得啟發的專著。

（作者單位：南京師範大學社會發展學院）

---

　①　龔延明：《宋代登科總錄·後記：兀兀窮年爲哪般，傳承文化敢擔當》，《宋代登科總錄》第 14 册，第 7799－7803頁之第 7802 頁。

　②　代表性的作品是賈志揚：《宋代科舉》，東大圖書公司 1995 年版。

傅璇琮先生留給浙大的最後絕響

【编者按】 著名出版家、學者,中央文史館研究館員,中華書局原總編輯傅璇琮先生,于 2016 年 1 月 23 日逝世,享年 83 歲。

傅璇琮先生一生致力於古籍整理出版事業,在古代文史研究領域著述精深宏富,扶持和培養了一大批在國內出版界、高校和研究機關從事古代文史研究的中青年學者,在海内外學術界、出版界享有崇高的聲響。他的辭世,是我國出版界、學術界的重大損失。

傅璇琮先生重鄉情,對原杭大和現浙大的唐宋文學·宋史,長期以來,一直給予關心和幫助。在生命的盡頭,他還牽掛著《宋學研究》的出版,爲《宋學研究》創刊號發來賀詞,勉勵浙大宋學研究更上一層樓,這是他留給浙大的最後絕響。本刊同仁,懷著深切的悲痛,悼念傅先生,緬懷傅先生。

在浙江極寒的日子,1 月 23 日下午,突然傳來了極寒的噩耗——浙江之子傅璇琮先生逝世。

太突然了!

我無法相信,因爲傅先生正向我微笑,那麼親切和藹的笑容,那麼熟悉的面影,他就坐在我的對面,同我談初唐詩人宋之問的生卒年;指點我研究宋代官制須從點到面,先從《宋史職官志補正》基礎研究做起;同我談做學問要見難而上,可以試試編撰《宋代官制辭典》;同我談唐代科舉與文學研究,"文史"不分家,研究唐代文學必須研究唐代歷史;啟迪我,唐代科舉有徐松《登科記考》,宋代沒有,可否一起做《宋登科記考》? 同我談《宋學研究》刊物的出版,這不,我手中還捧著一個多月前,他在病床上寫給我的親筆信——《宋學研究》第 1 期出版的"賀詞"。他信中說起,因二次摔倒骨折住院。我當時沒有警覺,以爲老年人骨質疏鬆,摔倒骨折,不是大毛病,沒有想到去北京的醫院看望。

我無法相信,先生 11 月 28 日的信,竟然是他留給我的最後的聲音,也是他留給浙大的最後絕響!

我陷入悲痛,無聲的淚流了下來。人生苦短。一位高人的生命,難道就這樣杳然無聲地走了? 不再回頭,不再回頭,不再回頭看一看親人,看一看學術界的友人,看一看三十多年來一直得到先生指點、扶持、激勵的後學?

我無法相信,從王府井大街中華書局起點,到太平橋西里先生府上,三十多年建立起來的、從未中斷過的學術聯繫,已滲透我的學術生命,滲透在我的職官科舉研究的成果之中,怎麼可能突然隔斷聯繫,從此再也不能聆聽先生的教誨,再也不能爲先生泡上一杯龍井茶，向先生請教學術研究如何設計框架、如何創新？

今天下午，復旦大學陳尚君教授告訴我，先生是上午 11 點突然休克，經三個多小時搶救無效，離開人世的。這是嚴峻的事實。

我不能不相信，先生匆匆地走了，他來不及告別。

現在我手上捧著的先生這份珍貴的"賀詞"，成了先生留給後學的最後勉勵和期望，也是先生留給浙大的最後絕響，祝福浙大宋學研究中心辦好，辦成海內外新宋學交流的平臺。先生在生命的盡頭，惦念著的還是學術建設、學術發展和人才的培養，博大的胸懷，展現的是高人的風采。現把先生用顫抖的手，一字一句艱難地寫下的最後親筆信，轉錄下來刊佈：

賀　詞

中華書局原總編輯、中央文史研究館館員
清華大學古文獻研究中心主任　傅璇琮

浙江大學宋史、宋詞研究飲譽海內外。一代宋史學家張蔭麟、一代詞宗夏承燾在先，陳樂素、徐規、吳熊和名家繼起。薪火相傳，文脈不絕，後繼有人。欣聞浙大宋學研究中心，在弘揚宋史、宋詞傳統學科優勢的基礎上，融文、史、哲於一爐，已滿十周歲，在學術積累的基礎上，創辦《宋學研究》，構建新宋學的學術交流平臺，可喜可賀！期待貴中心之《宋學研究》，將吸引海內外最前沿、最新的宋學學術成果，奉獻於學界，從而有力地推動新宋學的長足發展！

讀著這封絕筆信，我難以克制，淚水再一次流下。

我望著先生的背影，正駕鶴西去，祥雲繚繞，身後是他留給後世的一座座學術豐碑：參與整理《全唐詩》、點校《二十四史》，專著《唐代詩人叢考》、《楊萬里范成大資料彙編》、《唐代科舉與文學》、《李德裕年譜》、《李德裕文集校箋》（合著）、《唐翰林學士傳論》、《宋才子傳箋證》，參與主編《中國古籍總目》、《續修四庫全書》、《全宋詩》、《全宋筆記》、《全唐五代詩》、《唐五代文學史》、《宋登科記考》等，爲後輩學者撰寫的大量《序》和《跋》……

我無法追上已昇華登天的傅先生，再也沒有機會在學術會議上攙扶先生走上臺階，我只能在他身後，輕輕地呼喚：傅先生，一路走好！

最後讓後學在先生靈前祭上一副挽聯，寄託我的哀思：

高言高功高德高人秀於林
妙思妙文妙作妙手出仁心

後學　浙江大學古籍所　龔延明拜奠
2016 年 1 月 24 日